民间外交纪实

（2008—2017）

于振起 著

南开大学出版社

图书在版编目(CIP)数据

民间外交纪实：2008—2017 / 于振起著. —天津：
南开大学出版社,2018.4
ISBN 978-7-310-05569-2

Ⅰ.①民… Ⅱ.①于… Ⅲ.①人民外交－中国－文集
Ⅳ.①D820－53

中国版本图书馆 CIP 数据核字(2018)第 047631 号

南开大学出版社出版发行
出版人:刘运峰
地址:天津市南开区卫津路 94 号　　邮政编码:300071
营销部电话:(022)23508339　23500755
营销部传真:(022)23508542　邮购部电话:(022)23502200
*
天津市豪迈印务有限公司印刷
全国各地新华书店经销
*
2018 年 4 月第 1 版　2018 年 4 月第 1 次印刷
260×185 毫米　16 开本　37 印张　8 插页　620 千字
定价:226.00 元

如遇图书印装质量问题,请与本社营销部联系调换,电话:(022)23507125

谨以此书纪念知识青年
上山下乡50周年

作者近照

重返第二故乡（2008 年 7 月 30 日）

与知青小组同学在当年知青住房前留影（2008 年 7 月 30 日）

在"文明对话"世界公众论坛
发表演讲（希腊罗得岛
2009 年 10 月 9 日）

"文明对话与和谐世界"国际会议留影（北京 2010 年 7 月 12 日）

与卢卡申科总统在中白科技园揭牌仪式上重逢（上海 2010 年 10 月 10 日）

与《俄罗斯友人看中国》文集主编、俄中友协主席季塔连科院士合影
（莫斯科 2011 年 10 月 26 日）

与《白俄罗斯人看中国》文集主编、
白俄罗斯副总理托济克合影
（明斯克 2011 年 11 月 1 日）

与乌克兰首任总统、乌中友协主席克拉夫丘克合影（基辅 2011 年 11 月 4 日）

俄罗斯杜马选举观选留影（莫斯科 2011 年 12 月 4 日）

天津个人摄影展开幕式会场（天津 2012 年 1 月 7 日）

南开大学报告会（天津 2012 年 5 月 9 日）

《哈萨克斯坦人看中国》文集首发式（明斯克 2012 年 7 月 11 日）

白俄罗斯总统选举观选留影（明斯克 2015 年 10 月 12 日）

2015年12月

天津师范大学做国际形势报告（天津 2015 年 12 月 18 日）

前　言

2008 年，我在母校南开大学出版了自己的回忆录《驻外札记——一个知青大使的外交生活片断》，以此纪念知识青年上山下乡 40 周年。值此知识青年上山下乡 50 周年到来之际，我把退休以后近十年来从事民间外交活动的情况汇集成书，献给社会。本书的出版再次得到南开大学出版社的热情支持。

退休大使是外交事业的宝贵财富，在开创中国特色的民间外交事业中可以发挥积极作用。近十年来，我以退休大使的身份积极投身民间外交实践，为探索具有中国特色的民间外交尽自己所能进行了一些有益的尝试。

我在《驻外札记》一书的前言中说过："世界上任何事物都可以改变，只有历史是不可改变的。"本着尊重历史的态度，把近十年来本人参与民间外交的实践和体会真实地介绍给读者，便是撰写本书的初衷。希望本书的问世有助于大家加深对我国民间外交的具象了解，积极支持我国方兴未艾的民间外交，为国家的总体外交增添更多助力。

近十年来支撑我积极参与民间外交活动的一个精神动力是对祖国外交事业的热爱，当年决定献身外交工作的选择至今"痴心不改"。另一个则是 50 年前插队时生成的不怕吃苦、甘于奉献的知青精神。

插队的经历使我有机会零距离接触农业、农村、农民，在较长时间里亲身体验到真正的农村生活，了解到农民大众的所思所想，认识到我国的国情，意识到自己身上的责任。这段知青经历成为我一生的精神财富，也为我的外交生涯增添了一份特殊的社会实践资本。2008 年 7 月，我和知青小组的几位同学曾经回到第二故乡——当年插队的内蒙古乌拉特前旗苏独伦公社东风一队，看望阔别多年的乡亲们。在那里我们再次感受到那种不是亲人、胜似亲人的温情。

最后，我想把在《驻外札记》里向知青朋友以及年轻一代讲过的两句心里话赠给本书读者：生活在中华民族伟大复兴时代的人是幸运的，能够为这一伟大复兴事业做出自己贡献的人是幸福的。

于振起

2018 年 1 月于北京

目　录

第一章　创建独特的民间外交智库合作平台

第一节　欧亚学界民间外交智库合作平台的建立

2008 年初，应前外交部副部长、时任中国国际问题研究基金会理事长张德广同志的邀请，我加入了基金会的行列。中国国际问题研究基金会成立于 1999 年，其成员主要是中国资深外交官、著名国际问题专家、学者及企业家，是中国最有影响力的民间外交智库之一。当时我的首要任务就是着手创建俄罗斯中亚东欧研究中心，为凝聚国内欧亚学界的学术研究力量搭建一个民间智库交流合作平台。

经过精心筹备，2008 年 2 月 25 日，在中国国际问题研究所（现中国国际问题研究院）举行了中国国际问题研究基金会俄罗斯中亚研究中心成立大会。会

议确定我为中心主任，新华社世界问题研究中心研究员万成才、中国国际问题研究所欧亚研究室主任兼上海合作组织研究中心主任陈玉荣、中国现代国际关系研究院副院长季志业为执行主任。会议通过了中心的十六字宗旨，即"推动研究，加强交流，促进合作，提供服务"。其中，"提供服务"指的是为国家外交全局提供服务。新华网当天对会议做了报道，内容如下：

新华网 2 月 25 日专稿　中国国际问题研究基金会俄罗斯中亚研究中心于 2

月 25 日在北京成立并举行首次会议。

会议由前驻俄罗斯大使李凤林主持，中国国际问题研究基金会理事长、前外交部副部长张德广致开幕辞。张德广说，成立俄罗斯中亚研究中心的宗旨是推动中国学术界、经济界对这一地区重大问题的关注和进行战略性、全局和前瞻性的研究，向有关部门提供政策咨询和建议，促进同国内外有关研究机构的学术交流，为促进我国企业和地方走向俄罗斯中亚国家提供可信的政治、经济信息，促进我国同这一地区国家关系的发展。

俄罗斯中亚研究中心由中国前驻该地区国家大使、资深外交官、著名国际问题专家、学者、企业家和新闻界人士组成。首次会议讨论了"中心"的工作设想、当前俄罗斯和中亚地区的形势，组成了"中心"领导小组，由于振起大使任主任，成员有现代国际关系研究院副院长季志业、中国国际问题研究所上海合作组织研究中心主任陈玉荣、新华社世界问题研究中心研究员万成才等。

后来，中国社会科学院欧亚研究所、国务院发展研究中心欧亚社会发展研究所也加入了俄罗斯中亚研究中心，社科院欧亚所所长邢广程、国务院发展研究中心欧亚所常务副所长李永全任中心执行主任。这样便建成了由国内欧亚学界具有代表性的五个研究机构共同组成的独特的民间外交智库合作平台。俄罗斯中亚研究中心也更名为俄罗斯中亚东欧研究中心，简称欧亚研究中心，主要研究范围为俄罗斯和前苏地区，兼顾相关重要国际问题。

第二节　中国国际问题研究基金会俄罗斯中亚东欧研究中心活动概况

近十年来，基金会与欧亚研究中心的五个合作单位探索出行之有效的独特合作模式，按照中心的十六字宗旨，发挥了民间外交智库建言献策的积极作用，同时创造性开展了一系列民间公共外交活动，为国家总体外交做出了有益贡献。

至 2017 年，基金会欧亚研究中心共召开以欧亚地区问题为主的国际问题专题研讨会 40 余次，由五个合作单位轮流承办。每次研讨会根据具体议题邀请相关资深前大使和国内专家学者参会。截至目前，中心共向有关方面提交基金会《国际问题研究报告》（以下简称《报告》）50 余份。其中，一些看法为决策部门提供了有益参考，一些政策建议被决策部门采纳。同时，中心筹划并成功开创了出版《外国友人看中国》系列文集这一公共外交项目，还发起和承办了其他一些公共外交活动。

2016 年 2 月 25 日，基金会欧亚研究中心在当年成立地点——中国国际问题研究所举行了中心成立八周年座谈会。我在会上对中心八年的活动历史做了简要回顾，主要内容如下。

八年前，由基金会发起，与中国现代国际关系研究院、中国国际问题研究所欧亚研究室、新华社世界问题研究中心、社科院欧亚所、国务院发展研究中心欧亚所五个研究机构共同成立了基金会俄罗斯中亚东欧研究中心，确定了十六字活动宗旨，即"推动研究，加强交流，促进合作，提供服务"。其中，"提供服务"是为国家外交全局提供服务。八年来，基金会与五个合作单位精诚合作，践行十六字宗旨，发挥了民间外交智库建言献策的积极作用，创造性开展了一系列民间公共外交活动，为国家总体外交做出了有益贡献。

一、发挥民间外交智库作用

中心共召开以欧亚地区为主的国际问题专题研讨会近 40 次，由五个合作单位轮流承办。作为研讨会成果，共向有关方面上报《国际问题研究报告》40 余份。其中一些看法为决策部门提供了有益参考，一些政策建议被决策部门采纳。例如，2015 年关于抗战胜利 70 周年为抗战老战士授勋的建议被中央采纳。

二、开展有创意的民间公共外交活动

1. 2009 年 3 月在北京举办了国内首次"中亚区域合作机制的现状与前景"国际研讨会，并出版《中亚区域合作机制研究（论文集）》。

2. 2010 年 7 月在北京举办"文明对话与和谐世界"国际会议，并出版《"文明对话与和谐世界"国际会议文集》。

3. 2011—2013 年策划实施《外国友人看中国》系列文集项目，在俄罗斯、白俄罗斯、哈萨克斯坦、吉尔吉斯斯坦、阿塞拜疆、亚美尼亚、格鲁吉亚等欧亚地区 7 国出版相应国别文集，并在国内出版了其中 3 个国家文集的中译本。该项目在有关国家产生良好社会效应，得到中央领导同志的充分肯定，认为该项目表明"民间公共外交活动空间大，各种资源丰富，可进一步挖掘潜力、开发利用，发挥其服务国家总体外交的积极作用"；同时指出"这是一项具有开创性的外交、外宣实践，可推而广之扩大到更多的国家和地区"。

作为后续，2013 年 10 月我们在国内编辑出版了《中国人看白俄罗斯》文集。白方随后在明斯克出版了该文集俄译本。

4. 2014 年 6 月，欧亚研究中心以基金会名义，与社科院欧亚所、连云港市委市政府在连云港联合举办了"丝绸之路经济带建设与连云港的独特地位"高端学术研讨会。这一由基金会与地方政府联手，在地方举办的关于丝绸之路经济带建设的高端学术研讨会模式，此前国内尚无先例，也是一项公共外交的创新举措。此次研讨会发挥了直接为中央"一带一路"战略构想服务的作用。

三、两点体会

1. 上述成绩的取得是资深外交官和我国欧亚学界集体智慧的结晶和团结合作的成果，体现了中国老外交官为国效力的思想信念、品德风范和欧亚学界研究人员治学为国、团结合作、服务人民的精神境界和学术造诣。

2. 创建了具有中国特色的民间外交智库合作模式，表明开展具有中国特色的民间公共外交前景广阔，大有可为。

我要利用这个机会，感谢基金会的两位同志，她们对欧亚研究中心的运转起了关键作用。一位是基金会原"财政部长"刘蓉蓉同志。她现在国外，今天没有来。欧亚研究中心的财务工作，前六年都是刘蓉蓉同志在负责，同时兼中心的秘书。我经常戏称我是秘书长，为五个"常任理事国"服务。刘蓉蓉就是副秘书长。如果没有她的全力协助，欧亚研究中心根本无法正常开展工作。两年前，基金会办公室副主任李莉接手刘蓉蓉在欧亚研究中心的工作。她年轻积极，工作热情。我要借这个机会对她们两位的无私奉献表示由衷的感谢。

最后，我要感谢外交部欧亚司领导和同志们一直以来对欧亚研究中心的大力支持和协助。感谢欧亚研究中心五个合作单位，特别是各位执行主任的热情、积极的合作。希望今后我们继续愉快合作。

……

随后，参加会议的欧亚研究中心历任执行主任回顾了中心发展历程，畅谈愉快合作的感想，提出对中心今后发展的建议。座谈会后接着进行了关于乌克兰危机问题的研讨会。

座谈会当天，远在国外的刘蓉蓉同志特意给我发来短信："于大使好！祝贺欧亚中心成立 8 周年！祝贺今天的研讨会圆满成功！8 年来在于大使的苦心经营下，欧亚中心取得可喜的成绩，为国家的外交事业做出了不可替代的贡献。与于大使共事的几年，将给我留下永远的美好回忆。"

新华社当天对此次会议进行了报道，部分内容如下：

新华社北京 2 月 25 日电（记者　魏忠杰）　由中国国际问题研究基金会俄罗斯中亚东欧研究中心举办的乌克兰问题研讨会 25 日在北京举行。与会专家认为，乌克兰东部地区形势有所缓和，但危机解决前景仍然具有不确定性。

中国国际问题研究基金会俄罗斯中亚东欧研究中心由中国前驻该地区国家大使、资深外交官、国际问题专家、学者等组成，定期举办相关国际热点问题的高端研讨会，开展国际问题和外交政策的研究。成立 8 年来，中心发挥了民间外交智库建言献策的积极作用，创造性地开展了一系列民间公共外交活动，成功探索出一条中国民间外交智库合作的模式，为国家总体外交做出了有益贡献。

……

2016 年 2 月 25 日座谈会现场

2015 年 1 月中共中央办公厅、国务院办公厅印发了《关于加强中国特色新型智库建设的意见》，其中提到："中国特色新型智库是以战略问题和公共政策为主要研究对象、以服务党和政府科学民主依法决策为宗旨的非营利性研究咨询机构。"要"充分发挥中国特色新型智库咨政建言、理论创新、舆论引导、社会服务、公共外交等重要功能。"

基金会欧亚研究中心成立近十年来所做的工作，是符合上述精神的，发挥了一个新型民间外交智库的作用。

第二章 基金会俄罗斯中亚东欧研究
中心国际问题研究成果

　　中国国际问题研究基金会俄罗斯中亚东欧研究中心（以下简称基金会欧亚研究中心）自成立以来，积极发挥民间外交智库建言献策作用，通过组织研讨会形式，凝聚外交界和欧亚学界的力量，密切跟踪研究俄罗斯和欧亚地区以及相关国际问题的形势发展，并对中亚地区、上海合作组织等问题进行专题研究，提出了一系列有价值的看法和政策建议。上述研究成果均以基金会《国际问题研究报告》形式提交有关方面参考。其中大部分观点已经得到实践的验证，有些观点则尚待未来实践的检验。现将相关研究报告主要内容介绍给读者，相信将有助于大家从一个侧面了解我国欧亚学界学术研究成果，明了有关国际问题近十年来的发展演进轨迹，同时加深对我国相关外交政策的理解。

第一节　关于俄罗斯内外形势的研究

　　自 2009 年以来，基金会欧亚研究中心密切跟踪俄罗斯国内外形势，以及普京当局采取的相关政策，对一些重大问题及时提出相应的看法。每年年底都会对俄罗斯国内外形势进行一次总体分析评价，同时提出相关政策建议。有关看法基本符合客观实际，有关建议与事后的外交实践基本一致。

从奥巴马访俄看俄美关系新动向及对我影响

　　2009 年 7 月 10 日，基金会欧亚研究中心在基金会举行研讨会。我驻独联体地区国家前大使和来自五个合作单位以及中联部的 20 余位专家学者参加会议。会议就如何评估 7 月 6—8 日奥巴马对俄罗斯的首次访问成果及其对我国的影响进行了深入讨论。主要观点如下：

一、奥巴马访俄标志着自 2008 年 8 月俄格军事冲突以来跌入冷战后最低点的俄美关系开始转暖，奥巴马上台后建议的"重启"两国关系进程开始。

二、俄美关系转暖是双方出于各自需要。美俄在国际国内的日子都不好过，但主要是由于美方在阿布哈兹和南奥塞梯独立，格鲁吉亚、乌克兰加入北约，美在东欧部署反导系统等涉及俄敏感问题上采取了暂时搁置的态度，从而为此次访问铺平了道路。

三、奥巴马访俄成果虚多实少，俄美关系新变化属量变性质，改善程度有限。双方达成的关于核裁军的框架性协议被称为此访主要成果。实际上该协议与以往俄美（包括苏美）核裁军协议没有本质区别，其真正意义只是为了双方继续谋求低水平核均势，并不会改变任何一方的核超级大国地位。而在相关的反导问题上发表的联合声明表明，双方分歧依旧。

俄方同意为美在阿富汗的军事行动开辟空中走廊，既有向美示好的考虑，还有继续借美之手打击塔利班的用意，也不排除有让美深陷阿富汗战争泥潭的动机。

四、奥巴马访俄期间避而不谈俄格冲突及相关的俄支持阿布哈兹、南奥塞梯独立问题，客观上有利于俄巩固其改变独联体地区地缘政治版图的成果，减弱因其对格动武在独联体国家中产生的消极影响。

五、估计美方为了改善对俄关系，推动"重启"进程，今后会把俄格冲突以来导致俄美关系僵冷的一些涉俄敏感问题暂时冷却一段时间。但是，美不会放弃"遏俄、弱俄"的战略方针，俄也不会放弃重振大国地位的目标。美俄双方互为战略对手的关系本质不会改变，两国关系"重启"进程也就不会平坦。美方迄今没有表明放弃在波兰、捷克部署反导系统的计划，俄方则继续反对此计划。俄美峰会的"良好气氛"还没散尽，梅德韦杰夫就在日前第 35 届 G8 峰会结束后的新闻发布会上公开警告美方：如果美方坚持在东欧部署反导系统，俄方将在加里宁格勒部署新型伊斯坎德尔导弹。至于北约向独联体地区东扩，特别是格鲁吉亚、乌克兰加入北约的问题，也不会从美国的战略日程上取消。双方在中亚、伊朗、中东等地区的明争暗斗也仍将继续。

六、俄美关系转暖不会影响中俄战略协作关系，俄罗斯对我的战略借重需要继续存在。俄美关系有限改善也不会改变中俄美三边关系的基本格局以及我在其中的相对有利地位。奥巴马调整俄格冲突后的美对俄政策，主动访俄，客观上有利于提升俄国际影响，同时也可减轻俄在 G2 问题上对我的疑虑。奥巴马未把俄方关切的俄美能源合作问题列入访问日程，有可能促使俄更加重视与我的能源合作。

七、中俄友好关系在俄方上热下冷的局面依然存在。我应进一步加大对俄民间外交的投入，加强政策引导，努力营造中俄友好的坚实社会基础。

以上看法和建议供参考。

中国国际问题研究基金会

2009 年 7 月 13 日

（《国际问题研究报告》2009 年第 7 期）

关于俄日岛屿之争的看法

2011 年 3 月 4 日，基金会欧亚研究中心举行关于俄罗斯与日本围绕南千岛群岛（日称北方四岛）之争的研讨会，由现代国际关系研究院承办。来自五个合作单位以及外交部、国际战略学会的近 20 位前大使和专家学者参加会议。会议主要看法和工作建议如下：

一、自 2010 年 11 月 1 日梅德韦杰夫登岛以来，**俄在岛屿问题上采取的一系列政治、军事、经济举措有深层战略考虑**：一是在美国加大对亚太地区军事投入背景下，确保其太平洋舰队海上通道和远东地区周边安全，抗衡美日强化军事同盟的挑战；二是为实现远东地区发展战略、使远东地区经济融入亚太创造必要的地缘条件；三是随着北冰洋通航期逐渐延长，作为东亚与西欧海上航道必经之地的南千岛群岛的战略与经济地位更加重要，非保不可；四是坚守其战后边界不可更改的基本立场，维护其第二次世界大战的总体地缘成果；五是为实现其成为亚太地区有影响力大国的长远战略目标投棋布子。

二、日方对俄方上述行动缺乏有效应对手段，但受国内政府地位不稳的拖累，加之美国的影响，日方一时也难以妥协，**估计此轮俄日岛屿之争还将持续一段时间，但形势不会失控**。若今后日本国内政局明朗，不排除就此问题与俄方展开正常的外交接触。就俄方而言，由于其将在 2012 年下半年在符拉迪沃斯托克（海参崴）主办 APEC 峰会，**预计俄方早则今年下半年、最迟明年上半年将会对岛屿问题采取"降温"措施，以确保峰会的成功举行**。但由于岛屿问题事关俄日各自的重大利益，妥协余地有限，加之美对日的牵制，**俄日双方的岛屿之争仍将长期存在**。

三、俄方在岛屿问题上的举措和考虑总体上对我有利。

（一）俄在岛屿问题上加大对日压力客观上策应了我在钓鱼岛问题上的对日斗争，牵制了日方在钓鱼岛问题上的投入。（二）俄方强化在东北亚地区军事存在有利于我应对美在亚太地区针对我的军事围堵。（三）俄方谋求成为亚太大国的战略目标对于制约美建立亚太霸权地位，构建健康稳定的亚太多极安全经济格局有利，也是确保我安全稳定的亚太战略周边环境的重要积极因素。（四）战后边界不可更改的原则是战后世界和平得以保持的一块基石，也是今后继续保持世界和平不可或缺的一个重要条件。俄打压日方改变边界现状的企图，有利于我维护和延长战略机遇期。

四、我对当前俄日岛屿之争的基本方针应是抓住机遇，因势利导。

（一）战后边界不可更改是二战历史不容篡改的题中应有之意，支持俄方关于岛屿归属问题的立场符合去年 9 月中俄两国元首《关于第二次世界大战结束 65 周年联合声明》的有关精神，也有利于进一步加强和深化中俄战略协作伙伴关系。

（二）对于俄方吸引外国企业"联合开发"四岛的政策，**我可审时度势跟进，但不能冒进。对国有企业和民营企业采取官严民松、区别对待的方针。**

以上看法和建议供参考。

中国国际问题研究基金会

2011 年 3 月 7 日

（《国际问题研究报告》2011 年第 34 期）

对梅普二人关于利比亚问题表态分歧的看法

2011 年 3 月 28 日，基金会欧亚研究中心就如何看待 3 月 21 日普京与梅德韦杰夫关于利比亚问题的不同表态举行小型研讨会。会议在基金会举行。来自外交部、国务院发展研究中心欧亚发展研究所、新华社世界问题研究中心、国际问题研究所等单位的 10 余位前大使和专家学者与会。会议主要看法和相关建议如下：

一、这是迄今为止梅普之间公开表现出来的最为明显的原则分歧，具有标志性意义。2008 年梅普组合问世以来，二人在相当长时间里是一种普主梅从的关系，虽偶有不同声音，也是在演"双簧"。但是，自去年年底以来，二人的不和谐开始增多，梅在前首富霍多尔科夫斯基案、多莫杰多沃机场恐怖袭击等问题上对普的有关表态多有微词，不再像是演"双簧"。而此次二人在利比亚问题上的表态则完全是针锋相对，空前尖锐。普指责安理会关于利比亚问题的1973号决议令人想起"十字军东征"，并谴责美国在国际舞台动辄使用武力，没有良心。几个小时之后梅即公开声明，他不认为安理会决议是错误的，"十字军东征"的说法是"不能接受的"，会导致"文明冲突"。他还强调，俄罗斯对安理会决议投弃权票是他的决定，俄外交部是执行了他的决定。

梅普的上述分歧本质上涉及俄与西方关系特别是对美关系的重大外交问题，凸显了二人在这一重大对外政策原则问题上的不同观点。

二、此次梅普分歧暴露的根源在于二人的价值观念和执政理念的差异。普是个国家利益至上的现实主义者，他从自身经历特别是执政经验中认识到，虽然发展与西方特别是与欧洲的关系对于俄的发展很重要，但是俄不可能被西方大家庭接纳为平等一员，俄必须按照自己的价值观，坚定地维护自己的利益，走重振大国地位的道路。而梅是个政治上幼稚的"理想主义者"，认为俄有机会成为欧洲大西洋大家庭的一员，为此，应当与西方的价值观接近、协调。西方特别是美国正是看到二人的上述差异，一直想方设法扬梅抑普，试图分裂梅普组合。对他们来说，普的重新上台将是一场噩梦，因此千方百计阻止普重返克里姆林宫，包括使用各种手段抹黑普的形象。与此同时，则赞扬梅是"开放""民主""现代化"的领导人，代表俄的未来。俄国内亲西方的反对派也把希望寄托在梅的身上。此次梅普政治分歧的公开化在一定程度上是俄国内外反普挺梅势力努力的结果。

三、此次梅普之争浮现出二人角逐下届总统选举的影子。梅想借此向国内外表明，他不再是普的言听计从的傀儡，而是有自己独立政策主张，且敢于跟普叫板，以图提升个人的影响和声望，为明年春天争取连任积累政治资本。普在梅发表不同看法之后即通过其新闻秘书向外界表明，俄的外交决策权在总统，他只是表达了"个人观点"。这一声明表面上看是尊重总统权力，实际上是在俄民众普遍关注的利比亚问题上与梅划清了界线。在其随后访问斯洛文尼亚和塞尔维亚期间，普又多次公开表达了反对安理会决议和西方国家对利比亚动武的"个人观点"，这就表明他的举动不是一时心血来潮，而是有争取民心的政治意图，目标同样也是着眼于明年大选。目前看，此次梅普之争，普在国内民众中的得分明显高于梅。

四、梅普之间虽然公开显现重大原则分歧，但普京主导梅普组合的基本态势没有发生变化，普在国内拥有的政治实力优势也没有实质性改变。梅从根本上尚无全面挑战普的资本。此外，普从维护国家稳定角度考虑，在明年大选前也不会打破梅普组合这个治理国家的基本模式。可以预计，虽然今后梅普之间还有可能再次发生政治分歧，但不会影响俄的基本政治格局，俄的政局将会继续保持稳定。同时也不能排除，梅经过对此事得失的反思，今后在处理与普关系时可能会更加谨慎。

五、此次梅普之争不会对中俄关系产生直接影响，我可持超脱态度，继续对梅普二人一视同仁，平等相待，一如既往均保持良好关系。同时应注意引导国内媒体，不要公开炒作此事，避免对俄方产生消极影响。由于普京对俄与西方关系特别是对美关系所持的立场总体上对我有利，其在此次与梅的原则之争中得分，我可乐观其成。从长远看，如普京能在明年重回克里姆林宫，对我会更有利。对此，我应心中有数。

以上看法和建议供参考。

中国国际问题研究基金会

2011 年 3 月 30 日

（《国际问题研究报告》2011 年第 36 期）

2011 年俄罗斯杜马选举形势预测及政局走向

2011 年 11 月 17 日，基金会欧亚研究中心举行年终形势研讨会，由国际问题研究所承办。会议就将于 2011 年 12 月 4 日举行的俄罗斯杜马选举形势及政局走向进行了讨论。部分前驻欧亚地区大使，来自五个合作单位以及中央编译局俄罗斯研究中心、国际战略学会等单位的专家学者近 30 人与会。会议主要看法如下：

一、统一俄罗斯党获胜无悬念，但获 2/3 多数议席有难度

在 12 月 4 日即将举行的俄罗斯国家杜马选举中，预计统俄党至少可获半数选票，赢得大选已无悬念。角逐此次选举的有 7 个政党，共 3053 人被各党提名参选。目前俄罗斯共产党、自由民主党、公正俄罗斯党民调支持率分别为 17%、11% 和 5% 左右，三党得票率都有望超过 5% 的门槛，进入下届杜马。亚博卢党、右翼事业党、俄罗斯爱国者党目前支持率均不到 3%，估计与下届杜马无缘。

为防止下届杜马掣肘克里姆林宫内外政策，事实上已是候任总统的普京希望统俄党在新杜马中能取得 2/3 席位。为实现这一目标，争取更广泛的社会支持，早在今年 5 月，普京就推动建立了"全俄人民统一阵线"。10 月，统俄党公布了现代化竞选纲领，提出改革经济和教育体制、承担社会福利义务、反腐败等十大措施，以此向选民展现改革创新的形象。在战术上，统俄党还按地域划片，由副总理等高官分区负责竞选工作。尽管统俄党采取了上述措施，并掌握行政资源，但近期民调显示，**统俄党支持率基本维持在55%左右，能否如愿夺得 2/3 多数，还有某种不确定性**。俄共和自民党都认为自己得票会高于上届。右翼反对派则造舆论说，当局为使统俄党最终获得 2/3 多数议席，会在选举中作弊。

其他党派欲联合制衡统俄党。目前，潜在入围的俄共、自民党和公正俄罗斯党等政党都表示，将在未来杜马中结盟，并有意推举俄共代表为杜马主席，希望能够对一党独大的统俄党进行制衡。预计，选后右翼反对派可能以"选举舞弊"为名举行一些抗议活动，但不会有太大影响。近期民调显示，俄超过 60%的民众接受当前的经济状况，认为不好的仅有 29%。73%的受访者表示不会参加上街游行，愿意参加的仅有 19%。**这些都表明主流民意仍是维护社会稳定，支持政权党**。

二、杜马选举预示着向"普梅组合"过渡开始

无论统俄党能否夺得 2/3 杜马席位，其继续控制杜马多数席位已成定局。加之 9 月 24 日统俄党代表大会已宣布推举普京为下届总统候选人，而普京也已表示一旦当选，将任用梅德韦杰夫为新一届政府的总理，这也就预示着，**杜马选举之后，2008 年由普京导演的"梅普组合"政治剧即将谢幕，开始向仍由普京导演的新编政治剧"普梅组合"过渡**。尽管近一年来，梅德韦杰夫在内政外交方面表现出与普的某些分歧，甚至有路线之争的色彩，但普仍决定继续留用梅，既有维护执政团队团结的考虑，也表明梅普二人的分歧仍处于普可以接受的程度，还说明普具有掌控局势的信心和能力。

如果说 2008 年以来俄罗斯是没有普京总统的普京时代，那么，明年 3 月以后俄罗斯将重新迎来普京总统的普京时代。**可以预计，届时将正式亮相的"普梅组合"相较于过去三年多的"梅普组合"将会更有效率，更有活力。**

"梅普组合"是当年普为表现出尊重宪法的正面形象，避免造成不利政治影响而采取的无奈之举。因此而付出的代价是，由于受到宪法授权的制约，事实上的掌权人普京难以随心所欲地推行自己的内外政策构想，加之梅德韦杰夫在位后期表现出的与普的某种不协调，使得"梅普组合"的先天不足越来越明显，直接影响甚至干扰了国家权力机器的正常运转。**"普梅组合"取代"梅普组合"，无疑将有利于普京名正言顺地推行他的治国理念，更加顺畅地实施他的内外政策。**

三、普京"新政"初露端倪

自梅普宣布易位后普京的一些政策举动表明，其未来的"新政"已初露端倪。10月初，普在报上撰文，首次明确提出在后苏联空间建立欧亚联盟的目标。这是自苏联解体以来俄罗斯一直致力于推动的独联体一体化方针的最新体现，也是普趁美西方自陷债务危机泥潭、无暇他顾之机，审时度势做出的战略决策。外界普遍认为，**推动建立欧亚联盟将成为普京重返克里姆林宫后对外政策的首要目标。这一政策目标的出台为改写欧亚地区的地缘政治版图埋下了伏笔，也将成为未来俄与美西方关系麻烦的新焦点**，值得密切关注。

在内政方面，俄客观上需要一位彼得大帝式的集权人物，既能保证俄的稳定，又善于改革进取。当前，普京执政团队在国内面临着民众要求扩大民主、加强反腐及求新思变的社会环境。在这种社会诉求背景下，**普京既不会走完全西方式自由化道路，又需要对原政策做某些修正，以利于国家的稳定与发展，实现其提出的使俄跻身世界五大经济强国之列的目标。**目前看，未来普京的国内"新政"可能是：在经济上，坚持社会福利优先，注重社会稳定，坚持以能源为重心，推进渐进式改革，逐步实现再工业化，尤其是加工制造业的现代化。但同时也会吸取梅氏现代化计划中的合理成分，注重创新。在政治上，继续实行威权主义，但也会下放部分权力，让更多的人参与国家管理，即建立所谓"大政府"。

总之，**即将到来的杜马选举将拉开又一个普京任总统的普京时代的序幕，开启俄罗斯新的国家发展进程。**

以上看法供参考。

中国国际问题研究基金会

2011 年 11 月 22 日

（《国际问题研究报告》2011 年第 50 期）

俄罗斯总统选举形势预测

2012 年 2 月 20 日，基金会欧亚研究中心举行"俄罗斯总统选举形势预测与工作建议"研讨会，由社科院俄罗斯东欧中亚研究所承办。几位前驻欧亚地区大使以及来自五个合作单位和国际战略学会的俄罗斯问题专家学者 20 余人与会。会议就当前俄罗斯总统选举形势、3 月 4 日选举的结果及后续影响提出以下看法、预测和工作建议：

一、普京应对得当，选前政治角逐形势发生有利于普京的变化

去年 12 月初的杜马选举被视为今年 3 月总统大选的预演。杜马选举后，亲西方反对派不愿接受惨败结果，更不愿看到普京重返克里姆林宫。在美等西方国家公开支持鼓动下，发动大规模游行集会，以所谓"选举舞弊"为由，试图推翻选举结果。

普京凭借对局势的掌控能力和充分的政治自信，对反对派的街头行动采取刚柔相济策略：一方面明确表示杜马选举结果不可更改，强烈谴责西方干预俄内政，同时表示反对派有权依法集会，表现出宽容大度。另一方面，从 2 月初开始，普京转守为攻，依靠深厚民意基础，组织"挺普"民众上街发声，其规模之大使得反对派相形见绌。与此同时，普京连续发表数篇以"强国、维稳、改革、惠民"为核心的竞选纲领，进一步赢得民心。

在这样的背景下，普京的支持率从杜马选举后的 40%低谷逐渐回升，去年年底达到 52%。近来更是"与日俱增"。2 月上旬为 53.5%，2 月 17 日升至 54.7%，20 日更是达到 58.6%。

二、普京首轮当选已成定局

尽管外界对普京能当选有共识，但其能否在首轮胜出，至今仍有不同看法。但从客观角度分析，应该说，普京具备首轮当选的条件。

（一）普京支持率在 5 名总统候选人中遥遥领先。居第二位的俄共领导人久加诺夫支持率只有 9.2%。鉴于目前普京支持率节节攀升的态势，在距选举仅剩不到两周的时间里形势发生逆转的可能性不大。这也就意味着普京有把握在首轮投票中拿到 50%以上的选票。

（二）近期普京支持率上升的一个重要直接原因是，其在选前采取灵活有效的手段成功应对反对派严峻挑战和西方的粗暴干预，避免了政治动乱，维护了社会稳定，再次显示了作为当今俄罗斯最有影响力的政治领导人的正面形象，在广大民众中收获大量人心，为其增加了竞选政治资本。

（三）从根本上说，普京12年来领导俄罗斯由衰败走向复兴的执政成就为其积累了雄厚政治资本，其治国理念代表了主流民意，符合俄罗斯国家发展的客观历史要求。这就决定了普京赢得大选是任何主观意志都无法阻止的。

三、普京当选对俄美关系和中俄关系的影响

（一）**俄美战略矛盾将进一步加深**。"遏俄、弱俄"，阻止俄罗斯重振大国地位，防止俄对美一超地位构成挑战始终是美对俄的基本战略方针。普京振兴俄罗斯的强国目标和俄罗斯利益至上的立场被美视为对其霸权战略的威胁。普京重返克里姆林宫对美来说是一场噩梦。这也就是美自杜马选举以来不遗余力丑化普、攻击普、鼓动亲西方反对派闹事，甚至公开鼓吹在俄搞"阿拉伯之春"的根本原因。当3月4日这场噩梦变成现实后，不难预料，俄美关系将会面临困难局面。随着普京明确宣示决心保持与美的战略力量均势，大力推进欧亚联盟，坚持世界多极化主张，反对"人权高于主权"的新干涉主义，**可以预期，今后俄美双方互为战略对手的较量只会加深，不会弱化，且有可能呈现更加复杂的局面**。

（二）**中俄关系将出现新的战略机遇期**。首先，普京继续当政，意味着俄罗斯政局可持续保持稳定，这是保持包括中亚地区在内的欧亚地区稳定的最重要因素。这将在较长时期为我提供一个稳定的北部和西北周边环境，成为确保我国内发展的良好外部条件。同时也为我与俄罗斯和中亚各国乃至欧亚地区其他国家开展互利合作创造有利条件。其次，如果美对俄的战略挤压力度加大，将使俄对我的战略倚重需要增加，从而进一步强化中俄战略协作伙伴关系的客观基础，同时也将使我的战略回旋余地扩大，有利于我处理对美关系。最后，随着美国和西方实力相对下降，中俄双方在应对各种全球性挑战、改革美西方主导的旧世界秩序、争取各自良好的外部发展环境方面将会有更多的战略协作空间。

四、几点工作建议

（一）**在第一时间向俄方发出祝贺普京当选的贺电**，贺电内容应充分体现中俄两国战略协作伙伴关系的水平以及我对普京在推动这一关系发展方面所做贡献的评价，还应表达我对今后中俄关系的信心和期待。

（二）**官方媒体应配合中央方针，积极正面报道普京当选的消息，营造友好**

热烈的**舆论氛围**。可考虑组织国内专家学者接受媒体访谈，加强对普京当选积极意义的宣传力度。鉴于选后俄亲西方反对派肯定要闹事，以美为首的西方也会做出消极反应，**我应注意防止西方相关负面宣传在国内媒体的传播，避免其在此敏感时刻干扰我对俄外交。**

（三）**我应抓住普京当选后中俄关系新的战略机遇期，制订对俄政策全面规划，推动中俄关系提高到新水平，使对俄关系更好地为我总体外交和国内发展服务**。今年特别要做好普京访华的准备和接待工作，力争取得实质性成果。同时注意利用俄方主办亚太经合组织峰会的时机，相机与俄方协调亚太政策立场，以利我更好地应对美在亚太地区针对我的投入。对普京推动建立欧亚联盟等经营独联体的努力，从战略全局角度考虑，总体上我应持乐观其成的态度。

以上看法和建议供参考。

中国国际问题研究基金会

2012 年 2 月 23 日

（《国际问题研究报告》2012 年第 5 期）

"普京新政"解析

2012 年 3 月 29 日，基金会欧亚研究中心举行"普京新政解析"研讨会。会议由国务院发展研究中心欧亚发展研究所承办。来自五个合作单位以及中央编译局俄罗斯研究中心、国际战略学会等研究单位的近 20 位专家学者与会。会议就普京 5 月 7 日正式重返克里姆林宫后将要推行的内外政策及其"新政"可能对中俄关系产生的影响进行了前瞻性探讨。会议主要看法和相关工作建议如下：

一、**国内政策方面，保持稳定是首要，发展经济是中心，加强军事是保障，改善民生是关键。**

（一）**面临政治改革的挑战**。此次普京担任总统所处的形势与他前两次当选总统时的情形已经发生不小的变化。随着经济逐渐复苏，中产阶级逐渐发展，其政治诉求增加，要求政治改革的呼声日高。去年底杜马选举以来出现的多次集会游行抗议活动从一个侧面反映了社会对政治改革的要求。这将是普京不得不正视和处理的问题。

（二）**政治改革不会触动强势总统的现有制度安排**。为了迎合部分选民的要求，普京表示将对现行政治制度进行改革，包括放宽对成立政党的限制、降低政党进入国家杜马的门槛、恢复州长直选、成立独立的社会电视台等等。但是，鉴于北高加索地区恐怖势力残余犹存，一些地区民族主义倾向时有表现，得到美西方支持的体制外反对派对俄政局稳定构成的威胁，为了保障政权稳定和经济发展，预计普京政治改革的步子不会大。其业已宣布的政治改革举究竟如何实施，如何改造现有政治架构尚需观察。但可以肯定的一点是，**普京不会把"超级总统权力架构"改变成真正意义上的西式"三权分立"结构，更不会以牺牲稳定为代价进行政治改革**。

（三）**为了实现强国强军富民的目标，提高俄在国际事务中的地位，把加快经济发展作为中心任务**。为此，今后 6 年普京将会把更多精力花在国内。而在国内问题上，会把发展经济放在更加突出的地位。政治改革为经济建设服务，外交为经济服务的色彩也将更加浓厚。

普京提出的经济改革主要措施包括：

1. **调整经济结构，发展创新经济，点状式推动经济现代化**。在保持能源和原材料工业优势的同时，培育具有高新技术含量的新经济增长点，通过采用新技术大幅提高劳动生产率。目标是到 2020 年，高技术和知识性部门在国内生产总值所占比重增加 50%，高技术产品出口增加一倍。

2. **继续实行私有化，以期提高经济的竞争水平**。特别是在一些原材料生产经营领域，降低国家参与比重，减少国家调节，更多地引进市场机制。

3. **改善投资环境**。增加海关、税务、司法和护法等部门工作的透明度和社会监督，向系统性腐败宣战，净化经营活动环境。

4. **加大对远东西伯利亚地区的投入，把开发东部地区作为一项重要经济发展战略任务**。

（四）**加快实现军事现代化**。今后 10 年将拨出 23 万亿卢布（约合 8000 亿美元），用于发展武装力量。到 2020 年使新武器占军队装备的 70%。大幅提高军官与合同兵待遇，使合同兵数量在 100 万军队中达到 70 万人。大力发展军工生产，使其发挥经济现代化的发动机作用。

（五）**改善民生，提高普通民众的生活水平**。过去 12 年俄罗斯居民实际收入大幅提高是普京在大选中获胜的重要原因。普京在此次总统竞选中对提高普通民众的生活水平做了许多承诺，表示即使财政预算赤字增大，也要完成这些承诺。**这是巩固其执政社会基础的重要前提**。

（六）**俄罗斯经济痼疾很难根治，普京经济改革短期内能否奏效尚待观察。**一是各种宏观矛盾不易协调，如既要保持宏观经济稳定，又要进行结构调整等改革；既要发展创新经济、加大科技等投入，但又面临外资少、资金短缺问题；既要降低国家和垄断集团在经济中的比重，又面临大集团公司不愿让利的局面等。一是与普京的政治、安全和外交团队相比，其经济团队比较弱。二是国际能源市场价格的不确定性会直接影响俄国内经济政策的成效。

二、对外政策将在保持连续性前提下，做适度调整。

普京的外交构想，包括战略目标、基本原则、主要任务等不会发生重大的、根本性的变化。主要内容仍将是：**恢复俄的大国地位，维护俄的核战略安全和在独联体地区的战略生存空间；反对美的单极霸权战略，积极推动多极化进程，为俄的复兴营造有利的国际环境。**与此同时，根据近年来国际形势发生的重大变化，普京也会对外交政策适时做出某些调整。

（一）美欧受金融危机后果所累无力顾及独联体地区，为普京整合独联体、重建俄在后苏联空间的主导地位提供了难得的战略机遇期。其**将以建立欧亚联盟为目标，实现独联体一体化进程的"历史性突破"，使之"成为当今世界的一极"。**

（二）由于美不会放弃"遏俄、弱俄"的基本战略目标，普京更不会屈服于美，放弃重振俄大国地位的治国目标，**俄美之间互为战略对手的关系本质不可能改变。这就决定了双方关系的改善只会是有限的和策略性的。由于美综合国力和国际影响力相对下降，目前俄在对美关系中处于较前相对有利的地位。**由于美国内问题成堆，又恰逢大选年，奥巴马已向俄释放出愿意在欧洲反导问题上做出某种妥协的信号。可以预期，如果奥巴马连任成功并兑现其承诺，俄美关系会有所改善。如果是公开宣称俄为"头号敌人"的共和党人罗姆尼上台，普京在对美关系上仍将面临新困难。

（三）随着亚太地区在世界经济和政治格局中地位的快速提升，**俄将加大对亚太地区的外交投入，以便为其经济发展特别是东部地区开发创造有利条件，并加强在亚太地区安全领域的影响力。**普京在竞选纲领中对亚太地区给予了相当程度的重视。预计俄将借今年9月在符拉迪沃斯托克（海参崴）主办 APEC 峰会之机，就加强亚太地区安全与经济合作提出一些新倡议。

三、普京重返克里姆林宫意味着中俄关系将迎来新的战略机遇期。我应把握好"普京新政"的内涵，因势利导，细化战略，扩大合作，推动中俄关系在

新时期取得新的更大发展，为我国内发展和营造更加有利的国际与周边环境服务。

（一）"普京新政"将使俄国内政局继续保持稳定，俄稳则独联体地区稳，从而可为我继续提供一个稳定的北部和西北周边环境。

（二）"普京新政"可为俄经济发展创造条件，客观上将为中俄经济关系提供新的发展空间。我应抓住普京想借中国东风助推本国经济的期望，充分利用我的经济优势，积极谋划对俄全方位经济合作的战略规划，争取推动中俄务实合作有新的实质性提升。

（三）从长远看，普京要想实现强国目标，必须在开发西伯利亚远东地区方面有所作为。我应未雨绸缪，早做谋划，积极支持和参与普京今后可能出台的开发东部的规划，实现双方互利共赢。

（四）历史已一再证明并将继续证明，俄美关系可能的策略性改善不会改变双方互为战略对手的关系本质，我对此宜保持平常心。

（五）我应抓住俄希加大对亚太地区安全和经济领域参与力度的心理和实际需要，加强与俄关于亚太地区事务特别是安全事务的协调。

（六）俄重建在后苏联空间的主导地位对于保持该地区稳定、制约美的地缘渗透有利，我应对普京建立欧亚联盟的努力持乐观其成的态度。

以上看法和建议供参考。

中国国际问题研究基金会

2012 年 4 月 5 日

（《国际问题研究报告》2012 年第 7 期）

"普京新政"主要特点

2012 年 11 月 7 日，基金会欧亚研究中心举行欧亚地区年终形势研讨会，讨论 2012 年普京重返克里姆林宫以来内外政策特点和俄罗斯政经局势走向等问题。会议由新华社世界问题研究中心承办。数位前驻欧亚地区和其他地区国家大使以及来自中联部、五个合作单位、中央编译局俄罗斯研究中心、商务部国际贸易经济合作研究院、国际战略学会等研究单位的俄罗斯问题专家学者共30 余人与会。会议关于"普京新政"主要特点及俄罗斯内外形势的看法如下：

今年 4 月普京当选总统，彻底挫败了以美国为首的西方在俄罗斯搞"颜色革命"的图谋。**而普京重返克宫以来推行的内外新政将有利于俄罗斯长期保持稳定和发展。**

一、普京国内政策主要特点

（一）立足维稳的政治政策

普京强调政治和经济稳定对国家社会和经济发展的极端重要性，指出"在当今世界，稳定是一种财富，是只有顽强奋斗才能赢得的一种财富"。为了保持政局持续稳定，普京主要采取了以下措施：

一是加强总统班子。他把自己最亲密的战友之一，前政府副总理伊万诺夫调任总统办公厅主任，负责机构和人事调整。总统办公厅是俄罗斯国内人数最多、权力最大的决策和执行机构。此举使俄重新回到 2008 年前"大总统、小政府"的执政模式，"梅普组合"模式不复存在。

二是加强依法治国。国家杜马先后通过五个与此相关的重要法律：集会法修正案，提高了游行集会违规处罚力度；《非营利组织法》修正案，规定非政府组织只要"受到境外资助"和"从事政治活动"，都将被列入"外国代理者"类别而接受严格检查；关于"诽谤罪"条款的修订案，提高了对传播虚假信息、损害他人名誉和尊严、诽谤他人行为的罚款和处罚；关于监管网站传播违法信息的网络黑名单法；《叛国罪修正案》，扩大了对"叛国罪""间谍罪""非法获取国家机密罪"的界定范围，以便更有力地打击某些外部势力在俄从事间谍活动、试图颠覆现政权的活动。

这些法律得到 70%以上的俄民众支持，俄反对派的集会和游行示威活动明显收敛，对维护俄政治和社会稳定起到积极作用。

三是适度推行政治领域改革。苏联解体 20 多年来，俄社会结构发生了巨大变化，中产阶级已接近全国人口的 25%，要求俄政治和社会朝着更加宽松、更加民主的方向发展。面对这一新形势，政府出台了一系列改革措施：修改政党法，放宽对建党的限制，减少政党登记注册的所需人数；修改选举法，决定恢复国家杜马的"混合选举制"，除 225 名国家杜马代表按政党比例选出外，另外 225 人将在 225 个选区选出，以增强议员的地区代表性，同时把政党进入议会的门槛（得票率）从原来的 7%降低到 5%；通过制定遏制腐败的新法律，向国家杜马提出不允许政府官员在海外拥有账户和不动产的法律草案。普京还颁布了一系列总统令，推行改革措施。如普京带头实行财产申报，下令政府官员公务用车必须使用国产汽车，不得购买外国轿车。为了进一步实行新闻媒体的多元化，加强新闻对当局的监督，特别是对政府官员腐败现象的揭露，普京下令成立独立的"公共电视台"。该电视台初创时期将由政府拨款，以后的经费将实行社会募捐等办法。

上述改革举措有助于改善统俄党的形象，提高选民对执政党特别是对普京的信任度。与此同时，法律保留了当局对新政党登记注册的审批条文，普京保留了解除州长职务的权力，从而使当局能够有效保持对政局的控制。今年 10 月根据上述提及的法律，在 5 个州举行 8 年来的首次州长直接选举，统俄党的 5 名候选人在 5 个州全部当选，而且得票率都在 65% 以上。同日在 60 多个州市的议会选举中，统俄党也获全胜，一扫去年 12 月国家杜马选举的阴影。这表明了俄多数选民对普京保持稳定和渐进改革方针的肯定和支持。

（二）在维稳前提下求发展的经济政策

在经济领域，普京强调保持宏观稳定的重要性，认为"维护和巩固宏观经济稳定，这是我们建立正常的资本主义的不可少的条件"；强调要"珍惜宏观经济稳定"，在此前提下，"提高经济发展速度和保证经济持续发展，增加俄联邦公民的实际收入，使俄罗斯经济达到技术领先地位"。

普京在经济领域特别重视以下四个方面：

第一，紧紧抓住经济领导权。相继成立了由普京直接领导的总统经济委员会、现代化和经济创新委员会等新机构。

第二，能源还是龙头老大。成立了总统下属的燃料能源综合体战略发展和生态安全委员会，普京亲任主席，由前副总理、现任"俄罗斯石油公司"总裁谢钦担任责任秘书。今年俄在能源方面又有新进展，"俄罗斯石油公司"已成为世界上第二大石油公司。

第三，军工仍是重点和优先部门。普京提出"国防工业永远是带动其他生产部门的火车头"，俄要像 20 世纪 30 年代苏联搞工业化那样来发展现代军事工业。其原因在于：一，普京的强国目标决定了要强军，而强军必然要求大力发展军工；二，发展军工不仅可以满足俄武器装备现代化的需要，而且可以增加军火出口；三，军工科技含量高，通过发展军工可以促进工业科技水平的提高。与苏联时期不同的是，现在俄军工在生产武器的同时，也生产民品，军工企业生产的民用产品约占其产值的 30%。

由于上述措施，加上国际能源价格处于高位，2012 年俄罗斯总的经济形势较好。1—8 月国内生产总值增长 4%，第三季度增速下降，预计全年可增长 3.4%

以上（2011 年增长 4.3%）。粮食产量 7000 多万吨，比去年减少 1000 多万吨，但自给有余。政府预算未出现赤字。预计明年俄经济仍可保持中速增长，即 3.5%—3.8%的增长率。

第四，提出大力开发远东西伯利亚地区、加快融入亚太地区经济一体化进程步伐的新东方政策，将其视为关系俄能否实现复兴目标的重要条件之一。

（三）普京面临的主要国内问题

一是反对派尽管受到集会法限制，仍将会利用集会和示威游行等方式给普京制造麻烦，力图破坏社会稳定。二是随着大量新党的出现，今后的选举形势可能趋于复杂。三是车臣非法武装残余和北高加索的宗教极端势力仍在负隅顽抗，制造恐怖事件，是国家安全的隐忧。四是经济发展方面存在着不确定性。俄经济增长取决于经济结构改革的进程和世界能源价格。前者难度很大，后者则存在不可预测性。

普京对上述问题和挑战有比较清醒的认识和比较有效的应对措施。俄反对派则处于分散状态，难成大气候。总的看，今后 6 年俄政局的基本态势将是：小乱不会断，大乱不会有。**可以预期，到 2018 年普京本届总统任期届满前，俄国内政局有望持续保持稳定，经济可望继续保持增长趋势。**

二、普京外交政策的主要特点

梅德韦杰夫 4 年总统任期内在外交政策领域留下了一些有悖于普京方针的印痕。普京重任总统后俄外交政策的最大特点是着手对梅德韦杰夫 4 年外交做适当调整，**使其重回普京外交路线。**

主要表现在以下几个方面：

（一）梅氏强调外交为"全面现代化"服务。普京外交则把国家安全放在首位，强调外交要"绝对确保俄罗斯的国家利益，首先是安全和经济利益"。

（二）梅氏外交虽然说独联体是俄"特权利益区"，但强调"首先要同德国、法国、意大利、欧盟和美国建立特殊的现代化联盟"。普京则首先要在独联体内建立欧亚联盟，强调"独联体地区多边协作和一体化进程的发展，是俄外交政策的主要方面"；"加深独联体地区的一体化进程是俄外交政策的核心，是战略方针"。

（三）梅氏迎合西方在西亚北非的政策，助力推翻利比亚卡扎菲政权。普京为确保俄在这一地区所剩无几的传统利益，强调利比亚悲剧不能在叙利亚重演，带头否决西方关于采用军事手段推翻巴沙尔政权的联合国决议案，在外交上、舆论上、道义上，以及某种程度军事上支持叙利亚当局。

（四）普京比梅氏更重视亚非拉外交，亚非拉在俄外交中的地位上升。普在7月9日使节会议讲话中指出俄外交顺序是：独联体、亚太、拉美和非洲、欧洲、美国。亚太升至独联体之后居第二位，拉美和非洲位列独联体和亚太之后，欧美之前，这是史无前例的。他指出"亚太地区正逐渐成为全球发展的新中心"；"应继续奉行扩大与拉美和非洲国家合作的方针。前几年对这方面重视不够"。

（五）普梅二人都重视对华关系，但普京讲得更明确。他认为，中国经济增长对俄罗斯"绝对不是威胁"，因为中国在国际事务中不谋求主导地位，中俄已解决了包括边界问题在内的所有政治问题。其明确表示俄要利用"中国之风"扬俄罗斯"经济之帆"。他在7月9日使节会议上强调："同中国之间的战略与务实合作具有最重要的意义"。他同时也指出中俄关系中存在的4个问题：在第三国的商业利益不总相吻合，中俄贸易结构不合理，相互投资水平低，中国移民问题。

（六）鲜明提出在外交中要加强"软实力"。普京认为，西方刻意歪曲俄罗斯的国家形象，俄外交在这方面的应对手段"有不完善的地方，那就是在利用新方法上，例如在所谓'软实力'上还有值得思考的地方"。

上述调整在很大程度上将决定着今后若干年俄外交的基本走势：奉行独立自主、务实、开放、全方位的外交，积极参与世界游戏规则的制定，使俄在世界格局中成为具有重大影响力的大国、强国。

普京外交的新战略是使俄成为欧洲和亚太地区安全与经济合作统一架构的桥梁。他主张在俄欧美之间签订新的欧洲安全条约，在亚太地区建立有俄、中、美参加的安全机构；在俄欧之间建立从大西洋到太平洋的统一大市场，使欧盟、欧亚联盟、亚太市场连为一体。在这新的欧亚安全结构和三大经济体中，俄都居其中。

俄罗斯面临的新的外交战略机遇期有利于普京实施其新战略。由于美国全球战略重心从欧洲和中东主要针对俄罗斯转向亚太主要针对中国，俄的地缘政治和安全环境大为改善，外交回旋空间增大。奥巴马当选总统的当天就表示愿意访俄，普京当即做出回应，邀请他明年访俄。但鉴于俄美互为战略对手的结构性矛盾无法克服，俄美关系的改善仍将是有限度的，策略性的。

与此同时，普京的外交宏图也面临着一些重大矛盾。一是国力与实现宏伟目标之间的矛盾；二是独联体国家不同程度的疏俄亲西方倾向与俄整合独联体之间的矛盾；三是俄视美为主要威胁又需与其合作的矛盾；四是与一些发展中国家扩大军事技术合作同西方利益相左的矛盾。

以上看法供参考。

中国国际问题研究基金会

2012 年 11 月 12 日

《国际问题研究报告》2012 年第 28 期）

新形势下的俄美关系

2013 年 9 月 10 日，基金会欧亚研究中心举行"俄美关系现状与前景"研讨会。会议由新华社世界问题研究中心承办。来自外交部、中联部等部门和五个合作单位的资深外交官、专家学者约 20 人与会。会议就斯诺登事件、叙利亚危机和 G20 峰会以来的俄美关系新特点以及我对俄对美关系的工作建议等问题进行了讨论。会议主要看法和建议如下：

一、"非敌非友"的俄美关系陷入"凉战"状态

当前，"非敌非友"的俄美关系的最大特点是陷入"凉战"状态。奥巴马和普京重任总统已一年多，两人迄今未实现互访，甚至在各种多边场合也没有正常交往。而今年以来的斯诺登事件和双方围绕叙利亚危机的对峙则导致始于 2008 年 5 月的俄美关系"重启"进程彻底夭折。随着美方宣布"暂停重启"，表明俄美关系虽然没有重回"冷战"，但已陷入一种"凉战"状态。

俄美关系陷入"凉战"，既是"冷战"残余的表现，也是俄美"非敌非友"关系性质所致。

俄审时度势，提出"以化武换和平"的建议，为一触即发的叙利亚危机创造了和平转机，同时也避免了俄美双方直接军事对峙的危险。不过，即使叙利亚危机能够转入谈判通道，俄美关系开始"再重启"，双方在叙利亚乃至整个中东地区的战略角逐也不会停止，俄美关系总体上也热络不到哪去。

二、俄美关系陷入"凉战"的主要原因

（一）**国家战略利益迥异，矛盾无法调和。**复兴俄罗斯、重振大国地位是俄民意的主流意识。这正是强人普京能多年执政的社会基础。而美国则要维护冷战后确立的"世界领导地位"，要包括俄罗斯在内的所有国家听命于它。在这种情况下，普京奉行了"四确保"的内外政策：确保国家统一，确保政局稳定，确保经济发展，确保大国地位。美则坚持奉行"遏俄、弱俄"政策，用"四重奏"对付俄：北约东扩，挤压俄战略空间；在独联体内搞以建立亲美政权为目标的"颜色革命"，挖俄战略墙脚；在欧洲部署针对俄的反导系统，谋求对俄核战略优势；公开介入俄杜马、总统选举进程，声援并资助普京的反对派，干涉俄内政。无法调和的国家根本战略决定了俄美两国互为战略对手的关系本质。

（二）**意识形态和国际政治观念相左**。尽管俄罗斯一再申明，俄是欧洲文明的一部分，是欧洲国家，意识形态与欧美相同，但后者至今仍把俄视为异类，不接纳俄。在国际政治领域，俄主张维护联合国宪章，反对干涉内政。二者对民主、自由、人权的认知和运用也不相同。从某种程度上说，美仍把俄当成前苏联来看待，担心俄东山再起后对其霸权构成挑战。美谋求改善对俄关系是策略性而非战略性考量。

三、新形势下我国处理对俄、对美关系的几点工作建议

（一）**冷静、理智地看待俄美关系的"凉战"**。俄美关系的结构性矛盾决定了今后相当长时期两国关系的基本特征仍将是"非敌非友""时冷时热"，"冷"不到哪去，也"热"不到哪去，这是两国关系的常态。普京既重视美国又藐视美国，对美国既有需求又不乞求。美俄仍互有需要，在许多领域不得不合作。

（二）**要全面理解和实行关于构建"不对抗、不冲突、相互尊重、合作共赢"的中美新型大国关系的方针，不能片面强调"不对抗、不冲突"，而忽视"相互尊重、合作共赢"。**

（三）**挖掘内生动力，深化中俄全面战略协作伙伴关系**。现在，中俄关系的内生动力在增强。这就是谋求共同发展和繁荣。普京明确宣布，中国崛起对俄"绝对不是威胁，而是开展务实合作的机遇"，俄要借中国经济之风扬俄罗斯经济之帆。**我应抓紧与俄罗斯搞若干大项目来夯实中俄战略协作关系的经济基础，力争从俄获得更多资源和先进技术，拓展我在俄的资本和商品市场。**

（四）**应坚持与俄"结伴不结盟"的基本原则。**

客观上看，现在不是冷战年代，中美两国除结构性矛盾外，在经济利益和地区问题上还有共通交融之处。目前是合作与竞争关系，不是对抗关系。主观上看，深化中俄全面战略协作伙伴关系是新形势下双方最好的关系模式。双方利益一致时合作，利益不一致各有行动自由。既加强协作，又保持独立自主，可确保中俄关系长期稳定可持续发展。

现在俄中战略协作伙伴关系越来越紧密，美国一方面在加大对俄、中两国的遏制力度，同时也在谋求扩大合作。**在这种情况下，我宜采取分别与俄罗斯和美国构建不同层次、不同内涵的新型大国关系。**

（五）**从欧亚大陆宏观角度谋划与俄的战略协作关系**。普京在独联体内推进建立欧亚联盟是其外交战略重中之重，是俄重振大国地位的战略支撑，有利于抵御美国和北约对包括中亚地区在内的欧亚地区的渗透，从而也有利于我维护西北周边的战略安全与稳定。我对欧亚联盟构想应持乐观其成的积极态度。与此同时，应继续加强与俄在上合组织内部的协调与合作，**特别是强化上合组织作为中亚地区稳定器的作用**，以便更好地应对 2014 年以后"后阿富汗战争"时期的新挑战。习近平主席提出的欧亚地区各国共同建设"丝绸之路经济带"的思想，为中俄双方在欧亚地区开展务实合作开辟了新的广阔空间。**我可考虑适时拟订营造和平稳定发展繁荣的欧亚大陆的大战略，将其作为与俄开展战略协作的大目标。**

（六）**俄在叙利亚危机问题上的外交得分从战略角度看对我有利，我应继续明确支持俄在叙利亚危机问题上的外交斡旋，加强与俄的沟通与协调，为进一步提升中俄战略协作关系水平注入新的正能量。同时可视情相机提出自己的主张和建议，体现我独特的大国作用。**

以上看法和建议供参考。

中国国际问题研究基金会

2013 年 9 月 18 日

（《国际问题研究报告》 2013 年第 27 期）

2013 年俄罗斯内政外交特点

2013 年 11 月 19 日，基金会欧亚研究中心举行欧亚地区年终形势研讨会，就 2013 年俄罗斯国内局势和内外政策特点进行讨论。研讨会由社科院俄罗斯东欧中亚研究所承办。多位前驻欧亚地区和驻其他地区国家大使以及来自中联部、五个合作单位和国际战略学会等单位的专家学者 30 余人与会。会议主要看法和建议如下：

一、俄罗斯国内形势主要特点

（一）政局稳定进一步加强，但不安定因素犹存。

政局进一步稳定的主要标志有二：一是反对派的力量被削弱。和前两年相比，今年反对派街头活动明显减少，表明其影响力衰落。二是执政的统俄党在 9 月举行的地方选举中大获全胜，继续保持一党独大的地位。普京总统的支持率居高不下。

俄罗斯政局稳定的四个主要原因是：1. 依法治国初见成效。2012 年以来俄罗斯议会制定并通过的一系列旨在维护政治和社会稳定的法律陆续生效，取得预期效果。2. 适当的政治改革使政党关系和社会情绪得到舒缓。根据新的政党法，政党登记门槛降低。正式登记的政党从原来的 7 个增加到 73 个。自去年 10 月恢复州长直接选举后，今年 9 月 8 日又在全国 80 个地区顺利举行了州长和议会直接选举，有 54 个政党和 12 个社会组织的 11 万名候选人参竞。3. 统俄党加强了自身建设，整顿队伍，更加重视联系选民。同时在议会主导通过一系列反腐法案。这些做法深得民心。4. 普京威望的进一步提高对俄政局和社会稳定发挥了重要作用。

然而，俄社会中仍存在一些不安定因素，主要有三：一是车臣、印古什、达吉斯坦等北高加索地区的恐怖事件依旧时有发生；二是宗教民族矛盾引起的冲突事件比前几年有所增加。三是体制外反对派继续活动，不时举行反普京集会示威。

（二）经济增速下降。

俄罗斯 2013 年 1—9 月国内生产总值增长 1.5%，全年预计增长 1.8%左右，低于去年 3.7%的增长率。但俄政府几乎没有预算赤字，债务占国内生产总值的比例也较低，失业率只有 5.5%。

导致经济增速下降的主要原因有四个：一是投资下降。前三个季度固定资产投资同比下降 1.4%，资金外流却比上一年几乎翻番，高达 700 亿美元。二是出口下降。上半年石油出口减少 8.4%，石油收入减少 77 亿美元，导致政府预算收入减少。三是通货膨胀率仍较高。2012 年俄通胀率为 6.3%，今年预计仍会达到 6%以上。卢布疲软并且有贬值的趋势。四是旧的经济发展模式已经不合时宜。

为防止经济陷入衰退，俄政府推出一系列举措，包括打造新的经济增长点，促进经济多元化发展；以国家投资带动私人投资积极性；改善投资环境；上马改造西伯利亚大铁路等大型基础设施项目。这些举措能否取得成效，还有待观察。

二、普京外交政策的主要特点

今年是普京外交在国际舞台显示大国地位的一年。

（一）用"化武换和平"的方案成功缓解了一触即发的叙利亚危机，阻止了美西方军事打击叙的企图，使中东地区避免了一场结局难料的战争。西方媒体据此称"普京拯救了世界"。

（二）顶住美国压力，为美"头号通缉犯"斯诺登提供庇护，巧妙地用这张牌使美在信息安全领域陷入狼狈境地，同时还在美与其盟国之间制造了裂痕，而俄则坐收渔人之利。

（三）对华关系迈出新步伐。今年是中俄关系的丰收年。习近平主席3月访俄，具有里程碑意义。除了扩大能源、科技、军技、人文合作之外，俄方还专门安排习主席参观俄军事指挥部，习主席成为第一个参观该指挥部的外国元首。在随后举行的20国集团峰会和APEC峰会期间，普京在与习主席的会晤中都表现出加深双方全面战略协作伙伴关系的强烈愿望。梅德韦杰夫访华时也明确表示俄方"优先重视对华关系"。在双方共同努力下，彼此互为最主要、最重要战略协作伙伴的关系得到进一步加强。俄方的举措充分体现了普京欲借"中国之风"，扬俄罗斯"经济之帆"，全面振兴俄罗斯的战略方针。

（四）成功阻滞了乌克兰"脱俄入欧"的进程。乌克兰原定于11月底欧盟东部伙伴关系峰会期间与欧盟正式签署联系国协定，但在俄压力下，乌于峰会前夕宣布暂停该协定的筹备工作。此结果对于俄继续推进独联体一体化进程、维护俄的独联体战略生存空间意义重大。

（五）积极发展与日、越、韩关系，拓展亚太外交空间。

普京去年重返克宫后，强调："俄罗斯21世纪的发展方位是朝东方发展。西伯利亚和远东地区具有巨大潜力，现在是俄罗斯在亚太地区占有重要地位的机会。"为此，普京今年进一步加大了对亚太地区的战略和外交投入：4月邀请安倍访俄，结束了十年来日本首相未访俄的局面，双方达成一系列旨在改善和发展关系的协议。11月，普京先后访问越南和韩国，提升与两国的政经关系。上述外交举措体现了普京增强俄在亚太地区影响力、借助亚太经济力量开发远东西伯利亚的战略意图。

以上看法供参考。

中国国际问题研究基金会

2013年12月4日

（《国际问题研究报告》2013年第34期）

2014 年俄罗斯内政外交形势特点

2014 年 11 月 18 日，基金会欧亚研究中心就俄罗斯 2014 年内政外交形势特点举行研讨会，会议由新华社世界问题研究中心承办。多位前驻欧亚地区国家大使以及来自五个合作单位、中央编译局俄罗斯研究中心、国际战略学会、上海华东师大国际关系研究院等单位的近 40 位专家学者出席研讨会。会议主要看法如下：

2014 年 11 月 18 日研讨会现场

一、俄罗斯政经局势主要特点

（一）政局更趋稳定，但有隐忧。

政局更趋稳定有三大特点：一是普京的支持率从 60% 多上升到 80% 多，11 月虽回落到 60% 多，但仍稳居高位；二是体制内反对党（俄共、自民党、公正俄罗斯党）与政权党（统一俄罗斯党）转为合作伙伴关系，空前团结，一致支持普京。11 月 4 日俄罗斯"民族团结日"当天，这 4 个议会党同时参加在莫斯科举行的"我们团结一心"的大游行。这是 23 年来俄罗斯议会党首次联袂行动。与此同时，体制外反对党被边缘化，与前几年相比，其影响大为减弱；三是社会凝聚力增强。9 月 14 日，俄罗斯 84 个联邦主体举行 5735 场选举，其中 34 个主体选举行政长官、14 个主体选举议会，统俄党在几乎所有级别的行政和议会选举中获全胜。11 月 4 日，7.5 万人热情参加"我们团结一心"大游行。与此同时，今年尚未发生前几年那样较大规模的反普京游行和集会。所有这些都表示广大民众对普京及其政府的支持，连一向对普京持批评态度的戈尔巴乔夫近期都发表谈话，表示"完全支持"普京。

俄罗斯政局更趋稳定主要有四大原因：

一是尽管美国等西方 6 大国领导人抵制出席 2 月索契冬奥会开幕式，但索契冬奥会成功亮丽举行。这是苏联解体后俄罗斯首次举办有影响力的重大国际赛事，在一定程度上提振了俄国民的信心。二是 3 月普京及时果断采取措施收回 60 年前赫鲁晓夫赠送给乌克兰的克里米亚这一战略要地。这也是 23 年来俄首次收复前苏联的领地，对俄罗斯人来说，这比 2008 年俄格战争后承认阿布哈兹和南奥塞梯独立的意义重大得多。三是俄当局支持乌克兰东部俄裔居民抵制基辅亲西方政权并强硬回应西方对俄的经济制裁，不仅禁止从西方进口食品，而且军机军舰抵近北约国家和美国本土"秀肌肉"，迎合了俄民众不服输的心理。四是及时采取措施降低西方制裁对俄经济和民众生活造成的负面影响。包括部署尽快用国产品替代从西方国家进口的技术装备，迅速组织从土耳其、中亚、中国和拉美国家进口食品，以减缓禁止从西方进口食品造成的一定程度的短缺。五是俄罗斯今年粮食丰收，达 1 亿吨以上，除自给外，还可出口 3000 万吨粮食。粮食充足也有社会稳定器的作用。

在俄政局稳定趋势增强的同时，俄社会的隐忧也有显现，主要表现在三个方面：一是极端民族主义和大俄罗斯主义有所滋长。克里米亚顺利收回，使一些人头脑发胀，代表之一是自民党主席日里诺夫斯基。他称普京为"弗拉基米尔大帝"，提出"恢复帝国的问题"，"要向卢甘斯克、顿涅茨克前进，然后挺进到敖德萨和德涅斯特！"这种主张以武力恢复帝国的极端思想的支持者虽不是多数，但也是极端主义滋长现象的突出反映。二是体制外反对派积极活动，旨在有朝一日配合西方颠覆普京政权。9 月 21 日反对派在莫斯科举行有 5000 人参加的集会，要求停止向乌克兰东部提供军援，并要求实行政治改革。11 月 15 日和 16 日，亲西方派领军人物前总理卡西亚诺夫和前第一副总理涅姆佐夫召开

共和党—人民自由党代表大会，强调"欧洲选择派"（亲西方派）的当务之急是
结束一盘散沙的状态，要提出吸引选民的纲领，择机夺取政权。普京表示要和
西方改善关系，条件是不干涉俄内政。俄外长拉夫罗夫指出西方要改变俄现政
权。这些话都不是空穴来风。三是经济陷入停滞，社会开支将减少，未来几年
福利如果下降，可能影响下届议会和总统选举。这是俄当局面临的新考验。

（二）**经济几乎陷入停滞状态。**

2014 年俄罗斯经济遭受两方面沉重打击：一是美国为首的西方国家以俄兼
并克里米亚和支持乌克兰东部民兵武装抗击基辅当局为由对俄能源、金融、军
工技术等经济关键领域进行制裁，而俄采取反措施，禁止从西方国家进口食品
和果蔬。二是国际石油市场价格每桶由 100 美元左右大幅下跌至 80 美元左右。
这两种打击使俄经济遭受严重意外损失。普京 11 月在 20 国集团峰会上说，2014
年俄经济只能增长 0.5%—0.6%，计划 2015 年增长 1.2%，2016 年 2.3%，2017
年 3%。2014 年俄通膨率 8%，卢布大幅贬值 20%以上，资金外流将超过 1000
亿美元，几乎为 2013 年的两倍。在经济形势和安全形势都异常复杂的情况下，
俄政府被迫对 2015 年至 2017 年政府预算做出普京执政以来最重大的调整，为
确保增加国防开支，大幅削减社会开支。有关教育、医疗、养老、社会政策等
的支出以往一般占俄联邦政府总支出的 45%，今后三年将大幅下降，2017 年将
降到 36%；而国防支出将大幅增加，2011 年国防开支占比不到 14%，2017 年
计划将占 20%。2015 年国防支出比 2014 年将增长 21.2%。

俄罗斯经济增长虽遇到困难，但仍具备相当的抗风险能力。2014 年俄粮食
产量超过 1 亿吨，自给有余，是近几年最好的。失业率只有 4.9%。国家债务只
占 GDP 的 12%。普京 11 月 10 日表示，俄国债不会增加，将控制在安全的，即
GDP 的 15%范围以内。俄还有外汇储备 4000 多亿美元，国家福利基金和储备
基金各有 800 多亿美元，短期内不会出现债务或金融危机。

当前，俄政府正积极采取措施减少西方制裁和油价下跌造成的负面影响：
包括加快用本国产品替代进口产品；增加向亚太、拉美国家出口武器和军事装
备，加快同中国等国的能源合作，加快开发西伯利亚和远东地区的步伐等。

二、俄罗斯对外关系新形势与外交政策新特点

2014 年俄罗斯对外关系最大变化是因乌克兰危机与美西方的关系严重受
挫，俄美关系跌入冰冻状态，与欧盟和北约关系严重倒退。其主要标志是：美
西方 6 国首脑集体抵制索契冬奥会；西方 7 国中止俄罗斯 G8 成员国地位；美

国中止 2009 年俄美关系"重启"后运作的俄美总统委员会全部 21 个工作小组活动；北约—俄罗斯和平伙伴委员会的水平降至大使一级；美国和欧盟对普京团队的 100 多名政要实行政治制裁，禁止他们入境，并冻结其资产；同时对俄能源、金融、军工等部门进行制裁；美俄唯一畅通联系渠道只剩下两国外长。

今年俄西方关系恶化主要原因是双方地缘政治安全利益在乌克兰发生直接碰撞，美西方触碰了俄西部安全红线，威胁到俄罗斯在独联体地区的战略生存空间和普京振兴俄罗斯的大战略。俄退无可退，绝地反击，被迫进行"乌克兰保卫战"。

目前看，俄与美西方围绕乌克兰的战略角逐陷入胶着状态，呈现长期化态势。如果不能在乌克兰危机问题上达成政治妥协，双方关系不会出现重大缓和。但是，出于各自的需要和困难，较量不会失控，不至于发生直接军事对抗，出现新冷战的可能性也不大。普京已多次明确表示俄罗斯反对新冷战，北约新任秘书长近日也表示，北约不想与俄罗斯进行新冷战，否则将会两败俱伤。

2014 年俄罗斯外交的一大特点是西方不亮东方亮，主要体现在以下几个方面：

（一）中俄互信增强，合作更紧密。今年 2 月习近平主席专程出席索契冬奥会开幕式，5 月普京总统访华，双方宣布两国关系进入"全面战略协作伙伴关系新阶段"。中方从客观历史和现实出发，对克里米亚入俄表示理解，俄方对此予以高度评价，普京等俄方领导人多次在重要场合表示感谢。普京 5 月访华和 11 月来华出席 APEC 峰会以及李克强总理 10 月访俄，双方共签署各个领域的合作文件约 100 个，其中包括东线天然气管线世纪协议等大合作项目。

（二）5 月 29 日，俄罗斯、白俄罗斯和哈萨克斯坦签署了《欧亚经济联盟条约》，三国议会已批准，亚美尼亚也于 10 月加入其中，该联盟将从 2015 年 1 月 1 日起正式启动。虽然乌克兰局势生变，但组建欧亚经济联盟的计划未受影响。

（三）普京出访蒙古，密切了俄蒙关系，并且在上海合作组织杜尚别峰会期间首次实现了中、俄、蒙三国首脑会晤，对推进三国间的合作和东北亚稳定有积极意义。

（四）虽然日本是西方 7 国集团成员，推迟了普京原计划今年秋天的访日，但俄日首脑仍在 APEC 北京峰会期间会晤，商定明年普京访日。日本虽然参加了西方对俄的集体经济制裁，但并不认真。普京通过对日外交在与西方外交中打开一个缺口。

（五）普京通过接待金正恩特使崔龙海访俄，积极推动恢复六方会谈，并原则商定两国元首举行会晤的问题，从而增加了俄在朝鲜半岛问题上的分量。

（六）东进政策是俄的战略选择。乌克兰危机促使俄进一步加大开发西伯利亚和远东地区的力度，并就此与中、蒙、朝、韩等国积极寻求合作。

以上看法供参考。

中国国际问题研究基金会

2014 年 12 月 1 日

《国际问题研究报告》 2014 年第 34 期

当前俄罗斯国内政治经济形势

2015 年 7 月 22 日，基金会欧亚研究中心举行俄罗斯国内政治经济形势研讨会，会议由社科院欧亚所承办。数位驻欧亚地区前大使，以及来自五个合作单位、中联部调研咨询小组等研究机构的专家学者近 20 人与会。会议主要看法如下：

一、俄罗斯国内政治形势

当前俄罗斯政局稳定，民众向心力增强，普京威望持续上升，政权稳固，反对派不成气候。经济困难对政治稳定虽构成某种隐忧，但不会导致政治动荡。

（一）全民爱国主义热情高涨，普京支持率进一步上升。

在乌克兰危机持续发酵、美国和欧盟延长对俄经济制裁、北约对俄频频炫耀武力的背景下，俄民众爱国主义情绪高涨，绝大多数政治力量一致对外，对抗美国为首的西方制裁和孤立俄罗斯的政策。普京总统顺应民意，强硬应对西方压力，强调只要全国人民齐心协力，就能战胜困难。去年克里米亚的回归，使普京进一步赢得民心，从国家"领导人"变为国家"领袖"。据俄权威民调机构调查，今年 1 月和 3 月，赞同普京执政方针的支持率为 85%，2 月、4 月和 5 月为 86%，6 月更上升为 89%。普京的支持率居高不下，成为俄国内政治和社会局势稳定的重要保障。

（二）俄当局充分利用媒体宣传、引导舆论的功能，通过摄制纪录片《克里米亚回家之路》、普京与电视观众举行直接连线对话，特别是充分利用反法西斯战争胜利 70 周年举行红场阅兵式等一系列纪念活动，揭露美欧支持乌克兰亲西方势力非法夺取政权、挑起乌克兰内部冲突、对俄进行战略遏制和冷战威胁的图谋，大力宣扬爱国主义精神，大大增强了俄罗斯人民应对西方打压的凝聚力。

（三）加强防范"颜色革命"的对策研究。

俄方清楚地知道，西方借乌克兰危机制裁打压俄罗斯的政治目的就是要在俄重演乌克兰"颜色革命"模式，迫使普京下台，培植亲西方政权。**俄国家安全委员会将"颜色革命"列为 2020 年前国家安全面临的主要威胁之一。为防患于未然，俄当局加强研究防范"颜色革命"的措施，特别是决定让军方直接参与相关工作。**今年 6 月，俄国防部长绍伊古明确指出："俄罗斯军方要对防范'颜色革命'进行深入科学的研究"。根据俄国防部指示，俄军事科学院半年前即已开始就应对"颜色革命"的措施进行专题研究，还吸收了莫斯科大学、莫斯科国际关系学院等高校的学者参与此项研究工作。

（四）加强政治管控，亲西方反对派力量式微。

在对外与西方进行抗争的同时，俄当局严厉打击国内亲西方反对党和亲西方非政府组织。目前俄体制外反对派阵营里几乎看不到有行动能力的反对党。如反对派联合运动——"为了诚实的选举而集会"内部的几个政党和组织，因在乌克兰问题上出现分歧，4 月 19 日和 5 月 6 日未能如期举行抗议活动。亚博卢党、俄罗斯共和党和俄罗斯人民自由党的号召力也大不如从前。据列瓦达民调中心今年 2 月的民调结果，2011—2012 年支持体制外反对派的俄城市居民曾高达 40%，而现在只有 15%。

截至今年 6 月 12 日，俄罗斯司法部根据《非政府组织法》，把 69 个接受西方国家资助并进行政治活动的非政府组织定性为"外国代理人"，取缔或限制它们活动，其中包括"大赦国际"俄罗斯分部、"捍卫宪法和自由律师"协会、"纪念"协会、美国国际开发署资助的"保护选民利益"协会和"阿尔泰共和国独立研究者中心"等。为了抵制西方国家对俄罗斯的渗透，今年 5 月俄议会通过《不受欢迎的组织法》，规定"威胁俄罗斯宪法制度基本原则、国防能力和国家安全"的外国或国际非政府组织可被认定为"不受欢迎的组织"。7 月 7 日，俄议会公布了第一批 12 个"不受欢迎的组织"名单，其中包括索罗斯基金会、国际民主基金会、国际共和研究所、国家国际问题民主研究所、自由之家、民主教育基金会和世界乌克兰协调委员会等。该名单已送交俄罗斯总检察院、司法部和外交部处理。美欧支持乌克兰亲西方势力反对俄罗斯的做法在俄罗斯不得人心，使得一些亲西方的俄罗斯政治精英也被迫收敛行为。有些曾相当亲西方的学者现在也提出俄应"进一步面向亚太"，从"大欧洲到大欧亚"等主张。

（五）经济下滑对政局和社会稳定影响有限。

今年以来，俄罗斯政府进一步采取措施克服因西方制裁和国际市场石油价格下跌造成的经济困难，尽量减缓对国民经济和居民生活的影响。尽管俄罗斯出现消费品价格上涨、居民收入下降、国家机关和国有企业裁员等情况，但部分民众主要是对本部门和本地区领导有意见，对经济形势不满意，社会上并没有出现政治抗议行动。

预计今后一个时期，俄政局和社会将继续保持稳定。西方搞乱俄罗斯、搞垮普京政权的图谋不会得逞。

二、俄罗斯经济形势

由于西方坚持对俄制裁，油价走低、外资出逃、卢布贬值，加之原有经济结构畸形、金融体系超前开放等原因，当前俄罗斯经济形势持续困难，严重程度超过 2008 年金融危机。普京 2012 年当选后提出的复兴经济的目标大打折扣，计划很可能被迫推迟。**目前，经过努力，局面基本得到控制，俄从新兴国家也获得一定助力，可以排除出现经济崩溃的可能性，但经济复苏尚需时日。**

（一）经济滑坡，经济总量缩水。

受油价、汇率和制裁等因素影响，今年上半年俄罗斯 GDP 下降 3%（一季度-2.8%，二季度-4%），预计 2015 年 GDP 下降 4% 左右。俄经济发展部长日前表示，根据最新统计和分析，俄经济下滑已经触底，有望逐渐回升。国际货币基金组织也认为，俄罗斯名义 GDP 在 2015 年触底，2016 年后可能低速恢复。

（二）绝大多数宏观经济指标下降。

今年上半年俄罗斯工业生产同比下降 2.7%，零售业下降 8%，农业生产上升 2.9%。联邦预算赤字 8893 亿卢布，占 GDP 的 2.6%。失业率为 5.4%，失业人口 410 万。贫困人口为 2200 万，占七分之一。投资连续 19 个月呈下降态势。居民实际可支配收入连续 8 个月呈下降趋势。截至今年 7 月 13 日，年通胀率达到 15.8%。金融方面，由于大宗商品价格下跌，造成资本外逃。2014 年资本出逃 1115 亿美元，今年出逃资本可能超过 1000 亿美元。

（三）社会开支缩减，地方债务负担沉重。

俄罗斯国家财政困难，导致政府支出下降。政府准备放弃积极的社会政策，仅维持必要的社会支出，大幅削减医疗、养老金、退休金的支出数额。政府推行机构改革，大幅度压缩部委工作人员数量。俄联邦财政部今年 7 月公布报告，要求减少国家开支、提升效率,目标是在中期前景内实现联邦预算无赤字化。7月14日,政府公布反危机计划的初步结果,指出联邦主体拖欠债务状况严峻,其中商业债务占60%。政府准备重组地方债务,但资金缺口很大。预计普京2012年提出的社会发展战略目标不大可能实现。

(四)经济下滑对政局和社会稳定影响有限。

今年以来,俄罗斯政府进一步采取措施克服因西方制裁和国际市场石油价格下跌造成的经济困难,尽量减缓对国民经济和居民生活的影响。尽管俄罗斯出现消费品价格上涨、居民收入下降、国家机关和国有企业裁员等情况,但部分民众主要是对本部门和本地区领导有意见,对经济形势不满意,社会上并没有出现政治抗议行动。

未来,如果乌克兰危机继续发展甚至恶化,美欧很可能进一步加大对俄制裁力度,从而将对俄经济造成更加严重的影响。不过,**对于历来具有抗压和爱国传统的俄罗斯民族来说,即便俄经济明年继续低度负增长,也能挺得住。西方寄希望于俄经济崩溃导致政治动乱,进而推翻普京政权的打算注定要落空。**

(五)**俄西方经济关系恶化的长期性和严重性迫使俄当局开始认真考虑经济上"东进"的战略选择,改变长期以来在开发远东和西伯利亚问题上"述而不作"的老毛病。**如果该战略抉择得以真正实施,使俄经济能搭上中国和亚太地区经济发展的快车,将对俄经济振兴发挥重要作用。

以上看法供参考。

中国国际问题研究基金会

2015 年 7 月 29 日

(《国际问题研究报告》 2015 年第 30 期)

2015 年俄罗斯内政外交形势特点

2015 年 11 月 19 日,基金会欧亚研究中心就俄罗斯 2015 年内政外交形势特点举行研讨会。会议由中国现代国际关系研究院承办。多位前大使及来自外交部、中联部、五个合作单位、中央编译局俄罗斯研究中心、商务部国际贸易经济合作研究院、国际战略学会等单位的近 40 位专家学者出席研讨会。会议主要看法如下:

一、俄罗斯国内政经局势主要特点

（一）政局总体稳定，但影响政治稳定的因素依然存在。

政局总体稳定有以下特点：**一是爱国情绪高涨使普京支持率维持高位。** 今年 10 月普京支持率达到空前的 89.9%。**二是俄绝大多数政治力量团结在普京周围。** 杜马各政党间协调配合上升，反对党捣乱的意愿下降，议案通过率直线上升。国家杜马秋季会议讨论 193 项问题，反对党仅在 23 项中投了较多的反对票。体制内反对派仅俄共有重大政治诉求，要求政府下台、改变经济方针。列瓦达舆情中心 2015 年 2 月民调显示，仅 15% 的人支持体制外反对派，而 2011—2012 年俄大规模示威期间，支持体制外反对派者曾高达 40%。**三是"统俄党"在地方选举中大获全胜。** 9 月 13 日，俄举行大规模地方行政长官和议会议员选举。执政的统一俄罗斯党大获全胜，其候选人在 20 个联邦主体的行政长官选举中以压倒性优势获胜，在克麦罗沃州和鞑靼斯坦共和国的得票率甚至高达 97% 和 94%。该党在 10 个地区议会选举中亦得票过半，其优势地位得以巩固。**四是社会情绪总体平稳。** 这突出体现在储蓄率增长上。在实际工资和可支配收入下降的情况下俄居民储蓄率逆势上升，9 月份储蓄额增长了 15%。

俄政局总体稳定的主要原因：

一是爱国情绪高涨进一步增强了民众向心力。 "叙利亚效应"接棒去年的"克里米亚效应"，产生新的积极社会效应。据最新民调，认同俄罗斯是"伟大国家"的达到 65%，而 4 年前仅为 47%。民众拥护普京，支持强军，赞同对西方强硬。在俄军事介入叙利亚反恐行动后，普京支持率再度飙升。**二是体制内反对党（俄共、自民党、公正俄罗斯党）与政权党（统一俄罗斯党）继续保持合作关系，为政局稳定提供了稳定的政治架构。三是多党制"稀释"了体制外反对派，亲西方势力继续被边缘化。** 目前，俄正式登记的政党有 78 个，参加议会选举的政党增多，彼此竞争进入政坛的机会。这样反而有利于普京加强执政地位，有利于统俄党掌控议会。

在政局总体稳定的同时，也存在一些隐忧。主要表现在以下方面：

一是围绕国家发展道路等重大问题政治派别之间分歧明显。 俄共和"伊兹博尔斯克俱乐部"等体制内左派支持普京的政治、外交和军事方针，但要求改变自由资本主义的经济方针，撤换经济部门领导，甚至主张转为"动员经济"。而亲西方自由派仍坚持反对普京道路，主张俄成为西方世界的一部分，反对"转向东方"。**二是民众缺乏政治热情，对政党缺乏信任。** 今年地方选举投票率低，多数地方为 20%—30%，莫斯科仅 17.45%。70%的受访者知道参选政党及其领导人，但仅有 4%的人信任这些党。如民众对政党缺乏信任，今后有可能对政党选举机制产生负面影响。**三是经济衰退，生活水平下降，引发民众不满情绪**。但提出的要求尚仅涉及经济和社会福利，没有涉及政治。**四是体制外反对派仍有一定影响**。一些报纸和网络媒体传达自由派声音，散布不利于当局的言论；600 多个外国资助的非政府组织仍在活动，其中有的带政治性。

（二）**经济继续衰退，复苏不易**。

1. **经济总体下滑**。从 2014 年起，俄受乌克兰危机和西方制裁，特别是石油等国际大宗商品价格下跌的影响，经济逐步陷入衰退，去年 GDP 仅增 0.6%。今年上述不利因素影响持续，且由于油价继续下跌，俄经济持续衰退。今年第一季度 GDP 下降 2.2%，第二季度下降 4.6%，第三季度下降 4.1%。前三个季度经济总体下滑 3.8%。1—9 月外贸总额仅 4029 亿美元，同比下降 34.5%。

2. **影响俄经济的几项敏感指数不佳**。原料价格方面，2015 年 9 月的乌拉尔石油价格比去年同期下降 51.3%至每桶 46.7 美元，同期天然气价格下降 37.6%至每千立方米 233.6 美元，铝价下降 20.3%，镍价下降 45.3%，铜价下降 24.2%，铁矿石价格下降 44.3%。通货膨胀率从年初到 9 月底为 10.4%，预计全年将达到 15%。这种形势更增加了俄经济复苏的难度。

为克服经济困难，俄政府推出多重反危机措施。今年 1 月，俄政府出台《2015年保障经济可持续发展和社会稳定的首要措施纲要》，作为反危机的系统性纲领。一是促进经济增长，包括增加为保障经济可持续发展和社会稳定计划的预算拨款，扩大非原料商品包括高技术商品出口，促进中小企业发展等。二是提高银行体系的稳定性，建立有问题骨干企业的整顿机制；为大信贷机构增资 1万亿卢布。三是重新审查国家计划措施、联邦专项计划和向最优先方向以及补充的反危机措施拨款的专门投资计划。制定支持农业、住宅建设和住宅公用管理、工业和燃料动力综合体以及交通部门的措施。四是节约开支，优化预算支出，甄别和缩减无效的花费，2015 年大部分联邦预算支出缩减 10%。五是保障社会稳定，在优化预算支出的同时承诺要充分保障社会性义务的执行，并要求划拨额外的预算经费，对最脆弱的公民群体由于通货膨胀造成的额外的生活成本予以补偿，支持有效就业。

随着上述纲要措施的落实，近期俄经济出现一定积极迹象。一是经济指标微弱好转。一些主要经济指标在 7—8 月保持了相对稳定之后，9 月份出现微弱的好转迹象，GDP 比 8 月增长了 0.3%。工业在第二季度下跌 4.9%的情况下，第三季度下跌 4.2%，跌幅减少，9 月环比还增长了 0.8%。**二是俄国际储备保持相对稳定**，今年 1—11 月保持在 3600—3700 亿美元，1—9 月仅下降了 3.7%。11 月 6 日为 3661 亿美元。**三是外债下降**。俄外债峰值出现在 2014 年 7 月 1 日，为 7328 亿美元，此后连续 5 个季度下降。在 2014 年外债减少了 18%的基础上，2015 年继续下降，9 月底外债总额 5216 亿美元，一年间减少了 2112 亿美元，其中国家外债仅为 502.264 亿美元。**四是资本外流减缓**。1—9 月私人部门资本净流出为 450 亿美元，而去年同期达 768 亿。**五是金融市场企稳**。股票市场总体趋于稳定，大银行、公司股票市值有涨有跌。2015 年卢布汇率基本稳定在 1 美元兑 60 多卢布。

俄经济短期内将有所好转，但长期前景不容乐观。从短期看，俄经济因为政府的反危机措施和适应了新的经济态势而出现一定程度的稳定。在国际油价保持相对稳定的情况下，这种态势能够得以保持。如明年油价企稳、西方减轻甚至取消制裁，俄经济或逐渐走出衰退，并随着投资和消费的复苏出现一定的增长。世界银行预测俄 GDP 2015 年下降 3.8%，2016 年下降 0.6%，2017 年增长 1.5%。从长期看，俄经济的结构性问题根深蒂固，如无改变良策，即使走出衰退，经济至多也只能保持低速增长。

二、俄罗斯对外关系形势与外交

2015 年，因乌克兰危机引起的俄与美西方关系的严重对立虽未发生根本改变，但以今年 2 月签署的《新明斯克协议》为标志，出现一定程度缓和。而普京在叙利亚出奇兵空袭"伊斯兰国"则打开了俄反恐外交新局面。与此同时，俄在独联体地区和亚太地区的外交也取得新进展。

（一）《新明斯克协议》明确规定了顿涅茨克、卢甘斯克将来的自治地位，**是俄方通过让乌克兰实行联邦化、借东乌克兰牵制亲美基辅政权西靠的战略在法理上取得的成果，也是普京"乌克兰保卫战"的一个重要战果**。尽管让基辅政权真正吞下联邦化的苦果并非易事，《新明斯克协议》的完全落实尚需时日，但乌克兰危机形势逆转的可能性不大。

（二）**今年 1 月 1 日欧亚经济联盟的如期启动，标志着俄在推动欧亚经济一体化方面取得重要进展。**

由俄罗斯、白俄罗斯、哈萨克斯坦、亚美尼亚、吉尔吉斯斯坦五国组成的欧亚经济联盟是欧亚地区地缘政治格局的标志性变化，有利于俄与美在该地区遏制与反遏制的斗争。欧亚经济联盟作为新生事物，由于各种主客观原因影响，在初始阶段会遇到各种困难和波折，但从长远看，将有利于各成员国及该地区总体经济发展。

（三）**俄美核战略均势之争出现新动向**。

苏联解体标志着两极世界格局瓦解、美国一超独霸局面的形成。但在核军备领域原来的美苏两极格局并未被打破，现在仍是美俄两极格局。美力图打破这一格局，以取得绝对核霸权地位，为其确保全球霸权地位服务。而俄罗斯则全力保持与美的核战略均势。今年以来，美开始在东欧部署反导系统。普京明确表示，不能允许美方打破俄美之间的核战略均势。俄方将通过研发、部署具有强大突防能力的新型进攻性战略武器，保持与美的核战略均势。俄美之间保持与打破核战略均势之争的新动向值得密切关注。

（四）**俄军事介入叙利亚是今年俄外交一大亮点**。俄此举取得"一石多鸟"效果：一是对最危险的恐怖主义势力"伊斯兰国"给予沉重打击，同时占据了反恐道义制高点。二是巩固其在地中海的军事战略支点——位于叙利亚塔尔图斯、拉塔基亚的军事基地。三是有力支持了叙利亚亲俄的巴沙尔政权，从而维护俄在中东地区的战略影响。四是迫使美欧在反恐问题上与俄合作，从而有利于结成国际反恐联盟，同时也促使俄西方关系改善。法国总统访俄亲自推动与俄加强反恐合作，美国务院也对俄在叙行动公开表示欢迎。日前土耳其击落俄军机事件虽会造成某些干扰，但不会影响俄西方反恐合作的大方向。

（五）**由于俄在叙利亚反恐大出风头，加之巴黎遭受严重恐袭，出于舆论压力及与俄进行反恐合作的需要，西方出现调整对俄关系的动向**。G20 峰会期间的"普奥会"以及法国议长公开呼吁欧盟考虑减轻对俄制裁都是明显迹象。美国民主党总统参选人希拉里也表示对普京的态度要更理智一些。不过，目前看，这些调整本质上还是技术性的，属于机会主义性质。美俄互为战略对手的关系本质难以根本改变。

（六）**俄进一步加大"向东看"的亚太外交力度**，除加强与中国、印度、越南、蒙古等国家双边合作外，也进一步加大了其远东地区对外开放的力度，推出了一系列相关具体设想。

（七）**更加重视对华关系**。今年，俄与我共同庆祝卫国战争和抗日战争胜利70 周年，双方发表《关于深化全面战略协作伙伴关系、倡导合作共赢的联合声明》，标志着中俄战略协作伙伴关系的进一步深化。战略互信进一步加强。双方签署的"丝绸之路经济带"建设与欧亚经济联盟建设对接声明具有深远战略和经济意义。

以上看法供参考。

中国国际问题研究基金会

2015 年 12 月 1 日

（《国际问题研究报告》2015 年第 37 期）

当前俄罗斯内外形势特点及其对中俄关系的影响

2016 年 4 月 19 日，基金会欧亚研究中心举行俄罗斯国内形势与中俄关系研讨会。会议由新华社世界问题研究中心承办。我驻欧亚地区前大使，以及来自五个合作单位、中央编译局俄罗斯研究中心、商务部国际贸易经济合作研究院、国际战略学会等研究机构的专家学者近 20 人与会。会议就当前俄罗斯内外形势及其对中俄关系的影响进行了深入讨论。会议主要看法如下：

一、俄罗斯国内政局将继续保持稳定

今年开始，俄即将进入新一轮政治周期，即今年 9 月的杜马（议会）选举和 2018 年的总统选举。总的看，目前俄国内政局总体稳定的局面将持续下去。其主要原因是：（一）尽管美欧等西方国家以乌克兰危机为由，对普京执政团队的主要成员进行政治、经济制裁，甚至把矛头直指普京本人，但普京团队仍保持着团结，西方分裂俄执政当局的目的未能得逞。（二）俄广大民众坚定支持普京。特别是去年 9 月俄出兵叙利亚反恐卓有成效，大大提升了俄国际影响力，进一步提高了普京的社会支持率。（三）鉴于俄国内亲西方反对派力量明显削弱，尽管他们很可能会在年内杜马选举期间搅局，但难以形成类似 2011 年底上届杜马选举期间街头动乱的局面。预计普京的统一俄罗斯党仍将是下届杜马的主导力量。而普京本人则很可能参加 2018 年的总统选举，其结果也将无悬念。据俄民意调查机构最近调查结果，三分之二受访者表示希望普京在 2018 年总统选举中继续获胜连任。这也就意味着，至少 2024 年以前俄仍将是普京时代。

二、在西方制裁和国际市场油价持续下跌的双重打击下，俄罗斯经济出现衰退。而长期形成的不合理的经济结构则构成其经济脆弱的根本病因

尽管当前俄经济上面临重重困难，但与苏联解体初期的困难局面相比，是小巫见大巫。俄罗斯凭借自身优越的客观条件，完全能够承受当前的经济困难。

另外，具有浓厚爱国传统的俄民众在西方压力面前反而更增强了凝聚力，西方试图通过制裁迫使俄屈服完全是幻想。与此同时，俄对加强经济结构改革更加重视，对外则积极建立更加多元化的经济关系，以此弥补西方制裁造成的经济损失。**目前，俄经济形势已经出现一些亮点，如粮食产量和出口增加，高科技产品、军工产品出口也都在增长，今年 2 月份俄经济首次出现增长趋势。这些都预示着俄经济将走出困境的前景**。普京在不久前面向全国"直播连线"时对俄经济形势表示出谨慎的乐观，他说："2015 年我们的 GDP 下滑了 3.7%。今年政府认为，我们仍将经历小幅下滑，但只有 0.3%。明年预计将增长 1.4%。"

三、普京的"乌克兰保卫战"取得阶段性胜利，俄西方关系出现缓和迹象

经过两年多的激烈角逐，西方试图以制裁迫使俄放弃支持乌东部地区的政策已经失败，通过升级版"颜色革命"使乌克兰完全西化的政治目标也已经破产。乌克兰已经成为西方烫手的山芋。欧盟由于自身经济困难，又面临难民危机、恐怖主义威胁等难题，既无心也无力继续背负乌克兰这个沉重包袱。而美国内面临总统大选，外部则要应对中东、亚太一系列热点问题。美欧不得不减少对乌克兰危机的投入，同时谋求缓和对俄关系。欧盟放风称，鉴于内部要求减轻对俄限制措施的呼声越来越高，今年 7 月将讨论关于减轻对俄制裁的问题。欧盟委员会主席容克则明确表示，乌克兰在 20—25 年内不能成为欧盟和北约成员国。与此同时，德国外长施泰因迈尔表示，七国集团可能在一年后讨论重新吸纳俄罗斯、恢复八国集团模式。不久前，因乌克兰危机"停摆"了近两年的北约—俄罗斯理事会也举行了首次大使级会议。所有这些都表明，俄西方关系的缓和已是可预期的趋势。这意味着俄的外部环境将出现一定程度改善。

不过，西方即使以某种妥协暂时"冻结"与俄在乌克兰问题上的冲突，并不意味着问题的彻底解决，更不意味着俄西方特别是俄美在乌克兰的战略矛盾最终解决。双方围绕乌克兰的较量短期内不会终结，俄美互为战略对手的关系本质更不会改变。

四、当前俄罗斯内外形势对中俄关系的影响

（一）俄国内政局保持长期稳定，普京继续执政将为中俄全面战略协作伙伴关系稳定和发展提供重要政治保障。

（二）俄经济困难虽然会影响中俄经济关系的正常发展，但也会促使俄更重视与我经济合作，以为其克服经济困难提供支持，从而有利于巩固中俄政治关系。

以上看法供参考。

中国国际问题研究基金会

2016 年 4 月 25 日

（《国际问题研究报告》 2016 年第 8 期）

······

当天，新华社对此次研讨会进行了如下报道：

专家认为中俄两国应着力夯实战略协作的经济基础

新华社北京 4 月 19 日电（记者 魏忠杰 王晨笛） 19 日在北京举办的中俄关系研讨会上，与会专家认为，在新的国际形势下，中俄应继续增强在政治领域的战略协作，同时两国经济关系滞后于高水平政治关系的局面亟待改变。双方应切实增进经济合作，夯实战略协作的经济基础。

在中国国际问题研究基金会与新华社世界问题研究中心联合举办的研讨会上，专家们认为，去年中俄贸易额出现下跌实属意料之中，但在俄经济下滑、国际市场大宗商品价格急剧下跌等多重不利因素的影响下，两国贸易额仍然达到 680 亿美元，这来之不易。另外，中俄贸易占了俄罗斯外贸总额的 12%，中国保持了俄罗斯第一大贸易伙伴国地位，金融合作的规模在不断扩大，这说明双边贸易质量在提高。

与会专家认为，15 年前中俄两国签署的《中俄睦邻友好合作条约》为中俄发展战略协作伙伴关系奠定了法律基础，为当今世界新型大国关系提供了典范。目前中俄双方都认同双边政治关系处于历史最好水平，同时都希望把良好的政治关系转变为更多的务实成果。

谈到俄罗斯国内的经济形势，专家们指出，虽然俄经济因油价下跌、西方制裁等面临困境，但俄罗斯保持了国内政局稳定，民众应对外来压力的凝聚力在增强，并且在经济发展中也不乏亮点，如粮食产量和出口增加、军工产品出口增长等，相信俄罗斯能够渡过目前的困难局面。

专家们认为，今后应继续坚定不移发展中俄关系，其发展不应因为国内国际形势的变化而变化，要继续齐心协力，把中俄战略协作伙伴关系推向新高度。

（2016-04-19 来源：新华社）

俄罗斯著名的《独立报》对新华社俄文网站关于此次研讨会报道的有关内容给予了关注，并于 4 月 20 日发表了如下评论：

昨天，中国国家通讯社《新华社》报道了中国一些权威经济学者对俄罗斯经济前景的看法。他们认为，俄罗斯经济不会崩溃，可以继续与俄罗斯企业做生意。中国国务院发展研究中心欧亚社会发展研究所俄罗斯外交政策研究室主任万成才认为："俄罗斯能够挺住，有能力应对目前严重的局面。"中共中央编译局俄罗斯研究中心主任徐向梅认为，俄罗斯经济"最困难的时期已经过去了"。尽管目前仍有危机，但形势是稳定的。

2016 年俄罗斯国家杜马选举形势预测

2016 年 9 月 18 日，俄罗斯将举行新一届国家杜马选举。8 月 16 日，基金会欧亚研究中心就杜马选举形势分析预测、选后俄国内局势走向举行研讨会。会议由中国现代国际关系研究院承办。我驻欧亚地区前大使，以及来自五个合作单位、中央编译局俄罗斯研究中心、国际战略学会等研究机构的俄罗斯问题专家学者近 20 人与会。会议主要看法和相关工作建议如下：

一、杜马选举可望平稳进行，统一俄罗斯党获胜无悬念

（一）俄罗斯当局为杜马选举平稳进行提供政治保障。

俄当局汲取 2011 年杜马选举后爆发大规模游行示威的教训，围绕本届杜马选举采取一系列措施，防止再现 5 年前的局面：修改选举法，降低政党进入国家杜马的得票率门槛（由 7%降至 5%），恢复党派和单席位选区混合选举制；依法规范游行集会，修订《群众集会法》，新增不得在夜晚举行游行集会的条款；实施《外国代理人法》《不受欢迎组织法》，严控从事政治活动的非政府组织（特别是接受外国资助的非政府组织），防范西方国家利用非政府组织插手俄内政；修订《反恐法》，把围困政权机关、阻挠政权机关正常工作的行为定性为恐怖行动；严密监控互联网，以打击极端主义思想和行为的名义屏蔽违法网站，通过国企参股等形式进一步掌控约 90%的地方媒体；精英本土化，法律规定官员、议员和国企负责人及其直系亲属不得拥有海外资产，防止政治精英"身在曹营心在汉"；加强爱国主义宣传，形成反西方舆论氛围等。此外，为强化维稳力量，普京在内卫部队的基础上成立独立的国民近卫军，该部队首次演习即模拟镇压大规模街头示威。总之，俄罗斯当局在改善政治气候、完善选举制和防范"颜色革命"等方面采取多项有力举措，强化控局能力，保障了国内形势的稳定，以确保 9 月杜马选举平稳进行。

（二）俄罗斯外交连连得分，有利于掌控杜马选举局势。

虽然乌克兰危机仍处于僵局，美西方对俄制裁也还在持续，但普京通过使克里米亚入俄和签订《新明斯克协议》取得"乌克兰保卫战"的阶段性成果，加之欧盟当前自身问题成堆、美国面临总统大选，自顾不暇，难以加大对乌克兰亲西方当局的支持力度，从而使得乌克兰危机总体形势发生有利于俄的变化。去年9月底以来俄军直接打击叙利亚境内伊斯兰国恐怖势力，近期土耳其主动改善对俄关系，这些都大大提高了俄在国际上特别是在中东地区的影响力，明显改善了俄的国际环境，同时也进一步巩固和增强了普京在国内的执政地位，使其在民意测验中持续保持80%以上的高支持率。这也自然会提高俄罗斯民众在9月杜马选举中对执政党统一俄罗斯党（以下简称统俄党）的支持度。

（三）选举结果悬念不大，预计统俄党将继续保持在杜马内的优势地位。

目前杜马内的四个政党分别为统俄党、俄罗斯共产党、公正俄罗斯党和自由民主党，所占席位分别为：238席、92席、64席和56席。9月杜马选举将有21个政党竞争杜马席位。为赢得选举，统俄党首次引入"初选"机制吸收各界精英；利用"全俄人民阵线"夯实群众基础，提升政权党支持率。体制内反对派俄共、公正俄罗斯党和自民党无法提出比当局更有吸引力的纲领，只能安于充当"建设性反对派"。亲西方的体制外反对派在经历涅姆佐夫遇刺等打击后渐呈碎片化趋势，难掀风浪。因此，预计本次选举统俄党将能继续取得简单多数胜选。全俄舆情研究中心预计，统俄党的得票率不会低于51%（2011年杜马选举得票率为49.29%）。俄共、公正俄罗斯党、自民党以及其余诸党仍将处于少数。

目前看，选后杜马内政党格局总体上不会大变。但也有分析指出，由于公正俄罗斯党遭到祖国党、退休者党的分化，可能将难以逾越进入杜马的5%得票率门槛，不排除下届杜马形成统俄、俄共、自民党三党为主的格局。另外，由于选举结果没有悬念，有可能影响民众投票积极性。目前列瓦达中心民调显示，只有20%的受访者表示将肯定投票，26%的人有投票意愿，也就是说投票率可能会比较低。

（四）选举期间重现2011年杜马选举时亲西方反对派大规模街头闹事情景的可能性不大。

一方面，美欧由于专注于处理自身内部事务（美国总统大选角逐正酣，欧盟因英国脱欧、难民问题和恐袭威胁自顾不暇），直接插手搅局杜马选举的能力较2011年有所下降，可谓力不从心。另一方面，普京在国内的人气高涨，笼罩在普京光环下的统俄党在选举中继续取胜自然也会受到大多数民众支持。已不成气候的亲西方民主派要想再煽动街头动乱，不得人心，难以如愿。

二、杜马选举结果将拉开又一个普京时代的序幕

这次杜马选举既是今年俄罗斯国内政治生活的头等大事，也是 2018 年下届总统大选的提前预演。如果 9 月杜马选举不出所料平稳落幕，估计选后普京将为其在 2018 年总统选举中竞选连任积极布局。在内政方面，首先将继续把维稳放在首位，坚决防范任何"颜色革命"的企图。同时主动调整充实执政团队，组建新班子，树立新形象，提高执政能力。目前已出现相关迹象。最近一段时间普京密集撤换了总统办公厅、中央选举委员会、总统事务局、总统保卫局、俄罗斯铁路公司、联邦海关署、联邦移民署、联邦麻醉品监督局等重要国家机关和国企的一把手，启用了一批新人。

如何尽快使俄经济止跌回升，将是杜马选举后普京工作日程上的一个重大而困难的任务。长期以来，俄经济结构痼疾难消，加之近两年遭受西方制裁、国际能源价格下跌，其经济持续低迷，甚至陷入衰退。2013—2015 年 GDP 增速分别为 1.3%、0.6%和-3.7%。今年上半年，随着俄经济逐步适应"新常态"，GDP 跌幅收窄，第一、二季度分别下降 1.2%和 0.6%。外界普遍预计，俄已渡过经济难关，明年有望出现低速增长。但从长期来看，支撑俄经济增长的基本动力严重不足，原料出口型经济增长模式短期难有根本改观。普京需要在 2018年总统大选之前在经济领域有所作为，以便为下一个普京时代奠定良好的经济基础。近来，普京在这方面也开始有动作。他亲自主持召开总统经济委员会会议，寻找未来十年新的经济增长点和结构改革之道；重新启用前财长库德林出任克里姆林宫总统经济委员会副主席；展开关于未来经济发展道路的"大讨论"等。

三、关于杜马选举的相关工作建议

这次基本无悬念的杜马选举将预示着普京在 2018 年的总统选举中有把握再次问鼎克里姆林宫，开启又一个普京时代，从而也就意味着俄罗斯政局在今后相当长时间内仍将保持稳定。这一前景将有利于中俄全面战略协作伙伴关系的巩固和发展。

鉴此，我应在即将举行的俄罗斯国家杜马选举问题上给予俄积极恰当的政治支持，以此进一步增强与俄的政治互信。建议：

（一）利用普京 9 月初参加杭州 G20 峰会之机，在中俄元首双边会晤时表

明我对统俄党争取胜选的支持，并祝愿国家杜马选举顺利成功举行。

（二）在杜马选举结束后，尽快以某种公开方式表明中方对选举过程和选举结果的肯定态度。

以上看法和建议供参考。

中国国际问题研究基金会

2016 年 8 月 22 日

（《国际问题研究报告》 2016 年第 23 期）

......

2016 年 9 月 18 日俄罗斯杜马选举如期举行后，中外媒体的有关报道和中国官方的正式反应表明我们在上述研究报告中做出的有关分析预测基本准确，有关建议比较得当。

1. 关于选举结果：

2016 年 9 月 19 日新华社报道了俄中央选举委员会发布的杜马选举结果初步统计的消息：

统俄党在俄罗斯国家杜马选举中胜出

截至当地时间 19 日上午，根据 95.26% 选票的统计结果，俄执政党——统一俄罗斯党（简称"统俄党"）在本届俄罗斯国家杜马（议会下院）选举中赢得其中 54.19% 的选票，成为杜马第一大党。

据俄中央选举委员会发布的消息，依据上述统计结果，统俄党将在 450 个杜马议席中占据 343 个。俄罗斯共产党的得票率位居第二，获得 13.43% 的选票，将在杜马中占据 42 个议席。此外，俄罗斯自由民主党和公正俄罗斯党分获 13.25% 和 6.18% 的选票，其在杜马中的席位将分别是 39 个和 23 个。其余参选政党的得票率均未超过 5%，不能按"政党比例代表制"进入杜马。

（2016-09-19 来源：新华社）

2. 关于选举形势和投票率：

法新社莫斯科 9 月 19 日电 据不完全统计，统一俄罗斯党在周日的俄议会选举中轻松获胜，这可能会为俄总统普京在 2018 年步入第四个任期铺平道路。国家杜马工共有 450 个席位，周日的投票一帆风顺。当局千方百计避免上次那种大规模抗议活动重演。

西班牙《国家报》网站 9 月 18 日报道：冷漠笼罩在刚刚结束的俄罗斯杜马

选举中，尤其是在莫斯科和圣彼得堡等大城市，投票率跌至本世纪以来的最低点。俄全国投票率不足 40%。

3. 关于杜马选举后普京在人事布局方面的政治考虑：

人民网莫斯科 9 月 23 日电（记者　华迪）　据俄塔斯社今日消息，俄罗斯总统弗拉基米尔·普京建议第七届国家杜马议员支持克里姆林宫办公厅副主任维亚切斯拉夫·沃洛金出任新一届国家下议院议长，及俄国家杜马主席。

周四，普京签署法令任命原杜马主席谢尔盖·纳雷什金担任俄对外情报局局长，任命自 10 月 5 日起生效。此前，该职位由米哈伊尔·弗拉德科夫担任。

（2016-09-23　来源：人民网·国际频道）

22 日，俄罗斯总统新闻秘书佩斯科夫表示，俄总统普京已提名上届国家杜马主席纳雷什金担任对外情报局局长。

分析人士认为，在俄经济形势较为困难、外交上受到西方孤立以及执政党赢得国家杜马选举的大背景下，普京这样的人事调整显现出为 2018 年总统选举布局的意味。

近段时间以来，普京的心腹圈开始出现新动向。从去年 10 月俄罗斯铁路股份公司原总裁亚库宁去职，到最近的普京"大管家"、俄总统办公厅主任伊万诺夫职位变动……实现干部队伍年轻化、提升技术型官员比例、保持任职人员忠诚度、保障执政系统有效性，已成为一系列人事改革的重点。

另有分析认为，就在几天前，统俄党在国家杜马选举中获得超半数选票，维持了国家杜马第一大党的地位。尽管俄总统新闻秘书佩斯科夫先前拒绝说明普京是否打算 2018 年寻求连任，但分析人士认为，这样一场具有"风向标"意义的胜利从一定程度上缓解了统俄党和普京在选举前面临的压力，为其腾出精力调整人事安排、提前布局两年后的总统选举铺平了道路。

（2016-09-24　来源：《解放日报》）

4. 中国官方对杜马选举的正式表态：

9 月 19 日，中国外交部发言人陆慷在新闻发布会上就杜马选举结果公开表明了中方的肯定态度：

问：9 月 18 日俄罗斯举行了国家杜马也就是议会下议院的选举。中国对此有何评论？

答：国家杜马选举是俄罗斯国家政治生活中的一件大事。作为全面战略协作伙伴，中方坚定支持俄罗斯人民自主选择的发展道路，坚定支持俄方把自己的事办好。我们相信本届国家杜马选举结果充分体现了俄罗斯人民的意愿，将有力促进俄罗斯国家建设和经济社会发展。

2016 年俄罗斯内政外交形势特点

2016 年 11 月 11 日，基金会欧亚研究中心就 2016 年俄罗斯内政外交形势特点举行研讨会。会议由社会科学院欧亚研究所承办。多位前大使及来自五个合作单位、中联部调研咨询小组、国际战略学会等单位的 20 余位专家学者出席研讨会。会议主要看法如下：

一、2016 年俄罗斯国内政治局势和经济形势主要特点

（一）俄政局较前更加稳定

1. **普京总统的支持率居高不下，成为俄政局稳定的压舱石**。民调显示，普京的支持率一直保持在 80% 左右，另有 60% 的民众支持普京参加 2018 年的总统选举。同时，普京得到其执政团队的坚定支持。

2. **统一俄罗斯党在今年国家杜马选举中大获全胜**。其席位超过三分之二，已握有宪法多数。其他三个议会党（俄罗斯共产党、自由民主党和公正俄罗斯党）的席位均少于上届。而亲西方体制外反对派受到重挫，已形不成气候，与 2011 年上届杜马选举期间在美国支持下大搞街头动乱的情景形成鲜明对照。这也表明普京的执政基础进一步巩固。

3. **俄社会精英和民众爱国主义情绪高涨**。西方以乌克兰危机和克里米亚脱乌入俄为由对俄实施的制裁未能达到压服俄的目的，反而促使俄民众更加支持普京，进一步增强了民族凝聚力。

4. **政权维稳能力进一步增强**。普京当局对防止西方在俄策动颜色革命方面始终保持高度警惕，采取各种有效措施压缩亲西方体制外反对派活动空间，使得外部敌对势力失去渗透俄罗斯的抓手。

5. **民生有保障**。面对由于西方制裁造成民众收入和生活水平有所下降的问题，政府采用各种措施保障民生，尤其是对弱势群体的扶持，确保广大民众生活维持了正常水平。

（二）俄经济下行放缓，有望触底回升

经过两年的衰退，俄主要经济指标今年开始向好，从明年起，俄经济有望恢复增长。与 2015 年相比，2016 年 1—8 月俄国内生产总值增长率从 -3.8% 提高到-0.7%，工业产值增长率实现由负转正，从-3.2%到增长0.4%，农业生产增长率从1.7%升到3.4%。同时，通货膨胀率从9.8%下降到3.9%，为历史新低。俄外汇储备在2015年春季降到历史最低水平以后，今年国库收入增长400亿美元，总额达到近4000亿美元。一年内，卢布对美元的汇率升值14%，股市升值13%。标准普尔最近对俄经济的评级已经改变，从"负面"调整为"稳定"，根据标准普尔的预测，未来几年俄经济年均增长率为1.6%。

俄经济2016年还有以下亮点：**粮食产量连年大增**。今年的粮食产量为1.17—1.2亿吨，可出口4000万吨，为近40年的最高纪录。粮食出口将带给俄每年200亿美元的收入。**军火出口火爆**，尤其是反导系统和防空设备的出口，每年可收入150亿美元。现已有今后3年的军工出口订货。**替代性产品生产取得一定进展，**已能基本满足国内需要。这是2015年决定重点发展农业、服务业、食品加工业等产业的结果。

（三）俄国内政治经济形势前景展望

1. **政局将继续保持稳定**。作为今年俄国内政治生活头等大事的杜马选举实际上是2018年下届总统大选的提前预演。杜马选举的平稳、成功落幕是俄国内政局今后继续保持平稳走势的晴雨表，同时也拉开了2018年又一个普京时代的序幕。特朗普当选后与普京的良性互动，预示着美国近期将不会如2011年那样公开给俄制造国内政治麻烦。这也有利于俄国内政局稳定。

2. **经济困难状况有望得到改善**。11月14日特朗普在与普京电话会谈时明确表示愿与俄加强经贸合作。这也预示着美对俄实施的经济制裁将会弱化，甚至有可能取消。而这无疑对俄振兴经济是重大利好。此外，随着石油价格逐步回升，远东开发取得一系列成果，也是俄今后经济发展的有利因素。

3. **颜色革命的潜在威胁、分裂主义和宗教极端恐怖主义势力仍将是今后影响俄国内政治、安全和稳定的重要因素。**

4. **俄罗斯缺少市场经济基因的民族思维惯性妨碍了开拓经济改革之路的努力，**也使得根深蒂固的经济结构问题至今未找到解决良策。如何真正解放生产力，使俄经济依靠内生动力得以持续健康发展，仍将是普京今后在经济领域面临的最大挑战。

二、2016年俄罗斯对外关系基本态势和外交取向

（一）普京的"乌克兰保卫战"取得阶段性胜利

西方通过升级版"颜色革命"使乌克兰完全西化的政治目标已经破产，试

图以制裁迫使俄放弃支持乌东部地区的政策也已经失败。欧盟委员会主席容克已公开表示，乌克兰在 20 年到 25 年内不可能成为欧盟和北约成员国。这也就意味着乌克兰现在的亲西方掌权者有可能成为西方事实上的弃儿。

（二）俄西方围绕乌克兰危机出现的紧张关系有望缓和

如今，乌克兰已经成为西方的烫手山芋。今年以来，欧盟由于自身经济困难，又面临英国脱欧、难民危机、恐怖主义威胁等难题，无力继续背负乌克兰这个沉重包袱。而美国由于忙于总统大选，外部还要应对叙利亚、朝核、南海等一系列热点问题，也被迫减少对乌克兰危机的投入。**特朗普当选后，更表现出希望与俄罗斯实现关系正常化的积极态度。既然乌克兰危机的始作俑者美国都开始变脸，当初在一定程度上是被美国挟持卷入乌克兰危机的欧盟调整政策也就很自然了。**实际上今年欧盟内部已陆续出现一些要求减轻对俄制裁、谋求缓和对俄关系的呼声。更何况俄罗斯是欧盟重要贸易伙伴，对俄制裁的反作用力已给欧盟经济造成不小损失。预计今后欧盟将会乐见美俄关系的改善。随着俄西方在乌克兰危机问题上紧张关系的缓和，北约在东欧和黑海地区的军事动作也有可能减弱。

虽然美欧可能以某种妥协方式暂时"冻结"乌克兰危机，俄西方关系的缓和也是可预期的趋势，但并不意味着乌克兰问题的彻底解决。鉴于乌克兰对俄美双方在前苏地区战略角逐的胜负至关重要，俄美之间争夺乌克兰的战略较量短期内难以终结。

（三）俄在中东的影响力进一步加强

俄在去年军事介入叙利亚冲突基础上，今年继续帮助巴沙尔进一步巩固政权，重创"伊斯兰国"势力。俄与美在叙利亚的角力中由弱变强，通过叙利亚在中东站稳了脚跟。同时，俄还成功利用土耳其国内政局动荡及其与美国关系出现的龃龉，实现了俄土关系的戏剧性翻转，从而进一步增强了俄对中东局势的影响力。

（四）俄在亚太地区的"向东看"外交取得新进展

以安倍、朴槿惠出席 9 月初在符拉迪沃斯托克举行的第二届东方经济论坛为标志，俄日、俄韩经济合作出现升温势头。普京 12 月访日预计会进一步推进两国关系，但南千岛群岛（北方四岛）问题难有突破。俄与东盟的关系得到加强，5 月在索契成功举行的第三届俄罗斯—东盟峰会为俄与东南亚国家的合作提供了新动力。俄的南亚外交在继续保持与印度传统合作关系同时，与巴基斯坦的关系也取得新突破，今年 9 月双方在巴境内举行了代号为"友谊 2016"的首次联合军事演习。

（五）"特朗普时代"开始后的俄美关系前瞻

1. 目前看，特朗普的保守主义和孤立主义倾向将会决定其对外战略总体上实行收缩方针，对俄罗斯的战略挤压程度有可能减弱。这将为已陷入冰点的俄美关系回暖提供前提。

2. 特朗普在竞选期间多次表示的对普京个人领导力的"欣赏"为俄美关系的改善创造了良好气氛。

3. 普京在特朗普当选后第一个向其表示祝贺，是为了抓住机遇，推动俄美关系的改善。而随后两人在电话会谈中就实现两国关系正常化达成共识，则预示着俄美关系在特朗普明年 1 月正式入主白宫后会有一个良好开端。

4. 俄美关系今后能回暖到什么温度，尚有待观察。但可以肯定的是，无论特朗普今后对俄政策有何变化，对俄罗斯而言，都不会比希拉里当选更糟。

5. 从根本上说，特朗普对俄政策的调整是战术性的，而非战略性的。特朗普不会改变维护美国霸权地位的美国对外战略目标，而俄罗斯是世界上有能力对美国霸权地位构成挑战的主要国家之一。特别是在核军力领域，俄仍是美最主要的对手，被美视为最大的安全威胁。而维护俄美之间的战略核力量均势、保卫俄罗斯在前苏地区的战略生存空间，则是俄的两大核心利益，也是普京复兴俄罗斯的重要资本。这就决定了俄美之间互为战略对手的关系本质将长期存在，不会因特朗普上台而改变。

以上看法供参考。

中国国际问题研究基金会

2016 年 11 月 17 日

（《国际问题研究报告》 2016 年第 33 期）

俄美关系调整趋势

2017 年 3 月 9 日，基金会欧亚研究中心举行"乌克兰危机与俄西方关系新动向"研讨会。会议由中国国际问题研究院欧亚所承办。20 余位资深大使和来自中联部、五个合作单位、国际战略学会等研究机构的专家学者与会，就特朗普当选美国总统以来俄美关系的调整趋势进行了深入讨论。会议有关看法和相关工作建议如下：

一、俄美关系有望回暖

去年美国两位总统候选人在竞选期间被美国民众称为"丢人"的表演暴露出美国一直引以为自豪的政治制度出了问题，"生病了"。特朗普上台后，把战略重心更多转向国内，奉行"内向化"方针，则表明"生病"的美国"累了"，维护其一超独霸的地位已感到力不从心，对外不得不考虑有所收缩。其主要表现，一是减少对盟友的防务支援，减轻美国的财政负担；二是缓和俄美关系，以改善外部战略环境；三是与中国调整贸易关系，意在为国内经济谋利；四是重视中东反恐、移民控制，以维护国内安全。缓和处于冰点的对俄关系是实现其"内向化"战略目标的重要一环。在这方面特朗普具有一些内外有利条件：随着特朗普上台，美国国内的对俄温和势力影响也在增长，包括国务卿、国家安全顾问、司法部长在内的内阁要员都主张调整俄美关系。而俄方则抓住机遇，积极回应特朗普示好言论，表示愿意推动双方关系正常化。尽管目前美俄双方还仅限于口头示好阶段，尚未真正握手言和，但从发展趋势看，俄美关系某种程度的回暖是可以预期的。

二、俄美关系的回暖将是有限度的

尽管特朗普打算缓和自乌克兰危机爆发以来严重恶化的美俄关系，但仍面临国内各种因素的牵制：第一，美内部的反俄势力强大，制约特朗普改善对俄关系的努力。美反俄派遍布国会、军方、情报机构、新闻媒体。特朗普任何友俄行为都可能被质疑。国会已经开启的对特朗普竞选团队的"通俄"调查，对特朗普执政地位和政治声誉已构成挑战。由于多年的媒体渲染、政客宣扬，美反俄势力拥有较广泛的民意基础，近期民调表明，75%的美国民众视俄为威胁，72%的民众不赞成改变对俄政策。第二，也是最主要的，美俄双方结构性战略矛盾无法根本解决：美为维护全球单极霸权地位，必然要奉行遏俄、弱俄的战略，不允许俄东山再起。而普京治下的俄罗斯则坚持复兴俄罗斯大国地位的目标不动摇。双方结构性战略矛盾集中表现在两个领域：一是在核武器领域图谋打破战略平衡与继续维持战略平衡的斗争，二是在前苏地区遏制与反遏制的较量。上述战略矛盾决定了俄美关系今后即使出现某种程度回暖，也将是有限的。甚至不排除重蹈当年两国宣布关系"重启"之后，高开低走，无果而终的覆辙。

三、几点工作建议

（一）美俄双方互为战略对手的结构性矛盾将长期存在，我对俄美关系可能出现的有限回暖应保持战略定力，继续维护好、经营好中俄战略协作伙伴关系。

（二）针对舆论界某些唱衰中俄关系的论调，俄驻华大使杰尼索夫2月初曾明确表示，俄中关系不会随美国政府的更迭而发生变化。对俄罗斯和中国而言，什么都未改变。倘若将俄罗斯视为左右逢迎的变量，这相当奇怪。杰尼索大的这番话代表了克里姆林宫的立场。在当前敏感时刻，我宜就对美关系加强与俄方的沟通，防止"特朗普现象"干扰中俄关系大局。同时继续加强民间交流，进一步夯实中俄关系的社会基础。

（三）特朗普任命被认为"和中国高层有良好关系"的艾奥瓦州州长布兰斯塔德出任驻华大使，从一个侧面表明其在对华关系上的积极一面。我对此可善加利用。

（四）国内舆论界存在某些恶意炒作俄美关系走近的现象，试图干扰我对俄政策，应引起重视。建议宣传主管部门加强管理，同时大力传播正能量。

以上看法和建议供参考。

中国国际问题研究基金会

2017 年 3 月 15 日

（《国际问题研究报告》 2017 年第 10 期）

第二节　关于欧亚地区形势的研究

自 2010 年以来，基金会欧亚研究中心密切跟踪欧亚地区形势，对　些重人问题及时提出相应看法。每年年底会对欧亚地区形势进行一次总体分析评价。同时提出相关工作建议。有关看法基本符合客观实际，有关建议与事后的外交实践基本一致。

乌克兰总统选举形势分析预测

2010 年 1 月 7 日，基金会欧亚研究中心举行研讨会，就将于 2010 年 1 月 17 日举行的乌克兰总统选举形势进行讨论。会议由中国国际问题研究所承办。我前驻乌克兰大使和驻独联体其他国家大使以及中联部、中国国际问题研究所、新华社世界问题研究中心、社科院欧亚所、国际战略学会、北京外国问题研究会的专家学者近 20 人出席会议。会议主要看法和对策建议如下：

一、大选的基本态势

（一）**此次乌克兰大选意识形态色彩减弱，进程较为平静**。同 2004 年总统选举相比，此次大选意识形态色彩减弱，候选人的政策主张都较为务实；选举进程相对平静。这一方面是由于选民厌倦了政治斗争，人心思定。另一方面是由于俄美关系走向缓和，外部对乌公开干预减少。鉴此，类似当年橙色革命的局面不大可能出现。

（二）**亚努科维奇和季莫申科在第一轮投票中胜出的可能性最大**。根据多次民意测验结果，18 位候选人当中，地区党主席亚努科维奇和现任总理季莫申科的支持率始终居于领先地位，且与其他候选人明显拉开距离。现任总统尤先科已无获胜希望，出现其他黑马的可能性也不大。但亚、季两人在第一轮选举中都难最后取胜，估计还将进行第二轮角逐。目前亚努科维奇虽在民意测验中领先季莫申科，但因第二轮选举将涉及其他候选人的选票流向以及美、俄等外部因素的影响，二人角逐的最终结果尚难确定。

（三）**亚努科维奇和季莫申科在选后存在联手的可能**。不排除亚和季组成搭档，分别出任总统和总理的可能。但是，无论谁担任总统，最关键的问题还是权力架构，即总统、政府、议会权力分配问题。目前，亚努科维奇和季莫申科都主张修宪，加强总统权力。

二、俄美对乌克兰大选的态度

（一）**俄美对亚或季当选都能接受**。为赢得外部支持，亚努科维奇和季莫申科都对各自竞选纲领做出调整，双方政策基本接近。鉴此，俄美虽对乌新总统人选各有一定的倾向性，但也都在思想上做好了接受大选结果的准备。俄虽倾向亚努科维奇，但也可接受季莫申科。美也同亚努科维奇进行过接触。

（二）**俄美对此次大选公开干预减少**。俄美对乌战略目标和基本政策没有改变，双方在乌大选过程中的幕后较量依旧。但同 2004 年的高调介入相比，俄美此次在表面上都保持了克制，态度也较为收敛。不过，当选举进行到较为关键的第二轮投票时，美国是否会从幕后走向台前，值得密切关注。

俄美均有手段施压于乌克兰新政府。俄可通过能源等经济手段向乌施压，美可借用政治操作、智囊控制等手段。总体看来，俄对乌的影响力在上升。这也同今年以来俄美在独联体地区力量对比变化有关，美忙于应对金融危机和反恐，在独联体地区处于战略收缩状态，而俄的地区影响力较前有所回升。

三、乌克兰新政府对外政策走向

（一）**乌对俄美政策将趋于平衡，乌俄关系会有所提升。**与尤先科奉行亲美疏俄政策不同的是，无论是亚努科维奇，还是季莫申科均奉行实用主义外交，既不倒向俄罗斯，也不倒向西方，在对外政策上走中间道路，保持与俄美的平衡关系。因此，无论二者谁执政，乌俄关系都将获得改善。

（二）独联体内部合作可能会加强。乌俄关系的改善将有助于推动独联体一体化，有利于促进俄主导的独联体框架内的合作，也有助于独联体地区形势的稳定。

（三）乌欧关系将进一步发展。尽管亚努科维奇和季莫申科的对外政策都会在一定上向俄倾斜，但他们对外政策的核心目标还是要加入欧盟，双方在这一点上是一致的。因此，无论谁当选总统，都将致力于推动乌欧关系。

四、政策建议

乌克兰对我具有重要意义：乌是独联体地区第二大国，自然资源丰富；很多我从俄无法得到的高端武器、核心技术、顶尖专家乌均具备。目前，中乌军技合作水平仅次于中俄。自乌克兰爆发"橙色革命"以来，中乌关系受到一定消极影响，两国间高层互访基本停滞。此次乌大选将为我调整中乌关系提供重要机遇。无论亚努科维奇当选，还是季莫申科上台，都有助于扫除中乌关系的障碍。乌俄关系的改善也将为我发展对乌关系提供有利外部条件。

为此建议：

（一）**对乌克兰大选保持超脱态度，静观其变。**

（二）**充分利用此次大选结果提升中乌关系。**乌此次大选结果是我改善中乌关系的良好机遇。**建议我在新总统当选后第一时间、有针对性地发出贺电。**新总统上任后，我应尽快恢复中乌之间的高层接触，推动中乌在各领域的合作，特别是军技合作取得新进展。

以上看法和建议供参考。

中国国际问题研究基金会

2010 年 1 月 8 日

（《国际问题研究报告》 2010 年第 17 期）

2010 年白俄罗斯总统选举形势预测

2010 年 11 月 23 日，基金会欧亚研究中心举行欧亚地区年终形势研讨会，由社科院欧亚所承办。参加研讨的有我前驻白俄罗斯大使和驻其他国家大使，以及五个合作单位、国际战略学会等研究机构的专家学者共 20 余人。会议就将于 2010 年 12 月 19 日举行的白俄罗斯总统选举形势进行了专题研讨，主要看法和工作建议如下：

一、卢卡申科具备继续当选的主客观条件

根据对白俄罗斯国内外形势的分析，与会者一致认为，卢卡申科有把握赢得此次选举。

（一）自卢 1994 年当政以来，白俄罗斯成为独联体内政治局势最稳定、经济发展平稳、百姓生活安定的国家，故卢在白普通民众特别是农民（占人口 26%）、老战士及其家人（占人口 25%）中保有稳定的支持率。预计卢至少可获得 70% 左右的选票。

（二）反对派虽有近 20 个派别，但都不成气候，加之互不合作，各自为战，不会对卢构成挑战。估计反对派最多只能争取到 10% 左右的选票。

（三）俄罗斯与白俄罗斯虽时有摩擦，但本质上不属于国家之间的矛盾，相当程度上是领导人之间的"个人恩怨"。俄白关系本质上还是一家人的关系。白是俄的重要战略屏障，也是俄对独联体政策的重要依托之一。俄任何时候都不会放弃白，更不会把白推向西方。故俄不会介入白的大选，将会平静接受卢继续当选的结果。

（四）美国和欧盟虽一直想扶植反对派取代卢，始终苦无良策。加之当前受金融危机所累，自顾不暇，以及俄西方关系改善的大背景，估计美欧不会公开干扰此次白大选。

二、卢卡申科继续当选的内外影响

（一）卢将继续坚定奉行维护国家主权和独立的基本方针，其内外政策不会有原则性变化。对内将继续在确保政局稳定的前提下，努力争取经济的新发展。对外将继续保持与俄的密切关系，特别是充分利用将于明年启动的俄、白、哈三国关税同盟，为白谋求最大利益。同时利用俄西方关系改善的有利时机，争取与西方特别是欧盟关系的进一步改善，谋求实惠，为自身发展营造良好外部环境。总之，卢的连任可使白今后的内外政策保持连续性和可预见性。

（二）卢继续掌权意味着白的政局可望继续保持稳定。一个稳定的白俄罗斯有利于独联体地区整体形势的稳定，也有利于独联体一体化进程。此外，由于白与北约成员国接壤的重要地缘战略地位，其不屈服于美西方打压、坚决反对北约东扩的原则立场将使白在今后相当长时间里继续发挥阻碍美国和北约向独联体地区进行军事渗透和对俄战略挤压的特殊作用，有利于俄在独联体地区与美的战略角逐。

三、几点工作建议

卢卡申科高度重视对华关系，视我为白的重要友好国家，在涉我根本利益问题上一贯给予坚定支持和积极配合，对与我开展军技、科技合作态度积极。独联体地区是我大战略周边，卢反对北约东扩的立场符合我营造西北周边良好安全环境的战略利益。卢再次连任有利于落实其今年10月访华期间双方达成的有关共识和各项合作协议，保持中白关系的持续稳定发展。为此建议：

（一）在卢卡申科当选后，建议第一时间向其发贺电，以此表明我作为白的重要友好国家对其的支持态度。

（二）利用卢再次当选之机和白对我经济支持更加倚重的态势，我宜统筹规划今后与白的各领域合作。一方面继续适当满足白的需要，给予必要的经济支持，注意把现有的经济合作项目做实做好，另一方面积极开拓新的对我有利的合作领域，特别是大项目合作，为我所用。除了继续加强在白具有一定优势的军技和科技领域的合作外，还可考虑探讨在白建立面向欧盟的经贸和高科技产业基地、开展农业和森林工业合作的可能性。

（三）卢本人十分重视今年10月在长春建立的中白科技园区，并亲自出席该园区的揭牌仪式。我应按照胡锦涛主席关于中白双方要"深化高新技术合作，搞好科技园区建设"的指示，在卢再次连任之后，抓住机遇，充分发挥卢的"元首效应"，抓好该项目的实施，使其成为深化双方科技合作的重要平台，为今后引进更多于我有用的白高新技术成果服务。

以上看法和建议供参考。

中国国际问题研究基金会

2010 年 11 月 25 日

《国际问题研究报告》 2010 年第 31 期）

2011 年欧亚地区形势特点

2011 年 11 月 17 日，基金会欧亚研究中心就 2011 年欧亚地区形势特点举行研讨会。会议由国际问题研究所承办。部分前驻欧亚地区大使、来自五个合作单位以及中央编译局俄罗斯研究中心、国际战略学会等单位的专家学者近 30 人与会。会议主要看法和工作建议如下：

一、2011 年欧亚地区形势总体相对稳定

政治领域，欧亚地区各国没有发生明显政局异情。经济领域，该地区国家均处于稳定恢复或稳定增长阶段，总体经济形势比较平稳。安全领域虽稍有波动，在俄北高加索和哈萨克斯坦南部分别出现个别不稳定现象，但影响有限。值得指出的是，独联体一体化趋势明显增强。11 月 18 日，俄、白、哈三国总统签署协议，决定在三国关税同盟基础上，进一步推动经济一体化进程，并将于 2015 年成立欧亚经济联盟。此举标志着独联体一体化进入一个新的发展阶段。

在美欧深陷债务危机泥潭、西亚北非局势持续动荡、亚太地区暗流涌动的大背景下，欧亚地区呈现"风景这边独好"的态势，格外引人注目。

二、俄迎来整合后苏联空间和东进的机遇

由于美西方自顾不暇，无力加大对欧亚地区的战略投入，2011 年俄西部战略压力继续减轻。俄美在欧亚地区的战略角逐继续呈现俄攻美守的态势。由于受国际金融危机影响，独联体国家寻求互助的意愿加强，内部经济凝聚力增强。上述内外因为俄提供了整合后苏联空间的良好机遇。普京正是在这样的背景下于 10 月初提出了建立欧亚联盟的目标，并得到白俄罗斯和哈萨克斯坦的积极响应。梅德韦杰夫在日前三国总统发表《欧亚经济一体化宣言》后称："我们在构建欧亚经济联盟之路上迈出了重要的一步，此联盟无疑将关系到我们每个国家的未来发展。"

在亚太方向，俄除加强与我务实合作外，还积极加入东亚峰会，参与东盟伙伴关系活动，与韩、朝开展铁路、电网、天然气管道三线建设合作，与蒙古进行大型矿产项目合作，一系列举措显示出俄积极的东进势头。

三、关于欧亚地区政策的几点工作建议

（一）当前欧亚地区出现的相对稳定局面一个重要外部原因是美西方的渗透

干扰较前弱化。俄罗斯政局的稳定则是确保该地区形势稳定的重要内因。由于俄政局稳定有可持续性，而美西方近期难以在该地区有大动作，预计该地区相对稳定的局面有望继续保持。**这将有利于我营造稳定的西北大周边环境，同时也有利于上海合作组织的发展。我宜利用好欧亚地区的稳定形势，以担任上合组织轮值主席国为契机，积极经营好上合组织。**

（二）欧亚地区被俄视为其战略生存空间，是其重振大国地位的周边依托。普京提出建立欧亚联盟的目标正是基于这一考虑。可以预计，普京此举必将引起坚持奉行"遏俄、弱俄"战略的美西方的反对和牵制。今后俄美在欧亚地区的战略角逐很可能将集中体现在欧亚联盟问题上。**我宜冷静客观看待俄方的欧亚联盟目标，可持乐观其成的态度。**

（三）**与俄共同倡导某种亚太合作机制，牵制美在亚太地区针对我的战略布局。**2012年APEC峰会将在俄举行。作为主办国，估计俄会考虑提出某种亚太合作倡议。鉴于美借今年主办APEC峰会之机大肆实施针对我的亚太战略布局，我宜与俄方就明年APEC峰会加强协调，共同提出某种亚太合作机制倡议，显示中俄双方在亚太地区开展战略协作的意愿，强化我在亚太区域的影响力，弱化美在该地区的进取势头。

以上看法和建议供参考。

中国国际问题研究基金会
2011年11月28日
（《国际问题研究报告》 2011年第52期）

2012年欧亚地区形势的主要特点及走势

2012年11月7日，基金会欧亚研究中心举行关于2012年欧亚地区形势特点的年终研讨会。会议由新华社世界问题研究中心承办。数位前驻欧亚地区和其他地区国家大使以及来自五个合作单位、中联部调研咨询小组、中央编译局俄罗斯研究中心、商务部国际贸易经济合作研究院、国际战略学会等研究单位的专家学者共30余人与会。会议主要看法和建议如下：

一、欧亚地区形势的主要特点及走势

（一）普京重返克里姆林宫将确保今后俄罗斯政局持续稳定，同时也成为欧亚地区局势今后继续保持稳定的重要因素。

（二）白俄罗斯议会选举平稳举行表明卢卡申科的执政地位继续巩固。反俄的萨卡什维利领导的执政联盟在格鲁吉亚议会选举中失利将有利于格俄关系改善。亚努科维奇的地区党在乌克兰议会选举中再次获得第一位则有利于乌俄关系继续平稳发展。上述三国的议会选举结果将进一步增强俄在欧亚地区的地位和影响，消除"颜色革命"后遗症，有利于欧亚地区的总体稳定与发展。

（三）美国经济持续低迷，对外捉襟见肘，力不从心，只得继续在欧亚地区采取收缩战略，北约也不得不搁置对该地区的东扩步伐。美在欧亚地区的影响力进一步减弱。始于苏联解体的俄美在欧亚地区的战略角逐态势进一步朝有利于俄的方向转变。

（四）普京抓住难得机遇，提出建立"欧亚联盟"构想，以此作为其整合后苏联空间、实现振兴俄罗斯大国地位目标的重要依托。

（五）新形势下中亚对俄罗斯的重要性更加凸显，中亚地区成为普京欧亚战略的重点。一是继续防止"三股势力"和毒品通过中亚北上，把中亚作为维护俄南部安全的屏障；二是没有中亚地区国家参加，欧亚联盟就不可能成为连接欧洲和亚太地区的桥梁；三是俄欲借 2014 年美撤离阿富汗之机，彻底根除美军事力量在中亚地区的存在，消除俄的后顾之忧。这也就是普京上任后半年内集中出访 4 个中亚国家（乌兹别克斯坦、哈萨克斯坦、塔吉克斯坦、吉尔吉斯斯坦）的原因所在。

（六）中亚国家与俄的关系总体上呈现进一步加强的态势。

中亚国家存在对俄的广泛需要，包括经济、军事、安全和人文各方面。中亚各国虽说实行平衡外交，但多数国家当政者仍将外交重点放在俄罗斯，现有的一些条约和协定更是使一些中亚国家与俄保持着密切的同盟关系。特别是西亚北非局势发生动荡以来，防止"阿拉伯之春"波及本国成为中亚各国当局的首要任务。而俄对"阿拉伯之春"的否定态度，尤其是在叙利亚问题上的明确立场增强了中亚各国对俄的期望，更促使中亚国家在确定"优先合作伙伴"时首先选择俄。

二、我对欧亚地区工作的政策建议

在美国加大对亚太地区战略投入、强化对我战略遏制的情况下，地处我西北周边的欧亚地区作为我战略大后方的地位进一步提升。当前我应从以下几方面加强对欧亚地区的外交：

（一）支持俄维护欧亚地区稳定、削弱美和北约在该地区影响以及推进独联

体一体化的努力。

（二）应将与俄在中亚的合作看作是中俄全面战略协作的重要组成部分。

处理与俄在中亚的关系要考虑中俄关系的大局，不能使"中亚因素"成为影响中俄关系的负面因素。在安全方面应以俄罗斯为主，支持独联体集安组织在中亚地区的维稳行动，我有关方面可视情予以配合。在经济领域，可适当照顾俄的利益。

（三）继续加强对上海合作组织的经营力度，从战略高度谋划上合组织的发展蓝图。

以上看法和建议供参考。

中国国际问题研究基金会

2012 年 11 月 12 日

（《国际问题研究报告》 2012 年第 29 期）

关于当前外高加索地区形势的几点看法

2013 年 6 月 24 日至 7 月 3 日，基金会执行理事长刘古昌率基金会代表团出席外高加索三国《外国友人看中国》文集首发式期间，代表团成员以非官方身份广泛接触阿塞拜疆、格鲁吉亚、亚美尼亚朝野各界，对三国国内和地区局势进行调研，形成以下看法：

阿塞拜疆、格鲁吉亚、亚美尼亚原是苏联十五个加盟共和国的三个，因地处大高加索山以南，又称外高加索三国，总面积 18.61 万平方公里，总人口 1600 多万。大高加索山以北是俄罗斯的克拉斯诺达尔边疆区和斯达夫罗波尔边疆区及车臣、达吉斯坦等 5 个自治共和国，传统上称为北高加索地区。苏联解体后，外高三国除经受了与前苏联其他地区相似的政治动乱、经济衰退之苦外，该地区还饱受战争之痛：阿塞拜疆和亚美尼亚之间的纳卡领土问题武装冲突持续数年；格鲁吉亚中央政权与南奥塞梯和阿布哈兹地方政权之间不止一次爆发内战，2008 年的格鲁吉亚与俄罗斯战争导致南奥塞梯和阿布哈兹独立。这些冲突至今尚未彻底解决，已被"冻结"起来，称之为"被冻结的冲突"。从此次代表团听到、看到、感觉到的情况看，外高地区动乱时期已基本结束，目前三国政局基本稳定，经济有所发展，生活水平较前提高，社会较为平静，对内谋求发展，对外谋求大国平衡，渴望发展对华关系。

一、外高三国政局稳定的主要原因

经过苏联解体后 20 年的折腾，外高三国国内政局目前已呈现总体稳定的形势，其主要原因有三：

（一）结束动乱是民心所向

苏联解体后，阿塞拜疆和格鲁吉亚陷入极度内乱长达数年，其主要原因有两个：一是内部围续权力和财产分配之争；二是奉行极端反俄罗斯亲西方的外交政策。

曾任阿共第一书记和苏联第一副总理的盖达尔·阿利耶夫于 1993 年 10 月当选阿第三任总统后，调整对俄政策，次年就与亚美尼亚达成在纳卡地区的停火协议，团结各派发展经济，进行市场改革，延续前任开始的与西方大财团合作开发里海石油天然气的方针，修通从巴库通往欧洲的杰伊汉石油管道，迅速恢复和发展了经济，从 2000 年起大见成效，石油美元滚滚而来。2003 年他将权柄交给其长子伊利哈姆·阿利耶夫。10 年来，伊·阿利耶夫利用其父留下的部分骨干、自己的亲信和其妻子家族的亲友等三部分人组成执政团队，牢牢控制局势，对外奉行面向西方、大国平衡、重视对俄关系的外交政策，较好地应对了内外压力。

格鲁吉亚的状况相对较差。2003 年萨卡什维利在美国支持下通过发动"玫瑰革命"夺取政权。他上台后秉承西方旨意，迫使俄从格撤出军事基地，启动加入北约的程序，并于 2008 年 8 月 8 日向俄控制的南奥塞梯发动进攻，俄借机反攻，支持南奥塞梯和阿布哈兹两个地区独立。战后，俄坚持不与萨政权打交道，中断与格陆上、空中交通，不购格拳头产品葡萄酒，使格经济严重受损。

近年来，萨卡什维利出于国内需要，不时对俄放出改善关系的信号，遭俄冷遇。但其在国内进行的经济改革和行政改革取得一定成效，格成为外高三国中国家机关效率最高的国家。目前，虽然格民众普遍求变，但已是通过合法的选举程序谋变，不再诉诸街头政变。

与阿塞拜疆和格鲁吉亚相比，亚美尼亚的政局一直相对平稳，其原因有三：一是亚主体民族高达 96%，没有阿、格那样的民族分裂主义地区；二是亚在与阿的纳卡冲突中一直占上风，至今仍牢牢控制该地区，从而增强了国内一致对外的凝聚力；三是亚历届领导不仅未奉行反俄政策，而且与俄结成军事同盟，同时也力求发展与美国、欧盟和中国的关系，基本上做到对内平稳，对外平衡。

（二）三国 2012 年的议会选举和 2013 年的总统选举结果有助于政局持续稳定

亚美尼亚去年 5 月进行的有 8 个政党和 1 个政党联盟参加的议会选举中，时任总统谢尔日·萨尔基相领导的共和党获 44.02% 的选票，得 69 个议席，超过总议席 131 席的一半。新政府总理仍是前政府总理季格兰·萨尔基相。在今年 2 月举行的总统选举中，谢尔日·萨尔基相胜选获连任。他领导的共和党连续十二年执政的主要原因，一是该党口碑较好，未与民众形成对立情绪；二是数十个反对党各自为政，势单力薄，也不能提出建设性的发展纲领，无力抗衡当局；三是得到俄罗斯的大力支持。

格鲁吉亚去年 10 月有 14 个政党和 2 个政党联盟参加的议会选举改变了格 10 年来的政坛格局：格主张与俄改善关系的首富比济纳·伊万尼什维利领导的反对派"格鲁吉亚梦想"联盟获 54.97% 的选票，得 89 个议席，超过总议席 150 席的一半，而总统萨卡什维利领导的统一民族运动党仅获 40.3% 的选票，得 65 个议席，从执政党沦为反对派。"格鲁吉亚梦想"联盟领导人之一大卫·乌苏帕什维利 10 月 21 日当选为议长，伊万尼什维利组成的新政府于 10 月 25 日开始履新。去年这次政权和平更迭对格具有两大意义：一、这是格独立 20 年来首次通过正常选举实现政权和平移交，具有政局走向稳定的标志性意义；二、打破了萨卡什维利设计的长期执政的梦想。2010 年 10 月，萨卡什维利主导的议会通过宪法修正案，规定 2013 年 10 月总统选举后，即萨卸任总统后，国家政体由总统制改为议会制，总统大部分权力将移交给议会和政府。按他的如意算盘，如果在 2012 年 10 月的议会选举中他领导的统一民族运动党获胜的话，他卸任总统后可改任政府总理，从而继续长期执政。现在，他的这一梦想已成泡影。根据宪法，萨卡什维利今年 10 月第二任总统任期届满后不得连任，必须下台。从目前情况看，在今年 10 月举行的总统选举中，萨的党无论推举谁为候选人都难胜出。即使该党推荐的候选人当选，也只是象征性的国家元首，实权已落入伊万尼什维利为首的"格鲁吉亚梦想"联盟手中。民众对萨卡什维利最不满的是 2003 年发动"玫瑰革命"和 2008 年挑起俄格战争，使国内陷入混乱、国土沦丧，从而失去民心。萨卡什维利虽然表示卸任总统后不会离开政坛，但大势已去，加上其在西方已基本失宠，很难再有作为。

阿塞拜疆将于今年 10 月举行总统换届选举，现任总统伊利哈姆·阿利耶夫虽然已连任两届，但仍可参选，因为议会已于 2008 年通过决议，取消了宪法中关于限制总统任期的条款。从目前情况看，如无例外，伊·阿利耶夫胜选当无悬念。因为他所领导的"新阿塞拜疆党"是阿第一大政党，掌控局势能力强。他执政 10 年来经济建设和对外关系都取得显著成效，成为独联体地区的亮丽风景线之一，从而使其在国内得到大多数民众支持。而 2013 年 5 月 28 日组成的反对派联盟"民主力量国家委员会"缺乏人气和领袖人物，又无明确的可使多数人接受的政治经济纲领，难以对伊·阿利耶夫构成真正的挑战。在可预见的未来，阿塞拜疆有望继续保持政局稳定。

（三）三国的教会是国内政局的稳定剂

外高地区三个小国，宗教信仰却截然不同。阿塞拜疆信奉伊斯兰教，格鲁吉亚以信奉东正教为主，亚美尼亚以信奉基督教为主。同时，三国历来都是世俗国家。三国历史上无论在国内还是彼此间从未因宗教发生过冲突。

三国在宗教问题上的另一共同特点是，宗教领袖在民众中的支持度远高于政治人物的支持度，如果后者有 60% 支持率的话，前者则高达 90%。正因为如此，现在三国的执政者都高度重视与教会的关系，希望借助教会的支持实现自己的执政目标。根据我们了解的情况，三国教会都采取与执政当局积极合作的态度。可以预期，三国宗教对今后三国政局保持持续稳定将会继续发挥正面作用。

二、外高三国经济不同程度恢复和发展，民生有所改善

苏联时期，外高三国经济发展属中等偏向上水平，绝大多数人衣食无忧。三国经济都实现了工业化，各有优势：阿塞拜疆石油开采和石油设备制造工业发达，卫国战争时期，这里生产苏联 70% 的石油；苏联末期，80% 的石油设备在这里制造。格鲁吉亚的航空业发达，当年先进的苏-27 战斗机在格组装。亚美尼亚的电子工业发达。但是，苏联解体和战乱的兴起使三国经济严重衰退，工业在国内总产值中的比重大幅下降，例如阿塞拜疆工业在总产值中的比重从 60% 下降至 30%，三国原有的经济优势几乎丧失殆尽。但三国通过私有化和市场改革，使经济得到不同程度恢复和发展。

其中阿塞拜疆成效最佳。从 2000 年到 2010 年的 10 年间石油产量从年产 1400 万吨增加到 5040 万吨，石油美元促进了经济发展。据世界银行统计，2008 年至 2010 年阿经济年均增长 8.4%，而同期世界各国年均增长仅 1.2%。2012 年阿经济增速放缓，但仍为 2.2%，人均 GDP 为 7490 美元。2013 年 1—5 月经济同比增长 4.5%。阿经济总量为外高三国总和的 83%，是三国中经济实力最强的国家。

由于长期的政治纷乱和战乱，格鲁吉亚的经济遭严重破坏，但它利用其是阿、亚两国以及中亚国家通往土耳其和欧洲的主要过境走廊的地理优势获得大量过境费。亚、阿因纳卡冲突而中断交通，亚与俄无边界，亚几乎全部对外陆上运输和阿部分陆上运输都需经格境。中亚国家到中东和欧洲的相当大部分陆上运输以及输往欧洲的油气也需经格境内，因此，格有可观的过境费。加上美国、欧盟、国际货币基金组织和世界银行提供的财政援助，使格有财力从国外购买国内所需80%的食品，尽管2009年外贸赤字达32亿美元，但目前仍有28亿多美元的外汇储备。日子虽不富裕，但也过得去。现任总理伊万尼什维利允诺大力发展经济，人们对他寄予希望。所以尽管面临10月的总统大选，但社会仍较平稳，没有像以往临近大选那样闹腾。

亚美尼亚1994年与阿塞拜疆在纳卡地区停火后，经济开始缓慢恢复性增长，2001年至2007年连续两位数增长。受2008年国际金融危机影响，2009年起增幅下滑，2012年增长7.2%，恢复到危机前的水平。亚美尼亚缺乏自然资源，又处于地理上的半封闭状态，经济发展主要依靠国外投资、贷款和境外亚美尼亚人的回汇资金。主要大企业，如最大的铝业企业、天然气公司、电力公司、银行和电信企业均掌握在俄罗斯人手中。

三、外高地区在可预见的将来不大可能再起战端

外高地区两大热点问题，即阿、亚之间的纳卡冲突和格俄在南奥塞梯和阿布哈兹问题上的冲突目前都处于"被冻结"状态。据三国有关人士分析，这两个热点问题再次引起军事冲突需要具备两个条件：一是冲突双方执政者获得足够的民意支持，当局认为有必要通过战争赢得选票；二是冲突双方背后的大国认为有必要通过军事手段获得地缘政治利益。目前看，在可预见的将来，这两个条件都不具备。

目前看，冲突双方在饱受战乱之苦后，一方面坚持各自既定原则立场下，同时都愿暂时搁置争议，从长计议，集中精力发展国内经济，改善民生。阿塞拜疆总统战略研究中心主任马梅多夫说，阿拟在一国框架内，用比亚美尼亚多数倍的资金投入支持纳卡地区发展，并尊重当地亚族居民的文化传统，以争取他们回到阿。亚美尼亚副外长马纳萨良对代表团表示，在解决纳卡问题上，亚遵循三原则：国际社会提出的和平解决、阿塞拜疆提出的领土完整、亚美尼亚提出的民族自决。目前，该地区在亚实际控制下，亚不会主动挑起事端，而阿则打算通过经济手段解决纳卡问题。由此可见，双方目前都无意挑起战火。

从国际上看，专门为调解纳卡冲突而成立的欧安组织明斯克小组以及亚美尼亚的盟国俄罗斯都宣称，它们的主要任务是防止冲突再起。再加上美国忙于"重返"亚太，欧盟忙于克服经济危机，无心也无力在这里制造事端。

至于俄格在南奥塞梯和阿布哈兹地区的争端，俄决心已定，即让两地保持独立地位，并且已与两地签署驻军49年的条约，不可能再让它们回归格鲁吉亚。尽管格坚持两地是自己领土，但没有西方大国实质性支持，不敢再与俄动武。而西方大国尽管不承认南、阿独立，也不会冒与俄直接动武的风险助格改变现状。

由于上述"被冻结"的两大冲突问题在可预见的将来仍将继续"被冻结"，外高地区爆发大规模军事冲突可能性基本可以排除，也不会成为三国国内政治斗争的导火线，从而将有利于三国政局保持稳定。

四、与中国发展关系是外高三国众望所归

代表团在访问期间，深切感受到，外高三国朝野各界在发展与中国友好关系、加强与中国经济联系、开展文化教育等领域交流与合作方面看法高度一致，热情十分高涨。其原因主要有两点：

（一）中国与外高三国人民之间友谊自丝绸之路开始，有着悠久历史，从未有过任何矛盾和问题。现在，随着中国国力的增强，国际地位的提升，中国在外高三国的影响力也明显提升。他们迫切希望借助中国的力量发展自己。

（二）外高三国朝野看到，介入外高地区事务的外部势力都有各自的私利。唯有中国是坚定奉行大小国家一律平等、不干涉别国内政原则的大国。他们希望借助中国的力量维护自身的独立与发展。

外高三国对我的友好态度和热切期望是我加快发展与三国关系的良好客观基础。

以上看法供参考。

中国国际问题研究基金会

2013年7月16日

（《国际问题研究报告》 2013年第19期）

关于外高加索地区外交工作的几点建议

在访问外高三国期间，代表团深切感受到，三国朝野各界都渴望发展对华关系。这种要求除了基于三国与中国的传统友谊，主要是出于其现实和今后发展的需要。而该地区形势的总体稳定局面，则为我拓展与外高三国的关系提供了有利基础。我宜审时度势，客观评估外高地区在我外交大战略中的地位，从我整体战略利益需要出发，抓住机遇，以积极进取精神，开拓与外高三国关系的新局面。为此，提出以下五点工作建议：

一、充分认识"高加索走廊"的战略意义，把该地区作为我"西进战略"的重要组成部分

外高三国地处大高加索山脉以南，土耳其和伊朗以北，黑海和里海之间，被称为连接欧亚大陆的"高加索走廊"，是古代"丝绸之路"的枢纽之一。史上历来是列强必争之地。冷战结束后则成为俄美角逐的目标。此外，伊朗、土耳其等地区大国也积极扩大在该地区的影响。苏联解体后，我与外高地区相邻的俄罗斯、中亚以及欧洲国家的关系都相当活跃，但由于各种原因，与外高地区国家的关系一直比较冷淡。当前，在我提出"西进战略"的新形势下，应适时调整我对外高地区政策，把紧邻中亚的外高地区纳入我西北大战略周边范围，通过在"高加索走廊"站稳脚跟，增强我在该地区的影响力，开辟我通往欧洲和西亚中东的新通道；同时也便于配合俄罗斯切断车臣等北高加索地区三股势力与中亚地区及阿富汗境内三股势力的勾连，有利于我西部地区维稳。

二、妥善处理两个制约因素，为我开展外高地区外交扫除障碍

我与外高三国的正常交往面临两个制约因素。一是对格关系中的俄罗斯因素，二是对阿、亚关系中的纳卡因素。在新形势下，只要解放思想，因势利导，完全有可能克服上述制约因素，为我发展与外高三国的正常国家关系扫清道路。

（一）2008 年俄格战争之后，格俄断交。我从维护中俄战略协作伙伴关系大局出发，始终未派高层往访格。这也间接影响到我与阿塞拜疆、亚美尼亚的高层往来。目前，俄格关系出现值得注意的新动向。近日格方主动表示，在明年索契冬奥会期间，将积极配合俄方，打击车臣恐怖分子破坏冬奥会的活动。俄方则重新向格方开放格葡萄酒市场。格舆论认为，预计今年 10 月格总统大选后，随着萨卡什维利下台，俄格关系会有明显改善。我应未雨绸缪，为推动对格关系早做谋划。

与此同时，我应就开展对格交往主动与俄方沟通，向其说明：我加强与包括格在内的外高地区国家关系，可平衡美欧在该地区的影响，有利于增强俄在该地区的地位，同时也有助于该地区稳定，从而有利于俄在北高加索地区打击三股势力、维护该地区稳定的努力。中国进入外高地区，对俄有益无害。

（二）阿塞拜疆与亚美尼亚之间的纳卡领土争端问题多年来一直是我与两国交往中无法回避的问题。双方都力图拉我为自己撑腰。鉴于目前阿、亚在纳卡问题上都表现出暂时搁置的意向，我在继续保持该问题上的中立立场、坚持劝和促谈态度的同时，可从更积极的角度做双方工作，从而摆脱该问题对我开展与阿、亚关系的干扰，使我能轻装前进。我可建议两国登高望远，超越纳卡问题的局限考虑与其他国家关系的大局，包括对华关系。避免因两国双边的争议问题影响与第三国关系的发展。这样将更符合两国自身利益。

三、开展与外高三国的高层交往，改变有来无往的不正常局面

20 多年来，外高三国总统、总理、议长都曾分别访华，但我国国家元首、政府总理、人大常委会委员长无一前往该地区访问。在我通过外交渠道扫除妨碍我与外高三国交往的两大制约因素后，可适时安排我高层对外高地区的往访，尽快改变有来无往的不正常局面，为我全面开展外高地区外交注入活力。

四、积极扩大与外高三国的经贸合作

外高三国经济总量虽不大，但都奉行相当宽松的开放政策，除与欧洲、俄罗斯、土耳其、伊朗等国开展贸易外，都很希望发展对华经济关系。目前我与三国的经贸合作规模都不大，2012 年中阿贸易总额为 10 多亿美元，中格为 5.9 亿美元，中亚为 4.32 亿美元，具有进一步挖掘的潜力。阿塞拜疆的石油产业、格鲁吉亚享有盛名的葡萄酒产业（格鲁吉亚半干葡萄酒为斯大林所爱）和亚美尼亚著名的白兰地酒产业（亚美尼亚"阿拉拉特"白兰地当年为英国首相丘吉尔所爱）都期望与我加强合作。鉴于三国经济都欠发达，相当多的食品、消费品都需进口，基础设施也相当落后，俄欧现在都力不从心，无法满足三国的需要，而土耳其和伊朗近水楼台，都在努力发展与阿、格的经贸合作。鉴此，现在是我中小企业进入该地区的好时机。除与三国扩大经贸合作外，还可利用"高加索走廊"向西亚、中东和欧洲发展。我与外高地区交通不便是制约双方经贸合作的因素之一。**应尽快实施从我西部地区经中亚、高加索到欧洲的新丝绸之路计划**，这既可以促进我与外高地区的经济联系，更有利于推动我西部地区开发，节约对欧贸易成本，减少我对北线经俄陆路和南线海路的依赖。目前，我航空公司还没有直达外高地区的航班，建议积极考虑开通。阿塞拜疆航空公司已准备开通巴库——北京直航，这将有利于加强双边往来。

五、加大调研力度，积极开展民间公共外交

据了解，尽管外高三国已独立 21 年，但我对该地区的系统调研工作基本上未展开，可以说还是"空白点"。基于今后我对该地区开展全方位外交工作的客观需要，应加大对该地区的研究力度，组织国内研究力量对外高三国国情和内外政策进行深入、系统研究，在此基础上为今后有关决策的设计、实施提供可靠咨询。

尽管我与外高三国迟早会开展高层往来，但毕竟不可能太多。广泛开展民间公共外交可作为官方交往的有益和不可替代的补充，可以有力推动我与该地区国家人民之间的了解和友谊，为发展各领域交流与合作奠定坚实的社会基础。此次中国国际问题研究基金会《外国友人看中国》文集项目在外高三国产生的广泛热烈的社会效应，以及基金会代表团对三国访问取得的圆满成功就生动地证明了这一点。

以上建议供参考。

中国国际问题研究基金会

2013 年 7 月 16 日

（《国际问题研究报告》 2013 年第 20 期）

2013 年欧亚地区形势的主要特点

2013 年 11 月 19 日，基金会欧亚中心就 2013 年欧亚地区形势特点举行年终形势研讨会。研讨会由社科院俄罗斯东欧中亚研究所承办。多位前驻欧亚地区和驻其他地区国家大使以及来自五个合作单位、中联部调研咨询小组、商务部国际贸易经济合作研究院、国际战略学会等单位的专家学者 30 余人与会。会议主要看法和建议如下：

一、中亚地区形势总体稳定

（一）各国政局基本稳定。

由于总统换届，或将换届，中亚国家内部政治力量之间角逐激烈。哈萨克斯坦总统纳扎尔巴耶夫在加紧部署，以确保将政权交给信得过的人。吉尔吉斯斯坦党派斗争仍很激烈，部族矛盾和民族矛盾很难解决，不时有"街头政治"发生，但未发生波及全国的事件。吉总统阿坦巴耶夫尚能控制局势。塔吉克斯坦总统拉赫蒙加紧打压反对派。乌兹别克斯坦总统卡里莫夫也在考虑接班人问题。近期不断有相互矛盾的消息传出，反映出内部斗争激烈。内部争权夺利是中亚国家独立后一直存在的问题，对国内稳定有影响，但今年影响有限。

目前各国存在的经济社会问题还没有严重到影响政局稳定的程度。

（二）经济表现不错，但增长速度放缓。

2013 年 1—9 月，哈萨克斯坦 GDP 增长 5.7%，全年预计 6%。乌兹别克斯坦上半年 GDP 同比增长 8%。吉尔吉斯斯坦上半年 GDP 同比增长 7.9%。塔吉克斯坦上半年 GDP 同比增长 7.5%。土库曼斯坦今年前三个月 GDP 同比增长 9.2%，全年估计为 8.6%。鉴于世界经济仍复苏乏力，发达国家经济增长一般不超过 2%，金砖国家不超过 5%，俄罗斯只有 2% 左右，中亚国家的经济相对表现不错。但在国外对原材料需求下降的情况下，这些国家也面临一定的困难，迫切希望通过吸引外资改善经济状况。

（三）安全问题较多，但形势仍可控。

今年对中亚安全形势影响最大的是三股势力、毒品和跨国有组织犯罪问题。三股势力中又以宗教极端势力最为严重。新老恐怖组织，如"乌伊运""东突""哈里发战士""安拉战士"等是主要威胁。"乌伊运"在北约打击下实力有所削弱，但仍是最主要的恐怖组织。

中亚恐怖组织呈现成员低龄化和国际化的特点，值得注意。特别是出国加入基地组织或参加叙利亚内战的人回国，使中亚有关国家应对的难度加大。中亚的恐怖组织中也有一些成员来自中亚以外的国家。三股势力这种跨国活动的特点，靠一国之力难以制止。

阿富汗问题是影响中亚地区安全的重要因素。2014 年美国和北约的军队即将撤出阿富汗，加剧了中亚国家对本国安全的担忧。各国都在积极应对可能发生的变化。2013 年阿富汗问题对中亚安全有形影响还不明显，但 2014 年的情况值得关注。

中亚国家之间的矛盾也是影响中亚地区安全的另一重要因素，但发生大规模冲突的可能性不大。

总的看，中亚地区的安全形势仍在中亚各国当局掌控之中，该地区发生"阿拉伯之春"动乱的可能性基本可以排除。

二、独联体地区经济形势特点

2013 年受全球经济持续低迷、国际市场大宗商品需求萎缩等因素的影响，独联体（除了格鲁吉亚外）国家经济呈现以下特点：

（一）经济增幅明显放缓。

根据独联体国家统计委员会的数据，2013 年前三季度独联体国家经济同比增长 1.9%，其中工业和固定资产投资为零增长，进出口同比明显下滑，只有零售业同比增长 5.6%，成为各国经济发展的主要内在动力，但这不是各国政府主动调整经济结构、转变经济增长方式的结果，而是客观经济形势发展的自然态势。与此同时，通货膨胀率明显上升，平均达到 3.5%，其中俄罗斯、白俄罗斯和哈萨克斯坦是独联体国家通货膨胀率最高的国家。

经济增长普遍下滑的原因有两方面，一是大多数独联体国家为资源出口国，属于出口依赖型经济，一旦国际市场对大宗商品需求减少，必然导致各国出口下滑，出口对于经济的拉动作用也会随之下降。二是成员国之间密切的经济联系使主要国家经济下滑产生了多米诺骨牌效应，造成经济普遍低迷。

（二）独联体国家经济发展水平差距拉大。

虽然独联体国家整体经济发展低迷，但是各国之间经济发展状况差距明显，由此形成了三大阵营。第一大阵营是经济实现高速增长的国家，包括哈萨克斯坦以外的中亚四国，经济增速在 7%—10% 左右，其经济增长除了消费拉动外，投资增幅均保持在 3.5% 以上，成为拉动经济又一大动力；第二大阵营是外高三国和哈萨克斯坦，经济增速为 3%—6%，其经济增长除了内需拉动外，扩大出口发挥了重要作用；第三大阵营为俄、白和乌克兰，属于经济低速增长国家。2013 年前三季度白俄罗斯和俄罗斯的经济增幅分别为 1.1% 和 1.4%，而乌克兰经济同比下降 1.5%，投资及出口双双下滑。

（三）独联体经济一体化进程步履维艰，但逆转的可能性不大。

1. 迄今为止，关税同盟运行的实际效果不理想。据欧亚经济委员会的统计，2013 年 1—8 月份，关税同盟成员国的平均经济增速只有 1.7%，低于同期独联体国家经济的平均增速，成员国之间的贸易增幅比与区域外国家贸易增幅低 6 个百分点，与区域外国家的贸易仍然是关税同盟成员国贸易增长的主要动力，关税同盟并未能实现其贸易转移和贸易创造效应，未能达到预期目标。

与此同时，成员国之间矛盾时有发生。**尽管如此，成员国对关税同盟的需要远大于彼此的矛盾，仍将继续寻求合作。**

2. **乌克兰暂停与欧盟签署联系国协定，避免了独联体内部经济分裂的危机，既有利于独联体经济一体化进程，也有利于独联体地区局势的稳定。但俄与欧美争夺乌克兰的较量远未结束，今后走向值得密切关注。**

三、2014 年独联体国家经济发展总体预期将好于今年

俄罗斯经济发展部预测，2013 年全年俄罗斯的经济增幅将达到 1.8%，而

2014 年将略有上升，达到 3%左右。

欧洲复兴开发银行 11 月 11 日发布报告，预测 2013 年全年乌克兰经济下降 0.5%，2014 年经济增幅为 1.5%。

国际货币基金组织预测，中亚、外高地区国家经济将保持较快增长速度，同时，受到主要合作伙伴俄罗斯和中国经济增速放缓的影响，经济发展存在一定下行风险，2013—2014 年年平均经济增长率约为 6%。其中，油气出口国家（阿塞拜疆、哈萨克斯坦、土库曼斯坦、乌兹别克斯坦）的经济增长 2013 年为 6%，2014 年为 6.2%；油气进口国家（亚美尼亚、格鲁吉亚、吉尔吉斯斯坦、塔吉克斯坦）的经济增长 2013 年为 5%，2014 年有望超过 5%。这些国家经济增长的主要原因是，石油天然气及其他矿产生产保持增长，侨汇收入保持内需稳定增长。

四、上海合作组织将稳步前行，机遇与挑战并存

上合组织未来发展面临四个有利因素：一是机制保证；二是前期成果支撑；三是各国的发展诉求迫切；四是成员国在安全合作方面的共同需求。因此上合组织将会继续稳步发展。

未来阻碍上合组织发展的因素更多来自经济方面，各种不利因素在增多。上合组织多边经济合作将缓慢而困难。关税同盟的存在客观上对上合内部的多边经济合作产生一定影响。如何理顺二者的关系已成为上合组织无法回避的问题。

五、关于我对欧亚地区工作的政策建议

（一）**我在独联体地区的外交以及上合组织发展的关键因素都是我与俄罗斯的关系。如何处理好中俄战略协作关系是上合组织的核心问题。**中俄两国在核心利益上要相互支持，增进互信，在重大问题上加强相互通报，逐渐机制化。当前正值俄罗斯与乌克兰关系敏感时刻。**我应力争在加强中乌关系的同时，也产生促进俄乌关系的效果。**

（二）**加强对后阿富汗战争时期中亚安全局势的研判，确保我西北周边安全环境稳定。**

2014 年美国从阿富汗撤军后，阿富汗将进入后阿富汗战争时期。目前看，**今天的伊拉克就是明天的阿富汗，甚至可能会更糟。**届时阿富汗国内的动乱局势将对中亚地区安全形势产生不可避免的负面影响。如何防止阿富汗国内动乱向中亚地区的外溢和三股势力趁势捣乱，将是上合组织成员国面临的共同挑战。

俄国防部长绍伊古明确表示，2014 年以后的阿富汗将是对俄国家安全的一大威胁。**我应与俄联手，以上合组织为平台，共同构筑针对阿富汗动乱外溢的防火墙。**

（三）加强我与上合组织成员国之间的双边经济合作，以双边促多边。

在上合组织多边经济合作进展困难的情况下，我应充分利用中亚各国愿与我加强双边经济合作的愿望，积极推动双边经贸关系发展，在此基础上为推进上合组织区域经济合作进程创造有利条件。

（四）对建设丝绸之路经济带倡议要强调互利共赢的精神，做好宣传工作，减少外界的误解和猜疑。**要尽快对丝绸之路经济带、上合组织、欧亚联盟三者相互关系进行顶层设计，出台务实有效的政策，力争做到三者相互补充，共同发展。**

以上看法和建议供参考。

中国国际问题研究基金会

2013 年 12 月 4 日

（《国际问题研究报告》 2013 年第 33 期）

2014 年欧亚地区形势主要特点

2014 年 11 月 18 日，基金会欧亚研究中心就 2014 年欧亚地区形势举行研讨会。会议由新华社世界问题研究中心承办。多位前驻欧亚地区国家大使以及来自五个合作单位、中央编译局俄罗斯研究中心、商务部国际贸易经济合作研究院、国际战略学会、上海华东师大国际关系研究院等单位的近 40 位专家学者出席研讨会。会议主要看法和建议如下。

一、中亚地区政局总体稳定，经济发展表现不俗

（一）中亚五国政坛在变动中保持稳定

纳扎尔巴耶夫于 2014 年 4 月 2 日和 8 月 6 日两度改组政府，一方面是要"拼经济"，另一方面也是为选择接班人做铺垫，寻求各派政治力量的平衡。原定于 2016 年的总统选举可能提前到 2015 年举行，纳仍可能再竞选，即使他不再竞选，也可按哈《首任总统法》继续领导国家安全委员会，掌握实权，实现政权平稳过渡。

吉尔吉斯斯坦 2012 年 12 月由祖国党、社民党和尊严党组成的执政联盟于今年 3 月宣布解体，4 月 3 日改组政府，总统阿坦巴耶夫的势力有所增强，有助于政局稳定。吉于 2010 年由总统制改为议会制，经过几年的磨合已形成"乱而有序，乱中有稳，稳中有变"的新形势。

乌兹别克斯坦议会下院换届选举将在今年 12 月 21 日举行，预料不会节外生枝，将有序举行，卡里莫夫也有意于 2015 年 3 月再竞选总统。

土库曼斯坦于 2012 年组建企业家党后又于 2014 年 9 月正式组建了农业党，使执政的民主党之外又有了两个合法政党，实际上这两个在野党也是与总统合作的。此外，土从独立开始就奉行"积极中立"外交政策，为联合国所承认，与各国交好，专心国内发展。因此，土虽然与多事的阿富汗和伊朗接壤，但政局未受重大干扰。

拉赫蒙于 2013 年 11 月以获 84.23% 的高票开始他为期 7 年的第四次总统任期，直到 2020 年他才 68 岁，预计 2015 年塔吉克斯坦议会换届选举产生的新议会基本上仍将与总统合作。

（二）地区安全形势稳定，风险可控

2014 年中亚安全形势的主要特点是，延续了前些年基本稳定的态势，风险虽有所增加，但仍可控。各国小规模恐怖事件虽时有发生，但未发生全国性重大安全事件。如今年上半年塔吉克斯坦警方成功制止了 5 起恐怖袭击阴谋，共逮捕 49 名恐怖组织和极端组织成员，以及 39 名非法武装分子和 9 名黑帮分子；吉尔吉斯斯坦南部族际关系仍紧张，国内发生多起小规模示威事件；7 月，土政府军与阿富汗塔利班在土阿边境地区交火，导致数百名土库曼斯坦边民逃离家园；吉塔两国军队和边民因领土纠纷发生小规模冲突；8 月乌兹别克斯坦首都一座大桥上发生悬挂"伊拉克和黎凡特伊斯兰国"（ISIS）旗帜事件等。这些事件表明，中亚安全方面仍存在这样或那样的问题，但规模较小，总体安全形势处于可控状态。一些威胁地区安全的老问题，如：乌塔两国紧张关系仍未缓解，但也没有进一步恶化；毒品威胁问题依旧。这些情况表明，非传统安全威胁依然是影响中亚地区安全与稳定的主要因素，其中以宗教极端势力和网络恐怖活动的威胁最大。

中亚地区安全形势保持基本稳定的主要原因是：中亚国家对国内形势具有较强的掌控能力，经济状况尚可，人民生活有基本保障，"三股势力"虽比较活跃，但还没有达到可任意兴风作浪、危害国家的程度，这些内因为各国国内稳定提供了基本保证。从外因来看，国际和地区的消极因素对中亚国家安全的影响尚处于力量积累阶段，尚不足以造成破坏性后果；而俄罗斯、中国、上合组织、集安组织对抵御外部势力的负面影响和维护中亚安全及稳定发挥着重要作用，特别是俄罗斯的"乌克兰保卫战"有效阻止了乌克兰升级版颜色革命向中亚地区的外溢。

（三）经济增速有所放缓，但仍表现不俗

按中亚 5 国国家统计部门分别发表的数据，2014 年 1—9 月哈萨克斯坦 GDP 增长 4%，预计全年增长 4.3%（2013 年增长 6%）；1—9 月，乌兹别克斯坦 GDP 增长 8.1%（2013 年同期增长 8%）；1—9 月吉尔吉斯斯坦 GDP 增长 3%（2013 年同期增长 8%）；1—6 月土库曼斯坦 GDP 增长 10.3%（2013 年同期增长 9.4%）；1—6 月，塔吉克斯坦 GDP 增长 6.7%（2013 年同期增长 7.5%）。

以上表明，经济增速放缓最多的是与俄罗斯经济联系最密切的哈萨克斯坦和吉尔吉斯斯坦，主要是受被西方制裁的俄经济的拖累，造成货币贬值，出口减少。塔吉克斯坦放缓不足 1 个百分点，主要是受在俄务工人员汇回国内的外汇减少的影响。土库曼斯坦和乌兹别克斯坦增速基本与 2013 年持平，主要得益于两国油气和其他原料出口的长期合同，价格变化不敏感。

总的看，中亚国家经济在美国从阿富汗撤军、乌克兰危机和俄罗斯受西方制裁的综合影响下，仍取得相对高速的增长，与 11 个独联体国家 1—9 月经济平均增速仅为 1.1%的情况相比，实属不易。

二、独联体地区经济形势特点

受全球经济持续低迷的影响，尤其是乌克兰危机对经济的巨大冲击，2014 年独联体地区整体经济发展有以下特点：

（一）11 国经济呈现滞胀态势，且发展不均衡

根据独联体统计委员会的最新统计数据，2014 年 1 9 月，独联体 11 个成员国的经济平均增速仅为 1.1%，而同期通货膨胀率达到 7.9%，固定资产投资下滑 2%，出口同比下降 1.1%。

除了乌克兰经济下降 10%以上已成定局以外，经济形势恶化比较严重的是白俄罗斯和俄罗斯，1—9 月分别增长 0.8%和 1.5%。哈萨克斯坦为 3.9%，也大大低于哈预测的 6%。三国的平均通货膨胀率达到 8.6%，高于独联体的平均水平，即 7.9%。

如上节所述，除吉尔吉斯斯坦增长 3%和哈萨克斯坦 4%以外，中亚其他 3 国都实现了高速增长，土为 10.3%、乌为 8.1%、塔为 6.7%。

（二）2015 年独联体地区经济发展形势展望

WTO 预测 2015 年俄经济增长 0.5%，未来俄经济将面临结构增长瓶颈和油价走低的困难，这会加重因乌克兰危机对俄经济造成的不利影响。俄年通胀率已达到 8.6%，在当前非油气行业利润下降、利率增长的情况下，企业被迫举债，其债务负担愈加接近临界点。俄总理梅德韦杰夫表示，经济制裁和国际信贷渠道封锁已对俄整体经济体系造成压力。

WTO 的报告认为，未来 5 年内，由于俄罗斯受西方经济制裁的负面效应，以及国内需求日趋疲软等原因，中亚各国的经济增长将放缓。不仅是石油与天然气开采国，黄金等矿产开采国（如吉尔吉斯斯坦）的经济都将下滑，对外贸易规模亦将缩水。此外，独联体中对俄罗斯经济依赖性最大的三个国家亚美尼亚、吉尔吉斯斯坦和塔吉克斯坦，因俄受制裁连带自身遭受经济影响甚大。即使未来乌克兰局势趋稳，西方取消对俄制裁，上述三国经济所受负面影响在很长时间内也难以消除，尤其是对自俄进口商品和在俄务工人员侨汇收入过度依赖的塔吉克斯坦和吉尔吉斯斯坦。外高三国受乌克兰危机影响，经济仍将低速增长，难有明显好转。

独联体一体化进程将在俄罗斯推动下继续前进。但在俄自顾不暇的情况下，将于 2015 年 1 月 1 日启动的欧亚经济联盟的未来发展面临新的挑战。

三、上海合作组织面临新的发展机遇

2014 年上海合作组织杜尚别峰会就增进政治互信、加强反恐、开展经济合作以及扩员等问题进行讨论，并就一些问题通过了相应文件，各成员国和观察员国都欢迎习近平主席 2013 年 9 月提出的"丝绸之路经济带"构想。这些都为上合组织的持续发展提供了新机遇。

特别值得关注的是，在遭受西方政治孤立和经济制裁下，俄罗斯对上合组织更重视，态度更积极。在杜尚别峰会上，普京呼吁"上海合作组织成员国应进一步提高相互协作的效率，以便有效应对时代的挑战"。他说，建立上合组织共同的运输系统，包括利用俄罗斯跨西伯利亚铁路和贝阿铁路，并与中国的"丝绸之路经济带"发展计划相连接，具有很好的前景。俄方对上合组织内部合作的建设性态度对该组织今后发展无疑是重要利好因素。

四、关于对欧亚地区的几点工作建议

包括俄罗斯、中亚在内的欧亚地区是我国的战略大周边和大后方。继续保持该地区稳定与发展，经营好我与该地区国家的关系，事关我国家根本战略利益。我应根据新情况，进一步加强这一方向的工作。

（一）抓住新机遇，扩大和加深中俄在整个欧亚地区，尤其是中亚地区的全方位协调与合作。当前双方应把防范美国借助乌克兰危机在欧亚地区推行颜色革命作为重点，确保该地区整体稳定局面的可持续性。

（二）上合组织是关系我西北周边安全稳定的战略支点，应一如既往地重点经营。与俄方携手制订好上合组织未来十年发展规划。

（三）就丝绸之路经济带建设与上合组织、欧亚经济联盟的衔接与合作问题抓紧进行顶层设计，制定具体实施方案；进一步明确我对欧亚经济联盟的支持立场。

（四）密切关注美国在阿富汗和中亚的军事动向，美国于 6 月正式关闭在吉尔吉斯的马纳斯军事基地前夕，于 5 月在塔干什举行了北约驻中亚代表处启动仪式，今后由它协调北约与中亚各国的军事合作，此举值得中俄双方共同关注。

（五）尽早明确把外高三国纳入丝绸之路经济带建设框架中，以便形成从中亚经外高三国到里海、黑海的区域板块。可考虑适时安排我领导人前往外高三国访问，推动该构想。

（六）如果希拉里 2016 年成功问鼎白宫，有可能继续推行其在 2011 年提出的"新丝绸之路"战略，并以此牵制我方提出的丝绸之路经济带建设。对此我宜未雨绸缪。

以上看法和建议供参考。

中国国际问题研究基金会
2014 年 12 月 1 日
（《国际问题研究报告》 2014 年第 33 期）

2015 年欧亚地区形势主要特点

2015 年 11 月 19 日，基金会欧亚研究中心就 2015 年欧亚地区形势举行研讨会。会议由中国现代国际关系研究院承办。多位前大使以及来自五个合作单位、中联部调研咨询小组、中央编译局俄罗斯研究中心、国际战略学会等单位近 40 位专家学者出席。会议主要看法和建议如下：

一、中亚局势总体稳定，但安全威胁有所上升

（一）**中亚大选年平稳度过。**去年底以来，中亚地区共举行了五场大选，其中两场总统大选和三场议会选举，相关国家政局总体稳定。

3 月 29 日，乌兹别克斯坦举行总统选举，投票率达 91.8%。现任总统卡里莫夫作为自由民主党候选人以 90.39% 的高票胜出，将连任至 2020 年。此前，2014 年 12 月乌兹别克斯坦顺利举行议会下院选举，投票率约 89%。今年 1 月，议会最大党——自由民主党提名米尔济约耶夫为总理，并顺利组阁。乌兹别克斯坦继续向总统—议会制政体转变。

4 月 26 日，哈萨克斯坦提前举行总统选举，投票率高达 95%，现任总统纳扎尔巴耶夫以 97% 的得票率再次当选，将连任至 2020 年。此次大选投票率和得票率均创历史新高，显示纳社会基础稳固。

3 月 1 日，塔吉克斯坦举行议会下院选举，投票率约 87.7%。总统拉赫蒙领导的人民民主党获 51 席，所占议席超过三分之二，确保了拉赫蒙对议会的绝对掌控。此次伊斯兰复兴党和社会民主党在议会下院一席未获，彻底沦为体制外反对派，实力再遭削弱。

10 月 4 日，吉尔吉斯斯坦举行改行议会制后的首次议会选举，共 14 个政党参选，争夺 120 个席位。最终 6 个政党进入议会，其中亲总统的"社民党"和"吉尔吉斯斯坦"党分获 38 和 18 席；"共和国—故乡"党、"进步"党、"一致"党和"祖国"党分获 28、13、12、11 席。11 月 2 日，"社民党"、"吉尔吉斯斯坦"党、"进步"党和"祖国"党组成新执政联盟，占议会三分之二席位，另两党成为反对党。此次大选，亲总统政党议席逼近半数，总统阿坦巴耶夫影响议会决策的能力大幅提高。

（二）**地区非传统安全威胁有所上升**。一方面，加入"伊斯兰国"作战的中亚籍恐怖分子有回流之势，威胁各国安全；另一方面阿富汗国内安全形势恶化效应外溢，"伊斯兰国"入阿搅局致阿动荡升级，威胁中亚地区南部。

"伊斯兰国"一直视中亚为"圣战"热土，其欲建立的大哈里发国家版图包括中亚。目前，"伊斯兰国"借助互联网发布中亚裔"圣战"分子视频，加紧渗透与招募。受此影响，中亚反恐形势日益严峻。据中亚五国官方数据，目前赴"伊斯兰国"的中亚公民已近 2000 人，国际危机组织评估达 3000—4000 人。今年 5 月，塔吉克斯坦内务部特警局局长哈利莫夫公然投靠"伊斯兰国"，一度引发恐慌。目前，一些回流的恐怖分子已在中亚滋事。今年 7 月，吉尔吉斯斯坦比什凯克警方击毙 6 名、逮捕 7 名由叙利亚回流的"伊斯兰国"分子。

今年阿富汗国内安全形势明显恶化，尤其是以往较为稳定的阿北部地区安全局势严重恶化。阿富汗塔利班在阿北部先后发动多轮攻势，占据了北部省份的部分地区。同时，包括"乌伊运"等在内的国际武装分子向阿北部东、西两翼集结，占据阿北部不少重要地区。阿富汗北部局势动荡对中亚国家构成严重边防压力，尤其是与阿接壤的塔吉克斯坦、土库曼斯坦和乌兹别克斯坦，各国边防军与阿武装分子交火频率明显上升。

（三）**"大国中亚外交热"导致中亚外交多元化趋势**。今年中亚地区出现"大国外交热"。俄罗斯在中亚加快推进其主导的一体化进程，吉尔吉斯斯坦于 8 月正式加入了欧亚经济联盟。同时，俄借中亚各国对地区安全形势的担忧，增大地区军事存在。俄国防部决定 2020 年前把驻塔吉克斯坦军事基地人数由 5900 人增加到 9000 人，并提高装备水平。同时俄提高了驻吉尔吉斯斯坦的空军力量，向坎特基地运送苏-25 战机、米-8 运输直升机，并准备部署无人机编队。

10 月底至 11 月初，克里访问中亚五国，成为首位遍访中亚五国的美国国务卿。此访提高了美与中亚各国的对话水平。克里还与中亚五国外长在撒马尔罕举行首次"C5+1"（中亚五国+美国）外长会，并商定将"C5+1"作为美与中亚对话合作的机制性平台。克里此次中亚之行表明，美或转变以往以安全合作为中心的模式，开启与中亚各国全方位合作的新局面。美国对中亚外交的新动向值得关注。

7 月 6 日至 13 日，印度总理莫迪借赴俄参加金砖国家和上合组织元首峰会之机，顺访中亚 5 国，成为首位遍访中亚 5 国的印总理。莫迪此行成果颇多，与各国在经贸、能源、人文、安全等领域达成诸多合作协议。

10 月下旬，日本首相安倍也访问了中亚五国，成为首位遍访中亚五国的日本首相。安倍此访与中亚五国签订多领域数十项合作协议，与各国签署 270 多亿美元的订单，并承诺未来 5 年再向中亚投入 250 亿美元，显示日本对中亚地区的关注，其中也有与我竞争、牵制我"丝绸之路经济带"建设之意。

总体看，今年美、印、日同时高调进入中亚并非偶然，凸显中亚地区战略地位的上升和中亚地区外交格局多元化的趋势。我在中亚的战略安全和经济利益面临潜在冲击，但短期内尚不会对中俄两国在中亚地区全方位优势地位构成现实挑战。

二、上海合作组织面临的机遇和挑战

（一）**中亚国家对上合组织充满期待**。中亚是上合组织的"起始区"，自成立以来上合组织以中亚为中心推进安全、经贸和能源等各领域合作，并取得一定成效。目前，中亚各国仍面临较多内外挑战。中亚国家独立至今，虽基本实现政治转型，形成以总统为核心的精英阶层统治，但经济改革仍在路上，经济结构单一，易受国际市场影响。而安全威胁有增无减。阿富汗重建受挫，"伊斯兰国"虽暂不会直接入侵中亚，但将搅动阿富汗局势，造成地区动荡。此外，中亚地区内部矛盾重重，国家间一些老问题如水资源等问题难解。因此，中亚各国对上合组织充满期待，希望得到上合组织更多直接支持。

（二）**上合组织仍面临较多挑战。**首先，自中亚国家独立以来，上合组织主要在外交和地区事务中发挥了重要作用。但目前中亚各国面临严峻的经济困境，各国更加重视上合组织的经济合作，希望获取经济援助。其次，目前中亚各国面临的安全威胁上升，上合组织在安全方面面临新挑战。

三、乌克兰、白俄罗斯政局黑白两重天

美国在乌克兰支持亲美势力策动升级版"颜色革命"，两年来给乌政治经济造成严重后果，导致乌陷入持续政治动乱、内部冲突和经济严重衰退。当前俄美在乌克兰的角逐进入相持阶段，乌克兰危机短期内难以平息。这场危机已成为威胁欧亚地区稳定的毒瘤。

乌克兰的邻国白俄罗斯与其形成鲜明对照。白国内政局长期稳定，民众生活安宁。其中一个重要原因是长期执政的卢卡申科凭借坚实的民意基础，坚决顶住美西方压力，果断防范"颜色革命"，坚持走自己的独立发展道路。卢卡申科还是欧亚地区除俄罗斯领导人以外唯一明确反对北约向欧亚地区东扩的国家领导人。今年10月，白成功举行新一届总统选举。卢卡申科以83.5%的得票率再次高票当选连任，任期5年。这一选举结果为白继续保持政局稳定、发展经济提供了重要政治保障，同时也有利于抵制北约向欧亚地区的东扩企图，有利于维护欧亚地区的总体稳定。

四、欧亚地区经济进入低迷"新常态"

2015年由于国际市场能源等大宗商品价格下跌及俄罗斯经济持续衰退，欧亚地区国家经济发展大多陷入困境。

（一）独联体经济整体不佳。投资、消费和出口"三驾马车"全部倒退引发各国经济全面下滑。据独联体跨国统计委员会数据，今年前三季度，独联体11国经济平均增速为-3.3%，其中固定资产投资同比下降4.4%，零售商业下降7.7%，通货膨胀率为14.3%。其中乌克兰经济衰退最明显，GDP下降14.6%。中亚与外高加索国家经济表现相对较好。今年中亚和外高加索各国预计经济增幅平均在3%—4%之间。

（二）预计2016年欧亚地区总体经济形势难有实质性改变，但可出现缓慢

复苏。据国际货币基金组织预测，2016 年中亚与外高加索国家经济将恢复性增长，增幅在 4%左右。欧亚经济委员会宏观经济政策司专家预计，2016—2017 年欧亚经济联盟整体形势将有所好转，GDP 有望分别增长 0.9%和 1.3%。

五、关于欧亚地区工作的几点建议

欧亚地区是我西北战略大周边。该地区的稳定和发展符合我根本战略利益。我应根据新形势，进一步有针对性加强欧亚地区的工作。具体建议如下：

（一）俄视欧亚地区为其战略生存空间，俄反对美通过"颜色革命"等手段对该地区渗透以及北约向该地区东扩，我在宏观上应予以支持。

（二）俄视中亚地区为其"后院"，与我联合阻止美进入中亚是其既定方针。这也是我把中亚作为与俄开展战略协作重要领域之一的客观基础。我可针对美在中亚地区加大外交投入的动向与俄加强沟通。

（三）针对中亚地区非传统安全威胁有所上升的新形势，加强与俄罗斯、中亚各国双边和在上合组织框架内多边的反恐合作力度。可考虑提出更加具体和切实可行的安全合作方案。尤其要密切关注"伊斯兰国"在中亚、阿富汗和巴基斯坦地区的活动，严防其向我新疆地区渗透。

（四）继续下大力气经营好上合组织，将其打造成中亚地区的长效稳定器，为我维护西北周边长期安全稳定环境发挥重要作用。与此同时，在"一带一盟"实施对接的新形势下，应推动上合组织发挥对接平台的作用。此外，还应考虑让上合组织发挥为丝绸之路经济带建设保驾护航的作用。

（五）白俄罗斯是欧亚地区重要国家，也是丝绸之路经济带一个重要节点。支持卢卡申科的治国方略，加强中白关系符合我在欧亚地区战略利益，也有利于丝绸之路经济带建设。习近平主席在给卢卡申科的当选贺电中表示："我高度重视中白关系发展。"应根据这一精神把对白关系作为我欧亚战略的重要组成部分加以推进。

以上看法和建议供参考。

中国国际问题研究基金会

2015 年 12 月 1 日

《国际问题研究报告》 2015 年第 38 期）

2016 年欧亚地区形势主要特点

2016 年 11 月 11 日，基金会欧亚研究中心就 2016 年欧亚地区形势举行研讨会。会议由中国社会科学院欧亚研究所承办。多位前大使及来自五个合作单位、中联部调研咨询小组、国际战略学会等单位的 20 余位专家学者出席研讨会。会议主要看法和建议如下：

一、中亚地区形势总体稳定，也有隐忧

（一）**乌兹别克斯坦总统突然去世未引发政治地震**。9 月初，中亚地区最重要的国家之一乌兹别克斯坦长期执政的卡里莫夫总统突然去世，成为今年中亚地区政坛最大的突发事件，在中亚地区乃至整个欧亚地区引起高度关注。由于乌政治相对封闭，关于年长的总统接班人问题虽一直为外界关注，但官方始终没有明确态度。故乌能否处理好因总统突然去世出现的权力真空，避免影响政局稳定，甚至导致动乱，便成为外界普遍关心的问题。令人欣慰的是，乌最高会议立法院和参议院迅速于 9 月 8 日举行联席会议，决定由总理米尔济约耶夫代为行使总统职务，及时填补了权力真空。根据该国宪法规定，总统职务出现空缺时，本应由参议院主席暂代。但是，当天参议院主席尤尔达舍夫表示，决定自动放弃这一资格，为了人民的利益，他支持议会考虑总理为代总统。第二天，乌中央选举委员会宣布，将于 12 月 4 日举行总统选举。**这一切表明，米尔济约耶夫当属卡里莫夫生前内定的接班人**。预计 12 月 4 日米尔济约耶夫也会顺利当选，届时将完成政权的过渡。乌兹别克斯坦有望继续保持政局的稳定。这不仅对该国是幸事，也有利于中亚地区形势的稳定。

（二）**哈萨克斯坦、吉尔吉斯斯坦、塔吉克斯坦政局仍相对稳定**。在乌兹别克斯坦权力更迭后，哈萨克斯坦政坛出现频繁人事变动，其实际目的在于调整权力结构，说明纳扎尔巴耶夫总统也在考虑身后的权力交接问题。吉尔吉斯斯坦形式上完成了总统制向议会制转型，但通过议会选举使阿坦巴耶夫总统的个人权力达到空前水平。塔吉克斯坦清理伊斯兰复兴党在体制内的力量，引起明显反弹（国防部副部长叛乱、特警司令叛逃伊斯兰国等），但拉赫蒙总统借机加大打压力度，借法律手段巩固个人权威，仍能控制局面。

（三）**中亚不是中东，地区政治安全局势可控**。原因在于防止出现类似中东乱局的内外有利因素大于不利因素**。域内有利因素：1. 中亚的历史、传统、文化与中东乱局国家差别较大，不存在势不两立的宗教派别。2. 绝大多数民众世俗观念较强，中亚各国领导人均反对宗教极端思想。这得益于苏联体制几十年的正面影响。3. 中亚国家领导人管控大局能力较强，二十多年来形成的强权体制不可能短期内崩溃。该体制的惯性有利于新人接班。古尔吉斯曾发生过的政局激变无果而终，恰恰证明西方所谓的"民主体制"在中亚不易生根。中亚今后发生大规模内部厮杀的可能性不大，但民主夹生饭将长期影响政局，迟滞社会经济发展。4. 多数民众期望社会安定，反对派难以煽动民众搞大规模街头暴乱推翻政府。执政当局对境内各种极端势力防范较严。

域内主要不利因素有：国家间水资源的争夺和部分领土纠纷难以根本解决，易引起国家间冲突；精英阶层相对崇尚西方民主价值观；南部地区年轻民众易受境外原教旨主义影响，伊斯兰极端势力有本土化苗头。

域外主要有利因素：1. 集体安全条约组织和上海合作组织维护地区安全稳定的功能不断得到发挥。2. 俄罗斯在乌克兰危机爆发后进一步加大经营中亚力度。俄哈的盟友关系以及俄与乌兹别克等国的密切合作，是保持中亚安全稳定的重要基础。3. 美国在乌克兰受到俄罗斯坚决抵抗，无力在中亚地区推进"颜色革命"，被迫改为实施软实力、巧实力政策，难以制造大规模动乱。4. 中俄在维护中亚地区安全稳定方面的深度战略合作是抵御域内外势力在中亚生乱的最重要保障。

域外主要不利因素有：阿富汗问题的长期化成为恐怖势力外溢中亚的重要渠道；美国不会放弃对中亚地区的政治渗透。

二、上合组织面临的新形势、新机遇和新挑战

（一）上合组织面临的新形势。中亚地区是上合的"起始区"和"中心区"，中亚地区的形势是上合组织发展必须考虑的基本因素。与此同时，上合扩员带来的自身体制机制建设新问题、"一带一盟"对接、俄罗斯提出建立"大欧亚伙伴关系"、特朗普当选后美国可能进一步削减对中亚的投入等众多因素共同构成了上合组织面临的新形势。

（二）**上合组织的新机遇与新挑战**。上合组织成立 15 年来，不仅实现了成立时的初衷——维护中亚地区安全与稳定，而且扩大了自身的影响力和吸引力。在将安全合作作为首要任务并取得成效的情况下，经济合作也成为上合的重要功能之一。中亚及周边地区安全形势要求上合组织必须进一步巩固和加强安全领域的合作，这为上合组织框架内安全合作机制的发展提供了机遇。*丝绸之路*

经济带建设与欧亚经济联盟对接推动了欧亚地区发展战略思想的提升，为上合组织框架内推进经济合作提供了新思路。无论是"一带一盟"对接还是"大欧亚伙伴关系"的提出，体现出中俄在很大程度上的协调性和一致性，中亚及其他相关国家对相关问题的兴趣，为上合组织的发展创造了新机遇。

与此同时，上合组织也面临着扩员问题引起的新挑战。一是如何保障创始成员国权益已成为关系上合组织能否保持核心凝聚力的现实问题。二是扩员后的上合组织如何保持以往的协调性，如何避免走向论坛化，将成为关系到上合组织生命力的重大问题。

三、乌克兰危机可能被冻结，但短期内难以终结

（一）**乌克兰的国内危机持续**。迄今为止，乌克兰国内政治危机未见缓解，寡头操控、内政碎片化局面未有改观。曾经对西方抱有很高期望的乌克兰当权者对美欧日益弱化的支持力度感到失望。与此同时，由于经济严重依赖外部援助，乌自身发展乏力，不具备很快摆脱经济困境的条件。

（二）**俄西方围绕乌克兰危机的紧张关系有望缓和，但短期内难以终结**。西方通过升级版"颜色革命"使乌克兰完全西化的政治目标已经破产，试图以制裁迫使俄放弃支持乌东部地区的政策也已经失败。作为乌克兰北部重要邻国的白俄罗斯同时又是俄罗斯的联盟国家，去年卢卡申科总统连任后，国家继续保持稳定发展的良好状态，对俄应对乌克兰危机继续发挥着重要正能量。日前，乌克兰西南邻国、独联体成员国摩尔多瓦亲俄的社会主义者党领导人多东当选总统，其竞选纲领之一就是"与俄罗斯保持友好关系"。这也将有利于加强俄对乌克兰危机的影响力。如今，乌克兰已成为西方的烫手山芋。欧盟由于自身内外困难重重，无力继续背负乌克兰这个沉重包袱。欧盟委员会主席容克已公开表示，乌克兰在20年到25年内不可能成为欧盟和北约成员国。特朗普当选后，也表现出希望与俄罗斯实现关系正常化的积极态度，预示着美国对乌克兰的政策有可能调整。10月19日，乌克兰问题诺曼底四国首脑柏林会晤已就落实《新明斯克协议》、解决乌克兰东部问题达成路线图共识，并决定由四国外长在11月底以前就落实路线图确定具体方案。虽然路线图具体文件能否如期顺利出台还是未知数，但至少表明有关方面在积极寻求妥协方案。美欧可能以某种与俄妥协的方式暂时"冻结"乌克兰危机。俄西方围绕乌克兰危机形成的紧张关系有望缓和。

缓和并不意味着乌克兰问题的彻底解决。鉴于乌克兰对俄美双方在前苏地区战略角逐的胜负至关重要，虽然乌克兰问题有可能被边缘化，但俄美之间争夺乌克兰的战略较量短期内难以终结。

四、俄罗斯进一步强化独联体内部合作

包含前苏地区 9 个国家的独联体是俄维护前苏地区战略生存空间的重要依托。今年以来俄继续推动独联体内部多边合作，特别是军事安全领域的合作。9 月 16 日在吉尔吉斯斯坦首都比什凯克举行的独联体国家元首理事会会议签署了一系列合作文件，并发表 4 项重要声明，内容涉及进一步联合打击国际恐怖主义、总结独联体 25 年发展历程、展望独联体下一步发展计划等。与会各国领导人一致肯定了独联体在国际区域组织中的重要性，并认为需要进一步推动、强化和完善其在欧亚地区发展中所起的作用。俄明年将担任独联体轮值主席国，预计其将会继续加强独联体内部的多边合作。

10 月 26 日独联体国家举行的大规模联合防空演习是俄方组织的一个重大军事行动。独联体联合防空体系当天在 7 个独联体国家境内举行大规模演习。来自俄罗斯、亚美尼亚、白俄罗斯、哈萨克斯坦、吉尔吉斯斯坦、塔吉克斯坦和乌兹别克斯坦 7 国的约 100 架军机以及雷达部队、防空导弹部队等参加了此次演习。

日前，普京授权与亚美尼亚签署关于在高加索地区组建俄亚联合集团军协议，则是俄进一步加强在外高地区军事存在的一项重要举措，表明在俄罗斯与阿塞拜疆政治关系走近的背景下，俄仍把亚美尼亚作为其在外高地区的战略支点。

五、"一带一盟"对接有实效、展前景

今年以来，"一带一盟"对接已取得一些实际成果。中俄经济合作亮点纷呈：基础设施建设顺利推进，莫斯科—喀山高铁项目正在抓紧勘探设计，有望于 2018 年竣工通车；李克强总理 11 月访俄期间，两国讨论了 66 个项目的投资，涉及金额约 1000 亿美元，其中最大一笔是建设莫斯科—喀山高铁及建设"滨海边疆区-1"和"滨海边疆区-2"运输走廊；中俄能源合作双边协议在继续落实；高科技合作向广度和深度发展。在"一带一盟"对接的带动下，中国与中亚的产能合作即将进入成果收获期，合作形势喜人。中国成为哈萨克斯坦重要投资者；中国在乌兹别克斯坦承建的电站、在吉尔吉斯斯坦承建的炼油厂、在塔吉克斯坦承建的水泥厂等大型项目运作良好；中国与乌兹别克斯坦正在合建工业园区，中国和土库曼斯坦的油气合作也上了一个台阶，作为丝绸之路经济带上未来一颗明珠的中白工业园建设在顺利推进。所有这些都展现了"一带一盟"对接的光明前景。

六、关于欧亚地区外交工作的几点建议

维护欧亚地区的总体安全稳定和发展，有利于我营造良好的西北战略大周边，符合我根本战略利益。根据该地区的新形势，提出我对欧亚地区外交工作的以下几点建议：

（一）特朗普上台后对外战略总体上可能实行收缩方针，俄美关系有可能出现回暖趋势，俄美在欧亚地区的战略角逐态势可能发生有利于俄罗斯的变化。颜色革命和北约向该地区东扩的势头将减弱。这样的变化客观上符合我战略利益，我应乐观其成。

（二）维护中亚地区的长期安全稳定关系到我的核心利益，中俄在该地区的密切合作则是实现这一目标的根本保障。

我应与俄加强磋商中亚安全问题，当前特别要加强应对"伊斯兰国"等非传统安全威胁的有效合作。哈萨克斯坦、乌兹别克斯坦两国应成为我在中亚地区长期重点工作对象。**12月4日乌兹别克斯坦总统选举后，我应及时对新总统公开表示祝贺，并尽快与其建立直接工作联系。**

（三）上合组织是维护我在中亚地区战略利益的重要平台。今后一个时期，要特别注意防止上合组织因扩员而可能导致出现论坛化趋势。为此，关键是要加强创始成员国的向心力和凝聚力。

（四）应继续推进上合组织自贸区建设。由于各成员国情况有差异，对建立自贸区的态度和立场不完全一致，自贸区建设开始不宜贪大求全，可先以加强双边合作为先导，以具体产业为突破，注重示范效应和带动效应，由点及面逐步推进。

（五）与我友好的白俄罗斯是欧亚地区重要国家，是我在该地区可以依靠的一个战略支点。今年9月，习近平主席与卢卡申科总统在北京宣布"双方决定建立相互信任、合作共赢的全面战略伙伴关系"，标志着中白友好合作关系迈上一个新台阶。去年9月习近平主席访白时提出要把中白工业园"打造成丝绸之路经济带上的明珠"，这是我推进丝绸之路经济带建设的一项重要战略部署。我应继续认真经营好中白关系，为我欧亚地区整体战略目标服务，为实现丝绸之路经济带建设蓝图服务。

（六）关于乌克兰危机，我宜继续执行迄今证明行之有效的基本方略，避免直接介入乌克兰危机。同乌克兰可开展正常的双边交流和务实合作。

（七）2017年是我与欧亚地区国家建交25周年。建议与各相关国家组织形

式多样的纪念活动，进一步深化我与欧亚地区各国的友好合作关系，加深与相关国家人民的友谊。

以上看法和建议供参考。

中国国际问题研究基金会

2016 年 11 月 22 日

（《国际问题研究报告》 2016 年第 35 期）

......

以上研究报告中关于 12 月 4 日乌兹别克斯坦总统选举结果预测准确，工作建议有用：

1. 报告指出："这一切表明，米尔济约耶夫当属卡里莫夫生前内定的接班人。预计 12 月 4 日米尔济约耶夫也会顺利当选，届时将完成政权的过渡。"

12 月 5 日晚，乌中选委宣布，乌兹别克斯坦自由民主党候选人米尔济约耶夫以 88.61% 的得票率赢得总统选举。

2. 报告建议："12 月 4 日乌兹别克斯坦总统选举后，我应及时对新总统公开表示祝贺，并尽快与其建立直接工作联系。"

习近平主席于 12 月 5 日直接致信米尔济约耶夫祝贺他当选，表示**"我高度重视中乌关系发展，愿同你保持密切联系，共同推动中乌全面战略伙伴关系承前启后、继往开来，更好造福两国和两国人民。"**

12 月 6 日外交部发言人陆慷就米尔济约耶夫当选乌兹别克斯坦总统答记者问时表示：**"中方对乌兹别克斯坦顺利举行总统选举和米尔济约耶夫当选新一届总统表示祝贺。习近平主席已向米尔济约耶夫总统发去贺信。"**

第三节　关于中亚地区形势和上海合作组织的研究

鉴于中亚地区和上海合作组织在我国外交中的特殊地位，自 2013 年以来，基金会欧亚研究中心在每年上合组织元首峰会召开之前都专门组织一次专题研讨会，对中亚地区形势以及上合组织面临的机遇与挑战进行讨论，提出相应看法和工作建议。

关于中亚安全形势和上合组织比什凯克峰会的工作建议

2013 年 5 月 9 日，基金会欧亚研究中心举办"上海合作组织及中亚地区形势"研讨会。会议由国际问题研究所承办。我驻中亚国家前大使，以及来自五个合作单位、商务部国际贸易经济合作研究院的专家学者近 20 人与会。会议围绕中亚地区安全形势、上海合作组织的机遇和挑战、2013 年上合组织比什凯克峰会的工作建议等议题展开讨论。主要看法和建议如下：

一、中亚地区安全形势

（一）**中亚地区安全风险主要来自内部**。虽然以美国为首的西方国家力图在中亚地区重演"阿拉伯之春"，但未能如愿。目前看，中亚地区安全风险主要来自内部。中亚各国在政权交接方面缺乏制度性安排，国家的发展与稳定高度依赖元首个人的健康状况。哈萨克斯坦、乌兹别克斯坦国内政治精英之间的斗争相当激烈，帮派林立，政权交接存在很大不确定性。塔吉克斯坦年内将举行总统选举，拉赫蒙虽志在必得，但塔国内经济问题严重，社会不满情绪上升，拉赫蒙连任压力较大。吉尔吉斯斯坦南北对立态势严峻，阿坦巴耶夫不断加强个人权力，引发南部地区的强烈不满。

尽管有上述隐忧，总体来看，未来一个时期，中亚地区形势有望继续保持总体稳定。

（二）**阿富汗今后安全局势隐忧不可小视**。随着美国北约驻阿联军完成第一阶段的防务移交，阿安全部队已掌握阿大部分地区的防务工作，但尚不能有效遏制塔利班的暴恐活动。可以预计，2014 年驻阿联军撤走后，阿局势不稳定性有可能会进一步增大。届时很可能会重演美军撤离伊拉克后的局面，甚至更甚。如果阿富汗持续内乱，其负面影响将会向中亚地区外溢，从而构成对中亚稳定的威胁。此外，美在撤军后可能向中亚国家分发美军在阿战中的装备和物资，以此牵制中俄，保持对中亚地区影响。

二、上合组织面临的机遇与挑战

（一）**上合组织总体发展势头向好**。上合组织的发展成就日益被各成员国认可。各国面临共同的经济发展任务，特别是在后金融危机时代，各方对我依赖加深，借中国之风发展经济已成为各成员国的共同诉求；上合组织在安全领域合作成果显著，得到各国公认；人文领域合作多层面开展，取得良好的社会效果。上合组织的国际声望不断提升，引起广泛关注。

（二）**上合组织经济合作将进入调整期**。中亚国家朝野对上合组织区域经济合作普遍给予积极肯定，如油气管道等合作项目。尽管如此，今后上合组织框架内区域经济合作的方式和方向需进行调整，即在深化现有合作内容的同时，使合作方式更加多样化，更多惠及民生，如此才能更有可持续性。特别是随着独联体关税同盟的出现，对上合组织推动区域经济合作构成某种挑战。如何化解挑战，并进一步变挑战为机遇，也是上合组织成员国无法回避的问题。

三、关于上合组织比什凯克峰会的几点工作建议

（一）**提升中俄两国关于中亚和上合组织问题的磋商级别**。建议今年上合组织峰会期间我最高领导就中亚和上合组织重大问题与普京进行沟通交流，进一步加强合作共识。

（二）**在扩员问题上我应变被动为主动**。

（三）**冷静应对未来阿富汗局势**。

（四）**以投资为龙头推动上合组织区域经济合作全面发展**。应适时调整我对上合组织区域经济合作的政策，立足长远，深化合作，全面发展，互利共赢。特别要注重发挥我投资优势，以投资为龙头，全面推进各领域合作。具体可从三个层面着手：一是降低域内贸易成本，促进贸易投资便利化。关税同盟成立后，区域贸易成本相应提高。但我与中亚国家的贸易潜力很大，降低贸易成本的空间较大。二是确保能源与非资源领域投资均衡发展。面对我在中亚地区推进能源投资的高速发展期已经过去，中亚国家对非资源领域合作的需求和呼声增高的现实，我应积极推进资源领域深加工、产业链延伸、园区建设以及其他涉及民生的具有示范效应和社会效应的项目。三是以投资推进制度安排。我在中日韩自贸区合作中，以投资协议促进便利化和保护协定的思路取得实效，建议在上合组织区域合作中采用这一模式，以投资推动制度建设。

（五）**继续推动与中亚国家的双边合作**。上合组织为我与中亚国家开展合作搭建了良好平台，今后还要继续推进。但上合组织不是我在中亚外交的全部，发展与中亚国家的双边关系也是中亚外交的工作重点。

（六）**大力开展各种形式人文活动，扩大上合组织的民间影响**。鉴于中俄两国开展的"国家年"和"语言年"取得良好社会效应，可考虑将这种模式在上合组织框架内广泛推广，大力开展双边和多边人文活动。在教育领域，适当改进吸引各成员国青年来华留学的工作方法，可考虑将部分来华留学名额作为各成员国青年学生汉语竞赛奖励手段。这样可产生更积极的社会效应。

以上看法和建议供参考。

中国国际问题研究基金会

2013 年 5 月 20 日

《国际问题研究报告》 2013 年第 11 期）

中亚地区安全形势与上合组织杜尚别峰会相关工作建议

2014 年 8 月 12 日，基金会欧亚研究中心举行题为"**中亚地区安全形势与上海合作组织杜尚别峰会相关工作建议**"的研讨会。会议由国务院发展研究中心欧亚所承办。我驻中亚国家前大使、五个合作单位及国际战略学会的中亚问题专家学者近 20 人与会。会议围绕阿富汗总统选举和美国撤军后的中亚地区安全形势新特点展开深入讨论，并就上合组织杜尚别峰会的安全议题提出相关工作建议。会议主要看法和建议如下：

一、中亚地区安全形势面临的新挑战

（一）阿富汗总统选举后，难以形成有能力掌控全国局势的中央政权，内乱仍将长期持续，形势会更加复杂。今天的伊拉克就是明天的阿富汗。但今后阿的动乱将以内乱为主，短期内对中亚地区的外溢效应有限，主要表现形式将是三股势力的渗透。

（二）美国虽然由于力不从心而从阿富汗撤军，但不意味着其完全放弃在阿富汗的战略利益，更不意味着其将中亚地区拱手让给俄中两国。美国将会继续以各种方式维护其在阿富汗和中亚地区的影响。

（三）乌克兰危机成为中亚地区稳定面临的新的潜在威胁。美国有可能伺机向中亚地区输出"乌式动乱"，以此搞乱中亚，供其乱中牟利。

（四）苏联解体后 20 多年，特别是上合组织成立 10 多年来，中亚地区经受住了各种内外冲击，尤其是"颜色革命"和"阿拉伯之春"的冲击，已经积累了比较深厚的维稳定力。尽管当前面临上述一些新的安全挑战，只要中俄双方密切合作，上合组织精心谋划，完全有能力继续巩固和加强中亚地区安全稳定的局面。

……

以上看法和建议供参考。

中国国际问题研究基金会

2014 年 8 月 18 日

（《国际问题研究报告》 2014 年第 20 期）

当前中亚地区形势和上合组织乌法峰会工作建议

2015 年 5 月 20 日，基金会欧亚研究中心举行"中亚地区形势与上合组织乌法峰会相关工作建议"研讨会。会议由新华社世界问题研究中心承办。我驻中亚国家前大使、五个合作单位及商务部国际贸易经济合作研究院的近 20 位专家学者与会。会议主要看法和建议如下：

一、当前中亚政治、安全形势评估

（一）中亚各国政局可望继续保持稳定。

1. 哈萨克斯坦总统纳扎尔巴耶夫和乌兹别克斯坦总统卡里莫夫今年均成功当选连任，为中亚两大国今后若干年内政局稳定奠定了基础，从而也为中亚地区政治稳定创造了重要条件。2013 年底高票当选连任的塔吉克斯坦总统拉赫蒙地位稳定，至少可执政到 2020 年。别尔德穆哈梅多夫接任土库曼斯坦总统后也已在国内树立起权威。吉尔吉斯斯坦内部各种政治力量经过几年的磨合重组，基本形成了"乱而有序、乱中有稳、稳中有变"的新形势，近期不会大乱。即使吉有某种内乱，也只局限本国，不会外溢造成地区影响。

2. 近十年来中亚各国经济持续发展，民生不断改善，前景看好。据世界银行 2014 年 1 月公布的材料，中亚五国经济平均增长率大大高于世界平均增长率（2.4%）和独联体国家平均增长率（2%）。其中，哈萨克斯坦增长 6%，乌兹别克斯坦增长 8%，土库曼斯坦增长 10%，塔吉克斯坦增长 7.4%，吉尔吉斯斯坦增长 10.5%。2014 年中亚五国虽然受乌克兰危机和俄罗斯经济不振的拖累，但经济仍继续保持增长：哈萨克斯坦增长 4.3%，乌兹别克斯坦增长 6.7%，土库曼斯坦增长 10.3%，塔吉克斯坦增长 6.7%，吉尔吉斯斯坦增长 3.6%。五国经济较快稳定发展，成为各国政局稳定的重要基础。

（二）中亚地区政治安全形势虽有暗流，但局势可控。

1. 各国之间边界、水资源、民族纠纷短期内难以彻底解决，是影响地区稳定的消极因素，但不会造成颠覆性影响。随着上合组织、欧亚经济联盟、丝绸之路经济带建设等地区多边合作的发展，双边矛盾会受到制约。

2. 恐怖主义和宗教极端主义势力在美国、北约从阿富汗撤军以及"伊斯兰国"等因素影响下，出现新动向，如境外暴恐分子回流等。但这些势力相对分散，且派别众多，短期内无法形成对当局构成严重威胁的力量。加之各国政局稳定，当局对打击恐怖主义和宗教极端主义势力态度坚决，而"伊斯兰国"正遭受美等国家打击，难以染指中亚。阿富汗塔利班在美国、北约撤军后忙于内斗，尚无力进取中亚。中亚安全大局可望继续保持。

3. 前年底乌克兰危机爆发后，中亚各国曾一度担心美国借机向中亚地区输出"乌式动乱"。但自今年《新明斯克协议》签署以后，乌克兰危机局势朝有利于俄的方向发展，欧美寻求与俄妥协的倾向增强。预计近期美无力在中亚地区再版"乌式动乱"。

4. 俄罗斯与吉、塔两国签有长期驻军的协定，俄主导的独联体集体安全条约组织的"快速反应部队"也驻扎在中亚，这是维护中亚地区安全与稳定的重要手段。**我应继续支持俄在中亚安全和维稳方面发挥主力作用。**

二、关于新形势下我中亚政策的几点建议

中亚地区是我西北周边重要安全屏障，也是丝绸之路经济带建设的境外第一站。我应继续夯实这一安全屏障的根基，把中亚地区作为"一带"建设的重点地区经营，建设成为"一带"的示范区。

（一）在经济合作领域我应继续奉行义利兼顾与舍利取义相结合的方针，让经济合作首先服务于我在中亚地区的战略利益。在加大对中亚资源性投资的同时，应加大对非资源性项目的投资。在投资实体项目时，应事先考虑到环保和当地民生问题，避免造成不良后果。鉴于中吉乌铁路建设目前受阻，可考虑以某种方式提出中塔乌铁路设想，以此促吉转变对中吉乌铁路的消极态度。

（二）充分利用中亚各国都奉行对华友好方针的契机，通过多种渠道促进民心相通，下大力气扩大知华队伍的成长壮大，为我与中亚各国友好关系奠定坚实民意基础。可考虑我权威媒体与中亚各国有影响力的媒体合作传播丝绸之路经济带精神，把"一带"构想纳入中亚地区孔子学院的教学内容。

（三）采取有效措施应对中亚地区存在的对我安全威胁。除加强高层协调，扩大情报交流外，应切实加强与我接壤国家特别是吉、塔两国的边防合作和缉毒合作。

（四）中亚地区应成为中俄战略协作伙伴关系的样板田，我应力争实现中国、俄罗斯、中亚三方共赢的目标。唯此才有利于持久稳固我西北周边战略安全环境，有利于实现丝绸之路经济带建设目标。

三、上合组织面临的机遇与挑战

目前，上合组织面临的新挑战主要表现在以下两方面：

（一）上合组织启动扩员进程后如何继续保持上合组织的活力将是面临的最大挑战之一。

（二）美国、北约从阿富汗撤军后，上合组织如何防止"三股势力"北窜，确保中亚地区安全稳定，是该组织面临的另一大挑战。

与此同时，上合组织面临如下新机遇：

（一）中俄双方已就使上合组织成为"丝绸之路经济带"建设与欧亚经济联盟建设的对接平台达成共识，从而为上合组织提供了新的广阔发展空间。

（二）上合组织启动扩员进程后，其积极的一面是将扩大该组织的活动舞台，如利用得当，可以增大该组织的影响力。

总之，当前上合组织既面临一些新挑战，同时也面临许多新机遇。机遇明显大于挑战。上合组织正处于打造升级版模式的历史新时期。

四、关于上合组织乌法峰会的工作建议

鉴于中亚地区和上合组织面临的新形势，对 7 月上旬即将举行的上合组织乌法峰会提出以下工作建议：

（一）以上合组织作为丝绸之路经济带建设和欧亚经济联盟建设对接平台定位为抓手，打造上合组织升级版，**并争取将该定位写入乌法峰会声明中**。

（二）启动扩员进程后，上合组织工作重点仍应放在维护中亚地区安全稳定、促进地区发展上。此外，要进一步增强应对阿富汗局势的共识，即一方面积极支持阿富汗重建，促进各派和解，同时避免军事介入，并把构筑阻止阿富汗内乱外溢的"防火墙"落到实处。

以上看法和建议供参考。

中国国际问题研究基金会

2015 年 5 月 28 日

（《国际问题研究报告》 2015 年第 16 期）

当前中亚地区形势

2016 年 5 月 17 日，基金会欧亚研究中心就当前中亚地区形势举行研讨会。会议由国务院发展研究中心欧亚研究所承办。我驻中亚国家前大使以及来自五

个合作单位、国际战略学会等研究机构的 10 余位中亚问题专家学者与会。会议就当前中亚地区政治、安全、经济形势以及新形势下我中亚战略策划等问题进行了深入讨论。会议主要看法和建议如下：

一、当前中亚政治、安全、经济形势

（一）当前中亚地区政治和安全形势总体基本稳定。今年 3 月 20 日，哈萨克斯坦议会下院选举顺利举行，亲纳扎尔巴耶夫总统的"祖国之光"人民民主党、"光明道路"民主党和共产主义人民党继续保持优势地位，有利于哈国内政局继续保持稳定。乌兹别克斯坦政局也持续平稳，卡里莫夫总统依旧牢牢掌控着政权。吉尔吉斯斯坦总理萨里耶夫今年 4 月曾因公路修复项目中的违规和渎职而被迫辞职，由热恩别科夫接任。但总理换人并未引发政局动荡，由此证明吉的议会总统制已富有成效。塔吉克斯坦和土库曼斯坦即将举行关于修宪的全民公决，以根据国内新形势改革和完善政治社会制度。由于此举是当政者为加强治理能力而设计的，预计也会顺利进行。

（二）阿富汗国内局势的不稳定和不确定性，以及"伊斯兰国"组织的渗透活动，成为当前中亚地区安全形势面临的主要威胁和挑战。但是中亚各国当局控制局势的能力较强，宗教极端主义在中亚国家人民中缺乏历史传统根基和现实社会基础，"伊斯兰国"组织难以在中亚地区"开辟第二战场"。

俄罗斯由于在乌克兰危机中取得阶段性成果，与美西方的角逐进入相持阶段，已成功阻止了乌克兰加入北约的进程，客观上也阻止了乌克兰升级版"颜色革命"向中亚地区的蔓延，遏制了北约向中亚地区东扩的企图，从而为中亚各国继续保持国内政局稳定创造了有利外部条件。

（三）2015 年以来，受国际经济形势复苏乏力以及国际市场能源和原材料价格下跌的影响，特别是受俄罗斯经济下滑的拖累，中亚各国经济都出现比较严重的困难。本国货币贬值，大量在俄罗斯打工的青壮年劳力回国，失业增加，人民生活水平受到消极影响。据悉，乌兹别克斯坦有的地区已出现用土豆、鸡蛋等实物支付工人工资的情况。欧亚经济联盟虽然初步建立起内部运营机制，但是受国际经济形势和俄罗斯经济衰退的影响，其成员国之间贸易额下降，矛盾增多。因此，吸引外资，增加项目建设，改善人民生活，发展经济已成为中亚各国面临的头等大事。

（四）在当前形势下，我国在中亚地区面临新的机遇

1. 俄罗斯经济实力下降、欧亚经济联盟内部贸易萎缩，使得经济困难的中

亚国家对我国的依赖性和期待值增大。俄心有余而力不足，对中亚国家发展对华经济合作虽有失落感，但也只能做旁观者。这就为我加快与中亚各国经济合作步伐提供了有利条件。

2. 中亚各国积极支持丝绸之路经济带建设，希望我增加对其投资和基础设施项目建设。去年5月8日中俄两国发表的丝绸之路经济带建设与欧亚经济联盟建设对接合作的联合声明，更为我国加强与中亚国家的经贸合作关系提供了前所未有的机遇。

同时也应看到，中亚国家对我投资需求增大，然而其投资环境较差，一些国家偿付能力较低，吉尔吉斯斯坦和塔吉克斯坦甚至基本不具备偿付能力。这已成为我开展与中亚国家经济合作一个无法回避的难题。

二、关于我中亚外交的几点建议

（一）中亚是我国最重要的毗邻地区之一，无论对维护我国西部安全，还是对丝绸之路经济带建设的实施，都至关重要。**我有必要进一步提升中亚地区在我外交全局中的地位，与此同时，应考虑制订我对中亚地区的中长期大战略，以使我对中亚外交有更清晰的顶层设计。**

（二）美国始终视中亚地区为牵制中俄两国的战略要地，希拉里当年提出的由中亚至南亚的"新丝绸之路计划"根本目的就在于此。该计划至今未在美国当局战略日程上消失。**如果希拉里今年成功问鼎白宫，有可能加大推行该计划的力度。我对此应保持高度关注，未雨绸缪。**

（三）鉴于当前中亚地区各国面临经济困难，我应在帮助其克服经济困难方面更积极地有所作为。

（四）鉴于中亚地区在丝绸之路经济带建设中的特殊地位，**我应努力把中亚地区打造成丝绸之路经济带建设的示范区，下大力气尽快在该地区开辟几块有影响力的"实验田"，使其对丝绸之路经济带沿线国家发挥示范引领作用**。这对丝绸之路经济带建设具有关键意义。

（五）**进一步加大对中亚地区的教育投入，在青年一代培养更多的知华友华力量**。随着我国国际影响力的提升，中亚各国都热切希望派遣更多的青年学生到中国高等院校学习，越来越多的中亚青年也愿意到中国学习深造。但是，目前我国每年分配给中亚地区的公派来华留学名额，除哈萨克斯坦稍多以外，其他国家仍嫌太少，这与我国的中亚战略目标、我与中亚各国友好合作水平不相称。建议我教育主管部门从大局出发，适当增加中亚国家公派来华留学生名额，把这项重要民心工程做大做好。

（六）**针对中亚地区在一定程度上存在"中国威胁论"的影响，我应加强在该地区的软实力建设**，在继续办好孔子学院的同时，要采取新的举措加强文化交流和媒体合作，特别要努力提高我在中亚地区舆论阵地的话语权，回击三股势力和西方敌对势力妖魔化中国的宣传，加强中亚各国人民与我国人民睦邻友好、互利合作的社会民意基础。

（七）中亚国家对我国公民实行的签证制度相当严格，影响双方的经贸合作、文化教育和人文交流。我宜就此多做中亚国家政府的工作，敦促他们放宽对中国公民的签证制度。

（八）**努力使中俄在中亚地区的战略协作同我与中亚国家的互利合作并行不悖，相互促进，应是我对中亚外交始终要注意的问题**。

以上看法和建议供参考。

中国国际问题研究基金会

2016 年 5 月 24 日

（《国际问题研究报告》 2016 年第 10 期）

上合组织面临的新形势与塔什干峰会相关工作建议

2016 年 5 月 17 日基金会欧亚研究中心举行的研讨会还就上海合作组织面临的新形势和将于 6 月下旬召开的塔什干峰会相关工作建议进行了研讨，并就当前上合组织面临的机遇和挑战以及塔什干峰会提出以下看法和建议：

一、当前上合组织面临的机遇与挑战

（一）上合组织面临的新机遇

1. 中俄双方去年就上合组织作为丝绸之路经济带建设与欧亚经济联盟建设对接平台达成的共识，为上合组织提供了新的重要发展动力。

2. 俄罗斯在西方持续制裁下，对推动上合组织合作的态度较前更加积极。这一变化对该组织的合作与发展是重要利好因素。

3. 俄方提出欧亚经济联盟、上海合作组织和东盟建立非西方的"大欧亚经济伙伴关系"的主张，试图以此减轻西方的制裁压力，为俄经济发展寻求新的空间。这一主张客观上有利于上合组织成员国之间的经济合作。

（二）上合组织面临的主要挑战

1. 上合组织启动无地域限制的扩员进程后，面临被"虚化"的危险，以"协商一致"为主要原则的"上海精神"将面临严重考验。今后如何持久保持上合组织的活力将是其内部面临的一大挑战。

2. 美国和北约从阿富汗撤军后，上合组织如何应对阿富汗内乱，防止"三股势力"特别是"伊斯兰国"恐怖势力向中亚地区渗透，确保中亚地区安全稳定，仍是该组织面临的重要外部挑战。

3. 在如何应对阿富汗内乱问题上，上合组织成员国之间立场和态度存在分歧。俄对没有参加"阿富汗问题的四方机制"，被排除在反恐的"中塔阿巴机制"之外颇有意见。如何克服此类分歧，直接关系到上合组织应对阿富汗内乱、维护中亚地区安全稳定的能力。

4. 由于乌兹别克斯坦等国的态度消极，使得上合组织内部多边经济合作瓶颈难以突破，上合组织自贸区建设短期内难以推行。

二、关于上合组织塔什干峰会的几点工作建议

（一）今年 6 月 15 日是上合组织成立 15 周年纪念日。**塔什干峰会应以此为契机，更好地传承历史，加强合作，开辟未来。峰会宣言应体现这一精神。**

（二）鉴于阿富汗动乱和"三股势力"特别是"伊斯兰国"恐怖势力对中亚地区安全稳定的现实威胁，**峰会应继续强调成员国在安全领域加强合作的必要性和紧迫性，始终把反恐维稳放在上合组织合作的首要位置。**

（三）**我应继续把上合组织是"一带一盟"对接平台的定位作为深化上合组织成员国之间经济合作的抓手，把对"一带一盟"对接合作的政治支持作为本次峰会一项重要内容。**关于对接合作的具体路径，可遵循先易后难原则，稳步探讨推进。目前可先就上合组织如何为"一带一盟"对接发挥安全保障平台作用进行讨论。

（四）我在峰会期间可同与会中亚国家元首在双边范围深入探讨开展丝绸之路经济带建设合作的路径，为实现丝绸之路经济带中亚示范区的目标服务。

（五）今年是"上海五国"边境地区军事信任协定签署 20 周年。**我可在峰会期间重申该协定对保持中亚地区和平稳定的重要历史作用，强调应继续发扬协定精神，共同维护地区和平稳定，造福地区各国人民。**

（六）**把加强网络安全合作作为本次峰会的重要议题之一。**网络安全合作是打击三股势力斗争中一个十分重要的领域，目前上合组织在这方面的工作严重滞后。位于塔什干的上合组织地区反恐机构首先应该加强网络安全工作，建立和不断完善跟踪、监视和干扰三股势力等敌对组织活动的网络系统，同时主动出击，通过上合组织安全网络对三股势力成员进行宣传，瓦解其斗志、分化其力量。

（七）我国内有关部门应注意为塔什干峰会成功举行营造良好舆论环境，特别是要针对某些"唱衰"上合组织的杂音，大力宣传上合组织成立15年来在各领域合作取得的成绩及其对我国国家安全和经济发展发挥的重要作用，宣传上合组织在新形势下的广阔发展前景，在民间强化我国与上合组织成员国是命运共同体、利益共同体的意识。

以上看法和建议供参考。

中国国际问题研究基金会

2016 年 5 月 24 日

（《国际问题研究报告》 2016 年第 11 期）

······

塔什干峰会关于南海问题、反导问题的反应：

上海合作组织成立十五周年塔什干宣言

······成员国确认，应在包括《联合国海洋法公约》在内的国际法原则基础上维护海洋法律秩序。所有有关争议应由当事方通过友好谈判和协商和平解决，反对国际化和外部势力干涉。为此，成员国呼吁恪守上述公约、《南海各方行为宣言》及落实宣言后续行动指针全部条款。

······成员国重申，个别国家或国家集团，不顾及其他国家利益，单方面无限制地加强反导系统将危害国际和地区安全与稳定。成员国坚信，实现自身安全不应以损害其他国家安全为代价。

（2016-06-25 来源：新华社）

当前中亚地区形势特点

2017 年 5 月 4 日，基金会欧亚研究中心就当前中亚地区形势特点和相关政策建议举行研讨会。研讨会由国务院发展研究中心欧亚研究所承办。我驻中亚国家前大使以及来自五个合作单位、商务部国际贸易经济合作研究院、国际战略学会等研究机构的 10 余位相关专家学者与会。会议主要看法和建议如下：

一、中亚政治形势基本稳定，但不稳定因素犹存

2016 年以来哈萨克斯坦、吉尔吉斯斯坦等国按照各自的政治需要和目标，修改了国家宪法和政治体制。

乌兹别克斯坦在卡里莫夫总统病逝后顺利实现了政权平稳交替，原来中亚最大的不确定因素消除。新总统米尔济约耶夫调整内外政策，公布《乌兹别克斯坦 2017—2021 年发展战略》，确定了完善国家和社会建设、保障法律至上和进一步改革司法体系、发展经济使其更加自由化、发展社会领域、奉行互利和建设性对外关系等五大优先发展方向。乌开始全面缓和同周边国家关系，接待吉尔吉斯斯坦总统阿坦姆巴耶夫访问，重启两国边界谈判，米尔济约耶夫总统出访哈萨克斯坦和土库曼斯坦，恢复了中断 25 年的与塔吉克斯坦之间的航班。

2016 年 10 月 11 日，吉尔吉斯斯坦通过修宪公投加强了议会总统制，三权分立更趋均衡，为今年 11 月总统选举和权力平稳交接奠定了法律基础。

哈萨克斯坦总统纳扎尔巴耶夫 2017 年 1 月表示，将通过修宪将总统的 40 项权力移交给政府和议会，减少总统对经济和社会事务的具体干预，突出监督作用。

与此同时，土库曼斯坦和塔吉克斯坦则通过修宪加强了总统权威，为长期执政消除了法律障碍。

总的看来，近一段时间中亚各国的政权变更和宪法改革都是和平完成的，哈、吉、乌三国正向更加理性和法制化方向转变。但是基于中亚政治传统，总统仍是各国权力核心，吉尔吉斯斯坦本质上仍是总统议会制。土库曼斯坦总统的地位未来几年估计不会出现真正的挑战者。只有**塔吉克斯坦国家权力由于迅速向总统家庭集中，引起执政集团内部和社会中下层不满，该国政治不确定性有所增加，但不会影响中亚地区政局总体基本稳定的大局。中亚各国反对派尚无力挑战执政者。**

二、地区安全形势更趋复杂，但总体可控

随着叙利亚形势变化，"伊斯兰国"组织等极端武装力量中的中亚国家籍人员开始悄然回流中亚，中亚地区的安全形势更趋复杂。2016 年哈萨克斯坦共阻止 12 起预谋的恐怖袭击，182 人被起诉。塔吉克斯坦破获 36 起预谋暴恐案件，抓获 400 名罪犯。但是暴恐案件仍时有发生。2016 年 6 月 15 日，哈西部阿克套市一个武器销售点被袭，匪徒们抢劫武器后向一军营士兵开枪，打死 8 人。8

月 30 日，中国驻吉尔吉斯斯坦使馆遭袭击，自杀者当场身亡，使馆一名雇员和三名家属受伤，使馆建筑严重受损。

为此，中亚各国政府都加强了安全防范和能力建设。哈将管控网络和打击恐怖信息作为重要任务。吉公布 20 个恐怖组织和 66 名恐怖分子名单。独联体集体安全组织在中亚地区加强反恐演习，提高处理突发事件能力。

总的来说，极端主义和恐怖主义势力虽有可能在中亚某国一时的个别袭击行动中得逞，但不可能使中亚各国和地区的安全形势发生逆转。**该地区继续保持整体安全与稳定是可以预期的。**

三、美西方对中亚的关注度有所下降

特朗普执政后，宣布减少美国对乌兹别克斯坦以外中亚其他四国的援助。2018 年美将完全停止对哈萨克斯坦、土库曼斯坦援助拨款，对吉尔吉斯斯坦援助拨款将从 4480 万美元减至 1800 万美元，减少 60%；对塔吉克斯坦援助拨款从 3300 万美元减至 1730 万美元，减少 48%。

另外，北约宣布关闭在中亚的代表处。这些都表明美国和北约在调整中亚政策，出现收缩态势。

与此同时也必须看到，**美西方的中亚政策虽然进入调整期，但不会放弃对中亚的战略关注，更不会放弃在中亚地区长期经营的积累，尤其是策动"颜色革命"的能力。**一旦认为形势需要，会随时加强对中亚各国的战略渗透。

四、中俄两国在中亚地区影响力进一步上升

由于美西方在中亚地区一定程度的战略收缩，加之中俄两国在中亚地区的继续协调合作，中俄与美西方围绕中亚地区的战略较量进一步朝有利于中俄双方的方向发展。**预计随着"一带一路"国际合作高峰论坛的成功举行，中俄在中亚地区的影响力将会进一步提升。**

五、关于我中亚外交工作的几点建议

（一）中亚地区是我西北周边重要战略屏障，也是丝绸之路经济带建设的前沿。遏阻美西方在中亚地区的政治军事渗透，维护中亚地区的安全稳定是我周边外交的重要战略任务。在这方面，俄罗斯是我的天然盟友。我应继续加强与俄在中亚地区的战略协调与合作。

（二）继续积极、务实地推进与中亚地区各国的政治、经济、安全和人文合作。加强顶层设计，制订我国的中亚长期战略及配套实施计划，由政府各部门、国内各地区分工负责，全面协调实施。

（三）**将中亚地区打造成推进"一带一路"建设的示范区**。中亚具有成为建设"一带一路"示范区的有利条件：该地区是古丝绸之路经过之地，是我的近邻，我与中亚国家政治关系良好，中亚国家积极支持并参与"一带一路"倡议，一些合作项目已经竣工或投入使用。

（四）**使哈萨克斯坦成为示范区中的样板**。哈在中亚国家中对"一带一路"倡议态度最积极，与我签署的合作协议最多，合作成效最显著。

（五）鉴于哈萨克斯坦、吉尔吉斯斯坦是俄罗斯主导的欧亚经济联盟成员国，塔吉克斯坦也正在考虑加入该组织。为加强我与俄在中亚经济领域的合作，在中亚国家暂不愿与我建立自由贸易区背景下，**我可考虑提出成为欧亚经济联盟观察员的建议，以有利于丝绸之路经济带建设与欧亚经济联盟对接的进程**。

（六）目前我已是中亚国家的主要贸易国、主要投资国和主要债权国，但在民心相通方面还是一块短板。现在俄文和英文垄断着中亚地区的新闻媒体市场，中亚民众特别是青少年在互联网上几乎看不见、听不到中文和汉语。这对进一步发展我与中亚国家的合作十分不利。为了增强我在中亚地区的话语权，加强与中亚国家人民的相互了解和理解，必须加强媒体之间，特别是互联网之间的合作，尽快改变我在中亚网络信息传播领域处于低端的状况。

以上看法和建议供参考。

中国国际问题研究基金会

2017 年 5 月 9 日

（《国际问题研究报告》 2017 年第 20 期）

上合组织面临的新形势及阿斯塔纳峰会相关工作建议

2017 年 5 月 4 日，基金会欧亚研究中心就上海合作组织面临的新形势以及将于 6 月上旬召开的上合组织阿斯塔纳峰会有关问题举行研讨会。会议由国务院发展研究中心欧亚研究所承办。我驻中亚国家前大使以及来自五个合作单位、商务部国际贸易经济合作研究院、国际战略学会等研究机构的 10 余位相关专家学者与会。会议就上海合作组织面临的机遇和挑战以及阿斯塔纳峰会相关工作建议进行了深入讨论。会议主要看法和建议如下：

一、上合组织面临的机遇

随着印度和巴基斯坦即将成为上合组织正式成员，上合既面临诸多机遇，也面临新的挑战。

主要机遇是：上合组织将扩大地域范围，从中亚扩大到南亚；成员国的人口、经济量、市场、影响力都将增加。在扩员之前，中国在上合组织内部的合作范围局限于同前苏联地区国家之间。印巴加入上合后将使我国在该组织的合作范围拓展到南亚区域，突破了前苏地区范围。

鉴于南亚与中亚比邻，印巴加入上合有利于把中业和南亚安全利益紧密结合，为更好地解决阿富汗问题、加强中亚和南亚地区的安全稳定提供新的、更大的可能性。

我在上合组织的发展方向上应坚持以下几点：

（一）**在组织任务上，上合组织仍应坚持以维护安全稳定为首要，以打击三股邪恶势力为重任。在维稳方面，上合组织的作用是伟大的，没有上合，就没有今天中亚地区的稳定。**近年来，随着"伊斯兰国"组织在中亚公民中的招募、培训活动加强，以及部分中亚极端分子从中东地区回流到中亚，中亚五国均把打击恐怖极端势力作为自己的首要任务，上合组织应进一步发挥整合反恐力量，维护中亚地区安全稳定的作用。

（二）**在开展经济合作中，应把制定规则和项目建设两者结合起来，做到规则和项目"双轮驱动"。**一方面要进行一定规模的投资，搞能源、交通、运输等基础设施的项目建设；另一方面要促进上合组织加快研究制定经贸规则，例如在海关、商检、检疫等领域制定统一的标准，克服我与中亚国家发展经贸关系的制度性障碍。

二、关于上合组织阿斯塔纳峰会的几点工作建议

（一）在印巴成为上合组织正式成员之际，**建议阿斯塔纳峰会发表《关于保障中亚和南亚安全稳定的联合声明》**，强调加强打击恐怖主义、分裂主义和宗教极端势力的必要性，以及上合组织创始国和新成员印巴应携手努力，逐步解决阿富汗问题，把中亚和南亚建设成为一个和平、安全与稳定的地区。

（二）上合组织应更加重视人文合作，采取新的举措加强该组织三个不同层次（成员国、观察员国和对话伙伴国）之间的民心相通工作，包括进一步办好"上海合作组织大学"、加强以互联网为主的信息安全合作、更积极地开展文化交流等。建议阿斯塔纳峰会期间与其他成员国就此进行沟通。

（三）**建议考虑在阿斯塔纳峰会期间通过新华社评论员文章等形式，对我同意印巴成为上合组织正式成员国做出权威解释，正面阐述上合组织扩员的重要**

意义，引导国内舆论。

以上看法和建议供参考。

中国国际问题研究基金会

2017 年 5 月 9 日

（《国际问题研究报告》2017 年第 21 期）

……

媒体有关阿斯塔纳峰会的报道表明，我们在上述研究报告中提出的有关建议比较得当。

研究报告认为，上合组织"在开展经济合作中，应把制定规则和项目建设两者结合起来，做到规则和项目'双轮驱动'。……要促进上合组织加快研究制定经贸规则，例如在海关、商检、检疫等领域制定统一的标准，克服我与中亚国家发展经贸关系的制度性障碍。"报告建议"进一步办好'上海合作组织大学'、加强互联网为上的信息安全合作、更积极地开展文化交流等。"

习近平主席在阿斯塔纳峰会讲话中指出："中方倡议逐步建立区域经济合作制度性安排，并从商签《上海合作组织贸易便利化协定》做起。""中方愿同各方一道，继续做好上海合作组织大学运行工作"。"促进民心相通，媒体不能缺位。中方倡议建立媒体合作机制，将主办本组织首届媒体峰会。"

阿斯塔纳峰会新闻公报指出："成员国强调，有必要建立区域内经贸合作制度安排，进一步采取措施，促进贸易和投资便利化"。

第四节　关于中俄关系的研究

自 2011 年以来，基金会欧亚研究中心密切跟踪俄罗斯对华政策，对中俄关系一些重大问题及时提出相应的看法。每年年底会对当年中俄关系进行一次总体分析评价。

《中俄睦邻友好合作条约》签署 10 周年研讨会纪要

2011 年 5 月 18 日，基金会欧亚研究中心举行研讨会，就《中俄睦邻友好合作条约》的意义、10 年来的执行情况、新形势下如何继续发挥条约精神推动中俄关系深入发展等议题进行研讨。会议由国务院发展研究中心欧亚研究所承办。外交部前大使和五个合作单位的专家学者近 20 人与会。

会议主要看法和相关建议如下：

一、《中俄睦邻友好合作条约》（以下简称《条约》）是自 1950 年《中苏友好同盟互助条约》以来中俄两国间签署的第二个国家条约，是两国新型关系健康稳定发展的坚实基石和两国关系史上新的里程碑。10 年来的实践证明《条约》有着强大生命力，为加强中俄战略协作伙伴关系提供了重要法律基础，为增强我国际战略地位和构建周边稳定安全环境、确保和延长我发展战略机遇期发挥了不可替代的重要作用。

《条约》签署 10 年来总体执行情况良好，各项条款均得到认真执行。在《条约》指导下，中俄两国政治关系处于历史最好时期，经贸、科技、军工、人文和地方合作开展顺利并不断深化，能源合作成为两国合作的新亮点。

二、中俄作为联合国常任理事国和具有世界性影响的大国缔结的该《条约》成为后冷战时期新型国家关系的典范，在抑制冷战思维、制约强权政治和霸权主义、维护世界和平与稳定、推动多极化和建立公正合理国际关系新秩序的斗争中树立了一面正义的旗帜。

无论是从中俄双边关系角度还是从世界历史发展的角度，《条约》都具有独一无二的特点、全局性影响和不可估量的战略意义。

三、《条约》对中俄关系发展具有长期指导意义。

与 10 年前相比，《条约》的主客观基础没有发生改变：以美国为代表的冷战思维、强权政治和霸权主义倾向依然存在，世界多极化趋势不可逆转，中俄双方相互战略借重的客观需要依然存在，中俄各自谋求发展的目标没有改变，各自营造良好发展空间的需求依然存在，双方"永做好邻居、好朋友、好伙伴"的意愿更加坚定。因此，《条约》仍将是指导今后中俄关系长期稳定发展的纲领性文件。

中俄国力对比与 10 年前发生较大变化，俄在独联体地区地缘政治地位比 10 年前有较大改善，由此引发俄国内出现一些调整对华政策的杂音，中俄在上海合作组织内部协调合作也受到某些潜在干扰。但是，这些问题属于支流，不会对中俄关系基础和大局造成实质性影响，更不会威胁《条约》的地位和作用。

四、《条约》有力推动了双边经贸合作，未来 10 年双边经贸关系还将面临新的战略机遇期。

如今，我已成为俄第一大贸易伙伴和俄第一大进口国；双方进出口增长潜力巨大；石油管道的建成和投入使用具有长期战略意义。**目前中俄贸易总量虽然不大，但质量很高、互补性强；两国间经贸合作机制相当完善，几乎覆盖所有领域；双方合作意愿在进一步加强。**

当前双方经贸合作领域存在的一些问题本质上属于发展中的问题。

今后 10 年，中俄经贸合作有望迎来新的发展，**将为实现中俄共同繁荣的目标做出新的更大贡献。**双边经贸往来总量会有稳定上升；合作质量将有质的飞跃；俄入世总体上对我利大于弊，双方合作将更加规范；《条约》确定的双边政治关系将具有更深厚的物质基础。

五、胡锦涛主席在条约签署 10 周年之际即将对俄罗斯的访问是一次承上启下、继往开来的重要访问，必将为今后 10 年中俄关系深入持久发展注入新的动力。

六、几点工作建议

（一）建议胡主席访俄期间向俄方充分表达中方对《条约》重大意义的看法和其历史作用的肯定，与俄方就新时期双方遵循《条约》精神深化双边战略协作伙伴关系达成共识，共同谋划继续加强战略合作、促进共同发展繁荣的蓝图。

（二）鉴于《条约》部分条款涉及的内容已发生变化，建议在胡主席访俄期间以适当方式表述中方有关立场和态度：

1. 由于美国已单方面退出《反导条约》，《条约》第十二条关于"缔约双方……大力促进恪守有关保障维护战略稳定的基本协议"不再具有针对性，而此问题亦关系我的国家战略安全，**建议以口头方式表明中方继续坚定支持俄方在新形势下为维护战略稳定所做的努力，并视其为双方战略协作的一个重要内容。**

2. 由于中俄边界问题已经彻底解决，《条约》关于边界问题条款有关内容已失去针对性。**可考虑以备忘录形式对此画上句号。**

（三）抓住《条约》签署 10 周年和胡主席出访俄罗斯的时机，向国际社会大力宣传《条约》精神的国际意义，为我外交全局服务。

（四）以《条约》签署 10 周年和胡主席访俄为契机，在国内加强关于中俄关系对我重要战略意义的宣传力度，**提高社会各界特别是各级领导干部关于坚**

定不移加强和发展对俄关系的意识**，努力改变目前一些人对中俄关系重要性认识不足、重视不够的状况。除充分发挥传媒作用外，建议：

1. **以中央文件形式，通报胡主席访俄成果，突出阐明条约的核心精神及其重要意义，强调持久发展中俄关系对我外交战略全局和实现发展目标具有的战略意义，以此统一新形势下全党在对俄关系问题上的认识。**

2. **建议在中央党校省部级干部专修班安排关于胡主席访俄和条约意义的专题报告，并考虑将中俄关系问题作为今后各届省部级干部专修班常设专题之一，以推动中央关于对俄关系战略方针的贯彻落实。**

（五）有关部门应积极研究制定今后 10 年我发展对俄关系的总体战略和各领域的配套规划，为中俄关系长期稳定发展提供政策支撑。

以上看法和建议供参考。

中国国际问题研究基金会

2011 年 5 月 23 日

（《国际问题研究报告》 2011 年第 40 期）

苏联解体主要原因和对我主要影响——"20 年后看苏联解体"研讨会纪要

2011 年 9 月 14 日，基金会欧亚研究中心举行题为"20 年后看苏联解体"的研讨会。会议由新华社世界问题研究中心承办。前驻独联体国家多位大使、来自五个合作单位及中央编译局俄罗斯研究中心等研究机构专家学者 20 余人与会。与会者就苏联解体的主要原因进行了探讨，并就苏联解体对中国的主要影响展开讨论。主要看法如下：

一、苏联解体的主要原因

20 年来，关于苏联解体的原因始终众说纷纭，莫衷一是。在新的历史条件下，遵循历史唯物主义的科学方法重新审视这一问题，以史为鉴，具有重要现实意义。苏联解体尽管有着极其复杂的内因和外因，但是以内因为主。内因则主要有二：

（一）**苏共背离马克思列宁主义，丧失执政能力是导致苏共亡党、苏联亡国的主要政治原因**。苏共领导层长期思想僵化、理论严重脱离实际，把马列主义变成空洞口号和标签。由于因循守旧，不思改革，严重脱离群众，到苏联后期，苏共在人民心目中已经失去了先进性，不再被民众视为其利益代表者，完全失去了民心。戈尔巴乔夫上台后，更是公开抛弃马列主义，以所谓"民主的人道社会主义"取而代之，直至公开宣布解散苏共。

毛泽东同志曾明确指出："领导我们事业的核心力量是中国共产党，指导我们思想的理论基础是马克思列宁主义。"作为执政党的苏共正是在这两个基本点上出了问题，其亡党亡国也就成为必然。而戈尔巴乔夫就是那个把这种必然性变为现实的"掘墓人"。美国前总统克林顿说过："在（戈尔巴乔夫）所谓的改革过程中，由于苏联的意识形态基础动摇了，我们不经流血就能够把一个是美国主要竞争对手的国家推出争夺世界霸权的战争。"他的话从反面印证了这一点。

（二）**国民经济长期停滞，人民物质生活水平持续下滑是苏共亡党、苏联亡国的重要经济原因**。卫国战争前的 20 多年时间里，苏联依靠计划经济模式，以年均 16.8% 的增速，快速实现了国家工业化，创造了人类经济发展史上的奇迹。然而，在战后长期的和平岁月，高度集中的计划经济体制弊端日益显露，成为生产力发展的严重障碍。由于苏共领导层始终未能找到符合本国国情的改革之路，加之奉行与美国争霸的军备竞赛方针，不惜以牺牲民生为代价，导致经济发展长期停滞不前，解体前甚至出现负增长，日常消费品和食品严重短缺，人民怨声载道。在没有战争、没有严重自然灾害的情况下出现这样的局面，是无法向人民交代的。此时苏联的社会主义制度已经名存实亡，苏共被人民抛弃便成了情理之中的事。

苏联的国民经济从高速发展到停滞直至负增长，画出了这个国家由强盛到衰亡的轨迹。它从反面提醒我们，发展是硬道理，如果不坚持以造福人民为宗旨的经济发展目标，社会主义只是徒有虚名，没有前途。

二、苏联解体对中国的主要影响

近代以来，世界新旧政治格局的更替都是通过战争手段强制实现的，因此过渡期也都是短暂的。第二次世界大战后形成的两极政治格局的瓦解则是由于苏联自行解体以和平方式实现的。这一国际关系中没有先例的特殊现象造成的后果是，旧的格局虽然消失了，但新的世界格局却需要经历相当长的过渡时期才有可能形成。从这个意义上说，我们至今仍在品尝苏联解体带来的后果。我们也应从这个更加广阔的视角考察苏联解体对中国的影响：

（一）苏联解体、两极格局的瓦解，开启了世界多极化的进程，客观上为中国的发展减少了外部制约因素，提供了前所未有的国际发展空间，也为我推动建立有利于自己的公正合理的国际政治经济新秩序创造了难得机遇。

（二）苏联解体消除了对我的最大直接外部威胁，极大改善了我周边安全环境，有利于我更好地应对台海问题和其他周边问题，有利于我集中精力谋发展。

（三）俄罗斯国际地位的下降和俄美战略矛盾的加深使得中俄建立战略协作伙伴关系成为可能，在可预见的将来，这一关系仍将会保持和发展。

（四）苏联解体后，中国成为世界上最大的社会主义国家，加之中国经济的快速发展，面临以美国为首的西方国家多种形式的牵制。西方对我的"西化、分化"将对我构成长期挑战。但是，只要我坚持行之有效的和平发展方针，审时度势，因势利导，完全有能力应对并战胜各种挑战。

（五）有着七十多年执政历史、曾经是世界"两超"之一执政党的苏共垮台的教训是中国共产党不可多得的反面教材。客观认识苏共垮台的深刻原因，有助于我党居安思危，在新形势下更有针对性地加强自身队伍建设，永远高举马列主义思想旗帜，永葆先进性，永做人民利益的代表者，坚持以经济建设为中心不动摇，从而不断增强我党作为领导中国特色社会主义事业核心力量的地位，带领全国人民实现中华民族的伟大复兴。

以上看法供参考。

中国国际问题研究基金会

2011 年 9 月 28 日

（《国际问题研究报告》 2011 年第 46 期）

关于中俄关系的几点工作建议

2012 年 11 月 7 日举行的基金会欧亚研究中心年终形势研讨会就中俄关系提出以下工作建议：

如何在新形势下经营好中俄美三边关系，是摆在我面前的具有全局意义的重大外交战略课题。美国在亚太地区"战略再平衡"主要是针对我国，今后 10 年甚至更长时间内，我国可能面临比以前更为复杂更为严峻的国际环境。我国在东面和南面将与美国的盟国和其伙伴国长期处于"岛争"状态的局面下，在北面和西面保持稳定的战略后方，可使我集中精力应对来自东面和南面的挑战。在这种情况下，进一步巩固和深化中俄战略协作具有更加重要的意义。为此，建议如下：

（一）**全面加深中俄战略协作伙伴关系，但不应谋求建立联盟或准联盟关系。**当今世界不同于两极格局时代，政治多极化、经济全球化趋势不可逆转。无论从哪个意义上说，中国谋求与俄结盟或准结盟都将对我有百害而无一利。实践证明并将继续证明，中俄关系定位为战略协作伙伴关系对我是最现实也最有利的选择。**建议十八大后新一届领导人首次出访考虑俄罗斯和其他西北周边国家。**

俄美关系过去、现在乃至将来不时出现的改善迹象，是不足为奇的正常现象，但只要美国不改变独霸世界的目标、俄罗斯不放弃东山再起的目标，双方互为战略对手的关系本质就不可能改变，也就不可能出现俄美联手制华的战略大变局。相反，由于俄美在保持与打破核战略平衡、在后苏联空间渗透与反渗透等根本战略利益问题上结构性矛盾尖锐对立，俄借力中国抗衡美对其的遏制将是其长期战略需要。

俄对诸如美方抛出的类似 G2 主张的动向十分敏感。为了呵护中俄全面战略协作伙伴关系，我一方面要警惕美对中俄关系的挑拨离间，同时也要注意增进与俄的互信。

（二）**应加深中俄经济融合度，为两国全面战略协作伙伴关系奠定坚实物质基础。**

1. **应积极推动大项目合作，打造中俄成规模的产业链。**中俄经贸关系要想上新台阶，就必须有可观的相互投资，使中俄逐渐形成你中有我、我中有你、成规模的、互相渗透的产业链，并进一步辐射到其他独联体国家。

2. **加大参与俄开发远东西伯利亚的力度，为我西部大开发和振兴东北老工业基地发展战略创造更好的外部环境。**普京强调要将"中国潜力"用于远东西伯利亚的"经济崛起"，这对我无疑是一个难得机遇。迄今中国在远东开发方面迈的步子太小，2011 年中方投资仅 6990 万美元，虽比 2010 年的 4530 万美元增长 54.3%，但只占俄远东当年吸引外资总额的 0.7%。

（三）**对普京推进的欧亚联盟不仅要乐观其成，也应予以积极支持。**乐观其成只是消极观望，而积极支持则是公开的政治态度。我一贯支持欧盟一体化进程，支持欧盟成为世界独立一极。如今，支持欧亚联盟同样有助于推动世界多极化，大战略上对我有利。当中俄经济融合到一定程度的时候，双方也可考虑适时提出建立欧亚版的 TPP。

（四）**从巩固上合组织作为我西北周边安全屏障地位的大局需要出发，加强**

与俄在上合组织内部的协调与合作。要把上合组织经营得更好，更符合我国家利益。

（五）**整合中俄职能部门间各类双边会晤机制，注重提高工作效率**。目前，除国家元首和政府首脑年度会晤外，几乎所有政府部门负责人之间都建立了定期会晤机制。建议与俄方通过协商，把相同或相近的会晤机制合并，同时加强国内外交、外贸和金融部门之间的协调。

以上看法和建议供参考。

中国国际问题研究基金会

2012 年 11 月 12 日

（《国际问题研究报告》 2012 年第 28 期）

　　……

2013 年 11 月 19 日举行的基金会欧亚研究中心的年终形势研讨会就新形势下我对俄政策问题提出以下工作建议：

（一）**今年的俄美关系继续表明，俄美互为战略对手的关系本质在可预见的将来不会改变**。变化的只会是双方角逐和博弈的手段和方式。我要格外珍惜来之不易的中俄关系大好局面，注意避免用放大镜看双方的分歧。

（二）**今年俄国际影响力的上升对于国际力量对比的良性发展是利好因素，也有利于我实现外交总体目标**。我应继续加强与俄在国际和地区问题上的协调与配合。

（三）**把中俄关系作为新型大国关系的典范进行宣传**。

与我正在推动建立的中美新型大国关系相比，中俄关系是已经建立起来的更高层次的新型大国关系，其特点主要是：1. 不结盟而能为和平与正义进行战略协作；2. 关系密切而不存在依附性；3. 维护各自的利益而不怀损害对方之心；4. 根据是非曲直处理国际事务而不搞双重标准；5. 平等协商解决彼此矛盾分歧；6. 积极推动世界多极化而不谋求世界霸权。我应积极宣传这一符合时代要求的新型大国关系，对国际关系发挥引领作用。

（四）以积极态度看待欧亚联盟。普京推进独联体经济一体化、构建欧亚联盟的战略目标有利于抵御美西方对独联体地区的渗透，有利于维护俄的战略生存空间，同时也有利于我的西北战略安全和处理对美关系。**我对普京的欧亚联盟战略应持积极态度**。

（五）在上合组织中加强与俄的沟通和协作。上合组织已成为我维护西北战略安全的重要屏障和实施向西开放的重要依托。经营好上合组织是我必须长期坚持的外交方针。**与俄在上合组织内部的沟通与协作则是我实现经营上合组织目标的基本前提**。在安全方面，应更多尊重和发挥俄的特殊作用。在经济方面要设法化解俄的疑虑，力求互惠共赢。同时应就我构建丝绸之路经济带的设想加强与俄方的沟通，吸纳其加入此进程，**力求做到丝绸之路经济带建设、上合组织发展和欧亚联盟建设三者并行不悖、相得益彰**。

（六）**俄扩大在亚太地区的影响，有利于我应对美对我的战略牵制和日本对战后和平秩序的挑战。我应持积极态度**。俄加大开发远东西伯利亚的方针为我国内企业和资金走出去提供了新的重要机遇。加强对俄开发东部地区的合作不仅有利于我国内的发展，也有利于进一步加强中俄关系的物质基础。**我应从战略上谋划与俄在开发远东西伯利亚方面的合作**。

以上建议供参考。

中国国际问题研究基金会

2013 年 12 月 4 日

（《国际问题研究报告》 2013 年第 34 期）

关于普京访华的工作建议

2014 年 4 月 23 日，基金会欧亚研究中心就普京 5 月访华的工作建议举行小范围研讨会。会议在基金会举行。近十位前大使及专家学者参加讨论。会议主要看法和工作建议如下：

一、持续发酵的乌克兰危机导致俄与美欧发生自冷战结束、苏联解体以来最严重的地缘战略冲突，预示着欧亚地区乃至整个国际关系战略格局将出现重大变化。在此背景下，原属计划中的普京 5 月访华将产生不同寻常的国际影响，注定具有历史性意义。我们应从这一战略高度考虑相关的工作部署。

二、当前俄方在乌克兰危机问题上面临较多困难和压力，预计寻求我在乌克兰危机问题上的进一步支持是普京访华目标的重中之重。

三、公开场合尽量淡化乌克兰危机问题，继续强调我主张政治解决的一贯立场，以避免冲淡普京访华的整体对外政治影响，保持我外交的主动性。

四、抓住进一步强化中俄战略协作伙伴关系的良机，积极回应普京 4 月 17 日在莫斯科与俄民众连线答问时对俄中关系的高度评价（"两国关系已经处于前所未有的高水平""俄中关系将成为世界政治中的重要因素，并对现代国际关系结构产生巨大影响"），充分展现中俄关系作为新型大国关系典范的形象。在舆论宣传上传播中俄战略协作伙伴关系对维护世界和平稳定的正能量。

五、对以前已公开表态的重要共同立场，如合作建设"一带一路"、明年共同举办庆祝世界反法西斯战争暨中国人民抗日战争胜利 70 周年活动等，可进一步重申。

六、在双边关系上，以此访为契机，积极推动各领域务实合作。乌克兰危机爆发后，俄罗斯对外合作方向将更重视亚太方向，中俄务实合作领域面临更大发展机遇。我应借此契机，进一步深化中俄双边关系，推进两国在军技、能源、核电、大飞机、金融、农业等各领域合作。特别是在天然气项目上，在当前美欧制裁俄罗斯的背景下，俄急需对东方扩大供气，我应抓住机遇，在考虑经济利益的同时，做出政治决断，争取此访期间达成协议。此外，我还可积极推进两国银行卡合作和中俄贸易中的本币结算，真心实意加强大飞机的集成创新合作，努力促进中俄合作种植绿色农作物和向俄开放农产品市场份额，继续推进克里米亚改造深水港等大项目合作，助力普京发展克里米亚经济。利用俄方将加大开发远东西伯利亚地区力度的战略需求，为我资本和技术向该地区的输出寻找契机，以利于我东北和西北地区的开放和发展。

七、在安全领域，与俄携手推动搭建东北亚多边安全合作机制，与俄探讨建立东北亚安全合作机制的可行性，争取普京在访华期间提出联合倡议，建立包括日本、朝鲜、韩国等区域内国家参与的东北亚安全多边合作机制，增强中俄在东北亚安全领域的地位，弱化美日韩军事同盟的影响。在亚信峰会期间，携手俄方共同推出亚洲新安全观，发出亚洲自己的安全之声。

八、在地区问题上，加强与俄方在后阿富汗战争时期的协调与合作。随着美国、北约在阿富汗撤军，俄方应对乌克兰危机，我应与俄加强协调与合作，以上合组织为依托，确保中亚地区的和平与稳定，巩固我西北周边的安全屏障。

九、有关部门事先向国内主流媒体和有影响力的专家学者打招呼，涉及普京访华的宣传报道和评论要注意与中央保持一致，避免干扰我方的战略考虑。

以上建议供参考。

中国国际问题研究基金会

2014 年 4 月 29 日

（《国际问题研究报告》 2014 年第 9 期）

新形势下中俄关系的工作建议

2014 年 11 月 18 日举行的基金会欧亚研究中心午终形势研讨会就新形势下如何推动中俄战略协作伙伴关系进一步深入发展提出以下工作建议：

一、乌克兰危机使得俄美关系的结构性矛盾尖锐化，短期内不可能解决，进一步增强了中俄战略协作伙伴关系的客观基础。我应珍惜机遇，继续抓住机遇，巩固深化对俄关系。

二、就阻止美国策动的乌克兰升级版"颜色革命"效应外溢加强与俄的协调与配合。同时就如何防范各自国内的"颜色革命"保持沟通，加强交流。

三、普京表示要把俄西伯利亚铁路和贝阿铁路现代化与我丝绸之路经济带建设衔接，对此可认真研究，也可考虑将其与我在中亚的丝绸之路经济带建设相结合，使二者相得益彰。

四、在欧亚经济联盟即将正式启动前夕，我应进一步明确对该联盟的支持立场，这既有利于加强对俄关系，也有利于增进与哈萨克、白俄罗斯等成员国的关系，更有助于阻遏美国和北约在欧亚地区的渗透，有利于我营造良好稳定的西北大战略周边。

五、与俄就上海合作组织未来发展战略规划加强沟通与协调，扩大双方的共识，为上合组织发展不断注入新的活力。

六、借俄积极推进东进政策之机，可考虑把在东北亚地区开展全方位合作作为中俄战略协作的新亮点。

以上建议供参考。

中国国际问题研究基金会

2014 年 12 月 1 日

《国际问题研究报告》2014 年第 34 期）

当前俄罗斯对华政策新特点和普京出席"9·3"纪念活动的相关工作建议

2015 年 7 月 22 日基金会欧亚研究中心举行的研讨会，就当前俄罗斯对华政策新特点和关于普京出席"9·3"纪念活动提出以下看法和相关工作建议：

一、当前俄罗斯对华政策新特点

（一）持续发酵的乌克兰危机导致俄与美欧出现自冷战结束、苏联解体以来最严重的地缘政治冲突，预示着欧亚地区乃至整个国际关系战略格局的重大变化。乌克兰危机的长期化及其引发的俄西方关系全面恶化促使俄罗斯对外政策做出新的战略调整，即一方面加强对西方的安全防范，另一方面加强与金砖国家等新兴经济体的合作，首先是深化与中国的全方位战略合作，从而使**中俄关系进入苏联解体以来的最好时期**。

（二）当前，俄罗斯对华政策表现出以下新特点：**一是与中方的相互信任全面加深。二是对两国经济合作的态度更加积极主动**。在石油天然气交易、采用中国高铁技术和其他科技合作项目上有所突破和进展；**三是**更多地强调与中方战略构想的"对接"，突出体现出俄方对华政策的积极变化。

俄罗斯对华政策出现的上述新变化具有可持续性。我应抓住全面深化中俄战略协作伙伴关系的重要机遇，推动中俄关系加速发展，为我内外发展战略利益服务。

二、关于普京出席"9·3"纪念活动的几点工作建议

普京出席"9·3"纪念活动，是今年习近平主席赴俄出席"5·9"纪念活动的继续，也是进一步深化中俄关系的又一个重要契机。**我应充分利用主场外交优势，把普京来华的对外积极影响最大化，同时在内部就有关问题与俄方进行沟通和协调，力争取得实质性成果。**

（一）**在普京来华前后进行广泛舆论宣传**。一是宣传中俄作为反对德国法西斯和日本军国主义主力军为二战胜利做出的历史贡献，二是表明中俄共同维护二战胜利成果和战后国际和平秩序，反对歪曲二战历史、挑战战后国际和平秩序的决心。这将有利于我与安倍右翼政权的斗争。

（二）积极推动中俄各领域务实合作，**特别是就俄方开发远东西伯利亚的"东进"经济战略的相关合作进行探讨**。对于普京可能向我提出的投资远东西伯利亚基础设施、道路、港口等问题应有预案，力求达成具体共识，为我东北地区振兴、西北地区发展以及"一带一路"建设创造有利外部条件。

（三）**与俄方探讨共同推动搭建以中俄为中坚力量的东北亚多边安全合作机制**，以此弱化冷战的产物——美日韩军事同盟在东北亚地区的影响，提升中俄在本地区安全领域的话语权和影响力。支持俄加强太平洋舰队的计划，同时就朝鲜半岛问题进一步加强协调，探讨尽早恢复六方会谈的路径。

（四）俄方在利用卫国战争历史进行爱国主义教育方面经验丰富，效果显著，对于凝聚民心发挥了重要持久的作用。我可就此与俄方进行交流，**特别是借鉴其对青年进行爱国主义教育的经验**。

（五）**就防范"颜色革命"问题进行深入交流**。鉴于两国元首对防范"颜色革命"问题原则上已有共识，我可就如何防患于未然与俄方进行深入交流。

（六）明年是《中俄睦邻友好合作条约》签署 15 周年。继今年双方共同庆祝反法西斯战争和抗日战争胜利 70 周年之后，**明年中俄双方可将纪念该条约签署 15 周年作为共同开展的一项重要活动**。目的一方面是进一步加强两国人民之间的友谊，进一步深化两国全面战略协作伙伴关系，同时充分展现该《条约》所代表的中俄关系作为新型大国关系典范的形象，大力宣传中俄全面战略协作伙伴关系是维护世界和平稳定的压舱石、促进共同发展的推进器。我可就此与普京进行具体磋商。

以上看法和建议供参考。

中国国际问题研究基金会

2015 年 7 月 29 日

（《国际问题研究报告》2015 年第 31 期）

关于中俄关系的几点看法和建议

2015 年 11 月 19 日基金会欧亚研究中心年终形势研讨会就中俄关系提出以下看法和建议：

一、美把中俄视为两个战略对手的"双反政策"是出于其维持霸权地位的战略需要，这将成为中俄相互战略借重的长期客观基础。**明年是中俄确立"战略协作伙伴关系"20 周年，也是《中俄睦邻友好条约》签署 15 周年，我可以此为契机，通过与俄方联合安排相关纪念活动，为深化双方战略协作注入新动力**。

二、**开拓中俄合作新领域**。中俄应加强网络安全、空间安全的协调合作，共同维护此类新领域的安全。同时比照中俄外交部门热线机制，考虑建立中俄情报、安全部门的热线。

三、**积极稳妥推进"一带一盟"对接**。对接可从双边向多边推进，先易后难。具体可考虑以下几种方式：一是欧亚经济联盟成员国与我的政策对接，如"丝绸之路经济带"与哈萨克斯坦"光明之路"计划的对接；二是具体领域的对接，如围绕"五通"开展交通和能源合作项目；三是建立欧亚经济联盟与中国的自贸区。

四、普京"乌克兰保卫战"的胜负将直接影响欧亚地区地缘政治格局走向，直接关系到我西北大周边的战略安全形势和"丝绸之路经济带"建设的实施。

五、对正在酝酿的俄西方之间的国际反恐统一战线，我可持乐观其成态度，在与俄进行沟通协调的同时，相机以符合我反恐需要的合适方式参与。

以上看法和建议供参考。

中国国际问题研究基金会

2015 年 12 月 1 日

（《国际问题研究报告》2015 年第 37 期）

关于加强和深化中俄关系以及普京 6 月访华的相关工作建议

2016 年 4 月 19 日基金会欧亚研究中心举行的俄罗斯国内形势与中俄关系研讨会，就如何加强和深化中俄关系以及普京 2016 年 6 月访华提出以下相关工作建议：

一、关于加强和深化中俄关系的几点建议

（一）建立重大问题相互通报机制，深化政治互信

中俄迄今已建立了从国家元首、政府首脑到政府有关部门之间的双边会晤机制，对推动两国关系发挥了重要作用。建议考虑在各自出台与对方有关的重大决策之前，由各自外交部负责向对方驻本国大使通报相关情况。如遇特别重大问题，可派国家元首特使赴对方沟通，以此增进相互理解，避免误解，加强合作。

（二）加强应对东北亚地区安全挑战的军事合作

中俄双方都面临以美国为首的传统军事安全威胁。双方应在坚持结伴而不结盟方针的前提下，大力推进国防安全领域的合作。当前，美国借口朝核问题加强美日韩军事同盟关系，制造东北亚地区紧张局势，特别是借机试图在韩国部署萨德反导系统，其实质是营建针对中俄两国的战区导弹防御系统，图谋打破东北亚地区的战略平衡，为其建立核霸权服务。这将严重威胁中俄两国的战略安全。建议与俄方协商，考虑建立相应的军事通报机制，以利于今后加强两军共同应对东北亚地区军事威胁的能力。

（三）强化经济合作，夯实两国战略协作的经济基础

中俄双方都认同双边关系处于历史最好水平，同时也都希望把良好的政治关系转变为更多的务实合作成果。中俄军事技术合作有长足进展，但双边经济关系滞后于政治关系的局面仍存在。为尽快扭转中俄关系"政热经冷"局面，力争达到"政热经也热"的理想水平，建议采取下列措施：

1. **着眼长远，继续扩大能源合作**。国际油价持续低迷，客观上对中俄能源合作产生一些负面影响。但从长远看，俄仍将是我长期可靠的能源进口来源，是确保我能源安全的重要外部条件。我应排除客观影响，坚定不移加强与俄能源合作。当前俄方热切希望与中方尽快签署天然气西线合同，我可考虑加快有关谈判进程。

2. **增加对俄投资，扩大融资规模**。俄急需中方投资其经济建设，并拟在俄发行人民币债券。我应利用此机会向俄所需项目投资，重点抙谘远东地区的超前发展区。我可考虑给有发展前景的项目提供一定数额的低息贷款，为俄在华融资提供方便。

3. **中国企业与俄开展合作时要考虑俄方有关要求**。俄方欢迎中国企业在俄投资设厂，但有明确要求：一是要生产供俄出口的有竞争性商品。二是要有先进技术装备。三是要符合现代生态标准。四是中方劳务人员要在完工后按时回国。中方企业在考虑进军俄罗斯时，要注意适应俄方相关要求，以为顺利开展合作创造必要条件。

4. **与俄开展军工企业民用产品的研制和生产合作**。中俄两国的军工企业都是本国的支柱产业之一，科技水平高，技术力量强，互补性大。除生产军事装备外也都在生产技术水平高的民用产品。如果双方合作生产互有需要或可向第三国出口的民用产品，将对两国经贸水平的提高发挥重要作用。俄军工企业目前民用产品占其总产品的 28%，今后计划增至 50%。中俄军工企业开展民品合作有很大潜力，我可就此问题与俄方进行深入探讨。

5. **促进两国中小企业的合作**。目前中俄经济关系的一大特点是以国有大企业之间的合作为主，投入资金额度大，周期长，收效慢，而直接涉及民生的项目少。这种状况也不利于两国经济界建立广泛联系。建议考虑通过提供贷款优惠、税收优惠等措施，支持促进两国中小企业建立合作关系，特别是在直接关系民生的领域如农业方面的合作。

（四）建立中俄高端智库合作机制

目前两国智库交流虽在进行，但处于分散状态，交流内容也往往局限于某些具体问题，缺乏对重大国际问题的共同探讨，从而难以发挥给两国决策部门提供有效智力支持的作用。建立中俄高端智库合作机制，可使双方智库交流机制化，加深相互在政策层面的沟通和理解，更好发挥为两国决策部门建言献策作用，为全面提升中俄战略协作关系水平服务。

二、关于普京 6 月访华的几点具体工作建议

1. **建议由两国领导人发表纪念《中俄睦邻友好合作条约》签署 15 周年联合声明**。15 年前问世的《中俄睦邻友好合作条约》为中俄全面战略协作伙伴关系奠定了坚实政治和法律基础，同时也为当代世界树立了新型大国关系的典范。2011 年 6 月，中俄双方领导人曾在莫斯科共同发表过"关于《中俄睦邻友好合作条约》签署 10 周年的联合声明"。5 年后的今天，借普京访华之机，两国领导人根据双边关系和国际形势的新变化，发表纪念《条约》签署 15 周年联合声明，无论对深化双边关系发展，还是共同应对外部挑战、维护世界和平与稳定都有重要现实意义。

2. **加强在管理境外非政府组织方面的交流与合作**。鉴于我正计划出台《境外非政府组织管理法》，加强对在华境外非政府组织的管理，而俄方已有这方面的法规和实践，建议与普京就该领域相关问题交流看法，相互借鉴，把在该领域的交流与合作作为两国共同防范"颜色革命"的重要合作内容之一。

3. **为普京来访营造良好舆论环境**。当前，"唱衰"俄罗斯的声音在我国舆论界仍有一定市场，近来还出现了对俄罗斯和普京政策抱虚无主义、怀疑主义态度的新现象。如某主流媒体 4 月中旬发表的一篇社评竟然提出："如果有人说他把俄罗斯和普京'看透了'，那一定是在吹牛。俄罗斯无论是对西方还是对东方来说，都永远是个谜。"这种看法对加强中俄关系没有任何益处，对普京即将来访更是添乱。建议主管部门借今年"中俄媒体交流年"的东风，进一步加强对国内媒体特别是主流媒体的管理和指导，及时纠正有关不良倾向，让媒体为中俄关系营造良好舆论环境发挥更多的正能量。

以上建议供参考。

中国国际问题研究基金会

2016 年 4 月 25 日

《国际问题研究报告》2016 年第 7 期）

......

1. 普京访华的实际成果中有关中俄《条约》和反导问题的反应：

《中华人民共和国和俄罗斯联邦联合声明》指出，今年是双方宣布发展平等信任、面向二十一世纪的战略协作伙伴关系 20 周年，也是《中华人民共和国和俄罗斯联邦睦邻友好合作条约》签署 15 周年。

《条约》汲取中俄两国数百年来交往的积极经验，基于公认的国际法原则和准则，已成为当代中俄关系的国际法基础，充分体现了中俄两国人民睦邻友好的深厚历史传统和两国热爱和平的对外政策。

《条约》确定的中俄关系模式——平等信任的战略协作伙伴关系，在过去 15 年来具备了真正的全面性，至今仍具有现实意义。

《条约》不仅总结了截至本世纪初的中俄关系发展成果，还为两国关系持续全面发展指明了道路。双方正在落实《条约》实施纲要。

在《条约》基础上形成了双边关系的主要原则，并经受住了时间的检验。中俄关系建立的基础是非意识形态化，平等，互信，相互承认领土完整，尊重彼此利益，尊重对方选择社会制度和发展道路的主权权利，互不干涉内政，在涉及主权、安全、发展等核心问题上相互支持，全面互利合作，摒弃对抗。中俄关系不具有结盟性质，不针对第三国。

《条约》及其实践具有重要的国际效应，向世界展示了两个大国之间构建和谐、建设性、平等信任、互利共赢关系的典范。建立在《条约》基础上的中俄外交战略协作在国际关系中占有重要分量，促进了公正合理的世界多极秩序的形成和国际关系民主化。

中俄反对域外势力在东北亚地区加强军事存在，反对以应对朝鲜核导计划为借口，在东北亚地区部署作为美国全球反导系统太平洋地区组成部分的新的反导据点。政治军事对抗和地区军备竞赛升级不可接受。

《中华人民共和国主席和俄罗斯联邦总统关于加强全球战略稳定的联合声明》指出，反导领域的形势发展尤其令人担忧。单方面发展并在世界各地部署战略反导系统的非建设性行为，对国际和地区战略平衡与安全稳定带来消极影响，也破坏了制定和通过多边政治——外交手段应对导弹及导弹技术扩散的基础。

值得注意的是，域外力量往往以臆想的理由为借口，在欧洲部署"岸基宙斯盾系统"，在亚太地区部署或计划在东北亚部署"萨德"系统。这与导弹扩散领域面临的实际挑战和威胁毫不相干，与其宣称的目的也明显不符，并将严重损害包括中、俄在内的域内国家战略安全利益，中俄两国对此强烈反对。

（2016-06-26 来源：新华社）

2. 报告建议："建立中俄高端智库合作机制，可使双方智库交流机制化，加深相互在政策层面的沟通和理解，更好发挥为两国决策部门建言献策作用，为全面提升中俄战略协作关系水平服务。"

2017 年 3 月 1 日人民网报道了中俄战略协作高端合作智库举行揭牌仪式的消息：

中俄战略协作高端合作智库揭牌仪式在京举行

人民网北京 3 月 1 日电（记者 杨倩） 中俄战略协作高端合作智库揭牌仪式暨第一届理事会会议昨日在中国社科院俄罗斯东欧中亚研究所举行。

（2017-03-01 来源：人民网·国际频道）

2016 年中俄关系特点和相关工作建议

2016 年 11 月 11 日举行的基金会欧亚研究中心年终形势研讨会，就 2016 年中俄关系主要特点和对俄关系提出以下看法和工作建议：

一、2016 年中俄友好关系进一步全面深化，表现在：

政治互信不断加强，全面战略协作伙伴关系提高到新水平。今年 6 月普京访华期间，两国元首发表了纪念《中俄睦邻友好合作条约》签署 15 周年的《联合声明》，以及《关于加强全球战略稳定的联合声明》和《关于协作推进信息网络空间发展的联合声明》。上述文件全面阐述了双方对当前国际形势、地区热地问题和维护全球战略稳定的一致看法和立场，是中俄双方作为全面战略协作伙伴应对全球挑战的真实体现，对维护世界和平与稳定具有重要现实意义。

经济合作呈向好态势。中俄双边贸易额今年上半年止跌回升，达到 317.2 亿美元，同比增长 1.8%；至 10 月，贸易额达到 500 亿美元。今年，双方的边境合作和友城合作也有新进展，远东开发合作全面展开。中俄在推动"一带一盟"对接方面的合作也在加深。11 月在俄举行的中俄总理第 21 次定期会晤取得经济领域务实合作的重大突破，标志着中俄务实合作开始进入提质升级期。

军事合作继续加强。中俄两国海军 9 月首次在南海相关海域举行代号为"海上联合-2016"的联合军事演习,体现了双方共同维护南海区域和平稳定的意志。

二、关于对俄关系的几点工作建议

（一）在当前复杂多变的国际环境中,**中俄高水平的全面战略协作伙伴关系不仅有利于维护两国核心利益,而且也是维护世界和平稳定的最重要的稳定器**。我应坚定不移地继续经营好对俄关系,使这一新型大国关系更好地服务于两国和两国人民,为世界和平与稳定注入更多正能量。

（二）特朗普在欧亚地区和亚太地区可能的战略收缩将会在一定程度上减轻中俄两国的外部压力。我应与俄在各自和共同关心的问题上（如欧亚地区特别是中亚地区局势、上海合作组织建设、南海问题、朝核问题等）加强沟通协调,利用美国可能出现的战略收缩期实现中俄双方战略利益的最大化。

（三）特朗普上台既不可能放弃美国的霸权目标,也不会改变俄美之间互为战略对手的关系本质。尽管俄美关系可能出现一定程度缓和,但不会动摇中俄全面战略协作伙伴关系的重要客观基础。对此我应有清醒认识,保持战略定力。

（四）鉴于特朗普上台后可能引发一系列可测和难测的国际形势变化,中俄双方应进一步完善重大问题相互沟通和通报机制,以便更好地应对变局、协调立场,加强合作,避免误解。

（五）明年11月将迎来十月革命胜利100周年。2016年俄罗斯国家新版教科书明确指出:"1917年伟大的俄国革命不仅是俄罗斯历史的重大转折点,也是整个世界的重大历史事件。"普京则明确表示:"如果我们还处在（末代沙皇）尼古拉二世时期,肯定不能取得这场反法西斯战争的胜利。"我们绝不能"用黑色的油漆把过去全部抹黑"。鉴于俄官方和普京本人对十月革命的客观积极态度,从加强中俄两国人文交流、深化两国人民传统友谊角度考虑,建议2017年与俄方就十月革命100周年举行相关纪念活动。

（七）建议有关部门组织对习近平主席关于中俄关系的战略思想和外交实践进行系统研究总结,作为我国新时期总体外交实践的一个典范,供有关方面学习。

以上看法和建议供参考。

中国国际问题研究基金会

2016年11月17日

（《国际问题研究报告》2016年第33期）

习近平主席关于中俄关系的外交思想与实践

习近平主席就任国家最高领导人四年来，高度重视对俄关系，提出系统的对俄关系外交战略方针，取得显著成果。中俄全面战略协作伙伴关系全面深化、加速发展，处于历史上的最好时期。

一、习主席关于中俄关系的外交思想

四年间，习主席就中俄关系发表了一系列重要的讲话和论述，提出很多新思想、新观点、新论断，是对中俄关系历史和现实发展实践的高度概括和总结，具有很强的现实指导意义，同时也构成习主席关于国际战略和外交思想的重要组成部分。

（一）**关于中俄关系的战略性质与国际定位**。习主席多次谈道："俄罗斯是我国周边最大的邻国和世界大国"，"是好邻居、好伙伴、好朋友"。中俄关系是世界上最重要的一组双边关系，更是最好的一组大国关系。"中俄建立起全面战略协作伙伴关系，充分照顾对方利益和关切，给两国人民带来实实在在的好处"，是"和平共处，合作共赢的典范"。一个高水平、强有力的中俄关系，不仅符合中俄双方利益，也是维护国际战略平衡和世界和平稳定的重要保障。

习主席说："战略协作伙伴关系确立了中俄关系的战略性质，《睦邻友好合作条约》确立了两国世代友好的理念。"双方做出的这两个重大战略决策符合两国和两国人民的根本利益，符合世界发展的潮流。中俄两国拥有广泛的共同利益，两国人民要世代友好，永不为敌。

今年11月习主席在利马APEC峰会期间会见普京总统时表示，今年以来，中俄双方围绕庆祝《中俄睦邻友好合作条约》签署15周年和建立战略协作伙伴关系20周年，加强全方位战略协作，既促进了两国共同发展繁荣，也壮大了世界和平正义力量。

（二）**中俄高度互信是政治关系的重要基础**。习主席指出，我同普京总统多次会晤、见面、通话、互致信函。他们密切接触、高度互信、坦诚沟通，推动两国关系高水平发展，各领域合作不断扩大。

2014年习主席又多次谈到中俄高度互信问题："对中俄合作，我们言必信，行必果。""中俄合作是全方位的，我们要始终不渝，坚定不移推动各领域合作。"同年9月，习主席与普京总统会谈时表示：我愿意同你保持密切沟通……相互借力给力，共同抵御外部风险和挑战。同年 11 月，习主席在会见俄联邦委员会马特维年科主席时说，不管国际风云如何变幻，我们都要坚持把发展中俄关系作为本国外交优先方向，不断增进政治和战略互信，不断扩大和深化全方位合作。

（三）**关于中俄经济合作关系**。习主席在与普京总统的多次会谈中强调："中俄当前都处于民族复兴的重要时期，两国关系已进入互相提供重要发展机遇，互为主要优先合作伙伴的新阶段。"中俄国情不同，条件各异，两国经济互补性强，合作领域宽，市场空间广阔，潜力巨大；彼此密切合作，取长补短，不断创造出更多利益契合点和合作增长点，可以起到一加一大于二的效果。

中俄是世界主要新兴市场国家，双方要通过深化务实合作和利益交融，特别是推进两国发展战略对接和"一带一盟"建设对接合作，推进基础设施建设、能源、航空、航天、高新技术等领域务实合作，带动更广泛的区域经济合作，共同应对世界经济发展中遇到的困难和挑战，保持两国经济持续良好的发展势头。

在利马 APEC 峰会期间，习主席向普京提出中俄双方当前在世界经济领域的重要合作方向：俄罗斯是亚太经合组织重要成员。双方要深化亚太经合组织框架内合作，落实好包括北京会议在内近年会议达成的重要共识，深入推进亚太自由贸易区进程，推动利马会议取得成功，推动亚太经合组织为亚太和全球经济增长做出更大贡献。

（四）**关于中俄两军合作关系**。习主席特别指示：在中俄全面战略协作伙伴关系中，两国军事领域合作具有特殊重要地位，是两国战略协作的重要内容和支撑。希望两军认真落实两国元首达成的共识，更好地规划国防和军事交流合作，增进战略和政治互信，在军事、安全领域多采取务实联合行动；要在联演联训、军事技术、反恐等方面深化合作，推动两军关系更深更广发展，为中俄全面战略协作伙伴关系发展注入新的活力和动力，为维护两国共同利益，促进世界及地区和平稳定做出贡献。

（五）**关于中俄执政党党际关系**。习主席指出：中国共产党和统一俄罗斯党同为各自国家的执政党，加强两党的交流合作，是中俄战略协作伙伴关系不可或缺、不可替代的重要组成部分。

近年来，中俄两党保持高层定期交往，成功举办政党论坛，顺利启动高层对话机制，签署新的合作协议和备忘录，形成了全方位交往格局、多层交流机制和战略性合作关系，在推动中俄战略协作伙伴关系创新发展中发挥着日益重要而独特的作用。中国共产党愿意在新形势下，继续保持两党高层交往势头，全面落实两党领导人达成的共识，不断丰富合作内容，创新合作形式，完善合作机制，提高合作水平，切实为推动中俄关系全面深入发展做出更大贡献。

（六）**关于中俄人文交流合作关系**。习主席强调：中俄要坚定不移发展两国人民友好关系。国之交在于民相亲。人民的深厚友谊是国家关系发展的力量源泉。

中俄两国都具有悠久的历史、灿烂的文化，人文交流对增进两国人民友谊具有不可替代的作用。中俄两国文化交流有着深厚基础。近年来，中俄两国人文合作蓬勃开展，国家年、语言年、旅游年、青年友好交流年、媒体交流年等国家级主题年活动成功举办，增进了两国广大民众相互了解、传统友谊和友好合作。

此外，习主席还强调，"青年是国家的未来，是世界的未来，也是中俄友好事业的未来。我期待着越来越多的中俄青年接过中俄友谊的接力棒，积极投身两国人民友好事业"。

（七）**关于中俄两国国际战略协作**。习主席指出："中俄两国同为联合国安理会常任理事国和主要新兴市场国家"，"是维护地区和世界安全稳定的建设性力量"，双方要在重大国际和地区热点问题上加强协调和配合，要在国际事务中开展更多共同行动，密切在联合国、"上合"组织、金砖国家等多边框架内的协调和配合，提升话语权和影响力，"坚定维护联合国宪章、宗旨和原则，坚定维护国际关系公平、正义"。继续致力于构建以合作共赢为核心的新型国际关系，完善全球治理体系，共同推动国际秩序朝着更加公正合理的方向发展，维护和促进世界和平、稳定、繁荣、发展。

二、习主席关于中俄关系外交思想的实践成果

（一）**顶层设计，战略引领**。自 2013 年 3 月习主席首访俄罗斯至今年 11 月习主席与普京总统在秘鲁利马 APEC 领导人非正式会议期间会晤，中俄两国元首在近四年的时间里，先后在双边和各种重要国际场合，正式会见会晤 21 次，这在两国历史上从未有过，表明中俄两国元首对双边关系高度重视的程度。在两国元首带领下，两国政府也为中俄关系发展倾注了极大精力。以中方为例，中国党政军高层领导人不同程度参与了中俄关系各领域的组织领导工作。这在中国与其他大国的关系中也是绝无仅有的。

习主席通过与普京总统的良好沟通与合作，为中俄关系定基调、定发展方向、定合作领域和合作内容，引领两国关系不断前行。

（二）**紧密合作、成果丰厚**。四年间，中俄全面战略协作伙伴关系经历了"承前启后、继往开来""换挡加速、加快发展""对接发展战略，全面深化合作"和"夯实战略互信，创新战略协作"四个阶段，每年迈出一大步，四年登上了一个新台阶。两国元首先后签署 8 个《联合声明》，在数十个领域签订了上百项合作协定，向世界展示了中俄关系的特殊性、战略性和高水平，不断丰富和充实了中俄全面战略协作伙伴关系的内涵。

（三）**携手国际行动，释放战略效应**。四年间，中俄全面战略协作伙伴关系在联合国、上海合作组织、金砖国家及国际和地区事务中开展共同行动及释放出的战略效应，对捍卫二战胜利果实、维护战后国际秩序和国际公平正义，对推动国际关系民主化、法制化、多极化，对确保全球战略稳定、完善全球安全治理体系，构造以合作共赢为核心的新型国际关系，维护世界和平稳定发展做出了重要贡献。

特别是今年 6 月普京访华期间两国元首就纪念《中俄睦邻友好合作条约》签署 15 周年发表的《联合声明》《关于加强全球战略稳定的联合声明》《关于协作推进信息网络空间发展的联合声明》三份重要文件，全面阐述了双方对当前国际形势、地区热地问题和维护全球战略稳定的一致看法和立场，是双方作为全面战略协作伙伴应对全球挑战的最新体现，对维护世界和平稳定具有重要现实意义，标志着两国全面战略协作伙伴关系提高到新水平。

普京在利马 APEC 峰会期间与习主席会晤时，对中俄关系的发展水平给予了高度评价。他表示，俄中高水平的关系对全球和平稳定十分重要。当前，俄中双边经贸关系发展势头良好，高新技术等领域合作取得积极成果。俄方期待着同中方共同推进欧亚经济联盟建设同"一带一路"建设对接合作。俄中双方要加强在亚太经合组织等多边事务中的协调合作。

日前，普京在其年度国情咨文中更进一步表示，俄中全面战略协作伙伴关系是保障全球和地区稳定的关键因素之一，这种伙伴关系已成为国际合作的典范。

三、习主席关于中俄关系外交思想的重要意义

（一）在当今世界大发展、大变化、大调整的国际形势下，中俄高水平的全面战略协作伙伴关系不仅是维护我国核心战略利益的重要条件，也是构建健康稳定的大国关系、确保全球战略稳定、维护地区和世界和平的至关重要因素，还是推动建立公平合理的国际政治经济新秩序的重要力量。**习主席关于中俄关系的外交思想为中俄关系继续平稳深入发展，更好地造福两国人民，发挥世界性影响力提供了重要思想理论基础。**

（二）习主席关于中俄关系的外交思想是习主席整体国际战略和外交思想的重要组成部分。**在新的形势下，认真学习、深刻领会习主席关于中俄关系的外交思想与实践，对于更好地贯彻执行习主席整体国际战略和外交思想，更好地实现我总体外交的大目标具有重要现实意义。**

（三）**建议有关部门对习主席关于中俄关系的外交思想和实践进行系统研究总结，作为我国新时期总体外交的一个典范，供有关方面学习。**

以上供参考。

中国国际问题研究基金会

2016 年 12 月 6 日

（《国际问题研究报告》2016 年第 38 期）

中俄关系新形势及普京 5 月访华的相关工作建议

2017 年 4 月 13 日，基金会欧亚研究中心举行研讨会，由中国现代国际关系研究院承办。会议就新形势下的中俄关系与"一带一路"国际合作高峰论坛有关问题进行深入研讨。会议由中国现代国际关系研究院承办。部分前驻欧亚地区大使和来自五个合作单位以及中联部、国际战略学会等单位的专家学者 20 余人与会。会议就特朗普当选后中俄关系面临的新形势进行了深入讨论，并就普京 5 月访华提出相关工作建议。会议主要看法和相关工作建议如下：

一、特朗普上台后俄美、中美关系的新变化

（一）**俄美互动虚多实少，关系转圜不易。**特朗普去年 11 月当选后，美俄曾相互示好，互动频繁，关系改善预期强烈。但特朗普正式就任三个月以来，其受国内各种因素牵制，改善对俄关系的外交动作"雷声大雨点小"。在最有希望改善关系的反恐领域，双方不仅无任何实质性合作，反而暗地较劲。特别是特朗普借化武之名 4 月 6 日下令突袭叙利亚空军基地，置俄于被动境地，普京即刻指责美方做法违反国际法，并"严重损害俄美关系"。事实再次表明，美俄之间根本性战略矛盾决定了俄美关系即使出现某种程度回暖，也将是有限的。

（二）特朗普时代的俄美关系刚刚启航就搁浅，而中美关系则随着习近平主席访美出现转机。**我在中俄美三边关系中处于开局有利的地位。**

（三）**美欲离间中俄关系。**特朗普把袭击叙利亚时间点选在中美元首晚宴之时，并刻意向中方通报，这一安排绝非巧合，而是包藏着借此离间中俄关系的险恶用心。事后特朗普接受美国记者采访时的相关谈话，以及美方大肆渲染中俄双方关于安理会涉叙利亚问题决议草案的投票差异，都证明了美方的这一企图。

二、关于普京访华的几点工作建议

（一）**充分肯定普京对"一带一路"建设的积极态度，阐明我积极落实"一带一盟"建设对接声明的立场和支持欧亚经济联盟健康发展的明确态度**，争取在俄方期望的经济领域合作取得新进展。

（二）**与俄加强关于朝鲜半岛局势的战略沟通，进一步协调应对美方军事挑衅的立场。**由于美方刻意加剧紧张局势，当前朝鲜半岛局势十分敏感。此事涉及中俄两国利益，建议就此与俄方深入磋商共同应对之策，必要时可考虑就朝鲜半岛局势共同发声，明确表明不允许在中俄两国的家门口生战生乱的坚决态度，也可考虑发表《中俄关于朝鲜半岛局势的联合声明》，其中可提出建立东北亚安全合作机制倡议，或倡导建立东北亚安全合作论坛，争取战略主动，遏制美方挑衅，稳定半岛局势。

（三）**在中美关系开局有利的情况下，我更应保持战略定力，继续加强深化对俄关系。中俄全面战略协作伙伴关系是在今后世界格局长期量变过程中抗衡美国霸权战略、维护世界和平稳定的最重要的稳定器。**我应加倍珍惜、爱护这个稳定器，使其更好地发挥正能量，造福中俄两国人民和世界各国人民。

以上看法和建议供参考。

中国国际问题研究基金会

2017 年 4 月 19 日

（《国际问题研究报告》2017 年第 17 期）

……

1. 该报告认为："中俄全面战略协作伙伴关系是在今后世界格局长期量变过程中抗衡美国霸权战略、维护世界和平稳定的最重要的稳定器。我应加倍珍惜、爱护这个稳定器，使其更好地发挥正能量，造福中俄两国人民和世界各国人民。"这一看法与习近平主席有关谈话精神基本一致：

习近平主席 5 月 14 日会见来华出席"一带一路"国际合作高峰论坛的俄罗斯总统普京时指出："面对复杂多变的国际形势，中俄两国发挥了大国担当，致力于推动有关热点问题政治解决进程，对维护地区及世界和平稳定发挥了重要的压舱石作用。""我们要加强战略协作，共同促进世界经济持续稳定增长，推动国际和地区热点问题和平解决，完善全球治理体系，为世界和平稳定注入更多正能量。"

（2017-05-14 来源：新华社）

据新华社 7 月 4 日报道，"国家主席习近平 4 日在莫斯科克里姆林宫同俄罗斯总统普京举行会谈。……两国元首一致同意，携手努力，深化中俄全面战略协作伙伴关系，将高水平、强有力的中俄关系打造成两国发展振兴的助推器和世界和平稳定的压舱石。"

（2017-7-4 来源：新华社）

5 月 26 日，外交部长王毅在莫斯科同俄罗斯外长拉夫罗夫会谈后共见记者时表达了类似看法：

"中俄随时就重大国际和地区问题保持密切沟通协调，成为维护世界和平安宁的中流砥柱。中方愿继续同俄方加强国际战略协作，体现大国担当，共同维护好地球村的和平稳定。"

（2017-5-26 来源：外交部网站）

2. 该报告指出："美欲离间中俄关系"，我应"挫败特朗普离间中俄关系的企图。"

5 月 26 日，外交部长王毅在莫斯科同俄罗斯外长拉夫罗夫会谈后共见记者时表示："我们珍视同俄方这种成熟稳定的全面战略协作伙伴关系。不论国际形势如何变化，中俄合作只会加强，不会削弱。中俄关系只会向前，不会后退。任何唱衰中俄关系的论调在事实面前都是苍白的，任何分化中俄关系的企图在中俄团结面前都是徒劳的。"

（2017-5-26 来源：外交部网站）

3. 该报告建议："与俄加强关于朝鲜半岛局势的战略沟通，进一步协调应对美方军事挑衅的立场"；"可考虑发表《中俄关于朝鲜半岛局势的联合声明》，其中可提出建立东北亚安全合作机制倡议"。

5 月 26 日，外交部长王毅在莫斯科同俄罗斯外长拉夫罗夫会谈后共见记者时表示："中俄在朝鲜半岛问题上立场高度一致。双方都主张实现半岛无核化目标，坚决维护半岛和平稳定，反对任何导致局势紧张的言行，反对以半岛核问题为借口部署损害中俄战略安全的萨德系统。中俄将继续推动各方通过对话协商解决问题，继续为实现半岛无核化和东北亚安全稳定做出负责任的努力。"

（2017-5-26 来源：外交部网站）

7月4日，中华人民共和国外交部和俄罗斯联邦外交部在莫斯科发表《关于朝鲜半岛问题的联合声明》，其中提到，"有关各方以均可接受的方式推动建立朝鲜半岛和东北亚和平安全机制，最终实现有关国家关系的正常化"。

（2017-7-4 来源：外交部网站）

第五节 关于乌克兰危机问题的研究

2013年底爆发、延续至今的乌克兰危机是20世纪90年代末美俄成为战略对手以来，双方在欧亚地区遏制与反遏制较量的升级版。自乌克兰危机爆发以后，基金会欧亚研究中心密切跟踪形势发展，及时组织专题研讨，就相关重大问题提出看法，做出预测。至2017年3月，共向有关方面提交了7份关于乌克兰危机的《国际问题研究报告》。

乌克兰乱局的性质与走向

2014年3月5日，基金会欧亚研究中心举行关于乌克兰危机问题的首次研讨会。会议由国际问题研究所承办。20余位来自外交部的资深大使和五个合作单位以及国际战略学会等研究机构的专家学者就乌克兰乱局的性质与走向进行了深入讨论。会议提出以下主要看法和相关工作建议：

一、乌克兰乱局的性质和影响

2014年2月22日，乌克兰政局发生急剧变化：反对党主导的议会通过了释放前总理季莫申科、解除亚努科维奇总统职务等决议。此次乌克兰亲西方反对派的夺权行动是非法暴力政变，是2004年乌克兰"橙色革命"的升级版，性质更为恶劣。其本质是自苏联解体以来美西方与俄罗斯在前苏地区战略角逐的最新体现。双方较量空前激烈。美西方的根本目的是使乌克兰彻底"脱俄入欧"，进而"入约"，从而拔掉俄东山再起的最重要根基，为实现"弱俄、遏俄"的战略目标奠定基础，同时也为在前苏地区其他国家继续推进"颜色革命"创造条件，为北约在该地区东扩打开大门。普京清楚地了解美西方的战略意图，意识到当前这场较量对俄生死攸关，直接关系到其能否保住欧亚地区战略生存空间、实现俄罗斯复兴的抱负。他不能允许乌克兰这个当年"压断苏联大象脊梁的最后一根稻草"再把俄罗斯的脊梁压断，故展现出誓死保卫乌克兰的决心和意志。

从长远看，俄与美西方围绕乌克兰的这场大博弈的结果不仅将影响前苏地区的地缘政治版图，而且也将影响大国关系和国际战略格局，也直接关系到我西北战略周边的安全与稳定，以及我"丝绸之路经济带"战略构想的实施。

2014 年 3 月 5 日研讨会现场

二、乌克兰乱局的走向

（一）**俄已初步掌握主动权。美西方陷入被动。**自 2 月 24 日以来，俄陆续出手一套政、军、经组合拳，扭转了初期应对乌克兰乱局的被动局面：通过军演在乌反对派头顶悬起"达摩克利斯之剑"，通过取消天然气优惠价使乌经济雪上加霜，通过策动克里米亚独立使俄获得影响乌局势走向的一张王牌。而美西方则缺乏应对俄罗斯的有效手段，可谓色厉内荏。其所谓的各种制裁措施俄都不屑一顾。

（二）**克里米亚半岛脱乌入俄基本已成定局**。克里米亚地方当局两次提前关于克里米亚前途的全民公投日期（由 5 月 25 日提前到 3 月 30 日，再提前到 3 月 16 日），表明俄决心进一步掌握主动权，以防范美西方采取反制措施，让克里米亚这张王牌对乌克兰全局尽快发挥实质性作用。为配合即将举行的克里米亚公决，俄议会已紧急启动准备接纳克里米亚入俄的法律程序。

（三）**5 月 25 日总统大选前景难料**。目前看，亲西方反对派非法夺权后确定的 5 月 25 日总统选举能否如期举行，以及选举结果皆是未知数。俄方已明确表示不会承认由非法政权组织的这次选举，而是坚持要求履行 2 月 21 日乌反对派与亚努科维奇政权在德、法、波、俄四方见证下达成的政权过渡协议。围绕未来的总统选举和与此相关的国家政权的构建将是继克里米亚公决后俄与美西方较量的重点。这场较量对乌克兰政局今后走向将具有关键意义。

以上看法供参考。

中国国际问题研究基金会

2014 年 3 月 7 日

（《国际问题研究报告》2014 年第 2 期）

乌克兰危机的国际和地区影响

2014 年 7 月 1 日，基金会欧亚研究中心举行关于乌克兰危机国际和地区影响的研讨会。会议由现代国际关系研究院承办。近 20 位来自外交部的资深大使和五个合作单位、国际战略学会等研究机构的专家学者与会。会议就乌克兰危机的国际和地区影响进行了深入讨论。会议主要看法和相关工作建议如下：

一、乌克兰危机的国际影响

（一）乌克兰危机是 20 世纪 90 年代末俄美成为战略对手以来遏制与反遏制相互较量的最新升级版。俄罗斯不能失去乌克兰，否则将不可能实现复兴目标，所以决定进行这场"乌克兰保卫战"。美国出于遏制俄复兴的战略目的，决心夺取乌克兰。今后双方即使就乌克兰问题达成某种妥协，也只会是战术性的，不可能弥合相互之间的战略性冲突。

（二）使"一超多强"的国际格局发生有利于多极的重大变化，反映了美国霸权地位继续削弱的趋势。美国在应对乌克兰危机问题上明显力不从心，应对乏力。

（三）**使美不得不在欧洲和亚太两面出击，捉襟见肘**。预计今后其在亚太地区实施以遏制中国为目的的"再平衡"战略将更多地采取代理人方式进行。

（四）**促使俄加速东进步伐，但不会彻底转向**。乌克兰危机以来西方对俄经济制裁迫俄加快发展与亚太国家特别是中国的经济关系。但由于欧洲与俄政治、经济、历史联系紧密，未来仍将是俄对外政策的重点之一。

（五）**对国际能源格局可能产生深远影响**。目前，全球传统能源领域正发生革命性变化，新能源也在不断发展。乌克兰危机使欧盟今后会努力设法摆脱对俄能源依赖，俄则将着力开拓亚太市场，这将对全球能源版图产生深刻影响。此外，据悉在乌克兰东部发现大规模页岩气储量，不排除这也是促使当前美欧俄在该地区激烈争夺的一个重要因素。谁最终控制这里的页岩气资源，将在欧洲能源问题上获得更多发言权。

二、乌克兰危机对独联体地区的影响

（一）**俄罗斯有能力继续保持在独联体地区的主导地位**。尽管格鲁吉亚、摩尔多瓦、乌克兰与欧盟签署联系国协定，选择了西靠方向，但大多数独联体地区国家由于历史、经济和地缘政治的因素，不会弃俄从美欧。预计普京在继续进行"乌克兰保卫战"、坚守乌克兰不能加入北约红线的同时，会加大整合独联体的力度，确保俄的战略生存空间。

（二）**欧亚联盟建设受干扰**。乌克兰对俄罗斯战略意义重大，是俄必保之地，也是欧亚联盟建设的重要一环。在当前形势下，乌克兰短期内已不可能重回俄主导的独联体一体化进程。尽管俄、白、哈三国经济联盟仍在按计划推进，但其影响力会因乌克兰的政治变局受到削弱。

（三）**俄罗斯需要的是一个完整的乌克兰**。支持乌东地区独立或入俄目前不是俄的选项，俄的目标是迫使基辅当局实行联邦制，以此作为今后牵制乌外交走向的手段。但在基辅当局拒绝政治解决、坚持强行动武的情况下，也不排除俄方履行原有承诺，采取某种军事手段保护乌东地区俄族民众的可能。

（四）**目前看，乌克兰乱局有可能长期化**。原因是：1. 乌政权内部分歧依旧，亲欧派和亲俄派将持续斗争；2. 危机致乌经济急剧恶化，预计今年 GDP 将下降 3%，短期内复苏无望；3. 乌东地区分离趋向难以逆转。基辅当局强行动武只会加深内部仇恨，后患无穷；4. 由于此次危机冲突烈度太深，为苏联解体后之最，达成各方都能接受的妥协方案并非易事，尚需时日。

（五）**尽管乌欧已签署联系国协定，乌克兰加入欧盟仍将遥遥无期**。欧盟近期无意也无力背起乌克兰这样一个大包袱。如果乌克兰一味向西走下去，不排除将来重演苏联解体后俄罗斯全盘西化的悲惨结局。

以上看法供参考。

中国国际问题研究基金会

2014 年 7 月 7 日

《国际问题研究报告》 2014 年第 16 期）

乌克兰危机新动向

2014 年 10 月 10 日，基金会欧亚研究中心举行关于乌克兰危机新动向的研讨会。会议由社科院欧亚研究所承办。20 余位来自外交部的资深大使和五个合作单位及中央编译局俄罗斯研究中心、国际战略学会等研究机构的专家学者与会。会议就 9 月 5 日乌克兰危机有关各方在明斯克达成停火协议以来形势发展的新动向进行了深入讨论。会议主要看法和相关工作建议如下：

一、明斯克停火协议以来乌克兰危机的新动向

（一）明斯克停火协议表明基辅亲美政权武力镇压乌克兰东部亲俄武装的所谓"反恐行动"的失败，标志着美国和欧盟试图以武力夺取东乌克兰，巩固今年 2 月基辅亲西方政变成果的目标严重受挫。

（二）明斯克停火协议是在冲突双方谁也吃不掉谁的情况下达成的战术性妥协，表明双方进入战略相持阶段。基辅当局随后出台的给予乌东部地区有限自治权的"特殊地位法"与乌东部地区自行建立的两个"共和国"提出的独立或联邦制要求相距甚远，不足以成为政治解决的基础。

（三）明斯克停火协议带来的乌克兰内部军事冲突相对平静是脆弱的，它可能是有关各方达成进一步政治妥协的过渡，也可能是基辅当局与东部地区全面军事冲突再起的前奏。基辅当局拟于 10 月 26 日举行议会选举，而东部两个"共和国"则抵制该选举，宣布于 11 月初自行举行"共和国"领导人选举。这一局面给双方近期寻求政治解决方案的前景蒙上了阴影。

二、乌克兰危机的前景

（一）基辅当局与东部地区两个"共和国"各自的支持者美国和俄罗斯都不会放弃自己在乌克兰的战略利益和目标。美国将继续其把乌克兰纳入自身势力范围的努力，而俄罗斯则将继续其"乌克兰保卫战"，阻止乌克兰被全盘"西化"。尽管美国挟持欧盟对俄实行的制裁给俄造成一定困难，但俄绝对不会放弃"保卫乌克兰"的战斗。

（二）伴随着血与火的这场乌克兰危机大大加深了乌克兰东西部之间由来已久的民族裂痕，随着东部两个"共和国"的出现，使得以往的隐性裂痕成为公开分裂的现实。与此同时，美俄双方在乌克兰的战略角逐也由以往的相对隐蔽变为针锋相对。但目前双方均无完全压倒对方的能力和手段，同时又都力图避免局势失控。上述原因决定了乌克兰危机将呈现长期化趋势，但也不大可能激化到失控。

（三）俄罗斯需要的不是一个分裂的乌克兰，而是一个完整的乌克兰。支持乌东部地区独立或入俄不是俄的选项。当前形势下，俄的目标是迫使基辅当局改变政体，实行联邦制，使东部地区享有最大自主权，以此作为今后牵制乌外交走向的手段。基辅当局能否接受这一方案，将是影响乌克兰危机今后走向的关键因素。

三、乌克兰危机的地缘政治影响

（一）当前这场乌克兰危机本质上是 20 世纪 90 年代开始的美俄之间在前苏联地区展开的"遏制"与反"遏制"战略角逐的最新也是最严重的表现形式，使得苏联解体后的美俄关系下降到最低点。美国是这场危机的始作俑者。

（二）俄罗斯通过吸纳克里米亚、支持乌克兰东部亲俄武装力量，有力牵制了基辅亲美政变后彻底倒向西方的势头，同时也阻断了基辅升级版"颜色革命"祸水向俄罗斯本土和独联体其他地区的外溢效应。

（三）由于乌克兰在独联体地区具有举足轻重的地位，其脱俄入欧的趋向和内部局势的动荡，从长远看，将对普京推动的独联体一体化进程特别是欧亚经济联盟的建设造成消极影响，但近期尚不会产生直接影响。10 月 10 日明斯克独联体国家首脑会议成功举行，确认由俄、白、哈三国组成的欧亚经济联盟将于明年 1 月 1 日如期正式启动，并接纳亚美尼亚为正式成员国，同时表示吉尔吉斯也有望于明年 1 月 1 日以前加入。

（四）俄罗斯与美欧关系的变冷，以及西方经济制裁的压力，将促使俄罗斯加快推行面向亚太地区的"东进战略"，特别是深化与中国在战略和经济领域的合作。

（五）从长远看，俄美、俄欧关系不会长期僵冷。另外，俄罗斯基于自身的国家定位，也不会改变面向西、东两向的"双头鹰"外交方针。只要出现合适时机，俄罗斯还会寻求与美欧关系的正常化。

以上看法供参考。

中国国际问题研究基金会

2014 年 10 月 17 日

（《国际问题研究报告》 2014 年第 26 期）

《新明斯克协议》签署后的乌克兰局势

2015 年 3 月 17 日，基金会欧亚研究中心举行乌克兰局势研讨会。会议由国际问题研究院承办。近 20 位来自外交部的资深大使和中联部调研咨询小组、五个合作单位及国际战略学会等研究机构的专家学者就 2 月 12 日有关各方签署《新明斯克协议》后的乌克兰局势进行了深入讨论。会议的主要看法和相关工作建议如下：

一、《新明斯克协议》后俄美欧关系新态势

《新明斯克协议》是有关各方妥协的产物，主要作用是避免了乌克兰内部武装冲突进一步升级甚至失控。德、法从自身利益考虑，为防止乌克兰冲突失控后，战火"殃及池鱼"，便抛开美国，主动出面斡旋并促成协议，体现出欧盟在乌克兰危机中作用的微妙变化，同时也暴露了欧美之间的政策嫌隙。德、法为了与俄达成妥协，甚至只字未提克里米亚问题。然而，《新明斯克协议》的作用是有限的，主要是实现了乌克兰内部停火，并未达成根本解决危机的明确政治方案。因此，该协议只是有关各方的一个权宜之计。目前看，俄罗斯是《新明斯克协议》的最大受益者。一是通过停火巩固了东部亲俄武装力量在战场上取得的成果，迫使基辅亲西方当局事实上承认失去了对东部地区的控制权，标志着其所谓对东部地区采取的"反恐行动"的失败。而德、法只字不提克里米亚问题，则是普京的另一大政治收获。《新明斯克协议》可以说是普京"乌克兰保卫战"的一个小胜。

二、《新明斯克协议》后乌克兰国内局势新动向

《新明斯克协议》的签署，激化了乌克兰政权内部右翼极端势力与相对温和派之间的矛盾。右翼极端势力不满《新明斯克协议》对俄和东部武装力量的让步，力图破坏该协议的实施。波罗申科总统实际上不能有效控制军队和强力部

门，在右翼极端势力压力下，其控制局势的能力进一步被弱化。加之乌经济形势更趋恶化，货币贬值加剧，物价持续上涨，民众不满情绪上升，而西方的"输血"基本上是口惠而实不至，都增加了乌克兰政局的不稳定因素。近期出现的诸如强烈反俄亲美的总理亚采纽克有可能取代总统波罗申科，曾被亚努克维奇逮捕入狱的前总理季莫申科有可能东山再起等种种传言从一个侧面反映了乌克兰政局的不确定性。

三、乌克兰危机前景展望

（一）**乌克兰危机将继续呈现长期化趋势**。这场乌克兰危机是持续了 20 多年的苏联解体后遗症的最新体现，是冷战结束以后美俄之间最严重的地缘政治冲突，本质上是美俄之间"遏制"与"反遏制"的角逐。美国是这场乌克兰危机的"麻烦制造者"和幕后操纵者。《新明斯克协议》标志着美俄双方进入战略相持阶段，双方均无把握短期内达到自己的战略目标。普京的"乌克兰保卫战"将变成一场持久战。

（二）**乌克兰内部武装冲突失控的可能性不大**。在亚太再平衡战略、中东乱局以及"伊斯兰国"等问题的牵制下，美国无力直接介入乌克兰危机，更不可能为了乌克兰而与俄罗斯兵戎相见。欧盟则更担心乌克兰战局一旦失控，战火将会蔓延到欧洲。而俄罗斯武装力量在乌克兰地区比北约拥有相对优势，这正是普京决心进行这场"乌克兰保卫战"的底气，同时也是美欧不敢与俄亮剑的重要原因。美欧及其所扶植的基辅政权在战场上得不到的东西，单靠"不致命"的对俄制裁是不可能得到的。

（三）**乌东地区不会脱乌入俄**。根本原因在于普京基于俄罗斯的战略利益，需要的是一个完整的乌克兰，而不是一个分裂的乌克兰。当前形势下，普京是要通过迫使乌克兰实行联邦化，使亲俄的乌东地区成为乌克兰的国中之国，利用其牵制亲西方基辅政权倒向西方的进程，特别是加入北约的进程。如果乌东地区像克里米亚那样"脱乌入俄"，便失去了对俄的战略价值。从长远看，普京寄希望于有朝一日基辅政权发生有利于俄的更迭，把乌克兰重新拉回欧亚统一经济空间，为实现俄罗斯的民族复兴、国家崛起助力。

以上看法供参考。

中国国际问题研究基金会

2015 年 3 月 20 日

（《国际问题研究报告》 2015 年第 4 期）

白俄罗斯驻华大使谈乌克兰危机等问题

2015 年 3 月 24 日，中国国际问题研究基金会邀请白俄罗斯驻华大使布里亚就《新明斯克协议》后的乌克兰危机、欧亚经济联盟、中白关系等问题举行座谈会。基金会名誉理事长张德广，前驻白俄罗斯、乌克兰大使及来自国务院发展研究中心欧亚研究所、新华社世界问题研究中心、中国国际问题研究院、中国国际战略学会的专家学者 10 余人参加座谈。

布里亚所谈主要看法如下：

一、解决乌克兰危机的"钥匙"在基辅当局手里

白俄罗斯与乌克兰是斯拉夫兄弟国家，两国在地理上是邻国，在历史上曾同属一个民族，且拥有共同的生活经历。在当前的乌克兰危机问题上，白俄罗斯不持立场，不评论谁是谁非。我们的首都明斯克仅仅是为乌克兰危机有关各方谈判解决问题提供一个平台，白方不会直接介入乌克兰危机调解进程。现在，解决乌克兰危机的"钥匙"掌握在基辅当局手里。基辅当局执行《新明斯克协议》的态度对今后事态的发展具有重大影响。当然，美国如果继续在乌克兰问题上施加影响则另当别论。

二、白俄罗斯不具备发生"颜色革命"的条件

西方国家经常批评白俄罗斯缺乏民主，这样的看法是不客观的。白俄罗斯自从独立以来的政治生活有一个特点，即历史上除了首次总统选举之外，在此后几次选举中人们都没有低估各个参选的总统候选人，选举结果事前并非能够轻易预测。从去年 2 月乌克兰独立广场事件可以得出一个结论，即国家最重要的是要保持经济稳定和保障就业，避免民众因经济问题产生不满进而诱发社会动乱。在白俄罗斯不存在这类可能诱发社会动乱的状况。在卢卡申科总统领导下，白俄罗斯经济始终保持稳定发展，民众生活水平有保障，这是保证白俄罗斯社会政治稳定的重要基础。

三、欧亚经济联盟目前不宜建立统一货币联盟

当前，在欧亚经济联盟内建立统一货币联盟的条件并不成熟。金融问题不仅涉及主权，更重要的是欧亚经济联盟在实现商品、服务、资本和劳动力自由流动方面仍存在很多未解决的问题。而在上述问题未解决之前，就不具备建立统一货币联盟的条件。这是白俄罗斯不同意近期在欧亚经济联盟内建立统一货

币联盟的主要原因。俄罗斯总统普京在阿斯塔纳与白俄罗斯总统和哈萨克总统会晤后提出研究建立统一货币联盟的建议，是希望以此增强欧亚经济联盟凝聚力，从而巩固欧亚经济联盟。

四、习近平主席 5 月访问白俄罗斯意义重大

白俄罗斯非常期待中国国家主席习近平将于今年 5 月 10 日至 11 日对白俄罗斯的访问。这将是继 2001 年以来中国国家元首时隔 14 年再度访问白俄罗斯，也是白中建交以来中国国家元首第二次访问白俄罗斯，具有划时代的重要意义。白俄罗斯政府目前正积极为这一极为重要的访问做准备。在习近平主席访问期间，除了两国元首共同发表的有关文件外，中白双方还有望签署包括政府间协议、具体经贸合同等涉及各领域合作的 40 多份重要文件。白方认为，白中务实合作在许多领域都有尚待挖掘的潜力。白方相信，习近平主席即将进行的访问将会有力地推动两国合作潜力的开发。

以上供参考。

中国国际问题研究基金会

2015 年 3 月 27 日

（《国际问题研究报告》 2015 年第 8 期）

乌克兰危机和俄西方关系新动向

2016 年 2 月 25 日，基金会欧亚研究中心举行第五次关于乌克兰危机的专题研讨会。会议由国际问题研究院承办。20 余位来自外交部的前大使和中联部调研咨询小组、五个合作单位及国际战略学会等研究机构的专家学者就当前乌克兰国内局势、《新明斯克协议》执行情况及与此相关的俄西方关系新动向进行了深入讨论。会议提出以下主要看法和相关工作建议：

一、乌克兰国内政局动荡加剧

（一）执政联盟瓦解，亚采纽克地位岌岌可危。不久前极端亲美的亚采纽克总理在议会表决对其领导的政府不信任案时涉险过关，随后前总理季莫申科领导的祖国党等几个政党先后退出执政联盟，导致亲西方的执政联盟瓦解。如果未来一个月内不能组建新的占有议会多数席位的执政联盟，就要提前举行议会选举。亚采纽克政府也将面临被解散的下场。与此同时，由于乌国内经济状况一直未见起色，腐败严重，民众对政府不满加剧，亚采纽克的支持率一路下跌。

今年 1 月民调结果显示，大约 70%的乌克兰人要求亚采纽克辞职。总统波罗申科承认，目前乌国内已面临政治危机。

（二）**极端主义党派绑架政府**。在去年 10 月乌克兰举行的地方选举中，激进党、自助党、自由党等极端主义党派的支持率明显下滑，极端主义政党影响力明显下降。但上述党派仍在发挥"余热"，利用街头政治绑架政府，阻碍国内政治和解进程，包括自由广场示威反宪法改革、克里米亚断电以及禁止俄货车过境等，极大影响乌政治与社会稳定。

（三）**政局动荡对乌克兰危机的影响**。一方面，政局动荡加大了乌当局落实《新明斯克协议》的难度。《新明斯克协议》是政治解决乌克兰危机的基础，乌进行宪法改革、给予乌东地区特殊地位则是执行《新明斯克协议》的关键条件和最大难点。执政联盟内部各派对宪法修正案原本就存在激烈分歧，随着联盟瓦解，议会工作涣散，难以正常审议宪法修正案，从而成为迟滞《新明斯克协议》落实进程的阶段性新因素。但另一方面，右翼极端主义政党在国家政治中地位日趋边缘化，以亚采纽克为代表的极端亲美势力影响力下降，立场温和与理性的中间偏右政党势力上升，这样的政治力量对比则有利于《新明斯克协议》的执行。

二、围绕乌克兰危机的俄西方关系出现缓和迹象

（一）**西方开始明确敦促乌克兰当局履行《新明斯克协议》**。去年 12 月美国副总统拜登访乌，在继续支持基辅当局的同时，亦敦促乌方落实《新明斯克协议》，给予乌东部更多的自治权。近日德、法等国也直接敦促乌克兰当局认真执行《新明斯克协议》。今年以来，乌克兰问题三方联络小组工作步入正轨，今年 1 月的首次例行会议就新停火协议达成一致，乌东部民间武装与政府军实现了事实停火；2 月的会议乌克兰冲突双方就恢复交换战俘达成协议。

（二）**欧盟欲减轻对俄制裁**。目前欧盟不再将落实《新明斯克协议》与延长对俄制裁挂钩。今年 2 月，欧盟又放风称，鉴于内部要求减轻对俄限制措施的呼声越来越高，在今年 7 月举行的制裁制度运作年度审查会议上将讨论关于减轻对俄制裁的问题。更有匈牙利等欧盟成员国领导人公开表示，看不到在今年年中以后继续保持对俄制裁的理由。此外，目前欧盟宣布部分取消对卢卡申科领导的白俄罗斯实行多年的制裁，也可以看作是欧盟欲调整对俄制裁政策、改善与俄关系的晴雨表。

（三）**俄美在叙利亚问题上的合作有利于缓和双方在乌克兰危机上的矛盾。**

2月22日，俄美促成叙利亚各派停火协议，并表示双方将继续就军事打击"伊斯兰国"恐怖组织保持协调与合作。叙利亚停火协议的达成表明俄"打叙救乌"策略取得阶段性成果，在"叙利亚危机"这个平台上创造了与美对话和合作的机会，从而有利于舒缓美在乌克兰危机问题上的对俄压力。

俄西方关系的缓和为即将召开的"诺曼底模式"德、法、俄、乌四国外长巴黎会议创造了良好的氛围，有利于《新明斯克协议》的落实。

三、乌克兰危机和俄西方关系出现新动向的原因

（一）两年前美西方在乌克兰策动升级版"颜色革命"，企图使其完全西化的政治目标已经失败。这场动乱给乌克兰人民带来的不是幸福，而是灾难，并且成为许多独联体国家特别是其邻国白俄罗斯人民的反面教材，这也成为去年10月卢卡申科总统再次高票当选连任的重要因素之一。这一民心走向是美西方不能不考虑的。

（二）西方试图以制裁迫俄放弃支持乌东部地区的政策也已经失败。而其一手扶植起来的基辅政权陷入内斗，失去民心，也使西方丢掉了与俄较量的政治资本。反之，俄则继续坚定支持乌东地区对抗基辅政权，并已成功取得阶段性胜利。

（三）乌克兰已成欧盟的烫手山芋，加之目前欧盟自身经济困难，又面临难民危机、恐怖主义威胁等难题，既无心也无力继续背着乌克兰这个沉重包袱。而美国内面临总统大选，外部则要应对中东、亚太一系列热点问题。美欧不得不减少对乌克兰危机的投入。

（四）美欧当前有在反对"伊斯兰国"恐怖主义问题上与俄合作的现实需要，而缓和与俄在乌克兰危机问题上的对抗是实现这一合作的前提。

四、乌克兰危机和俄西方关系的前景观察

（一）在俄西方关系缓和背景下，有关各方可能就给予乌东地区特殊地位问题达成切实解决方案。

（二）在乌克兰危机问题上，西方处于自身需要，将调整已被证明无效的对俄打压政策，缓和对俄关系是可以预期的趋势。

（三）即使乌克兰通过修宪实行联邦化，给予乌东地区特殊地位，也只是以一种特殊形式"冻结冲突"，并不意味着乌东问题的彻底解决，更不意味着俄西方特别是俄美在乌克兰的战略矛盾最终解决。可以预计，俄将利用乌东地区这个乌克兰内部的国中之国，继续牵制基辅政权西靠的进程，西方则会继续全力阻止乌克兰回归俄罗斯怀抱。双方的较量将会在新形势下以新的形式进行。

以上看法供参考。

中国国际问题研究基金会

2016 年 3 月 2 日

（《国际问题研究报告》 2016 年第 2 期）

乌克兰危机新动向及发展趋势

2017 年 3 月 9 日，基金会欧亚研究中心举行"乌克兰危机与俄西方关系新动向"研讨会。会议由国际问题研究院欧亚所承办。20 余位来自外交部的前大使和中联部调研咨询小组、五个合作单位及国际战略学会等研究机构的专家学者与会，就特朗普当选美国总统以来乌克兰危机的新动向及发展趋势进行了深入讨论。会议的主要看法和相关工作建议如下：

一、乌克兰国内政治乱局难化解

（一）**政治斗争持续，政权根基不稳**。2016 年上半年，乌克兰国内发生政治危机，亲西方的执政联盟瓦解，总理亚采纽克迫于压力宣布辞职。随后波罗申科联盟、人民阵线和 8 名独立议员成立新执政联盟。总统政治盟友、原议长格罗伊斯曼出任新总理并组建新政府。政府更迭后，乌克兰获得了暂时的政治稳定。但主要政治势力之间内讧依然存在，政治力量结构并不稳固。波罗申科联盟和人民阵线在新政府内各占 8 名和 6 名部长职位，在议会中各占 150 席和 82 席，两大党派长期斗争，各自支持率已下降到不足 10% 和 2%。而作为反对派的自助党、激进党和祖国党等党派的支持率则大幅上升。鉴此，未来一段时间不排除出现新政治危机的可能性。亲俄势力短期内尚难成气候。

（二）**修改宪法面临多重阻力，短期内难获通过**。2015 年 2 月的《新明斯克协议》规定，乌克兰进行宪法改革、给予乌克兰东部地区特殊地位，以此作为政治解决乌克兰危机的重要条件之一。为履行协议，波罗申科提出了包括给予东部顿涅茨克州和卢甘斯克州特殊地位的宪法修正案。修正案出台后遭到了国内反对党，尤其是极端主义政党的强烈反对。即使波罗申科联盟和人民阵线就此达成一致，也难以达到修宪所需的 2/3 多数。而且，政府决策还受到民粹主义裹挟。民意测验表明，乌克兰约一半民众要求政府在克里米亚、乌东部冲突问题上不做任何让步和妥协。这意味着，乌克兰国内的宪法改革短期内难以取得实质性进展。

（三）**波罗申科谋求连任可能性较大**。由于解决危机不力，加上国内改革滞后、腐败严重等，波罗申科上任后支持率一路下滑。但从目前形势来看，波罗申科谋求 2019 年连任的优势仍在。一方面，其主要对手、前总理季莫申科的支持率也很低。而且季的盟友多属极端主义党派，在当前的政治版图中支持率很难过半。另一方面，在西方看来，波罗申科是较为理性、可接受的领导人，不会轻易取消对他的支持。为实现连任总统这一目标，波罗申科必将提前进行政治布局，包括加强对关键部门的控制、尽可能推迟议会选举等，这些都将给乌政局带来新的不确定性。

二、东部局势再起波澜折射乌政府多重诉求

（一）**1 月底乌东地区局势再次紧张是在美俄关系面临调整的大背景下，乌克兰政府对特朗普的隔空喊话，旨在牵制美俄关系缓和进程**。特朗普上台后，美俄关系互动频繁，大有回暖之势。特别是在 1 月 28 日，特朗普主动与普京通电话，双方商定将致力于改善两国关系，共同处理重大国际问题。美俄两国总统的热线对话加剧了乌政府的恐慌。波罗申科担心特朗普政府改变美国以往的政策，"抛弃"乌克兰。而一旦失去美国的支持，乌克兰将面临来自俄罗斯的强大压力，不仅克里米亚问题被忽略，收回东部控制权的计划也将化为泡影，甚至将引发国内政局动荡，危及其执政根基。为此，乌克兰政府 29 日利用东部极端武装和恐怖分子挑起战火，希望通过增强冲突烈度引起国际社会关注。2 月 2 日，普京明确指出，顿巴斯地区局势升级是乌克兰方面挑起的。

（二）**乌政府向欧盟打安全利益牌，寻求欧盟的继续支持**。自去年以来，欧盟因英国脱欧、难民危机和恐怖袭击等问题自顾不暇，对乌克兰的关注度大为下降。与此同时，欧盟对乌克兰政府国内政治、经济改革和反腐工作原地踏步感到失望，援助之心有所减弱。欧盟委员会主席容克公开表示，今后 20 年到 25 年内乌克兰不能成为欧盟和北约成员国。乌克兰政府在乌东地区策动此次冲突目的之一，也是希望欧盟重新重视乌克兰问题，给予乌克兰更大力度的支持，继续维持对俄罗斯的制裁。

（三）**乌政府希望借此机会推动国内政治力量搁置分歧，加强执政联盟的团结**。当前，乌克兰国内不同政治势力之间存在较大分歧，特别是在对东部两个州的态度问题上。有党派代表认为，给予东部地区特殊地位将有利于俄罗斯控制乌克兰。而且，即使波罗申科提出的宪法修正案获得议会通过，也与东部民族武装追求的独立目标相差甚远，难以得到对方认可。乌克兰政府策动此次冲突也是想向国内持不同政见者表明，并没有向东部亲俄分子妥协，而是在积极谋求"解放"被占领土，这有利于推动各方搁置分歧、团结一致。

三、乌克兰危机前景观察

（一）**乌克兰危机将由俄西方关系的"热点"降为"准热点"，进一步激化的可能性不大。** 对特郎普颇有影响的基辛格曾公开表示，乌克兰不应成为美俄关系的障碍。但美欧与俄罗斯之间围绕乌克兰的低烈度较量仍将继续。其最新表现是，普京 2 月 18 日签署命令，宣布俄从即日起临时性承认乌克兰东部顿涅茨克和卢甘斯克两州自行颁发的居民护照，准许他们免签证进出俄罗斯。随后，欧盟于 2 月 28 日就通过了允许乌克兰公民短期免签证进入欧盟国家的决定。

（二）**乌克兰局势继续朝有利于俄罗斯的方向发展。** 经过三年多的较量，俄罗斯顶住美欧制裁的压力，取得了"乌克兰保卫战"的阶段性胜利，成功阻止了乌克兰入约的进程。2016 年 3 月，欧盟委员会主席容克明确表示，乌克兰在最近的 20—25 年内不能成为欧盟和北约的成员国。随着美俄关系的回暖，俄在乌克兰危机中的作用估计会进一步上升。

（三）**乌东部地位问题仍将是俄与美欧较量的焦点。** 随着特朗普政府上台，法、德等国今年将迎来大选，俄与美欧关系将进入调整期。在作为诺曼底会谈主要参与者的法、德两国政局明朗之前，乌东部地位问题难以得到真正解决。乌克兰当局能否真正履行《新明斯克协议》关于东部地区地位问题的内容，也还是未知数，前景仍有待观察。

以上看法供参考。

中国国际问题研究基金会

2017 年 3 月 14 日

（《国际问题研究报告》 2017 年第 9 期）

俄美关系调整对乌克兰危机的影响

2017 年 3 月 9 日基金会欧亚研究中心举行的"乌克兰危机与俄西方关系新动向"研讨会，还就特朗普当选美国总统以来俄美关系的调整对乌克兰危机的影响进行了深入讨论。会议的有关看法如下：

苏联解体后，乌克兰始终是美俄双方在前苏地区争夺的重点对象。2013 年末，奥巴马政府在乌克兰策动升级版"颜色革命"，根本目的就是要把乌克兰拉入北约，为北约向独联体地区东扩打开大门。正因为如此，普京不惜一切代价展开了"乌克兰保卫战"。经过三年多较量，普京在得到克里米亚的同时，牢固控制了乌东地区，在这场较量中逐渐掌握了主动。奥巴马则黔驴技穷，其拉乌入约的目标实际已经破产。

从奥巴马手中接过乌克兰这个烂摊子的特朗普，要想缓和对俄关系，必然要调整奥巴马已经失败的乌克兰政策，设法冷却与俄在乌东问题上的尖锐对峙。所以，当乌克兰总统波罗申科请求与特朗普通话时，遭到特朗普拒绝。日前乌东地区冲突再起后，特朗普公开表示，乌克兰危机应由乌克兰、欧盟和俄罗斯按照明斯克协议予以解决，表现出"不介入"的姿态。这些都表明，特朗普为了避免乌克兰问题影响其实施对俄新政策，可能考虑暂时搁置乌克兰问题。国务卿蒂勒森已经明确讲过，乌克兰危机现在能解决当然好，如果一时解决不了，拖两三年也没问题。

俄美关系出现缓和迹象后，基辅当局担心被美国抛弃，便在乌东地区挑起新的冲突，试图刺激普京做出强硬回应，迫美介入，进而干扰俄美关系回暖的步调，但未能如愿。

目前看，美可能会把乌克兰危机这个烫手山芋暂时晾在一边，以便为缓和对俄关系创造条件。

乌克兰危机的降温不意味俄美在乌克兰战略角逐的结束。

以上看法供参考。

中国国际问题研究基金会

2017 年 3 月 15 日

（《国际问题研究报告》 2017 年第 10 期）

......

乌克兰危机四年来的发展变化表明，我们在历次研讨会上提出的一些看法和预测基本是客观和准确的。例如：

1. 关于乌克兰危机的性质判断

2014 年 3 月 7 日的《报告》指出："此次乌克兰亲西方反对派的夺权行动是非法暴力政变，是 2004 年乌克兰'橙色革命'的升级版，性质更为恶劣。其本质是自苏联解体以来美西方与俄罗斯在前苏地区战略角逐的最新体现。双方较量空前激烈。美西方的根本目的是使乌克兰彻底'脱俄入欧'，进而'入约'，从而拔掉俄东山再起的最重要根基，为实现'弱俄、遏俄'的战略目标奠定基础，同时也为在前苏地区其他国家继续推进'颜色革命'创造条件，为北约在该地区东扩打开大门。普京清楚地了解美西方的战略意图，意识到当前这场较量对俄生死攸关，直接关系到其能否保住欧亚地区战略生存空间、实现俄罗斯复兴的抱负。他不能允许乌克兰这个当年'压断苏联大象脊梁的最后一根稻草'再把俄罗斯的脊梁压断，故展现出誓死保卫乌克兰的决心和意志。"

2. 关于克里米亚**半岛**脱乌入俄的预测

2014 年 3 月 5 日研讨会预测："克里米亚**半岛**脱乌入俄基本已成定局。"2014 年 3 月 16 日，克里米亚举行全民公投，结果是 97% 投票者赞成加入俄罗斯。3 月 21 日，普京签署经联邦议会批准的克里米亚入俄条约，标志着克里米亚入俄的法律程序全部完成。

3. 关于俄罗斯对乌东地区问题战略考量的研判

克里米亚脱乌入俄后，不少人认为普京会继续支持亲俄的乌克兰东部地区即"顿涅茨克共和国"与"卢甘斯克共和国"脱乌入俄。我们在 2014 年 7 月 7 日的《报告》中则做出如下研判："**俄罗斯需要的是一个完整的乌克兰。支持乌东地区独立或入俄目前不是俄的选项，俄的目标是迫使基辅当局实行联邦制，以此作为今后牵制乌外交走向的手段。**"

迄今为止俄方的相关外交举措证明了这个研判是准确的。

4. 围绕乌克兰危机的俄西方关系前景观察

2014 年 7 月 7 日《报告》指出："**目前看，乌克兰乱局有可能长期化。原因是：1. 乌政权内部分歧依旧，亲欧派和亲俄派将持续斗争；2. 危机致乌经济急剧恶化，预计今年 GDP 将下降 3%，短期内复苏无望；3. 乌东南部分离趋向难以逆转。基辅当局强行动武只会加深内部仇恨，后患无穷；4. 由于此次危机冲突烈度太深，为苏联解体后之最，达成各方都能接受的妥协方案并非易事，尚需时日。**"

"**尽管乌欧已签署联系国协定，乌克兰完全入盟仍将遥遥无期。**欧盟近期无意也无力背起乌克兰这样一个大包袱。"

2016 年 3 月 2 日《报告》进一步指出："乌克兰已成欧盟的烫手山芋，加之目前欧盟自身经济困难，又面临难民危机、恐怖主义威胁等难题，既无心也无力继续背着乌克兰这个沉重包袱。而美国内面临总统大选，外部则要应对中东、亚太一系列热点问题。美欧不得不减少对乌克兰危机的投入。""西方处于自身需要，将调整已被证明无效的对俄打压政策，缓和对俄关系是可以预期的趋势。"

2016 年 3 月 3 日德国媒体报道，欧盟委员会主席让－克洛德·容克表示，乌克兰在最近的 20—25 年内不能成为欧盟和北约成员国。容克是在 3 日当天出席荷兰海牙举行的第 14 届诺贝特·施梅尔策讲座时做出上述表示的，他说："毫无疑问，乌克兰在最近的 20—25 年内不能加入欧盟，对于北约也是如此。"

2016 年 4 月 5 日，法国议长表示，法国准备推动制定取消对俄制裁的方案。

2016 年 4 月 10 日，德国外交部长施泰因迈尔表示，七国集团可能在一年后讨论重新恢复八国集团模式和俄罗斯重返八国集团必须履行的条件。

2016 年 3 月底至 4 月初，波罗申科赴华盛顿参加核安全峰会期间，曾希望与奥巴马单独会晤，被奥以"没时间"婉拒。乌克兰前外长认为，此举是给波罗申科公开"打了一个耳光"，表明美方已经对乌克兰当局彻底失望。

2016 年 4 月 12 日，乌克兰总理亚采纽克正式宣布辞职，并递交辞呈。舆论认为，这表明极端亲美的亚采纽克成为西方的"弃儿"。

5. 乌克兰危机的国际影响

2014 年 7 月 7 日的《报告》指出："乌克兰危机是 20 世纪 90 年代末俄美成为战略对手以来'遏制'与'反遏制'相互较量的最新升级版。俄罗斯不能失去乌克兰，否则将不可能实现复兴目标，所以决定进行这场'乌克兰保卫战'。美国出于遏制俄复兴的战略目的，决心夺取乌克兰。今后双方即使就乌克兰问题达成某种妥协，也只会是战术性的，不可能弥合相互之间的战略性冲突。"

"**这场危机使美国不得不在欧洲和亚太两面出击，捉襟见肘。**预计今后其在亚太地区实施以遏制中国为目的的'再平衡'战略将更多地采取代理人方式进行。"

"**这场危机促使俄加速东进步伐，但不会彻底转向。**乌克兰危机以来西方对俄经济制裁迫俄加快发展与亚太国家特别是中国的经济关系。但由于欧洲与俄政治、经济、历史联系紧密，未来仍将是俄对外政策的重点之一。"

6. 乌克兰危机对独联体地区的影响

2014 年 7 月 7 日《报告》指出："**俄罗斯有能力继续保持在独联体地区的主导地位。**尽管格鲁吉亚、摩尔多瓦、乌克兰与欧盟签署联系国协定，选择了西靠方向，但大多数独联体地区国家由于历史、经济和地缘政治的因素，不会弃俄从美欧。预计普京在继续进行'乌克兰保卫战'、坚守乌克兰不能加入北约红线的同时，会加大整合独联体的力度，确保俄的战略生存空间。"

"**危机使欧亚联盟建设受干扰。**乌克兰对俄罗斯战略意义重大，是俄必保之地，也是欧亚联盟建设的重要一环。在当前形势下，乌克兰短期内已不可能重回俄主导的独联体一体化进程。尽管俄白哈三国经济联盟仍在按计划推进，但其影响力会因乌克兰的政治变局受到削弱。"

7. 关于《新明斯克协议》执行前景的分析

2015 年 3 月 20 日《报告》指出："德、法、俄、乌四方领导人于 2015 年 2 月 12 日达成的《新明斯克协议》是有关各方妥协的产物，主要作用是避免了乌克兰内部武装冲突进一步升级甚至失控。德、法从自身利益考虑，为防止乌克兰冲突失控后，战火'殃及池鱼'，便抛开美国，主动出面斡旋并促成协议，体现出欧盟在乌克兰危机中作用的微妙变化，同时也暴露了欧美之间的政策嫌隙。德、法为了与俄达成妥协，甚至只字未提克里米亚问题。然而，《新明斯克协议》的作用是有限的，主要是实现了乌克兰内部停火，并未达成根本解决危机的明确政治方案。因此，该协议只是有关各方的一个权宜之计。目前看，俄罗斯是《新明斯克协议》的最大受益者。一是通过停火巩固了东部亲俄武装力量在战场上取得的成果，迫使基辅亲西方当局事实上承认失去了对东部地区的控制权，标志着其所谓对东部地区采取的'反恐行动'的失败。而德、法只字不提克里米亚问题，则是普京的另一大政治收获。《新明斯克协议》可以说是普京'乌克兰保卫战'的一个小胜。"

2016 年 3 月 2 日的《报告》指出："即使乌克兰通过修宪实行联邦化，给予乌东地区特殊地位，也只是以一种特殊形式'冻结冲突'，并不意味着乌东问题的彻底解决，更不意味着俄西方特别是俄美在乌克兰的战略矛盾最终解决。可以预计，俄将利用乌东地区这个乌克兰内部的国中之国，继续牵制基辅政权西靠的进程，西方则会继续全力阻止乌克兰回归俄罗斯怀抱。双方的较量将会在新形势下以新的形式进行。"

第六节　关于其他国际问题的研究

纪念《开罗宣言》发表 70 周年，维护战后世界和平基石

2012 年 9 月，日本野田政府抛弃中日双方"搁置争议"的共识，公然宣布

将钓鱼岛"国有化"。2012 年 12 月安倍上台后，更进一步强化所谓钓鱼岛"主权"，肆无忌惮地否定、践踏《开罗宣言》。日本右翼政府围绕钓鱼岛问题的所作所为，使得中日关系由原来的休眠火山变成了活火山。

2013 年 8 月 8 日，为纪念《开罗宣言》发表 70 周年，基金会欧亚研究中心举行"维护二战胜利成果的现实意义与工作建议"研讨会。会议由国务院发展研究中心欧亚社会发展研究所承办。来自外交部、中联部调研咨询小组和各合作单位、国际战略学会等研究机构的 10 余位资深外交官、著名专家学者就《开罗宣言》与钓鱼岛问题的关系、日本挑战战后和平秩序的原因和目的，以及应对日本右翼势力挑战、维护二战胜利成果的现实意义等问题进行了深入讨论。会议主要看法如下：

2013 年 8 月 8 日研讨会现场

一、日本右翼势力"购岛"违反《开罗宣言》，威胁世界和平基石

1943 年 12 月 1 日中美英三国首脑发表的《开罗宣言》从国际法上确认了台湾及其包括钓鱼岛在内的附属岛屿是中国不可分割的神圣领土。1945 年 7 月 26 日中美英三国首脑发表的《波茨坦公告》第八条明确规定："《开罗宣言》之

条件必将实施"。1945 年 9 月 2 日日本在其无条件投降书中承诺将"忠实履行《波茨坦公告》的各项条文"。美国从 1972 年把钓鱼岛"行政管辖权"移交给日本后，至今也从未敢承认钓鱼岛属日本所有。去年 9 月，日本野田政府抛弃中日双方"搁置争议"的共识，公然宣布将钓鱼岛"国有化"。安倍上台后更进一步强化所谓钓鱼岛"主权"，肆无忌惮地否定、践踏《开罗宣言》，为其否认二战侵略历史、复活军国主义目的服务。

必须看到，钓鱼岛问题不仅仅是一个岛的问题，也不仅仅是中日关系的问题。日本右翼势力的"购岛"闹剧是对世界反法西斯战争胜利成果的公然否定，也是对战后国际和平秩序的严重挑衅，已经对世界和平的基石构成威胁。

二、日本右翼势力挑战战后和平秩序的原因和目的

（一）美国作为战胜国和占领国战后未对日本的天皇制度和国家机器做根本改造，没有根除日本军国主义的社会基础和思想基础。

（二）战后日本战犯不仅未受到惩罚，反而受到重用，甚至担任日本首相，例如甲级战犯岸信介。而这些人的后代几乎一直执政，例如现在的首相安倍晋三和副首相麻生太郎。

（三）日本政府没有对日本人民进行正确的历史教育，未能使他们认识日本军国主义对邻国和日本本国造成的不可饶恕的罪行。

（四）日本右翼势力对中国和其他邻国战后对日本的宽宏大量非但不知感恩，反而恩将仇报。

（五）由于日本经济近年来持续低迷，而中国经济则快速发展，经济总量超过日本，日本右翼势力借机误导民众，鼓吹要走"强国之路"，应对中国崛起的"威胁"，而"强国"须从"强军"开始。于是就有了"购岛"闹剧以及一系列带有强烈军国主义色彩的举动。麻生公开鼓吹在修宪问题上以纳粹为师就是日本新军国主义倾向的集中体现。

三、美国对日本右翼势力的纵容和暗中支持是造成钓鱼岛问题升温的外因

钓鱼岛问题的祸根从一开始就是美国人埋下的，目的就是借助日本牵制中国，为其维护在亚太地区的霸权地位服务。在新形势下，美国为遏制中国在亚太地区日益增长的影响力，提出"再平衡"战略。而其迎合日本右翼需要，纵容甚至暗中支持日本右翼挑起钓鱼岛争端，就是想借日抑中，从中渔利。换言之，若无美国的默许，日本右翼断然不敢如此肆无忌惮。美国对当前钓鱼岛争端再起，乃至日本右翼公开否定侵略历史、图谋复活军国主义的一系列举动负有不可推卸的责任。美国现在实际上是在玩火，类似当年张伯伦对纳粹德国奉行的绥靖政策。

四、德国是日本的一面镜子

日本和德国同是发动第二次世界大战的罪魁祸首，然而，战后德国领导层对二战时期犯下侵略罪行的态度却与日本右翼截然不同：第一，德国历届领导人不分党派，无例外地都明确承认希特勒德国发动了侵略战争，德国对发动侵略战争的后果"全面承担责任"，并且为此公开向受侵略国人民赔罪、道歉，请求宽恕。第二，对纳粹头目绳之以法，不允许否认希特勒德国的大屠杀行为，严防新纳粹主义抬头。第三，教育青年一代正视纳粹暴行和二战侵略真相，树立正确的历史观。第四，尊重战后国际协定，承认战后边界，放弃一切领土要求，包括不要求归还战后被划给波兰和俄罗斯的领土。第五，走和平发展道路，置身于一体化的欧洲，接受其制约，做欧洲的德国，不谋求德国的欧洲，以此减少欧洲国家对德国重新崛起的疑惧。正是由于德国与过去的纳粹历史彻底决裂，才赢得欧洲各国人民的信赖，才使德国成为维护欧洲和平与稳定的健康力量。当前形势下，用这面"德国镜子"来审视日本右翼的所作所为，可以更深刻地认清日本右翼势力的本质，有重要现实意义。

会议就应对日本右翼势力挑战，维护二战胜利成果提出以下几点工作建议：

（一）**挥动《开罗宣言》重锤，震慑日本右翼势力。建议在今年 12 月 1 日《开罗宣言》发表 70 周年当天或前夕由全国政协或由全国政协与全国人大联合召开"纪念《开罗宣言》发表 70 周年"大会。**《开罗宣言》是战后东亚和平基石与世界和平基石之一。纪念《开罗宣言》发表 70 周年是应对日本右翼势力挑战、维护我国领土主权、维护我国和平发展的战略机遇期、维护世界反法西斯战争胜利成果的有利时机。通过纪念活动可向国内外广泛介绍《开罗宣言》的内容、原则和精神，强调它是奠定战后东亚和平乃至整个国际和平秩序的基石之一，揭露日本违反《开罗宣言》、妄图窃取钓鱼岛、破坏战后和平秩序的图谋，指明日本是东亚稳定和平的麻烦制造者，使我从舆论上、法理上、道义上占据制高点。**中央可在纪念大会前通过下发文件或由新华社、《人民日报》发表权威文章，阐释《开罗宣言》的内容、原则和历史意义以及我对日方针政策，为纪念大会的成功举行做好舆论准备。**纪念大会前夕还可由国内权威学术机构举办相关议题的全国性或国际性的大型研讨会，进行广泛舆论宣传。

与此相联系，**建议择机确定我国法定抗日战争胜利日，于 2015 年开展隆重**

纪念《波茨坦公告》发表和抗日战争胜利 70 周年系列活动。同时可考虑修建抗日战争胜利纪念碑，届时举行揭幕仪式。通过上述活动，可震慑日本右翼势力，打压其嚣张气焰，凝聚国人爱国心，增强国人团结奋斗、自强不息的精神，为实现中华民族伟大复兴目标注入强大动力。

（二）外交上强势应对日本挑战，坚持在日方没有实质性纠错表现之前，不举行无实质内容的首脑会晤，保持对日压力。安倍所谓"无条件"举行中日首脑会晤的主张实际上是有条件的，即不承认钓鱼岛存在争议，不承认"购岛"错误。我应针锋相对，坚持有条件恢复中日高层接触，即在坚持主权归我前提下，要求日方取消"购岛"决定，无条件承认在钓鱼岛问题上存在争议，无条件回到"搁置争议"的轨道。同时我应在军事上做好随时应对擦枪走火的准备。"忘战必危"，"有备无患"。我应对日益强化的日本右翼势力保持高度警惕。

（三）推动建立维护二战胜利成果的国际统一战线。维护世界反法西斯战争胜利后建立的国际秩序，确保世界持久和平，造福子孙后代，是包括美国在内的全体战胜国的共同责任，也是联合国宪章确定的基本宗旨。在维护二战胜利成果问题上，各战胜国是利益共同体，也是建立国际统一战线的客观基础。我应积极推动战胜国在维护二战胜利成果问题上形成共识，建立遏制日本右翼复活军国主义、破坏战后国际和平秩序、威胁世界和平的最广泛的国际统一战线，同时应充分利用联合国舞台开展反对日本右翼势力违反联合国宪章宗旨、破坏战后国际和平秩序的斗争。

（四）告诫美国不要做第二个张伯伦，促美抑日。美国既是日本右翼势力的支持者，也是日本右翼势力无限膨胀的潜在受害者。我应在内部下大力气做美方工作，向其晓以利害，告诫其以史为鉴，警惕日本新军国主义倾向，不要做第二个张伯伦，对日本右翼奉行绥靖政策。否则，最终将会搬起石头砸自己的脚。

（五）提升中俄战略和军事合作水平，联俄抑日。俄日之间的南千岛群岛之争决定了俄与我在维护《开罗宣言》问题上有共同利益。俄是我应对日本右翼势力挑战最可借重的力量。我应以纪念《开罗宣言》发表 70 周年为契机，加强与俄在维护二战胜利成果方面的协调与合作力度，将其作为新形势下深化双方战略协作关系的重要内容之一。外交上双方应在双边和多边层面相互支持，特别是在推动建立维护二战胜利成果国际统一战线问题上加强协调与合作，加大对日本右翼势力的威慑力度。

（六）**积极开展维护二战胜利成果的国际学术交流活动，掌握国际话语权。**在抗击日本法西斯侵略的历史问题上，中、俄、美、朝、韩等国有相同或相近的认识，可邀请相关国家学者合作搜集相关档案材料，交流研究成果，整理出版，推广于民间，用于支持现实对日斗争。

责成国内权威研究机构整理德国和日本对二战历史截然不同态度的史料，进行对照分析，大力宣传"德国榜样"，鞭挞日本右翼势力否认侵略历史、死抱住军国主义阴魂不放的政治立场，加深国人和世人对日本右翼势力危险本质的认识，为我开展对日斗争提供有力的历史依据。

（七）**积极开展对日民间外交，寄希望于日本人民。**从长远看，我应充分发挥多年来在对日民间外交方面建立起的各种机制和积累的人脉资源的作用，着眼于争取民心，促进日本民间反对复活军国主义、主张对华友好力量的发展，为建立正常、稳定的中日关系创造有利的社会条件。

以上看法和建议供参考。

中国国际问题研究基金会

2013 年 8 月 14 日

（《国际问题研究报告》2013 年第 23 期）

……

新华网于次日报道了本次研讨会的情况。内容如下：

日右翼势力违反《开罗宣言》　威胁世界和平基石

新华网北京 8 月 9 日电　为纪念《开罗宣言》发表 70 周年，中国国际问题研究基金会俄罗斯东欧中亚研究中心 8 日举行"维护二战胜利成果的现实意义"研讨会，来自该基金会以及国务院发展研究中心欧亚社会发展研究所、中国社科院、现代国际问题研究院、中国国际战略学会、新华社世界问题研究中心的著名专家学者就《开罗宣言》与钓鱼岛的关系、日本挑战战后和平秩序的原因和目的等问题进行了深入讨论，一致指出，在日本右翼势力抬头，妄图抹杀世界反法西斯战争胜利成果，颠覆战后国际和平秩序之际，回顾和重申 70 年前《开罗宣言》的国际法效力及其历史和现实意义，不仅对于捍卫中国钓鱼岛及其附属岛屿的领土主权，而且对维护地区稳定与世界和平，都具有不同寻常的重要性，昔日反法西斯同盟国及一切主持正义的国家和人民应该认清日本极右势力发展的危险性，奋起阻止日本复活军国主义，不要助纣为虐。

1943 年 11 月 22—26 日美英中三国首脑在开罗举行的聚会，是反法西斯盟国协调对日反攻战略，争取结束抗日战争并对战后秩序做安排的重要会议。会议发表的《开罗宣言》从国际法上确认了台湾及其包括钓鱼岛在内的附属岛屿是中国不可分割的神圣领土，并明确规定："日本所窃取于中国之领土，例如东北四省、台湾、澎湖群岛等，归还中国"；"其他日本以武力或贪欲所攫取之土地，亦务将日本驱逐出境"。1945 年 7 月 26 日，美英中三国首脑通过《波茨坦公告》敦促日本投降，并重申了《开罗宣言》所确定的原则。《波茨坦公告》第八条明确规定："《开罗宣言》之条件必将实施，而日本之主权必将限于本州、北海道、九州、四国及吾人所决定其他小岛之内。"正是基于上述背景，1945 年 9 月 2 日日本在其无条件投降书中白纸黑字明确宣布，接受美中英三国政府元首 7 月 26 日波茨坦公告各条款，并承诺将"忠实履行《波茨坦公告》的各项条文"。钓鱼岛及其附属岛屿自古以来就是中国的固有领土，而日本声称钓鱼岛属日本所有，这是对世界反法西斯战争胜利成果的公然否定，是对战后国际公认的秩序及地区稳定和世界和平的严重挑衅。

与会者认为，日本右翼领导人罔顾历史事实，在钓鱼岛问题上玩弄"购岛把戏"，实施所谓"国有化"，是对中国领土主权的公然侵犯，是对国际法的严重践踏，也是破坏二战胜利成果的挑衅行为。"钓鱼岛问题不单是一个岛的问题，也不单是中日关系的问题。这威胁到了整个二战后确立的国际秩序，威胁到了世界和平的基石。"中国前驻白俄罗斯、保加利亚大使于振起说："维护战后国际秩序关乎许多国家的共同利益；美国对日本右翼势力的疯狂行为负有责任，美国如果继续无视甚至助长日本右翼势力发展下去，必将搬起石头砸自己的脚。"

日本和德国同是发动第二次世界大战的罪魁祸首，然而，战后两国领导层对二战时期犯下侵略罪行的态度却截然不同。中国前驻德国大使梅兆荣在发言中为给日本右翼领导人提供了一面"德国镜子"。

首先，德国历届领导人不分党派，无例外地都明确承认希特勒德国发动了侵略战争，德国队发动侵略战争的后果"全面承担责任"，并且为此公开地向受侵略过人民赔罪、道歉，请求宽恕。第二，对纳粹头目绳之以法，不允许否认第三帝国的大屠杀行为，严防新纳粹主义抬头。第三，教育青年正视纳粹暴行和二战侵略真相，树立正确的历史观，使学生通过历史课程了解德国是如何走向纳粹独裁。第四，为表示对历史负责，德国向受纳粹迫害者，特别是犹太人，提供经济赔偿或补偿，并认为，纳粹罪行是无法用金钱来补偿的，通过赔偿只能有助于减轻受害者的痛苦。第五，尊重战后国际协定，承认战后边界，放弃领土要求。第六，走和平发展道路，置身于一体化的欧洲，接受其制约，以减少邻国对德国重新崛起的疑惧。

用这面"德国镜子"来对照日本对待其二战侵略历史的态度，特别是日本右翼代表人物最新的一些言行，不难看出日本在上述六个方面的表现与德国截然相反。那么究竟是什么原因造成日本统治阶层采取如此不同于德国的态度，罔顾历史公然违反《开罗宣言》所确立的战后国际秩序？

新华社世界问题研究中心研究员钱文荣指出，在二战结束后，日本军国主义思想和军国主义势力在日本国内没有得到根除，是造成日本目前颠覆战后国际秩序的原因之一。在过去几十年中，由于日本经济高速发展的势头减弱，而同一时期中国却处于经济的高速发展期，并快速崛起，这造成日本部分领导层认为日本要走"强国之路"，而"强国"须从"强军"开始。因此，这样的思想为日本国内的右翼势力和残余的军国主义势力创造了社会基础的条件。

新华社世界问题研究中心研究员万成才认为，作为战败国日本的右翼势力如今越来越嚣张，不但同时向俄罗斯、韩国、中国挑起领土争端，还公然到处推行所谓"价值观外交"来建立对中国的包围圈，主要原因一是战后未对日本的天皇制度和国家机器做根本改造，没有根除日本军国主义的社会基础和思想基础；二是战后有的战犯不仅未受到惩罚，反而受到重用，甚至担任日本首相，例如佐藤，受他们思想影响很深的后代几乎一直执政，例如现在的安倍晋三和麻生太郎；三是没有对日本人民进行正确的历史教育，使他们认识日本军国主义对邻国和日本本国造成的不可饶恕的罪行，进而自觉地反对军国主义；四是日本无视中国和其他邻国对日本的宽宏大量，既没有要求大量战争赔款，也没有追缉历史责任，认为软弱可欺；五是美国的"冷战思维"仍缠脑际，在对日本进行控制的同时还继续利用日本为其遏制中国和俄罗斯的工具，使日本有恃无恐。

因此，日本国内的军国主义思想和势力的复苏，加之美国在部署"亚太再平衡战略"时需要日本这枚棋子，导致了日本的一系列荒谬行为。中国社会科学院前俄罗斯东欧中亚研究所所长、全国政协委员吴恩远认为，中日围绕钓鱼岛的争端不单是中日两国之间的事情，实际上是日本否定第二次世界大战成果，谋求重新成为军事大国的表现，也是美国重夺亚洲霸权、借助日本遏制中国的战略部署，并会给亚太地区、国际局势带来新的不安定因素。这样的行为理应引起亚洲各国和世界人民的高度关注，从而防止绥靖主义重演。

（2013-08-09　来源：新华国际）

新华网的这篇报道引起热烈反响，据不完全统计，中央和地方以及香港等地近 100 家网站全文转载了该报道。

2014 年 2 月 25 日，新华网报道了全国人大拟将 9 月 3 日确定为中国人民抗日战争胜利纪念日的消息，内容如下：

新华网快讯：据 25 日十二届全国人大常委会七次会议消息，我国拟将 9 月 3 日确定为中国人民抗日战争胜利纪念日，拟将 12 月 13 日设立为南京大屠杀死难者国家公祭日。

纪念二战胜利 70 周年，维护二战胜利成果

2015 年 4 月 8 日，基金会欧亚研究中心举行"围绕二战胜利 70 周年的国际斗争"研讨会。会议由国务院发展研究中心欧亚发展研究所承办。来自外交部、中联部调研咨询小组、五个合作单位及外交学院等研究机构的 10 余位资深大使和专家学者就当前围绕二战胜利 70 周年的国际斗争进行了深入讨论。

会议的主要看法如下：

一、国际社会围绕二战胜利 70 周年的斗争尖锐复杂，史无前例

美、英等主要西方国家首脑抵制俄罗斯的"5·9"阅兵式活动。一些国家肆意篡改反法西斯战争历史，波兰把苏联红军由原先的"解放者"改称"占领者"，称解放奥斯维辛集中营的是乌克兰军队，还打算在 5 月 8 日搞纪念二战胜利 70 周年活动，具有明显的针对莫斯科的搅局目的。乌克兰总理亚采纽克污蔑苏联红军攻克柏林是对德国的"侵略"，乌克兰总统波罗申科签署命令，取消传统的"5·9"胜利日，另起炉灶，把 5 月 8 日定为新节日——"纪念与和解日"，试图以此显示与俄罗斯划清界限，与欧洲保持一致。

与此同时，以捷克总统泽曼为代表的一些有政治良心的欧洲国家领导人顶住这股逆流，为"缅怀"把自己国家从法西斯统治下解放出来而牺牲的苏联战士，毅然决定应邀参加莫斯科"5·9"阅兵式。

在亚洲，安倍政权坚持复活军国主义的路线，背弃 20 年前的村山谈话，鼓吹"侵略定义未定论"，拒不承认殖民统治和侵略历史，顽固拒绝为侵略历史罪

行道歉。日本最近发表的《外交蓝皮书》以及安倍拒绝来华参加"9·3"纪念活动就是上述态度的最新证明。

二、围绕二战胜利 70 周年国际斗争的原因和影响

（一）这场斗争在欧洲是乌克兰危机的直接衍生品，本质上是美国对俄罗斯的遏制战略需要。日本右翼日益猖狂的挑战战后国际和平秩序的行为，则是美国在亚洲推行其"再平衡"战略，扶植日本遏制中国和平崛起的政策后果。

（二）这场斗争不仅关系到捍卫历史正义和人类良知，更关系到建立在反法西斯战争和抗日战争胜利基础上的战后国际和平秩序的合法性和牢固性，关系到能否继续有效防止法西斯主义和军国主义势力复活，持久维护世界和平的大局。如果让歪曲欧洲反法西斯战争历史的逆流得逞，将会进一步助长日本右翼势力否定侵略历史、挑战战后国际和平秩序的气焰；就会威胁到战后建立起来的国际和平秩序的基础，动摇世界和平的基石。

三、几点工作建议

（一）俄罗斯在当前这场国际斗争中对我的战略借重需要增大，我支持俄搞好卫国战争胜利 70 周年纪念活动，有利于我联俄抑日。从长远看，中俄联手搞好二战胜利 70 周年纪念活动，有利于提升两国的国际影响和地位，有利于维护两国的战略利益，更有利于维护世界的持久和平。

（二）我对"5·9""9·3"和联合国成立 70 周年纪念大会三场重要活动可各有侧重。在莫斯科"5·9"活动中，宜从整体上评价二战，充分肯定苏联人民对反法西斯战争胜利做出的卓越贡献，同时指出美、英等其他反法西斯同盟国对胜利做出的重要贡献，强调是正义战胜邪恶的全人类共同胜利，维护二战胜利成果是全人类的共同责任。在北京"9·3"纪念活动中，可集中阐述我国抗日战争作为亚洲主战场对二战胜利做出的伟大贡献，表明中国人民热爱和平、珍惜和平，坚持走和平发展道路，绝不允许历史悲剧重演的意志和决心。在 9 月联合国纪念大会上，可侧重阐述我对战后 70 年世界和平局面总体得以保持的主要原因和经验的看法，特别是联合国发挥的特殊作用，强调坚持和维护《联合国宪章》基本宗旨和原则对于维护世界持久和平局面的重要性。

（三）借助台湾代表参加"9·3"纪念活动的机会，大力宣传海峡两岸炎黄子孙 70 年前同仇敌忾、共赴国难的民族利益至上精神，两岸应共同维护用抗日战争中牺牲的两千万中华儿女的生命换来的和平大业，为推进两岸关系发展、实现中华民族伟大复兴目标共同努力。

（四）借助村山富士等日本进步人士参加"9·3"纪念活动的机会，多做日本民众的工作，孤立日本右翼势力，为改善中日关系创造条件。

（五）如果朝鲜和韩国领导人均来京出席"9·3"纪念活动，我可发挥主场外交优势，促成朝韩领导人对话，推动重启六方会谈进程，体现我对半岛问题的特殊地位和作用。

（六）建议考虑设立抗日战争胜利勋章，在"9·3"纪念活动期间为当年做出重要贡献的老战士授勋，同时考虑提高所有参加过抗日战争的老战士的生活待遇。通过上述举措，弘扬爱国主义精神，增强民族凝聚力。

（七）坚决粉碎安倍政权利用联合国成立70周年之机，假借推动联合国改革为名，实现其入常目标的企图。理由很简单：联合国的基本宗旨就是阻止法西斯和军国主义等战争势力再次危害世界和平。而日本当局至今未与军国主义划清界限，根本没有资格入常。

（八）借助纪念二战胜利70周年有利时机，从当年战时同盟国角度认真告诫当今美国决策者，不要做第二个张伯伦，不要为了一时的私利支持篡改二战历史，丑化苏联在反法西斯战争中的历史作用，继续纵容日本右翼势力挑战战后国际和平秩序，动摇世界和平的基石。否则，最终会搬起石头砸自己的脚。

以上看法和建议供参考。

中国国际问题研究基金会

2015 年 4 月 13 日

（《国际问题研究报告》 2015 年第 10 期）

……

4月9日，新华网对此次研讨会内容做了报道：

中国专家：二战历史不容歪曲

新华网北京4月9日电（记者　邱夏）　在8日举行的中国国际问题研究基金会欧亚研究中心研讨会上，与会专家对有关国家歪曲二战历史的逆流进行深入讨论，一致认为战争加害国必须正视战争罪行，与各国人民一道维护世界和平。

与会者一致强调，南京大屠杀和日本侵略军造成亚太各国数千万人死伤的事实不容否认，日本当局应当承担战争加害国的历史责任，必须从实质上反省发动战争的历史罪行，以实际行动改善与邻国关系。

中国国际问题研究基金会副理事长于振起指出，在当今世界，仍有人试图歪曲二战历史，甚至为侵略战争翻案。安倍政权坚持复活军国主义的路线，背弃20年前的"村山谈话"，鼓吹"侵略定义未定论"，拒不承认殖民统治和侵略历史，拒绝为侵略历史罪行道歉。

当代世界研究中心教授俞邃表示，歪曲历史这一逆流之所以出现，一是冷战思维作怪，严重妨碍了对二战历史做出客观评价；二是政治图谋作怪。借助歪曲甚至篡改历史，为其特殊政治目的服务。

新华社世界问题研究中心研究员钱文荣说，全世界人民应该携起手来，捍卫反法西斯战争的胜利成果，必须采取实际行动，坚决反对和制止法西斯主义和军国主义死灰复燃，使世界和亚洲人民避免再遭惨不堪言的战祸。

（2015-04-09 来源：新华网）

8月25日，新华社报道了有关向抗战老战士颁发纪念章的消息，内容如下：

习近平将为抗战老战士老同志和抗战将领颁发纪念章

新华网北京8月25日电（记者 刘奕湛 郝亚琳 白瑞雪） 国务院新闻办公室副主任郭卫民25日在纪念抗战胜利70周年纪念活动新闻发布会上透露，9月2日上午，中共中央总书记、国家主席、中央军委主席习近平将为健在的抗战老战士、老同志，抗战将领或其遗属颁发纪念章。

郭卫民说，这次纪念章发放的主要对象：

——参加过抗日战争的八路军、新四军，中国共产党领导的华南抗日游击队、东北抗日联军和各地游击队的健在的老战士；

——抗日战争时期在中国共产党领导下从事地方工作和地下工作的健在的老同志；

——曾在国民党军队参加抗战并于解放战争时期及其以后参加革命工作（或入伍）以及回乡务农的健在的老战士、老同志；

——为中国人民抗日战争胜利做出贡献的海内外爱国人士、抗战将领中的代表人士；

——为中国人民抗日战争胜利做出贡献的国际友人中的代表人士。

此外，2015年1月1日后去世的抗战老战士、老同志在此次发放范围之内。

（2015-08-25 来源：新华网）

此前，民政部、财政部下发通知，要求9月份前向部分健在的抗战老兵发放一次性生活补助金5000元。有关报道内容如下：

四类抗战老兵将获一次性补助 5000 元 9 月前发放

新京报讯（记者 吴为） 部分健在的抗战老战士、老同志将获得一次性生活补助金。昨日，新京报记者从民政部获悉，日前，民政部、财政部下发通知，要求 9 月份前向部分健在的抗战老兵发放一次性生活补助金 5000 元。

两类国民党抗战老兵可享补贴

据民政部官网消息，此次向部分健在抗战老兵发放补贴是在纪念中国人民抗日战争暨世界反法西斯战争胜利 70 周年之际，按中央要求发放的。

民政部通知要求，各地民政部门、财政部门要密切配合，结合当地实际制定具体工作方案，确保 9 月份前将一次性生活补助金发放到抗战老战士、老同志手中。

此次发放的 4 类对象包括两类国民党抗战老兵，分别为抗日战争时期在国民党军队服役，后在解放战争中起义、投诚编入解放军序列的在乡复员军人和参加过抗日战争，后回乡务农的原国民党抗战老兵。此外还包括抗日战争时期的在乡复员军人和残疾军人及移交政府安置的抗日战争时期军队离休干部、无军籍职工。

民政部门解释，参加过抗战，在解放战争全过程中未在乡务农，也未投诚解放军，而是继续在国民党军中效力的国民党抗战老兵不在此次发放补贴之列。按照民政部的公开数据，此次发放的 4 类发放对象涉及人数共计 5 万余人。

（2015-08-12 来源：新京报）

"一带一盟"对接的进展与问题及"一带一路"高峰论坛相关工作建议

2017 年 4 月 13 日，基金会欧亚研究中心举行研讨会，由中国现代国际关系研究院承办。会议就"一带一路"国际合作高峰论坛有关问题进行深入研讨。部分前驻欧亚地区大使、来自五个合作单位以及中联部、国际战略学会等单位的专家学者 20 余人与会。会议就"丝绸之路经济带"建设在欧亚地区的进展与问题、"一带一盟"对接的进展与问题进行了深入讨论，并就"一带一路"国际合作高峰论坛提出相关工作建议。

会议主要看法和相关工作建议如下：

一、"丝绸之路经济带"建设与"一带一盟"对接取得进展

（一）**中俄贸易势头良好。**2017 年第一季度，中俄贸易大幅上升，过去中俄经贸合作"上热下冷"的局面也在发生明显改变。俄罗斯已成为中国电商出口的第二大目的国，我民营资本大量赴俄投资。

（二）**"五通"建设取得明显进展。**设施联通上，从中国经哈萨克斯坦、俄罗斯通往欧洲的货运铁路运输，西欧—中国公路运输等发展势头良好；中国—中亚天然气管道、中哈石油管道已开始运营。贸易畅通上，中国与俄罗斯、中国与哈萨克斯坦已初步建立起网络销售平台。资金融通上，欧亚经济联盟成员国均已加入亚投行，人民币不断走向欧亚经济联盟各成员国。

（三）**"一带一盟"对接日益引发欧亚经济联盟各成员国关注。**许多国家已将其国内经济发展与"一带一路"建设、"一带一盟"对接作为一个整体联系起来考虑。欧亚经济联盟统一运输空间的五大运输走廊许多项目都与"一带一路"框架下的务实合作相契合。

2017 年 4 月 13 日研讨会现场

二、"一带一盟"对接存在的问题

（一）**欧亚经济联盟与"一带一路"建设的目标不尽相同**。俄欲通过欧亚经济联盟整合后苏联空间，重新恢复其在欧亚地区的领导地位，而"一带一路"倡议旨在通过共商、共建、共享实现沿线各国互利合作，共同发展。在此背景下，寻找对两者都合适的对接方式有一定难度。另外，在欧亚地区各国加入"一带一路"建设积极性高涨的情况下，俄罗斯也担心会对欧亚经济联盟成员国产生离心影响。

（二）**各方对"一带一盟"对接缺乏耐心，希望立竿见影**。事实上，"一带一路"倡议提出的时间不长，欧亚经济联盟也尚处在摸索建设过程中，两者如何进行对接无先例可寻，仍处于探索阶段，不能指望马上见效。此外，俄的主要精力仍放在欧亚经济联盟自身建设上。各方都应从现实出发，认识到对接将是一项长期工程，应从长计议。在抱有信心和决心的同时，还要有足够的耐心。

三、关于"一带一盟"对接和"一带一路"高峰论坛的几点工作建议

（一）**"一带一盟"对接应以双边合作、具体项目为主**。我应在与俄达成的"一带一盟"建设对接声明的政治基础上，管控与俄的潜在矛盾，着力推动我与欧亚经济联盟国家的务实合作：**一是将"一带一盟"建设对接重点放在双边合作上**。同与我有共同利益和需求的国家分别沟通，"一国一策""各个击破"。在与俄合作困难较大的情况下，可从哈萨克斯坦等国入手，从各国都能接受的部门或行业做起，争取在双边项目上多出切实成果，促使欧亚经济联盟国家逐渐转变思维。**二是冷静评估具体项目**。具体情况具体分析，有些项目要多算经济账，有些项目则要多算政治账。如中吉乌铁路，经济上利益虽然有限，但战略上十分重要，我应加大推进力度。但总体上仍应以市场为导向，根据对方需求搞合作，多做各方互利的项目。

（二）**建议将此次高峰论坛基本方针确定为：总结已有成果，凝聚更多共识，争取更多合作，制定长远目标**。

（三）**将"一带一路"国际合作高峰论坛机制化**。"一带一路"建设的目标**是给欧亚大陆乃至全世界提供一个公共产品，寻求相关国家利益最大公约数，打造人类命运共同体**。如果没有稳定可靠的合作机制，很难实现这一目标。**建议将此次"一带一路"国际合作高峰论坛机制化，每隔一至两年在中国或相关国家轮流举办**。同时建议国内考虑设立"一带一路"建设秘书处，更好地整合、协调外交部、发改委、商务部等相关部门工作。

（四）**借"一带一路"国际合作高峰论坛召开之际拓展外宣工作**。当前，中国在欧亚地区合作项目不少，但相关国家精英阶层和普通民众对"一带一路"的精神实质仍缺乏准确深刻理解。应通过此次高峰论坛向沿线国家政府和民众进一步阐明"一带一路"倡议的宗旨、政策和目标。我媒体应加大在对象国的宣传力度，助推人文、学术等方面交流合作，让沿线国家多了解"一带一路"对他们的好处。我国学术界应为"一带一盟"对接造势，将"一带一路"倡议作为一种理念来推广，多宣传我国改革开放 30 多年来的成就和经验。相关宣传工作要重视方式方法，注重实效，避免形式主义。对此次高峰论坛的宣传应多着眼于经贸合作，淡化政治色彩，更要避免空话套话。

（五）**支持白俄罗斯正式加入上海合作组织**。白俄罗斯是"丝绸之路经济带"沿线重要节点国家，同时也是我在欧亚地区的重要友好国家，还是抵御北约东扩的重要前沿国家。白方一直以来十分期待成为上海合作组织正式成员国。鉴于 6 月 8—9 日举行的上合组织峰会将正式解决印度和巴基斯坦加入上合组织的问题，上合组织扩员的大门即将打开。如果白俄罗斯正式表示希望加入上合组织，建议我方考虑支持。

以上看法和建议供参考。

中国国际问题研究基金会

2017 年 4 月 19 日

（《国际问题研究报告》 2017 年第 18 期）

······

该研究报告有关看法和工作建议与习近平主席在"一带一路"国际合作高峰论坛的相关讲话精神一致：

1. 报告"建议将此次高峰论坛基本方针确定为：总结已有成果，凝聚更多共识，争取更多合作，制定长远目标"。

习近平主席在 5 月 15 日"一带一路"国际合作高峰论坛圆桌峰会的开幕辞指出："希望大家通过今天的圆桌峰会，进一步凝聚共识，为'一带一路'建设国际合作指明方向，勾画蓝图。"

（2017-5-16 来源：《人民日报》）

2. 报告指出："'一带一路'建设的目标是给欧亚大陆乃至全世界提供一个公共产品，寻求相关国家利益最大公约数，打造人类命运共同体。"

习近平主席在 5 月 15 日"一带一路"国际合作高峰论坛圆桌峰会的开幕辞

指出："'一带一路'建设跨越不同地域、不同发展阶段、不同文明，是一个开放包容的合作平台，是各方共同打造的全球公共产品。""在'一带一路'建设国际合作框架内，各方秉持共商、共建、共享原则，携手应对世界经济面临的挑战，开创发展新机遇，谋求发展新动力，拓展发展新空间，实现优势互补、互利共赢，不断朝着人类命运共同体方向迈进。"

（2017-5-16　来源：《人民日报》）

3. 报告"建议将此次'一带一路'国际合作高峰论坛机制化，每隔一至两年在中国或相关国家轮流举办。同时建议国内考虑设立'一带一路'建设秘书处，更好地整合、协调外交部、发改委、商务部等相关部门工作"。

习近平主席在 5 月 14 日"一带一路"国际合作高峰论坛开幕式发表的主旨演讲中指出："中国将设立'一带一路'国际合作高峰论坛后续联络机制，成立'一带一路'财经发展研究中心、'一带一路'建设促进中心，同多边开发银行共同设立多边开发融资合作中心，同国际货币基金组织合作建立能力建设中心。我们将建设丝绸之路沿线民间组织合作网络，打造新闻合作联盟、音乐教育联盟以及其他人文合作新平台。"

（2017-5-15　来源：《人民日报》）

习近平主席在 5 月 15 日"一带一路"国际合作高峰论坛圆桌高峰会上致闭幕辞时宣布："中国将在 2019 年举办第二届'一带一路'国际合作高峰论坛。"

（2017-5-16　来源：《人民日报》）

俄罗斯官方对十月革命 100 周年的态度

2017 年 8 月 10 日，中国国际问题研究基金会欧亚研究中心就纪念十月革命 100 周年的有关问题举行研讨会。我驻欧亚地区前大使、中联部专家以及来自社科院欧亚所、国务院发展研究中心欧亚研究所、中国国际问题研究院欧亚研究所、中国现代国际关系研究院俄罗斯研究所、新华社世界问题研究中心、中国国际战略学会、中央编译局俄罗斯研究中心等研究机构的俄罗斯问题专家学者与会。会议就俄罗斯官方对待十月革命 100 周年的态度进行了深入讨论。

研讨会由社科院欧亚所承办，基金会特邀副理事长于振起和社科院欧亚所所长李永全共同主持。会议主要看法如下：

一、俄罗斯官方肯定十月革命的历史地位

2016 年 7 月 31 日，普京总统登上阿芙乐尔号巡洋舰。这是该舰经过四年维修后驶回当年十月革命发出"一声炮响"的涅瓦河停泊地的首次亮相。舰炮炮身的铭文上写着："根据革命委员会命令于 1917 年 10 月 25 日晚向冬宫开炮"。普京仔细参观了舰上当年的历史文物，并检阅了海军舰队。俄罗斯各报均把普京视察阿芙乐尔号巡洋舰看作是对十月革命肯定的一个信号。

2016 年 12 月 19 日，普京颁布了关于纪念 1917 年俄国革命 100 周年的筹备和实施举措的指令。这里所说的"俄国革命"包括 1917 年二月革命（史称资产阶级革命）和十月革命（史称社会主义革命）。总统令责成俄罗斯历史学会组建纪念俄国革命 100 周年委员会，在一个月期限内筹建班子并提出纪念方案。俄罗斯文化部负责具体实施。俄罗斯各联邦主体、地方政府机构、社会和学术团体及有关科研、教学人员等参与相关工作。

2017 年 8 月 10 日研讨会现场

俄罗斯在官方指导下于 2016 年出版的两本最新中学历史教科书中，高度评价了 1917 年俄国革命对 20 世纪历史的意义，认为"1917 年伟大的俄国革命不仅是俄罗斯历史的重大转折点，也是整个世界的重大历史事件"。其意义"不仅局限于国内，布尔什维克创建的新兴社会体制更成为全世界的典范。……十月革命的共产主义影响使得资本主义国家开始改变政治制度和政策，试图解决社会内部矛盾，削弱共产党人的影响力。"

二、普京纪念十月革命 100 周年的动机

（一）表达对十月革命历史的尊重

针对俄罗斯社会在 20 世纪末曾经盛行的否定苏联历史，包括十月革命历史在内的虚无主义思潮，普京多次强调要尊重本国历史。2014 年，俄罗斯历史教科书修改委员会学术领导丘巴里扬院士向普京汇报时指出，历史教科书修改委员会认为，1917 年二月革命、十月革命和与此相连的国内战争，与其他国家类似的革命，如法国资产阶级革命、英国资产阶级革命比较，完全可以称为"伟大的革命"，普京对此表示赞同。

2016 年 12 月 1 日，普京在联邦议会上宣读国情咨文时再次明确指出：俄国革命 100 周年纪念日是一个再次探索俄国革命的原因和性质的重要节点，必须以尊重的态度对待历史政治事件。

根据总统令负责实施俄国革命 100 周年纪念活动的文化部长梅津斯基在筹备会上明确讲，现在回过头来看一百年前发生的事件，我们绝对不能否定我们的先辈尝试在世界上建立一个新的公正社会的努力。这不仅仅是改变了俄国历史发展的道路，也是给全世界各民族发展以巨大影响的决定性事件。显然，梅津斯基所说的"新的公正社会"，就是指十月革命后建立的苏维埃政权，而不可能是二月革命后存在短短几个月的临时政府。这也应当看作是俄罗斯官方对十月革命的肯定评价。

（二）总结历史教训，促进社会和谐

普京始终强调，纪念俄国革命 100 周年的目的是为了达到今天俄罗斯社会的和谐和团结。他指出：总结历史的经验教训首先应当有利于今天社会的和谐。不能把过去年代的社会对立、仇恨、懊丧、冷酷等情感强加于今天，不能造成今天社会的分裂，不容许任何党派出于自身利益或者其他考虑，以纪念俄国革命 100 周年为由进行投机。2017 年 5 月 25 日，普京再次指出：在我国历史上既有光辉的一页，也有悲剧性一面。二月革命和十月革命 100 年留给我们的主

要历史教训就是防止社会的分裂，达成社会的和谐。

（三）防止"颜色革命"

普京历来对西方企图在俄策动"颜色革命"保持高度警惕。2016年2月俄罗斯政府颁布的《2030年前俄罗斯联邦国家文化政策战略》就是专门防止西方从意识形态领域策动"颜色革命"。

2015年5月20日，俄罗斯文化部、俄罗斯科学院通史研究所、俄罗斯科学院俄国史研究所、俄罗斯军事历史学会、俄罗斯历史学会共同召开"迎接俄国大革命100年：理解为了团结"的圆桌会议，会议由文化部长梅津斯基主持。与会者通过了致俄罗斯社会各界的呼吁书。尽管与会者观点不一，但大家一致认为：如果借助国外力量来解决国内的政治矛盾是错误的，今天，俄罗斯学界认为，当年俄国国内战争时期，有八百万人因战争、饥饿、疾病等后果而死亡，两百万人流离国外，苏维埃国家处于战争的废墟上，经济崩溃。外国干涉使国家遭受了恐怖主义的灾难。总结历史教训，俄罗斯认为必须防止外国发动新的干涉俄内政的"颜色革命"。正如俄罗斯历史学会主席、国家杜马主席纳雷什金所说：结合当今俄罗斯和世界的形势，强调制定统一的、客观的关于1917年事件的评价是必要的。他强调，近年许多国家被引进"颜色革命"，造成了公民的流血和死亡，致使国家遭到破坏和陷入贫困。汲取俄国革命历史一个世纪之久的历史教训，不能再使我国公民彼此分开和相互推开。我们必须支持这一趋势并创造一切必要条件。

三、俄罗斯官方纪念十月革命100周年活动淡化意识形态色彩

俄总统办公厅负责纪念活动的项目管理局局长津科维奇表示，俄总统办公厅在纪念1917年俄国革命方面没有任何意识形态方面的任务。目前列入俄罗斯历史协会纪念俄国革命100周年活动组委会计划的项目主要是民间学术机构举办展览、出版图书、举行学术研讨会、摄制影视节目等，没有安排大规模的官方政治活动。

四、俄罗斯各党派对官方纪念十月革命100周年举措的评价

俄罗斯各党派对官方关于纪念俄国革命100周年的举措评价不一。

俄罗斯共产党主席久加诺夫认为，纪念俄国革命100周年的计划应当是建设性的，而不应当在里面夹杂"仇俄"和"反苏"的因素，这些是导致国家消亡的主要手段。俄共认为：不能把二月革命与十月革命混为一谈。俄共重申关于十月革命的立场，赞颂十月革命的社会主义性质、历史意义和苏联时期的成

就，以促进国家走向社会主义的未来。俄共准备单独举办纪念十月社会主义革命 100 周年的学术讨论会。

"统一俄罗斯党"作为执政党，拥护普京提出的纪念方案，并表示要深入研究当年造成社会分裂的原因。

"俄罗斯自由民主党"则认为：1917 年对于国家来说不是一个节日，而是一个悲剧。因为在这一年一个伟大的国家被破坏和消灭了。

俄罗斯大多数民众对十月革命及布尔什维克领导人持肯定的看法，2016 年 3 月 16 日俄罗斯就 20 世纪俄国领导人地位的民意调查结果显示，列宁、斯大林、普京并列第一位。2017 年 4 月，俄罗斯列瓦达中心一项民意调查结果显示，79%的俄罗斯民众表示应保留列宁雕像。该民调显示，56%的俄罗斯民众认为列宁在历史上起到非常积极的作用，反对这一说法的占 21%，表示难以回答的受访者占 23%。

以上情况供参考。

中国国际问题研究基金会

2017 年 8 月 16 日

（《国际问题研究报告》 2017 年第 37 期）

纪念十月革命 100 周年对中国的现实意义与相关工作建议

2017 年 8 月 10 日，中国国际问题研究基金会欧亚研究中心就纪念十月革命 100 周年的有关问题举行研讨会。我驻欧亚地区前大使、中联部专家以及来自社科院欧亚所、国务院发展研究中心欧亚研究所、中国国际问题研究院欧亚研究所、中国现代国际关系研究院俄罗斯研究所、新华社世界问题研究中心、中国国际战略学会、中央编译局俄罗斯研究中心等研究机构的俄罗斯问题专家学者与会。会议就纪念十月革命 100 周年对中国的现实意义与相关工作建议进行了深入讨论。

研讨会由社科院欧亚所承办，基金会特邀副理事长于振起和社科院欧亚所所长李永全共同主持。会议主要看法和建议如下：

一、纪念十月革命 100 周年对中国的现实意义

（一）不忘初心，把中国社会主义革命和建设进行到底。1949 年 6 月 30 日，毛主席在《论人民民主专政》一文中指出："中国人找到马克思主义，是经过俄国人介绍的。在十月革命以前，中国人不但不知道列宁、斯大林，也不知道马克思、恩格斯。十月革命一声炮响，给我们送来了马克思列宁主义。十月革命帮助了全世界的也帮助了中国的先进分子，用无产阶级的宇宙观作为观察国家命运的工具，重新考虑自己的问题。走俄国人的路——这就是结论。"（《毛泽东选集》第四卷第 1470—1471 页）中国社会主义革命和建设经过近百年的探索与实践，取得举世瞩目的成就，可以说是十月革命道路的继承、创新和发展。我们纪念十月革命 100 周年，就是要不忘初心，坚持十月革命与中国共产党、十月革命与中国革命关系的定论，继续沿着当年选择的正确道路前进。

（二）**汲取苏共亡党、苏联亡国的历史教训**。苏共倒台、苏联解体的根本政治原因在于以戈尔巴乔夫为代表的苏共领导背叛了马克思列宁主义，背离了十月革命的精神，使得全党全国失去了思想和政治的凝聚力。纪念十月革命 100 周年，可以使我们汲取苏共失败的历史教训，更加坚定地高举马克思列宁主义、毛泽东思想的旗帜，毫不动摇地继续坚持当年的正确选择。

（三）**拨乱反正，进一步坚定道路自信**。西方舆论界出于政治需要，刻意贬损、否定十月革命，称之为 20 世纪世界历史上最大的悲剧，把苏联解体也归罪于十月革命。国内学术界也存在某些关于十月革命的似是而非的评价。应以纪念十月革命 100 周年为契机，纠正关于十月革命历史地位和作用的错误认识，警惕借否定十月革命进而否定中国共产党和中国革命道路的倾向。这将有利于我们进一步坚定道路自信。

（四）**为实现中国梦注入新动力**。纪念十月革命 100 周年，回顾近百年来中国共产党领导人民在社会主义革命和建设事业中取得的骄人成就，可以为实现中华民族伟大复兴的中国梦增添新动力。

三、关于纪念十月革命 100 周年的工作建议

（一）总的原则是：从我国政治需要出发，有针对性地适度开展相关纪念活动，正本清源，凝聚共识。要态度鲜明，理直气壮，实事求是。

（二）建议十九大相关文件本着尊重历史、坚持真理的原则，以适当方式提及十月革命 100 周年，以此体现我党的理论自信、道路自信和制度自信。

（三）由党的系统（如中宣部或中央党校）出面正式举行十月革命 100 周年纪念活动，相关中央领导出席。

（四）建议以《人民日报》名义发表纪念十月革命 100 周年专文，阐明我有关思想。

（五）由中国社会科学院牵头，组织学术界举办非官方的相关学术性纪念活动。

（六）主流媒体应按照中央精神积极配合宣传。

（七）建议文化部组织纪念十月革命 100 周年相关文化活动，如播放《列宁在十月》等有关十月革命的经典影片，组织专题音乐会等，使纪念活动深入社会大众。

（八）中俄两国元首今年 7 月 4 日联合声明提出要"推动历史和红色旅游合作深入开展"。建议有关部门把纪念十月革命 100 周年作为今年与俄方开展红色旅游活动的一项重要内容。这既有利于加强中俄两国关系，也有利于促进两国人民友好交流。

（九）建议发行十月革命 100 周年纪念邮票和纪念币。

（十）我对俄方举办相关纪念活动可把握以下基本原则：纪念活动属俄方内部事务，不宜过多评论，特别要注意不参与俄国内不同派别的争论。若俄方有关政党邀请我方派团出席相关纪念活动，可根据双方合作需要酌情派适当级别代表团参加。国内媒体在报道俄方相关活动时应注意遵循客观原则，不作评论。

（十一）前苏地区国家对十月革命 100 周年的态度各异。如在白俄罗斯，11 月 7 日是法定的"十月革命日"，为该国重要节日之一。哈萨克斯坦总统纳扎尔巴耶夫则明确表示："十月革命 100 周年是别国的事情。"我在与相关国家接触时要注意区别对待。

以上看法和建议供参考。

中国国际问题研究基金会

2017 年 8 月 16 日

（《国际问题研究报告》 2017 年第 38 期）

      ……

研究报告《纪念十月革命 100 周年对中国的现实意义与相关工作建议》中的工作建议与习近平总书记十九大报告有关内容精神一致，与有关部门的活动安排相吻合：

2017 年 10 月 18 日，习近平总书记在十九大报告中指出：

一百年前，十月革命一声炮响，给中国送来了马克思列宁主义。中国先进分子从马克思列宁主义的科学真理中看到了解决中国问题的出路。在近代以后中国社会的剧烈运动中，在中国人民反抗封建统治和外来侵略的激烈斗争中，在马克思列宁主义同中国工人运动的结合过程中，一九二一年中国共产党应运而生。从此，中国人民谋求民族独立、人民解放和国家富强、人民幸福的斗争就有了主心骨，中国人民就从精神上由被动转为主动。

2017 年 9 月 26 日，在北京举行了"十月革命与中国特色社会主义"理论研讨会，中共中央政治局委员、中央书记处书记、中宣部部长刘奇葆出席并讲话。新华社报道内容如下：

"十月革命与中国特色社会主义"理论研讨会在京举行　刘奇葆出席并讲话

新华社北京 9 月 26 日电　9 月 26 日，在俄国十月革命胜利 100 周年前夕，"十月革命与中国特色社会主义"理论研讨会在京举行。中共中央政治局委员、中央书记处书记、中宣部部长刘奇葆出席并讲话，强调要深入学习贯彻习近平总书记系列重要讲话精神，深刻认识十月革命的伟大意义和深远影响，在新的时代条件下更好地坚持和发展中国特色社会主义。

刘奇葆指出，十月革命开辟了人类历史新纪元，给中国送来了马克思列宁主义。一百年来，我们国家和民族发生历史巨变，归根于选择了十月革命开辟的社会主义道路，归根于党带领人民把马克思列宁主义基本原理同我国具体实际相结合，走出了一条实现民族复兴的阳关大道。今天，我们纪念十月革命、沿着社会主义道路继续前进，就是要紧密团结在以习近平同志为核心的党中央周围，毫不动摇坚持和发展马克思主义，毫不动摇坚定社会主义、共产主义理想信念，毫不动摇坚持和发展中国特色社会主义，毫不动摇坚持党对中国特色社会主义事业的坚强领导，毫不动摇推进人类和平与发展的崇高事业，奋力实现"两个一百年"奋斗目标和中华民族伟大复兴的中国梦。

中央和国家机关有关部门负责同志，各省区市党委宣传部、社科院负责同志，以及有关专家学者参加会议。

（2017-09-26 来源：新华社）

第三章　基金会俄罗斯中亚东欧研究中心的民间公共外交活动

第一节　承办"中亚区域合作机制研究"公共外交项目

2008年8月,中国国际问题研究基金会俄罗斯中亚研究中心接受了承办"中亚区域合作机制研究"公共外交项目的任务。经基金会领导同意,随即组成了由欧亚研究中心各合作单位负责人组成的项目工作领导小组,成员包括新华社世界问题研究中心研究员万成才、社会科学院欧亚研究所所长邢广程、中国国际问题研究所上合组织研究中心主任陈玉荣、国务院发展研究中心欧亚研究所常务副所长李永全、中国现代国际关系研究院副院长季志业。由我担任小组负责人。

项目工作领导小组讨论确定了6个具体研究课题,即"上海合作组织""独联体及其框架内合作组织""中亚与西方合作机制""中亚与东北亚合作机制""中亚国家倡议的区域合作机制""中亚区域经济合作计划(亚行框架下)",明确了课题分工、课题报告写作要求以及完成时间,并决定在合适时间举行相关课题的国内研讨会和国际研讨会。

11月底至12月初,我受外交部委托率课题调研小组访问了俄罗斯、哈萨克、乌兹别克,会见了当地官员和学术机构代表,考察了中亚地区多边机制有关情况(详见本书第五章第一节)。

2009年1月10—11日,在北京举行了相关课题的国内研讨会,邀请国内有关专家学者和我前驻俄罗斯、中亚地区的资深大使等40余人与会,就中亚区域合作机制现状、前景及我对策进行了深入讨论。新华社世界问题研究中心、中国社会科学院欧亚研究所、国务院发展研究中心欧亚研究所、中国国际问题研究所、中国现代国际关系研究院等国内著名研究机构的近20位专家学者和前大使还提交了10篇相关课题报告。

在此基础上，项目工作领导小组积极筹划"中亚区域合作机制的现状与前景"国际研讨会。2月27日，项目工作领导小组举行会议，讨论确定了国际研讨会中方发言人和发言题目，通报了已确认出席国际研讨会的外国专家学者名单。外国专家学者邀请对象是在国内各相关研究机构推荐基础上确定的。

3月23—24日，由中国国际问题研究基金会俄罗斯中亚研究中心主办的题为"中亚区域合作机制的现状与前景"国际研讨会在北京举行。俄罗斯、乌兹别克斯坦、吉尔吉斯斯坦等国著名专家学者应邀出席。哈萨克斯坦、塔吉克斯坦的4位学者临时因故未能与会，其中2位提交了书面发言。中国国际问题研究基金会理事长张德广、外交部副部长李辉、俄罗斯驻华大使拉佐夫、塔吉克斯坦驻华大使阿利莫夫、上海合作组织副秘书长扎哈罗夫出席了会议。外交部、商务部有关部门领导，我驻中亚地区国家前大使和国内著名国际问题专家学者也应邀出席会议，共计50余人。

我首先致会议开幕辞：

尊敬的各位来宾，大家上午好！

首先，我代表中国国际问题研究基金会俄罗斯中亚研究中心对远道而来的各国专家学者以及国内的专家学者和客人表示热烈的欢迎！同时要感谢中国外交部李辉副部长拨冗出席今天的研讨会，还要感谢各位驻华使节出席我们的研讨会。你们的光临是我们的荣幸。

中亚地区自古以来就是东西方人民交流的重要桥梁，是古丝绸之路的要道。在全球化趋势日益发展的今天，中亚地区在欧亚大陆乃至世界范围内的地位更加重要，中亚地区各国与世界各国的联系日益紧密。在这样的背景下，中亚地区涌现出各种多边合作机制，成为当今世界一道独特的风景线。

中国人民与中亚各国人民有着牢固的传统友谊。在新的历史条件下，我们愿意为推动中亚区域多边合作机制的发展，为建立一个稳定、和谐、发展、繁荣的中亚做出积极贡献。正是出于这样的目的，中国国际问题研究基金会俄罗斯中亚研究中心发起组织了这次主题为"中亚区域合作机制的现状与前景"的国际研讨会，希望通过各国专家学者的学术交流，为各国决策者在发展中亚区域合作方面提供一些有益的参考，为加强中亚各国人民与世界其他地区人民之间的交流与合作发挥积极作用。

据我所知，举办以"中亚区域合作机制的现状与前景"为主题的国际研讨会在中国是第一次，在国际上恐怕也是首次。我认为，在座各位完全有理由以此为自豪。我也相信，在座各位一定会共同努力把这次具有特殊意义的会议开好。

谢谢大家！

国内外专家学者在研讨会进行过程中，就中亚区域合作机制的问题踊跃发言，热烈讨论，深入交换了意见和看法。

……

会议结束时，我致闭幕辞：

尊敬的各位来宾：

在出席会议的各国专家学者的共同努力下，"中亚区域合作机制的现状与前景"国际研讨会达到了预期目的，取得了圆满成功。经过热烈自由的讨论，大家取得了许多重要的学术共识，也增进了彼此的了解。我想，大家在本次会议上就中亚区域合作机制问题发表的睿智见解，以及提出的建设性建议，将成为各国决策者宝贵的决策参考。这些见解和建议也将为加强中亚各国人民与中国人民以及世界其他国家人民的友好交流与合作做出积极贡献。

在各位专家学者的共同努力下，这次具有开创意义的关于中亚区域合作机制的国际研讨会即将圆满落幕。但是，大家对这个具有现实和深远意义的重要课题的研究工作还将继续。希望今后我们还有机会再次相聚，继续交流我们的研究成果。

我以中国国际问题研究基金会俄罗斯中亚研究中心和我个人的名义，感谢出席本次会议的各位专家学者，感谢你们为此次会议的成功做出的重要贡献。我要特别感谢各位外国朋友，你们不远万里来到北京，体现了你们对中国人民真挚的友好感情。

最后，我衷心祝愿各位专家学者在自己的学术领域取得更大的研究成果！

祝各位朋友身体健康，生活幸福！

……

本次研讨会是国内首次举行的关于该问题的国际学术会议。会议达到了预期目的，建立了广泛的国际学术联系，为今后继续开展有关研究进行国际交流与合作创造了条件。

"中亚区域合作机制的现状与前景"国际研讨会现场

"中亚区域合作机制的现状与前景"国际研讨会与会者合影

会后，基金会欧亚研究中心决定把此次国际研讨会的相关内容公开出版，以进一步扩大影响。2009 年 7 月，由中国国际问题研究基金会俄罗斯中亚研究中心编辑的《中亚区域合作机制研究（论文集）》由世界知识出版社正式出版。其中包括国际会议的全部发言和一些中国学者撰写的论文。张德广理事长在该书前言中写道：

《中亚区域合作机制研究（论文集）》封面

《中亚区域合作机制研究（论文集）》是关于中亚国家与相邻、相关地区国家之间以及中亚国家彼此之间多边合作机制的第一本权威性学术研究著作。

这本论文集填补了我国关于这一研究领域的空白，为国际问题研究工作者的书架增添了一本有益的新书，也为广大关心国际问题的读者提供了一本好书。

为了加深对中亚区域合作机制问题的研究，基金会俄罗斯中亚研究中心于 2009 年 3 月专门召开了国内首次"中亚区域合作机制的现状与前景"国际研讨会。

俄罗斯、中亚国家和国内著名专家学者在会上交流了学术研究成果。为了使读者了解国际学术界关于中亚区域合作机制的最新研究成果，特将本次国际研讨会的正式发言全部收入论文集。①

该书出版后，我们举行了专门的出版座谈会。主流媒体对此进行了广泛报道。

---

① 《中亚区域合作机制研究（论文集）》，世界知识出版社 2009 年版，第 1—2 页。

中国国内第一本研究中亚区域合作机制问题的学术著作出版

座谈会现场

人民网北京 8 月 20 日电（记者 尹树广 刘慧） 中国国内第一本研究中亚区域合作机制问题的学术著作——《中亚区域合作机制研究（论文集）》日前由世界知识出版社出版。此书由中国国际问题研究基金会俄罗斯中亚研究中心组织编写，汇集了国内近 20 位专家学者对中亚区域合作机制问题的研究成果并收录了今年 3 月举行的"中亚区域合作机制的现状和前景"国际研讨会中外专家学者的发言。

在 8 月 20 日举行的出版座谈会上，中国国际问题研究基金会理事长、前上海合作组织秘书长张德广在致辞中指出，中亚作为新兴地缘政治板块和重要的能源、资源产地备受各方关注。世界各主要力量在中亚建立起众多区域性多边合作机制，使中亚成为当今世界存在区域多边机制最多的地区。中亚与中国有长达 3000 多公里的共同边界，全面系统研究中亚区域合作机制问题，对我国具有重要现实和长远意义。他指出，目前国内外对中亚区域合作机制问题的全面系统研究尚属空白。中国国际问题研究基金会俄罗斯中亚研究中心组织国内 5 个权威研究机构的专家学者对这一具有开拓性意义的重大研究课题进行了全面系统研究。他表示，这本《论文集》将会对推动我国关于中亚区域合作机制问题的研究，乃至整个中亚问题和相关国际问题的研究做出积极贡献。

出版座谈会由中国国际问题研究基金会俄罗斯中亚研究中心主任于振起主持。塔吉克斯坦驻华大使阿里莫夫，吉尔吉斯斯坦驻华大使库卢巴耶夫，上海合作组织副秘书长扎哈罗夫，俄罗斯驻华使馆，哈萨克斯坦驻华使馆、外交部、中联部相关代表，中国前驻中亚国家大使、著名国际问题专家学者等 40 余人出席了座谈会。

（2009-08-20　来源：人民网）

我国首部研究中亚区域合作机制专著问世

本报北京 8 月 20 日电（记者　马剑）　由中国国际问题研究基金会俄罗斯中亚研究中心组织编写的《中亚区域合作机制研究（论文集）》出版座谈会 20 日在北京举行。这本论文集是我国研究中亚区域合作机制的首部学术专著，汇集了 20 位国内外知名中亚问题学者的最新研究成果，代表了我国中亚研究领域的发展水平。

（2009-08-21　来源：《人民日报》）

中国首部研究中亚区域合作机制问题著作出版发行

新华网北京 8 月 20 日电（记者　刘小军）　由中国国际问题研究基金会俄罗斯中亚研究中心组织编写《中亚区域合作机制研究（论文集）》出版座谈会 20 日在京举行，该书是中国研究中亚区域合作机制问题的第一本学术著作。

该书汇集了国内近 20 位专家学者集体研究的成果，是一部具有开拓性意义的学术著作。上海合作组织官员、部分中亚国家驻华大使、中国外交部和中共中央对外联络部官员和专家近 50 人出席了座谈会。

《中亚区域合作机制研究（论文集）》出版座谈会 20 日在京举行

　　中国国际问题研究基金会理事长张德广在发言中说，中亚作为新兴地缘政治板块和重要的能源、资源产地备受各方关注，世界各大力量在中亚建立起众多区域性多边合作机制，使中亚成为当今世界存在区域多边机制最多的地区。"中亚与中国有长达 3000 多公里的共同边界，全面系统研究中亚区域合作机制问题，对我国具有重要现实和长远意义。目前国内外对中亚区域合作机制全面系统研究尚属空白。"

　　塔吉克斯坦大使拉希德·阿里莫夫说，这本书将对关心中亚地区命运的人们产生深远的影响。中国现代国际关系研究院副院长季志业说，这本著作是中国智库参与政策研究的重要实践。

（2009-08-20 来源：新华网）

第二节　承办"文明对话与和谐世界"国际会议

一、会议背景

2002 年，俄罗斯、伊朗、印度、希腊、奥地利等国政治家和学者倡议成立"文明对话"世界公众论坛。自 2003 年起每年在希腊罗得岛举办"文明对话"国际会议，是有国际影响的非官方对话机制。该论坛的宗旨在于联合世界各国非官方社会组织，共同保护人类精神和文化财富，为当代世界各种文明提供建设性对话的空间。

中国国际问题研究基金会理事长张德广大使和副理事长于振起大使应邀分别出席了该论坛 2008 年年会和 2009 年年会，并与"文明对话"世界公众论坛主席亚库宁先生达成双方开展合作的协议，决定 2010 年在北京联合举办"文明对话与和谐世界"国际会议。

基金会欧亚研究中心负责具体筹办此次会议。"文明对话与和谐世界"国际会议是首次在中国举办的该主题国际会议，是得到中国外交部支持的一次具有开拓意义的重要民间公共外交活动。

二、会议简况

经过精心筹划和准备，2010 年 7 月 11 日至 13 日，"文明对话与和谐世界"国际会议在北京举行。

出席本次会议的有中国国际问题研究所、中国现代国际关系研究院、中国社会科学院、新华社世界问题研究中心、北京外国语大学、南开大学、华东师范大学等中国著名研究机构和高等院校的 40 余位著名专家学者，还有来自俄罗斯、印度、奥地利、英国、意大利、法国、美国、加拿大等国的近 40 位著名专家学者。会议旨在通过文明对话增进中国和世界各国人民之间的相互了解，探讨当今世界政治、经济、文化领域重大课题，促进世界和平、和谐与发展，为世界各国人民之间开展文明对话，共建和谐世界做出积极贡献。

"文明对话与和谐世界"国际会议主席台

与会中外学者就以下议题展开对话：

1. 文明对话的世界意义；

2. 和谐世界理念的时代意义；

3. 后危机时代的国际格局和世界秩序；

4. 后危机时代世界经济发展趋势；

5. 国际金融危机的历史教训；

6. 多元文化和谐共处与世界和平和文化繁荣；

7. 中华文化与当代世界；

8. 斯拉夫文化与当代世界；

9. 开展文明对话、促进中俄关系。

"文明对话与和谐世界"国际会议代表合影

7月12日上午，我在主持"文明对话与和谐世界"国际会议第一单元专题讨论时，讲了以下开场白：

尊敬的张德广理事长、亚库宁主席、卡布尔主席，女士们、先生们、朋友们！

现在开始进行"文明对话与和谐世界"国际会议的专题讨论。我认为我们的会议时间选得很好，今天正好是南非世界杯结束的日子，这样我们就可以更容易地记住我们这次国际会议开始的时间。5个小时前，西班牙队1：0战胜了荷兰队，获得本届世界杯冠军。遗憾的是我们的参会代表中没有西班牙的代表，否则我们应该向他表示祝贺。我们的会议时间选得好还有一个原因，那就是世界杯结束了，参会代表中像我这样的球迷就不需要熬夜看球了，这样就可以保证全体参会代表集中精力投入我们的文明对话。

首先请允许我就会议专题讨论的安排和要求做几点说明。我们的会议代表将在三个单元里就九个议题进行讨论。每个单元都是先由专题发言人发言，然后就有关议题进行自由发言。我们的讨论将是完全开放的，民主和自由的。我只想强调一点：由于参会代表比较多，而会议时间有限，为了保证80多位代表充分享有自己的发言权，请每位发言人严格遵守发言时间。每个专题发言限制在 10 分钟之内，每个自由发言限制在 5 分钟之内（用英语、俄语重复一遍）。在这个规定面前人人平等。如果您的发言超过了时间限制，就意味着占有了其他代表的发言时间。反之，如果您能节约发言时间，就意味着您为其他代表提供了更多的发言机会。大多数专题发言人都提交了书面发言稿，会务组已经印发给大家。发言人只需要把自己书面发言的精华介绍给大家就可以，应该说 10 分钟是够用的。希望每一位会议主持人要像世界杯裁判那样认真执行这个规定。这将是保证本次国际会议取得成功的一个不可或缺的前提条件。

顺便说一下，今天下午第二单元专题讨论原定的主持人阿奇科夫先生改为俄罗斯的杰里亚金先生。

今天上午第一单元的专题讨论共有三个议题：1. 文明对话的世界意义。2. 和谐世界理念的时代意义。3. 多元文明和谐共处与世界和平和文化繁荣。共有 11 位发言人。下面首先请俄罗斯的谢尔盖·沙赫赖先生发言。

......

"文明对话与和谐世界"国际会议现场留影

我向会议提交的书面发言内容如下：

文明多样性与和谐世界

一、文明多样性的客观必然性

文明的多样性自古以来就是人类社会的基本特征之一。生活在地球上不同地区的不同民族在各自历史发展过程中逐渐形成自己的语言、文化、宗教和意识形态，构成不同的社会文明。人类历史上曾经出现过各具特色的五大文明古国：古巴比伦、古埃及、古印度、古希腊和中国。现在，世界上共有 200 多个国家和地区，2000 多个民族，存在着多种多样的文明。无论过去和现在，每种文明的出现和存在都有其客观必然性，都有其产生和生长的特定土壤，都有其独特的历史轨迹，并在这个文明本身留下有别于其他文明的印记。总之，世界文明的多样性是不以人的意志为转移的客观存在，是人类历史发展的基本趋势和必然结果。另一方面，也正是由于存在着多种不同文明，才使得我们这个世界丰富多彩，充满活力。

二、建立单一文明世界的想法违背人类文明发展规律

著名德国古典哲学家黑格尔曾说过："凡是现实的都是合理的。"

世界上的各种文明没有高低贵贱之分，都应当受到尊重。我们必须承认和尊重人类文明的多样性，以包容的胸怀对待文明间的差异。然而，在人类历史上曾经多次出现过某些国家出于自身利益，通过非和平手段试图把自身文明强加给其他国家和民族的做法，但往往都归于失败，根本原因就在于这种做法违背了历史发展规律。暴力可以消灭人的肉体，却难以消灭一个民族的精神文明。中华民族虽历经磨难，至今仍然保持着五千年文明传统，就是这方面的一个突出例证。

当前，困扰全球的国际金融危机再一次表明，世界上没有万能的社会制度和发展模式，也不存在至高无上的单一文明。每个国家都有权根据本国国情选择适合自己的社会制度和发展模式，有权保护、发展适合自己的社会文明。无视文明多样性的客观现实，试图用单一的文明统一世界，同化世界，是违背世界文明发展规律的，也是根本行不通的。况且，把一种外来文明强加给一个国家或一个民族的行为，本身就是违背人权和民主原则的。这种强行"移植"的文明最终也会由于缺乏适宜的"土壤"而难以生存。

三、多元文明相互交流、和谐共处符合人类共同利益

不同文明之间由于存在差异，不能相互适应，有可能产生矛盾甚至摩擦。但是另一方面，不同文明之间也有同一性，例如，各种文明的深层结构中都包含着对人的热爱、关怀、宽容，以及对和平、美好生活的向往和追求。各种文明中的这些核心内容是彼此进行文明对话，互相理解，互相尊重，和谐共处，携手共进的客观基础。人们以什么样的态度对待客观存在的多元文明，如何处理不同文明之间的差异和矛盾，将决定世界的未来：是相互尊重，通过文明对话求得共同发展，还是坚持冷战思维，相互排斥，甚至兵戎相见？令人欣慰的是，随着人类社会的进步，特别是进入 21 世纪以来经济全球化的发展，迅速拉近了世界各国和各种文明之间的距离，多元文明之间的接触和交往日益频繁，空前活跃。如今，开展文明对话，加深相互理解，相互学习借鉴，寻求和谐共处，谋求共同发展，已逐渐成为时代的潮流。

四、文明多样性是多极化的动力、和谐世界的基石

冷战结束后，两极体制不复存在，世界格局进入重组时期。什么样的新世界格局符合历史发展的要求，符合世界各国人民的根本利益？那就是体现国际关系民主化的多极格局以及与其相适应的和谐世界。如今，多极化趋势已经成为不可逆转的历史潮流，构建和谐世界的主张得到世界上越来越多人的认同。而多元文明之间的相互尊重、交流与沟通、友谊与合作正是推动多极化趋势发展的重要动力，也是奠定未来世界多极格局与和谐世界的重要基石。

今天的中国已经与世界紧密联结在一起。中华民族的复兴离不开世界的帮助；世界的和平、发展与繁荣也需要中国的参与。中国人民将本着平等开放的精神，与世界各国人民一道维护文明的多样性，促进国际关系的民主化，推动多极化趋势发展，为构建一个各种文明兼容并蓄、持久和平、共同繁荣的和谐世界而努力。首次在北京举行的"文明对话与和谐世界"国际会议从一个侧面体现了中国人民的这一愿望。这次国际会议为各国人民之间开展文明对话提供了一个新的平台，将会对加强世界不同文明之间的交流与沟通，促进和谐世界的建设发挥积极作用。

……

7 月 13 日中午 12 时，"文明对话与和谐世界"国际会议举行闭幕式，由我主持。我的讲话内容如下：

尊敬的张德广理事长、亚库宁主席、卡布尔主席，尊敬的各位会议代表：

在来自 9 个国家的专家学者共同努力下，"文明对话与和谐世界"国际会议达到了预期目的，取得了圆满成功。与会代表通过开放自由的对话，加深了不同文明之间的相互理解，对当今重大国际政治、经济、文化的重大问题提出许多有价值的见解和建设性的建议。我想，这是本次会议对世界文明对话和和谐世界的建设做出的宝贵贡献。我们每一位代表都有充分理由认为，首次在北京举行的成功的独具特色的文明对话国际会议将载入世界文明对话的史册。

I believe you all will remember our successful and wonderful conference and will never forget it.

本次会议唯一的遗憾是由于时间短，使得一些与会代表没有充分时间表达、阐述自己的思想和彼此进行交流。特别是今天上午，由于亚库宁主席行程的变化，我们不得不临时调整会议日程，取消了原定的自由发言时间，使得准备发言的代表无法发言。这个遗憾应该在今后的会议中加以弥补，届时要请今天上午未能发言的学者首先发言。

最后，祝各位身体健康，平安幸福，万事如意！期待着将来我们再次在中国相聚！（俄语）

现在我宣布，"文明对话与和谐世界"国际会议闭幕！

……

三、媒体反应

国内主流媒体对"文明对话与和谐世界"国际会议高度关注，给予了积极报道。

"文明对话与和谐世界"国际会议 12 日在京召开

新华网 7 月 12 日北京讯　11 日下午，记者在中国国际问题研究基金会与"文明对话"世界公众论坛新闻发布会上获悉，双方将于 2010 年 7 月 12 日至 13 日在北京联合举办"文明对话与和谐世界"国际会议。

中国国际问题研究基金会成立于 1999 年，由 200 多名中国资深外交官和著名国际问题专家学者及企业家组成，是中国最有影响力的民间外交智库之一。基金会的宗旨是推动中国学术界对重大国际问题的战略性研究，促进国内外研究机构的学术交流与合作。

由俄罗斯、伊朗、印度、希腊、奥地利等国政治家和学者倡议的"文明对话"世界公众论坛成立于 2002 年，自 2003 年起每年在希腊罗得岛举办"文明对话"国际会议，是有国际影响的非官方对话机制。该论坛的宗旨在于联合世界各国非官方会议组织，共同保护人类精神和文化财富，为当代世界各种文明提供建设性对话的空间。

中国国际问题研究基金会张德广理事长和副理事长于振起大使应邀分别出席了 2008 年年会和 2009 年年会，并与"文明对话"世界公众论坛主席亚库宁先生达成双方开展合作的协议。今年双方首次在中国联合举办国际会议。

在北京举办的本次"文明对话与和谐世界"国际会议，旨在通过文明对话增进中俄两国和世界各国人民之间的相互了解，探讨当今世界政治、经济、文化领域重大课题，促进世界和平、和谐与发展。

中国国际问题研究基金会理事长张德广、"文明对话"世界公众论坛创始人和主席弗拉基米尔·亚库宁在开幕式上讲话。出席本次会议的有中国国际问题研究所、中国现代国际关系研究所、中国社会科学院、新华社世界问题研究中心、南开大学等中国著名研究机构和高等院校的 40 余位著名专家学者，还有来自俄罗斯、印度、奥地利、英国、意大利、法国、美国、加拿大等国的近 40 位著名专家学者。

本次会议的议题有：文明对话的世界意义、和谐世界理念的时代意义、后危机时代的国际格局和世界秩序、后危机时代世界经济发展趋势、国际金融危机的历史教训、多元文化和谐共处与世界和平和文化繁荣、中华文化与当代世界、斯拉夫文化与当代世界、开展文明对话促进中俄关系。

会议主办方希望本次国际会议将为各国人民之间展开文明对话，共建和谐世界做出自己的积极贡献。

（2010-07-12 来源：新华网）

近百名国际问题专家学者齐聚北京"文明对话与和谐世界"国际会议

人民网北京 7 月 13 日电（记者 刘慧） 文明对话是综合解决现代挑战与任务的重要方法之一。影响文化和文明对话的因素对于全世界人民来说都是一种共同的挑战，每一种文化都应该为全球挑战的解决做出自己的贡献。秉承这样的观点，来自俄罗斯、印度、奥地利、英国、意大利、法国、美国、加拿大等国的著名专家学者与来自中国国际问题研究所、中国现代国际关系研究院、中国社会科学院等中国著名研究机构的近百位中国著名专家学者出席了 7 月 11 日到 13 日在北京举行的"文明对话与和谐世界"国际会议。

此次对话由中国国际问题研究基金会与"文明对话"世界公众论坛联合举办，旨在通过文明对话增进中俄两国和世界各国人民之间的相互了解，探讨当今世界政治、经济、文化领域重大课题，促进世界和平、和谐与发展。与会中外学者就文明对话的世界意义、和谐世界理念的时代意义、后危机时代的国际格局和世界秩序、后危机时代世界经济发展趋势、国际金融危机的历史教训、多元文化和谐共处与世界和平和文化繁荣、中华文化与当代世界、斯拉夫文化与当代世界以及开展文明对话、促进中俄关系等议题进行了对话。

"一些尚未解决的国际问题是相互矛盾的经济、政治、民族和社会因素交织在一起的产物，这些尖锐的国际问题可以在一致性原则的基础上共同解决。"俄罗斯铁路集团公司的总裁、"文明对话"世界公众论坛创始人和主席弗拉基米尔·亚库宁在会议开幕式上做出这样的表述。

中国国际问题研究基金会理事长张德广表示，俄罗斯与中国在对待文化对话方面有许多共同点。他同时认为，两国在人文领域的交流仍然不够。他说："我们今天必须交流思想、理念与感情。交流不能仅限于政治层面。"

中国国际问题研究基金会成立于 1999 年，由 200 多名中国资深外交官和著名国际问题专家学者和企业家成立，是中国最有影响力的民间外交智库之一。由俄罗斯、伊朗、印度、希腊、奥地利等国政治家和学者倡议的"文明对话"世界公众论坛成立于 2002 年，自 2003 年起每年在希腊举办"文明对话"国际会议，是有国际影响的非官方对话机制。

（2010-07-13　来源：人民网）

《人民日报》、中国网等也对会议进行了报道。

此外，新华网还全文发表了我提交会议的书面发言：

文明多样性是和谐世界的重要基石

原题：文明多样性与和谐世界

一、文明多样性的客观必然性

文明的多样性自古以来就是人类社会的基本特征之一。生活在地球上不同地区的不同民族在各自历史发展过程中逐渐形成自己的语言、文化、宗教和意识形态，构成不同的社会文明。人类历史上曾经出现过各具特色的五大文明古国：古巴比伦、古埃及、古印度、古希腊和中国。现在，世界上共有 200 多个国家和地区，2000 多个民族，存在着多种多样的文明。无论过去和现在，每种文明的出现和存在都有其客观必然性，都有其产生和生长的特定土壤，都有其独特的历史轨迹，并在这个文明本身留下有别于其他文明的印记。总之，世界文明的多样性是不以人的意志为转移的客观存在，是人类历史发展的基本趋势和必然结果。另一方面，也正是由于存在着多种不同文明，才使得我们这个世界丰富多彩，充满活力。

二、建立单一文明世界的想法违背人类文明发展规律

著名德国古典哲学家黑格尔曾说过："凡是现实的都是合理的。"

世界上的各种文明没有高低贵贱之分，都应当受到尊重。我们必须承认和尊重人类文明的多样性，以包容的胸怀对待文明间的差异。然而，在人类历史上曾经多次出现过某些国家出于自身利益，通过非和平手段试图把自身文明强加给其他国家和民族的做法，但往往都归于失败，根本原因就在于这种做法违背了历史发展规律。暴力可以消灭人的肉体，却难以消灭一个民族的精神文明。中华民族虽历经磨难，至今仍然保持着五千年文明传统，就是这方面的一个突出例证。

当前，困扰全球的国际金融危机再一次表明，世界上没有万能的社会制度和发展模式，也不存在至高无上的单一文明。每个国家都有权根据本国国情选择适合自己的社会制度和发展模式，有权保护、发展适合自己的社会文明。无视文明多样性的客观现实，试图用单一的文明统一世界，同化世界，是违背世界文明发展规律的，也是根本行不通的。况且，把一种外来文明强加给一个国家或一个民族的行为，本身就是违背人权和民主原则的。这种强行"移植"的文明最终也会由于缺乏适宜的"土壤"而难以生存。

三、多元文明相互交流、和谐共处符合人类共同利益

不同文明之间由于存在差异，不能相互适应，有可能产生矛盾甚至摩擦。但是另一方面，不同文明之间也有同一性，例如，各种文明的深层结构中都包含着对人的热爱、关怀、宽容，以及对和平、美好生活的向往和追求。各种文明中的这些核心内容是彼此进行文明对话，互相理解，互相尊重，和谐共处，携手共进的客观基础。人们以什么样的态度对待客观存在的多元文明，如何处理不同文明之间的差异和矛盾，将决定世界的未来：是相互尊重，通过文明对话求得共同发展，还是坚持冷战思维，相互排斥，甚至兵戎相见？令人欣慰的

是，随着人类社会的进步，特别是进入 21 世纪以来经济全球化的发展，迅速拉近了世界各国和各种文明之间的距离，多元文明之间的接触和交往日益频繁，空前活跃。如今，开展文明对话，加深相互理解，相互学习借鉴，寻求和谐共处，谋求共同发展，已逐渐成为时代的潮流。

四、文明多样性是多极化的动力、和谐世界的基石

冷战结束后，两极体制不复存在，世界格局进入重组时期。什么样的新世界格局符合历史发展的要求，符合世界各国人民的根本利益？那就是体现国际关系民主化的多极格局以及与其相适应的和谐世界。如今，多极化趋势已经成为不可逆转的历史潮流，构建和谐世界的主张得到世界上越来越多人的认同。而多元文明之间的相互尊重、交流与沟通、友谊与合作正是推动多极化趋势发展的重要动力，也是奠定未来世界多极格局与和谐世界的重要基石。

今天的中国已经与世界紧密联结在一起。中华民族的复兴离不开世界的帮助；世界的和平、发展与繁荣也需要中国的参与。中国人民将本着平等开放的精神，与世界各国人民一道维护文明的多样性，促进国际关系的民主化，推动多极化趋势发展，为构建一个各种文明兼容并蓄、持久和平、共同繁荣的和谐世界而努力。首次在北京举行的"文明对话与和谐世界"国际会议从一个侧面体现了中国人民的这一愿望。这次国际会议为各国人民之间开展文明对话提供了一个新的平台，将会对加强世界不同文明之间的交流与沟通，促进和谐世界的建设发挥积极作用。**（中国国际问题研究基金会副理事长　于振起）**

（2010-07-14　来源：新华网）

四、出版《"文明对话与和谐世界"国际会议文集》

为进一步扩大会议影响，我们决定把"文明对话与和谐世界"国际会议的有关内容汇集成书。2010 年 11 月，《"文明对话与和谐世界"国际会议文集》在北京正式出版。文集收录了 7 月举行的"文明对话与和谐世界"国际会议上中外学者发表的近 40 篇学术报告和部分自由发言，以及部分媒体就本次会议刊发的评论文章。

11 月 17 日，基金会在北京举行了《"文明对话与和谐世界"国际会议文集》出版座谈会，邀请出席国际会议的中方学者和一些相关国家驻华使馆代表参加。作为座谈会主持人，我发表了如下致辞：

中国国际问题研究基金会丛书

"文明对话与和谐世界"
国际会议文集

主　编：张德广
副主编：于振起
执行副主编：程　敬

世界知识出版社

《"文明对话与和谐世界"国际会议文集》封面

尊敬的张德广理事长，尊敬的程国平部长助理，尊敬的各位来宾：

今天我们在这里聚集一堂，举行《"文明对话与和谐世界"国际会议文集》一书的出版座谈会。首先，我代表中国国际问题研究基金会对各位的光临表示衷心感谢！出席今天座谈会的有：外交部部长助理程国平同志，外交部欧亚司司长张汉晖同志，参加"文明对话与和谐世界"国际会议的中方在京代表，他们分别来自中国国际问题研究所、中国社会科学院、中国当代世界研究中心、中国现代国际关系研究院、国务院发展研究中心、新华社世界问题研究中心、北京外国语大学等中国著名国际问题研究机构和院校，还有此次国际会议的协办单位中俄友好、和平与发展委员会中方秘书处、中国对外友好联络会的代表，以及世界知识出版社的代表。此外，上海合作组织秘书处，有关国家的驻华使馆也派代表出席今天的座谈会，让我们对他们表示热烈欢迎！我还特别要对参加今天座谈会的各位媒体朋友表示感谢，感谢你们7月份对"文明对话与和谐世界"国际会议的关注和积极报道，希望你们对《文集》的出版和今天的座谈会继续给予热情宣传。

……

新华网、中新网等主流媒体对座谈会进行了报道：

《"文明对话与和谐世界"国际会议文集》出版座谈会在京举行

11 月 17 日《"文明对话与和谐世界"国际会议文集》出版座谈会在京举行

新华网北京 11 月 17 日电（记者　雷东瑞）《"文明对话与和谐世界"国际会议文集》出版座谈会今日在京举行。中国国际问题研究基金会理事长张德广，外交部欧亚司司长张汉晖，中国当代世界研究中心教授余邃等著名国际问题专家和文化学者，以及一些国家驻华使馆代表出席出版座谈会。

在出版座谈会上，中国国际问题研究基金会理事长张德广说，《"文明对话与和谐世界"国际会议文集》的出版有助于扩大读者深入了解此次具有开拓性意义的文明对话国际会议，丰富国际视野，对加强世界不同文明之间的交流与沟通，构建各种文明兼容并蓄、持久和平、共同繁荣的和谐世界具有积极意义。

《"文明对话与和谐世界"国际会议文集》由世界知识出版社出版，是中国国际问题研究基金会和"文明对话"世界公众论坛今年 7 月联合举办的"文明对话与和谐世界"国际会议成果的结晶。此次会议是首次在中国举办的以"文明对话与和谐世界"为主题的国际会议，旨在通过文明对话增进世界各国人民之间的相互了解，探讨当今世界政治、经济、文化领域重大课题，促进世界和平、和谐与发展。

中国国际问题研究基金会成立于 1999 年，由 200 多名中国资深外交官和著名国际问题专家学者及企业家组成，是中国最有影响力的民间外交智库之一。

基金会的宗旨是推动中国学术界对重大国际问题的战略性研究，促进国内外研究机构的学术交流与合作。

（2010-11-17 来源：新华网）

《"文明对话与和谐世界"国际会议文集》座谈会举行

中新网北京 11 月 17 日电 中国国际问题研究基金会主办的《"文明对话与和谐世界"国际会议文集》出版座谈会 17 日在北京举行。

该文集由世界知识出版社出版，收录了在今年 7 月举行的"文明对话与和谐世界"国际会议上发表的近 40 篇中、英、俄文发言，集中探讨了文明对话的世界意义、和谐世界理念的时代意义、后危机时代的国际格局和世界秩序、后危机时代世界经济发展趋势、国际金融危机的历史教训、中华文化与当代世界等议题。

出席座谈会的外交部有关领导、中国国际问题专家和文化学者以及部分国家驻华使馆代表一致认为，文集的出版有助于广大读者深入了解此次具有开拓性意义的文明对话国际会议，丰富自己的国际视野，对加强世界不同文明之间的交流与沟通，构建各种文明兼容并蓄、持久和平、共同繁荣的和谐社会具有积极意义。

据悉，"文明对话与和谐世界"国际会议由中国国际问题研究基金会和"文明对话"世界公众论坛联合主办，旨在通过文明对话增进世界各国人民之间的相互了解，探讨当今世界政治、经济、文化领域重大课题，促进世界的和平、和谐与发展。中、俄、印、奥、英、意、法、美、加等国近百位著名专家学者出席了此次为期三天的会议。

中国国际问题研究基金会成立于 1999 年，由 200 多名中国资深外交官和著名国际问题专家学者、企业家组成，是中国最有影响力的民间外交智库之一。基金会的宗旨是推动中国学术界对重大国际问题的战略性研究，促进国内外研究机构的学术交流与合作。

（2010-11-17 来源：中国新闻网）

实践表明，基金会欧亚研究中心承办的"文明对话与和谐世界"国际会议，以及编辑出版汇集各国与会代表的发言和媒体有关报道评论的《文明对话与和谐世界国际会议文集》，对宣传我国推进世界各国文明对话的方针和构建"和谐世界"的理念，加强世界不同文明之间的交流与沟通，促进各种文明兼容并蓄，构建持久和平、共同繁荣的和谐世界具有积极意义。

第三节　举办"丝绸之路经济带建设与连云港的独特地位" 高端学术研讨会

2013 年 9 月 7 日，习近平主席在哈萨克斯坦纳扎尔巴耶夫大学演讲中首次向欧亚地区各国提出共同建设丝绸之路经济带的倡议。

为加强关于丝绸之路经济带建设的战略研究、深入挖掘丝绸之路经济带东方起点城市连云港在丝绸之路经济带建设中的独特地位，2014 年 2 月 27 日基金会欧亚研究中心执行主任会议决定，2014 年 6 月在连云港市举办关于丝绸之路经济带建设的高端学术研讨会，为丝绸之路经济带建设建言献策。会议由中国国际问题研究基金会、中国社会科学院俄罗斯东欧与中亚研究所、连云港市委市政府联合主办，连云港市承办。

6 月 20 日，"丝绸之路经济带建设与连云港的独特地位"高端学术研讨会在连云港举行。20 余位前驻欧亚地区资深大使和来自中国国际问题研究基金会、中国社会科学院、中国现代国际关系研究院、国务院发展研究中心、新华社世界问题研究中心的国内著名学者与会，由基金会刘古昌理事长带队。

与会学者就丝绸之路经济带的机遇与挑战、丝绸之路经济带—欧亚区域经济合作的新契机、连云港市参与丝绸之路经济带建设的优势和契机等议题发表学术见解，进行深入交流。

我向会议提交了一份书面发言，内容如下：

关于建设新丝绸之路的一些看法

近年来，本人曾经在一系列公开场合多次讲过关于建设新丝绸之路的个人看法，今天借此机会把一些主要内容介绍给大家，与各位交流。

一、2009 年 4 月在天津举行的第八届中国—欧盟论坛上，我在发言中提出中国与欧盟可就建设新丝绸之路在中亚地区开展合作的建议。我指出，始于公元前 2 世纪的丝绸之路开辟了中国与欧洲之间最早的大陆桥，当时这条古丝绸之路就是经过中亚地区通往欧洲的。如今，欧盟已成为中国第一大贸易伙伴，中国则是欧盟第二大贸易伙伴。中欧之间的贸易通道主要有两条：一条是海运，另一条是陆运。目前中欧之间的贸易绝大部分是经过海运实现的，陆运只有很少一部分。海运单程需要大约 30 天。据中国专家测算，从理论上讲，正常情况下，如果采用快速货运列车，由中国新疆抵达阿姆斯特丹港只需 30 多个小时。现在的问题是，由于现有欧亚大陆桥效率太低，加之其他各种人为因素，使得中欧客商宁可舍近求远。现在，中国与中亚各国正在积极探讨开辟新丝绸之路，以使中亚成为真正的欧亚大陆交通枢纽。在这方面，中欧双方有着广阔的合作前景。

二、2013 年 5 月在北京举行的中国与乌兹别克斯坦关系研讨会上，我谈到，自两千多年前西汉张骞出使西域，开通丝绸之路以来，中国的许多古籍（《魏书》《隋书》《新唐书》《元史》《明史》等）都有关于位于古丝绸之路上的历史名城——撒马尔罕的记载。2008 年 11 月 29 日，我有幸目睹这座名城。当我置身于撒马尔罕老城区一座座气势恢宏的古建筑之中时，脑海里仿佛浮现出当年这座连接中国、印度、波斯三大帝国的丝绸之路枢纽城市商贾云集、文化繁荣的景象。我的心灵被震撼了，感觉中国与乌兹别克斯坦的距离一下子被拉近了。在位于撒马尔罕市中心的列吉斯坦广场古建筑群一个旅游商品部里，我看到一个绣有丝绸之路图案的书包——上面用英文写着 The Great Silk Road——倍感亲切。这个书包成为我此行的珍贵纪念。每当看到这个书包，就好像又回到了撒马尔罕。

中国有句古话："温故而知新。"意思是说重温历史可以知晓现在、预测未来。撒马尔罕就是中乌两国人民 2000 多年友好往来的历史见证，体现出今天中乌友好关系的历史必然性，同时也预示着我们两国友好关系更加美好的未来。

我还提到，我在 2009 年 4 月第八届中国—欧盟论坛上曾经提出关于中国与欧盟在中亚地区就建设新丝绸之路开展合作的建议。现在，中国与中亚各国正在积极探讨开辟新丝绸之路，以使中亚成为真正的欧亚大陆交通枢纽。在这方面，中国与欧盟有广阔的合作前景。我的这个建议当时得到与会者积极响应。我希望早日看到撒马尔罕能够重现昔日辉煌，成为新丝绸之路上一颗耀眼的明珠。

三、2013 年 12 月 16 日在北京举行的"2013：中国与世界"研讨会上，我发言谈道：今年 9 月 7 日，习近平主席在哈萨克斯坦纳扎尔巴耶夫大学演讲中首次向欧亚地区各国提出共同建设丝绸之路经济带的创新合作模式，这一开创性构想既蕴涵着深厚的战略考量，也体现了中国作为一个负责任的新兴大国引领地区各国共同发展、实现共同繁荣的风范。其至少有以下意义：

1. 是贯彻中共中央扩大西部地区对外开放、以开放促改革方针的重要举措，将为西部大开发注入新动力。中共十八届三中全会通过的《中共中央关于全面深化改革若干重大问题的决定》明确指出：要"推进丝绸之路经济带、海上丝绸之路建设，形成全方位开放新格局"。刚结束的中央经济工作会议也把"推进丝绸之路经济带建设，建设 21 世纪海上丝绸之路"列为明年经济工作六大任务第六项"不断提高对外开放水平"的重要内容。

2. 为上海合作组织的发展注入新活力。两者未来的发展并行不悖、相得益彰。

3. 为中国的欧亚地区外交开创新局面。

4. 为中国与欧盟的合作开拓新领域。

总之，中国倡导建设的丝绸之路经济带将是一条和平、友谊、合作、发展的纽带。

欧亚地区各国对建设丝绸之路经济带倡议反响积极。在 12 月 11 日"丝绸之路经济带建设"北京国际研讨会上，与会的中亚各国和俄罗斯、乌克兰、白俄罗斯代表均表示支持此倡议。塔吉克斯坦驻华大使阿里莫夫表示："习近平主席关于建设丝绸之路经济带的倡议为中亚各国打开了发展之路和中亚国家与中国、欧洲的联系与合作之路。塔吉克准备参与、促进倡议的实施。"

四、2013 年 12 月 19 日我参加了在北京举行的中国—中东欧国家高级别智库研讨会。我在发言时谈道：

当前，中国与中东欧国家关系面临着一个新的重大发展机遇，就是中方提出的建设丝绸之路经济带这一开创性战略构想，它体现了共同发展、共同繁荣的理念，将为中国与中东欧国家的合作开辟新领域。

中共十八届三中全会通过的《中共中央关于全面深化改革若干重大问题的决定》明确指出：要"推进丝绸之路经济带、海上丝绸之路建设，形成全方位开放新格局"。这表明丝绸之路经济带建设已经提上中国政府实施的对外战略日程。它的东端连着中国和东北亚，西端连着欧洲。这是一项造福沿途 30 多国家、30 亿人民的大事业，是一条体现古丝绸之路精神的和平、友谊、合作、发展的纽带。可以以点带面，从线到片，逐步形成区域大合作，最终将形成包括欧亚地区、欧洲地区、南亚地区在内的新型跨区域一体化。

中方的这一构想已经得到欧亚地区各国的积极响应。上周我参加了一个在北京举行的"丝绸之路经济带建设"国际研讨会，与会的有欧亚地区各国专家代表和驻华使节，他们都对建设丝绸之路经济带的倡议表示积极支持。我真诚地希望，在不远的将来，当丝绸之路经济带建设即将抵达中东欧地区时，欧亚地区沿线国家问中东欧国家："Are you ready?"中东欧国家能够回答："Yes, We are ready."

去年 9 月以来，中央不断加大推动丝绸之路经济带建设的力度，习近平主席更是身体力行，亲自推动丝绸之路经济带建设。例如：

1. 去年 9 月 7 日，习近平主席在哈萨克斯坦正式提出建设丝绸之路经济带战略构想之后三天，便在乌兹别克斯坦总统卡里莫夫陪同下，来到古丝绸之路名城撒马尔罕，并参观了兀鲁伯古天文台和列吉斯坦广场古建筑群。在列吉斯坦广场，卡里莫夫向习近平介绍，这里曾经是古丝绸之路上的著名集市，是中国、中亚、西亚各国人民往来的一个生动缩影。习近平主席说，我们穿越了时空，仿佛行进在古丝绸之路上。让我们一起努力，共同谱写丝绸之路各种文明和谐发展新篇章。

2. 今年 3 月 29 日，习近平主席在访问德国期间，为推动丝绸之路经济带建设，专门来到位于德国西部北威州的杜伊斯堡港。该市是由重庆经新疆跨欧亚直至欧洲的渝新欧国际铁路联运大通道的终点（注：具体路线是新疆—哈萨克斯坦—俄罗斯—白俄罗斯—波兰—德国）。习近平主席在北威州克拉夫特州长、杜伊斯堡市林克市长陪同下来到火车站台，迎接一列从重庆始发的满载货物列车的到达。

习近平主席在仪式上表示，中方提出建设丝绸之路经济带倡议，秉承共同发展、共同繁荣的理念，联动亚欧两大市场，赋予古丝绸之路新的时代内涵，造福沿途各国人民。中德位于丝绸之路经济带两端，是亚欧两大经济体和增长极，也是渝新欧铁路的起点和终点。两国应该加强合作，推进丝绸之路经济带建设。杜伊斯堡港是世界最大内河港和欧洲重要交通物流枢纽，希望它能为促进中德、中欧合作发展发挥更大作用。

克拉夫特州长、林克市长等分别致辞，表示将抓住丝绸之路经济带倡议为北威州和杜伊斯堡港带来的新机遇，加强同中国的合作。

3. 今年 5 月 19 日，哈萨克斯坦总统纳扎尔巴耶夫在上海与习近平主席会谈时表示，哈方将积极支持和参与丝绸之路经济带建设，拉动经贸、交通和边境口岸基础设施建设、金融等领域合作。两国元首还共同出席了中哈连云港物流场站项目远程投产仪式。在听取项目双方负责人通过视频连线汇报后，习近平和纳扎尔巴耶夫共同启动控制系统，项目正式投产运营。

4. 今年 5 月 20 日，习近平主席在上海与乌兹别克斯坦总统卡里莫夫会谈时指出，乌兹别克斯坦是中亚重要国家，也是丝绸之路沿线重要国家。中乌发展战略互补性和契合点很多，双方要开拓思路，加快制订两国关系未来 5 年发展规划，抓住共建丝绸之路经济带机遇，扩大经贸、能源、基础设施建设等领域合作，按期推进中国—中亚天然气管道建设。两国有关部门要落实好撒马尔罕古城修复和兀鲁伯天文台合作项目。

最后，谈一点关于连云港在丝绸之路经济带建设中独特地位的个人看法。今年 5 月 19 日，习近平主席与哈萨克斯坦总统纳扎尔巴耶夫在上海共同出席连云港中哈国际物流基地项目远程投产仪式，并亲自共同启动项目正式投产运营的控制系统，这既标志着中哈两国依托新欧亚大陆桥，共建丝绸之路经济带的战略构想进入实质性实施阶段，同时也标志着连云港作为丝绸之路经济带东方起点的独特地位已经正式确立。连云港凭借自身得天独厚的地缘优势和特殊的历史积淀，完全有条件、有能力承担这样的责任。希望本次研讨会能够为连云港今后发挥丝绸之路经济带东方起点的独特作用提供助力。

……

此外，我又就连云港在丝绸之路经济带建设中的独特地位补充讲了几句："我想借用俄罗斯早期马克思主义者普列汉诺夫在其著名的《个人在历史上的作用问题》一文中讲过的一句名言："凡是有便于杰出人物发挥其才能的社会条件的时候和地方，就会有杰出人物出现。"这也就是我们常说的时势造英雄。今天，在丝绸之路经济带建设的战略宏图中，历史选择了连云港，选择它作为丝绸之路经济带的东方起点。从这个意义上说，今天的连云港是幸运的，因为它赶上了中华民族伟大复兴的好时代。同时它也是当之无愧的，因为它的确是杰出的和与众不同的。相信连云港人民能够抓住机遇，发挥连云港海陆联动和东西双向开放的独特优势，把连云港建设成位于丝绸之路经济带东方起点的一颗璀璨明珠，为实现中央建设丝绸之路经济带的伟大战略构想做出自己的特殊贡献。"

"丝绸之路经济带建设与连云港的独特地位"研讨会部分与会者合影

"丝绸之路经济带建设与连云港的独特地位"高端学术研讨会引起广泛关注。新华网、人民网、中国网等主流媒体派记者对会议进行跟踪报道，连云港当地媒体也进行了集中宣传报道。如中国网的报道主要内容如下：

连云港从四方面加快"一带一路"海陆交汇枢纽建设

中国网 6 月 21 日讯（记者 李滔） 6 月 20 日，由中国国际问题研究基金会、中国社会科学院俄罗斯东欧与中亚研究所、中共连云港市委、连云港市人民政府联合主办，中共连云港市委宣传部、连云港市哲学社会科学联合会、连云港市社会科学院共同承办的"丝绸之路经济带建设与连云港的独特地位"学术研讨会在连云港市举行。本次研讨会旨在深入挖掘连云港在"一带一路"建设中的独特地位，全面探讨连云港加快"一带一路"交汇枢纽建设的科学路径，进一步发挥连云港在"一带一路"建设中的双向开放窗口和海陆枢纽作用，提升连云港为上合组织成员国提供物流、仓储服务的能力，推动"丝绸之路经济带"东方桥头堡建设。

6月20日，"丝绸之路经济带建设与连云港的独特地位"研讨会在连云港举行

2013年9月7日，习近平总书记在哈萨克斯坦访问期间提出共建"丝绸之路经济带"的战略构想，要求"打通从西太平洋到波罗的海的运输大通道"，并与哈国总统共同见证了连云港市与哈国铁签订共建连云港物流中转基地项目合作协议；同年11月29日，李克强总理在出席上合组织成员国总理第十二次会议时强调指出："创造条件实现上海合作组织框架内的自由贸易"，"中国愿在新亚欧大陆桥东端的连云港，为成员国提供物流、仓储服务"。党中央、国务院的重大决策和倡议要求进一步确立了连云港在建设"丝绸之路经济带"中的重要战略地位。

作为"丝绸之路经济带"与"21世纪海上丝绸之路"独特战略的交汇枢纽，连云港承担着双向开放窗口和海陆转换枢纽作用。近年来，连云港立足自身战略地位和特色，积极抢抓"一带一路"重大机遇，在东西双向开放、国际大通道建设、推动贸易便利化、完善城市承载功能、体制机制创新等方面取得了一定突破，致力于打造依托大陆桥、服务中西部、面向东北亚、辐射亚欧大陆的"丝绸之路经济带"东向桥头堡，建设丝绸之路经济带与21世纪海上丝绸之路的海陆交汇枢纽。为了认真贯彻落实国家和省里的重大决策部署，连云港市委、市政府将2014年确定为"丝绸之路经济带建设年"，今年又恰逢连云港对外开放三十周年，连云港主动抓机遇、抢先机，更好地发挥江苏沿海开发龙头作用，深化国家东中西区域合作和国际经贸交流。今年5月19日，随着习近平总书记和哈萨克斯坦总统纳扎尔巴耶夫在上海共同启动装置，由连云港港口集团和哈国铁联手打造的中哈（连云港）物流合作基地项目正式启用。作为"丝绸之路经济带"战略提出后首个中外合作的实体型项目，它的启用也标志着"一带一路"建设揭开了新的篇章。

据连云港有关方面介绍，该市正在从四个方面加快"一带一路"海陆交汇枢纽的建设：一是打造"一带一路"东西双向开放门户。充分利用"丝绸之路经济带"东西双向开放窗口的有利地位，进一步强化与中西亚、东亚以及陆桥沿线地区的合作交流，不断提升向西向东开放的层次和水平。二是打造"一带一路"国际战略通道支点。作为国际国内海陆物流转换的重要节点，加快推进中哈连云港物流基地建设，拓展与中亚国家在铁路运输、物流仓储等方面的合作交流，不断提升集疏运基础条件和综合物流服务水平。三是打造"一带一路"区域开放合作示范区，大力发展与丝绸之路经济关联密切的石化、能源、节能环保、装备制造等重点产业，加快推进码头共建和内陆物流场站建设，同时积极申建综合保税区和自由贸易港区，不断深化与"一带一路"沿线国家和地区的产业、物流、商贸合作。四是打造"一带一路"体制机制创新高地。在港口服务与物流合作、工商管理、金融财税政策等方面创新，努力为"一带一路"建设探索路径、积累经验。

研讨会上，来自中国国际问题研究基金会、国务院发展研究中心欧亚所、中国社科院欧亚所、中国现代国际关系研究院、中国国际问题研究所、新华社世界问题研究中心、江苏省社科联及相关研究机构的专家和嘉宾分别从建设新丝绸之路、丝绸之路经济带与欧亚大陆地缘格局、丝绸之路经济带建设及连云港的独特作用、进一步加强连云港与中亚共建合作、连云港如何抢抓丝绸之路发展机遇等角度进行了专业系统的阐述，为连云港加快"一带一路"交汇枢纽建设提供了智力支持和决策参考。

专家们认为连云港在丝绸之路经济带建设中具有独特的地位：一是连云港

具有独特的地缘优势，有望将连云港建设成为"一带一路"的枢纽城市；二是连云港具有独特的先行优势，这种优势有望使连云港在"一带一路"建设中发挥排头兵的引领作用；三是连云港人具有独特的理念优势，在多年对外开放的陆桥经济建设中，连云港人积累了比较丰实的国际合作经验和比较广泛的国际联系。这种理念优势可使连云港充分利用"一带一路"机遇奠定必要的软实力基础。四是连云港要立足"一带一路"交汇枢纽的定位，努力打造丝绸之路经济带的东方桥头堡，包括将连云港打造成中亚国家货物进出口的主要依托，把连云港建设成为联动俄罗斯、中亚与西亚地区经贸交往的重要枢纽，选择重点国家进行突破，与中亚国家共同推进丝绸之路经济带建设，以经贸为基础，兼顾人文，与中亚国家开展全方位合作。

专家们也提出一些建设性意见，一是连云港要努力争取举办国际性丝绸之路经济带论坛或年会，为连云港与欧亚地区合作造势和争取更多的关注和支持。二是加强与欧亚地区人文、文化交流与合作，尤其是人才培训、交流与合作。三是连云港要做好从贸易合作到产业合作的转变，开展与欧亚地区的深层次经济合作。同时在发展过程中，要避免盲目跟风发展和同质不良竞争，要着力形成连云港独特的发展特色和发展路径。

专家们认为，习近平主席和哈国总统共同启动了中哈连云港物流设施投产仪式，标志着共建丝绸之路经济带的战略构想进入实质性阶段，同时也标志着连云港作为丝绸之路经济带东方起点的独特地位已经正式确立。连云港凭借自身得天独厚的地缘优势和特殊的历史积淀，完全有条件、有能力参与"丝绸之路经济带"政策设计，深化与沿线国家与地区多领域的务实合作，积极在友好城市建设、商务文化交流、旅游产业发展等方面谋篇布局、做好文章。

（2014-06-21 来源：中国网）

由中国国际问题研究基金会与地方政府联手，在地方举办的关于丝绸之路经济带建设的高端学术研讨会模式此前国内尚无先例，是一项公共外交的创新举措。

2014 年 12 月国家出台的有关"一带一路"建设战略规划，把连云港确定为"新亚欧大陆桥经济走廊"我国主要节点城市之一，同时也是"一带一路"建设工作重点之一——中哈物流中转基地。可以说，我们在连云港举行的"丝绸之路经济带建设与连云港的独特地位"高端学术研讨会发挥了为"一带一路"战略构想服务的作用。

2017 年 6 月 8 日，在哈萨克斯坦首都阿斯塔纳世博会中国馆内，习近平主席和纳扎尔巴耶夫总统共同出席中哈亚欧跨境运输视频连线仪式。在连云港分会场，中哈国际物流基地场站内的集装箱国际班列鸣笛开出。这标志着以连云港和"霍尔果斯—东门"经济特区无水港为重要枢纽节点的中哈亚欧跨境运输正式启动。习近平在致辞中指出，哈萨克斯坦已经从传统内陆国转型为亚欧大陆关键运输枢纽，在东西方贸易链中发挥日益重要的作用。中哈跨境运输合作的不断深化，将为地区发展繁荣贡献更大力量。希望双方继续通力协作，将连云港—霍尔果斯串联起的新亚欧陆海联运通道打造为"一带一路"合作倡议的标杆和示范项目，共同建设和平之路、繁荣之路、开放之路、创新之路、文明之路。

第四章 一项民间公共外交的创举
——《外国友人看中国》文集项目

第一节 中央领导对《外国友人看中国》文集项目的评价

为加深欧亚地区各国人民对中国的了解和友谊，积极引导各国对华政策取向和涉华舆论，我从 2011 年初开始策划一项民间公共外交项目——出版《外国友人看中国》系列文集，即由中方资助该地区各国对华友好人士在当地自主编写、出版《外国友人看中国》文集。文集项目经费由基金会赞助。2011 年 10 月，我以中国国际问题研究基金会名义、依托基金会欧亚研究中心平台，开始组织实施《外国友人看中国》系列文集项目。这是一项纯民间性质的区域性公共外交实践，在中国是首创，在世界上也无先例。

文集项目分三个阶段进行。第一阶段为俄罗斯、白俄罗斯、乌克兰、哈萨克斯坦四国。第二阶段为中亚有关国家，第三阶段为外高加索地区三国。至 2013 年 7 月初，三个阶段工作先后按计划完成，取得圆满成功。在俄罗斯、白俄罗斯、哈萨克、吉尔吉斯、阿塞拜疆、亚美尼亚、格鲁吉亚 7 个国家分别出版了 7 本文集，即：《俄罗斯友人看中国》《白俄罗斯人看中国》《哈萨克斯坦人看中国》《吉尔吉斯斯坦人看中国》《阿塞拜疆人看中国》《亚美尼亚人看中国》《格鲁吉亚人眼中的中国》。

2012 年 7 月文集项目第一阶段任务完成后，基金会向中央有关领导报告了文集项目立项的目的、第一阶段执行情况，俄罗斯、白俄罗斯、哈萨克斯坦朝野各界对文集的热烈反响，以及基金会执行这一民间公共外交项目的一些体会。中央有关领导看了基金会的报告之后，对《外国友人看中国》文集项目给予了充分肯定，认为该项目表明"民间公共外交活动空间大，各种资源丰富，可进一步挖掘潜力、开发利用。发挥其服务国家总体外交的积极作用"；指出"这是一项具有开创性的外交、外宣实践，可推而广之扩大到更多的国家和地区"。

第二节　《外国友人看中国》文集项目创意产生的背景

策划《外国友人看中国》系列文集丛书的创意源于我驻外期间的相关外交实践。我在任驻白俄罗斯大使和驻保加利亚大使期间，曾以中国大使馆名义资助两国友好人士编写、出版了一系列介绍中国的书籍，受到当地朝野各界的广泛好评，收到良好的宣传效果。我在《驻外札记——一个知青大使的外交生活片断》一书中曾对这些公共外交活动做过以下介绍：

（一）白俄罗斯

除了利用白方媒体宣传中国，我还采取资助白方友好人士出书的独特做法开展宣传工作。在国内有关部门支持下，我在任期间资助白方出版多本宣传中国和中白友好关系的书籍，收到良好宣传效果。

2002年12月，资助出版《共和国报》国际部主任舍曼斯基个人专著《开放的中国》。作者在书中介绍了他两次访华的所见所闻，并以职业记者的敏锐眼光做出了自己的分析和判断。作者在序言中写道："中国取得的巨大成就令世界瞩目。这些成就是由勤劳智慧的中国人民取得的，也是中华人民共和国领导人执行明智政策的结果。坦率地讲，中国对我个人有一种神奇的难以抗拒的吸引力。中国和中国人民以其悠久的文化传统丰富了全人类。因此，我是怀着一种激动的心情和对中国及中国人民充满热爱和尊重的感情写这本书的。我殷切地希望，本书的读者在自己的心中也能够产生类似的感情。"

2003年1月27日，我们在白俄罗斯对外友协为该书举行首发式。总统助理、新闻部副部长、文化部副部长及新闻出版界文化界友好人士100多人出席。据白方朋友告诉我们，官方如此高规格出席一本书的首发式没有先例。这也从一个侧面反映了白俄罗斯官方对中白关系的重视。总统助理科连多在发言中对该书给予高度评价，认为该书"缩短了明斯克与北京之间的距离，帮助白俄罗斯人民更多地了解遥远的伟大中国和伟大的中国人民"。白新闻部副部长指出："新闻记者真诚的话语对加强白中两国人民之间的相互了解和友谊具有特殊意义。"该书出版后，在白俄罗斯引起热烈反响，并获得白俄罗斯最高文化奖项——2002年度总统文化奖。

2003年7月，资助出版《白俄罗斯记者看中国》一书。该书收集了2002

年访华的白俄罗斯记者代表团成员写的访华观感。7月24日，在白国家新闻中心举行了该书的首发式，气氛热烈，盛况空前。出席首发式的有白总统助理、新闻部长和副部长、第一副外长、文化部副部长、总统管理学院院长等高官，规格比《开放的中国》首发式还要高。

2004年，我们又资助出版了白俄罗斯学者马苏里的专著《中白友好关系概览》，同时还资助出版白俄罗斯汉学中心汉学家集体编纂的《中国概览》一书。

此外，从2002年起连续三年资助白俄罗斯《世界文学》杂志出版3期介绍新中国优秀文学作品的专刊。

我们每出版一本书或杂志都举行首发式，邀请官方和友好人士出席，请媒体进行报道，并通过白俄罗斯友协的组织系统向全国散发，从而实现了宣传效果的最大化。

由于这些书是白俄罗斯人写的，白俄罗斯读者更喜欢读，更容易接受，比我们自己编写的外宣材料收到的效果更好。这种请外国人宣传中国的方式被中国国务院新闻办公室称为对外宣传工作的创新，曾就此专门致电我馆予以肯定。①

（二）保加利亚

为了加大宣传中国和中保友好关系的力度，我决定参考在白俄罗斯的成功做法，资助保加利亚友好人士撰写、出版这方面的保加利亚文书籍。这一想法再次得到国务院新闻办的大力支持。2006年9月，两本保文书籍顺利出版。一本是由20多位友好人士写的访华观感集，名为《保加利亚友人看中国》；另一本是由保加利亚8位汉学家集体编写的《中国纵览》。

我为两本书亲自写了序言。《保加利亚友人看中国》的序言是："中国有句古语：'相知无远近，万里尚为邻。'中国与保加利亚虽然相距遥远，但两国人民之间却有着深厚的传统友谊。中国人民不会忘记，中华人民共和国成立后，保加利亚是世界上第二个承认中华人民共和国的国家。建交57年来，我们两国的友好关系经受住了时间的考验。近年来，双方高层互访不断，政治互信日益加强，各领域友好合作不断发展，富有成果。令人高兴的是，两国的民间交往明显增强，从而大大增进了两国人民之间的相互了解和友谊。一些访问过中国的保加利亚朋友回国后发表了自己的访华观感。为了使更多的保加利亚朋友对

---

① 于振起：《驻外札记——一个知青大使的外交生活片断》，南开大学出版社2008年12月版，第175—176页。

中国有更形象更生动的了解，中国驻保加利亚大使馆在征得保加利亚朋友同意后，决定把他们的访华观感汇集成这本《保加利亚友人看中国》。为了同样的目的，也把我对《标准报》记者的一篇采访谈话收录其中。

希望这本凝聚着保加利亚人民对中国人民友好感情的书将会受到保加利亚社会各界的欢迎。相信中保两国人民的友谊将会不断巩固和加强。

谨以此书纪念中保建交57周年！"

《中国纵览》的序言是："中国是有着五千年文明史的文明古国，同时又是一个充满活力的发展中大国。改革开放近30年来，中国的政治、经济、社会等各领域发生了巨大变化，中国与世界各国的联系日益密切。包括保加利亚人民在内的世界各国人民对中国的兴趣在不断增强。为了满足保加利亚人民了解中国的愿望，由保加利亚著名汉学家博拉·贝利万诺娃教授任主编、8位保加利亚汉学家集体编写了这本《中国纵览》。该书全面系统介绍了中国各方面的基本情况，可以说是一本关于中国基本国情的小百科全书。我相信，该书将有助于保加利亚各界朋友加深对中国的认识，促进中保两国人民的相互了解和友谊。

在此，我谨代表中华人民共和国驻保加利亚共和国大使馆向博拉·贝利万诺娃教授以及该书的全体作者表示诚挚的谢意，并对《中国纵览》的问世表示热烈祝贺！"

两书的准备和出版得到保中友联的大力协助。2006年9月19日，使馆与友联在保加利亚文化宫为两本书的出版联合举行隆重的首发式。波波夫在发言中表示，虽然保中两国相距遥远，但两国人民有着深厚的传统友谊。保加利亚人民熟知中国改革开放以来所取得的伟大成就。今天正式发行的两本介绍中国的书籍《保加利亚友人看中国》和《中国纵览》将有助于保加利亚人民更全面、更真实地了解中国，也是献给保中建交57周年的好礼物。两本书的出版还有一个特殊意义，它们不仅是由保加利亚人编写，而且是用保加利亚文出版的，这在保中关系的历史上是第一次。为此，我要对于振起大使表示衷心的感谢！

两书出版后，受到朝野各界热烈欢迎。保加利亚副总统马林在收到我赠送给他的这两本书后，写信向我表示诚挚谢意，称"这是两本非常有益的好书"，是送给他的"不同寻常的礼物"。西美昂二世在看了我赠送给的这两本书后，也给我写了感谢信。他在信中说："阁下，感谢您送给我两本好书。我仔细阅读了两本书，从中了解到许多关于中国过去和现在的信息，里面的一些照片也很好。通过我国公民亲眼所见向保加利亚公众介绍中华文明，您的这一想法很有创意。

我相信，这两本书将会在保加利亚获得巨大成功。读者将从中更多地了解中国人民的历史、文化以及中国的发展。再次向您致谢，祝您万事如意！"

我们通过保中友联的组织系统，把两本书送往保加利亚全国各地。后来由于供不应求，我们又再版一次。①

以上这些对外宣传活动由于有中国大使馆资助的官方背景，所以还不完全是民间公共外交性质。中国国际问题研究基金会是民间性质的智库，如果以基金会的名义策划、通过民间渠道筹资，资助《外国友人看中国》系列文集，则将是百分之百的民间公共外交活动，其影响也将会更深刻。由于有了国外类似工作的经历，我决心以基金会的名义，以基金会欧亚研究中心为依托，在欧亚地区实施这项民间公共外交项目。开始实施的时机选在 2011 年，以便配合 2011年纪念《中俄睦邻友好合作条约》签署 10 周年和 2012 年纪念我国与欧亚地区国家建交 20 周年的相关外交活动。

第三节　《外国友人看中国》文集项目策划过程

2011 年 2 月，我起草了关于民间公共外交项目《外国友人看中国》系列文集的初步设想：

根据中央关于加大公共外交投入，多渠道开展公共外交和对外宣传，努力引导国际涉华舆论的精神，拟在欧亚地区国家（包括俄罗斯、乌克兰、白俄罗斯、摩尔多瓦、哈萨克斯坦、乌兹别克斯坦、吉尔吉斯斯坦、塔吉克斯坦、土库曼斯坦、格鲁吉亚、亚美尼亚、阿塞拜疆）组织出版《外国友人看中国》系列文集项目。

我任驻白俄罗斯和驻保加利亚大使期间，在国务院新闻办公室的大力支持下，曾先后于 2003 年和 2006 年在上述两国策划、资助、组织出版了《白俄罗斯记者看中国》《开放的中国》和《保加利亚友人看中国》《中国纵览》等宣传中国的书籍。这些书籍是由驻在国访问过中国的友好人士撰稿，讲述他们在中国的所见所闻和内心感受，用当地文字出版。这种由外国人宣传中国的方式在当地引起热烈反响，收到很好的社会效果。白俄罗斯总统助理等政要在首发式

---

① 于振起：《驻外札记——一个知青大使的外交生活片断》，南开大学出版社 2008 年 12 月版，第246—248 页。

讲话时称：这些书籍"缩短了明斯克与北京之间的距离，帮助白俄罗斯人民更多地了解遥远的伟大中国和伟大的中国人民"。"对加强白中两国人民之间的相互了解和友谊具有特殊意义"。《开放的中国》一书还获得了白俄罗斯最高文化奖项——总统文化奖。保加利亚副总统等领导人在阅书后给我写信表示："这是两本非常有益的好书"，是"不同寻常的礼物"。"阁下，感谢您送给我这两本好书。……通过我国公民亲眼所见向保加利亚公众介绍中华文明，您的这一想法很有创意。我相信，这两本书将会在保加利亚获得巨大成功。"书籍出版后，我们通过当地民间友好组织向全国发行。由于供不应求，还曾再版。当时国务院新闻办公室曾对上述做法专门致电使馆予以肯定，称之为对外宣传工作的创新。

据了解，迄今为止，除白俄罗斯外，我国在欧亚地区其他国家尚无类似外宣实践。包括俄罗斯和中亚国家在内的欧亚地区是我重要战略周边，是我在国际和地区舞台上的重要战略合作伙伴。加强在这一地区的公共外交和对外宣传，对于巩固和深化我与这一地区国家的友好关系具有重要意义。2011年是《中俄睦邻友好合作条约》签署10周年、上海合作组织成立10周年，2012年上半年是我与欧亚地区各国建交20周年。抓住这个有利时机，在欧亚地区各国策划、组织出版《外国友人看中国》系列文集，既可配合上述纪念活动，又是一项独具特色的公共外交举措，对于宣传中国、加深与各国人民的相互了解与友谊可发挥特殊积极作用。

关于组织出版《外国友人看中国》系列文集这一民间公共外交项目的具体设想如下：

一、在欧亚地区组织出版《外国友人看中国》系列文集（以下简称"文集"），由地区各国访问过中国的友好人士撰稿。每个国家至少出版1册。具备条件的国家（如俄罗斯等地区大国）也可考虑出版2册。

二、文集使用当地通用语言在当地出版。如果有对内宣传需要，也可考虑稍后在国内出版中译本。

三、文集由中国国际问题研究基金会俄罗斯中亚东欧研究中心承办，负责策划、组织出版工作。该中心在国内和欧亚地区拥有丰富的外交和学术资源，可以通过民间渠道（如各国对华友好协会等组织），以非官方形式组织丛书出版事宜及首发式等相关宣传活动。

四、系列文集出版项目在今年启动，力争在明年内完成。出版顺序可本着先大（国）后小（国），先易后难，点面兼顾的原则进行。初步考虑俄罗斯、白俄罗斯、乌克兰、哈萨克斯坦、乌兹别克斯坦 5 国作为第一批，其余国家作为第二批，明年完成出版工作。在具体操作过程中也可视情做局部调整。

五、基金会通过民间渠道筹集资金，支持包括项目中方承办人员赴有关国家策划、组织出版工作的国际旅费和食宿费、丛书稿费、编审费、出版费及相关对外宣传活动费用等。

……

2011 年 2 月 24 日，我召开了基金会欧亚研究中心执行主任会议，向大家介绍了关于《外国友人看中国》系列文集这一民间公共外交项目的初步设想。大家对这一设想一致表示支持，并商定了各单位在项目实施过程中的初步分工。

随后，我向主管欧亚地区的外交部欧亚司通报了这一设想，得到高度认可，认为该项目可作为欧亚地区公共外交的一个品牌。

2011 年 9 月，基金会通过民间渠道筹集到用于资助《外国友人看中国》系列文集公共外交项目的专项资金。

2011 年 9 月 19 日，我向基金会正式提交了该项目的具体实施计划：

《外国友人看中国》文集项目实施计划

一、承办

由基金会俄罗斯中亚东欧研究中心组织相关合作单位（新华社世界问题研究中心、社科院欧亚所、国际问题研究所、现代国际关系研究院、国务院发展研究中心欧亚所）负责实施。

二、经费

使用筹集到的专项经费，用于我方人员前往有关国家组织丛书出版工作的各项开支，以及丛书稿费、出版费、出版后有关宣传经费等。

三、目标

如果经费允许，在欧亚地区 12 个国家每个国家至少出版一册。如果经费不足，则视情调整项目目标。

四、项目周期

分阶段实施，先大后小、先易后难，争取 2 年内全部完成。

五、实施方案

分期分批派我方人员前往相应国家与外方相关民间人士洽谈丛书编写、出版事宜，由外方人士负责组稿和编辑，经我方最后审阅后，在当地出版社用该国通用文字出版。出版后在相应国家举行首发式，配合 2012 年我与欧亚地区国家建交 20 周年庆祝活动，大力宣传。

六、第一阶段工作方案

2011 年 10 月下旬由于振起率 4—5 人赴俄罗斯、白俄罗斯、乌克兰、哈萨克斯坦组织落实在四国出版丛书事宜，争取 2012 年年中出版。鉴于该项目完全通过民间渠道运作，且工程量大，经费开支内容十分复杂，也无先例可循，特请有驻外财务工作经验的刘蓉蓉同志随队工作，专门负责管理此行有关经费开支，同时实地考察在国外的项目经费实际需要，以便总结经验，科学合理安排项目后续阶段经费开支计划。出访时间预计大约 2 周。

七、今年年初本人曾向外交部欧亚司通报过关于开展此项公共外交活动的设想，得到司领导积极支持。今后在具体实施过程中，将争取欧亚司和我有关驻外使馆给予具体工作支持。

八、将来如能争取到新的经费来源，可考虑在国内出版文集的中译本，以发挥对内宣传的作用。

……

上述实施计划得到基金会领导全力支持。

第四节　文集项目第一阶段工作组访问第一站——莫斯科

我亲自邀请的俄罗斯、白俄罗斯、乌克兰、哈萨克斯坦四国的文集主编分别为俄中友协主席、俄罗斯科学院远东研究所所长季塔连科院士；白中友协主席、白俄罗斯副总理、白俄罗斯前驻华大使托济克；乌中协会主席、乌克兰前总统克拉夫丘克；哈萨克斯坦总统战略研究所所长布·苏尔丹诺夫。季塔连科主席、托济克主席、克拉夫丘克主席都是我在俄罗斯、白俄罗斯、乌克兰工作期间结识的好朋友，同时也是在相应国家有影响力的人士。布·苏尔丹诺夫所长则是我在北京开会期间结识的哈萨克斯坦著名专家。当我们通过文集项目联络员渠道与上述四位朋友联系后，他们均对文集项目设想表现出极大热情，表示会全力支持。根据与四国商定的具体时间，我拟订了文集项目第一阶段工作组访问的日期和行程：10 月 25 日至 11 月 13 日，顺序为莫斯科、明斯克、基辅、阿拉木图。

10 月 25 日，我以中国国际问题研究基金会副理事长身份，率领项目第一阶段工作组一行四人启程赴俄罗斯、白俄罗斯、乌克兰、哈萨克斯坦四国洽谈、落实文集编辑出版事宜。为了节约经费，我决定往返均乘坐经济舱。莫斯科时间当日 17:35，飞机抵达莫斯科伏努科沃 2 号国际机场。

10 月 26 日上午，我们一行来到俄罗斯科学院远东研究所，我与季塔连科主席在他的办公室就《俄罗斯人看中国》出版计划举行了会谈。季塔连科主席对我的到来表示热烈欢迎。我首先向季塔连科主席简要介绍了基金会建议在俄罗斯出版《俄罗斯人看中国》文集的动因，并向他递交了基金会准备的《俄罗斯人看中国》文集编辑出版规划文本，诚挚邀请他担任文集主编，并就规划文本征求他的意见。规划文本内容如下：

《俄罗斯人看中国》文集编辑出版规划

一、文集宗旨

庆祝《中俄睦邻友好合作条约》签署十周年，增进中俄两国人民相互了解和友谊。

二、文集内容

邀请访问过中国的俄罗斯友人撰写访华观感，介绍其感兴趣的中国风土人情、历史文化、社会生活，以及对中国改革开放成果的看法。

三、文集主编

聘请俄中友协主席季塔连科院士担任本文集主编。

四、文集篇幅

撰稿者不少于 20 人。每篇文稿不少于 15 页，文集总计 350—400 页。开本为 70×100 1/16，硬皮精装。每位撰稿者配发本人彩照一幅及个人简历。

五、出版地点、册数、时间及宣传

由莫斯科相关出版社负责出版，出版 2000 册，2012 年 6 月前正式出版。届时在莫斯科举行文集首发式。

六、文集经费

文集稿费、编辑出版费及首发式活动费均由中国国际问题研究基金会出资。

中国国际问题研究基金会

2011 年 10 月 22 日

……

　　季塔连科阅过文集规划后，当即表示完全同意中方的设想，他本人非常高兴接受中方邀请担任文集主编。他高度评价文集项目的政治意义，表示愿意尽自己所能，在中方的资助下，保质保量按时出版文集，为增进俄中两国人民的友谊做出贡献。他建议把文集名称改为《俄罗斯友人看中国》。我当即表示同意。

　　随后，双方商定了组织写作、出版文集的工作进度，并指定了各自联络员负责文集工作的沟通。

会谈后与季塔连科主席合影留念

　　与季塔连科主席的会谈过程轻松愉快，洋溢着老朋友之间浓厚的友好情谊。俄方的热情反应让我切身感受到我们推出的这一创造性的民间公共外交项目所具有的深厚的客观民意基础，更坚定了我实施文集项目的信心。

第五节　文集项目第一阶段工作组访问第二站——明斯克

10 月 29 日中午，我们离开莫斯科，飞往白俄罗斯首都明斯克。当地时间 13:10 飞抵明斯克国家机场。这是我 2005 年离任后时隔 6 年再次踏上可爱的白俄罗斯土地，感到十分亲切。当晚在下榻酒店里的一家中餐厅就餐时，餐厅年轻的老板一眼就认出我是"于大使"，我感到很惊讶。他解释说，当年他是中国在白俄罗斯的留学生，在中国留学生新年音乐会上见过我。这一偶遇让我更开心。

11 月 1 日下午，我们来到白俄罗斯政府大楼，与白中友协主席托济克举行会谈。白方出席的还有白中友协副主席、白俄罗斯通讯社总统活动报道处评论员阿利娜、白俄罗斯对外友协外联处主任纳塔利娅。

与白中友协主席托济克副总理合影

托济克对我的到来表示热烈欢迎，称非常高兴在明斯克见到老朋友。

我首先对托济克主席的热情接待表示感谢，同时也表达了自己时隔 6 年重返可爱的白俄罗斯的愉快心情，特别是今天见到老朋友托济克主席和阿利娜副主席，十分高兴。然后我简要介绍了基金会建议在白俄罗斯出版《白俄罗斯人看中国》文集的动因。我特别强调，从我个人角度，这也是履行我 6 年前与卢卡申科总统告别时对他做出的承诺："我永远不会忘记可爱的白俄罗斯和白俄罗斯人民，将会继续为促进中白友好关系尽力。"随后，我向托济克递交了基金会准备的《白俄罗斯人看中国》文集编辑出版规划文本，诚挚邀请他担任文集主编，并愿听取他对规划文本的意见。规划文本内容如下：

《白俄罗斯人看中国》文集编辑出版规划

一、文集宗旨

庆祝中白建交二十周年，增进中白两国人民相互了解和友谊。

二、文集内容

邀请访问过中国的白俄罗斯友人撰写访华观感，介绍其感兴趣的中国风土人情、历史文化、社会生活，以及对中国改革开放成果的看法。

三、文集主编

聘请白中友协主席、白俄罗斯前驻华大使托济克先生担任本文集主编。

四、文集篇幅

撰稿者不少于 20 人。每篇文稿不少于 15 页，文集总计 350—400 页。开本为 70×100 1/16，硬皮精装。

每位撰稿者配发本人彩照一幅及个人简历。

五、出版地点、册数、时间及宣传

由明斯克相关出版社负责出版，出版 2000 册，2012 年 6 月前正式出版。届时在明斯克举行文集首发式。

六、文集经费

文集稿费、编辑出版费及首发式活动费均由中国国际问题研究基金会出资。

中国国际问题研究基金会

2011 年 10 月 22 日

······

关于文集使用的语言，我表示，白俄罗斯语和俄语都是白俄罗斯官方语言，我们尊重白方的意见。

托济克对文集规划表示完全同意，同时表示，白方高度评价该项目的政治意义，他本人欣然接受中方邀请，担任文集主编。白方将尽最大努力出版一册高质量、装潢精美的文集。他还表示，该项目将被纳入白中建交20周年白方国家系列活动中。相信文集的出版将会很好体现出中方公共外交的影响力和成功，进一步加深白中两国人民的友谊，为白中两国关系友好发展做出贡献。

托济克表示，文集将使用俄文出版。随后，双方就组织写作、出版文集的工作进度交换了意见，并指定了各自的文集工作联络员。白方由阿利娜副主席亲自担任联络员。

11月2日上午，我应邀到白俄罗斯对外友好协会所在地友谊宫做客。这里是我十分熟悉的地方，给我留下许多美好的记忆。当我走进友谊宫大厅时，当年在这里发生过的许多民间交往的友好场景一幕一幕浮现在眼前：每年的新年招待会、中国春节联欢会、抗战胜利60周年老战士座谈会等。我在《驻外札记》一书中曾用专门章节"用心开展民间外交"记述过这些活动：

用心开展民间外交

民间外交的工作对象是驻在国社会各界非官方组织机构和民间友好人士，是对官方外交的重要补充，对促进国家关系具有不可替代的重要作用。我对开展民间外交给予了高度重视，采取了一系列措施，收到良好效果。

一是与白俄罗斯对外友协建立密切合作关系，利用这块阵地开展各种民间外交活动，与社会各界进行广泛友好交流。每年国庆节期间，与对外友协共同举办内容丰富的"白中友好月"活动，包括关于中国文化的演讲、研讨会、画展、图书首发式等。我还首创每年在使馆为中白民间友好人士专门举办新年招待会的做法，邀请对象包括长期从事对华友好工作的对外友协等社会组织成员，社会各界对华友好人士，曾经参加过中国抗日战争和社会主义建设的老战士和老专家，苏联卫国战争的老战士，新闻界代表和学习汉语的白俄罗斯大学生代表等。老战士们争先恐后上台发言，讲述当年与中国人民并肩战斗的经历和抗击德国法西斯的难忘岁月。对外友协主席伊万诺娃在讲话中表示："可以通过一个国家的大使看这个国家，从中国大使于振起先生身上我们看到了伟大中国的精神面貌，也看到了中国人民对白俄罗斯人民的友好感情。我们为有这样一位出色的中国大使感到荣幸。"

在我们的带动下，白俄罗斯对外友协主动提出在友谊宫举办中国春节联欢会，邀请中国大使馆外交官，在白俄罗斯工作、学习的中国友人和白方对华友好人士参加，共庆中国新春佳节。据对外友协人士告，单独为外国民间传统节日举办联欢会在对外友协历史上是破天荒第一次。

2004 年 4 月末，苏联卫国战争胜利日前夕，我应对外友协邀请，在友谊宫向 120 多位卫国战争老战士和部分大学生发表了题为"当代中国经济、政治和对外政策"的演讲，并回答了听众提出的各种问题。演讲结束后，老战士们把我团团围住，表达他们对伟大中国的钦佩之情。他们说，历史的纽带使他们很关心中国的发展，今天有机会听中国大使亲自讲述中国的情况，感到很兴奋。中国改革开放的巨大成就让他们深受鼓舞。十分骄傲。一位胸前挂满勋章的老战士激动地对我说，20 世纪 50 年代就有人说过，共产主义的希望在东方。现在这句话在中国得到了验证。我们为中国能够再现我们曾为之奋斗的社会主义的辉煌感到高兴，期待着中国人民取得更大的辉煌成就。

2005 年 8 月 11 日，我们与对外友协联合举办了一场纪念中国抗日战争胜利 60 周年老战士座谈会。新闻部长鲁萨凯维奇、外交部副部长格拉西缅科、对外友协主席伊万诺娃等和 100 余名参加过中国抗日战争和苏联卫国战争的老战士出席。

我在致辞中说："9 月 3 日是中国人民抗日战争胜利 60 周年纪念日。这是中华民族用惨重代价赢得的光荣胜利，值得永世纪念。中国人民抗日战争是 20 世纪 30—40 年代包括海外侨胞在内的全体中华民族共同进行的抵抗日本帝国主义侵略的一场正义战争。中国人民取得反击日本法西斯侵略者的伟大胜利，是近代以来中国反对外敌入侵斗争中的第一次完全胜利，为中国共产党团结全国各族人民实现民族独立和人民解放、中华人民共和国的建立奠定了重要基础。""中国人民抗日战争是世界反法西斯战争的重要组成部分和东方主战场。中华民族为夺取世界反法西斯战争胜利、争取世界和平伟大事业做出了巨大贡献。中国是战胜日本法西斯的决定性力量。中国抗战粉碎了日本法西斯进攻苏联的计划，有力支援了苏联红军在欧洲战场同希特勒德国的决战。中国抗战阻遏了日本法西斯的'南进'计划，大大支援了盟军在西亚北非、印度洋战场的战斗，对东南亚国家民族独立与解放战争做出了重要贡献。中国还向反法西斯盟国提供了大量物资援助。""60 多年前，中国人民同包括白俄罗斯人民在内的苏联人民在反法西斯战争中并肩战斗，结下了深厚友谊。中国人民永远不会忘记，包括白俄罗斯老战士在内的苏联红军为中国人民赢得抗战胜利所做出的重要贡献。中国政府和人民将同白俄罗斯及其他所有爱好和平的人民一道不忘历史，珍惜胜利，为争取共同和平发展不懈努力。"最后，我宣布，中国政府将邀请部分曾参加中国抗日战争的白俄罗斯老战士赴华出席相关纪念活动，并介绍了中国使馆准备开展的纪念活动计划。我的讲话博得阵阵热烈掌声，老战士们激动不已。他们说，中国人民是白俄罗斯人民永远的朋友，白俄罗斯人民将永远与伟大的中国人民站在一起。这些老战士已经知道我即将与他们分别，纷纷与我拥抱告别。他们称赞我既聪慧又有亲和力和吸引力，"是一位最优秀的大使"。能够得到这些建立过历史功绩的老战士如此真诚的评价，是我莫大的荣幸，也更加感到自己肩负的政治责任之重大。我衷心祝愿这些让我敬重的老战士健康长寿。[1]

由于白俄罗斯对外友协主席伊万诺娃正在国外休假，她安排代理主席别特科维奇接待我。原白俄罗斯驻华使馆参赞马采里作为白外交部代表参加。别特科维奇代表伊万诺娃主席对我表示欢迎，并对当年我大力支持白俄罗斯对外友协积极开展与中国的民间友好活动表示衷心感谢。马采里则代表白俄罗斯外交部对《白俄罗斯人看中国》文集的出版计划表示赞赏和支持。我请马采里向我的老朋友马丁诺夫外长转达我的问候，并感谢他对文集出版计划的支持。

下午，阿利娜与我方联络员就一些具体问题进行沟通时，特别向我转达感谢和问候，称当年我在白俄罗斯工作时对她帮助很大。

11月3日上午，我给阿利娜打电话告别。她激动地说："您是在白俄罗斯工作过的最好的中国大使。"我说："谢谢你的夸奖！很高兴由你担任文集联络员工作。我相信，我们的合作会很成功，就像当年我们在一起合作那样。"

当天下午我告别可爱的白俄罗斯，带领文集工作组飞往基辅。

第六节　文集项目第一阶段工作组访问第三站——基辅

当地时间11月3日晚上19:30，飞机抵达基辅勃利斯波里机场。此时此刻，我又有一种久违的感觉。1992年2月27日中午，我作为中国驻乌克兰首任外

---

① 于振起：《驻外札记——一个知青大使的外交生活片断》，南开大学出版社2008年12月版，第184—187页。

交代表、肩负着在乌克兰建立中国大使馆的使命，在这个机场落地的情景浮现在脑海。此外，我与乌克兰还有着从少年时期就建立起来的特殊情感。关于这一点，我在《驻外札记》里也有专门的描述：

从初中二年级到高中一年级，我曾经与苏联乌克兰加盟共和国尼科波尔市的两位苏联同学保持了近三年的通信联系，在那个年代这是很流行的一种时尚。当时希望与中国学生通信的苏联学生很多，俄语老师常常拿着这些学生的地址让我们选择。有时苏联学生还会从他们有中国通信关系的同学那里直接抄去我们的地址，然后给我们写信。我就曾收到过不少这样的毛遂自荐的来信，让我应接不暇。与这两位同学的书信交往使我对苏联这个国家有了鲜活的感觉，对那里的普通民众对中国人民的友好感情有了切身体会。尽管后来由于中苏关系的恶化使得我们之间的通信联系被迫中断，但政治风云却无法驱散青少年时期在我心中形成的"苏联情结"。①

通过苏联同学给我寄来的照片和明信片，我不仅对尼科波尔市有了感性的了解，同时也认识了基辅市的不少著名景物，如赫列沙季克大街、列宁纪念碑、芭蕾舞大剧院、第聂伯河上的步行桥等，从而也就对乌克兰这个遥远的地方产生了一种特别情结。

另外，由于克拉夫丘克主席是乌克兰独立后首任总统，我在任临时代办期间曾与他有过愉快的工作接触。

所有这些历史和现实的因素，使我对此次基辅之行充满了期待。

11月4日上午10:00，我们来到乌克兰中国友好协会，与协会副主席拉舒金会谈文集事宜。事前乌方告知，克拉夫丘克主席日前心脏出了问题，一直在住院治疗。近日才出院回家疗养，故今天不能与我见面了，委托拉舒金副主席与我谈。让我没想到的是，当我们来到乌中友协时，拉舒金告诉我，克拉夫丘克主席会来友协与我见面。此话让我感到很高兴。克拉夫丘克主席抱病与我见面，表明他对文集项目的高度重视，以及对中国的友好情谊。

我向拉舒金递交了基金会准备的《乌克兰人看中国》文集编辑出版规划文本，诚挚邀请克拉夫丘克主席担任文集主编，并愿听取乌方对规划文本的意见。规划文本内容如下：

---

① 于振起：《驻外札记——一个知青大使的外交生活片断》，南开大学出版社 2008 年 12 月版，第10页。

《乌克兰人看中国》文集编辑出版规划

一、文集宗旨

庆祝中乌建交二十周年，增进中乌两国人民相互了解和友谊。

二、文集内容

邀请访问过中国的乌克兰友人撰写访华观感，介绍其感兴趣的中国风土人情、历史文化、社会生活，以及对中国改革开放成果的看法。

三、文集主编

聘请乌中友协主席、乌克兰首任总统克拉夫丘克先生担任本文集主编。

四、文集篇幅

撰稿者不少于 20 人。每篇文稿不少于 15 页，文集总计 350—400 页。开本为 70×100 1/16，硬皮精装。

每位撰稿者配发本人彩照一幅及个人简历。

五、出版地点、册数、时间及宣传

由基辅相关出版社负责出版，出版 2000 册，2012 年 6 月前正式出版。届时在基辅举行文集首发式。

六、文集经费

文集稿费、编辑出版费及首发式活动费均由中国国际问题研究基金会出资。

中国国际问题研究基金会
2011 年 10 月 22 日

……

关于文集使用的语言，我同样强调由乌方自行决定。

拉舒金阅后表示原则同意，然后就一些具体问题交换了意见。

此时，克拉夫丘克主席来到友协。他进来后热情与我握手、拥抱。我对他的健康表示慰问。落座后，我即与他谈文集之事，对他的热情支持表示感谢。克拉夫丘克表示，同意担任文集主编，但出版文字要用乌克兰语，理由是："俄罗斯从来不出版乌克兰语书籍。"我当即表示完全同意。他还表示，出版《乌克兰人看中国》文集是一项"政治举措"，此事一定要办好。将通过这本文集充分体现乌中两国人民的友谊，进一步加强两国的民间交往。

会谈结束后，我把 1992 年 11 月 5 日他首次访华归来我在勃利斯波里机场迎接他的照片赠送给他，他非常高兴，连声说："看，那时我多年轻！"

会谈后与克拉夫丘克主席合影留念

11月5日，我专门来到中国驻乌克兰使馆最初的所在地——罗斯饭店。这里承载了中乌建交后中国首批外交官难以忘怀的心路历程。我在《驻外札记》中曾经描述过一些相关情景：

自1992年2月27日入住基辅的罗斯饭店，直到1993年10月16日从该饭店搬出，我在这里前后工作和生活了整整20个月时间。也就是说，我在基辅工作任期的1/2是在罗斯饭店度过的。这个特殊的工作和生活环境给我留下不少深刻和有趣的记忆，这里略述一二。

罗斯饭店是当时基辅唯一的涉外饭店，安全条件和饭店设施相对比较好。作为中国首任外交代表，我向兹连科外长递交代办介绍书后，首先想到的事情就是在我们办公和生活的饭店7楼挂上大使馆的馆牌。7楼中间是过厅，过厅两侧是客房。我们当时租用了过厅西侧的几套房间。过厅与西侧楼道之间有一道门相隔。经过商议，我们决定把馆牌挂在过厅西面的墙上，这样，这道门就成了大使馆的"大门"。按照常规，中国驻外使领馆馆牌都要使用汉字，同时可以配英文或驻在国文字。我们在订制馆牌时却遇到一个意想不到的问题：当地无法制作汉字标牌。无奈之下，只能采取变通办法，在馆牌上用俄文和英文两种文字写上"中华人民共和国驻乌克兰大使馆"。馆牌底色是深红色，文字采用黄色。使馆馆牌的正式挂出标志着中国在乌克兰第一个外文代表机构的诞生，同时也标志着这里已经是中国领地，享有不可侵犯的外交特权。我们三个人怀着激动的心情在使馆馆牌前拍照留念。每当看到这张照片，就会让我想起那特殊的建馆岁月。

我们思想准备不足的另一个问题是每天的饮食。开始时，早中晚一日三餐我们都在饭店餐厅吃。那里是西餐，我们都能接受，而且食欲不错。可是好景不长，过了半个月左右，食欲开始下降。再到一个月左右的时候，几乎就不想去餐厅了。此时，对中餐产生极度渴望。但是，饭店客房没有做饭的条件，而且也不允许。情急之下，我们想到了方便面。这种食品可以用开水即冲即食，既可解燃眉之急，又不违反饭店规定。然而，跑遍当地食品店，竟找不到方便面。只好向驻俄罗斯使馆求援。几天之后，从莫斯科来的客人给我们带来驻俄使馆支援的几箱方便面。我们如获至宝，午饭时就迫不及待打开几包，放到电热杯里泡上，当闻到那种久违了的香味，真是莫大享受。三个人吃着这些普通的方便面，感觉比吃山珍海味还要美。我至今对这次美味的方便面午餐记忆犹新。有趣的是，由于方便面香味的自由飘散，有些外国人闻到后误以为饭店里有中餐馆，便顺着香味找到7楼，询问服务员中餐馆在何处。待服务员解释后，他们才恍然大悟。我们听说后，捧腹大笑。

吃方便面毕竟不是长久之计。为了解决吃中餐问题，我们在外面临时租了一间民宅，利用里面的厨房做饭。饮食问题的彻底解决是在1993年的秋天，那时使馆的新馆舍已经启用，同时在外面的公寓楼为每个馆员解决了住房。大家终于可以随心所欲地大做中餐了。

我们在罗斯饭店对西餐从爱吃到抵触的变化，根本原因可能是由于多年饮食习惯一时难以完全彻底改变所致。不过，那段时间一日三餐泡在西餐厅里，耳濡目染之下，对西餐文化有了比较全面细致的了解，这也是一大收获，对我日后的外交工作大有益处。

根据国际惯例，驻在国有责任为外国使馆提供安全保卫。我们曾向乌克兰外交部提出这一要求，请他们在饭店7楼派驻警卫。他们表示实在有困难，因为乌克兰一夜之间变成独立国家，随之开设了大量外国使馆，国家没有足够的警力解决罗斯饭店新建使馆的警卫问题，只有等将来有了固定馆舍后才能解决这个问题。既然如此，我们也只能"理解万岁"了。这样一来，中国大使馆事实上成了不设防之地，饭店里的人有意无意都可以进出。有一天，两个美国传教士突然来到我们这里，提出希望拜访我。作为礼仪之邦的代表，既然客人已经不请自到，还是要以礼相待。此外，过去因为所学专业的关系，我对《圣经》多少有些研究，也可以借机做做他们的工作。刚一坐定，其中一人就开讲，然听后感觉水平一般，没有什么过人之处。此时我告诉他们，我对《圣经》的内容并不陌生，并讲了对《圣经》里一些内容的看法。这让两人感到很惊讶，再也没有刚开始时那种救世主使者的派头，还对我表示钦佩。我最后说，你们有信仰基督的自由，我们也有不信教的自由。我们有自己的信仰，那就是马克思主义。

由于我们在饭店的特殊常驻身份，与7楼的服务员和饭店餐厅的服务员有非常密切的来往，每天都要接触。久而久之，彼此之间建立起十分融洽的关系。7楼服务员都是女士，餐厅服务员大多也是女士。这些乌克兰普通劳动妇女对中国怀有朴素的友好感情，经常跟我们讲起过去中苏友好时代关于中国的愉快往事，例如那时她们家里用的暖水瓶、毛巾等日用品都是中国产的，质量很好，有人家里至今还在用中国的暖水瓶。她们对中国现在的事情很好奇，特别是中国老百姓的日常生活情况，经常让我们给她们介绍。她们对工作一丝不苟的态度让我印象深刻。按照饭店规定，她们每天要把我们的房间收拾整理3次，即早中晚各1次。每次都搞得非常仔细，连犄角旮旯也不放过。为了不让她们干扰我的工作，我曾提出可以减少收拾屋子的次数，我自己一个人住，屋子里不乱，也挺干净的，不需要收拾得那么勤。她们却不同意，理由是虽然你一个人住，屋子里不那么乱，但是灰尘仍然有，而灰尘对身体是有害的，应该及时清理。我看着她们认真的样子，只好服从。由此我联想到，无论在莫斯科还是在基辅，我去过的一些当地人家里都是窗明几净。除了有良好的卫生习惯之外，这种不能与灰尘"和平共处"的健康理念恐怕也是一个重要原因。

为了感谢这些服务员对我们的热心服务，1993年春节前，使馆专门与她们举行了一次联欢会。这个安排让她们激动不已，因为她们从未享受过那么高的礼遇。那天，她们都把自己最漂亮的衣服穿上，参加这场活动。其中一位服务员在联欢会上表达了对中国男士的赞美之意。她说，通过与中国外交官将近1

年的接触，发现中国的男士不仅工作勤奋，而且生活上都很能干，对女士也很体贴，比我们的男人要强得多。我们的男人在家里从来都不做家务。我知道，她说的是心里话，不是溢美之词。根据我对前苏联社会的了解，男人不做家务，不下厨房是很普遍的现象。女人做家务被认为是天经地义的事情。记得 20 世纪 70 年代苏联一本俄文教材里有一个讽刺故事，题目叫"现代丈夫"，说的是一对年轻人新婚第一天早上上班前，丈夫对妻子说，我要做一个现代丈夫，今天晚上我负责做饭。妻子听了既意外又高兴。丈夫接着说，不过，你要负责把菜和肉买好。晚上丈夫下班回来，妻子对他说，你要的菜和肉都买好了。丈夫说，很好，你现在到厨房把菜和肉洗好切好。给妻子派了活儿之后，他自己则坐在沙发上看电视里的足球比赛。等妻子告诉他，菜和肉已经洗好切好了，丈夫才起身来到厨房，把妻子已经准备好的菜和肉放到锅里。少顷，他把菜和肉盛到盘子里，得意地对妻子说，我的晚餐已经准备好了。仅从这个故事就不难理解这位女服务员为什么那么赞美中国男士了。

罗斯饭店附近有许多非常好的体育设施，包括许多室内室外网球场，篮球场等。这么好的运动场地，而且近在咫尺，如果不利用，岂不可惜。于是我萌发了学习网球的想法。我自费聘请了一位网球教练，她是前苏联摩尔达维亚（即现在的摩尔多瓦）加盟共和国女子网球冠军，后来在这里当教练。我每周日跟她学习一次，平时自己练习。在她的指导下，加上我自己的刻苦练习，很快掌握了网球基本技术。这项运动从此成为我的主要业余爱好之一，16 年来坚持不断。它不仅给我带来健康和快乐，也成为我的一个很好的对外交往手段。后来每当说起网球，我都要感谢罗斯饭店，感谢那位异国教练。

在罗斯饭店度过的 600 个日日夜夜是值得怀念的。①

当我来到罗斯饭店门前时，看到它依然是我熟悉的老样子，更增加了亲切感。走进饭店，发现里面装修得比当年更现代化，也更漂亮了。当我来到 7 楼时，看到基本结构没有变化，只是过厅经过装修比原来讲究了，还摆放了两个沙发。当年墙上悬挂使馆馆牌的位置现在悬挂着一幅油画。我特意走进西侧楼道，看了看那些熟悉的客房，仿佛又回到了在这里工作过的日日夜夜。为了记住这个特别的日子，我在过厅沙发上留影。

---

① 于振起：《驻外札记——一个知青大使的外交生活片断》，南开大学出版社 2008 年 12 月版，第 51—56 页。

重返罗斯饭店

中国驻乌克兰使馆旧址罗斯饭店 7 楼留影

第七节　文集项目第一阶段工作组访问第四站——阿拉木图

　　自 10 月 25 日离京十余天来，由于我们是纯粹的民间公共外交活动，一路上完全得"自力更生"，为节约经费还要省吃俭用，连续辗转三个国家，有一种从未感受过的旅途劳顿，疲劳至极到了难以承受的地步，我甚至不由自主地跟同行的同志们说出了心里话：真想到基辅为止，不再走了。但一想到阿拉木图还在等待我们，无论如何也要咬牙继续前行。

　　11 月 8 日晚上，我们一行告别基辅，飞往此行的最后一站——阿拉木图。当地时间 9 日上午 7:30，抵达阿拉木图机场。

　　10 日上午 10:30，我们一行来到哈萨克斯坦总统战略研究所，布·苏尔丹诺夫所长的学术秘书在大厅外迎接我们，还特意在地上铺了红地毯，体现了对我们来访的热情和重视。陪同我们的驻阿拉木图总领馆的同志说，以前从未见过这样做。

　　随后，我与布·苏尔丹诺夫所长开始就《哈萨克斯坦人看中国》文集出版计划举行会谈。苏尔丹诺夫首先表示欢迎我来访，他高度评价文集项目的政治意义，认为中国国际问题研究基金会提出的文集创意很好，该书的出版将有助于加深哈中两国人民的相互了解和友谊。这将是一本"重要的书"。

　　我对布·苏尔丹诺夫所长的热情接待表示感谢，向他递交了基金会准备的《哈萨克斯坦人看中国》文集编辑出版规划文本，诚挚邀请他担任文集主编，并愿听取哈方对规划文本的意见。规划文本内容如下：

《哈萨克斯坦人看中国》文集编辑出版规划

　　一、文集宗旨

　　庆祝中哈建交二十周年，增进中哈两国人民相互了解和友谊。

　　二、文集内容

　　邀请访问过中国的哈萨克斯坦友人撰写访华观感，介绍其感兴趣的中国风土人情、历史文化、社会生活，以及对中国改革开放成果的看法。

　　三、文集主编

　　聘请哈萨克斯坦总统战略研究所所长布·苏尔丹诺夫先生担任本文集主编。

四、文集篇幅

撰稿者不少于 20 人。每篇文稿不少于 15 页，文集总计 350—400 页。开本为 70×100 1/16，硬皮精装。

每位撰稿者配发本人彩照一幅及个人简历。

五、出版地点、册数、时间及宣传

由阿拉木图相关出版社负责出版，出版 2000 册，2012 年 6 月前正式出版。届时在阿拉木图举行文集首发式。

六、文集经费

文集稿费、编辑出版费及首发式活动费均由中国国际问题研究基金会出资。

中国国际问题研究基金会

2011 年 10 月 22 日

……

布·苏尔丹诺夫阅后表示，完全同意规划内容，并接受中方邀请，担任文集主编。他将认真组织好文集的出版工作，尽全力出版一本让普通民众爱读、喜欢的书。他相信，文集的出版将会更进一步加强两国人民的友谊，打造中国在哈萨克斯坦人民心中的积极印象，团结两国人民。他说，文集将用俄文出版。

在交换意见过程中，在场的一位哈方学者提出两个问题：1. 中方希望哈方作者写什么内容？关于中国不好的印象能不能写？例如，他曾经在霍尔果斯口岸遇到中国边防人员无理盘查。2. 文集稿费标准是多少？哈萨克斯坦最高稿费是每页 100 美元。我回答说，我们提出的文集出版规划写得很清楚，文集组稿、编辑完全由主编自主决定。哈方作者想写什么都可以。至于你讲到的在边境的不愉快经历，我本人在前苏联地区也不止一次遇到过。但这不是中哈关系的主流，否则中哈关系不可能那么好。我们两国的友好关系有深厚的民意基础，这也正是文集要反映的主流民意。关于稿费的标准，也由哈方自己决定。前苏联地区有一句流行的话："生意是生意，政治是政治。"我想强调的是，我们提出的文集项目不是做生意，而是一项民间公共外交活动。那位学者听后表情显得很尴尬。苏尔丹诺夫接着表示，于大使说得很对，我们的目标是一致的。

大范围会谈后，布·苏尔丹诺夫又邀请我们到他的办公室进行小范围交流。他特意打开一瓶珍藏的法国白兰地轩尼诗请我品尝。他对刚才那位学者的发言向我表示歉意，表示他本人绝对不会把文集项目作为商业行为对待。他会把文集作为一项促进哈中两国人民友谊的工作来做，而且会尽全力把它做好。我表示，有不同意见也是正常的，正因为如此，两国人民之间才需要加强沟通和交流。我相信，在所长先生领导下，《哈萨克斯坦人看中国》文集一定会是一本让哈萨克斯坦普通民众爱读、喜欢的书，为加强中哈两国人民相互了解和友谊发挥特殊作用。

向布·苏尔丹诺夫所长赠送上海世博会纪念品

11月12日晚，当工作组的四国之行画上圆满句号，即将告别阿拉木图时，我们心里充满了访问成功的喜悦，那种令人难以忍受的旅途劳顿完全被抛到脑后。回国后，当张德广理事长问我此行的体会时，我回答了八个字："苦不堪言，苦尽甘来。"

此访后，俄、白、哈三国项目工作进展顺利，至2012年6月底均按期出版了各自文集，即《俄罗斯友人看中国》《白俄罗斯人看中国》《哈萨克斯坦人看中国》。只有乌克兰方面因自身困难提出暂停文集准备工作，最终未能按计划出版。这也成为我心中的一个遗憾。

第八节 启动文集项目第二阶段、第三阶段准备工作

有了第一阶段工作组成功访问的结果，我对按计划继续实施文集项目第二、第三阶段工作更有信心了。

第二阶段涉及中亚地区四个国家，即乌兹别克斯坦、土库曼斯坦、吉尔吉斯斯坦和塔吉克斯坦，由基金会欧亚研究中心执行主任、中国上海合作组织研究中心秘书长陈玉荣研究员负责联系出版相关文集事宜。

2012年3月，陈玉荣执行主任代表基金会与中国人民的老朋友、吉尔吉斯斯坦前驻华大使阿布德尔达耶夫先生就出版《吉尔吉斯斯坦人看中国》文集一事达成共识，决定由吉方组织编写出版文集，由阿布德尔达耶夫担任文集主编，邀请访问过中国的吉尔吉斯各界朋友撰写访华观感，向吉尔吉斯斯坦民众介绍其感兴趣的中国风土人情、历史文化、社会生活，以及对中国改革开放成果的看法。该书将作为庆祝中吉建交20周年的一项特殊民间纪念活动，以此增进中吉两国人民相互了解和友谊。阿布德尔达耶夫先生完全同意基金会关于《吉尔吉斯斯坦人看中国》文集的编辑出版规划。

《吉尔吉斯斯坦人看中国》文集编辑出版规划

一、文集宗旨

庆祝中吉建交二十周年，增进中吉两国人民相互了解和友谊。

二、文集内容

邀请访问过中国的吉尔吉斯斯坦友人撰写访华观感，介绍其感兴趣的中国风土人情、历史文化、社会生活，以及对中国改革开放成果的看法。

三、文集主编

聘请吉尔吉斯斯坦前驻华大使爱·阿布德尔达耶夫先生担任本文集主编。

四、文集篇幅

撰稿者不少于10人。每篇文稿不少于15页，文集总计200页。开本为70×100 1/16，硬皮精装。

每位撰稿者配发本人彩照一幅及个人简历。

五、出版地点、册数、时间及宣传

由比什凯克相关出版社负责出版，出版1000册，2012年10月底前正式出版。届时在比什凯克举行文集首发式。

六、文集经费

文集稿费、编辑出版费及首发式活动费均由中国国际问题研究基金会出资。

中国国际问题研究基金会

2012年3月5日

……

2012 年 9 月，阿布德尔达耶夫先生被任命为吉尔吉斯斯坦外交部长，更增加了文集项目在吉的影响力。

乌兹别克斯坦、土库曼斯坦、塔吉克斯坦三国由于各种非我方原因，最终未能出版相关文集。这也是一件令人遗憾的事情。

2012 年 10 月开始启动第三阶段工作，即在阿塞拜疆、亚美尼亚、格鲁吉亚三国组织编写《阿塞拜疆人看中国》《亚美尼亚人看中国》《格鲁吉亚人看中国》文集。第三阶段文集工作组组长由中国国际问题研究基金会欧亚研究中心执行主任、新华社世界问题研究中心研究员、新华社前驻莫斯科分社社长万成才担任。万成才执行主任率文集工作组于 10 月下旬前往上述三国与外方洽谈文集编辑出版事宜，分别与阿塞拜疆总统战略研究中心主任法尔哈德·马梅多夫、亚美尼亚和平基金会主席格里格尔·彼得罗相、格鲁吉亚首任驻华大使米哈伊尔·乌克列巴举行会晤，并提交了基金会关于文集的出版规划正式文本。马梅多夫先生、彼得罗相先生、乌克列巴先生均表示同意中方的出版规划，并愉快接受中方邀请，担任文集主编。

《阿塞拜疆人看中国》文集编辑出版规划

一、文集宗旨

庆祝中阿建交二十周年，增进中阿两国人民相互了解和友谊。

二、文集内容

邀请访问过中国的阿塞拜疆友人撰写访华观感，介绍其感兴趣的中国风土人情、历史文化、社会生活，以及对中国改革开放成果的看法。

三、文集主编

聘请阿塞拜疆总统战略研究中心主任法尔哈德·马梅多夫先生担任本文集主编。

四、文集篇幅

撰稿者不少于 10 人。每篇文稿不少于 15 页，文集总计 200 页。开本为 70×100 1/16，硬皮精装。

每位撰稿者配发本人彩照一幅及个人简历。

五、出版地点、册数、时间及宣传

由巴库相关出版社负责出版，出版 1000 册，2013 年 5 月底前正式出版。

届时在巴库举行文集首发式。

六、文集经费

文集稿费、编辑出版费及首发式活动费均由中国国际问题研究基金会出资。

中国国际问题研究基金会

2012 年 10 月

《亚美尼亚人看中国》文集编辑出版规划

一、文集宗旨

庆祝中亚建交二十周年，增进中亚两国人民相互了解和友谊。

二、文集内容

邀请访问过中国的亚美尼亚友人撰写访华观感，介绍其感兴趣的中国风土人情、历史文化、社会生活，以及对中国改革开放成果的看法。

三、文集主编

聘请亚美尼亚和平基金会主席格里格尔·彼得罗相担任本文集主编。

四、文集篇幅

撰稿者不少于 10 人。每篇文稿不少于 15 页，文集总计 200 页。开本为 70×100 1/16，硬皮精装。

每位撰稿者配发本人彩照一幅及个人简历。

五、出版地点、册数、时间及宣传

由埃里温相关出版社负责出版，出版 1000 册，2013 年 5 月底前正式出版。届时在埃里温举行文集首发式。

六、文集经费

文集稿费、编辑出版费及首发式活动费均由中国国际问题研究基金会出资。

中国国际问题研究基金会

2012 年 10 月

《格鲁吉亚人看中国》文集编辑出版规划

一、文集宗旨

庆祝中格建交二十周年，增进中格两国人民相互了解和友谊。

二、文集内容

邀请访问过中国的格鲁吉亚友人撰写访华观感，介绍其感兴趣的中国风土人情、历史文化、社会生活，以及对中国改革开放成果的看法。

三、文集主编

聘请格鲁吉亚首任驻华大使米哈伊尔·乌克列巴担任本文集主编。

四、文集篇幅

撰稿者不少于10人。每篇文稿不少于15页，文集总计200页。开本为70×100 1/16，硬皮精装。

每位撰稿者配发本人彩照一幅及个人简历。

五、出版地点、册数、时间及宣传

由第比利斯相关出版社负责出版，出版1000册，2013年5月底前正式出版。届时在第比利斯举行文集首发式。

六、文集经费

文集稿费、编辑出版费及首发式活动费均由中国国际问题研究基金会出资。

中国国际问题研究基金会

2012年10月

第九节 文集项目第一阶段收获季

俄罗斯、白俄罗斯、哈萨克斯坦三国项目工作进展顺利，至2012年6月底均按计划出版了各自文集，即《俄罗斯友人看中国》《白俄罗斯人看中国》《哈萨克斯坦人看中国》。只有乌克兰方面因自身困难提出暂停项目工作。

2012年7月初，中国国际问题研究基金会执行理事长刘古昌率领基金会代表团前往俄罗斯、白俄罗斯、哈萨克斯坦，出席三国文集的首发式活动，并与三国文集主编会见，进行友好交流。三国文集首发式活动在当地引起热烈反响，代表团访问达到预期目的，取得圆满成功。

一、《俄罗斯友人看中国》文集首发式活动

7月3日上午，中国国际问题研究基金会执行理事长刘古昌在俄罗斯科学院远东研究所与《俄罗斯友人看中国》文集主编、俄中友协主席、远东所所长季塔连科院士会见。基金会代表团全体成员参加会见。

　　刘古昌首先对季塔连科及其团队为文集出版所做的大量工作表示感谢，并对文集的高水平内容和高质量印制表示赞赏。

　　季塔连科表示，基金会关于在俄出版《俄罗斯友人看中国》文集的倡议是没有先例的很好创意。2011 年 10 月底他与来访的基金会于振起副理事长就此达成共识后，俄方对文集项目给予高度重视，进行了精心策划。征稿工作得到俄社会各界相关人士的热烈响应，从而得以在较短时间内完成组稿，并按照与中方达成的共识如期完成了出版任务。俄中友协在出版后第一时间已将文集提供给俄外交部等部门，并收到良好反映。

　　季塔连科高度评价中国国际问题研究基金会与俄中友协和远东所就《俄罗斯友人看中国》文集项目进行的合作，感谢基金会给予的资助。他说，增进俄中人民之间的相互了解和友谊一直是两国友协、研究机构等民间组织的共同目标，也开展了许多相关活动。但过去双方的活动通常都是各自平行进行，鲜有交叉。此次文集的问世标志着双方开始就同一具体项目进行合作。从这个意义上说，这次基金会与俄中友协和远东所的合作开创了一种全新的合作模式。他表示，希望今后与基金会继续开展各种形式的合作，为促进两国人民的友谊做出新贡献。

　　会见后，在俄罗斯科学院远东研究所中国厅举行了《俄罗斯友人看中国》文集首发式。

《俄罗斯友人看中国》文集首发式现场

文集主编、俄中友协主席季塔连科院士，文集部分作者及相关工作人员，中国国际问题研究基金会执行理事长、中国前驻俄罗斯大使刘古昌，基金会副理事长于振起及基金会代表团其他成员，中国驻俄罗斯大使李辉，俄罗斯外交部一亚局局长库里克等 70 余人出席首发式。俄塔社、国际文传社、俄罗斯报等俄方媒体和新华社、《人民日报》、中新社、凤凰卫视等中国驻俄媒体对首发式进行了现场采访报道。

季塔连科主席首先介绍了文集的撰写出版情况、主要特色及其现实影响。他指出，该文集是俄中友协、俄罗斯科学院远东所与中国国际问题研究

《俄罗斯友人看中国》文集封面

基金会首次合作的重要成果，该书的出版表达了俄罗斯人民对中国人民的真挚友情和所取得成就的尊重和敬意。文集从组稿到正式出版仅用了不到 9 个月的时间。20 位来自俄罗斯不同地区、从事不同职业的作者以其各自独特的视角向俄罗斯读者讲述了对中国文化、历史、经济、哲学、社会生活的体验和看法。该文集时间跨度大，追随了中国近 60 年的发展轨迹，并将历史和现实相互结合，着重描绘了当代中国的真实面貌。选材也独具特色，非常全面。所有作者都是在俄颇具影响的精英人士，其中包括齐赫文斯基、罗高寿、奥符奇尼科夫等，他们都曾多次访问中国或长期在中国工作、长期研究中国，对中国的描述充满了真情实感，没有偏见。相信该书的出版将有助于加深俄罗斯民众对中国的了解和认识。他最后表示："我寄希望于本书的所有作者，也寄希望于下一本书的作者和出版者，希望更多的年轻人成为下一本书的作者。让我们为友谊干杯！"

刘古昌执行理事长代表基金会向主编及全体作者表示衷心感谢，向文集的

正式出版表示热烈祝贺。他指出，该书的问世是中俄两国人民友谊又一新的体现，也是一个没有先例的具有创造性的推进两国人民友好关系的举措。

部分文集作者介绍了各自为文集撰稿的过程和自己与中国的不解情缘。他们表示，感谢中国国际问题研究基金会提出这样的好创意，为他们提供了一个平台，使他们有机会表达积淀多年的对中国人民的友好感情，为增进俄中两国人民的友谊尽自己的一份力。今后将继续竭尽全力为中俄友谊做贡献，永远做中国人民的好朋友。他们认为，当前俄中文化交流已经进入了一个全新的时期，俄罗斯年轻人对中国的兴趣和关注程度也在上升，俄罗斯民间组织应借此东风，加强同中国的交流与合作。有作者提议，将来可考虑出版该文集的姊妹篇——《中国友人看俄罗斯》。

俄外交部一亚局局长库里克发言时指出，该文集的创意构思新颖、完成情况非常令人满意。文集所有作者都是俄罗斯重量级知名专家、社会活动家和外交家，在俄民众中享有很高信任度。当前，俄中关系的发展具有不可逆转性，在俄罗斯，没有经历过两国关系"黑暗时期"的年轻一代也已成长起来，因此，希望两国民间友好机构抓住这一有利时机，再接再厉，共同加强俄中友好关系的社会民意基础。

首发式活动的参加者见证了这一具有历史意义的民间公共外交成果的问世，充满中国文化元素的中国厅自始至终洋溢着中俄友谊的浓郁气氛。

首发式结束后，我在现场接受了《人民日报》和中新社记者的采访。我首先感谢季塔连科主席为文集的编辑出版做出的重要贡献，同时特别提到俄罗斯前驻华大使罗高寿先生为文集撰写的文稿，他在文中讲述了自己从儿童时期开始与中国结下的不解之缘，视中国为他的"第二故乡"。今年3月份罗高寿先生向文集主编提交文稿后不久，就不幸病逝。他是抱病完成的这篇文稿。这是他在生命最后时刻为中俄两国人民友谊做出的特殊贡献。我说，在俄罗斯有很多像罗高寿先生这样的中国人民的老朋友，同时也有越来越多的年轻朋友。这本文集真实地记录了许多俄罗斯人民与中国人民结缘的感人故事，这是中俄两国人民的宝贵精神财富，也是我们两国人民友谊世代相传的强大精神动力。

季塔连科主席以文集主编身份为《俄罗斯友人看中国》文集撰写了热情洋溢的寄语，主要内容如下：

对于一个毕生60余年研究中国并在俄罗斯传播中国文化的人来说，也许没有比作为本书的主编更让我快意且义不容辞的事情了，因为这本书汇集了各个时期访问过中国的俄罗斯学者、记者、社会活动家、专家们关于中国的文章和回忆。

当然，我不会像一个编辑一样去修改书中作者的稿子，因为他们都是各个领域的大家，其中有俄罗斯著名外交家、中国历史及亚洲国际关系专家齐赫文斯基院士，著名汉学家和外交家、国务活动家、俄罗斯联邦会议上院议员、历史学博士罗高寿，著名记者、中国和日本文化资深专家奥夫钦尼科夫，还有一些著名学者、社会活动家和资深汉学家，例如李福清院士，沃斯克列先斯基教授，经济学博士沙巴林，以及我们资深儒学专家、俄罗斯儒学协会会长、俄罗斯功勋科学活动家、历史学博士佩列洛莫夫教授。书中的其他作者也都是各个领域的权威专家，在此不一一提及。每位作者都有权按照自己认为合适的方式去表达观点。

2011 年 10 月中国国际问题研究基金会副理事长于振起受理事长的委托正式提议在莫斯科出版《俄罗斯友人看中国》一书。这一提议得到我们的热烈支持。

于振起先生在提议的同时邀请我担任该书的主编。

我和俄中友好协会中央理事会的同事与助手一起承担起这项工作。一位是协会的第一副会长库里科娃女士，另外两位是协会中央理事会的执行秘书维尔琴科和图尔恰克。我们发出了大量征稿函，并与许多专家进行了电话沟通，最终确定了一个能够按时提交文章的作者名单。

我们收到的文章不论在形式上、内容上还是主题上都可以用一句中国古语来表示，那就是"百花齐放"。至于后半句"百家争鸣"，这种情形在我们的文集里没有出现。所有的作者都对中国人民充满着真挚的感情，赞叹中国的辉煌成就，坚信发展和巩固两国之间的睦邻友好合作关系的重大历史意义。当然，那些经历过20世纪50年代苏中关系蜜月期、冷淡期以及60—80年代冲突期的人们在自己的文章中不可能不提到两国关系的艰难岁月，但是当作者们提到这些事情时，并没有谴责某一方的过错，而是从尊重中国朋友、为当代提供警示的角度来表达观点。俄中领导人在签署完历史性的《俄中睦邻友好合作条约》之后说过一句至理名言："世代友好，永不为敌！"这句话对于两国的后人永远具有指导意义。

书中作者们畅谈了他们的对中国的发现，他们的中国之路，他们对伟大的中国文化的理解以及对两国友好合作前景的展望，这些思想和回忆是他们内心情感的自然流露，没有经过统一的规划和梳理。我想，读者们看完以后是会有所触动的。

在我看来，作者们关于两国睦邻友好关系的形成与意义的思想具有特殊价值。两国之间的关系从20世纪末到今天达到了前所未有的高度——全面战略协作伙伴以及共同发展的关系。

借此机会我要向俄中友好协会的热心人士表示感谢，感谢为本书出版提供编辑和技术帮助的我的远东所的几位同事，他们是：经济学副博士乌沙科夫，别里丽娜，加卢什科，休罗娃。

俄罗斯和中国媒体以及俄罗斯社会对《俄罗斯友人看中国》文集首发式高度关注，反响热烈。

首发式当天，俄通社—塔斯社、国际文传电讯社、俄新网、新华社、人民网、中新社等多家俄中媒体就迅速报道了这一消息。上合组织信息门户总编于7月4日发表文章，对文集进行了详细专题报道，并配发图片；四川卫视新闻栏目《巴蜀快报》7月4日对首发式情况进行了报道；《俄罗斯报》于7月4日和5日对文集出版先后进行了两次报道；7月6日《中国青年报》第4版刊登题为《俄罗斯名家纵笔中国80年巨变》的首发式侧记；俄《移民杂志》在其网站上刊登消息并配发照片；新华新闻电视网中文台网站上传了活动的视频新闻。此外，首发式消息还被俄罗斯之声以及搜狐、新浪、网易等各大门户网站转载。

俄通社—塔斯社的报道指出，该文集的最大意义就是告诉俄罗斯人：俄中两国注定是邻国，只有维持睦邻友好关系，两国才能确保自身的独特性和文化优点，共享和平与繁荣。

《移民杂志》网站报道说，20位俄罗斯知名人士对于中国社会经济与文化生活的生动描述组成了一副当代中国的多彩画卷。毫无疑问，无论是老一代，还是肩负着传承友谊责任的年轻一代都会对该文集产生兴趣。

上合组织信息门户网站称，季塔连科院士指出，该文集"是俄罗斯科学院远东所和中国国际问题研究基金会联合项目的成果，它达了俄罗斯人民对中国人民所取得成就的尊重和敬意，以及进行学习和对话的意愿"。俄罗斯外交部一亚局局长库里克指出，"中俄两国之间的伙伴关系是全方位的。其发展势头和发展方向带有不可逆转的性质。因此有必要在'世代友好，永不为敌'的口号下，继续努力扩大双边关系的民意和社会基础"。

人民网7月3日发表了详细报道，其中写道：

人民网莫斯科7月3日电（记者　陈志新　张晓东）由俄罗斯俄中友协主席、俄科学院远东问题研究所所长季塔连科院士主编、中国国际问题研究基金会赞助的《俄罗斯友人看中国》文集首发式3日在俄科学院远东问题研究所举行。中国国际问题研究基金会执行理事长、中国前驻俄罗斯大使刘古昌以及文集所有作者等约50名中俄人士出席了首发式。

据介绍，《俄罗斯友人看中国》文集收入了20位俄罗斯各界人士对中国生活鲜活真实的体验和看法，为读者展现出一幅幅生动形象的中国景象。

七月的莫斯科清风送爽，绿意盎然。在这个灿烂的季节里，中俄两国人民友好交往的进程中又增添了新的内容。7月3日，由俄罗斯俄中友协主席、俄科学院远东问题研究所所长季塔连科院士主编、中国国际问题基金会赞助的《俄罗斯友人看中国》文集首发式在俄中友协充满中国元素的会议大厅隆重举行。50余名中俄两国友好人士济济一堂，共话中俄友谊。

翻开这部凝聚着中俄友好人士心血的文集，见证过中华人民共和国建立的俄著名外交家齐赫文斯基，采访过毛泽东、周恩来等多位中国领导人的著名记者欧福钦、翻译过大量中国名著的著名汉学家华克生等的名字赫然出现在文集作者的名录中。季塔连科院士骄傲地说，20位作者来自俄莫斯科、圣彼得堡、赤塔、符拉迪沃斯托克等多个地区，涵盖了学者、作家、外交官、老师等多个行业。作者们用自己真实的感受，向读者描绘出一个丰富多彩的中国形象。"我们仿佛搭乘上时光的列车，感受光荣而充满革命浪漫主义的50年代，体会当代中国。"季塔连科还说，这本文集将告诉读者，中俄两国友好相处是命运的决定。俄外交部一亚局局长库利科夫指出，文集作者全部都是俄专业素养优秀、经验丰富的明星级人物，他们对于中国的感受与看法具有很强的说服力。中俄两国人民相互客观、友好地看待对方，夯实两国友好的社会基础对于进一步发展俄中全面战略协作伙伴关系具有重要意义。

叙不尽的情缘，讲不尽的回忆。俄著名汉学家华克生将毕生精力奉献于中俄文化交流，他深情地说道，作为从事了60多年俄中友好工作的学者，他生活中大部分内容都与中国有关，对中国的了解甚至比对俄罗斯的了解还多。他说，令他欣慰的是，越来越多的俄罗斯青年人对中国以及中国文化的兴趣日益浓厚。俄著名记者欧福钦表示，共同发展、共同应对挑战是俄中两国人民共同的历史使命。"促进俄中两国人民友谊发展是我们这些人的光荣使命，我很荣幸和高兴，能用自己的实际工作为深化中俄两国友谊做出贡献。"

在中俄两国友好交往的历史上，有一个人永远无法被遗忘，他就是俄罗斯前驻华大使罗高寿先生。今年4月7日，罗高寿不幸因病去世，罗高寿为这本文集所撰写的稿件也成为他为中俄友好所做的最后贡献。中国国际问题研究基金会副理事长于振起告诉记者，罗高寿先生今年3月份病重期间亲自为文集撰写了题为《中国——我的第二故乡》的文章，回忆了自己与中国长达80年的不解情缘，表达了对中国人民的深情厚谊，真正为中俄两国友谊奋斗到生命的最后时刻。中国国际问题研究基金会执行理事长、中国前驻俄罗斯大使刘古昌表示，罗高寿先生文章中所体现的珍惜和发展中俄友好关系的精神，一定能在中俄两国人民间发扬光大。

中国国际问题研究基金会和俄罗斯俄中友协作为中俄两国的民间团体，此次共同推出《俄罗斯友人看中国》文集是双方创造性推进两国友好关系具有开创性意义的尝试，也是中俄两国人民友谊的又一个新的体现。于振起认为，这部文集是中俄双方民间交流协作的成果，完全由俄方作者独立写作完成，客观地反映出作者对中国的看法与认识，感人至深，具有很强的可信度。未来，可能会推出该书的中文版，加深中国人民对俄罗斯人民的友好感情。

祝福殷殷，情意浓浓，中俄友好、中俄合作是所有中俄有识之士的共同心声。不久前俄罗斯总统普京对中国进行了成功访问。他在访问中表示，中国不仅是俄罗斯的好朋友，也是俄在国际事务中可以信赖的好伙伴。中国国家主席胡锦涛则表示，中俄关系发展得更好、更亲密，不仅是两国人民的福音，也是世界的福音。正如文集简介中所写，这本书不仅献给中俄老一代友好人士，也献给年轻一代，希望他们继承和巩固中俄两国传统友谊的光荣传统，两国"世代友好，永不为敌"。

除媒体之外，俄普通民众也对该书产生浓厚兴趣。首发式结束后，我驻俄使馆工作人员去当地邮局办理该书寄送业务时，两位受理业务的俄邮局工作人员对该书表示出强烈兴趣，恳切请求赠送他们一本。

在莫斯科工作的相关中方人员也表示，文集是一个能打动俄罗斯民众心灵的公共外交项目，让俄罗斯对华友好人士亲自讲述中国历史文化和中国改革开放的成就，这是原汁原味、没有先例的民间外交活动。该书的出版是一个创举，必将在俄罗斯社会引起积极和广泛的影响。

二、《白俄罗斯人看中国》文集首发式活动

2012 年 7 月 9 日下午，中国国际问题研究基金会执行理事长刘古昌与《白俄罗斯人看中国》文集主编、白中友协主席、白俄罗斯副总理、白俄罗斯前驻华大使托济克在托济克的办公室会见。基金会代表团全体成员参加会见。

与托济克会见后合影

《白俄罗斯人看中国》文集封面

托济克首先感谢基金会关于在白俄罗斯出版《白俄罗斯人看中国》文集的好倡议及对白方出版该文集提供资助。他说，2011年 11 月初于振起副理事长率工作组访白期间，双方就出版文集一事在口头上达成合作意向，并未签署任何正式文件。白方就是按照当时的口头约定按期完成了文集出版任务。这种做法是没有先例的，其基础就是双方高度的相互信任。托济克高度评价了出版该文集的重要意义，认为该书是对白中两国建交 20 年来友好关系的民间总结，是献给中白建交 20 周年的一份特殊礼物。白方 20 位作者的文章涉及中国政治、经济、文化、教育、新闻等各个领域，他们根据在中国的亲身经历从不同角度向白俄罗斯读者表达了对中国生动、真实的客观看法。在此之前，白俄罗斯普通民众主要通过互联网渠道了解中国，其信息来源既不全面，也非一手，而这本文集可以帮助白俄罗斯社会各界更好更准确地了解和认识中国。托济克表示希望白中友协同基金会今后继续在人文领域加强合作，并建议在两国建交 25 周年之际，在中国出版《中国人看白俄罗斯》文集。

刘古昌对白中友协和托济克本人为出版文集所付出的辛勤劳动表示感谢。他指出，《白俄罗斯人看中国》一书装帧精美、内容丰富，是一本难得的好书，的确是献给中白建交 20 周年的一份特殊礼物。他表示完全同意托济克主席关于今后双方继续加强合作以及适时考虑出版《中国人看白俄罗斯》文集的建议，今后基金会愿与白中友协就进一步开展交流与合作积极进行沟通，为加深中白两国人民之间的友谊做出新贡献。

会见后，双方前往白俄罗斯对外友协，参加在那里举行的《白俄罗斯人看中国》文集首发式。

《白俄罗斯人看中国》文集首发式现场

　　参加文集首发式的有部分文集作者及白方相关工作人员、中国驻白俄罗斯大使宫建伟、白俄罗斯外交部代表和社会各界友好人士，共约50人。白俄罗斯通讯社、白俄罗斯国家电视台、首都电视台等白方主流媒体和新华社驻白记者站记者对首发式进行了现场采访报道。

　　托济克在致辞中说，由中国国际问题研究基金会赞助、白中友协组织编辑、出版的《白俄罗斯人看中国》文集不仅是白中两国人民友谊的体现，而且是创造性地推进两国人民友好关系的新举措。他相信，这部文集将在新时期为加强白中人民传统友谊发挥特殊作用。白方从一开始就认识到，这是一项值得做，并且必须要做好的民间友好工作，对文集出版项目高度重视，从策划、组稿到编辑、出版投入了大量的精力。特别是文集白方联络员阿利娜女士，为按照原来商定的标准如期出版文集，在过去8个月的时间里放弃了休假，为文集出版付出很多心血。她的精神代表了白方所有参与文集工作的人员，体现了对中国人民真诚的友好感情。

刘古昌在致辞中对《白俄罗斯人看中国》文集正式出版表示热烈祝贺，认为这是中白两国人民友谊的又一个新的体现，也是一个没有先例的具有创造性的推进两国人民友好关系的举措。

他说，今天展现在大家面前的这本文集不仅设计精美，更主要的是内容厚重，包含了20位白俄罗斯各界朋友对中国政治经济文化社会生活的鲜活真实的体验和看法，为读者展现出一幅生动立体的中国图像。作者包括白俄罗斯著名的外交家、汉学家、艺术家、教育工作者和媒体工作者等各方面人士。我代表基金会对你们表示衷心感谢。

他表示相信，《白俄罗斯人看中国》文集在中白建交20周年之际问世，既是对两国领导人关于加强中白友好关系讲话精神的很好诠释，也将为在新时期加强中白两国人民传统友谊发挥特殊作用。我们所有参与本文集工作的人都有理由为自己的工作感到自豪。中国国际问题研究基金会作为中国有重要影响力的外交智库和促进对外友好交流的民间组织，将继续加强与白俄罗斯对外友协和白中友协的交流与合作，为推动中国人民与白俄罗斯人民之间的友谊做出自己力所能及的贡献。

白俄罗斯对外友协主席伊万诺娃在发言中指出，近年来，白中人民之间交流非常积极活跃，特别是开展了各种各样的民间交流活动，这些活动对白俄罗斯民众了解中国、增进同中国的友好感情发挥了良好作用，感谢中方这些年来所做的大量工作。《白俄罗斯人看中国》这部文集的问世无疑是两国民间友好交流的新创举。她相信，该书会对白俄罗斯人民更深入了解中国和中国人民、增进两国友谊发挥重要的、不可替代的作用。她认为，这次刘古昌执行理事长率团出席文集首发式，体现了中国国际问题研究基金会对与白俄罗斯对外友协开展合作的重视，希望今后双方继续积极开展友好交流与合作，为促进两国和两国人民之间的友谊发挥自己的作用。

白俄罗斯艺术家在首发式上演唱了歌颂中白友谊的歌曲。中国在白留学生也演唱了中国民族歌曲和白俄罗斯歌曲。会场始终洋溢着中白友谊的热烈友好气氛。

《白俄罗斯人看中国》文集前言内容如下："2012年白俄罗斯与中国庆祝建交20周年。两国互利合作发展中的这一标志性重大事件为本书的出版提供了契机。这项出版计划的发起者是中国国际问题研究基金会，该基金会的副理事长兼俄罗斯中亚东欧研究中心主任是前任中国驻白俄罗斯大使、历史学博士于振起先生。本书由前任白俄罗斯驻中国大使托济克教授统稿编辑。本书的作者来自各行各业：有国家公务员、企业领导、学者、教师、医生、运动员、记者……所有人都与中国同行有着多年交往经验，多次到过中国，有的还在中国学习和工作过。他们记录了自己熟悉的、在心中留下印象的东西。……本书旨在帮助阅读者（首先是白俄罗斯读者）更好地了解中国——这个具有伟大传统和未来的神奇国度。作者们希望本书能对进一步巩固两国人民友谊、发展全面合作关系做出自己的贡献。"

《白俄罗斯人看中国》文集首发式引起白俄罗斯当地媒体高度关注。白俄罗斯《人民报》、白俄罗斯通讯社、白俄罗斯电视一台、白俄罗斯首都电视台等和新华社驻白记者站派记者出席了首发式。活动开始之前，多家媒体对刘古昌执行理事长进行了联合采访。

首发式当天，白俄罗斯电视一台、白首都电视台即报道了这一新闻。次日，《人民报》、白通社、新华社等媒体也对首发式活动进行了报道。此外，该消息也被中外媒体多次转载。白俄罗斯电视一台在新闻节目中说，托济克认为文集内容有趣、客观。文集介绍了现代中国，包括其经济发展、教育、文化和科技发展水平。该书对于那些同中国开展合作或者打算开展合作的人来说非常有用。首都电视台的报道说，托济克指出，应尽量多向读者介绍现代中国，包括它的发展机遇、技术水平、经济、教育和文化领域的发展成就。他表示："我们非常希望该书成为白中合作与友谊大厦的又一基石。"刘古昌认为，该书一方面体现了两国之间深厚的友谊，另一方面，文集的发行也将帮助白俄罗斯民众更好地了解现代中国。

7 月 10 日白俄罗斯《人民报》报道指出，刘古昌认为"（联合出版文集）是深化中白两国人民友谊的一项创新举措。我们准备进一步扩大同白中友协的联系与合作"。

当天白通社发布的消息称，托济克在首发式上表示，坚信文集的出版将极大促进白中之间的合作。他强调：文集作者对中国的认识不是来源于道听途说，他们都到过中国或在中国实地工作过，因而对中国的发展有着自己的看法。这本书是对白中两国建交 20 周年友谊的一次特殊总结。刘古昌执行理事长则表示，该书不仅设计有趣，20 位作者的讲述也非常引人入胜。书的发行不仅仅是中白友谊快速发展的又一例证，也是一项深化两国友好关系的史无前例的创举。

2012年12月26日，白俄罗斯驻华使馆在北京举行了《白俄罗斯人看中国》文集的推介会。刘古昌执行理事长和我代表基金会出席。白俄罗斯驻华大使布里亚主持了推介会。

我在现场接受了白俄罗斯国家电视台记者的采访。记者问了2个问题：1. 您倡议并推动出版《白俄罗斯人看中国》文集的动因是什么？2. 您如何看待白方希望将来在中国出版《中国人看白俄罗斯》文集的想法？您会参与这项工作吗？我回答说，我倡议并推动在白俄罗斯出版《白俄罗斯人看中国》文集是为了履行7年前我与卢卡申科总统辞行时所做的承诺："我永远不会忘记可爱的白俄罗斯和白俄罗斯人民，将会继续为促进中白友好关系尽力。"白方关于在中国出版《中国人看白俄罗斯》文集的想法是个好建议，有助于中国人民加深对白俄罗斯的了解。如果白方邀请我参加这项工作，我会积极支持的。

我在推介会留言簿上用俄文写下自己的留言："祝愿白俄罗斯共和国繁荣昌盛，白俄罗斯人民和平幸福！"

12月29日的《苏维埃白俄罗斯报》对推介会做了报道，其中写道：

即将过去的这个图书年最后一个和谐音符是日前在北京举行的《白俄罗斯人看中国》文集推介会。该书是今年为纪念白中建交20周年在明斯克出版的。合作出版《白俄罗斯人看中国》文集的发起人是两位前大使。一位是现任副总理兼白中友协主席阿纳托利·托济克，他曾经在中国担任5年大使。另一位是现任中国国际问题研究基金会副理事长于振起，他曾经在明斯克担任3年大使，至今仍与我国保持着联系。他始终把我们国家称为"我可爱的白俄罗斯"。

《白俄罗斯人看中国》文集是由中国国际问题研究基金会提供的资金支持。基金会理事长刘古昌在推介会上说："这样的项目在中国外交实践中迄今没有先例。""这是一个全新的创意。全书基于白俄罗斯撰稿人对中国和中国人民的亲眼所见的真实印象。这样的书要比我们自己讲自己更有可信度。"

现任白俄罗斯驻华大使布里亚在讲话中同样给予文集高度评价。他说："我认为，这本文集对加强白中双边关系是非常有益的。文集使我们确信，我们两国人民相互十分关注。这也是我们一直强调的。正因为如此，现在开始考虑把我们的合作继续下去的问题，即在明年出版《中国人看白俄罗斯》文集。"

三、《哈萨克斯坦人看中国》文集首发式活动

2012 年 7 月 12 日，中国国际问题研究基金会执行理事长刘古昌率团在哈萨克斯坦总统战略研究所会见《哈萨克斯坦人看中国》文集主编、哈萨克斯坦总统战略研究所所长布·苏尔丹诺夫。中国驻哈萨克斯坦大使周力、中国驻阿拉木图总领馆副总领事罗世雄、哈萨克斯坦议会下院外交、国防与安全委员会主席、前驻华大使库·苏尔丹诺夫等出席了会见。

布·苏尔丹诺夫所长首先对中方关于出版文集的倡议以及文集的策划者于振起副理事长表示感谢。他认为，中方的想法很好，该倡议很有意义。因此，虽然去年 11 月于振起副理事长访哈期间双方就出版文集一事仅达成口头协

《哈萨克斯坦人看中国》文集封面

议，并未签正式书面协议，但基于两国良好的双边关系和个人信任，哈方高度重视此事并投入了大量精力积极运作。

布·苏尔丹诺夫对文集的意义和影响给予了高度评价。他指出，金融危机爆发以来，西方强制推行其霸权政策的倾向越来越明显。与将中国视为威胁的西方不同，哈方认为中国的发展和强大对哈有利，是好事。正是在此背景下，哈萨克斯坦人民通过这本文集表达了对中国真挚、友好的感情，这与西方敌视中国的政策形成了鲜明对照。文集中近 20 位哈萨克斯坦社会各界著名人士通过自己的亲身经历向读者展示了中国真实、人性的一面。可以说，该书奠定了中哈人民友好交流的基石。《哈萨克斯坦人看中国》是哈萨克斯坦人民以自己的方式向中共十八大献上的一份特殊礼物。从这个意义上讲，该书的问世是两国民间外交的一个创举。

布·苏尔丹诺夫说，总统战略研究所已将此书送给纳扎尔巴耶夫总统和哈

总理、外长、议长等 28 位高官，并收到了良好的反馈，称之为"一本好书"。他相信，在该书正式面向社会发行之后，也必将受到哈萨克斯坦广大民众的关注和欢迎。

布·苏尔丹诺夫还就文集后续工作提出建议。他认为，该书完全可以成为所有对中国感兴趣的哈方读者的旅游指南和案头书。因此，建议今后考虑出版更便于携带的简装本。他还提出，希望在中国发行该书的中译本，并建议中方将此书送给中国党政领导人参阅。

刘古昌执行理事长对哈方为文集所做的大量工作表示衷心感谢，并对文集的特色和意义给予高度赞誉。刘古昌指出，该书装帧设计精美，内容丰富厚重，具有很强的可读性。文集作者都是哈国内各领域的代表人士，具有广泛的影响力，其文章有很高的可信度。该书如同是播种机，将把中哈友谊的种子播撒到两国人民心中，将对增进两国人民之间的了解、巩固两国友好的社会和民意基础产生重要影响。

刘古昌指出，该书的问世还标志着中国国际问题研究基金会与哈萨克斯坦总统战略所发展实质性合作关系的开端。他希望两个民间机构能够建立起经常性联系和战略合作关系，并提议在适当时候双方可签署战略合作协议。布·苏尔丹诺夫对此予以积极响应。

作为文集作者之一的哈议会下院外交、国防与安全委员会主席、前驻华大使库·苏尔丹诺夫表示，很荣幸能够参加这一项目，作为中国人民的朋友，只要是有利于哈中友好的事情他都愿意参与。

最后，布·苏尔丹诺夫所长向刘古昌执行理事长颁发了该所荣誉研究员聘书。

会见后，在哈萨克斯坦总统战略研究所举行了《哈萨克斯坦人看中国》文集首发式。

哈方部分文集作者及相关工作人员、中国驻哈萨克斯坦大使周力、中国驻阿拉木图总领馆副总领事罗世雄、阿拉木图市副市长谢伊杜曼诺夫、部分驻阿拉木图使团代表等 80 余人出席了文集首发式。多家哈萨克斯坦和中国媒体记者对首发式进行了现场采访报道。

首发式上文集主编布·苏尔丹诺夫所长首先致辞：哈方近 20 位不同职业、不同年龄的作者以热情的笔触描绘了中国的方方面面，内容不仅涉及政治、经济，也涉及传统风俗习惯、美食等。这种类型的书在哈出版尚属首次，是哈萨克斯坦人民送给中国人民的一份礼物。布·苏尔丹诺夫指出，当前世界紧张局势仍未缓解，在中亚地区也存在一些不稳定因素。在这一背景下，该书的问世非常及时，表达了人民追求和平、友谊、幸福生活的愿望。作为两国民间外交的一项重要内容，其出版有助于哈中两国增进互信，进一步发展睦邻、友好、互利的伙伴关系。对哈方而言，强大而繁荣的中国不是威胁，而是福祉。作为中国的邻国，中国的发展对哈方来说不仅意味着和平、稳定的边境，也意味着更多的发展机遇。同时，研究中国的独特的发展道路对哈方也具有非常迫切的现实意义。

《哈萨克斯坦人看中国》文集首发式现场

刘古昌执行理事长代表基金会向文集主编布·苏尔丹诺夫所长及全体作者表示感谢，向文集的正式出版表示热烈祝贺。他指出，该书的问世是中哈两国人民友谊又一新的体现，也是一个没有先例的具有创造性的推进两国人民友好关系的举措。

周力大使在致辞中表示，《哈萨克斯坦人看中国》一书的问世是庆祝中哈建交 20 周年系列庆祝活动的一大亮点。友好的哈萨克斯坦朋友以自己敏锐的观察、独特的视角反映了中国经济发展、社会进步、人民生活水平不断提高等方方面面的情况和变化。该书对研究当代中国改革开放这一重要历史进程及其成果具有重要的参考价值，为哈萨克斯坦和世界人民了解中国建起一座新的桥梁，同时也是中哈两国友好关系的有力见证。

首发式在友好、热烈的气氛中进行。首发式结束后，刘古昌执行理事长接受了哈萨克斯坦《世界报》记者的专访。

布·苏尔丹诺夫所长以主编身份为《哈萨克斯坦人看中国》文集撰写了序言，主要内容如下：

尊敬的读者们，摆在你们面前的这本书《哈萨克斯坦人看中国》是一些著名的哈萨克斯坦政治和社会活动家、权威学者、大学教师和记者通力合作的结晶。尽管书中的作者们职业不同、政治观点各异，但他们都对中国人民怀有友好的感情。

我们把这本书视为民族交往的一个重要组成部分，因为我们进行民族交往的目的是为了更好地了解对方，增进互信，减少恐惧和流言的威胁。但非常遗憾的是，近来一些外国媒体大肆散布关于中国的负面报道，尤其是对中国日益增长的经济实力微词颇多。这些报道也通过各种途径进入了哈萨克斯坦人民的视野。

的确，与我们毗邻而居的中国是当今发展最迅猛的国家之一。中国经济总量已经超过日本跃居世界第二，仅次于美国。

哈萨克斯坦与中国的合作在 21 世纪不断变化的国际形势下尤为现实和迫切。

全世界见证的已不是对国际法的僭越，而是国际法自身的真正危机。远的不说，最近的例子是在前南斯拉夫、伊拉克和利比亚发生的假借各种名义、致无数人死伤的战争，如今又在叙利亚挑起内战。遗憾的是，国际法越来越让人想起那些没有规则只有'痛苦留给战败者'口号的战争。

哈萨克斯坦总统纳扎尔巴耶夫认为，在当今国际关系转型时期同时发生着几种系统化进程：第一，科技创新基础上的新技术革命日渐成熟；第二，全球经济增长中心迁移；第三，全球外汇体系格局变化加剧；第四，全球信息社会的领域急剧扩大；第五，多极世界正在形成。

综上所述，在国际关系转型期，加强与中国的全面合作对哈萨克斯坦具有特殊意义，这取决于以下几个因素：第一，两国拥有较长的共同边境；第二，哈萨克斯坦和中国在能源领域相互依赖；第三，哈萨克斯坦拥有丰富的自然资源和开发这些资源的巨大潜力；第四，双方均关注国民经济制造领域的发展。

哈萨克斯坦对中国的重要性将会随着欧亚交通走廊计划的实施以及未来能源走廊（中国—中东，中国—南亚）计划而日益增长。

对哈萨克斯坦而言，进一步发展欧亚一体化（与俄罗斯、欧盟和中国）同样重要。哈萨克斯坦最感兴趣的是吸引中国一流公司来实施工业创新发展计划，开办联合企业以发展进口替代生产。

白俄罗斯、哈萨克斯坦和俄罗斯关税同盟的建立要求中国拓宽与关税同盟国之间的合作形式。中国目前是关税同盟国的主要合作伙伴之一，2011 年关税同盟国与中国的贸易额为 1078 亿美元，占它们总贸易额的 11.8%。

哈中在 20 年的合作中建立了一套有利于双方发展互利关系的法律体系，签署了大约 200 份双边文件，其中包括《哈中睦邻友好合作条约》《哈中 21 世纪合作战略》。

双方依照国际法在友好、信任和相互理解的基础上完成了 1782 公里边境线的划界工作。

哈萨克斯坦现在是中国在中亚地区的主要贸易伙伴。两国贸易额占整个中亚地区与中国贸易额的 67.9%，其中出口占 56.4%，进口占 81.8%。我们可以比较一下，中亚其他四个国家 2010 年与中国贸易额在整体中的比例：吉尔吉斯斯坦 13.9%，塔吉克斯坦 4.8%，土库曼斯坦 5.2%，乌兹别克斯坦 8.2%。

2011 年哈萨克斯坦与中国的贸易额达到 250 亿美元，占哈总贸易额的 20.9%，预计到 2015 年哈中贸易额将会达到 490 亿美元。

双方开展务实合作的成功项目有：阿拉木图州莫伊纳克水电站、巴甫洛达尔铝厂、阿克套沥青厂、"哈萨克斯坦西部—中国西部"输油管道、跨境天然气输气管、哈中霍尔果斯国际边境合作中心。

双方在人文领域也进行了一系列成功的合作。目前大约有 8000 名哈萨克斯坦学生在中国学习，在哈也有 1000 多名中国留学生。哈有两所孔子学院（分别设在阿尔·法拉比哈萨克斯坦国立大学和哈萨克斯坦国立古米廖夫欧亚大学），它们为哈国民提供了独有的学习中国语言和文化的机会。

双方根据签署的《打击恐怖主义、分裂主义和极端主义的合作协议》，在双边层面和上海合作组织框架内有力打击了"三股势力"和跨国犯罪。

哈中关系的深化得益于两国领导人之间确立的友好、信任和尊重的良好氛围以及高层间的定期互访，这有助于高效地解决双方合作中出现的问题。

2012 年哈萨克斯坦总统纳扎尔巴耶夫将对中国进行第 18 次访问，这无疑会给双方的互利合作带来新的动力。

我们希望，哈中两国领导人按照业已形成的传统就以下问题进行磋商：如何进一步提高双边贸易额，加强能源、和平利用核能、石化、运输、农业、边境贸易等领域合作，包括哈粮食等农产品向中国出口问题。

在此必须说明的是，哈中睦邻友好关系不针对第三方。哈中合作的快速发展旨在进一步巩固双方政治互信，维护地区安全与稳定，促进共同发展与繁荣，扩大人文交流，加强两国人民的传统友谊。

哈萨克斯坦各主流媒体对《哈萨克斯坦人看中国》文集首发式反响热烈，报道热情积极。主要内容如下：

今天在阿拉木图举行了《哈萨克斯坦人看中国》文集首发式。该文集由哈萨克斯坦总统战略研究所编辑出版，中国国际问题研究基金会予以支持。该文集旨在让哈萨克斯坦读者了解中国和中国人民，了解中国的政治、文化和传统，加深和扩大对这个友好国家的认识。文集汇集了哈萨克斯坦专家学者和新闻工作者的论文和随笔。

参加文集首发式的有哈萨克斯坦议会下院议员、外交部代表、驻阿拉木图外交使团人员，以及我国的专家学者、社会组织代表等。

在首发式现场，文集作者回答了记者的广泛提问，其中涉及哈萨克斯坦与中国关系的现状和前景。

哈萨克斯坦议会下院议员、前驻华大使库·苏尔丹诺夫指出，哈萨克斯坦人"关于中国的印象不少，但关于中国的知识不多"。《哈萨克斯坦人看中国》文集在解决这个问题方面能发挥的作用怎么估计都不为过。

哈萨克斯坦议会下院议员布尔哈诺夫认为，中国的政治经济发展模式是独一无二的，它值得许多国家认真研究和仿效。他说："伟大的改革者邓小平讲过，实践是检验真理的标准。而实践已经表明，中国的领导人执行的政策是聪明的，经过深思熟虑的，而且是有成效的。" 布尔哈诺夫指出，一直以来有一种观点认为，发展中国家都应该采用西方国家发明的万能的发展道路和模式。然而，中国的经验推翻了这种观点。中国表明，实行得到本国人民支持的改革是能够取得成功的。

当我们结束在哈萨克斯坦的活动，离开阿拉木图，踏上回国的路程时，我心中百感交集。2011 年 11 月我在这里结束文集第一阶段工作访问回国后，曾向张德广理事长讲过当时的感受："苦不堪言，苦尽甘来"。现在当我们真正收获了第一阶段工作的丰硕成果之后，更加真切地体会到苦尽甘来的美好感觉。

2013 年 9 月至 2014 年 1 月期间，在外交部欧亚司支持下，《俄罗斯友人看中国》文集、《白俄罗斯人看中国》文集和《哈萨克斯坦人看中国》文集的中文译本陆续在北京出版，扩大了《外国友人看中国》文集项目在国内的影响。

第十节　文集项目第一阶段实施情况总结

2012 年 7 月 24 日，基金会把文集项目第一阶段实施情况总结作为一份《国际问题研究报告》上送有关方面。内容如下：

一项民间公共外交的创举

——《外国友人看中国》文集项目第一阶段实施情况总结

一、项目策划过程

为拓展中国国际问题研究基金会公共外交活动领域，并配合 2012 年中国与欧亚地区国家建交 20 周年相关外交活动，于振起副理事长于 2011 年 2 月在基金会俄罗斯中亚东欧研究中心执行主任会议上提出在欧亚地区国家资助出版《外国友人看中国》系列文集的设想，将其作为一项民间公共外交项目。大家一致表示支持并愿积极参与。随后，这一设想得到张德广理事长和刘古昌执行理事长以及外交部欧亚司司长张汉晖的积极支持。

2011 年 9 月，中国烟草总公司决定对该项目给予专项资金支持，并与基金会签署了相关协议。随后，于振起拟订了《外国友人看中国》系列文集项目实施计划，主要内容如下：

1. 目标：争取在欧亚地区 12 个国家每个国家出版一册。如果经费不足，再视情调整项目目标。

2. 项目周期：分阶段实施，先大后小、先易后难，争取 2 年内全部完成。

3. 由基金会俄罗斯中亚东欧研究中心组织相关合作单位负责实施。于振起为项目承办人。

4. 具体实施方案：

分期分批派我方人员前往相应国家与外方相关民间组织机构洽谈文集编写、出版事宜，由外方负责组稿和编辑，我方负责最后审稿，在当地出版社用该国通用文字出版。出版后在相应国家举行首发式，配合我与欧亚地区国家建交 20 周年庆祝活动，大力宣传。

2011 年 10 月下旬由于振起率项目第一阶段工作组赴俄罗斯、白俄罗斯、乌克兰、哈萨克斯坦组织落实在四国出版文集事宜，争取 2012 年年中出版。

在项目实施过程中，请外交部欧亚司和我有关驻外使领馆给予必要的工作支持。

5. 将来如能争取到新的资金支持，可考虑在国内出版文集的中译本，以发挥对内宣传的作用。

以上项目实施计划得到基金会主要领导的正式批准。

二、项目第一阶段工作组访问情况

2011 年 10 月下旬至 11 月上旬，于振起率领工作组先后赴俄、白、乌（克兰）、哈四国落实文集项目。行前，向上述四国合作伙伴提供了我方起草的《文集编辑出版规划》，作为双方讨论合作的基础。《规划》规定文集组稿、编辑、出版完全由外方负责，中方只负责提供经费资助。中方同时提出关于文集出版相关技术性要求（作者人数、文集开本、页数、提交中方阅稿时间以及出版时间等）。此外，工作组行前通过与外方直接沟通，确定了四国文集主编人选，即俄中友协主席、俄科学院远东所所长季塔连科；白中友协主席、白副总理托济克；乌中协会主席、乌克兰前总统克拉夫丘克；哈萨克斯坦总统战略研究所所长苏尔丹诺夫。

在访问四国期间，对方完全同意中方的《文集出版规划》，双方以此为基础达成充分共识。对方对这一没有先例的民间友好合作项目表现出极大热情，愿通过此项目为增进两国人民的友谊做出贡献。为便于沟通，双方均确定了项目联络员。有关使领馆也根据欧亚司指示确定了使领馆项目联络员，必要时协助双方沟通。

此访后，俄、白、哈三国项目工作进展顺利，至今年 6 月底均按期出版了各自文集，即《俄罗斯友人看中国》《白俄罗斯人看中国》《哈萨克斯坦人看中国》。只有乌克兰方面因自身困难提出暂停项目工作。

三、基金会代表团出席项目第一阶段三国文集首发式情况

2012 年 7 月初，基金会执行理事长刘古昌率基金会代表团前往俄罗斯、白俄罗斯、哈萨克斯坦，出席《俄罗斯友人看中国》《白俄罗斯人看中国》《哈萨克斯坦人看中国》的首发式活动，并与三国文集主编会见，进行友好交流。

季塔连科在与刘古昌会见时表示，基金会关于在俄出版《俄罗斯友人看中国》文集的倡议是没有先例的好创意。他高度评价双方就《俄罗斯友人看中国》文集项目进行的合作，感谢基金会给予的资助，称俄方对文集项目高度重视，精心策划，并按照与中方达成的共识如期完成了出版任务。俄中友协在出版后第一时间已将文集提供给俄外交部等部门，并收到良好反映。他说，增进俄中人民之间的相互了解和友谊一直是两国友协、研究机构等民间组织的共同目标，也开展了许多相关活动。但过去双方的活动通常都是各自平行进行，鲜有交叉。此次文集的问世标志着双方开始就同一具体项目进行合作。从这个意义上说，这次基金会与俄中友协和远东所开创了一种全新的合作模式。他表示，希望今后与基金会继续开展各种形式的合作，为促进两国人民的友谊做出新贡献。

刘古昌感谢季塔连科及俄中友协的朋友们为文集出版付出的辛勤劳动，完全同意季对出版文集意义的评价，表示今后基金会将继续加强与俄中友协的交流与合作，为增进中俄两国人民之间的友谊发挥自己的特殊作用。

托济克在会见刘古昌时首先感谢基金会关于在白出版《白俄罗斯人看中国》文集的好倡议及对出版该文集提供资助。他说，去年于振起副理事长访白期间与其就出版文集一事只是在口头上达成合作意向，并未签署任何正式文件。白方就是按照口头约定按期完成了文集出版任务。这种做法是没有先例的，证明双方之间有着高度相互信任的基础。托济克高度评价发行该文集的重要意义，认为该书是对白中建交 20 年来友好关系的民间总结，是献给白中建交 20 周年的一份特殊礼物。20 位作者的文章从不同角度向白俄罗斯读者表达了对中国生动、真实的客观看法，将有助于白社会各界更准确地了解和认识中国。托济克表示希望白中友协同基金会今后继续在人文领域加强合作，并建议双方在两国建交 25 周年之际，出版《中国人看白俄罗斯》文集。

刘古昌对白中友协和托济克本人为出版文集所付出的辛勤劳动表示感谢。他指出，《白俄罗斯人看中国》的确是献给中白建交 20 周年的一份特殊礼物，完全同意托济克主席关于今后双方继续加强合作以及适时考虑出版《中国人看白俄罗斯》文集的建议，今后基金会愿与白中友协就进一步开展交流与合作积极进行沟通，为加深中白两国人民之间的友谊做出新贡献。

苏尔丹诺夫与刘古昌会见时首先对中方关于出版文集的好倡议以及文集的

策划者于振起副理事长表示感谢。正是基于两国良好的双边关系和个人之间的高度信任，哈方仅根据与中方达成的口头协议，便投入大量精力积极运作文集出版事宜。他对文集的意义和影响给予高度评价，认为这本文集表达了哈萨克斯坦人民对中国真挚、友好的感情，这与西方一些势力敌视中国的政策形成鲜明对照。该书奠定了中哈人民友好交流的基石，也是哈萨克斯坦人民以自己的方式向中共十八大献上的一份特殊礼物。从这个意义上讲，该书的问世是两国民间外交的一个创举。他还说，总统战略研究所已将此书送给纳扎尔巴耶夫总统和哈总理、外长、议长等28位高官，并收到了良好的反馈，称之为"一本好书"。他相信，在该书正式面向社会发行之后，也必将受到哈广大民众的关注和欢迎。

苏尔丹诺夫希望今后在中国能够发行该书的中译本，并建议中方将此书送给中国党政领导人参阅。

刘古昌对哈方为文集所做的大量工作表示衷心感谢，认为该书如同播种机，将把中哈友谊的种子播撒到两国人民心中，将对增进两国人民之间的了解、巩固两国友好的社会民意基础产生重要影响。

刘古昌表示，中方将积极考虑哈方有关建议，认为该书的问世标志着中国国际问题研究基金会与哈萨克斯坦总统战略所发展实质性合作关系的开端。他希望两个民间机构今后能够建立起经常性联系和战略合作关系，并提议双方在适当时候可考虑签署战略合作协议。苏尔丹诺夫对此予以积极响应。

在俄中友协、白俄罗斯对外友协和哈萨克斯坦总统战略研究所举行的三场文集首发式活动内容充实生动、气氛友好热烈，受到当地媒体广泛关注，同时也引起社会各界热烈反响。中国驻上述国家的媒体也对代表团的访问表现出极大热情，进行了跟踪报道。

刘古昌执行理事长在访问期间对基金会实施《外国友人看中国》文集这一民间公共外交项目的宗旨和目的进行了详尽阐释，进一步增强了该项目的对外影响力。他同时还利用与当地媒体互动的机会，阐述了中国对有关国际和地区问题的立场和观点，发挥了基金会作为中国著名非官方外交智库的独特作用。

代表团访问达到预期目的，取得圆满成功。

今后，基金会还将在欧亚地区其他国家陆续启动《外国友人看中国》文集项目。

四、几点体会和看法

（一）**越是民间的越能打动人**。由于文集完全由外国人自主编写出版，用当地民众易于接受、喜闻乐见的文风和角度写作者亲身了解的中国，让读者感到可信可亲，所以才会在当地社会各界受到热烈欢迎，引起强烈共鸣。也正因为如此，每个首发式现场都能感受到没有任何外交辞令的友好真情，让人激动、感动，切身感受到民间真情交流产生的震撼心灵的力量。这是对"国之交在于民相亲"的生动诠释，体现了民间公共外交特有的魅力和不可替代的独特作用。这也是对中方项目参与人员付出的辛劳给予的最高奖赏。

（二）**文集项目取得成功的根本原因是立项目标适应客观需要，运作模式符合对象国国情。**外交部欧亚司和相关驻外使领馆的支持和协助也是不可或缺的因素。

（三）**文集项目第一阶段成果将产生一系列良好的后效应**

1. **播种效应：**有关国家有影响力的人士在文集中表达的真诚对华友好感情将在该国民众心中播撒下友谊的种子，形成广泛持久的社会效应。文集的内容具有可传世的价值，将会影响下一代。

2. **持续效应：**文集项目的可持续性已经初步显现，三国合作伙伴提出一系列继续合作的建议，包括出版文集简装本、出版文集续集、出版文集中译本、出版相应的姊妹篇——《中国人看白俄罗斯》等。

3. **聚集效应：**通过文集的形式在相关国家凝聚起一支有形的强有力的对华友好队伍。这支队伍对加强我国与相关国家友好关系将发挥长期重要影响。

（四）**文集项目对中国公共外交能够产生积极影响**

1. **文集项目作为第一个纯民间的区域性公共外交实践，无论形式还是内容或是运作模式都是首创。**

2. **文集完全是由到过中国的外国人集体独立撰写、由外国人在当地自主编辑出版发行的原汁原味的宣传中国的书籍，彻底剥离了官方色彩，突破了以往的传统外宣模式。**

3. **该项目在世界其他具备条件的地区具有可复制性，**为在世界其他地区开展类似公共外交项目提供了借鉴。

4. 《外国友人看中国》民间公共外交项目的成功运作表明，新时代呼吁中国公共外交的新思维。官方和民间机构应在公共外交领域拓宽思路，与时俱进，积极探索，勇于创新。官方机构应加大对民间机构开展公共外交的支持力度。民间公共外交天地广阔，大有可为。

总之，基金会《外国友人看中国》民间公共外交项目第一阶段的实践为探索具有中国特色的服务国家总体大外交的民间公共外交新模式做出了有益和成功的尝试。

2012 年 8 月 15 日，张德广理事长就文集项目第一阶段执行情况给中央有关领导上送一份汇报信，内容如下：

根据中央关于进一步加强公共外交、积极引导各国对华政策取向和国际涉华舆论的精神，为加深包括俄罗斯、中亚各国在内的欧亚地区各国人民对中国的了解和友谊，中国国际问题研究基金会于去年 10 月开始在该地区实施《外国友人看中国》项目，即由中方资助该地区各国对华友好人士在当地自主编写、出版《外国友人看中国》系列文集。文集项目经费由中国烟草总公司全额赞助。这是一项开创性的纯民间的区域性公共外交实践。

至今年 6 月底，《外国友人看中国》文集项目第一批国家俄罗斯、白俄罗斯、哈萨克斯坦三国按计划出版了各自文集，即《俄罗斯友人看中国》《白俄罗斯人看中国》《哈萨克斯坦人看中国》，并于 7 月在三国首都各自举行了文集首发式活动。中国国际问题研究基金会执行理事长、外交部前副部长、前驻俄大使刘古昌率基金会代表团前往上述三国出席了首发式活动，并与三国文集主编会见，进行友好交流。

目前看，文集项目有以下积极影响：

（一）**文集的出版对当地涉华舆论产生强烈正面影响**。由于文集完全由外国人自主编写出版，用当地民众易于接受、喜闻乐见的文风和视角写作者亲身了解的中国，客观公正地介绍中国基本国情、价值观念、发展道路和内外政策，让读者感到可信可亲，在当地朝野各界受到热烈欢迎，引起强烈共鸣。哈萨克国家领导人称之为"一本好书"，各国主流媒体对文集首发式广泛报道。每个首发式现场都能感受到没有任何外交辞令的友好真情，体验到民间真情交流产生的震撼心灵的力量。这是对"国之交在于民相亲"的生动诠释，体现了民间公共外交特有的魅力和不可替代的独特作用。

（二）**文集项目具有可持续性**。三国合作伙伴提出一系列继续合作的建议，包括出版文集简装本、出版文集续集、出版文集中译本、出版相应的姊妹篇——《中国人看白俄罗斯》等。可以预期，文集项目的后续效应将会陆续显现。

（三）**文集项目凝聚了对华友好力量**。各国参与文集编写工作的人士在该国具有相当大的社会影响力。他们通过文集的形式集合成一支强有力的民间对华友好队伍。这支队伍将成为我国加强与相关国家友好关系的重要依靠力量。他们在文集中表达的真诚对华友好感情将在该国民众心中播撒下友谊的种子，形成广泛持久的社会效应。文集的内容具有可传世的价值，将会影响下一代。

（四）**文集项目模式具有可复制性**。此模式对我在世界其他地区开展类似公共外交活动有借鉴意义。

（五）在项目实施过程中，我方充分尊重撰稿人的独立自主性，只在文集付印前通过阅稿而非审稿提出建设性修改建议，每条建议均为撰稿人欣然采纳，从而保证了文集的政治质量。项目的实施始终得到外交部和基金会相关合作单位的大力支持。

今后，基金会还将在欧亚地区其他国家陆续启动《外国友人看中国》文集项目，并计划在国内出版文集的中译本，为进一步增强我国广大民众的爱国信念、民族自豪感和在党的领导下实现中华民族伟大复兴目标的决心发挥积极作用。

文集项目实践表明，民间公共外交天地广阔，大有可为。中国国际问题研究基金会作为外交部主管的民间智库，将根据中央有关精神，继续以深入研究国际问题为中心任务，同时积极开展具有中国特色的服务国家总体外交的民间公共外交活动。

以上报供参考。

随信送上《俄罗斯友人看中国》《白俄罗斯人看中国》《哈萨克斯坦人看中国》各一册，以及基金会网站相关报道材料一份。

中国国际问题研究基金会理事长 张德广
2012 年 8 月 15 日

……

中央有关领导看到上述汇报后，便做出了本章开始引用的相关批示。

第十一节 《吉尔吉斯斯坦人看中国》文集首发式活动

文集项目第二阶段和第三阶段工作从 2012 年 12 月开始陆续收获成果。

2012 年 12 月初，《吉尔吉斯斯坦人看中国》文集在吉尔吉斯斯坦首都比什凯克正式出版。吉方邀请基金会派代表出席在比什凯克举行的文集首发式活动。基金会决定由于振起副理事长率团访吉。

2012 年 12 月 21 日，我代表中国国际问题研究基金会率团抵达比什凯克，

《吉尔吉斯斯坦人看中国》文集封面

并于当天下午在阿布德尔达耶夫外长办公室与阿会见。中国驻吉大使王开文参加会见。

阿布德尔达耶夫首先表示，中国国际问题研究基金会倡议出版这样的文集是个很好的创意，感谢基金会对文集出版给予的资助。近年来，中吉关系发展迅速，这为该书的问世奠定了良好的政治及民意基础，因而，吉方和他本人对此事积极支持，并努力克服困难，使文集在中吉建交 20 周年之际得以面世。阿说，《吉尔吉斯斯坦人看中国》一书是基金会《外国友人看中国》系列丛书项目中的一环，为符合文集的宗旨，他本着好中选优的原则，精心挑选了 10 位政治家、企业家、社会活动家、妇女工作者、大学生、媒体工作者等吉社会各界人士，以便从不同角度、全方位地反映吉民众对中国的印象和看法。所有作者对参与文集编写均表现出了很高的热情和积极性。

我向阿布德尔达耶夫外长转达了基金会张德广理事长和刘古昌执行理事长的问候，对阿布德尔达耶夫担任文集主编以来所做的大量工作表示感谢。同时，对阿布德尔达耶夫担任外长表示祝贺。我说，您作为中国人民的老朋友出任这一重要职务，对加深中吉两国外交部之间的合作有着重要积极意义。

阿布德尔达耶夫表示，中国是吉重要的政治伙伴和经济伙伴，吉尔吉斯斯坦高度重视对华关系。2012 年 12 月初，温家宝总理对吉尔吉斯斯坦进行了正式访问，这对两国关系的发展非常重要。今后吉将继续同中国新一届领导人加强联系，一如既往地发展同中国的友好关系。

阿布德尔达耶夫外长作为主编为《吉尔吉斯斯坦人看中国》文集作序，主要内容如下：

吉尔吉斯斯坦的命运决定了它千百年来与具有惊人的文化和历史的中国为邻。在急剧变化的当今世界，我们邻国中国的社会经济发展和政治历史变化的良好表现是非常重要的。在全球化和信息化时代，吉尔吉斯斯坦人获得各种各样有关中国发展的信息。在多数情况下，这些信息常常相互矛盾。本书并不奢望成为一把了解中国的钥匙。作为吉尔吉斯斯坦各行各业的代表，本书的作者只是试图与读者分享他们通过与中国的接触和在那里工作形成的关于中国的印象与看法。

吉尔吉斯斯坦与中国关系的发展进程表明，在相互尊重、平等互利基础上全面加强睦邻、友好、合作符合两国和两国人民的根本利益，也有利于保持中亚地区的和平、稳定与发展。

希望您通过阅读本书能够找到您感兴趣的有关中国问题的答案。尽管我们对中国的了解还不多，但已经开始走近我们不同寻常的邻国。我们期待着读者的反馈。我有一个想法：我们也许可以让本书再有续篇。如果在今后几年内又能够找到愿意与大家分享自己关于中国的印象和体验的人，我们完全可以再出版第二册《吉尔吉斯斯坦人看中国》。

12月21日下午，《吉尔吉斯斯坦人看中国》文集首发式在吉尔吉斯斯坦外交部举行。文集主编阿布德尔达耶夫、文集全体作者、吉方相关工作人员、基金会代表团全体成员、中国驻吉大使王开文及中国驻吉使馆外交官等30余人出席了文集首发式。

基金会代表团与文集《吉尔吉斯斯坦人看中国》主编和部分作者合影

阿布德尔达耶夫在致辞中说，感谢中国国际问题研究基金会关于编写文集的创意和对文集出版的支持。建交 20 年来，吉中关系有了很大发展。这本文集对吉尔吉斯广大民众进一步了解中国、认识中国将发挥不可替代的作用，对加深两国之间的关系，特别是民间关系具有独特积极意义。

我代表基金会对文集的出版表示祝贺，对主编和各位作者表示感谢。我说，展现在大家面前的这本文集包括了 10 位吉尔吉斯斯坦各界朋友对中国政治经济文化社会生活的鲜活真实的体验和看法，为读者展现出一幅生动立体的中国图像。正如阿布德尔达耶夫外长在文集序言中指出的那样，本书可以使读者找到自己感兴趣的有关中国问题的答案，使得吉尔吉斯斯坦与好邻居中国靠得更近。而我本人从这些文稿中也深切感受到作者们表达出的共同心声，那就是对兄弟的中国人民的友好感情。

关于两国关系，我指出，2012 年 12 月初，温家宝总理对吉尔吉斯共和国的访问是中共十八大后中国主要领导人对欧亚地区的首次出访，显示了中方对中吉关系的高度重视。此访对深化两国各领域互利合作、推动中吉睦邻友好关系全面深入发展具有重要意义。《吉尔吉斯斯坦人看中国》文集在此时问世，既是对两国领导人本月初会晤成果的很好诠释，也将为在新时期加强中吉两国人民友谊发挥特殊作用。所有参与文集工作的人都有理由为自己的工作感到自豪。

我最后表示，中国国际问题研究基金会作为中国有重要影响力的外交智库和促进对外友好交流的民间组织，今后将继续加强与吉尔吉斯斯坦民间机构的交流与合作，为推动中国人民与吉尔吉斯斯坦人民之间的友谊做出自己力所能及的贡献。

文集作者在发言中纷纷表示，中国是吉尔吉斯斯坦的好邻居。目前，中国已经成为世界主要领导力量之一，吉尔吉斯斯坦为拥有这样重要的友好邻国感到自豪，同时，吉国民了解中国、认识中国的愿望也更加强烈。这也是他们积极参与文集写作的一个动力。文集作者之一、吉尔吉斯斯坦前国务秘书阿卜杜拉扎科夫说，吉尔吉斯斯坦欣赏中国的发展成就，要以中国为榜样、向中国学习，这方面有很多事情可以做。吉尔吉斯斯坦今后也应该好好发展本国经济，不能再闹"革命"了。

作者们认为，该书只是对中国的初步介绍，他们还有许多关于中国的感受和想法要倾诉，希望今后还能继续编写介绍中国的类似书籍。作者们说，他们对中国怀有友好、特殊的感情，所写内容都是发自内心的话。该书有别于枯燥的官方出版物，对读者会更有吸引力、新鲜感和亲切感。相信文集必将对吉尔吉斯斯坦社会各界了解中国发挥积极正面的影响。中国国际问题研究基金会关于出版文集的创意是民间外交的一项创举。人民是推动历史进步的真正力量，民间外交的作用是官方外交不可替代的。有作者还建议，把文集作为读物在吉尔吉斯斯坦学校中进行推介，计吉尔吉斯斯坦广大青年学生通过这本书更好地了解中国。

王开文大使代表中国驻吉大使馆对文集出版表示祝贺，并对文集主编和各位作者表示感谢。

整个首发式在友好、热烈的气氛中进行。

22日中午，阿布德尔达耶夫外长专门宴请了基金会代表团。

吉尔吉斯斯坦"卡巴尔"国家通讯社、公共电视台、坎特新闻网、"24小时"新闻网、《比什凯克晚报》等多家吉主流媒体的记者对首发式活动进行了现场采访报道。主要报道内容如下：

12月21日，《吉尔吉斯斯坦人看中国》文集首发式在比什凯克举行。该书的出版是庆祝中吉建交20周年的一项特殊的民间纪念活动。

文集主编、吉尔吉斯共和国外长、吉前驻华大使阿布德尔达耶夫及全体作者，中国国际问题研究基金会副理事长、中国前驻白俄罗斯和保加利亚大使于振起及基金会代表团全体成员，中国驻吉大使王开文等出席了首发式。该文集旨在为吉广大读者介绍中国的政治、经济、文化、传统、美食以及中国发展的其他方面，帮助吉民众加深和扩大对中国的认识。书的内容主要是吉尔吉斯斯坦公民对中国的个人印象、游记和回忆，这些人都曾到过中国，体验过现代的中国生活和独特的中国文化。文集作者有知名政治家、社会活动家、专家学者以及大学生和记者。

"24小时"新闻网在报道中特别引用了阿布德尔达耶夫的讲话："吉中关系经过20年的发展，今天已经达到了全新的高度。我们距离政治、经济合作的大飞跃只有一步之遥。希望这本书能够帮助吉尔吉斯斯坦读者重新发现和认识中国。我们将在吉高校和中学推介这本书。"

第十二节　外高加索三国文集收获季

2013 年 6 月初，外高加索三国合作伙伴均按计划各自在本国出版了《阿塞拜疆人看中国》文集、《亚美尼亚人看中国》文集和《格鲁吉亚人眼中的中国》文集。

2013 年 6 月 24 日至 7 月 3 日，基金会刘古昌执行理事长率领基金会代表团前往上述三国出席文集首发式活动，并与三国文集主编会见，进行友好交流。三国文集首发式活动在当地引起热烈反响，代表团访问达到预期目的，取得圆满成功。

一、《阿塞拜疆人看中国》文集首发式活动

6 月 24 日晚，当我们抵达阿塞拜疆首都巴库时，便看到了阿方向我们提供的《阿塞拜疆人看中国》文集样本。质量很好，是用阿塞拜疆文和俄文两种文字出版的。这是我们外高之行的第一个收获，心里感到很高兴。

《阿塞拜疆人看中国》文集主编、阿塞拜疆总统战略研究中心主任马梅多夫为文集作序，主要内容如下：

中国作为世界大国之一，是阿塞拜疆非常重要的伙伴。从 1991 年开始，阿塞拜疆与中国在各个领域建立了关系，加强了两国政治、经济、贸易和文化的合作。近几年来，两国官方互访具有了机制性。不断扩大的双边经济合作，富有成果的政治对话，以及在中国举办的各种大规模体育赛事，提高了阿塞拜疆人民对中国历史、文化和传统的兴趣。

阿塞拜疆外交官、专家学者、文化艺术家关于中国的回忆、评论和观察有助于近距离了解中国人民的生活，定会引起阿塞拜疆民众的极大兴趣。

近年来，振兴历史上丝绸之路运输走廊的进程在加快。阿塞拜疆在这条走廊上所处的地理位置，伴随着其经济地位的提升，增强了我国的战略地位。中国没有忽略阿塞拜疆的良好地位。

在这方面，呈现在广大读者面前的《阿塞拜疆人看中国》文集对有兴趣了解中国人民悠久丰富历史文化的人们具有学术和实践意义。书中包含的记录、

回忆、路途见闻，关于阿塞拜疆外交官各种传记性报道再次证明了中国在阿塞拜疆对外政策中的重要作用。

本书的指导思想是反映阿塞拜疆知识界关于中国的有益和有价值的思想与见解。此外，收入本书的论文和回忆录提供了有关中国共性和个性的观念，这也将有利于阿塞拜疆读者形成关于中国这个古老而富有国家的良好见解。

6月25日上午，刘古昌执行理事长在阿塞拜疆总统战略研究中心与马梅多夫主任举行会谈。

马梅多夫对代表团的到访表示欢迎，并简要介绍了阿总统战略研究中心的各方面情况和近年来阿塞拜疆的社会发展状况。他说，阿塞拜疆是一个非常有活力的发展中国家，阿塞拜疆外交注重东西方平衡。发展与中国的关系、推动与中国在政治、经济方面的合作是阿塞拜疆的优先外交方向之一。

谈到中阿关系时，马梅多夫表示，目前两国关系处在非常好的状态，不论是在前任总统还是现任总统时期，阿塞拜疆与中国都保持着健康良好的关系。他感谢中方提出的在阿出版《阿塞拜疆人看中国》文集的创意，称其是阿中之间第一个民间外交合作项目。该文集的适时出版为阿塞拜疆人民打开了一扇了解中国的窗口，也为阿塞拜疆总统战略研究中心今后与中国民间机构的合作奠定了基础。双方以此为契机今后可探讨更多合作方向，进一步推动中阿人民之间的相互了解和友好关系。

刘古昌感谢马梅多夫向代表团介绍阿塞拜疆的发展状况，赞同马梅多夫对中阿关系的评价。同时强调，在当前国家关系多元化情况下，虽然官方外交是国家间交往的主要途径，但民间外交也很重要。《阿塞拜疆人看中国》文集是两国民间外交非常有价值的项目，本书的创新之处是同时以阿文和俄文两种文字出版，这将使其影响更加广泛，成为中阿人民之间的重要沟通桥梁。刘古昌对马梅多夫为文集出版所做的贡献表示感谢，并转达了张德广理事长的问候，同时表示完全赞同马梅多夫提出的进一步开展其他合作项目的建议。

阿塞拜疆总统战略研究中心研究外交、伊朗、土耳其、黑海、联合国、美国及中国问题的10多名研究人员以及基金会代表团全体成员参加了会谈。

6月25日下午，《阿塞拜疆人看中国》文集首发式在阿塞拜疆首都巴库的凯悦酒店隆重举行。文集主编、阿塞拜疆总统战略研究中心主任马梅多夫，文集作者，出版社代表及相关工作人员，中国国际问题研究基金会执行理事长、外交部前副部长刘古昌，基金会副理事长于振起及基金会代表团全体成员，中国驻阿塞拜疆大使洪九印等近 100 人出席了首发式。

文集主编、阿塞拜疆总统战略研究中心主任马梅多夫首先致辞。他表示，《阿塞拜疆人看中国》文集的出版对阿塞拜疆具有重要意义，有助于增进阿塞拜疆人民对中国的了解。1992 年中阿建交以来，两国在政治、经济、人文等领域中的合作不断加强。尤其是近几年，中国和阿塞拜疆之间的交往日益频繁，经贸合作不断扩大，人文交流持续增强，阿塞拜疆人对中国的兴趣也在不断提升。他相信随着两国人民之间了解的增强，中阿两国关系将进一步加强。

马梅多夫在谈及《阿塞拜疆人看中国》文集的编写时指出，文集作者都是阿有影响力的社会人士，如阿塞拜疆首任驻华大使加拉耶夫，前任驻华大使阿利耶夫，阿塞拜疆科学院院士、经济家萨梅扎杰等，他们都目睹了中国的发展，在文章中表达了自己对中国发展的切身感受，将使阿塞拜疆人民对中国有更全面的了解，进一步增进两国人民的友谊。文集的出版仅仅是与中国国际问题研究基金会合作的开始，以后的合作将进一步扩大。

《阿塞拜疆人看中国》文集首发式现场

刘古昌在致辞中对《阿塞拜疆人看中国》文集的出版表示热烈祝贺，认为这是中阿两国人民友谊的又一个新的体现，也是一个没有先例的具有创造性的举措。文集作者向阿塞拜疆人民介绍了中国的风土人情、历史文化、社会生活以及他们对中国改革开放成果和中国政治、经济、社会生活的真实体验和看法，这将增进阿塞拜疆人民对中国的了解，大大推进两国人民友好关系的发展。文集设计精美、内容厚重。他特别向马梅多夫先生做出的特殊贡献表示感谢。他还感谢参与文集工作的阿方所有人员，是他们所付出的辛勤劳动确保了文集的顺利出版。

谈及中阿关系，刘古昌表示，中阿两国虽相距遥远，但人民之间的友谊源远流长。阿塞拜疆是古"丝绸之路"上的一颗璀璨明珠，在促进东西方贸易、交通、人文交流方面发挥了独特的桥梁作用。中阿建交以来，两国在各领域的合作持续深化，给两国人民带来了实实在在的利益，中阿堪称真诚合作的好朋友、好伙伴。阿塞拜疆总统战略研究中心精心筹备的文集首发式活动为中阿人民传统友谊赋予了新的含义，他相信文集的问世将在新时期为加强中阿传统友谊发挥特殊作用。

文集作者代表也做了热情洋溢的发言，表达了对中国和中国人民的热爱之情。阿塞拜疆议会经济政策委员会主席、科学院院士萨梅扎杰在发言中从经济学家的角度高度评价了中国改革开放以来的取得的巨大发展成就，并对中阿经济领域合作寄予厚望。

阿议会议员萨拉托娃女士在发言中根据自身经历和感受表达了对中国和中国人民的深厚感情。她说，她曾多次访问中国，每次访华都会发现崭新的、令人振奋的变化，尤其是 1995 年北京世界妇女大会、2008 年北京奥运会、2010 年上海世博会，更是给她留下了难以磨灭的印象。在惊叹中国快速发展的同时，中国人民的勤劳、热情、善良、文明和爱国之情更令她难忘。她期待再次访问中国，并祝愿中阿人民之间的友谊不断增强。

首发式在热烈的气氛中进行，展台上摆放的文集很快被参加者全部取走。

《阿塞拜疆人看中国》文集首发式活动引起中外媒体广泛关注。6 月 26 日，新华网详细报道了《阿塞拜疆人看中国》文集首发式活动情况：

《阿塞拜疆人看中国》文集首发式在巴库举行

《阿塞拜疆人看中国》文集首发式当地时间 6 月 25 日在阿塞拜疆首都巴库凯悦酒店举行。中国国际问题研究所基金会执行理事长、前外交部副部长刘古昌，中国驻阿塞拜疆大使宏九印，阿总统战略研究中心主任马梅多夫，文集作者以及各界人士和一些国家驻阿使节等 100 余人出席了首发式。

为庆祝中阿建交 20 周年，促进两国人民的相互了解和友谊，中国国际问题研究基金会和阿总统战略研究中心决定合作出版《阿塞拜疆人看中国》文集。文集用阿塞拜疆文和俄文在巴库出版和发行，马梅多夫任主编。文集受到读者欢迎，首发式前，纷纷自取陈列在站台上的文集。

刘古昌在讲话中充分肯定了文集出版的意义。他说，《阿塞拜疆人看中国》文集正式出版是中阿两国人民友谊又一新的体现，也是具有创造性的推进两国人民友好关系的举措。展现在大家面前的文集不仅设计精美，而且内容厚重，阿塞拜疆著名的外交家、汉学家、艺术家、教育工作者和媒体工作者以亲眼看到和经历的中国政治经济文化生活的变化及其真实的体验和看法，为读者展现出一幅生动的中国图像的一些片断。

刘古昌指出，中阿虽相隔遥远。早在两千多年前，阿塞拜疆就是"丝绸之路"上的一颗明珠，在融合东西方文化，促进贸易、交通和人文交流方面发挥着独特作用。建交 21 年来，中阿关系健康稳定发展。两国在经贸、科技、投资、通信、旅游、人文等领域合作深化，给两国人民带来实实在在的利益。中阿堪称真诚合作的好朋友、好伙伴。今天，阿塞拜疆总统战略研究中心精心筹备的首发式活动又为中阿人民传统友谊赋予了新的含义。他表示，我相信，《阿塞拜疆人看中国》文集的问世，将为在新时期加强中阿两国传统友谊发挥特殊作用。

马梅多夫在讲话中强调，文集出版对阿塞拜疆人了解中国具有重要意义。他说，搞好与邻国和世界力量中心的关系，是阿塞拜疆外交政策的优先方向，中国是阿重要伙伴。1991 年阿中建交以来，阿中在政治、经济、贸易、文化等领域的合作不断增加。近年来，阿中国家间、政府间交往增多，经贸合作扩大，中国举办的重大体育活动都提高了阿塞拜疆人更多了解中国历史、传统文化、建设成就的兴趣。

马梅多夫还指出，文集是阿塞拜疆人对中国亲身经历的体会和宝贵思考。作者都是以亲自所见所闻来形成自己对中国的印象，为阿塞拜疆读者更好了解中国、促进阿中合作，提供了良好的基础。

文集作者和读者代表也发表了讲话，表示希望包括民间交流在内的中阿合作不断扩大。

中国国际问题研究基金会是具有外交智库作用和促进对外交流的民间组织。刘古昌执行理事长率领的中国国际问题基金会代表团，由基金会副理事长兼俄罗斯东欧中亚研究中心主任和文集策划人于振起大使、基金会俄罗斯东欧中亚研究中心执行主任和中国社科院欧亚研究所所长李永全、基金会俄罗斯东欧中亚研究中心执行主任、新华社前驻莫斯科分社社长万成才等组成。

（2013-06-26 来源：新华网）

据不完全统计，数十家中国主流媒体、地方网站、海外华文报刊用多种文字全文或摘要转发了新华网对首发式的报道。其中，人民网、东方网、今晚网、西部网、凤凰网等多家网站全文转发了新华网的报道，《中国日报》在《看世界》栏目中全文转载新华网的报道。新华网和人民网还根据新华网的报道编发了面向欧亚地区的俄文报道。欧美地区的华文报刊也刊载了新华网的报道。

阿塞拜疆媒体高度重视文集首发式。在基金会代表团 6 月 24 日抵达巴库的当天，阿通社和阿通社网站就用阿塞拜疆文、俄文和英文对次日将举行《阿塞拜疆人看中国》文集首发式做了预报。首发式当天，阿通社、阿电视台等 8 家上流媒体到现场采访，还专访了刘古昌执行理事长，并都在当晚或次日作为重要新闻予以文字、图片和电视报道。阿通社以《在巴库举行〈阿塞拜疆人看中国〉文集首发式》为大标题，对首发式活动做了长篇报道，大段引用刘古昌执行理事长和马梅多夫主编的讲话后强调，该文集的出版对阿塞拜疆人了解当代的中国具有重大意义，"阿中传统友谊具有光辉前景"。报道援引阿塞拜疆议会经济政策委员会主席萨梅扎德的话说，"该文集的出版使阿塞拜疆人有机会了解中国的经济奇迹，中国的许多经济政策可适用于阿塞拜疆，因为对阿塞拜疆来说，中国的经验对建立良好的投资环境和确保粮食安全具有重要意义"。

二、《格鲁吉亚人眼中的中国》文集首发式活动

6 月 26 日代表团抵达格鲁吉亚首都第比利斯。格方向我们提供了《格鲁吉亚人眼中的中国》文集样本。质量同样很好，且是 16 开本，比原定的 32 开本大了许多。文集是用格鲁吉亚文和英文两种文字出版的。文集主编、格鲁吉亚首任驻中国大使、现任格鲁吉亚驻乌克兰大使乌克列巴为文集作序，主要内容如下：

作为格鲁吉亚首任驻中国大使，我很荣幸接受中国国际问题研究基金会和中国驻格鲁吉亚大使馆邀请，担任《格鲁吉亚人眼中的中国》文集主编。

我于 2005 年至 2008 年在中国任大使。当时，有着五千年历史和伟大文化

传统的中国正处于重要发展阶段：实行市场经济的中国已经成为一个全新的国家，正在为实现几代人的梦想而奋斗。

我第一次去中国是 1993 年。2004 年秋天我再次踏上中国的土地。当时我是作为格鲁吉亚副外长去北京与中方举行新一轮政治对话，同时出席格鲁吉亚驻华使馆开馆仪式。中国的变化令人震惊。的确，今天的中国已经成为一个新型的国家，它的经济总量已经跃居世界第二位，仅次于美国。

格鲁吉亚与中国是两个拥有悠久历史文化的国家，两国的传统文化联系十分牢固。连接东西方的古丝绸之路曾经经过格鲁吉亚。格鲁吉亚考古发现的公元前 2 世纪的丝绸碎片就是证明。

中国是最早承认格鲁吉亚独立的国家之一。格方对此予以高度评价。20 年前，中国与格鲁吉亚建交，并在第比利斯设立了大使馆。从那时起，建立在相互尊重、理解和信任基础上的格中关系便成为互利合作伙伴关系的典范。

我们按照出版《格鲁吉亚人眼中的中国》文集的设想，邀请了格鲁吉亚的科学家、学者、企业界人士、运动员、新闻工作者贡献他们关于中国的印象。他们几乎是在不同时期去的中国。他们在了解了中国的历史、文化和传统之后，都对这个国家由衷地钦佩。我希望本书的出版将会引起读者的兴趣和关注，并满怀兴致地去阅读。

对我个人和我的家庭来说，在中国生活的经历是难忘的，也是不可替代的。

祝愿友好的中国人民和平、成功、繁荣。

文集扉页写道："文集创意人——中国国际问题研究基金会副理事长兼俄罗斯中亚东欧研究中心主任、中国前驻白俄罗斯大使、历史学博士于振起。"

6 月 27 日下午，中国国际问题研究基金会执行理事长刘古昌与《格鲁吉亚人眼中的中国》文集主编乌克列巴大使在中国驻格鲁吉亚大使馆举行会谈。中国驻格鲁吉亚大使陈建福及代表团全体成员参加了会谈。

刘古昌表示，非常高兴乌克列巴作为格鲁吉亚首任驻华大使担任文集主编，对他为中格两国关系发展所做的贡献感到由衷敬佩。令中方感动的是，乌克列巴大使专门从乌克兰赶回格鲁吉亚出席文集首发式，这是对中格两国关系做出的新贡献。文集装帧精美、内容丰富、图文并茂。加之文集以格文和英文两种文字出版，可想而知格方为文集所付出的巨大努力。"丝绸之路——格中文化交流中心"主席、格籍华人刘光文女士作为乌克列巴主编的助手做了大量组织工作。相信文集将对增进两国人民了解，促进两国关系发展发挥特殊作用。

乌克列巴感谢中国国际问题研究基金会代表团来格鲁吉亚参加文集首发式,对中方提出的文集创意表示钦佩,并感谢基金会为文集的出版提供的支持。他认为,文集的出版具有历史性意义,因为这是格鲁吉亚人第一次描写自己对中国的亲身感受,将会产生良好社会影响。一般而言,编写文集寻找作者并不容易,然而在此次文集的编写过程中,希望为文集撰稿的人数大大超过了预定的作者数量,最后不得不一再削减作者数量,也不得不一再要求缩短篇幅。这体现出格各界人士对文集非同寻常的热情。乌克列巴指出,他的夫人在他担任驻华大使期间曾在中国生活,对中国怀有深厚的感情,也专门为文集撰写了文章。他特别对"丝绸之路——格中文化交流中心"主席刘光文女士表示感谢,称其为中格人民友谊的桥梁。

刘古昌指出,目前中格两国民间交往越来越重要,中国国际问题研究基金会是民间组织,发挥着外交智库的作用,致力于推动民间交往。作为这样的一个机构,基金会一定会为发展两国关系、加深两国人民之间的了解而不懈努力。他赞同乌克列巴大使关于文集具有"历史意义"的评价,而通过乌克列巴大使及其团队,中方看到了格鲁吉亚人民做事的认真精神,这进一步增强了中国人民对格鲁吉亚人民的友好感情。

我应询介绍了文集项目策划和实施过程。我说,中方非常高兴这一创新构想得到格方的热情响应,从这个意义上讲,虽然此前与乌克列巴大使并不相识,但感到彼此心是相通的。我向乌克列巴及其领导的团队表示由衷感谢,感谢他们付出的心血和努力,并坚信文集的问世会增进中格人民之间的相互了解,为加深中格人民之间的友谊发挥不可替代的作用。

2012年乌克列巴担任《格鲁吉亚人眼中的中国》文集主编后不久,即被任命为格鲁吉亚驻乌克兰大使,此次为出席文集首发式专程回国。

6月27日晚,《格鲁吉亚人眼中的中国》文集首发式在中国驻格鲁吉亚大使馆举行,气氛十分热烈。文集主编、格鲁吉亚首任驻华大使、现驻乌克兰大使乌克列巴,中国国际问题研究基金会执行理事长刘古昌、中国国际问题基金会副理事长于振起,中国驻格鲁吉亚大使陈建福和中国国际问题研究基金会代表团全体成员、格鲁吉亚外交部代表和文集作者等130余人参加了首发式活动。

陈建福大使首先致辞。他说,格方出版的文集装帧精美,图文并茂。他赞同乌克列巴大使关于文集"具有历史性意义"的评价,认为文集将为增进中格友谊发挥积极作用。陈大使代表中国驻格鲁吉亚使馆向所有为此书做出贡献的人员表示衷心感谢，也感谢中国国际问题研究基金会为文集出版所给予的支持。

刘古昌在发言中代表中国国际问题研究基金会向《格鲁吉亚人眼中的中国》文集的正式出版表示热烈祝贺。他强调，出版文集是一个没有先例的，具有创造性的民间外交举措，同时也体现了中格两国人民的友谊。格鲁吉亚各界朋友积极参与文集的写作，有 30 余位作者为文集撰写了文章，描写自己眼中的中国，向格鲁吉亚人民介绍中国的风土人情、历史文化、社会生活以及他们对中国改革开放成果和中国政治、经济、社会生活的真实体验和看法，为格鲁吉亚人民描绘了一幅生动、立体、真实的中国画面，必将增进格鲁吉亚人民对中国的了解，大大推进两国人民友好关系的发展。

与《格鲁吉亚人眼中的中国》文集主编乌克列巴合影

刘古昌向文集主编乌克列巴表示衷心的感谢，感谢其为文集所做出的努力以及专程回国参加文集首发式活动。与此同时，刘古昌还向参与文集工作的所有人员及作者表示感谢，是他们的心血和努力为文集的如期顺利出版提供了保障。

刘古昌高度评价中格关系的发展和中格两国在政治、经济、人文等各个领域中的合作。随着两国关系的发展，两国人民之间的友谊不断加深，而《格鲁吉亚人眼中的中国》文集的问世将在新时期为加强中格两国人民传统友谊发挥特殊作用。

格外交部亚非澳太司司长阿科比亚女士代表格外交部出席了首发式，她在致辞中指出，文集对格外交部意义重大，在中格庆祝两国建交21周年的时候出版文集有助于两国关系的进一步发展。她代表外交部感谢中国国际问题研究基金会、中国驻格鲁吉亚大使馆和参与文集出版工作的所有人员，特别是乌克列巴大使。她表示相信，此次活动将有力推动中格两国关系的发展。

乌克列巴表示，能参加文集的首发式活动深感荣幸，感谢刘古昌大使、于振起大使、陈建福大使和中国驻格大使馆、刘光文女士及文集的所有作者，感谢他们为文集所付出的辛勤劳动。他指出，文集的出版对格鲁吉亚非常重要。苏联时期无法全面了解中国，现在格鲁吉亚已充分认识到中格关系的重要性，作为格鲁吉亚首任驻华大使他深感荣幸，愿为中格关系的进一步发展而努力。

"丝绸之路——格中文化交流中心"主席刘光文女士在首发式上向刘古昌执行理事长递交了该中心自制的奖状，上面写着"丝绸之路——格中文化交流中心祝贺中国国际问题研究基金会成功实施《格鲁吉亚人看中国》项目，并祝基金会继续取得新成就！"以此表达对基金会文集工作组的深深谢意和格鲁吉亚人民对中国人民的美好情感。

首发式在十分热烈的气氛中进行。原本只发出了100张邀请信，但受邀者携朋友、同事前来，结果来宾超过了130人。他们一进入首发式现场便奔向文集展台，展出的100本文集很快即被取光。有的一人取了两三册，以便赠送朋友，未能取到文集者则询问如何能够买到。

首发式结束后，刘光文女士又专门致信基金会，表示"文集首发式活动很成功，再次表示祝贺"，并热情邀请代表团下次来格时能去她家中做客。开车送代表团从第比利斯到亚美尼亚首都埃里温的格鲁吉亚司机得知代表团是为举行文集首发式而来很高兴，邀请刘古昌执行理事长和代表团成员下次来格时去他的家乡巴统做客。

新华社和多家格鲁吉亚媒体27日晚对《格鲁吉亚人眼中的中国》文集首发式做了热情报道。新华社当晚以《〈格鲁吉亚人眼中的中国〉成书首发》为题播发了通稿，新华网全文发表，人民网全文转发了新华社的报道，中国金融信息网、凤凰网和搜狐网也全文转发了新华网的报道。新华网和人民网俄文频道全文播发了新华社对首发式的报道。

格鲁吉亚在线网站、格鲁吉亚通讯社等主流媒体分别用格文、俄文、英文广泛报道了首发式，强调文集的出版对格鲁吉亚人更多地了解中国具有重要意义，文集的任务是加深格中人民友谊，作者向读者讲的故事有助于多角度全方位了解中国的政治、经济、文化、社会和习俗。格鲁吉亚主流媒体《信使报》7月1日用整版刊登首发式专稿，强调文集通过不同的人讲关于中国的各种故事，对格鲁吉亚人了解真实的中国有重要意义。

斯大林国家博物馆留影

28日上午，代表团专程前往斯大林的故乡哥里市，参观斯大林国家博物馆。参观后，我在博物馆留言簿上用俄文写下了自己的心里话：

斯大林——真正的人民领袖。

中国共产党员 于振起

2013年6月28日

中午用餐时，我向代表团同志们讲了自己在留言簿上的留言，大家听后报以热烈掌声。

三、《亚美尼亚人看中国》文集首发式活动

6月29日，代表团抵达亚美尼亚首都埃里温。我们也在第一时间看到了《亚美尼亚人看中国》文集样本。印制得也很漂亮，是用俄文出版的。

《亚美尼亚人看中国》文集主编、亚美尼亚和平委员会主席彼得罗相为文集作序，内容如下：

作为亚美尼亚和平委员会主席和亚美尼亚—中国合作中心创始人，以及一名与中国联系密切的亚美尼亚人，当中国驻亚美尼亚大使告诉我，中国国际问题研究基金会决定聘请我担任《亚美尼亚人看中国》文集主编，我十分高兴。

本书是献给亚中两国建交21周年的礼物，反映了亚美尼亚各界代表对亚中关系的看法，以及关于两国关系发展进程的回忆与评价。书中还包含有亚中两国许多世纪以来贸易往来和文化交流的事实。本书体现了我的同胞们对亚中关

系的独特观察。

7月1日上午，刘古昌执行理事长与彼得罗相主席在亚美尼亚首都埃里温亚美尼亚艺术家中心举行会谈。基金会代表团部分成员及中国驻亚美尼亚大使田长春参加会谈。

彼得罗相首先感谢刘古昌执行理事长率团出席《亚美尼亚人看中国》文集首发式。他表示，很高兴与中国人民的友好使者在埃里温见面。中华民族是伟大的民族，具有悠久历史和文明，随着中国经济的快速发展，国力的增强，中国的国际影响力也在不断提升。他本人被中华文化所吸引，曾经读过一些中国的古籍。中华民族自古以来就是热爱和平的民族，孔子的《论语》和老子的《道德经》就体现了和谐精神。中国的强大是世界和平的福音。亚美尼亚人民为中国的发展感到由衷高兴，并强烈希望加强与中国人民的友好关系。《亚美尼亚人看中国》文集的出版使得亚美尼亚人民与中国人民更加亲近，为亚中两国民间交往奠定了坚实基础，是扩大两国民间交流的一个良好开端。亚美尼亚和平委员会愿与中国国际问题研究基金会继续加强合作，为增进亚中两国人民的友谊做出自己的贡献。

刘古昌衷心感谢彼得罗相主席对基金会代表团访亚给予的热情接待，对他关于中华文明精髓的评价表示钦佩；认为彼得罗相主席主编的《亚美尼亚人看中国》文集汇集了亚美尼亚多位有影响力的人士的文稿，印制精美，具有权威性、可信性和可读性；相信文集会为增进中亚两国人民的相互了解和友谊发挥独特作用。中国国际问题研究基金会愿与亚美尼亚和平委员会继续保持友好合作，为推动两国人民交流与合作而努力。

会谈结束后，在埃里温亚美尼亚艺术家中心举行了《亚美尼亚人看中国》文集首发式。刘古昌执行理事长及基金会代表团全体成员、田长春大使，文集主编、亚美尼亚和平委员会主席彼得罗相，亚美尼亚副议长纳格达良，亚美尼亚副外长马纳萨良，文集作者及亚美尼亚孔子学院部分师生等100余人出席了首发式。

文集主编彼得罗相主席首先致辞。他代表亚美尼亚和平委员会向中国国际问题研究基金会代表团的到来表示热烈欢迎，并对基金会关于出版《亚美尼亚人看中国》文集的创意及所给予的资助表示衷心的感谢。作为对亚美尼亚与中国建交21周年的献礼，文集全面反映了亚美尼亚社会各界对亚中关系发展的看法和理解。他引用中国国家主席习近平的话说："世界应当更多地了解中国，中国也应当更多地了解世界。"他相信文集的出版有助于亚美尼亚人民更多地了解中国，从而促进两国人民之间关系的发展。最后他表示希望今后与中国国际问题研究基金会继续保持合作，为促进亚中关系的进一步发展发挥作用。

《亚美尼亚人看中国》文集首发式现场

刘古昌执行理事长对《亚美尼亚人看中国》文集的正式出版致以热烈祝贺。他表示，中国国际问题基金会代表团非常高兴能够来亚美尼亚参加《亚美尼亚人看中国》文集的首发式。文集由中方提供资助，亚方负责组织编写，今天文集终于问世，这是中国国际问题研究基金会和亚美尼亚和平委员会合作的成果。他对彼得罗相主席百忙之中亲自担任文集主编表示衷心感谢，同时也感谢文集的各位作者，他们向亚美尼亚人民介绍了中国的风土人情、历史文化、社会生活，表达了他们对中国改革开放的看法，加深了亚美尼亚人民对中国的了解，促进了两国人民的友谊。

刘古昌说，中国和亚美尼亚都拥有悠久的历史文化。虽然亚中两国相距遥远，但古老的丝绸之路将两国之间的经贸、文化和艺术活动紧紧地连接在一起，孕育了两国人民之间源远流长的友谊。建交 21 年来，两国关系健康稳定发展，经贸活动不断扩大，人文交流与地方合作日益活跃，为两国人民带来了实实在在的利益。亚美尼亚和平委员会精心筹备的首发式活动又一次为亚中人民之间的传统友谊赋予了新的含义，相信《亚美尼亚人看中国》文集的问世将为加强亚中两国人民友谊发挥新的作用。

刘古昌最后表示，作为中国具有重要影响的外交智库和促进对外友好交流的民间组织，中国国际问题研究基金会愿继续加强与亚美尼亚和平基金会的交流与合作，为推动亚中民间交流与合作，增进两国人民相互了解和传统友谊做出力所能及的贡献。

亚美尼亚社会政治活动家、议会副主席、亚美尼亚共和党议员纳格达良女士作为作者代表在发言中说，出版《亚美尼亚人看中国》文集是一个非常好的想法，她也因此有机会向亚美尼亚人民介绍自己对中国的看法，加深他们对中国的了解。她认为人民之间的相互了解越多，世界上的善良、信任和友谊就越多，而文集的意义就在于增进亚中两国人民之间的了解，进而使相互关系更加亲近。纳格达良表示，文集向亚美尼亚人民展示了中国的社会、政治、文化的方方面面，给亚美尼亚读者提供了一个向中国学习的良好机会，因此能成为文集作者之一她深感荣幸。她最后表示希望亚中两国人民之间今后能够多来往、多了解，使两国关系更加密切。

7月1日，多家中外媒体以多种方式热情报道了当天在埃里温举行的《亚美尼亚人看中国》文集首发式活动。

新华社记者从现场采访后立即用中文、俄文、英文三种文字发回报道，同时还发回图片、视频报道，均被国内采用。报道强调，《亚美尼亚人看中国》一书汇集了多篇由拥有在华经历的亚美尼亚著名社会活动家、政府部门领导人，或曾参与对华事务，以及在华学习工作过的知名学者就自身感受写下的对华观感文章，是近年来在亚美尼亚境内发行的一本内容丰富、客观理性、叙述翔实的文集。该文集主编亚美尼亚和平委员会负责人彼得罗相在首发式发表讲话，称文集很好地向读者介绍了亚美尼亚人对今日中国的真实观感记录。率团参加该书首发式的中国国际问题研究基金会执行理事长刘古昌在发言中说，该文集的出版发行为亚美尼亚人以及外部世界了解中国开辟了一个很好的窗口。刘古昌在接受新华社记者采访时表示，对于今日中国来说，中亚以西的高加索地区国家同样应被认为是中国的近邻，发展同包括亚美尼亚在内的高加索地区国家的关系对中国来说非常重要。

人民网、凤凰网、中国新闻网等网站均转载了新华网的报道。新华网和人民网同时均以俄文和英文予以报道。

外高加索三国文集封面

　　亚美尼亚电视台、亚美尼亚新闻社和多家报社派记者到首发式现场采访，并及时播发了消息。尤其是亚美尼亚新闻社7月1日和2日两次进行了详细报道。报道援引文集主编彼得罗相的话说，文集是亚中友谊的鲜明例证，将为加强两国友谊发挥特殊作用。彼得罗相在接受亚美尼亚新闻社专访时说，文集将由亚美尼亚各图书馆馆收藏，发行到相关单位和各高等院校。报道称，文集是由中国国际问题研究基金会资助出版的。报道着重引用了刘古昌关于发展中国与高加索国家关系重要性的下列一段话："中亚以西的高加索国家也是中国的近邻。亚美尼亚与中国的关系源远流长，两国有许多共同点。增强与亚美尼亚关系，不仅会促进高加索地区的稳定和发展，而且对中国也非常重要。"

第十三节 民间公共外交项目《外国友人看中国》 文集工作总结

一、文集项目立项和执行情况

根据中央关于进一步加强公共外交、积极引导各国对华政策取向和国际涉华舆论的精神，为加深包括俄罗斯、中亚各国在内的欧亚地区各国人民对中国的了解和友谊，中国国际问题研究基金会于 2011 年 10 月开始在该地区实施《外国友人看中国》民间公共外交项目，即由中方资助该地区各国对华友好人士在当地自主编写、出版《外国友人看中国》系列文集。文集项目经费由中国烟草总公司全额赞助。这是一项纯民间性质的区域性公共外交实践，在中国是首创，在世界上也无先例。

项目分三个阶段进行。至 2013 年 7 月初，三个阶段工作已先后按计划完成，取得圆满成功。在俄罗斯、白俄罗斯、哈萨克斯坦、吉尔吉斯斯坦、阿塞拜疆、亚美尼亚、格鲁吉亚 7 个国家分别出版了 7 本文集，即《俄罗斯友人看中国》《白俄罗斯人看中国》《哈萨克斯坦人看中国》《吉尔吉斯斯坦人看中国》《阿塞拜疆人看中国》《亚美尼亚人看中国》《格鲁吉亚人眼中的中国》。

在文集项目执行过程中，中央有关领导对《外国友人看中国》文集项目给予了充分肯定，认为**"这是一项具有开创性的外交、外宣实践，可推而广之扩大到更多的国家和地区。"**中央有关领导的批示极大地鼓舞了参与文集项目工作的同志，为文集项目工作注入了强大精神动力。

二、文集项目基本做法

（一）成立基金会文集工作组，由基金会副理事长兼欧亚研究中心主任于振起全权负责文集组织和实施工作，吸收社科院欧亚研究所、国际问题研究所、新华社世界问题研究中心等基金会欧亚中心合作单位人员组成文集工作团队。外交部欧亚司和有关驻外使领馆提供相应协助。先后共有近 20 人参与文集项目各阶段工作。

（二）首先选择我方熟悉且在对象国有分量的非官方对华友好人士担任文集主编。以此保证文集项目的民间性质和社会影响力。

（三）由我方拟订文集出版计划，包括文集宗旨、文集内容设想、文集主编人选、文集篇幅和装帧要求、文集经费、出资方责任、出版册数、时间、宣传方式等内容，据此与对象国主编先行沟通。在取得一致的前提下派基金会文集工作组前往对象国与对方进行具体磋商，确定文集编辑出版具体工作方法，包括确定双方联络员等。

（四）在文集编写过程中，充分尊重对方主编和撰稿人的独立自主性，丝毫不介入、不干预，以真正体现文集内容的"外国属性"。我方只在文集付印前通过阅稿（不是审稿）向主编提出建设性修改建议，以确保文集的政治质量。

（五）谋求对外宣传效果的最大化。在文集出版后，由基金会派出代表团前往对象国，参加由外方合作伙伴安排的文集首发式活动，邀请中外媒体参加，在当地进行广泛报道。基金会执行理事长刘古昌和副理事长于振起分别率代表团出席了相关国家的文集首发式活动，收到良好效果。

三、文集项目的特点和影响

文集项目具有两个基本特点。第一，真正的民间性质，即基金会民间筹资、基金会民间渠道运作。外交部和有关使领馆不是主角，只起协助作用。整个过程看不出任何官方色彩。第二，文集项目设计和操作模式前无古人，无论是在国内还是国际上都是开创性的。

目前看，文集项目具有以下主要积极影响：

1. **文集的出版对当地涉华舆论产生强烈正面影响**。由于文集完全由外国人自主编写出版，用当地民众易于接受、喜闻乐见的文风和视角写作者亲身了解的中国，客观公正地介绍中国基本国情、价值观念、发展道路和内外政策，让读者感到可信可亲，在当地朝野各界受到热烈欢迎，引起强烈共鸣。哈萨克国家领导人称之为"一本好书"，各国主流媒体对文集首发式广泛报道，称文集的出版为民众"打开了一扇了解中国的窗口"，"这一创举具有历史性意义"。每个首发式现场都能感受到没有任何外交辞令的友好真情，体验到民间真情交流产生的震撼心灵的力量。这是对"国之交在于民相亲"的生动诠释，体现了民间公共外交特有的魅力和不可替代的独特作用。

2. **文集项目具有可持续性**。有关国家合作伙伴提出一系列继续合作的建议，包括出版文集简装本、出版文集续集、在中国出版文集中译本、出版相应的姊妹篇等。白俄罗斯驻华使馆已经筹资，请基金会在华组织编辑出版《中国人看白俄罗斯》文集。目前该书正在编辑讨程中。俄罗斯、白俄罗斯、哈萨克三国文集的中文版也即将在国内问世。可以预期，文集项目的后续效应将会陆续显现。

3. **文集项目凝聚了对华友好力量**。各国参与文集编写工作的人士在该国具有相当大的社会影响力。他们通过文集的形式集合成一支强有力的民间对华友好队伍。这支队伍将成为我国加强与相关国家友好关系的重要依靠力量。他们在文集中表达的真诚对华友好感情将在该国民众心中播下友谊的种子，形成广泛持久的社会效应。文集的内容具有传世价值，将会影响下一代。文集项目可以为加强我国与有关国家友好关系的民意基础发挥独特作用。

4. **文集项目模式具有可复制性**。该项目对我国在世界其他地区开展类似公共外交活动有借鉴意义，可以作为我国民间公共外交的一个有效模式推而广之。

5. 文集项目的成功运作已经引起西方有关国家的注意。美国驻阿拉木图总领事就曾对《哈萨克斯坦人看中国》文集主编苏尔丹诺夫抑郁地表示："很遗憾你们出版了《哈萨克斯坦人看中国》文集，却没有出版《哈萨克斯坦人看美国》文集。"

四、关于开展民间公共外交的几点工作建议

1. 充分认识民间公共外交在新时期对实现我国外交总体目标的重要性，转变传统官方外宣思维定式。在开展官方公共外交的同时，高度重视民间公共外交，鼓励探索，支持创新。

2. 建议有关部门建立民间公共外交协调机构，负责开发利用和整合国内具有开展民间公共外交能力的民间组织资源，改变目前各自为战的局面，充分挖掘潜力，更好地发挥其服务国家总体外交的积极作用。

3. 设立国家级民间公共外交基金，为民间公共外交活动的可持续开展提供资金保障。同时可动员有实力的国营和民营企业支持民间公共外交，特别是推动那些与国外有合作关系的企业为我与相应国家的民间公共外交活动提供资金

支持。

4. 国内主流媒体应注意宣传民间公共外交的成功范例，以营造全社会关注民间公共外交、支持民间公共外交的积极氛围。

《外国友人看中国》文集项目的成功实践表明，民间公共外交天地广阔，大有可为。中国国际问题研究基金会作为外交部主管的非官方外交智库，将根据中央领导有关指示精神，继续积极开展具有中国特色的服务国家总体外交的民间公共外交活动，为增进中国与世界各国人民的相互了解和友谊、扩大我国的国际影响、增强我国的国际地位发挥积极作用。

中国国际问题研究基金会

2013 年 7 月 19 日

第十四节　《外国友人看中国》文集项目后续效应之一

——《中国人看白俄罗斯》文集在华问世记

2013 年 3 月 28 日，布里亚大使邀请我到白俄罗斯驻华使馆面谈白方关于在北京编辑出版《中国人看白俄罗斯》文集的想法。他说，2012 年 7 月在明斯克举行《白俄罗斯人看中国》文集首发式期间，白中友协主席托济克曾提议，白中友协与中国问题研究基金会合作出版《中国人看白俄罗斯》文集，以此作为《白俄罗斯人看中国》文集的继续。现在他本人希望与基金会就此进行具体磋商，并邀请我担任《中国人看白俄罗斯》文集主编。他最后表示，参照基金会资助《白俄罗斯人看中国》文集出版的模式，白方将负责提供《中国人看白俄罗斯》文集出版所需资金。

我表示，2012 年 7 月托济克主席向刘古昌执行理事长提出该建议时，他已经明确表示同意适时考虑双方合作出版《中国人看白俄罗斯》文集的建议。我个人也认为这是一个好建议，并十分愿意担任该文集主编。待我向基金会报告阁下的考虑后，再正式答复。

事后，我向张德广理事长和刘古昌执行理事长报告了布里亚大使希望现在启动《中国人看白俄罗斯》文集编辑出版工作的建议，以及聘请我担任主编的考虑。他们两位完全同意布里亚大使的建议，并支持我接受白方邀请担任文集主编。

4月7日，我正式致函布里亚大使，表明了基金会的积极态度：

尊敬的布里亚大使阁下：

日前，我向中国国际问题研究基金会理事长张德广先生和执行理事长刘古昌先生报告了3月28日我与阁下面谈的情况。他们支持阁下关于贵方与基金会合作编辑出版《中国人看白俄罗斯》文集的设想，认为此举是基金会在白俄罗斯资助出版《白俄罗斯人看中国》文集活动的很好的回应，也是继续促进中白两国人民相互了解和友谊的民间外交积极举措。他们同意由我和王宪举先生（前驻白俄罗斯使馆参赞、现任基金会研究员、国务院发展研究中心欧亚研究所副所长）代表基金会与贵方就此项活动进行合作，同时对您加强与基金会合作的积极态度表示感谢。

另外，建议贵方参考基金会与托济克先生合作时的工作方式，向基金会提供一份《中国人看白俄罗斯》文集出版规划，以此作为双方合作的工作依据。为此，特给阁下发去基金会2011年10月向托济克先生提供的《白俄罗斯人看中国》文集出版计划文本，供参考。

祝阁下身体健康，工作愉快！

于振起

2013年4月7日

……

布里亚大使对我函中表达的意见和建议完全赞同。

随后，我便和文集执行主编王宪举研究员开始着手文集的征稿和编辑工作。

我们邀请了20余位曾在白俄罗斯工作学习过的中国各界人士为文集撰稿，介绍其感兴趣的白俄罗斯风土人情、历史文化、社会生活，以及对白俄罗斯社会各领域发展成果的感受和看法。

2013年10月，《中国人看白俄罗斯》文集在北京成功出版。基金会专门为文集撰写了前言，内容如下：

2011年11月，中国国际问题研究基金会副理事长、中国前驻白俄罗斯大使于振起率领基金会代表团访问明斯克，与白俄罗斯副总理、白俄罗斯前驻华大使、白中友协主席阿纳托利•托济克就出版《白俄罗斯人看中国》文集一事达成共识，决定由白方组织编写出版文集，邀请托济克先生担任主编，以此增进中白两国人民相互了解和友谊。中国国际问题研究基金会为文集出版提供经费资助。

2012 年 7 月，《白俄罗斯人看中国》文集在明斯克正式出版。中国国际问题研究基金会执行理事长、外交部前副部长刘古昌率领基金会代表团出席了在明斯克举行的文集首发式活动。该文集包含了 20 位访问过中国的白俄罗斯朋友撰写的访华观感，其中包括白俄罗斯著名的外交家、汉学家、艺术家、教育工作者和媒体工作者等各方面人士。他们向白俄罗斯民众介绍了其感兴趣的中国风土人情、历史文化、社会生活，以及对中国改革开放成果的看法。该书是献给中白建交 20 周年的一项特殊礼物，是中白两国人民友谊的一个新体现，也是一个没有先例的具有创造性的推进两国人民友好关系的举措。

托济克主席在与刘古昌执行理事长会见时表示，希望白中友协同中国国际问题研究基金会今后继续在人文领域加强合作，并建议双方将来在中国合作出版《中国人看白俄罗斯》文集。

2013 年 3 月，白俄罗斯驻华大使维克托·布里亚先生向于振起副理事长正式提出，希望由中国国际问题研究基金会在华组织出版《中国人看白俄罗斯》文集，聘请于振起副理事长担任文集主编。文集经费由白方通过民间渠道筹集。

中国国际问题研究基金会理事长张德广和执行理事长刘古昌完全支持布里亚先生关于白方与基金会合作编辑出版《中国人看白俄罗斯》文集的设想，认为此举是基金会在白俄罗斯资助出版《白俄罗斯人看中国》文集活动的很好回应，也是继续促进中白两国人民相互了解和友谊的民间外交积极举措。并同意由于振起副理事长和王宪举研究员代表基金会与白方就此项活动进行合作，分别担任文集的主编和执行主编。

现在呈现在读者面前的《中国人看白俄罗斯》文集就是这一合作的成果。

20 余位曾在白俄罗斯工作学习过的中国各界人士为文集撰稿，介绍其感兴趣的白俄罗斯风土人情、历史文化、社会生活，以及对白俄罗斯社会各领域发展成果的感受和看法。他们用真实感人的语言描述了在白俄罗斯工作、学习和生活的经历，为读者展现出一幅生动立体的白俄罗斯图像。相信广大中国读者通过这本文集能够增加对白俄罗斯这个美丽国家的了解，增进对善良的白俄罗斯人民的友好感情。

2013 年 7 月，应中国国家主席习近平邀请，卢卡申科总统对中国进行国事访问。习近平主席表示，巩固和深化中白关系是中方坚定不移的政策。中方愿与白方一道，推动两国关系不断迈上新台阶。卢卡申科总统表示，中国是白俄罗斯亲密、可信赖的朋友。对华关系是白俄罗斯外交的优先方向。白方愿与中方深化友谊、互信与合作。两国元首决定建立中白全面战略伙伴关系，并制定相关发展规划。这标志着中白友好合作关系提升到新水平。

《中国人看白俄罗斯》文集在中白两国建立全面战略伙伴关系之际问世，既是对两国领导人上述讲话精神的很好诠释，也将为在新时期加强中白两国人民传统友谊发挥特殊作用。所有参与本文集工作的人都有理由为自己的工作感到自豪。

中国国际问题研究基金会作为中国有重要影响力的外交智库和促进对外友好交流的民间组织，将继续加强与白中友协等白俄罗斯民间组织的交流与合作，为推动中国人民与白俄罗斯人民之间的友谊做出自己力所能及的贡献。

中国国际问题研究基金会

我为文集提供了一篇文稿，题为《可爱的白俄罗斯》。全文如下：

可爱的白俄罗斯

一、白俄罗斯第一印象

2002 年 3 月，我被任命为中华人民共和国驻白俄罗斯共和国特命全权大使。

此前，我虽然在白俄罗斯的两个邻国乌克兰和俄罗斯工作过，却从来没有到过这个国家。不过，作为一名历史学者，我对白俄罗斯的基本情况还是了解的。基辅罗斯瓦解后，东斯拉夫人分化成三支，即俄罗斯、乌克兰、白俄罗斯。它们后来各自逐渐形成了既相似又不同的语言和文化。18 世纪后期开始，白俄罗斯并入俄罗斯。1922 年苏联成立后，白俄罗斯成为苏联的一个加盟共和国。苏联卫国战争时期，白俄罗斯被德军占领长达近 3 年，1944 年 7 月全境获得解放。在被占领期间，白俄罗斯人民组织起 1200 多个游击队，同德军展开英勇顽强的斗争。约有 220 多万人牺牲，占白俄罗斯人口 1/4。1945 年 10 月联合国成立时，白俄罗斯成为联合国成员国，并同乌克兰一样，是联合国创始成员国之一。

于振起
历史学博士
中国前驻白俄罗斯、保加利亚大使
中国国际问题研究基金会副理事长

　　白俄罗斯位于欧洲中心，东部和北部与俄罗斯相连，南接乌克兰，西邻波兰，西北和北部分别与立陶宛和拉脱维亚接壤。国土面积 20.76 万平方公里，居欧洲第 13 位。人口将近 1000 万。白俄罗斯地理位置具有重要战略意义，是俄罗斯与欧洲之间最近的陆上通道，也是欧亚大陆桥的重要交通枢纽，还是俄罗斯通往欧洲油气管道的必经之路。白俄罗斯自然条件优越，是一个风景秀丽的国家，森林覆盖率在欧洲名列前茅，有"万湖之国"的美誉，以前曾被称为"苏联的小瑞士"。

　　白俄罗斯是前苏联三个斯拉夫加盟共和国之一，也是前苏联经济实力最强的加盟共和国之一，发展水平与乌克兰不相上下。1991 年 12 月，白俄罗斯领导人舒什凯维奇与俄罗斯总统叶利钦、乌克兰总统克拉夫丘克一起在白俄罗斯的别洛韦日森林埋葬了苏联，成立了独立国家联合体。

　　2002 年 3 月 27 日晚，我乘莫斯科至明斯克的列车前往明斯克赴任。列车行至离明斯克还有一个小时路程时，两位白俄罗斯警官来到我的包厢，很有礼貌地问我是不是中国大使，我随即做了自我介绍。他们很高兴地对我表示欢迎，然后解释说，他们是按照白俄罗斯内务部的指令，专程前来护送我的。他们在俄罗斯与白俄罗斯交界的边境城市斯摩棱斯克上的车，因为不知道我临时更换了车厢，一直没有找到我。白方的这个安排出乎我的意料，让我很感动。从这个特殊安排可以感受到白方对我到任的高度重视，实际上是对中国的高度重视。

　　3 月 28 日上午 7 时 27 分，列车正点抵达明斯克车站。白俄罗斯外交部礼宾局代表手捧鲜花前来迎接，中国大使馆的全体同志也在站台上列队迎接。当我从车厢里走下来，踏上白俄罗斯土地的一刹那，心情十分激动。作为中国驻白俄罗斯大使的使命，从此刻开始了。在车站简短的欢迎仪式结束后，我乘上插着国旗的大使专车前往大使馆。沿途市容给我留下两个突出印象：一是干净，二是清静。这也是后来我在明斯克三年多时间里这座城市留给我的深刻印象。明斯克的这个特征，很像美丽的白俄罗斯姑娘，文雅恬静。

　　到达大使馆后，又遇到一件出乎意料的事情：放在我办公桌上当天的白俄罗斯政府机关报《共和国报》在头版位置已经报道了我抵达明斯克的消息。报道说："中华人民共和国新任驻白俄罗斯特命全权大使于振起今天抵达明斯克。于振起先生是高级外交官，曾在中国外交部苏欧司工作过，曾任中国驻乌克兰使馆一等秘书、中国驻俄罗斯使馆公使衔参赞。于振起先生是历史学博士，著名世界史专家。他曾主管中国外交部政策研究室政策分析预测处的工作，是著名的政策分析专家之一。"

这篇报道使我再次感受到白俄罗斯官方对我就任的关注程度。当然,我也十分感谢这家政府机关报为我的到来所做的热情介绍和宣传。

在我离京前夕,白俄罗斯外交部就已经通知中国驻白俄罗斯大使馆,于振起大使将于 4 月 3 日向卢卡申科总统递交国书。这是一个具有象征意义的友好姿态,表明卢卡申科总统本人对中国的特殊重视。

4 月 3 日上午,我在使馆主要外交官陪同下到达总统府向卢卡申科总统递交国书。我在颂词中表示:中白两国人民之间有着深厚的传统友谊。建交 10 年来,在双方的共同努力下,两国相互理解与信任日益加深,各领域合作不断扩大,成果丰硕。中方高度重视对白关系,将一如既往地支持白俄罗斯为捍卫国家主权、维护民族尊严、发展国民经济所做的努力,尊重白俄罗斯人民自主选择的发展道路及奉行的内外政策,愿在相互尊重、平等互利的基础上继续推进两国友好合作关系。我对被任命为中华人民共和国驻白俄罗斯共和国大使感到十分荣幸,同时也深知责任重大。在担任这一职务期间,我将努力促进中白两国人民之间的友谊和两国友好合作关系进一步发展。

与卢卡申科总统在总统府合影

卢卡申科对我的到任表示欢迎，表示白俄罗斯政府高度重视对华关系，认为继续巩固和发展与伟大的友好国家中国的友谊具有重要意义，中国经济改革的成功经验对白俄罗斯也具有重要借鉴意义。去年两国领导人成功进行了互访，双方对进一步全面发展两国友好关系达成共识。他将会全力支持我的工作。

当我走出会见大厅时，向等候在外面的媒体记者发表简短讲话："首先，请友好的白俄罗斯新闻界朋友们转达中国人民对白俄罗斯人民的良好祝愿。我对就任中国驻白俄罗斯大使既感荣幸，又感责任重大。我将尽自己所能为发展中白友好合作关系而努力。希望今后与新闻界的朋友们保持友好联系与合作。"

当晚，白俄罗斯电视台播放了我向卢卡申科总统递交国书的消息。第二天，所有主要白俄罗斯报纸都发表了我递交国书的消息。

与白俄罗斯零距离接触的最初几天，给我留下了关于这个国家的多方位的美好印象。

二、我看到的白俄罗斯政局

我抵达明斯克时，卢卡申科总统执政已近 8 年。8 年来，关于这位白俄罗斯领导人功过是非的评价在舆论界和学术界一直是个热门话题。西方的看法基本是否定的。在俄罗斯，官方评价是积极的，亲西方的民主派则与西方一样，始终对卢卡申科持批评态度。

我到任后首先对白俄罗斯的社会现状认真进行不带任何偏见的调查研究。经过一段时间的阅读文件资料，与白俄罗斯官方和社会各界人士深入接触，以及社会生活调研，我对卢卡申科的内外政策形成了比较清晰的看法。

卢卡申科执政 8 年来，坚决捍卫国家主权和独立，明确表示"白俄罗斯不允许任何人用实力地位与其对话"。他顶住以美国为首的西方压力，拒绝按照西方要求进行所谓的"西式改革"，坚持进行以稳定为前提，注重民众承受能力的渐进式改革，力图探索符合白俄罗斯国情的"社会市场经济"模式。表面看起来，这种带有以民为本色彩的渐进改革政策使得白俄罗斯的"转轨"速度比绝大多数独联体国家要慢，但也使白俄罗斯避免了许多独联体国家出现的政治动乱、经济混乱的局面，是独联体范围内"苏联解体综合症"相对较轻的国家，也是率先恢复到苏联解体前经济水平的独联体国家，多项经济指标都位于独联体地区前列。政局的稳定和经济的发展使白俄罗斯广大民众从中受益。几乎每个成年人都有工作，青少年能接受免费教育，平均每两户家庭就有一辆小汽车。人民安居乐业，对国家前景很有信心。正因为如此，卢卡申科的政策颇得民心，拥有非常坚实的民众基础。

西方之所以不喜欢卢卡申科，并不是什么民主不民主的问题，根本原因是卢卡申科"不听话"，不对西方唯命是从，拒绝搞全盘西化，使得他们难以实现把白俄罗斯纳入西方阵营的目的。另一个重要原因是卢卡申科的对俄政策。他奉行与俄罗斯结盟的政策，1999 年 12 月与叶利钦共同签订《关于建立俄白联盟国家条约》。白俄罗斯是独联体内与俄关系最密切的国家，俄白联盟实际上构成了独联体的核心力量。与此同时，卢卡申科坚决反对北约东扩，在俄美围绕独联体的战略角逐中明确站在俄罗斯一边。因此，美国等西方国家把卢卡申科视为妨碍其独联体战略的"眼中钉"，必欲除之而后快。

卢卡申科的内外政策取向决定了其在对华关系方面的友好方针。他对中国改革的成就和发展道路十分钦佩，在其施政报告中明确表示要认真研究借鉴中国改革的经验。在国际事务中一贯积极支持中方立场。因此，中国应该坚定支持白俄罗斯坚持走自己的发展道路，努力巩固和拓展中白各领域的友好合作关系。

后来的事实证明，我的这些调查研究结果是符合客观实际的。在白俄罗斯工作的三年多时间里，我始终基于上述看法判断涉及白俄罗斯的各类问题，处理中白双边关系。

2003 年 9 月，原来在美国驻俄罗斯大使馆工作的乔治·科洛尔调任美国驻白俄罗斯大使。我与他在莫斯科工作时就结识了。有一次，他想了解我对白俄罗斯政局的看法，我坦率地谈了自己的观点。我说，一个国家领导人的政绩如何，应该由这个国家的民众来评价，而不是由其他国家当裁判员。这是国与国、国民与国民之间相互尊重很重要的一条原则。白俄罗斯政局稳定、经济形势在独联体地区名列前茅，这是有目共睹的事实。在卢卡申科领导下，白俄罗斯老百姓生活安定，不断改善，所以他们拥护总统，支持他的执政方针。美国和其他一些西方国家不喜欢卢卡申科的执政理念，总是想让白俄罗斯按照你们设计的方案去做。我认为，你们的做法是不会成功的，你们支持的那些反对派也不会有什么作为，因为得不到白俄罗斯大多数民众的支持。我年轻时曾经在中国内蒙古的农村生活过 4 年时间，那时叫知识青年上山下乡，俗称"插队"，所以我懂得一些农业常识。有些农作物在一个地区生长得很好，产量很高，比如中国南方的水稻。但是如果在我插队的地方种水稻，就不适合，因为那里的气候干旱，不适宜水稻生长，而适合种植小麦和玉米、高粱等农作物。中文讲"因地制宜"就是这个意思。美国人认为，美国的政治经济制度很好，这很正常。但是如果认为世界上所有国家都应该照搬美国的制度模式，那就如同非要在我插队的地方种水稻，不会成功，当地老百姓也绝对不会同意。另外，这样的思维也不符合民主原则。每个国家的人民都有选择自己发展道路的权利，他们可以学习其他国家的成功经验，也可以拒绝其他国家的发展模式，探索适合自己国家的发展道路。任何国家都无权把自己的想法强加给别人。科洛尔听了我这番话，认为讲得很有道理。我表示，你可以把我的看法报告华盛顿。

2003 年 11 月至 2004 年 11 月一年之内，格鲁吉亚、乌克兰的亲西方势力先后发动所谓"颜色革命"，并成功夺取政权。西方舆论兴高采烈地宣称，独联体内的"颜色革命"时期已经到来。此时，西方"倒卢"势力把眼光投向白俄罗斯，寄希望于那里的亲西方反对派借助外部"大好形势"，在白俄罗斯也发动一场"颜色革命"。

2004 年 10 月，布什总统签署《白俄罗斯 2004 年度民主法案》，向白俄罗斯反对派补充提供 1200 万美元援助。2005 年 3 月 24 日，吉尔吉斯斯坦发生骚乱，反对派占领了总统府，总统阿卡耶夫被迫逃往国外。3 月 25 日，在西方怂恿支持下，百余名白俄罗斯反对派分子在明斯克市中心十月广场举行反卢卡申科的非法集会，还仿效乌克兰反对派的做法，搭起了小帐篷，企图借吉尔吉斯斯坦政变的东风，重演乌克兰式的"颜色革命"。无奈支持者寥寥，连围观的人也少得可怜，反对派的集会变成一场尴尬的闹剧，很快就被内务部队驱散，没有造成什么严重社会影响。根本原因在于，白俄罗斯反对派在国内没有什么社会基础，他们无力动摇卢卡申科的执政地位。

"3·25"事件发生后，我们很快向国内报告了有关情况和看法，认为此事件不是乌克兰的彼事件，白俄罗斯没有发生"颜色革命"的土壤，卢卡申科执政地位稳固。

2004 年至今白俄罗斯的形势发展清楚地证明，当年我们的判断是客观的正确的。尽管这个事实让西方的"倒卢"势力很失望。

三、在白俄罗斯走进光荣历史

有形的历史遗产，特别是那些与重大历史事件相关联的历史遗产，可以帮助我们走进历史，亲身感受历史上的那些重大事件，感性地体会它们的历史意义。

白俄罗斯有不少让我感兴趣的历史遗产，其中有两处对我最有吸引力。

一是位于明斯克的俄国社会民主工党第一次代表大会的会址。20 世纪 70 年代我在国内大学任教讲授《国际共产主义运动史》课程的时候就熟知，它在苏联共产党历史上的地位相当于中国共产党第一次代表大会在上海的会址，可以说是苏共的摇篮。二是布列斯特要塞，苏联卫国战争就是从那里开始的。我曾专门研究过第二次世界大战史，亲眼看看这个地方是我的夙愿。

（一）寻访苏共诞生地

根据有关历史资料，1898 年 3 月 1—3 日在明斯克扎哈列夫街 133 号的小木屋里，来自彼得堡、莫斯科、基辅等地社会民主主义组织的 9 名代表秘密举行会议，通过了关于建立俄国社会民主工党的决议，并选出了由 3 人组成的中央委员会。代表大会在发表的宣言中声明了党的宗旨："俄国无产阶级将摆脱专制制度的桎梏，然后用更大的毅力去继续同资本主义和资产阶级做斗争，直到社会主义完全胜利。"这次代表大会宣告了俄国第一个无产阶级政党的成立，标志着俄国无产阶级革命运动进入新的时期。当时，以列宁为代表的一些马克思主义革命者正在被流放，未能直接参与建党工作。

事实上，第一次代表大会只是完成了形式上建党的任务，并没有制定党纲和党章，加之会议结束后不久，中央委员会成员被沙皇当局逮捕，党实际上没有能够真正发挥领导工人运动的作用。1903 年 7 月俄国社会民主工党第二次代表大会的召开结束了这种状况。在这次大会上，以列宁为首的马克思主义者占据了多数，被称为布尔什维克（即"多数派"），居于少数地位的机会主义者被称为孟什维克（即"少数派"）。布尔什维克基本主导了大会，制定了党纲和党章，从此产生了列宁领导的真正意义上的马克思主义革命政党——布尔什维克党。由于党内还存在机会主义的孟什维克，就有了俄国社会民主工党（布尔什维克）的名称。十月革命胜利后不久，在 1918 年 3 月召开的俄国社会民主工党第七次代表大会上，根据列宁的提议，通过了党的新名称：俄国共产党（布尔什维克），简称俄共（布）。1922 年 12 月苏维埃社会主义共和国联盟成立后，又改称苏联共产党（布尔什维克），简称联共（布）。我们这一代人都熟悉联共（布）这个名称，这是与许多中国共产党人熟知联共（布）党史密切相关的。

尽管俄国社会民主工党成立后走过了曲折的道路，但明斯克第一次党代表大会作为俄国无产阶级政党历史起点的地位是不可动摇的。正因为如此，抵达明斯克后，亲眼看看俄国社会民主工党一大会址便成了我的一个强烈愿望。当我向已经在使馆工做了一段时间的同事们打听这个地方时，都说没去过，只是听说有个"共产主义小屋"，也不清楚在什么地方。我只好"自力更生"，利用第一个"五一"节假期亲自去寻觅。经过向当地人询问，很快了解到会址的确切位置，顺利找到了这个吸引我的地方。

俄国社会民主工党一大会址

　　这是一座绿色的小木屋，位于胜利广场附近的斯维斯洛奇河边，周围绿树掩映，异常幽静。据说，原来的小木屋在卫国战争中被炸毁，现在的小木屋是战后照原样重新修复的。地点也是新的，因为市政建设的原因由旧址搬迁到此，不过墙上还挂着写有"扎哈列夫街 133 号"字样的门牌。正面入门处的一块白色牌子上写着"俄国社会民主工党第一次代表大会会址博物馆"。我望着这块牌子和这座小木屋，浮想联翩。有一句名言说："伟大出于平凡。"这座普普通通的小木屋以它不平凡的历史验证了这句话。100 多年前在这座小木屋发生的那次历史事件，不仅改变了俄罗斯的历史，而且也影响到中国乃至世界。如果说"阿芙乐尔号"巡洋舰的一声炮响给中国送来了马克思主义，那么 1921 年中国共产党在上海的诞生实际上也是与 1898 年这座小木屋里发生的历史事件分不开的。追根溯源，19 世纪末以来世界各国所有无产阶级政党都与这座小木屋有着历史渊源关系。我为有机会亲眼看到这座有着丰富历史内涵的不寻常小木屋感到兴奋，同时也有一种政治上的满足感。

我怀着兴奋的心情走进小木屋，里面唯一的一位中年妇女起身迎接我。她自我介绍是管理员兼讲解员。当她听说我是来自中国的客人时，显得非常高兴，热情地带我参观当年举行第一次党代表大会的房间，讲解里面的展品。房间不大，只有 8 平方米左右。里面的桌椅和其他陈设都是按照原来的样子摆放的。她说，这个博物馆在苏联时期享有很高的地位，直属白俄罗斯党中央管理，那时参观的人很多，除了苏联人，还经常有很多外国客人。苏联解体后，曾经有人主张取消这个博物馆，但遭到拒绝。大家认为，这是我们的历史，我们应该对自己的历史负责。虽然博物馆保留下来，但地位已大不如前。博物馆转由白俄罗斯文化部管理，成为白俄罗斯文化历史博物馆的一部分，经费长期短缺。随着社会意识形态的变化，人们特别是年轻人对博物馆兴趣日益减弱，现在来参观的人很少，外国人就更少了。她还说，看到我很高兴，她知道中国的社会主义搞得很成功，让白俄罗斯人很钦佩。中国共产党是好样的。

我在墙上挂的展牌中看到有法国共产党总书记多列士、民主德国国务委员会主席乌布利希、古巴领导人卡斯特罗等人参观博物馆时的照片，可以想见当年这里门庭若市的热闹情景。如今，这里真是门可罗雀，冷清得很。在我逗留期间，博物馆里只有我一个参观者。对比之下，我不由得再次感受到苏联共产党的兴衰给这个国家带来的巨大影响，也更加体会到中国共产党人的伟大以及我们身上肩负的历史责任。

自从发现了"共产主义小屋"的踪迹，我就把参观这座小木屋作为接待国内代表团的一项活动内容，此举深受代表团欢迎。

（二）布列斯特要塞——打响苏联卫国战争第一枪的地方

布列斯特是白俄罗斯西南部的边境城市，距明斯克 350 公里，位于穆哈维茨河和布格河交汇处，是布列斯特州的首府，人口 29 万。布列斯特历史上是俄国重要的西南边陲，历来是兵家必争之地，也是商贾集散之处。该市与波兰接界，扼俄罗斯和白俄罗斯通往东欧和西欧铁路、公路交通要冲，是欧亚大陆桥上的重要枢纽。

19 世纪初，沙俄政府开始在这里修建要塞，从修建到不断完善历经近 30 年。布列斯特是苏联历史上两次沉痛事件的见证者。一次是 1918 年在布列斯特要塞签订的屈辱的《布列斯特和约》。十月革命胜利后，俄国还处在与德国交战的状态，列宁为了避免德国的进攻，保护新生的脆弱的苏维埃政权，主张立即结束与德国的战争。然而，俄国的盟国英、法、美等协约国成员拒绝与德国举行谈判，苏维埃政府决定单独与德国媾和，并于1917年12月2日签订了停战协定。在进一步谈判和约时，德方要求俄方割让大片西部领土，在是否接受德国要求问题上，苏维埃政府内部出现严重分歧。在列宁的坚持下，最后接受了德国苛刻的条件，双方于1918年3月3日在布列斯特要塞签订了《布列斯特和约》。该条约为苏维埃政权赢得了宝贵的"喘息时机"，对巩固新生的苏维埃政权具有重大意义。

另一次就是1941年从这里开始的苏联卫国战争。1941年6月22日凌晨，德国法西斯军队撕毁《苏德互不侵犯条约》，在这里发动了对苏联的大举进攻。守卫布列斯特要塞的苏军奋起抵抗，打响了苏联卫国战争的第一枪。德军机械化部队很快就突破了要塞的防御，向明斯克方向挺进。但是，守卫要塞的苏军官兵仍顽强坚守阵地，展开了英勇的布列斯特要塞保卫战。这场战斗一直持续了一个多月。到7月末，守卫要塞的苏军官兵几乎全部阵亡，他们用自己的生命写下了苏联卫国战争史上可歌可泣的第一页。1965年，布列斯特要塞被授予"英雄要塞"称号。在要塞遗址上修建了保卫要塞历史博物馆，供人们参观。

2002年5月，我陪同国内军方代表团来到布列斯特要塞参观，这是我第一次亲眼看到这座著名要塞。由市区进入要塞的通道上修建了一个巨大的五星形状拱门，墙上有介绍要塞简况的牌子，拱门内播放着卫国战争时期的歌曲。当走进这道拱门时，立即被笼罩在庄严肃穆的气氛中，心灵受到强烈的震撼。通过拱门后，走过一段路，就进入要塞旧址。只见到处是布满弹痕的残垣断壁，让人很容易联想到当年要塞保卫战的惨烈。我发现在一堵比较高的断墙上贴着一块牌子，上面写着"1918年3月3日在此签订《布列斯特和约》"。经向解说员了解，当年签约的这座建筑在要塞保卫战中被炸毁了。再往前走，是一个大广场，那里有20世纪60—70年代兴建的纪念雕塑群和一座高达100米的方尖纪念碑。广场的高处有长明火，长明火前的地面上写着："死有所值 英雄光荣"。我陪代表团在长明火前敬献了花圈，然后向要塞的正门走去。正门保存得比较完整，上面弹痕累累，仿佛一位默默诉说那段重要历史的老人。我拍下了这个卫国战争开始的历史见证，后来把这幅照片收入了我在明斯克的个人摄影展。

布列斯特要塞

最后，我们来到要塞博物馆参观。里面陈列着 4000 余件展品，其中有要塞保卫战时用过的军旗、各种武器、战士们的衣物和照片等。一个被炸坏的马蹄表引起我的注意，表的时针指向 4 点钟。这只表以它特有的方式把那个影响苏联乃至世界命运的历史时刻定格下来，让后人永不忘记。更让我感动的是那些浴血奋战的战士写在墙上的留言："我们不会屈辱地死。""我们很艰难，但没有丧失斗志。我们将像英雄一样死去。""我将会死去，但决不投降！永别了，我的祖国！"我想，无论是谁看到这些视死如归的英雄留言，都无法不被震撼。这是真正的爱国主义和英雄主义，任何一个民族只要有这样的精神，就一定是不可战胜的。希特勒在下达进攻布列斯特命令的时候，一定没有意识到，他已经给自己的坟墓掘了第一锹土，从此他将踏上一条通向灭亡的不归路，就像当年的拿破仑一样。

我在参观时发现，博物馆里没有说明书。解说员向我解释说，以前有说明书，后来因为经费不足，就无法印制了。我听了心里感到很压抑，回到使馆后与有关同志商议，决定资助布列斯特要塞博物馆印制说明书，以此表达中国人民对反法西斯英雄们的敬意，加强两国人民的友谊，同时也可以帮助博物馆更好地宣传反法西斯光荣传统。2002 年秋季，我再次来到布列斯特要塞博物馆，代表中国大使馆赠送资助印制的说明书，在说明书上印有我们写的一句话："反法西斯英雄永垂不朽——中华人民共和国驻白俄罗斯共和国大使馆"。博物馆馆长专门举行了一个隆重的赠送仪式，并发表了热情的讲话。他说："中国大使馆资助印制博物馆说明书是没有先例的举动，突出表明了伟大的中国人民对反法西斯英雄的真挚感情和对白俄罗斯人民的友好情谊。白中两国人民在反法西斯战争中曾经是一个战壕的战友，现在，我们两国人民在维护世界和平的事业中继续肩并肩站在一起。"

后来这些年我一直把这份说明书带在身边，里面的布列斯特要塞照片和博物馆里的展品照片让我感到亲切，使我时常回忆起参观要塞时留下的那些难忘情景。

四、聚焦可爱的白俄罗斯

我任驻白俄罗斯共和国大使期间，曾应邀举办过一个名为《聚焦可爱的白俄罗斯和其他国家》的个人摄影展。这是中华人民共和国外交史上从未有过的一次公共外交实践活动。

2004 年 2 月初，白俄罗斯首都电视台希望采访我的业余生活，我欣然同意。首都电视台记者斯维达和她的助手按照约定时间来到我在外交公寓的住所。斯维达说，您是第一位同意接受首都电视台采访业余生活的外国大使。我说，我感到很荣幸。然后按照她的愿望，详细介绍了自己的业余生活情况，着重谈了自己的业余爱好，包括打网球、游泳、摄影和欣赏音乐等。应她的请求，我给她看了 1997 年 8 月中国外交部举办的首届《中国外交官看世界》摄影展中我的3 幅参展照片，然后又向她介绍挂在客厅墙上的 2 幅白俄罗斯风景照片，这 2 幅照片是我来白俄罗斯后拍摄的照片中最喜欢的。一幅是德维纳河岸边的索非亚教堂，另一幅是明斯克市国家植物园秋天的景色。斯维达对我的照片表现出浓厚兴趣。

让我没有料到的是，斯维达把我的摄影爱好介绍给了明斯克市现代造型艺术博物馆馆长沙兰格维奇。后者于 3 月下旬给我写信说："我们听说阁下是一位摄影爱好者，希望您能在我们博物馆举行一次个人摄影展，以此作为博物馆与中国大使馆开展文化艺术合作的开端。"从加强两国文化交流、开展民间公共外交的角度，应该对博物馆长的热情建议积极回应。但是，以大使个人名义在国外举办个人展览，没有先例可以借鉴。经过再三考虑，我决定自费举办这个展览。当我答复博物馆馆长接受他的建议后，他很高兴，并立即与我一起制订了具体工作计划。我最终选择了61幅参展照片，在同事们的帮助下制作成展品照片。其中关于白俄罗斯自然历史文化景观的30幅，关于其他10个国家自然历史文化景观的31幅。经过认真考虑，我决定把影展定名为《聚焦可爱的白俄罗斯和其他国家》，以此表达我和我所代表的中国人民对白俄罗斯人民的友好感情。

德维纳河岸边的索非亚教堂

2004年5月11日，中国驻白俄罗斯大使个人摄影展《聚焦可爱的白俄罗斯和其他国家》开幕式在明斯克市现代造型艺术博物馆隆重举行。白俄罗斯文化部长、新闻部长、国防部长、全国工会主席等高官出席。如此多的高官出席一个外国人的文化活动在该国前所未有。前来采访的新闻媒体也是空前之多，共有三家电视台和近二十家通讯社、报社的记者出席。应媒体要求，开幕式之前先举行了一场记者招待会，我就摄影展回答了他们感兴趣的各种问题，包括我的摄影爱好历史，对摄影艺术的看法，举办这个摄影展的原因和目的等，有的记者甚至还问到我使用的照相机品牌。我一一做了回答。关于对摄影艺术的体会，我指出，摄影艺术与绘画艺术有相通之处，那就是要用心去做，要对拍摄的对象有发自内心的感情，努力把客体最美的一面表现出来，而不是简单地copy。从这个意义上说，摄影器材的好坏并不是决定因素。好的照片是用心创作出来的。我举了一个创作的例子，即拍摄那张索非亚教堂照片的过程。我从历史书上早就知道位于波洛茨克市的索非亚教堂是白俄罗斯作为一个独立国家起源的标志，很想亲眼去看一看。2003年我去波洛茨克市所在地维捷布斯克州工作访问时，专门参观了这座向往已久的教堂。由于索非亚教堂位于德维纳河边，要拍摄教堂与德维纳河在一起的全景，只能绕到河对岸。接待方日程安排中没有这项内容。如果这样做，必须在第二天一大早起床去拍照，以便不影响正式活动安排。对方不大理解我的心情，建议我放弃，免得太辛苦。我没有接受，还是坚持自己的愿望。第二天一早，我在接待人员陪同下驱车来到河对岸，河边没有路，草地的露水很大，裤腿都被打湿了，我全然不顾。我站在索非亚教堂对岸，德维纳河水在眼前静静地流过，沐浴在朝霞中的白色索非亚教堂犹如一位亭亭玉立的洁白少女，文静地站在岸边。我望着她和她映在河水中的美丽倒影，心中充满了难以言表的美感。此时我才真正意识到，这座教堂无论从外表还是内涵，的确是白俄罗斯民族的象征。怀着这种兴奋欣喜的心情，我把索非亚教堂连同德维纳河一起收入了镜头。照片洗出来后，我非常喜欢，特意放大后挂在了客厅的墙上。如果当时没有这种强烈的愿望，就不会有这幅给我带来美的享受的照片。我的这番话博得大家的热烈掌声。

会见记者后，开幕式正式开始。沙兰格维奇馆长首先讲话。他说："今天的摄影展览是一个重要的不同寻常的事件。因为这是在我们的首都第一次举办外国使节的个人摄影作品展览。于振起先生不仅是一位外交使节，而且还是一位摄影艺术家。今天展出的作品一半是白俄罗斯的内容。这些为我们所熟悉的景物忽然之间变成了完全不同的样子，我们从中可以体会到大使先生独特的眼光。许多人都认为，好照片要依靠好相机。可是于振起先生认为，什么样的相机并不重要，重要的是摄影时要用心，要有爱。我们非常高兴，中国使节把这样的爱给了白俄罗斯。"

随后我发表了简短讲话："今天的展览共展出我的61幅摄影作品，它们是我在不同时期和不同国家拍摄的，其中主要是在可爱的白俄罗斯拍摄的。我在白俄罗斯已经生活工做了两年多，对白俄罗斯勤劳善良的人民、美丽的大自然和丰富历史文化遗产的感情越来越加深。通过这个展览，我向白俄罗斯国家和人民表达自己的这份感情，同时也向大家展示我到过的其他一些国家给我留下美好印象的地方。

《聚焦可爱的白俄罗斯和其他国家》摄影展开幕式

我对摄影的爱好已经有 20 多年的历史。它带给我许多乐趣和美的享受。我认为，摄影不是简单地复制客体，而是一种创造性的艺术。它的主要特点是可以把瞬间的美变成永恒的美。希望各位来宾能够从我的摄影作品中分享这种美，同时也希望这个展览能够促进中白两国的文化交流，加强两国人民之间的传统友谊。

最后，我要衷心感谢沙兰格维奇先生邀请我举办这个展览，感谢您和您的同事为展览所做的充分准备。我还要感谢新闻部长鲁萨凯维奇先生为印制精美的展览简介所提供的帮助。

衷心祝愿白俄罗斯人民生活安宁、幸福！"

······

我讲话之后，文化部长古里亚科、新闻部长鲁萨凯维奇先后致辞。他们认为我的摄影展是两国文化关系中的一件大事，有助于增进两国人民的相互了解，将对促进双方文化交流产生重要影响。

开幕式当天，国家电视台和其他两家电视台都在晚间重要的新闻节目中报道了开幕式实况，白俄罗斯通讯社也于当天发了消息稿。第二天，几乎所有明斯克的报纸都在显著位置报道了开幕式消息，介绍了摄影展的内容，大部分报纸还破例配发了彩色照片。这些报道使用了各种充满感情的题目："中国大使眼中'可爱的白俄罗斯'""以爱的眼神看世界""白俄罗斯——外交官喜爱的国家""中国大使敏锐的镜头""聚焦可爱的白俄罗斯"等等。媒体有关摄影展的报道持续了二十余天。

摄影展开幕式在明斯克引起轰动效应，掀起一股"中国热"。而且，这股热潮一发而不可收，许多外地城市纷纷提出希望举办我的摄影展。白俄罗斯国防部也提出希望在军事学院举办我的摄影展，以此对官兵进行爱国主义教育。由于要求者甚众，我与白方商量后，只能选择其中的一部分，制订了为期一年的在白俄罗斯各地巡展的计划。

巡展期间，各地民众对摄影展表现出极大兴趣，参观者十分踊跃。据白军方告，10 月 19 日摄影展在白俄罗斯军事学院展出后的 10 天里，参观者就达到6000 多人，前来参观的除了军方人士，也有普通民众。

鉴于社会各界对我的摄影展反响热烈，白俄罗斯新闻部建议我出版一本影集，这样可以使影响长期化，并且表示会给予积极支持。我接受了这个好建议。经过紧张的准备，与摄影展同名的影集《聚焦可爱的白俄罗斯和其他国家》于2004 年 9 月出版。9 月 29 日在白俄罗斯对外友协举行了影集首发式。新闻部长鲁萨凯维奇和外交部副部长格拉西缅科出席。鲁萨凯维奇在讲话中说："外交官出版关于驻在国的个人影集是史无前例的事情，只有专业的有修养的和有知识的外交官才可能做到。中国大使就是这样一位外交官。他的影集代表了中国人民对白俄罗斯人民深切的友好感情。"对外友协主席伊万诺娃也发表了热情的讲话，并代表对外友协向我颁发了荣誉证书。证书内容如下：

白俄罗斯对外友协授予中华人民共和国驻白俄罗斯共和国大使于振起先生此荣誉证书，以表彰他在《聚焦可爱的白俄罗斯和其他国家》影集中所表现出的深邃的洞察力、由衷的热情和创造性才能。

影集不仅展示了白俄罗斯大地的美丽和魅力，也体现了作者对我们国家怀有的特殊感情。

影集照片展现的白俄罗斯各地风情是如此之美，以至引起许多白俄罗斯人

的惊讶和疑问："难道这真的是
我们的地方？"

愿白俄罗斯与中国为了永
恒的目标——和平、友谊、相互
理解和爱紧紧联合在一起。

愿中国在明斯克欢笑，白俄
罗斯在北京歌唱！

举行影集首发式当天，我通
过总统办公厅专门向卢卡申科
总统赠送了有我签名的第一本
影集。2 天之后，我收到卢卡申
科给我的亲笔信。信的全文如
下：

阁下，

衷心感谢您赠送影集《聚焦
可爱的白俄罗斯和其他国家》。

您的摄影作品使人能够了
解我们国家的过去和现在，展望
她的未来。您成功地展现了白俄
罗斯伟大的历史遗产和美丽的自然风光。影集的名称鲜明地表达了您对白俄罗
斯真诚的态度。

我相信，您作为我们国家的可靠朋友，会继续推动白俄罗斯和中国双边合
作的发展，以造福两国人民。

请接受我最崇高的敬意。

白俄罗斯共和国总统

亚历山大·卢卡申科

2004 年 10 月 1 日

Прэзідэнт
Рэспублікі Беларусь

Мінск, 1 кастрычніка 2004 года

Ваша Эксэленцыя,

Сардэчна ўдзячны Вам за накіраваны мне альбом "Любімая Беларусь
і іншыя краіны ў фокусе".

Вашы фотаздымкі дазваляюць пазнаёміцца з мінулым і сучаснасцю
нашай краіны, зазірнуць у яе будучыню. Вам удалося дакладна перадаць
веліч гістарычных помнікаў і прыгажосць беларускай прыроды. Назва
альбома яскрава сведчыць аб Вашых шчырых адносінах да Беларусі.

Пераканапы, што і далей Вы будзеце заставацца надзейным сябрам
нашай краіны і спрыяць развіццю двухбаковага супрацоўніцтва на карысць
беларускага і кітайскага народаў.

Прыміце, Ваша Эксэленцыя, запэўненне ў маёй вельмі высокай
павазе.

Аляксандр Лукашэнка

Яго Эксэленцыі
Пану Юй Чжэньцы
Надзвычайнаму і Паўнамоцнаму Паслу
Кітайскай Народнай Рэспублікі ў
Рэспубліцы Беларусь
Мінск

卢卡申科总统的亲笔信

卢卡申科总统的信标志着我的个人摄影展在白俄罗斯发挥了增进两国友好
关系的重要作用。

2004 年 8 月，中国国务院新闻办公室代表团访问白俄罗斯时，知悉我举办
个人摄影展的消息，称赞这是一个"摄影外交"创举。随团的《人民画报》负

责人邀请我在《人民画报》上发表部分影展作品，我欣然同意。当年11月号的《人民画报》发表了我的10幅摄影展照片，并配发一篇评论，介绍了摄影展和影集的情况，以及我对摄影艺术的一些体会。

我把这期《人民画报》也赠送给了卢卡申科总统。他收到后指示礼宾助理马克伊给我打电话，向我表示感谢，并请我代他转达对《人民画报》编辑部的谢意，感谢杂志社向中国和世界宣传白俄罗斯。

2005年3月，白俄罗斯外交部提出，希望在外交部办公大楼举办我的摄影展，以进一步加强两国友好关系。我接受了这个建议。4月4日，在外交部办公大楼一楼大厅举行了我的摄影展开幕式，马丁诺夫外长亲自出席。驻明斯克外交使团团长及8位其他国家大使也出席了开幕式。新华社记者进行了现场采访。马丁诺夫在致辞中说，感谢我为推动白中两国友好合作关系所做的突出贡献，对我在个人摄影展中体现出的对白俄罗斯人民真诚的友好感情表示感谢。他强调，这是白俄罗斯外交部首次在办公大楼举办外国使节的个人展览，这表明了白俄罗斯外交部对中国大使的格外敬重。

我在答词中对白俄罗斯外交部为发展中白两国友好关系所做的贡献表示衷心感谢，同时感谢马丁诺夫外长以及外交部的朋友们对中国驻白俄罗斯大使馆工作给予的一贯支持，感谢他们在外交部安排这次特殊的展览。希望我的摄影展能够促进中白之间的文化交流，加强两国人民之间的传统友谊。祝愿可爱的白俄罗斯繁荣富强，人民幸福安康。

新华社记者当天报道了此次活动。报道内容如下：

中国驻白俄罗斯大使于振起个人摄影展《聚焦可爱的白俄罗斯和其他国家》4日在白俄罗斯外交部大楼内举行。

白俄罗斯外交部长马丁诺夫、一些国家的使节及当地主要媒体代表等70余人出席了开幕式。马丁诺夫在开幕式上高度评价白中两国的友好关系。他说，近年来，建立在传统友谊和政治互信基础上的两国关系得到了全面发展。于大使的摄影展之所以能够在白俄罗斯引起反响，就是两国建设性友好关系的性质所决定的。

此次摄影展共展出了60多幅照片，主要反映了白俄罗斯的自然历史文化景观。应白俄罗斯有关方面的要求，2004年5月于振起大使的61幅摄影作品首次在白俄罗斯现代造型艺术博物馆展出。此后，又在波洛茨克、维捷布斯克等白俄罗斯多个城市巡展。展览期间，白俄罗斯总统卢卡申科曾致函于大使，对他作品中体现出来的对白俄罗斯国家和人民的友好感情表示感谢。

这是白俄罗斯外交部首次在办公大楼内举办外国使节个人展览。这次摄影展将持续到 4 月下旬。

马丁诺夫外长参观在白俄罗斯外交部举办的《聚焦可爱的白俄罗斯和其他国家》影展

事实表明，在白俄罗斯举办的这个没有先例的大使个人摄影展是一次成功的创造性公共外交实践，取得许多预想不到的良好效果。

时隔近八年之后，以 2012 年 1 月 20 日中国与白俄罗斯建交 20 周年为契机，天津市人民对外友好协会与中国国际问题研究基金会于当年 1 月 7 日至 21 日在天津西洋美术馆共同举办了我的个人摄影展《聚焦可爱的白俄罗斯和其他国家》，以进一步加强中白两国人民之间的友谊。中国外交部派代表出席了摄影展开幕式，称该摄影展是庆祝中白两国建交 20 周年的一项重要活动，也是今年中方庆祝中国与欧亚地区国家建交 20 周年系列活动的第一项。白俄罗斯驻华大使布里亚先生专程赴津参观摄影展，对摄影展给予高度评价，并表示要向于大使学习，积极推动两国人民之间的友好交流。新华社和天津多家媒体对摄影展进行了积极报道。白俄罗斯国家通讯社于 1 月 10 日发表了关于摄影展报道，称"此次摄影展是庆祝白中建交 20 周年的一项活动。于振起大使曾经在明斯克举办过同名的个人摄影展。由于他对白中两国合作所做出的重大个人贡献，2005 年被白方授予'人民友谊'勋章。如今，于振起仍在继续促进白中两国人民的友好交流，加强两国人民之间的友谊，正在中国举办的他的个人摄影展就是一个鲜明例证。"

白俄罗斯驻华大使布里亚参观在天津举办的《聚焦可爱的白俄罗斯和其他国家》摄影展

五、获得"人民友谊"勋章的首位外国使节

2005 年 8 月 11 日，我从明斯克离任前夕，总统办公厅主任舍伊曼给我打来电话说："鉴于您为白中友好关系发展做出的突出贡献，卢卡申科总统决定授予您'人民友谊'勋章。您将是第一位获此荣誉的外国驻白俄罗斯使节。"

8 月 15 日上午，盖伊肖诺克副外长来到中国大使馆，代表白方正式通知我说："卢卡申科总统已签署命令，授予您'人民友谊'勋章，以表彰您为发展白中友好关系做出的重大个人贡献。"当天，白俄罗斯通讯社援引总统新闻局消息报道说，鉴于中华人民共和国驻白俄罗斯特命全权大使于振起为巩固和发展白中之间经济、科技和文化关系做出的重大个人贡献，总统于8月15日签署命令，授予于振起大使"人民友谊"勋章。第二天，新华社也报道了这一消息。

"人民友谊"勋章是白俄罗斯最高级别的国家奖项之一，主要授予白俄罗斯和其他国家政要以及少数做出突出贡献的社会和文艺界人士。我是获此勋章的首位外国驻白俄罗斯使节。卢卡申科总统这一特殊的授勋决定既是对我工作的充分肯定，更是对对华关系高度重视的生动体现。这枚不同寻常的勋章不仅属于我个人，也属于驻白俄罗斯大使馆整个团队，更是属于祖国的一份荣誉。

这些年来，每当我看到这枚勋章，就会回想起在白俄罗斯工作生活的美好难忘时光，就会回想起我向卢卡申科总统辞行时说过的话："我永远不会忘记可爱的白俄罗斯和白俄罗斯人民，将会继续为促进中

"人民友谊"勋章

白友好关系尽力。"今天，在《中国人看白俄罗斯》文集即将问世之际，我想对友好的白俄罗斯人民再次表达自己的这一心愿。

六、愉快的重返之旅

2011年，作为我履行对卢卡申科总统上述承诺的一个具体行动，我决定以中国国际问题研究基金会的名义，在白俄罗斯支持出版《白俄罗斯人看中国》文集，邀请到访过中国的各界白俄罗斯朋友撰写他们在中国的所见所闻，让更多的白俄罗斯民众加深对中国的了解，以此增进中白两国人民之间的友谊。当我把这一想法告知白俄罗斯前驻华大使、时任白俄罗斯副总理、白中友好协会主席托济克先生后，得到他的积极响应。2011年10月底，我带领基金会文集工作小组来到明斯克，与托济克主席面商编辑出版文集事宜。这是我时隔6年首次重返可爱的白俄罗斯。我代表基金会邀请托济克主席担任《白俄罗斯人看

中国》文集主编，他欣然同意。双方还就一些具体问题交换了意见，并达成完全一致。

在明斯克期间，白俄罗斯对外友协邀请我去做客。当我踏进友协大门时，友协代主席彼特凯维奇已经在那里迎候。她代表伊万诺娃主席对我的到访表示热烈欢迎，伊万诺娃主席在国外，很遗憾不能亲自与我见面。此时，我顿时有了一种回家的感觉。还是那座典雅的建筑，还是那个宽敞温馨的大厅，还有那些熟悉的友协朋友们的面孔。当年和白俄罗斯各界朋友以及中国同胞在这里度过的许多美好时光仿佛电影一样一幕幕浮现在脑海：每年中国国庆节期间的"白中友好月"活动、纪念中国抗日战争胜利60周年老战士座谈会、中国春节联欢会等等。当然，还有那场难忘的《聚焦可爱的白俄罗斯和其他国家》影集首发式。此时我不由得想起唐代诗人张九龄的名句："相知无远近，万里尚为邻。"这正是对中白友好关系的生动写照。

2012年7月初，《白俄罗斯人看中国》文集在明斯克正式出版。7月9日在白俄罗斯对外友协举行了隆重的首发式。即将在北京问世的《中国人看白俄罗斯》文集可以说是《白俄罗斯人看中国》文集的姊妹篇。这两本文集将作为中白两国和两国人民友好关系的见证载入史册。[①]

　　……

2013年10月25日，中国国际问题研究基金会在北京举行《中国人看白俄罗斯》文集首发式。基金会理事长刘古昌、副理事长兼文集主编于振起、外交部欧亚司代表张伟参赞和白俄罗斯副总理阿纳托利·托济克、驻华大使维克托·布里亚出席首发式并先后致辞。出席首发式的还有文集作者、出版者、赞助者、新闻媒体代表等。

刘古昌理事长对《中国人看白俄罗斯》文集的出版表示祝贺，并感谢托济克副总理出席首发式活动。他说，20余位曾在白俄罗斯工作学习过的中国各界人士为文集撰稿，介绍白俄罗斯风土人情、历史文化、社会生活，以及对白俄罗斯社会各领域发展成果的感受和看法。他们用真实感人的语言描述了在白俄罗斯工作、学习和生活的经历，为读者展现出一副生动立体的白俄罗斯图像。中国读者通过这本文集能够增加对白俄罗斯这个美丽国家的了解，增进对善良的白俄罗斯人民的友好感情。

---

① 于振起主编：《中国人看白俄罗斯》，新华出版社2013年10月版，第14—42页。

庆祝《中国人看白俄罗斯》文集在京首发

他表示，2012 年 7 月，《白俄罗斯人看中国》文集在明斯克正式出版。托济克副总理亲自担任主编。该文集包含了 20 位访问过中国的白俄罗斯朋友撰写的访华观感。他们向白俄罗斯民众介绍了其感兴趣的中国风土人情、历史文化、社会生活，以及对中国改革开放成果的看法，为中白建交 20 周年献上了一份特殊礼物。此次《中国人看白俄罗斯》文集的出版是对基金会在白俄罗斯出版的《白俄罗斯人看中国》文集的很好回应。

刘古昌强调，这两本文集的出版具有开创性意义，是民间交往的一个创举。走出了一条增进两国人民了解和友谊的新的路径，丰富了两国人民交往合作的内容和形式，为促进两国关系的发展具有与众不同的积极作用。

托济克副总理在致辞中表示，2013 年 7 月，卢卡申科总统刚对中国进行国事访问并取得重大成果。两国元首决定建立白中全面战略伙伴关系，将双方友好合作关系提升到更高水平。他相信今后两国按照已经设定的路线图前行，就一定能达到预定目标。他说，特别感谢中国国际问题研究基金会于振起副理事长

托济克副总理向大家展示文集

2012 年访问白俄罗斯时倡议出版这本文集并担任主编。文集中的作者都是在白俄罗斯工作学习多年的中国朋友。相信他们讲述的、亲身经历的故事对于中国人民了解白俄罗斯，体会白俄罗斯人民对中国人民的深厚友谊很有益处。

随后，我以文集主编身份做了如下发言：

尊敬的托济克副总理，尊敬的布里亚大使，女士们，先生们，朋友们：

今天，与各位一起见证中白人民友谊的新例证——《中国人看白俄罗斯》文集的问世，心情十分激动。

此刻，我想向大家讲几点心里话：

一、2005 年 8 月 9 日，我在离任前向卢卡申科总统辞行时表示："我永远不会忘记可爱的白俄罗斯和白俄罗斯人民，将会继续为促进中白友好关系尽力。"两年来，我支持托济克先生编辑出版《白俄罗斯人看中国》文集，在天津举办《聚焦可爱的白俄罗斯和其他国家》个人摄影展，都是为了践行八年前我对卢卡申科总统的这一承诺。这次我接受布里亚大使邀请，担任《中国人看白俄罗斯》文集主编，仍是为了继续践行我对卢卡申科总统的承诺。

二、国之交在于民相亲，民相亲在于心相通。当我读过本文集的各篇文稿后，强烈感受到一颗颗热爱白俄罗斯人民的中国心。我相信，各位在读了文集之后也一定会有同样感受。《中国人看白俄罗斯》文集在中国的出版具有开创性意义，是中国对外民间交往的一个创举。我们所有参与此项工作的朋友都有理由感到自豪。希望今后会有更多的中国人看外国的文集问世，为促进中国人民与世界各国人民友谊发挥积极作用。

三、《白俄罗斯人看中国》文集的中文版年内即将在北京问世。我希望，《中国人看白俄罗斯》文集的俄文版今后也会在明斯克问世，从而为广大白俄罗斯民众提供一扇直接感受中国人民友好情谊的新窗口。

四、毛泽东主席有一句政治名言："政治路线确定之后，干部就是决定的因素。"在外交领域，大使就是这样的决定因素。事实已经证明，托济克先生和布里亚先生就是白俄罗斯人民的优秀代表，他们为推动中白两国和两国人民的友谊做出了重要贡献。我建议大家对他们表示衷心感谢。

最后，我要对文集执行主编王宪举先生表示衷心感谢。他为编辑本文集倾注了大量心血，可以说是确保《中国人看白俄罗斯》文集闪亮问世的一大功臣。

让我们大家共同努力，为不断巩固和加强中白人民的友谊继续做出自己力所能及的贡献！

……

张伟参赞对托济克副总理出席文集首发式表示热烈欢迎。对中白两国人文合作结出的又一硕果表示祝贺。他说，中白建交 21 年来，两国关系持续健康稳定发展。2013 年 7 月卢卡申科总统成功访华，两国元首宣布中白建立全面战略伙伴关系，开启了中白关系发展的新纪元。当前，双方务实合作领域日益拓宽，中国已经成为白俄罗斯在亚洲最大的贸易伙伴，两国人文交流也日趋活跃。概括说，中白关系的快速发展给两国和两国人民带来了实实在在的利益。他强调，中国正致力于实现中华民族伟大复兴的"中国梦"，白俄罗斯人民也在为实现"现代化之梦"而奋斗。不断增进两国人民之间的相互了解与友谊将有力地推动中白彼此支持对方实现国家发展和民族振兴。《中国人看白俄罗斯》文集的问世为增进中白人民之间的传统友谊搭建了一座新的桥梁。

国内媒体对文集出版首发式进行了积极报道。

《中国人看白俄罗斯》文集在京首发

新华网北京 10 月 25 日电（记者　张免　高菲）《中国人看白俄罗斯》文集首发式 25 日在京举行，正在中国访问的白俄罗斯副总理阿纳托利·托济克、中国国际问题研究基金会理事长刘古昌出席并致辞。

《中国人看白俄罗斯》文集由中国国际问题研究基金会副理事长于振起担任主编，20 余位曾在白俄罗斯工作学习过的中国各界人士为文集撰稿，介绍其感兴趣的白俄罗斯风土人情、历史文化、社会生活以及对白俄罗斯社会各领域发展成果的感受和看法。他们用真实感人的语言描述了在白俄罗斯工作、学习和生活的经历，为读者展现出一幅生动立体的白俄罗斯图像。

刘古昌在首发式致辞中说，《中国人看白俄罗斯》文集是一本图文并茂的关于白俄罗斯共和国国情的文集，也是对中国国际问题研究基金会 2012 年 7 月在明斯克赞助出版《白俄罗斯人看中国》文集的很好回应。这两本文集的出版是中白民间交往的一个创举，走出了一条增进两国人民了解和友谊的新的路径，同时也丰富了两国人民交往合作的内容和形式。

白俄罗斯副总理阿纳托利·托济克表示，《中国人看白俄罗斯》和《白俄罗斯人看中国》两本文集的作者均在对方国家工作、学习和生活过，将自己的所见所闻所感汇聚成文字，为加深中白两国人民相互了解迈出了重要的两步。托济克认为，中白双方还应迈出第三、第四步，将此前以俄语出版的《白俄罗斯人看中国》翻译为中文，也把此次以中文出版的《中国人看白俄罗斯》译为俄语和白俄罗斯语，为想要了解或前往对方国家的中白两国人民展现出一幅更加生动的图像。

《中国人看白俄罗斯》文集首发式

（2013-10-25 来源：新华网）

《中国人看白俄罗斯》首发 获赞民间外交创举

【环球网综合报道】10月25日，中国国际问题研究基金会在京举行《中国人看白俄罗斯》文集首发式，向中国读者奉献出一本图文并茂的关于白俄罗斯共和国国情的文集。

20余位曾在白俄罗斯工作学习过的中国各界人士撰稿，介绍了白俄罗斯风土人情、历史文化、社会生活以及对白俄罗斯社会各领域发展成果的感受和看法。他们用真实感人的语言描述了在白俄罗斯工作、学习和生活的经历，为读者展现出一幅生动立体的白俄罗斯图像。广大中国读者通过这本文集能够增加对白俄罗斯这个美丽国家的了解，增进对善良的白俄罗斯人民的友好感情。

《中国人看白俄罗斯》文集由中国国际问题研究基金会副理事长于振起担任主编，基金会研究员王宪举担任执行主编，新华出版社出版。文集经费由白方通过民间渠道筹集。

中国国际问题研究基金会理事长刘古昌在首发式致辞中说，《中国人看白俄罗斯》文集是对基金会去年7月在白俄罗斯资助出版的《白俄罗斯人看中国》文集的很好回应。这两本文集的出版具有开创性意义，是民间交往的一个创举。她走出了一条增进两国人民了解和友谊的新的路径，丰富了两国人民交往合作的内容和形式，为促进两国关系的发展具有与众不同的积极作用。

正在中国访问的白俄罗斯副总理、前驻华大使阿纳托利·托济克，现任白俄罗斯驻华大使维克托·布里亚出席首发式并讲话。中国外交部欧亚司代表、欧亚地区一些国家驻华使节、中国前驻白俄罗斯的部分使节、文集部分作者、文集的赞助公司和企业代表、中国相关研究机构的学者和北京部分高等院校师生等近百人参加首发式。

据了解，中国国际问题研究基金会自2011年开始在欧亚地区一系列国家启动了《外国友人看中国》文集项目。这是一项具有首创意义的区域性民间公共外交项目，在有关国家受到热烈欢迎，引起强烈反响。此次在京出版的《中国人看白俄罗斯》文集又是一项没有先例的民间公共外交举措。

（2013-10-26　来源：环球网）

据不完全统计，除了新华网、环球网以外，光明网、国际在线（国际广播电台）网、中国新闻网等网站也各自发布了关于《中国人看白俄罗斯》文集首发式的消息。人民网、新浪网、中国经济网等数十家网站转发。另外，中央电视台俄语频道、中国国际广播电台也做了报道。

2014 年 12 月，白俄罗斯方面在明斯克出版了《中国人看白俄罗斯》文集俄文译本。2015 年 4 月 16 日，白俄罗斯驻华使馆举行了《中国人看白俄罗斯》文集俄译本推介会。我应邀出席，并发表以下讲话：

很高兴出席今天在白俄罗斯驻华使馆举行的《中国人看白俄罗斯》文集俄译本推介会。

首先，我代表中国国际问题研究基金会和基金会理事长刘古昌先生对《中国人看白俄罗斯》文集俄译本在明斯克出版发行表示热烈祝贺！刘古昌理事长原定出席本书的首发式，后因有临时出访任务而未能如愿，就像布里亚大使一样。

我要感谢白俄罗斯驻华使馆特别是布里亚大使本人对本书出版给予的高度重视，并专门在北京安排了的这场首发式活动。我还要感谢参加俄译本翻译工作的全体白俄罗斯朋友，正是由于他们的辛勤劳动，今天才能看到呈现在我们面前的《中国人看白俄罗斯》文集俄译本。当然，还应当感谢白俄罗斯新闻部，该部对本书的出版给予了直接的支持。

大家都知道，2013 年的 10 月 25 日在北京举行了《中国人看白俄罗斯》文集中文版首发式。当时托济克副总理和布里亚大使都曾出席。我当时在会上曾表示，希望《中国人看白俄罗斯》文集的俄文版今后能在明斯克问世，从而为广大白俄罗斯民众提供一扇直接感受中国人民友好情谊的新窗口。今天我们如愿以偿。大家看到的这本文集的俄译本可以说是中文本的姊妹篇。而且，我觉得，妹妹比姐姐长得更漂亮（后者书中照片是彩色的）。

我还记得，2012 年 12 月 26 日，就在这个大厅，举行了由托济克先生主编的《白俄罗斯人看中国》文集的推介会。可以说，今天的活动也是 2012 年活动的继续。上述事实从一个侧面体现了中白两国和两国人民友谊在不断发展。

10 年前，我在明斯克离任前夕与卢卡申科总统告别时曾对他说："我永远不会忘记可爱的白俄罗斯和白俄罗斯人民，将会继续为促进中白友好关系尽力。"我支持托济克先生在明斯克出版《白俄罗斯人看中国》文集，我接受布里亚大使邀请，担任《中国人看白俄罗斯》文集主编，在北京组织出版《中国人看白俄罗斯》文集，都是为了履行对卢卡申科总统的承诺，为增进中白两国人民友谊尽一分力量。今后我还会继续为中白友好事业的发展尽自己所能。

下个月国家主席习近平将正式访问白俄罗斯。正如布里亚大使所说，这次访问对中白两国关系发展将具有划时代意义。《中国人看白俄罗斯》俄译本在此时出版，可以说是白俄罗斯人民献给习近平主席的一份特殊礼物。

在此，我要对《中国人看白俄罗斯》文集执行主编王宪举先生再次表示衷心感谢，他为编辑本文集倾注了大量心血。同时，我也要向文集的中方全体作者再次表示诚挚的谢意，你们所表达的对白俄罗斯人民的友好感情代表了热爱白俄罗斯人民的中国心。我要特别感谢远道而来的李长华先生和李正和先生，你们对中白友好的真挚感情令人感动。

让我们大家共同努力，为不断巩固和加强中白人民的友谊继续做出自己力所能及的贡献！

最后，衷心祝愿可爱的白俄罗斯繁荣昌盛，白俄罗斯人民幸福安康！

祝愿中白两国和两国人民的友谊不断巩固发展，两国友好合作取得更大成就！

祝愿在座各位身体健康，万事如意！

谢谢大家！

第十五节　《外国友人看中国》文集项目后续效应之二
——《中国外交官看白俄罗斯》文集在华问世记

2015 年 10 月我应邀在明斯克观察白俄罗斯总统选举期间，曾邀请几位白俄罗斯的老朋友共进晚餐。他们是白俄罗斯前监察委员会主席、前驻华大使、前副总理、现任白中友协主席阿纳托利·托济克，白俄罗斯外交部前第一副外长普加乔夫、白俄罗斯首任驻华大使库兹涅佐夫、白俄罗斯通讯社总统活动新闻处评论员、白中友协副主席阿利娜·格里什克维奇。当时，托济克高兴地提起他与中国国际问题研究基金会合作出版《白俄罗斯人看中国》文集和《中国人看白俄罗斯》文集的愉快往事。认为这项工程很了不起，不仅为两国建交 20周年献礼，还成为白中民间外交的一个全新合作范例。他建议，为在 2017 年 1月庆祝两国建交 25 周年，双方再次合作，由建交以来的所有白俄罗斯驻中国大使和中国驻白俄罗斯大使共同执笔，书写他们在对方国家工作的愉快经历，希望我能继续推动这项合作。我表示，完全同意托济克主席对《白俄罗斯人看中国》文集和《中国人看白俄罗斯》文集项目的评价，这的确是一项开创性的民间外交合作活动，对增进中白两国人民的友谊具有特殊积极作用。我个人认为托济克主席今天提出的关于双方继续合作出版两国外交官看双边关系文集的建议很好，相信中国国际问题研究基金会将会支持这项合作。

时隔一年多，经过双方共同努力，在 2017 年 1 月中白建交 25 周年之际，《中国外交官看白俄罗斯》文集（2016 年 12 月）和《白俄罗斯大使忆白中关系》文集（2017 年 1 月）先后在北京和明斯克出版。这是献给我们两国建交 25 周年的特殊礼物。这份蕴涵着深厚民意基础的礼物也预示着中白两国和两国人民之间友好关系更加美好的未来。

基金会为《中国外交官看白俄罗斯》文集撰写了前言，内容如下：

中国国际问题研究基金会与白中友协合作，于 2012 年 7 月在明斯克出版了《白俄罗斯人看中国》文集。白中友协主席、白俄罗斯前驻华大使、前副总理阿纳托利·托济克先生担任文集主编。该文集包含了 20 位访问过中国的白俄罗斯朋友撰写的访华观感，其中包括白俄罗斯著名的外交家、汉学家、艺术家、教育工作者和媒体工作者等各方面人士。时任中国国际问题研究基金会执行理事长的刘古昌大使曾率团前往明斯克出席文集的首发式。该书体现了中白两国人民的深厚友谊，是对中白建交 20 周年的特殊纪念，也是一项没有先例的具有创造性的推进两国人民友好关系的举措。

2013 年 10 月，中国国际问题研究基金会与白中友协和白俄罗斯驻中国大使馆合作，在北京出版了《中国人看白俄罗斯》文集。中国国际问题研究基金会副理事长、中国前驻白俄罗斯大使于振起担任文集主编。20 余位曾在白俄罗斯工作学习过的中国各界人士为文集撰稿，畅谈对白俄罗斯自然、人文、社会生活以及各领域发展成果的看法和感受。该书是《白俄罗斯人看中国》文集的姐妹篇，为增进中白两国和两国人民之间的友谊发挥了积极作用。

作为后续，双方还在各自首都相继出版了上述两本文集的中文译本和俄文译本。

2015 年 10 月，应白俄罗斯共和国中央选举委员会邀请，于振起大使率领中方观察员团赴明斯克观察白俄罗斯总统选举。

观选期间，于大使曾与托济克主席等几位白俄罗斯老朋友会面。托济克主席高兴地提起他与中国国际问题研究基金会合作出版《白俄罗斯人看中国》文集和《中国人看白俄罗斯》文集的愉快往事，认为这项人文工程很了不起，不仅为两国建交 20 周年献礼，还成为白中民间外交的一个全新合作范例。他建议，在 2017 年 1 月白中建交 25 周年之际，双方再次合作，由两国大使等外交官执笔，书写他们在对方国家愉快的工作经历。于大使对托济克主席的提议给予了积极回应。

中国国际问题研究基金会完全支持托济克主席的提议，决定由于振起副理事长和前中国驻白俄罗斯大使馆参赞王宪举负责组织编撰《中国外交官看白俄罗斯》文集，分别担任主编和执行主编。在中白建交 25 周年前夕，《中国外交官看白俄罗斯》文集在北京成功问世。近 20 位曾在中国驻白俄罗斯大使馆工作过的外交官为文集撰稿。他们作为亲历者，从外交官的独特视角讲述了中白两国友好合作关系在各领域的发展进程，全方位阐释了中白全面战略伙伴关系的丰富内涵。他们根据长时间在白俄罗斯生活、与白俄罗斯民众零距离接触的亲身体验，介绍了白俄罗斯迷人的自然风光，灿烂的历史文化，令人敬佩的民族精神，以及社会各领域发展的突出成果，描述了许多与白俄罗斯人民交往的感人故事，用发自内心的语言表达了对白俄罗斯和白俄罗斯人民的真挚友好感情。相信广大中国读者通过这本文集将会进一步增加对美丽的白俄罗斯的了解，进一步增进对善良的白俄罗斯人民的友好感情。该文集是献给中国与白俄罗斯建交 25 周年的一份特殊礼物，预示着中白两国和两国人民之间友好关系更加美好的未来。

与此同时，我们热切期待着由托济克主席主编的《白俄罗斯大使忆白中关系》文集早日与读者见面，相信该文集将成为献给中白建交 25 周年的又一份特殊礼物。

2016 年 9 月 29 日，中国国家主席习近平与白俄罗斯总统卢卡申科在北京发表了《中华人民共和国和白俄罗斯共和国关于建立相互信任、合作共赢的全面战略伙伴关系的联合声明》，宣布"基于全面深化双边关系的共同愿望，双方决定建立相互信任、合作共赢的全面战略伙伴关系。"这标志着中白友好合作关系又迈上一个新台阶。

《中国外交官看白俄罗斯》文集和即将问世的《白俄罗斯大使忆白中关系》文集是对两国领导人上述政治决断所依托的深厚民意基础的生动诠释，将为在新时期进一步加强中白两国人民的友谊发挥独特作用。

中国国际问题研究基金会作为中国外交高端智库和促进对外友好交流的民间组织，今后将一如既往推动与白中友协等白俄罗斯民间组织的交流与合作，继续为加强中国人民与白俄罗斯人民之间的友谊做出自己的贡献。

中国国际问题研究基金会

2016 年 12 月

......

我为《中国外交官看白俄罗斯》文集撰写了一篇文稿，题为"2015 年白俄罗斯总统选举观选活动纪实"（内容详见本书第五章第五节）。

2017 年 1 月 10 日，《中国外交官看白俄罗斯》文集首发式在北京第二外国语学院白俄罗斯研究中心举行。外交部欧亚司司长桂从友、白俄罗斯驻华大使鲁德、基金会理事长刘古昌出席。出席首发式的还有外交部欧亚司代表，白俄罗斯驻华使馆部分外交官，文集作者、出版社代表以及与白俄罗斯开展经贸合作的企业代表、国内欧亚学界代表和二外师生等。中外媒体对首发式进行了现场采访。

我在首发式上以文集主编的身份致辞，内容如下：

尊敬的鲁德大使，女士们，先生们，朋友们：

今天，与各位一起见证中白人民友谊的新例证——《中国外交官看白俄罗斯》文集的问世，心情十分激动。

2016 年 10 月，我作为中方代表应邀率团在明斯克观察白俄罗斯总统选举期间，我的老朋友、白中友协主席、前白俄罗斯驻华大使托济克先生向我建议，在两国建交 25 周年之际，双方再次合作组织出版由两国外交官撰写的文集。我对他的想法给予了积极回应，中国国际问题研究基金会刘古昌理事长也完全支持这一建议。时隔一年多，在中白建交 25 周年前夕，《中国外交官看白俄罗斯》文集在北京正式出版，这是献给中白建交 25 周年的一份特殊礼物。

当我读过本文集的各篇文稿后，强烈感受到一颗颗热爱白俄罗斯人民的中国心。有的作者把白俄罗斯称为自己的第二故乡，对白俄罗斯人民的热爱之情跃然纸上。我相信，各位在读了文集之后也一定会有同样的感受。《中国外交官看白俄罗斯》文集在中国的出版是中国对外民间交往的又一项新举措。让我们大家对为本文集出版做出贡献的中国外交官们表示衷心感谢。

2005 年 8 月 9 日，我在离任前向卢卡申科总统辞行时曾表示："我永远不会忘记可爱的白俄罗斯和白俄罗斯人民，将会继续为促进中白友好关系尽力。"

近年来，我以自己的实际行动践行了当年对卢卡申科总统的承诺，其中包括：

2012 年 1 月，为纪念中白建交 20 周年在我的家乡天津举办了个人摄影展《聚焦可爱的白俄罗斯和其他国家》。

2012 年，支持托济克先生在明斯克编辑出版《白俄罗斯人看中国》文集。

2013 年，接受布里亚大使邀请，担任《中国人看白俄罗斯》文集主编。

这次，我接受托济克先生的建议，在北京组织出版《中国外交官看白俄罗斯》文集，就个人来讲，仍是继续践行对卢卡申科总统的承诺。

托济克先生告诉我，由他组织编写的《白俄罗斯大使忆白中关系》文集也将于 1 月 20 日中白建交 25 周年前夕在明斯克问世。相信这本文集将为广大白俄罗斯民众提供一扇了解中白友好关系历史进程、感受中国人民友好情谊的新窗口，将是献给建交 25 周年的又一份特殊礼物。多年来，托济克先生作为白俄罗斯人民的杰出代表，为推动中白两国和两国人民的友谊做出了重要贡献。我建议大家对远在明斯克的托济克先生表示衷心感谢。

我要感谢文集执行主编王宪举先生。继《中国人看白俄罗斯》文集之后，他再次担任《中国外交官看白俄罗斯》文集的执行主编，为编辑本文集倾注了大量心血。

我还要感谢新华山版社的同志对编辑出版本文集的支持和协助。这已经是我们的二度合作。

最后，我还要感谢我们的媒体朋友，感谢你们对《中国外交官看白俄罗斯》文集首发式的关注。相信通过你们的介绍，会让广大中外民众在第一时间了解这份献给中白建交 25 周年的特殊礼物，引起他们渴望得到这份礼物的热情。

中国唐代诗人张九龄有一著名诗句："相知无远近，万里尚为邻。"这也是今天中白两国和两国人民之间友好关系的真实写照。

让我们大家共同努力，为不断巩固和加强中白人民的友谊继续做出自己力所能及的贡献，创造中白两国人民之间友好关系更加美好的未来！

祝白俄罗斯驻中国大使馆的外交工作在鲁德大使带领下取得新的更大成绩！

祝第二外国语学院白俄罗斯研究中心为促进中白两国人民友谊继续做出新贡献！

祝各位朋友 2017 年万事如意！

谢谢大家！

……

中外媒体对《中国外交官看白俄罗斯》文集首发式进行了热情报道。

《中国外交官看白俄罗斯》文集在京出版

新华社北京 1 月 10 日电（记者 魏忠杰） 由中国国际问题研究基金会主办的《中国外交官看白俄罗斯》文集首发式 9 日下午在北京举行。这是中国与白俄罗斯建立外交关系 25 周年的重要纪念活动之一。

中国国际问题研究基金会理事长、前外交部副部长刘古昌在致辞中说，近 20 位曾在中国驻白俄罗斯大使馆工作过的外交官以亲历者身份、从外交官的独特视角讲述了中白两国友好合作关系在各领域的发展进程，多方位阐释了中白全面战略伙伴关系的丰富内涵，相信广大中国读者通过这本文集将进一步增加对白俄罗斯的了解，进一步增进对白俄罗斯人民的友好感情。该文集是献给中白建交 25 周年的一份特殊礼物，是促进中白两国人民友谊的民间外交新举措。

刘古昌表示，去年 9 月中白两国发表了《中华人民共和国和白俄罗斯共和国关于建立相互信任、合作共赢的全面战略伙伴关系的联合声明》，宣布基于全面深化双边关系的共同愿望，双方决定建立相互信任、合作共赢的全面战略伙伴关系，这标志着中白友好合作关系迈上了新台阶。"《中国外交官看白俄罗斯》文集的出版是对两国领导人上述政治决断所依托的深厚民意基础的生动诠释，将为新时期进一步发展中白两国人民的友谊发挥独特的作用"。

文集主编、前驻白俄罗斯大使于振起说："在这本文集中，中国前外交官对白俄罗斯的热爱之情跃然纸上。相信大家读了这本文集后也会感同身受"。

出席《中国外交官看白俄罗斯》文集首发式的白俄罗斯驻华大使鲁德表示，该文集集中记载了中国历任和现任大使及其他外交官的回忆，相信此次首发式不只是庆祝中白建交 25 周年框架下的标志性活动，同时也将在两国的关系史上留下浓墨重彩的一笔。

中国外交部欧亚司代表、白俄罗斯驻华使馆部分外交官、中国前驻白俄罗斯的部分使节、文集部分作者、与白俄罗斯开展经贸合作的一些企业代表以及中国相关研究机构的学者等近百人参加了当天的首发式。

（2017-01-10 来源：新华社）

《中国外交官看白俄罗斯》文集首发式在京举行

人民网北京 1 月 10 日电（记者 李明琪） 在中国与白俄罗斯建交 25 周年之际，《中国外交官看白俄罗斯》文集首发式昨日在北京第二外国语学院举行。

该文集是继 2013 年出版的《中国人看白俄罗斯》之后中国国际问题研究基金会推出的又一民间外交力作。与上一本书的作者来自中国社会各界不同，此次为本书撰稿的 19 位作者都是曾在中国驻白俄工作的外交官。文集中，外交官们用朴实的话语娓娓讲述了自己在中国驻白俄使馆任职期间点点滴滴的感受，以亲身经历向读者勾勒出 25 年来中白两国在政治、经济、人文交流等不同领域的合作历程。

"文集的作者们站在时代的高度，回眸历史，展望未来，表达了他们对白俄罗斯的热爱和增进中白友谊的热忱，从不同角度讲述了中白关系的发展历程，为我们展现了两国各领域蓬勃发展的广阔前景，给人以鼓舞和启迪。是向中白建交二十五周年献上的一份厚礼。"外交部欧亚司司长桂从友评价。

"诸位外交官将自己的命运同白俄罗斯相连，我相信这次首发式不仅仅是中白建交 25 周年框架内的标志性活动，也将会在中白关系史上留下浓墨重彩的一笔"，白俄罗斯驻华大使鲁德说。

"唐代诗人张九龄的这句'相知无远近，万里尚为邻'就是中白两国人民友好关系最真实的写照"，文集主编、前中国驻白俄罗斯大使于振起说。

据鲁德大使介绍，由中白友好协会主席、白俄罗斯前驻华大使阿纳托利·托济克主编的《白俄罗斯大使忆中白关系》文集计划于中白建交 25 周年前夕在白俄首都明斯克出版。

本次活动的协办方北京第二外国语学院是中国第一所开设白俄罗斯语的高等学府。2014 年北二外与白俄罗斯驻华大使馆联合成立了白俄罗斯研究中心，每年都会举办一期白俄罗斯问题研讨会。2016 年 4 月该校首开白俄罗斯语专业。

（2017-01-10 来源：人民网）

《中国外交官看白俄罗斯》文集在京发布

国际在线报道（记者　关红妍）　为纪念中国与白俄罗斯建交 25 周年，由中国国际问题研究基金会与北京第二外国语学院白俄罗斯研究中心共同主办的《中国外交官看白俄罗斯》文集首发式在北京第二外国语学院举行。中国国际问题研究基金会理事长刘古昌、外交部欧亚司司长桂从友、新任白俄罗斯驻华大使基里尔·鲁德以及中白两国外交官、中国人民对外友好协会、高校师生代表等参加了文集首发式。

《中国外交官看白俄罗斯》文集是由中国国际问题研究基金会副理事长于振

起担任主编，基金会研究员王宪举担任执行主编，新华出版社出版。文集分为精装和简装两个版本。在该文集中近20位曾在白俄罗斯工作过中国外交官通过自己的亲身经历，生动介绍了白俄罗斯的自然风光、历史文化、民族精神、社会生活、他们与白俄罗斯人民交往的动人故事，以及中白两国各领域友好合作的丰硕成果和两国人民之间真挚友好的情谊。

刘古昌在首发式上致辞时表示，该文集是献给中国与白俄罗斯建交25周年的一份特殊礼物，预示着中白两国和两国人民之间的友好关系会有更加美好的未来。该文集从外交官独特的视角讲述了中白两国友好合作关系在各领域的发展进程，全方位阐释了中白全面战略伙伴关系的内涵。中国广大读者通过这本文集将进一步增加对美丽的白俄罗斯的了解。

桂从友在致辞中首先对长期为中白关系发展做出贡献的外交官们表达了由衷的谢意。他说，中白两国即将迎来建交25周年。站在新的历史起点上，中方愿与白方携手努力，在双方现有的合作基础上，不折不扣地落实好两国领导人达成的新的合作共识，推动双边关系和各领域合作不断取得新成果。他同时表示，相信该文集的出版一定会为中白关系进一步发展起到应有的促进作用。

《中国外交官看白俄罗斯》文集在京发布

基里尔·鲁德表示，该文集首发式不但是两国建交 25 周年的标志性活动，也将在白中两国关系中留下浓重一笔。中国和白俄罗对于白中两国的外交官来说都是彼此的第二故乡。在即将问世的《白俄罗斯大使忆白中关系》文集中，在中国工作过的白俄罗斯外交官们将追忆他们热爱的第二故乡，同时也将展望两国合作的未来。

本书主编、前驻白俄罗斯大使、现任中国国际问题研究基金会副理事长于振起在接受记者采访时表示，他无论身在何处都会尽己所能促进中白两国人民的友谊，这是 2005 年他对白俄罗斯总统卢卡申科的承诺。"相对于欧美国家，中国青年对白俄罗斯这个国家知之甚少，国内媒体对白俄罗斯相应的报道也不多，希望随着本书的出版，有越来越多的中国人开始去关注和了解白俄罗斯这个美好的国家"，于振起补充说。

据主办方介绍，《中国外交官看白俄罗斯》文集是继中白建交 20 周年出版的《白俄罗斯人看中国》《中国人看白俄罗斯》后，应白方提议编撰出版的又一体现两国人文交流合

《中国外交官看白俄罗斯》文集封面

作成果的图书。此外，作为该文集姊妹篇，由多位白俄罗斯外交官撰写的《白俄罗斯大使忆白中关系》文集将于近期在明斯克发布。

（2017-01-10　来源：国际在线）

卫星新闻北京 1 月 9 日电　为纪念中国与白俄罗斯建立外交关系 25 周年，由中国国际问题研究基金会主办，北京第二外国语学院白俄罗斯研究中心协办的《中国外交官看白俄罗斯》文集首发式 9 日下午在北京第二外国语学院举行。

在本文集中有近 20 位曾在白俄罗斯工作过的中国外交官以自己的亲身工作和亲身经历，介绍了白俄罗斯风土人情、历史文化、社会生活、对白俄罗斯社会各领域发展的感受，以及中白两国各领域友好合作的丰富成果和两国人民

之间的真挚友好情谊。中国国际问题研究基金会理事长刘古昌在首发式上致辞说，近20位曾在中国驻白俄罗斯大使馆工作过的外交官以亲历者身份，从外交官独特的视角讲述了中白两国友好合作关系在各领域的发展进程，全方位阐释了中白全面战略伙伴关系的内涵。中国广大读者通过这本文集将会进一步增加对美丽的白俄罗斯的了解，进一步增进对善良的白俄罗斯人民的友好感情。

《中国外交官看白俄罗斯》文集在北京出版

白俄罗斯驻华大使基里尔·鲁德、白俄罗斯驻华使馆部分外交官、中国前驻白俄罗斯的部分使节、文集作者、中国相关研究机构和第二外国语学院师生近百人参加了文集的首发式。

《中国外交官看白俄罗斯》文集由中国国际问题研究基金会副理事长于振起先生担任主编，基金会研究员王宪举先生担任执行主编，新华出版社出版。文集分为精装和简装两个版本。

（2017-01-09 来源：俄罗斯卫星网）

《中国外交官看白俄罗斯》文集首发式在京举行——献给中白建交 25 周年

1月9日，为纪念中国与白俄罗斯建立外交关系25周年，由中国国际问题研究基金会主办、北京第二外国语学院白俄罗斯研究中心协办的《中国外交官看白俄罗斯》文集首发式在京举行。中国国际问题研究基金会理事长刘古昌、外交部欧亚司司长桂从友、白俄罗斯驻华大使鲁德等出席并致辞。出席首发式的还有外交部欧亚司代表，白俄罗斯驻华使馆部分外交官，中国前驻白俄罗斯的部分使节，文集作者、出版社代表以及与白俄罗斯开展经贸合作的企业代表、中国相关研究机构的学者和二外师生等。

刘古昌理事长致辞

刘古昌理事长在致辞中表示，近20位曾在中国驻白俄罗斯大使馆工作过的外交官为文集撰稿。他们作为亲历者，从外交官的独特视角讲述了中白两国友好合作关系在各领域的发展进程，全方位阐释了中白全面战略伙伴关系的丰富内涵。他们根据亲身经历，介绍了白俄罗斯迷人的自然风光、灿烂的历史文化、令人敬佩的民族精神，以及社会各领域发展的突出成果，描述了许多与白俄罗斯人民交往的感人故事，用发自内心的语言表达了对白俄罗斯和白俄罗斯人民的真挚友好感情。他指出，三年前，《中国人看白俄罗斯》文集的出版是中国对外民间交往的一个创举，今天《中国外交官看白俄罗斯》文集的问世，是又一个促进中白两国人民友谊的民间外交新举措。与此同时，我们热切期待着由白中友协主席、白俄罗斯前驻华大使、前副总理托济克主编的《白俄罗斯大使忆白中关系》文集早日与读者见面。相信两本文集的出版将成为献给中白建交25

周年一份特殊礼物。

刘古昌说，2016 年 9 月 29 日，中国国家主席习近平与白俄罗斯总统卢卡申科在北京发表《中华人民共和国和白俄罗斯共和国关于建立相互信任、合作共赢的全面战略伙伴关系的联合声明》，宣布"基于全面深化双边关系的共同愿望，双方决定建立相互信任、合作共赢的全面战略伙伴关系"。这标志着中白友好合作关系又迈上了一个新台阶。《中国外交官看白俄罗斯》文集和即将问世的《白俄罗斯大使忆白中关系》文集是对两国领导人上述政治决断所依托的深厚民意基础的生动诠释，将为在新时期进一步加强中白两国人民的友谊发挥独特作用。

桂从友司长致辞

桂从友司长在致辞中首先代表外交部欧亚司向文集的作者、出版者、发行者致以诚挚的祝贺！他说，曾在中国驻白俄罗斯使馆工作过的近 20 位资深外交官，站在时代的高度回眸历史、展望未来，寄托了对白俄罗斯的热爱和对增进中白友谊的热忱。该文集从不同角度讲述了中白关系的历史发展，为我们展现了两国各领域合作蓬勃开展的广阔前景，给人以鼓舞和启迪。他指出，中白两国是亲密朋友和全面战略伙伴。2016 年两国元首共同宣布中白建立相互信任、合作共赢的全面战略伙伴关系，开启了两国关系发展的新阶段。中白两国在共建"一带一路"合作方面硕果累累。中白人文交流日趋活跃，两国友好的社会民意基础愈加牢固。本月，中白两国将迎来建交 25 周年纪念日。站在新的历史起点上，中方愿同白方携手努力，不折不扣地落实两国领导人达成的重要共识，推动双边关系和各领域合作不断取得新进展。相信《中国外交官看白俄罗斯》一书也一定会为此发挥应有的作用。

文集主编于振起致辞

《中国外交官看白俄罗斯》文集主编、中国国际问题研究基金会副理事长、前驻白俄罗斯大使于振起在发言中回忆说，2005 年 8 月 9 日，作为中国驻白俄罗斯大使，我在离任前向卢卡申科总统辞行时曾表示："今后无论我在哪里，都不会忘记可爱的白俄罗斯和白俄罗斯人民，都将会继续为促进中白友好关系尽力。"2013 年，我接受布里亚大使邀请，担任《中国人看白俄罗斯》文集主编。这是我践行对卢卡申科总统承诺的行动之一。这次，我接受托济克先生的建议，在北京组织出版《中国外交官看白俄罗斯》文集，仍是继续践行我对卢卡申科总统的承诺。他在对所有为文集做出贡献的单位和个人表达衷心感谢后表示，中国唐代诗人张九龄有一著名诗句："相知无远近，万里尚为邻。"这也是今天中白两国之间友好关系的真实写照。祝愿这本满载两国人民之间真挚友好情谊的文集能受到广大读者的喜爱。

鲁德大使致辞

（2017-01-10 来源：国际网）

《中国外交官看白俄罗斯》文集首发式在北京举行

白俄罗斯通讯社（阿利娜·格里什克维奇） 这是中国国际问题研究基金会

编辑的关于中白关系的第二部非官方文集。文集收录了 19 位曾经在中国驻白俄罗斯使馆工作过的外交官的文章。首发式是在中白建交 25 周年前夕举行的，地点在北京第二外国语学院。文集主编、前中国驻白俄罗斯大使、中国国际问题研究基金会副理事长、历史学博士于振起在首发式致辞时指出：“我和我的同事们在书中发自内心地描述了美丽的白俄罗斯和她的人民。”“巩固和加强我们两国人民之间的友谊很重要。”

白俄罗斯驻华大使鲁德指出纪念白中两国建交 25 周年的重要性，强调白中两国合作取得了许多成果。

该文集汇集了不同时期在白俄罗斯工作过的 19 位中国外交官的回忆文章。他们向读者介绍了关于白俄罗斯历史和文化的印象，所看到的白俄罗斯的发展，讲述了两国友好合作的成果，以及两国人民之间的真挚友谊。

文集由中国国际问题研究基金会组织编撰，于振起任主编，基金会研究员、中国人民大学俄罗斯研究中心副主任王宪举任执行主编。王宪举也曾经在明斯克工作过。文集由新华出版社出版。

顺便说一下，《白俄罗斯人看中国》文集的倡议者正是中国国际问题研究基金会副理事长于振起。该文集于 2012 年白中建交 20 周年之际在明斯克出版。后来在北京还出版了该文集的中文版。这个事实也表明这项工作是很成功的。

（2017-01-11　明斯克　白俄罗斯通讯社）

2017 年 1 月 23 日，在明斯克举行了《白俄罗斯大使忆白中关系》文集首发式。

不久以后，我收到了白中友协主席、文集主编托济克给我的赠书。他在扉页写了如下赠言：

以全体作者的名义赠给十分尊敬的朋友于振起，以此作为美好的纪念。对您的合作谨致诚挚的谢意。

阿纳托利·托济克
2017 年 2 月 21 日

《白俄罗斯大使忆白中关系》
文集封面

第五章　以前大使身份参与一线外交

第一节　赴哈萨克斯坦、乌兹别克斯坦、俄罗斯
考察中亚区域多边机制

2008 年 11 月下旬至 12 月上旬，受外交部委托，我率领考察小组赴哈萨克斯坦、乌兹别克斯坦、俄罗斯三国考察中亚区域多边机制情况。考察期间，分别会见了当地官员与著名学者，就相关问题进行了交流。

一、哈萨克斯坦

哈萨克斯坦外交部副部长叶尔梅克巴耶夫、中央银行副行长塔吉雅科夫、地缘政治和国际关系研究所副所长斯卡科瓦尼就中亚区域多边机制相关问题谈及以下情况和看法：

（一）关于俄罗斯主导的中亚区域多边机制

叶尔梅克巴耶夫表示，哈方把对俄关系和独联体视为本国外交的最优先方向。独联体机构庞大，签署协议多，但执行情况不好。而集体安全条约组织和欧亚经济共同体的成员范围相对较小，积极性较强，发展活力也更大。集安条约组织作为独联体内的军事政治机制，有益于地区安全稳定，未来发展前景广阔。欧亚经济共同体也有较好的发展前景，在共同体框架内已签署俄罗斯、哈萨克斯坦、白俄罗斯三国关税同盟有关协议，并对其他欧亚经济共同体成员国开放。哈方看好关税同盟发展前景。乌兹别克斯坦日前宣布暂时中止共同体成员国身份，乌方已不是首次做出类似举动，并不令人吃惊，也不会对共同体的整体发展造成太大影响。

塔吉雅科夫说，欧亚经济共同体各成员国在银行体系合作密切。在共同体

央行行长委员会框架内，各国央行行长定期举行会晤，并将相关情况汇报国家领导人。乌兹别克斯坦暂时中止共同体成员国身份不会带来积极影响，但乌国家封闭、政策多变，各国对此已见怪不怪。从哈乌两国银行界看，双方均认为保持交流合作有益于共同发展，两国央行间的接触并未因此而中断。

斯卡科瓦尼对乌兹别克斯坦暂时中止欧亚经济共同体成员国身份问题的看法是，乌方从未真心与俄发展关系。安集延事件后，乌方出于国内需要曾积极向俄靠拢，双方签署了许多协议，但乌方一直不急于推动国内批准程序。今年美国大选后，乌国内媒体批评美的声音骤减，很可能是卡里莫夫总统在奥巴马当选后看到了乌美改善关系的希望。乌方突然宣布中止参与欧亚经济共同体活动，很可能是在向美示好或受到了美国、欧盟的压力。斯认为乌对外政策随意性很强，因此，即便乌将来退出集安条约组织或其他中亚区域多边机制，也不会让人吃惊。

（二）关于上海合作组织

叶尔梅克巴耶夫表示，哈方极为看重中国在上合组织中的作用，并积极评价上合组织在维护地区安全稳定方面发挥的重要作用。叶认为，中亚国家利益差异大，相互关系存在问题多。上合组织可在水资源、能源、交通等问题加大协调力度，为促进地区稳定起到更积极的作用。上合组织在未来发展中还应进一步加强务实合作。叶表示，哈方将继续积极参与上合组织框架内各项合作，并对该组织未来发展寄予厚望。

塔吉雅科夫说，哈方高度重视上合组织框架内的银行间合作。去年，哈方提议成立成员国央行行长委员会，得到各方普遍赞同。在当前全球金融危机的背景下，各国央行行长保持经常性接触有益于各方协调立场，共谋应对危机的策略。哈方还注意到，不久前中俄两国领导人讨论了使用本国货币结算问题。哈方认为该问题现实且有发展前景，愿在上合组织框架内参与相关问题的讨论。

（三）关于美西方主导的区域多边机制

叶尔梅克巴耶夫原则性表示，哈方支持欧盟提出的中亚新战略，也愿同美国积极开展合作。但叶强调，哈与美欧合作主要限于经济领域的务实合作。

关于欧盟对中亚新战略，斯卡科瓦尼说，哈是欧盟在中亚的重要合作伙伴，双方在加强合作问题上利益一致。哈方支持欧盟的对中亚新战略，今年哈方出台的"欧洲之路"方针就是对该战略的具体回应。总体说，欧盟的资金技术对中亚有很大吸引力，欧盟的中亚新战略为彼此合作提供了平台，很有发展前途。

但欧盟内部对加强同中亚国家关系意见不统一。德国同中亚国家合作密切，去年德国担任欧盟轮值主席国期间大力推动欧盟形成对中亚统一战略。但德国卸任后，欧盟对中亚的态度出现转变，态度已没有以前积极。斯认为，欧盟与中亚尚未确立完善的合作机制。欧盟重视的主要是其在中亚的能源利益。

关于欧安组织，斯认为，欧安组织是个很好的多边合作机制，哈方将担任该组织 2010 年轮值主席国。哈方参与该组织活动可提升本国国际形象，扩大在国际社会中的影响。但哈方认为，欧安组织不应成为只监督各国选举的政治工具，更不能在民主问题上执行双重标准，而应在加强成员国间务实合作，尤其是交通合作上多下功夫。

关于美国的"大中亚计划"，斯认为，美方不够了解中亚，其对中亚政策也缺乏连续性。"大中亚计划"是美国从地缘战略角度提出的设想，通过阿富汗把中亚和南亚连为一体，从而把中亚从俄、中两国影响中剥离出来。换句话说，美方推行该计划的唯一目的就是弱化俄、中两国在中亚的影响。阿富汗作为该计划中连接中亚和南亚的桥梁，地位至关重要。当年计划出炉时，阿富汗局势还相对稳定。而随着阿局势的恶化，美方已无法对阿富汗实施有效的监控。"大中亚计划"因此已缺乏实施的基本条件。斯预测，随着美国总统易人，"大中亚计划"可能被长期搁置甚至中止。

关于北约的"和平伙伴关系计划"，叶尔梅克巴耶夫表示，所有中亚国家和绝大多数独联体成员国都是该计划成员。该计划合作的重点是反恐，不属于实质性的军事合作，更多是一种政治上相互沟通和联系的渠道。

（四）关于哈萨克斯坦主导并积极推动的区域多边机制

关于组建中亚国家联盟，叶尔梅克巴耶夫说，纳扎尔巴耶夫总统提议组建中亚国家联盟有深远考虑。从历史上看，中亚国家几个世纪前就有密切的交往；从地域上看，中亚地区没有出海口，必须靠一体化才能建立起统一市场，提升本地区的国际竞争力；从安全上看，在地区内建立统一的监控和法律体系，有利于反恐、缉毒和打击有组织跨国犯罪；从经济上看，地区一体化有利于消除中亚国家间的经济壁垒、促进各国共同发展。总体上看，中亚国家联盟既有组建的可能，也有现实的必要。该联盟不是要建立统一的国家，而是形成国家间的经济联盟，并为解决中亚内部事务提供交流平台。哈方清楚地知道，推动中亚国家联盟是一个长期的过程并面临许多现实困难。但如果与欧盟相比，中亚国家数量少，彼此协调相对要容易得多。哈方认为，可根据中亚各国的不同特点，从加强中亚国家经贸合作开始，逐渐向海关联盟、统一经济空间、共同货币等方向过渡，稳步推进中亚一体化进程。不久前，中亚五国元首在比什凯克举行会晤，为解决区域内部事务开创了很好的模式。

塔吉雅科夫说，中亚国家间存在水资源、电力、能源等一系列复杂问题。各国分头解决效果不好且会造成巨大的资源浪费。中亚国家联盟可成为各国沟通协商的平台，有助于推动区域内问题通过谈判方式文明解决。

斯卡科瓦尼说，哈方推动组建中亚国家联盟的根本目的是维护地区稳定。中亚地区问题很多，区域一体化有利于解决这些问题。欧盟的发展经验表明，区域一体化是个长期的过程。斯认为，乌兹别克斯坦是中亚地区发展的最大变数。乌方反对建立中亚国家联盟一是要与哈萨克斯坦争当中亚领袖，二是由于卡里莫夫总统个人因素。哈方无意与乌方争夺中亚领袖地位。卡里莫夫早晚也要退休，乌兹别克斯坦的政策在后卡里莫夫时代肯定会发生变化。现在哈方与吉尔吉斯斯坦、塔吉克斯坦之间就此问题的协调已趋成熟。土库曼斯坦总统别尔德穆哈梅多夫上台后，在逐步加强同中亚邻国合作。不应排除土库曼斯坦未来参与中亚一体化的可能。中亚国家联盟未来发展有广阔前景。

关于亚洲相互合作与信任措施会议，叶尔梅克巴耶夫介绍说，在哈萨克斯坦独立初期，世界上问题与冲突不断，而亚洲缺少维护稳定与和平的统一机制。为了在亚洲大陆建立起有效、综合性的对话平台，1992 年纳扎尔巴耶夫总统提议建立亚信机制。哈方感谢中国长期以来对亚信机制的支持与参与。叶认为，亚信与上合组织的职能范围有所交叉，上合组织成员国也都是亚信成员。亚信机制属于国际论坛性质，而上合组织是国际组织，二者不是竞争关系，只会相互配合与补充。亚信机制作为上合组织的有益补充，有着很好的发展前景。所以，哈方建议亚信机制与上合组织就开展合作签署一项备忘录。除中方外，哈方尚未向任何其他相关国家提出该建议。如获中方同意，哈方希望中方能作为该建议的共同倡议国。

叶还告，下次亚信峰会后，哈方拟推荐土耳其担任亚信轮值主席，并正期待着土方的积极回应。不久前，土耳其还提议将亚信峰会的间隔时间由四年改为二年。哈方认为，该建议有利于亚信的发展，将予以积极考虑。

斯也认为，上合组织和亚信机制都有良好的发展前景。尽管彼此间有相似之处，在许多方面都有交叉，但二者不属于同一层面，不会出现竞争。两个机制之间应加强相互协调与配合，携手维护哈中两国共同利益。

二、乌兹别克斯坦

乌兹别克斯坦外交部独联体局局长努尔马托夫、对外经贸部信息分析局副局长尤努索夫、战略研究所副所长库尔班诺夫就中亚区域多边机制相关问题谈及以下情况和看法：

（一）关于俄罗斯主导的区域多边机制

努尔马托夫说，乌兹别克斯坦以国家利益为处理同各国关系的根本，并以最实际、最务实的态度处理一切问题。俄罗斯是乌兹别克斯坦最主要的战略伙伴和盟友，双边关系发展迅速，相互投资不断扩大。乌方非常重视俄在中亚的作用和影响，并在对外关系中认真考虑这一因素。

库尔班诺夫也表示，俄乌关系对乌兹别克斯坦意义重大，乌方将积极同俄发展关系，全面加强两国在政治、经济、人文等领域的合作。

关于独联体，努尔马托夫认为，独联体应加快经济合作步伐，但未必每项合作都在所有成员国范围内进行，通过向持反对意见的国家施加压力来推动合作的方式不可取。

库尔班诺夫认为，从整体上看，俄罗斯对独联体的发展投入不足。俄方在经济领域合作的态度相对消极，不愿将本国的资金用于别国的发展。独联体曾讨论过许多问题，也签署了很多文件和合作协议，但效果并不好。独联体必须创新，应把发展重点转向加强务实合作和促进相互投资。俄方不能指望只靠口号就能把中亚国家聚拢在一起。独联体应制定一系列现实的合作计划和发展项目，而这些计划和项目的执行效果将在很大程度上决定独联体的未来命运。乌方愿继续参与独联体内的各项活动。

关于欧亚经济共同体，努尔马托夫强调，乌方日前只是宣布中止欧亚经济共同体成员国身份，而不是退出。乌方此举原因很复杂。首先，共同体的发展令乌方极为失望，多项协议签署后未得到有效落实。其次，乌方曾就共同体发展提过许多好的建议，但没有引起重视。例如，乌方认为欧亚经济共同体的职能、机构与集安条约组织有许多重叠，建议将共同体与集安条约组织合并，但没被采纳。此外，乌方不能接受俄白哈三国在未与乌方协商的情况下就在欧亚经济共同体框架内建立关税同盟，认为这是哈方利用共同体扩大自身影响的把戏。努强调，乌俄关系没有因乌方中止欧亚经济共同体成员国身份受到不良影响，双方仍保持着密切合作。

尤努索夫也认为，乌方暂时中止欧亚经济共同体成员国身份是正确之举。他说，欧亚共同体发展缓慢，目标不明确。从经济的角度看，共同体成员国经济结构不合理，发展水平失衡，彼此间开展经济合作的协调难度大。俄、白、哈三国在共同体框架内签署了关税同盟协议，但实际上三国没有谈判基础，因为俄、白、哈都不是世贸组织成员，各国入世谈判进度也不一样。如果其中一方入世，关税同盟就要被迫重新开始谈判。

库尔班诺夫表示，乌方曾大力推动欧亚经济共同体发展，但多年来共同体没能取得任何成效，加之乌方一些建设性建议没得到应有支持，乌方看不到继续参与共同体合作的必要，因此决定暂时中止在该机制的成员国身份。

关于集体安全条约组织，努尔马托夫说，过去乌方曾退出集安条约组织，但后来看到组织发展出现积极态势，开始解决一些具体问题，于是在 2006 年底决定重返集安组织。

（二）关于上海合作组织

努尔马托夫认为，上合组织在地区安全领域发挥着积极作用，成员国之间各项合作不断推进。乌方非常看重上合组织内的中国因素。乌中关系十分友好，双边务实合作发展迅速。乌方认为，上合组织将成为中亚地区最有发展前景的多边机制之一。乌方将继续积极参与上合组织的各项合作。努认为，上合组织是全能型国际组织，现阶段没有同其他机制开展合作的必要。至于将来是否需要开展合作，可根据上合组织下一步发展情况而定。

尤努索夫称，加强同上合组织的合作对乌方有利。中亚国家都是内陆国，远离海洋，对外交通不便。上合组织在交通领域的合作潜力非常大。乌方将积极参与上合组织框架内的各项合作，尤其是交通合作。

库尔班诺夫认为，上合组织是中亚地区重要的多边机制之一，也是中亚最具发展潜力的多边机制，对维护地区的稳定与和平发挥着重要作用，并得到了国际社会的肯定。上合组织的务实合作不断扩大，促进了成员国的经济发展和相互合作。上合组织的发展符合成员国的共同利益。此外，中俄两国都是中亚国家重要的合作伙伴。俄罗斯是独联体内最重要的国家，乌俄合作密切。乌中关系也非常好。中国愿意帮助中亚国家，并提出了一系列援助计划和合作项目，如公路、铁路、天然气管道等。中国这方面做得比俄罗斯好。乌中应加强相互协作，共同推动上合组织的发展。

（三）关于美西方主导的多边机制

关于美国的"大中亚计划"，库尔班诺夫认为，推动中亚与南亚国家合作符合美的利益，美不会放弃该计划。现在塔吉克斯坦和吉尔吉斯斯坦两国同南亚国家都有合作项目。从经济效益上看，中亚同南亚的合作潜力也很大。乌方认为，该计划总体对乌发展有利。乌方积极推动国际社会参与调解阿富汗局势。今年北约峰会期间，乌方提出建立阿富汗问题"6+3"机制，即在现有的"6+2"机制内加入北约，以加大对阿富汗问题的解决力度，但该建议没有得到应有的回应。奥巴马政府非常重视阿富汗问题，并打算加大对阿投入。美国解决阿富汗问题离不开中亚，未来势必加大同中亚国家的合作力度。乌方将以本国利益为根本出发点，积极参与相关合作。

关于同美国和欧盟的合作，尤努索夫说，中亚地区劳动力价格低廉，市场较大，资源丰富，对美国欧盟等国吸引力很强。许多西方大企业在中亚有合作项目。乌方愿与美欧等国开展务实合作，并认为未来发展前景较好。

库尔班诺夫也认为应同美国欧盟开展合作，但合作的重点应该在经济领域。

（四）关于中亚区域内多边机制

1. 乌兹别克斯坦与中亚邻国的关系及水资源问题

对哈萨克斯坦关系。努尔马托夫表示，乌哈关系问题的根源在于哈萨克斯坦想充当中亚地区领袖。乌方认为，地区领袖不应由哪个国家自己决定，而应取决于国家的历史、现状及发展潜力，同世界主要大国关系等。乌方不会与哈争夺地区领袖地位。乌国内政治经济发展稳定，未像哈萨克斯坦一样在金融危机中受到重创。乌兹别克斯坦奉行大国平衡的外交政策，积极与世界各国开展合作。乌方还积极承担国际义务，在别国遭受灾害时积极提供援助。

对土库曼斯坦关系。努尔马托夫认为，土库曼斯坦更换总统后出现积极的转变，乌土间友好关系不断发展，双边经贸合作有所改善。

对吉尔吉斯斯坦关系。努尔马托夫称，乌吉关系的主要问题是吉尔吉斯斯坦无力保障本国边界安全。今年乌吉交界地区发生了一系列恐怖活动。乌方将协助吉解决该问题。

对塔吉克斯坦关系。努尔马托夫认为，两国矛盾的根源是塔吉克斯坦修建水电站问题。尽管两国相关谈判非常艰难，但乌方认为谈判是解决问题的最佳途径。

关于中亚水资源问题。努尔马托夫认为，俄、美、中等国在中亚都有较大的影响，但任何外来力量都不能帮助中亚解决区域内部问题。不久前，中亚各国领导人在比什凯克举行会晤，讨论了包括水资源在内的一系列问题。水资源问题事关中亚各国发展和人民生活，极为复杂敏感。乌兹别克斯坦是农业大国，水对乌方来说意义重大，但仅靠乌一国无法解决该问题。塔吉克斯坦和吉尔吉斯斯坦两国位于乌兹别克斯坦上游。两国无力购买足够的煤和天然气，冬季供暖和电力供应问题十分严重。但如塔、吉两国在上游修建水库，将对乌兹别克斯坦的农业生产和人民生活产生巨大影响。水资源问题不仅是经济问题，而且关系到地区稳定，解决不好可能造成冲突或战争。乌方立场一贯而明确，就是在联合国框架内，根据现行的国际准则，以和平的手段解决中亚国家的内部分歧。在不久前的独联体峰会期间，中亚国家领导人举行会晤并讨论了水资源问题。乌方建议现实有效，被各方接受。乌方对当前解决方案表示满意，认为该问题未来可以找到圆满解决的办法。

2. 关于哈方组建中亚国家联盟的倡议

努尔马托夫认为，纳扎尔巴耶夫总统关于组建中亚国家联盟的倡议只是为了倡议而倡议，他一贯如此。这个倡议与以前失败的中亚经济共同体、中亚合作组织等无区别，既没有前途，也没有必要。

尤努索夫表示，乌方反对组建中亚国家联盟的倡议。中亚以前有过失败的例子。一体化进程只能在发展水平相似的经济体间进行，而中亚国家明显不符合这一条件。中亚国家间的边界问题也没有得到根本解决。现阶段谈中亚国家联盟根本不现实。

库尔班诺夫表示，以前曾成立过中亚经济共同体、中亚合作组织等，但存在时间都不长。中亚一体化是个复杂的过程，只有满足很多条件才能取得进展。欧盟是一个较成熟的组织，成员国也都很发达，但一体化进程还遇到过许多问题，内部反对的声音也很大。东盟经过了长期的发展，各国在一体化问题上也做出很大努力，但至今仍未成形。相比之下，中亚国家独立的时间不长，推动地区一体化还为时尚早。中亚国家间利益差异很大，相互关系复杂。哈方提出这个倡议的愿望是好的，但难以取得好的结果。因此，乌方以务实的态度拒绝了哈方。

（五）关于亚行中亚区域合作机制

尤努索夫说，该机制共有 8 国参与。1997 年首次召开年度会议。合作的基本方向是经贸、能源、交通和贸易便利化，主要资助各类区域性项目。乌方同该机制合作开展顺利，交通是合作的重点。乌方希通过推动公路、铁路等交通项目，将本国打造为连接东西方的交通枢纽国。

三、俄罗斯

在俄期间，分别会见了俄外交部第三独联体局副局长尼古拉耶夫、外交学院副院长巴让诺夫、科学院远东所所长季塔连科。对方主要谈及以下情况和看法：

（一）关于俄罗斯自身主导的区域多边机制

尼古拉耶夫说，近年来，中亚成为全球瞩目的焦点，美国、欧盟、日本、韩国、土耳其、伊朗等国纷纷同该地区国家扩大合作。中亚与俄相邻，中亚区域安全与俄息息相关，俄方在中亚有重大战略利益。俄罗斯与中亚国家曾共处苏联一国之中，现在又都是独联体成员。俄与中亚各国传统友谊深厚，政治、经济、文化联系密切。俄方以平常心看待各种外部力量进入中亚。俄方认为，当前欧亚经济共同体、集安条约组织、上合组织和其他机制共存的状态总体符合俄罗斯的利益。俄中两国对中亚问题看法总体相近，双方应进一步加强协调与合作。

尼古拉耶夫表示，俄方把加强同包括中亚国家在内的独联体国家关系视为外交的绝对优先方面，予以高度重视。俄总统梅德韦杰夫将哈萨克斯坦作为首个出访国，年内已先后 4 次访哈。在纳扎尔巴耶夫总统领导下，哈的国家实力迅速增强。俄哈各领域合作全面发展。土库曼斯坦更换新总统后逐步开始对外开放，积极参与独联体和上合组织框架内的各项合作。俄土关系发展迅速。俄、哈、土三方签署了修建沿里海天然气管道协议，对保障俄罗斯和整个中亚地区的能源安全起到积极作用。乌兹别克斯坦日前宣布中止欧亚经济共同体成员国身份。俄方认为，乌作为主权国家，有权按照自己的想法行事。乌方的类似举动已不是第一次，不会造成太大的负面影响。俄乌关系总体良好，并未因此受到干扰。吉尔吉斯斯坦和塔吉克斯坦受毒品和恐怖主义影响严重，俄方愿积极帮助两国解决问题。

巴让诺夫认为，中亚与欧洲相比，迄今仍处于一种混沌状态。区域多边机制数目繁多，相互职能区分不清。中亚国家与俄、中和美欧都保持合作，通过搞平衡谋求利益最大化。独联体内部问题很多。集安条约组织资金短缺，内部机构设置不健全，行动能力较差。乌兹别克斯坦宣布暂时中止欧亚经济共同体成员国身份，对共同体的发展会产生一定的负面影响。中亚国家相互关系不好，围绕水资源等问题闹得很厉害。哈同俄、中、美、欧盟等国关系处理得较好，但哈乌两国关系不好，在许多问题上分歧严重。中俄在同中亚国家合作问题上利益接近，应加强相互协作，共同维护地区的稳定和发展。

季塔连科说，中亚地区形势非常复杂。美国从未停止对独联体的渗透，北约将乌克兰和格鲁吉亚列入东扩计划，美国不断挑拨俄罗斯与白俄罗斯的关系。俄罗斯在独联体框架内有集安条约组织和欧亚经济共同体两个多边机制，但总体效果并不好。从苏联时期到现在，俄方为如今的独联体国家做了很多，帮助各国解决了不少问题，甚至可以说是俄罗斯帮助各国发展到今天的水平。但独联体各国并不领情，对俄方的付出视而不见，但如果俄方的举动稍有不妥就会被各国指责。中亚国家大多奉行大国平衡政策，既与俄、中合作，也同美、欧盟发展关系。最近，哈萨克斯坦与美越走越近，乌兹别克斯坦也在同美改善关系。俄中两国在中亚的利益总体一致，双方应加强交流与沟通，扩大协调与配合，以上合组织为平台，共同应对美西方的挑战。

（二）关于上海合作组织

尼古拉耶夫说，当前，中亚地区水资源问题突出，毒品走私形势严峻。这些问题复杂敏感，不仅威胁着中亚局势稳定，影响各国经济发展，也对上合组织的发展形成隐患。俄方除通过独联体内部机制发挥影响外，也希望看到上合组织在解决上述问题中发挥积极作用。

巴让诺夫表示，上合组织是中亚地区最关键的多边机制，对中亚乃至印度、巴基斯坦等周边国家吸引力很强。中国经济实力快速增长，国际影响不断提升。在俄中等成员国共同努力下，上合组织将成为该地区最有发展前景的多边机制。

巴认为，上合组织下一步发展应重点完成几项任务：首要任务是维护中亚安全，主要包括打击恐怖主义和伊斯兰极端势力、缉毒、抵御美渗透、阿富汗维和、协调印度和巴基斯坦关系等；其次是发展务实合作，包括在多边层面上建设石油和天然气管道、铁路、航空等；最后是帮助中亚国家以及印、巴之间解决相互关系问题。俄中在维护中亚地区的安全、稳定和发展上利益完全一致，双方合作是现实和必要的。俄方在不放弃独联体及其框架内的集安条约组织和欧亚经济共同体的条件下，将大力参与并推动上合组织的发展。

巴还表示，上合组织应在解决中亚安全问题上发挥关键作用。俄方主导的集安条约组织也有安全职能，但无法取代上合组织。首先，中亚各国对俄有防范心理，不愿隶属于俄；其次，中亚各国奉行平衡外交，不愿只同俄一家开展合作；最后，美西方强烈反对俄主导的机制。相比之下，中亚各国都愿同中国开展合作；美西方国家虽不喜欢上合组织，但没有明确的理由公开反对。此外，俄方经常运用军事手段解决问题，而中国主要靠经济合作，让中亚国家更容易接受。鉴此，上合组织应成为中亚地区安全的主导机制，集安条约组织进行配合和补充。二者相辅相成，相互合作，共同维护中亚地区安全与稳定。

季塔连科说，俄罗斯现在有不少人热衷于同美、欧盟合作，认为上海合作组织以上海命名，所以是中国的组织，俄方没有必要参与。部分俄学者对中美走得太近表示担忧。同美合作是可以的，但必须清楚地认识到美国的本质，不能对美抱有幻想。俄中应不断加强在上合组织框架内的合作，制定共同发展战略，加强协调与配合，共同推动该组织的发展。为此应做到以下几点：第一，增强政治互信，统一思想。第二，要多培养相关的人才，做好人才储备。第三，不仅要注重组织自身发展，也要帮助中亚成员国发展经济。第四，提供信息保障，增加媒体对上合组织的宣传力度。

季认为，上合组织发展到今天，扩员问题已势在必行。蒙古希望成为上合组织正式成员，伊朗、印度、巴基斯坦也有类似愿望，朝鲜、越南未来也有可能要求加入上合组织。当然，扩员是个长期过程，但应尽早谋划。季认为，土库曼斯坦出于中立政策不会加入上合组织，但上合组织可与土加强对话，靠务实合作拉住土。

（三）关于美国的"大中亚计划"

尼古拉耶夫说，"大中亚计划"是美国学者提出来的，有很深的官方背景。2005年上合组织发表声明，要求美国撤出在吉尔吉斯斯坦的军事基地。此事极大地触动了美，美国部分人还将上合组织喻为中亚的北约。总之，美国不喜欢上合组织，并力图降低俄中在中亚的影响。"大中亚计划"在此种情况下应运而生。该计划主要内容是要通过阿富汗将中亚与南亚连为一体，根本目的是将中亚从俄中的影响中彻底剥离出来。该计划的实施面临重重困难。从地理概念看，阿富汗不属于中亚，巴基斯坦和印度更算不上中亚国家，美方梦想打造的"大中亚"事实上并不存在。从规模看，"大中亚计划"是个宏大的工程，耗资巨大，美方没有能力全面执行，最多只能推动实施其中的某个部分。从职能看，中亚已有集安条约组织、欧亚经济共同体、上合组织等机制，"大中亚计划"完全没有存在的必要。从参与主体看，俄中两国对中亚有着特殊影响，"大中亚计划"

抛开俄中两国根本难以实施。另外，阿富汗当前局势恶化也直接影响"大中亚计划"的实施。因此，美官方只是在默默地推动，很少公开宣传该计划。2008年11月中旬美国国务卿助理帮办科洛尔访问塔吉克时表示，美国政府更迭不会影响美对中亚的政策，尽管发生全球金融危机，美方也不会减少对中亚国家的援助。可见，美方今后仍不会放弃"大中亚计划"。尼还透露，美方自称在吉尔吉斯斯坦的空军基地的美军只执行阿富汗反恐任务，但据俄方掌握情报，美军从事的活动根本与反恐无关。美方是在以反恐为名扩大在中亚的军事存在，对中俄战略安全构成威胁。美国在吉的空军基地离中国更近，中方应提高警惕。

巴让诺夫说，美国虽在中亚有一定影响，但并不成功。美在阿富汗的反恐是越反越恐，阿局势不断恶化。中亚地区的毒品、有组织跨国犯罪等问题也越来越严重。但如果美军撤出阿富汗，塔利班势力定会卷土重来，威胁中亚的稳定。从目前情况看，美军维持在阿富汗的存在符合俄中两国的利益。

另据俄《独立报》4月2日报道，哈萨克斯坦议会上院日前批准了两项备忘录，允许把阿拉木图机场作为北约驻阿富汗部队飞机的备用机场。哈美之间的这两项备忘录是早在七年前签署的，但哈议会一直没有正式批准。

（四）中亚区域内多边机制

尼古拉耶夫认为，哈萨克斯坦倡议建立中亚国家联盟的想法是好的，但中亚以前已有过类似的尝试，最后都没有成功。中亚国家相互关系复杂。哈萨克斯坦与乌兹别克斯坦两国为争当地区领袖不和，中亚国家联盟组建的难度很大。

巴让诺夫认为，根本没有建立中亚国家联盟的必要。首先，以前曾有过类似的尝试并以失败告终。其次，上合组织已涵盖了安全、经济等所有领域，没有必要浪费资源再单独成立一个新的机制。最后，哈方的建议不被乌兹别克斯坦接受，土库曼斯坦作为永久中立国也不可能参与，其余中亚两国吉尔吉斯斯坦和塔吉克斯坦就算都加入也无法建立真正意义的中亚国家联盟。但俄方不会公开拒绝纳扎尔巴耶夫的倡议，而会考虑以婉转的方式表明自己的立场。

季塔连科表示，乌兹别克斯坦是影响中亚稳定的特殊因素。乌的政策走向受卡里莫夫总统个人因素影响极大，不可预测性很强。乌方日前宣布暂时中止欧亚经济共同体成员国身份，明显是政治倒退。乌方自诩在中亚历史悠久，人口众多，根本看不起别的中亚国家，同各国关系普遍不好，乌哈之间矛盾更深，其中一个特殊原因是，卡里莫夫和纳扎尔巴耶夫两人当年在苏共中央政治局时就有纠葛，两人的个人关系不和直接影响到现在的国家关系。乌哈矛盾直接制约着中亚国家之间的多边合作。

第二节　别具特色的"世博外交"

一、我与上海世博会的情缘

2002 年 1 月 30 日，中国政府向国际展览局递交了举办 2010 年上海世博会的申办报告。

上海世博会工作名片

2002 年 3 月我就任驻白俄罗斯大使。鉴于当时角逐 2010 年世博会举办权的国家已达五个，争取驻在国对我国申办世博会的支持便成为有关驻外使馆的一项重要工作。8 月 9 日，我按照国内指示，约见白俄罗斯外交部主管国际组织的副部长格拉希缅科，向其阐述了中国申办 2010 年世博会的动因，以及上海承办世博会的优势，希望白方支持中方申办。格拉希缅科表示，白中两国是友好国家，白方完全相信中方承办 2010 年世博会的能力。但由于俄罗斯也申请在莫斯科举办 2010 年世博会，而白俄罗斯与俄罗斯是联盟国家，白方不能不支持俄罗斯。请中方理解。我表示，明白贵方支持俄罗斯申办的原因，但如果莫斯科在投票过程中被淘汰，希望白方届时能支持中方。他表示会把中方此意见报告有关方面。

2002 年 9 月 26 日晚，白俄罗斯外长赫沃斯托夫应邀参加我举办的国庆招待会时对我说，经卢卡申科总统决定，在国际展览局就 2010 年世博会申办国进行投票表决时，如果莫斯科被淘汰，白方将明确支持中国上海。这是白方首次明确表态支持上海举办 2010 年世博会。

2002 年 12 月 3 日，国际展览局第 132 次成员国代表大会就 2010 年世博会主办国投票表决，俄罗斯在第三轮投票时被淘汰。在第四轮亦即最后一轮投票中，中国以 54 票胜出，其中就有白俄罗斯 1 票。

2010 年 3 月，外交部通知我，为办好上海世博会，决定邀请包括我在内的 30 位退休大使作为"礼宾大使"参与上海世博会对外接待工作，公开身份为"中国政府副总代表"。由于我曾在一定程度上参与过上海申办 2010 年世博会的工作，所以在接到担任上海世博会中国政府副总代表的任务之后，感到格外高兴。

二、"世博外交"花絮

根据安排，我参与了 2010 年 9 月 20 日至 10 月 2 日的上海世博会相关对外接待工作，主要是前来参加有关国家的国家馆日活动的外国政要的接待活动，其中包括亚美尼亚总统萨尔基相、塔吉克斯坦总理基里洛夫、几内亚比绍总理卡洛斯、俄罗斯总统梅德韦杰夫、摩洛哥议长拉迪等。

上海世博会中国国家馆日现场留影

在各种正式和非正式场合与这些外国政要的接触中，能真切感受到他们所代表的国家和其本人对中国人民真诚的友好感情。例如，在9月28日俄罗斯国家馆日当天的午宴上，我与两侧邻座的俄罗斯文化部长阿弗杰耶夫、俄共主席久加诺夫进行了愉快的交谈。阿弗杰耶夫对不久前由中国国际问题研究基金会承办的中国大型歌剧《木兰诗篇》在莫斯科和圣彼得堡的演出赞誉有加，认为此举作为俄罗斯"汉语年"一项重要活动，受到俄罗斯戏剧爱好者和为中国音乐艺术所倾倒的俄罗斯观众的热烈欢迎，必将促进俄中两国文化深入交流，并使两国人民更相亲相近。我表示，今后中国国际问题研究基金会还将继续推动中俄两国的民间文化交流。他对此表示支持。久加诺夫对俄共与中国共产党的友好党际关系给予高度评价。他还应询谈了对将于当年12月举行的白俄罗斯总统选举前景的看法，认为卢卡申科总统拥有坚实的民意基础，继续当选"没有问题"。

我在代表中方出席摩洛哥议长拉迪的答谢宴会时，拉迪对我说，摩洛哥非常珍视与中国的友好关系，他本人是"摩中友谊的卫士"。

我在机场为几内亚比绍总理卡洛斯送行时，代表中方感谢他亲自率团出席几内亚比绍国家馆日活动，支持上海世博会。卡洛斯表示："几内亚比绍对上海世博会的支持是微不足道的，中国对几内亚比绍的支持才是十分重要和宝贵的。"

三、一个反响热烈的即席致辞

在亚方答谢宴会上致辞

9月21日上午是亚美尼亚国家馆日正式活动。萨尔基相总理在致辞时特别提到，今天是亚美尼亚独立日。但中方首席代表致辞时却没有做出回应。我在现场意识到这是个问题。晚间我作为中方代表参加亚方的答谢宴会。在萨尔基相总理致祝酒词后，我临时决定致辞，希望借此机会弥补上午我方的疏漏。我的致辞主要内容如下：

今天对亚美尼亚朋友们来说是双喜临门：一是举办了一场十分精彩成功的国家馆日活动，可喜可贺！我代表中国政府向萨尔基相总理和在座的亚美尼亚朋友们表示热烈祝贺！二是今天正逢亚美尼亚独立 19 周年纪念日。19 年前的今天，亚美尼亚人民通过全民公决宣布了亚美尼亚的独立。19 年来，中国与亚美尼亚两国关系发展很好，没有任何问题，只有友谊与合作。相信总理阁下这次来华访问会把我们两国关系推向新高度。总理阁下参加亚美尼亚国家馆日活动是对上海世博会的积极支持，我代表中方对总理阁下再次表示感谢！

......

我的几分钟致辞博得在场的亚美尼亚朋友们 7 次热烈掌声。由于我的致辞用的是俄语，所以听众的反应就更直接更迅速也更热烈。萨尔基相总理也对我的热情致辞表示衷心感谢。从亚方的反应可以感觉到，我的致辞达到了预期的效果。在场的一位中方会务组的同志对我说："您的致辞效果真好，今天是我在上海世博会工作以来参加的类似活动中少有的热烈场面。"

亚美尼亚朋友对我的致辞反响热烈

我这次参与上海的"世博外交"虽然时间短暂，却很难忘。

第三节　中白科技园诞生记

2010年8月17日，应长春中俄科技园总经理李长华教授邀请，我来到长春中俄科技园参观。李长华教授是我任驻白俄罗斯大使期间的同事，主管使馆科技处工作。参观过程中，李长华向我介绍，长春中俄科技园是由国家外国专家局命名的"国家引进国外智力示范单位"。他们的科技园除了与俄罗斯开展科技合作，也与白俄罗斯有一些科技合作项目，包括白俄罗斯国家技术转移中心驻长春中俄科技园代表处、中白合资的吉林省众合光学有限责任公司等。他们现在准备建立一个单独的中白科技园，以便为深入开展与白俄罗斯的科技合作搭建一个独立的平台，希望在卢卡申科总统2010年10月上旬来华参加上海世博会期间邀请他到长春为中白科技园揭牌。想就此听听我的意见。

长春中俄科技园

我说，长春方面关于建立中白科技园的设想很好，这将有利于进一步促进中白科技合作。白俄罗斯驻华大使托济克先生一个多月前曾告诉我，卢卡申科总统将于10月上旬来华出席上海世博会白俄罗斯国家馆日活动，然后到北京进行短暂访问。鉴于这一情况，如果届时再邀请卢卡申科总统来长春，外交安排上恐怕有难度。比较现实可行的方案是在卢卡申科总统去上海世博会期间，在吉林馆安排中白科技园的揭牌仪式。为了推动白方尽快落实我们的相关考虑，长春方面应首先正式邀请托济克大使来长春，让他实地了解设在中俄科技园内的中白科技合作项目，以及长春方面关于建立中白科技园的具体设想，争取他的支持。我回京后可以代你们向托济克大使转交邀请信。

李长华和长春高新技术开发区有关负责同志认为我的建议很好，随即便起草了给托济克大使的邀请信。

8月24日，我到白俄罗斯驻华使馆向托济克大使转交了长春方面的邀请信，并口头转达了长春方面关于建立中白科技园以及想邀请卢卡申科总统出席中白科技园揭牌仪式的愿望：如果总统不方便去长春，可以把揭牌仪式安排在上海世博会吉林馆，在总统出席上海世博会白俄罗斯国家馆日活动时，顺便参加揭牌仪式。托济克当即表示，9月份他可以去长春参观访问，但卢卡申科总统去长春的可能性不大。

9月9日，托济克大使应邀访问长春，考察了设在那里的中白科技合作项目，与长春方面就有关建立中白科技园以及邀请卢卡申科总统出席中白科技园揭牌仪式等事宜直接进行了沟通。

一个月之后，我收到了长春高新技术产业开发区管理委员会发来的正式邀请函，邀请

长春高新技术产业开发区管理委员会

邀请函

尊敬的于振起先生：

　　吉林省人民政府将于2010年10月10日在上海世博园吉林馆，举办中国--白俄罗斯科技园（吉林园）的揭牌仪式，诚挚的邀请您作为特别贵宾出席仪式。

　　此致

　　敬礼！

长春高新技术产业开发区管理委员会邀请函

我作为特别贵宾出席定于 10 月 10 日在上海世博会吉林馆举行的中白科技园揭牌仪式。此前，白方已经答复同意卢卡申科总统届时出席中白科技园揭牌仪式。

10 月 10 日晚，中白科技园揭牌仪式在上海世博会吉林馆正式举行。我在仪式开始前见到了卢卡申科总统。这是自 2005 年 8 月我在明斯克卸任时向他辞行后第一次与他见面。久别重逢，我们都十分激动，双手紧紧握在一起。我对他出席中白科技园揭牌仪式表示欢迎和感谢。

与卢卡申科总统在中白科技园揭牌仪式上重逢

中白科技园揭牌仪式现场

中白科技园揭牌仪式的举行标志着中白科技园正式落户长春，中白两国又一个重要合作项目问世。

10 月 11 日下午，胡锦涛主席在北京人民大会堂会见了白俄罗斯总统卢卡申科。胡锦涛主席在谈到今后双边合作时，特别提到了 10 日刚刚举行了揭牌仪式的中白科技园。他说："双方要抓住机遇，拓宽合作领域，推动大项目合作，深化高新技术合作，搞好科技园区建设，保持两国经贸合作持续稳定发展势头。"当我看到自己直接参与推动的这一合作项目得到国家领导人的肯定，感到十分高兴。

胡锦涛会见白俄罗斯总统

新华网北京 10 月 11 日电（记者 谭晶晶） 国家主席胡锦涛 11 日下午在人民大会堂会见了白俄罗斯总统卢卡申科。双方就进一步发展两国关系等问题深入交换了意见，达成广泛共识。

胡锦涛欢迎卢卡申科来华出席上海世博会白俄罗斯国家馆日活动并访华，

积极评价了中白关系取得的进展，表示中白是好朋友、好伙伴，不断巩固和加强两国关系，发展两国全面合作是中国政府坚定不移的政策。

胡锦涛表示，当前，中白两国贸易额已克服国际金融危机影响，大幅回升，双方要抓住机遇，拓宽合作领域，推动大项目合作，深化高新技术合作，搞好科技园区建设，保持两国经贸合作持续稳定发展势头；同时要继续促进两国文化、教育、体育、旅游等领域的交流合作；加强在彼此关切的重大问题上的相互支持，以及在国际热点问题上的协调配合，为中白关系全面深入发展打下更扎实的基础。

卢卡申科说，这次来华访问并出席上海世博会活动，亲身感受到中国经济社会发展取得显著成就，白方对此表示衷心祝贺。白中建交以来，双边关系发展顺利，两国各领域合作不断扩大，特别是双边贸易额迅速增长。白方对近年来双边关系发展深感满意。白方对中方长期以来向白方提供宝贵援助表示感谢。白方坚定奉行发展对华合作关系的政策，愿意加强两国全方位合作。希望中方积极扩大对白投资，欢迎更多中国企业来白俄罗斯投资兴业。

（2010-10-11 来源：新华网）

第四节　2011 年 12 月俄罗斯国家杜马选举观选印象

2011 年 8 月 29 日，俄罗斯时任总统梅德韦杰夫签署总统令，确定 12 月 4 日为第六届国家杜马（议会下院）选举日。按照上海合作组织向成员国总统和议会选举派观察员团的惯例，此次也将派团观选，各成员国派人参团。

2011 年 11 月中旬，我接到外交部通知，派我率领上海合作组织观察员团中方观察员小组赴莫斯科观察俄罗斯国家杜马选举。小组由我和外交部欧亚司的两位年轻人组成。

11 月 30 日下午，我们一行三人飞抵莫斯科。当晚我们确定了第二天在上合组织观选团碰头会上我方的行动计划。

12 月 1 日上午，上合组织观选团举行碰头会。秘书处散发了观选团拟于选后发表的观选声明草案，请各国观选小组在 5 日举行的观选团会议上提出修改意见，然后确定最后文本。我提出了中方观选的两点要求：一是单独观选，即不与其他成员国联合观选；二是自行确定观察莫斯科不同区域的 4 个投票站，以便使观选尽量体现全面客观。秘书处将负责把我们的要求向俄方转达。

12月3日上午，上合组织观选团集体参加俄罗斯中央选举委员会为外国观察员举行的吹风会。会前，我们领到俄方提供的4日可以去观选的投票站资料，可以自由选择，无限制。同时领到观察员证。凤凰卫视当晚报道了中方观察员小组上午出席中选委吹风会的情况。

根据俄方提供的投票站资料，我们确定了4个前去观察的投票站，即位于列宁大街97号的第2216号投票站，位于列宁大街158号"礼炮"饭店内的第2709号投票站，位于阿尔巴特街附近中央学者之家的第164号投票站，以及红场附近中央电报大楼内的第152号投票站。

12月4日早上7点多我们便出发前往第2216号投票站。该投票站设在一所学校内。我们向工作人员出示观察员证后，进入投票站。投票时间为早上8点至晚上8点。我们到得稍早了一些。投票站工作人员对我们很热情，告诉我们有专门的观察员席位，可以休息，也可以随意拍照投票现场。8点整，该投票站所在选区选举委员会主席请在场全体人员起立，奏俄罗斯国歌。然后，他向在场的外国和本国观察员宣读有关选举规定，本选区选民登记人数。工作人员随后让观察员验看投票箱内部为空箱后，当场蜡封。为年老体弱不能来现场投票的选民特别准备的上门服务手提投票箱也一并蜡封。

此时，投票的选民开始陆续进来投票。现场很安静，秩序井然。我看到在接待桌上摆着一个大花瓶，里面插满了康乃馨。出于好奇，我向在场的该选区选委会副主席询问摆放这些花的目的。她告诉我，这些花一是献给年满18岁第一次获得选举权的年轻人，对他们表示祝贺；二是献给因健康原因即将不能再自行前来投票的老年人，对他们表示尊敬。这一充满人文情怀的选举文化给我留下深刻印象。

上午10点，该选区选委会主席邀请观察员到休息室休息，那位副主席女士亲自为我们服务，端茶或咖啡。她向我们介绍，选区的选委会成员都是志愿者，包括她本人在内。他们无报酬，也无党派。她已经是第二次参加这项工作。她认为，这是一个公民应尽的责任。从她这番朴实的话语可以真切地感受到俄罗斯普通民众的那种国家情怀。

第2216号投票站给我留下的本届俄罗斯杜马选举的印象是：志愿者认真负责且十分专业；选民参选态度热情，举止有素养；投票站文化气息浓郁，宁静舒适。这个第一印象如此深刻，时至今日仍记忆犹新。

在 2216 号投票站观选

　　上午 11 点，我们离开 2216 号投票站，前往位于"礼炮"饭店的 2709 号投票站。该投票站设在饭店一层的大厅，很宽敞。投票箱与 2216 号投票站一样，说明是统一配置。这里也设有专门的观察员席位。站内投票氛围与 2216 号投票站相似。

2709 号投票站的观察员席位

当天下午 4 点，我们到达位于中央学者之家的第 164 号投票站。该站设在二楼的大展厅。厅里正在展出个人摄影展，为选举环境平添了不少文化气息。由于这里处于市中心，加上时间的原因，来投票的选民比上午的两个投票站多很多。

在 164 号投票站观选

一个小时后，我们来到位于中央电报大楼内的第 152 号投票站。这个投票站面积比较小，所以人也显得格外多。不过，依旧是井然有序。选民平静地按程序投票，听不到喧哗之声。俄罗斯社会文明的特点之一在这里也得到体现。

在 152 号投票站观选

晚上 6 点多，我们离开 152 号投票站，完成了一天的观选任务，返回住处。当晚，向国内报告了我们的观选印象。

12 月 5 日上午，上合组织观选团举行全体会议，请各成员国观察员小组介绍观选情况，并对观选声明草案提出修改意见，在此基础上确定最后文本。

我在介绍了中方观察员小组对莫斯科市 4 个投票站现场观察的情况后，对观选声明草案提出如下修改建议："观选声明草案中写道：'（上合组织）观选团根据对投票站的实地观察，认为俄罗斯联邦第六届国家杜马选举是合法、自由和开放的。'中方观察员小组认为，为了更准确地表达我们观察到的实际情况，更明确地体现上合组织对杜马选举的政治支持，应补充两个词，即选举是'民主的'和'公正的'，同时取消草案中评价意义一般化的词，即'开放的'。"

我的建议得到在场各方代表一致同意。

5 日当天，上合组织观选团便公开发表了正式观选声明，其中相关部分表述如下："（上合组织）观选团根据对投票站的实地观察，认为俄罗斯联邦第六届国家杜马选举是自由、透明和公正的。……可以确认选举是民主和合法的。"

12 月 9 日，俄罗斯中央选举委员会副主席伊夫列夫宣布了 4 日举行的杜马选举结果：参选的 7 个政党中，统俄党得票率第一，为 49.32%。俄罗斯共产党得票率第二，为 19.19%。其后是公正俄罗斯党和俄罗斯自由民主党，得票率分别为 13.24% 和 11.67%。亚博卢党得票率为 3.43%，正义事业党和俄罗斯爱国者党得票率均不到 1%。

统俄党在下届国家杜马中的席位将从上届的 315 席大幅减少到 238 席。俄共席位将从 57 席大幅增加到 92 席，公正俄罗斯党和俄罗斯自由民主党席位也将分别从 38 席和 40 席增加至 64 席和 56 席，统一俄罗斯党（统俄党）、俄罗斯共产党（俄共）、公正俄罗斯党、俄罗斯自由民主党四个政党进入下一届国家杜马，其他 3 个参选政党因得票率过低无缘进入国家杜马。统俄党维持了在国家杜马中的第一大党地位。

这个结果验证了中国国际问题研究基金会欧亚研究中心 2011 年 11 月 17 日研讨会关于杜马选举的预测。此次研讨会报告有关内容如下：

"在 12 月 4 日即将举行的俄罗斯国家杜马选举中，预计统俄党（在国家杜马 450 个席位中）至少可获半数选票，赢得大选已无悬念。但获 2/3 多数议席有难度。

角逐此次选举的有 7 个政党，共 3053 人被各党提名参选。目前俄罗斯共产党、自由民主党、公正俄罗斯党民调支持率分别为 17%、11% 和 5% 左右，三党得票率都有望超过 5% 的门槛，进入下届杜马。亚博卢党、右翼事业党、俄罗斯爱国者党目前支持率均不到 3%，估计与下届杜马无缘。"

在俄罗斯中选委副主席伊夫列夫宣布杜马选举结果后当天，中国政府就表明了支持态度。中国外交部发言人洪磊 12 月 9 日说，俄罗斯国家杜马选举结果体现了俄罗斯人民的意愿。他说，据我们所知，约 700 名国际观察员观察了此次俄罗斯国家杜马选举，普遍对选举结果予以肯定。中方尊重俄罗斯人民的选择，支持俄罗斯走符合本国国情的发展道路。

第五节　2015 年 10 月白俄罗斯总统选举观选活动纪实

2015 年 6 月 30 日，白俄罗斯国民会议代表院通过决议，决定于 2015 年 10 月 11 日举行第五次总统选举。10 月 6 日至 10 日可以提前投票。

应白俄罗斯共和国中央选举委员会邀请，2015 年 10 月 9 日下午，我以中国外交部大使身份率领中方观察员团一行 4 人抵达明斯克，对白俄罗斯总统选举进行现场观察。

一、10 月 10 日与白俄罗斯中选委主席会见和当日观选情况

10 日上午，我们来到中央选举委员会，会见中选委主席利基娅·叶尔莫申娜。叶尔莫申娜首先对中方观察员团来白观选表示欢迎。她说，中方观察员团是本次选举唯一的外国国别观察员团，也是白俄罗斯总统选举历史上的第一个。她介绍了白俄罗斯总统选举的有关法律规定，本届选举的筹备情况，以及自 10 月 6 日投票开始以来选举进展情况。她说，选举进程总体平静，迄今反对派没有采取大规模非法抗议行动，只发生了个别的小规模抗议活动。原因之一是主要反对派领导人决定采用理性、合法的手段追求自己的政治主张。另外，乌克兰危机的严重后果成为白俄罗斯广大民众的反面教材，人民更加珍惜白俄罗斯的社会稳定。这样的民意对反对派构成了有力牵制。关于观选的方式，她表示，我们的选举对国外的观察员是完全开放的，中方观察员团可以自由选择观选的投票站。

　　我表示，作为白俄罗斯的好朋友、好伙伴，中方高度关注白俄罗斯的此次总统选举，并决定接受白俄罗斯中选委邀请，派出观察员团来白观选。中方真诚希望此次选举取得成功，也相信在您本人和白俄罗斯中选委领导下，此次选举一定能够取得成功。

　　随后，叶尔莫申娜向我们介绍说，中选委将于 12 日就选举初步结果举行新闻发布会。届时将请各方观察员代表发表观选看法。中方观察员团团长发言将安排在她本人和独联体观察员团代表发言之后。白俄罗斯和其他国家媒体将现场报道新闻发布会实况。

中方观察员团会见白俄罗斯中央选举委员会主席利基娅·叶尔莫申娜

　　与叶尔莫申娜会见后，我们即前往投票站观选。为了尽量体现观选的代表性和客观性，我们确定了位于明斯克市不同区域的 5 个投票站作为观选对象，其中包括 2010 年 12 月上届总统选举时卢卡申科总统投票的地点——明斯克市中央区 1 号投票站，希望这次我们能在那里见到他。

　　我们首先来到明斯克市莫斯科区 5 号投票站观选。5 号投票站的负责人是一位中年妇女。当她得知我们是中国观察员后，对我们很热情，主动向我们介绍有关情况。她说，投票站共有4位工作人员，投票箱的盖子已经用胶泥封好。该投票箱已由9位地方选举委员会成员检查过，确认没有问题后，用他们9人签名的一张白纸贴在投票箱盖子上面，只有在投票全部结束后才能启封。由于今天不是正式选举日，所以来的人不多。明天是正式选举日，也是最后一天投票日，预计来投票的选民会多起来。另外，有些因身体原因不能亲自来投票站投票的选民，他们会安排工作人员提着流动小投票箱上门为这些选民提供服务。我向这位投票站负责人的热情接待表示感谢。

离开莫斯科区5号投票站，我们又到位于明斯克市苏维埃区的55号投票站进行观察。情况与莫斯科区5号投票站相似。

二、10月11日在明斯克市中央区1号投票站与卢卡申科总统见面和当日观选情况

11日上午，我们来到位于白俄罗斯国立体育大学的明斯克市中央区1号投票站。这个投票站比较大，来投票的人也比较多，还汇集了许多媒体记者。

明斯克市中央区1号投票站

在 1 号投票站接受媒体采访　　　　　　在 1 号投票站与欧盟观察员交流

经白俄罗斯朋友介绍，我认识了在场的该地区选举委员会副主席。他告诉我，今天 11 时至 12 时之间卢卡申科总统会来这里投票。他还特意安排我站在能让卢卡申科总统进来后首先能看到我的位置。

在等候卢卡申科总统的时候，我接受了首都电视台、白俄罗斯国家电视台、白俄罗斯通讯社等媒体的采访，还与欧盟观察员进行了交流。

11 时许，卢卡申科总统走进我们所在的投票大厅。

在 1 号投票站与卢卡申科总统交谈

他一眼就看到我，微笑着向我走来，与我握手。这是自 2010 年 10 月他出席中白科技园揭牌仪式以来我们的再次相逢。我对他说："您好，尊敬的总统阁下！我以中方观察员团的名义祝贺白俄罗斯总统选举成功举行！"他问我："你们观察了吗？"我回答说："当然。我们很客观地观察了。"随后，他便向投票箱走去。投下自己的选票后，他接受了记者简短采访，然后向外走去。离开前，卢卡申科总统再次与我握手。我向他表示："祝您成功！"

卢卡申科总统在与站在我旁边的欧盟观察员告别时，欧盟观察员问他："您如何看待今后欧盟与白俄罗斯的关系？"他坚定地回答说："我们希望与欧盟改善关系，但这完全取决于你们。"随后他又补充强调说："这不是开玩笑！"

离开 1 号投票站，我们前往位于白俄罗斯国家工会文化宫的明斯克市中央区 21 号投票站。这里毗邻共和国宫。

当我们走进投票站时，一位年轻人向我走来，并跟我打招呼。原来是曾经在白俄罗斯驻中国大使馆工作过的外交官罗曼。他手里拿着两本影集，一本是 2004 年 5 月我在明斯克举办个人摄影展《聚焦可爱的白俄罗斯和其他国家》后同年出版的同名影集（白俄罗斯文版），另一本是 2012 年 1 月为庆祝中白建交 20 周年我在天津再次举办的个人摄影展《聚焦可爱的白俄罗斯和其他国家》后出版的同名影集（中文版）。罗曼说："听说您来明斯克观选，我便通过外交部渠道打听到您要到这个投票站来，想请您在您的影集上为我签名。"罗曼的举动让我感动，欣然在影集上用俄文写下我的赠言。旁边一些前来投票的选民看到这个情景，也很感兴趣地从罗曼手中拿过影集翻阅，连声说："真漂亮！"

在 21 号投票站我接受了白俄罗斯通讯社记者的采访，谈了两天来我到各投票站观选的印象和感受。

11 日下午，我们来到明斯克

在明斯克市中央区 21 号投票站观选

市列宁区的 51 号投票站，该投票站位于第三医院院内，是专门为这里的病人设立的。当我们来到投票站时，发现已经没有人了。经向院方了解，得知住院的病人已经全部完成了投票，投票站的工作就提前结束了。

至此，我们的观选活动计划顺利完成。

三、10 月 12 日上午在白俄罗斯中选委新闻发布会发表观选声明并答记者问

12 日上午 9 时 30 分，我们出发去共和国宫，参加白俄罗斯中选委在那里举行的关于总统选举结果的新闻发布会。

新闻发布会在共和国宫小剧场举行。这也是我熟悉的地方。2003 年 12 月 22 日，中国驻白俄罗斯大使馆曾在这里举行过首届中国留学生音乐会，在白俄罗斯社会各界引起热烈反响。当我走进小剧场时，感到格外亲切，当年在这里发生的动人场景又浮现在眼前。我在自己的回忆录《驻外札记》一书中曾专门记载了这段往事：

在白俄罗斯国立音乐学院有 100 多名中国留学生，他们很有音乐天赋，深得校方赞赏。为了向白俄罗斯民众展现中国青年一代的精神风貌，宣传中国文化，促进民间文化交流，加强中白人民之间的友谊，我与使馆教育处、文化处的同志经过认真讨论研究，决定在当地人十分重视的新年前夕，组织一场中国留学生专场音乐会。我们把这个想法向音乐学院学生会提出后，他们非常赞同，表示尽管没有这方面的经验，但有决心在使馆领导下把这个活动搞好。随后，我们帮助留学生组成了音乐会筹备小组，成员以音乐学院留学生为主，吸收部分其他学校的中国留学生参加，负责提供后勤会务支持。演出节目以中方为主，安排少量白俄罗斯学生的演出曲目，以体现两国青年人的友谊与合作精神。2003 年 11 月 26 日，筹备小组举行第一次工作会议，我亲自参加，听取讨论情况，并提出一些建议。

经过近一个月的紧张筹备，12 月 22 日晚，中国留学生新年音乐会在明斯克共和国宫小剧场隆重举行。应邀出席的有白俄罗斯文化部副部长、新闻部副部长、国家监察委员会副主席、对外友协主席、音乐学院院长等白俄罗斯官方和民间各界代表、部分驻白俄罗斯使节、各界华人代表以及 100 多名学习汉语的白俄罗斯大学生。拥有 500 个座位的剧场座无虚席。我在音乐会开始之前的致辞中说："音乐是一种特殊的语言，它能穿越时空，为人们架起友谊的桥梁，

沟通彼此的心灵，产生理解和友谊的共鸣，携手并肩共同创造人类美好的未来。中国与白俄罗斯建交以来，双方关系取得长足发展。双方在文化、教育领域的合作不断加强。今天，在新的一年即将来临之际，在白俄罗斯音乐学院学习的中国留学生作为两国民间文化交流的使者，将为大家献上一台新年音乐会，展现他们的艺术才华，架起两国人民友谊的桥梁。"

　　文化部副部长格德罗依茨致辞说，白中两国在文化领域的交流与合作堪称双方各领域友好合作的典范。100多名中国青年在白俄罗斯国立音乐学院学习，他们勤奋好学，成绩优异。今天他们与白俄罗斯同学联袂演出，不仅共同展现自己的音乐才能，更是两国青年一代友好的象征。

　　国立音乐学院院长科吉涅茨也发表了热情洋溢的讲话，称赞中国留学生新年音乐会是一个创举，不仅是提高青年们音乐才能的舞台，还是增进两国青年友谊的桥梁。相信中国青年学生们将来不仅能成长为出色的音乐家，而且将成为传播和促进两国友谊的使者。他特别感谢中国大使和大使馆为举办音乐会所做的卓有成效的工作。

　　音乐会上，中国留学生表演了钢琴独奏、小提琴独奏、男女声独唱等节目。曲目选择上既有中国家喻户晓的民族作品，也有德彪西、罗西尼等音乐大师的经典作品。白俄罗斯学生也表演了长笛独奏等节目。中国留学生的精彩表演博得观众阵阵掌声。为了表明我对音乐会的重视，我与一位学习钢琴的中国留学生合作，用俄语演唱了一首苏联著名歌曲《遥远的地方》，引起强烈反响。熟悉此歌的白俄罗斯朋友和独联体国家外交使团的朋友们情不自禁地低声与我同唱，有的人激动不已，热泪盈眶。音乐会结束后，有当地文化界人士开玩笑对我说，大使先生选错了职业，应该当个音乐家，还表示要跟我"签约"。有的外交使团朋友跟我说："阁下到任以来创新举措接连不断，令人钦佩。"

　　这场音乐会获得圆满成功。观众反响热烈，对中国留学生的艺术才能给予高度评价，对这样新颖的音乐会形式赞美有加。白俄罗斯国家电视台、白俄罗斯通讯社、《共和国报》等主流媒体对音乐会做了积极热情的报道。音乐会的成功使留学生们受到极大鼓舞，他们感谢大使馆为他们创造了这样一个难得的机会，表示会更加努力地学习，将来更好地报效祖国。

　　鉴于这次音乐会取得超出预期的良好效果，我们决定把这个活动坚持办下去。从此，中国留学生新年音乐会便成为中国驻白俄罗斯使馆的"保留节目"，一直持续到现在。这一从未有过的以留学生为主体、文化教育相结合的对外宣传形式得到了国内有关部门的充分肯定。①

作者在首届中国留学生音乐会上致辞，右为白俄罗斯国立音乐学院院长科吉涅茨（2003-12-22）

中选委新闻发布会开始之前，我在现场接受了首都电视台一位年轻女记者的采访。她问："您在观选过程中是否发现有违反选举法规的行为？"我回答说："我没有发现违规现象。这不是我的'过错'，是白俄罗斯选民的'过错'。"我的幽默回答把这位记者也给逗笑了。

上午 10 时，新闻发布会正式开始。首先由中选委主席叶尔莫申娜代表中选委宣布本次总统选举初步统计结果："根据初步统计结果，现任总统卢卡申科获得 83.49%选票，在本次总统选举中胜出。"

她说，本次选举民众投票踊跃，投票率达 87.2%，目前尚未收到对选举结果造成影响的严重违规、违法现象的报告。

叶尔莫申娜宣布初步统计结果之后，独联体观察员团代表发表看法。

---

① 于振起：《驻外札记——一个知青大使的外交生活片断》，南开大学出版社 2008 年 12 月版，第 192—194 页。

中国观察员团团长于振起大使在白俄罗斯中选委新闻中心发表中方观选声明表示，白本次总统选举符合白国家法律和国际通行准则。新华社记者陈俊锋摄

　　然后，我代表中方观察员团发表观选声明，全文如下："应白俄罗斯共和国中央选举委员会邀请，2015 年 10 月 9 日至 12 日，中方观察员团对 2015 年 10 月 11 日举行的白俄罗斯总统选举的准备和实施过程进行了观察。

　　中方观察员团严格遵守白俄罗斯各项法律法规，秉持尊重主权和客观公正原则，切实履行了监督职责。在选举日前，观察员团会见了白俄罗斯共和国中央选举委员会主席利基娅·叶尔莫申娜女士，走访了明斯克市莫斯科区 5 号投票站和苏维埃区 55 号投票站和，了解了 4 位总统候选人的简历和竞选纲领、此次选举工作流程以及选举筹备情况。我们看到，选举组织方及时公布了选举法规和候选人信息，有效保证了选民的知情权。

　　10 月 11 日选举投票当天，中方观察员团走访了明斯克市中央区 1 号投票站、21 号投票站和列宁区 51 号投票站，现场观察了选票和票箱准备、选民身份验证、选票领取、投票和计票等工作。中方观察员团的印象是，选举过程顺利平静，未发现违规情况，白俄罗斯媒体也对选举进行了广泛公开报道。

　　鉴于上述，中方观察员团认为，本次选举符合白俄罗斯选举法和公认的国际法准则，是合法、民主、透明、公正的。享有选举权的白俄罗斯公民通过投票表达各自政治意愿的权利得到了充分保障。

中方观察员团对白俄罗斯中央选举委员会、外交部以及相关机构和部门给予的支持和协助表示感谢。"

我宣读观选声明后，现场回答各家媒体记者的提问。俄罗斯卫星通讯社记者问："您在观选声明中提到，白俄罗斯本次选举符合白俄罗斯选举法和公认的国际法准则。请问如何理解白俄罗斯选举法与国际法准则二者之间的关系？"

我回答说："公认的国际法准则就是包括联合国宪章在内的得到世界各国承认的法律原则。在这个前提下，各国有权根据自己的国情制定符合自己实际情况的具体法律，包括选举法。如果某一个国家的民主模式在这个国家取得成功，并不意味着对其他国家也适用。如果强迫别国接受、强制推行自己的模式，这种做法本身就是最大的不民主。这就如同农民种庄稼，一块农田适合种什么庄稼，这块农田的主人最清楚。如果这块农田只适合种玉米，别人却非让种小麦，肯定不会有好收成，这块农田的主人也不会答应。中国成语'因地制宜'说的就是这个道理。白俄罗斯人民选择了符合自己国情的民主选举制度，制定了相关法律，这一法律同时也符合国际法原则，我们没有理由不支持。"

中方观察员团团长于振起大使（右三）10 月 12 日在白俄罗斯中央选举委员会新闻发布会发表观选声明后现场答记者问。新华社记者陈俊锋摄

我的话音刚落，全场便爆发长时间热烈掌声。这也是这场新闻发布会全过程中唯一一次全场主动鼓掌的情景。我回到座位后，上海合作组织观察员团团长、上海合作组织秘书长梅津采夫特意走过来，连声对我说："讲得非常好！非常好！"

新闻发布会结束后，我们应邀到白俄罗斯外交部，与主管白中关系的副外长雷巴科夫会见。雷巴科夫首先对我率中方观察员团来白观选表示欢迎和感谢。他说，他们从电视节目上看到了昨天我与卢卡申科总统在 1 号投票站握手

白俄罗斯中选委新闻发布会现场留影

交谈的情景，以及今天在中央选举委员会新闻发布会上宣读观选声明和答记者问的实况，感到十分高兴，认为这生动体现了白中友好关系的高水平。他特别关注我对俄罗斯卫星新闻通讯社记者问题的回答，认为很有水平。我相机就这个问题向他做了进一步说明。我说，关于民主模式问题，当年在我担任驻白俄罗斯大使时，就曾对美国驻白俄罗斯大使谈过我的看法。当时我明确对他说，每个国家都有权选择自己的发展道路。如果美国要求其他国家都必须要接受美国的民主模式，这种做法本身就是最大的不民主。

雷巴科夫最后向我表示，白方将继续致力于发展与中国的友好合作关系。

北京时间 12 日下午，中国外交部发言人华春莹在例行记者会上表示，中方祝贺卢卡申科赢得白俄罗斯总统选举。习近平主席已在第一时间向卢卡申科总统发去贺电，祝贺他再次当选。中方尊重白俄罗斯人民的选择，真诚希望白俄罗斯继续保持政治稳定、经济发展，愿在相互尊重、平等互利基础上推动中白全面战略伙伴关系不断深入发展。

当晚，新华网报道了习近平主席致卢卡申科总统贺电的内容："在你再次当选白俄罗斯共和国总统之际，我谨代表中国政府和人民，并以我个人的名义，向你致以热烈的祝贺和良好的祝愿。我高度重视中白关系发展，愿同你一道努力，推动中白全面战略伙伴关系不断迈上新台阶，更好造福两国和两国人民。"

四、媒体对中方观察员团活动报道情况

白俄罗斯通讯社、国家电视台、首都电视台等白俄罗斯主流媒体对中方观察员团活动进行了充分的跟踪报道，体现了对中方观察员团来白观选的高度重视。

10月11日，白俄罗斯通讯社报道说，应白俄罗斯中央选举委员会邀请，中方观察员团抵达明斯克。中选委主席利基娅·叶尔莫申娜在与中国客人会见时说，中方观察员团是本次选举唯一的外国国别观察员团，也是中华人民共和国首次向白俄罗斯派出的观察员团。中方观察员团团长、中国外交部大使于振起很了解我们的国家，因为他曾经担任过中国驻白俄罗斯大使。于振起对记者说，中方观察员团是9日抵达明斯克的，他们观察了一些投票站，认为"选举进行得很平静，保证了民主选举的进程"。他强调说："我们接触到的选民对选举的准备工作和行使自身选举权都感到很满意。""我们很荣幸有机会作为观察员观察白俄罗斯的这一重要政治进程。我想指出，在明斯克几个投票站的现场观察，给我们留下了非常良好的印象。"在1号投票站，中方观察员团团长与白俄罗斯总统进行了交谈。于振起说："交谈虽然短暂，但是很有内容。我们像老朋友一样交谈，言简意赅。""我们将向北京报告所看到的选举进程，以及我们的印象。""明天选举结束后，中方观察员团将要发表正式观选声明。"于振起强调说："我们注意到，白俄罗斯保持着稳定的政治和经济形势。白俄罗斯是中国的好朋友、好伙伴。对我们来说，有白俄罗斯这样稳定和可靠的伙伴很重要。"

12日，白俄罗斯通讯社对中方观察员团在中央选举委员会新闻发布会上的活动进行了详细报道。

关于我宣读的观选声明，报道说：来自中华人民共和国的观察员团团长、中国外交部大使于振起今天在中央选举委员会新闻中心发表声明说，"中方观察员团认为，本次选举符合白俄罗斯选举法和公认的国际法准则，是合法、民主、透明、公正的。享有选举权的白俄罗斯公民通过投票表达各自政治意愿的权利得到了充分保障。"他说，中方观察员团严格遵守白俄罗斯各项法律法规，秉持尊重主权和客观公正原则，切实履行了监督职责。中方观察员团的印象是，选举过程顺利平静，未发现违规情况。他强调说："白俄罗斯媒体也对选举进行了广泛公开报道。"谈到此次选举筹备情况，于振起说，"我们注意到，选举组织

方及时公布了候选人信息，有效保证了选民的知情权"。中方观察员团应白俄罗斯中央选举委员会邀请，从 10 月 9 日至 12 日对白俄罗斯总统选举进行了观选。10 月 11 日选举投票当天，中方观察员团走访了一些投票站，现场观察了选票和票箱准备、选民身份验证、选票领取、投票和计票等工作。中方观察员团对白俄罗斯中央选举委员会、外交部以及相关机构和部门给予的支持和协助表示感谢。

白俄罗斯通讯社对我回答俄罗斯卫星新闻通讯社记者的问题特别关注，做了下述报道："中华人民共和国的观察员团团长、中国外交部大使于振起今天在中央选举委员会新闻中心答记者问时指出，每个国家都有自己的选举实践，同时也有国际标准。'我们在对一些投票站观选后得出的印象是，选举符合白俄罗斯选举法和国际准则。'中方观察员团团长认为：'每个国家和人民都有权制定符合公认国际法准则的自己的民主模式。不能因为某种民主模式在某个国家比较适合，就强制其他国家照搬这种模式。''尊重各国人民的自主选择才是真正的民主原则。'"

一些白俄罗斯社交网站以及俄罗斯国际文传电讯社也十分关注我的观选声明和答记者问。

新华社驻明斯克记者站对我们的观选活动始终给予了密切关注和及时报道。

诸多媒体的热情报道，使得中方观察员团的观选活动在白俄罗斯引起了积极的社会反响，收到了很好的社会效果。当我回到北京见到白俄罗斯驻华大使布里亚先生时，他第一句话就说："我们从电视上看到阁下在明斯克的观选活动，您简直成了政治明星。"他的话从一个侧面反映了媒体报道的良好社会效果。

五、与白俄罗斯老朋友见面情况

10 月 11 日晚，我邀请几位白俄罗斯的老朋友共进晚餐。他们是白俄罗斯前监察委员会主席、前驻华大使、前副总理、现任白中友协主席阿纳托利·托济克，白俄罗斯外交部前第一副外长普加乔夫，白俄罗斯首任驻华大使库兹涅佐夫，白俄罗斯通讯社总统活动新闻处评论员、白中友协副主席阿利娜·格里什克维奇。

落座后，我在开场白中说：应贵国中央选举委员会邀请，我率中方观察员团来白俄罗斯观察本届总统选举。借此机会与各位老朋友见面，感到十分亲切。中国故语讲，人生有三大幸事："洞房花烛夜，金榜题名时，他乡遇故知"。十多年前我担任驻白俄罗斯大使期间，得到包括在座各位在内的白俄罗斯各界朋友的大力支持和协助，同在座各位结下了深厚友谊。对我来说，今天正是"他乡遇故知"，格外高兴。我邀请大家见面，就是要畅叙友情，同时为进一步加强中白两国和两国人民的友谊建言献策。

托济克等人说，时隔多年再次见到老朋友于大使，十分高兴和激动。于大使利用来白俄罗斯观选的机会，抽出时间邀请老朋友聚会，体现了中国外交官深厚的人文情怀，也是中国独特文化的体现。于大使在白俄罗斯担任大使期间工作成绩卓越，为白中友好关系和各领域合作做出了突出贡献，获得卢卡申科总统亲自授予的"人民友谊"勋章，成为第一位获此殊荣的外国驻白俄罗斯使节。

此次中方观察员团来白俄罗斯观选，再次体现了中方对白中关系的高度重视，是对白俄罗斯实实在在的支持。中方观察员团是白方邀请的唯一单独国别观选团，在白俄罗斯选举史上史无前例。白俄罗斯广大民众在电视报道中都看到了11日上午卢卡申科总统在中央区1号投票站同您握手、交谈的画面。这种情景绝非偶然，体现了白俄罗斯领导人对白中关系的肯定和期盼。

我听后表示，中方观察员团此次来白俄罗斯观选，带来了中国人民的深情厚谊，是要以实际行动支持自己的好朋友、好伙伴。我们希望白俄罗斯实现国家长治久安和人民幸福。在投票站与卢卡申科总统不期而遇是我的荣幸，更体现了卢卡申科总统对中白关系的特殊关注。我在担任驻白俄罗斯大使期间，同卢卡申科总统建立了亲密关系。2005年离任前我向总统辞行时，曾对他说过："我永远不会忘记可爱的白俄罗斯和白俄罗斯人民，将会继续为促进中白友好关系尽力。"这些年来我一直以自己的方式履行着上述诺言。这次国内派我率团来白俄罗斯观察选，表明了中方对白方的政治和道义支持，同时也是支持白俄罗斯继续保持和平、稳定和安宁。

各位白俄罗斯老朋友情不自禁地回忆起当年为推动发展两国关系开展的一系列友好交往和密切合作，为白中关系近年来取得的显著成就感到欣慰。尤其是2015年，两国关系取得新的重大进展。习近平主席5月对白俄罗斯进行了国事访问，卢卡申科总统赴华出席中国人民抗日战争暨世界反法西斯战争胜利70周年纪念活动，为两国关系发展注入新的强大动力。他们说，有中国这样的铁杆朋友，白俄罗斯一定能够继续保持独立和稳定，实现国家富强和民族振兴。

阿利娜深情地说："于大使在白俄罗斯是家喻户晓的名人。您是唯一在白俄罗斯举办过以白俄罗斯为主要题材，名为《聚焦可爱的白俄罗斯和其他国家》个人摄影展的外国使节。当年，卢卡申科总统就影展举行给您写了热情洋溢的信。时任国防部长马尔采夫将您的影展作为在白俄罗斯武装力量中进行爱国主义教育的教材。白俄罗斯人民至今对您的摄影展津津乐道，希望今后双方多举办此类友好活动，进一步拉近我们两国人民的心灵。"

托济克高兴地提起他与中国国际问题研究基金会合作出版《白俄罗斯人看中国》文集的愉快往事。他说："我清楚地记得，2011 年 11 月初，白中建交 20 周年前夕，您以中国国际问题研究基金会副理事长的身份来到明斯克，与我商谈合作出版《白俄罗斯人看中国》文集事宜，我欣然同意，同时建议合作出版《中国人看白俄罗斯》文集，也得到您的支持。后来，两本文集都按计划成功出版，而且还出版了各自的翻译版。这项工程很了不起，不仅为两国建交 20 周年献礼，还成为白中民间外交的一个全新合作范例。再过不到一年半时间，我们两国将迎来建交 25 周年。我建议双方再次合作，由建交以来的所有白俄罗斯驻中国大使和中国驻白俄罗斯大使共同执笔，书写他们在对方国家工作的愉快经历，书名可以叫《白俄罗斯大使看白中关系》和《中国大使看中白关系》，或者其他更合适的书名。希望于大使继续发挥您的威望和影响力，推动这项合作。"

我表示："完全同意托济克主席对《白俄罗斯人看中国》文集和《中国人看白俄罗斯》文集项目的评价，这的确是一项开创性的民间外交合作活动，对增进中白两国人民的友谊具有特殊积极作用。我个人认为托济克主席今天提出的关于继续合作出版两国大使看双边关系文集的建议很好。我回国后将向有关方面转达您的建议。"

聚会结束后，我与白俄罗斯的老朋友告别时，大家都显得依依不舍。此时，我想起了唐代诗人张九龄的著名诗句："相知无远近，万里尚为邻。"用这句诗形容今天中白两国和两国人民之间的友好关系是非常贴切的。

时隔一年多，经过双方共同努力，在中白建交 25 周年前夕，《中国外交官看白俄罗斯》文集和《白俄罗斯大使看中国》文集分别在北京和明斯克双双问世，成为献给我们两国建交 25 周年的一份特殊礼物。这份蕴涵着深厚民意基础的礼物也预示着中白两国和两国人民之间更加美好的未来。[1]

---

① 于振起编：《中国外交官看白俄罗斯》，新华出版社 2016 年 12 月版，第 11—31 页。

第六章　举办个人摄影展
庆祝中国与白俄罗斯建交 20 周年

　　2012 年 1 月 20 日是中国与白俄罗斯建交 20 周年纪念日。我希望以举办个人摄影展的方式庆祝这个喜庆的日子。影展的内容就是 2004 年我在明斯克举办的《聚焦可爱的白俄罗斯和其他国家》摄影展（有关此次影展的详细情况见本书第八章第六节），以此加深国人对友好国家白俄罗斯的了解，促进中白两国人民的友谊。举办地点选在我的家乡天津。基金会和天津市人民政府对外友好协会对我的想法均表示支持。

　　经过认真筹备，2012 年 1 月 7 日，影展在天津西洋美术馆隆重开幕，展期至 1 月 21 日结束。摄影展由天津市人民对外友好协会、中国国际问题研究基金会共同主办，天津西洋美术馆承办。此次影展也是我国为纪念与欧亚地区国家建交 20 周年第一项民间活动。

第一节　《聚焦可爱的白俄罗斯和其他国家》
摄影展在天津首展

　　2012 年 1 月 7 日上午 10:30，影展开幕式正式开始。中国国际问题研究基金会、外交部欧亚司、天津市人民政府外事办公室、天津市人民对外友好协会、南开大学等单位有关负责人出席开幕仪式。我向参观者介绍了当年在白俄罗斯举办这个摄影展的历史背景，说明了在国内展出的动机，希望大家各尽所能，为增进中白两国人民友谊尽力。白俄罗斯驻华大使布里亚原定出席开幕式，当天由于技术性原因未能按时到场。我就此向大家做了解释，并告知布里亚大使以后会择时来参观。

摄影展开幕式现场

　　天津西洋美术馆配合影展专门制作了同名摄影集《于振起摄影作品集——聚焦可爱的白俄罗斯和其他国家》，收入 88 幅摄影作品，在开幕式当天向参观者发放。徐国栋副馆长以编者身份特别为摄影集作序，介绍有关背景。

编 者 序

　　2012 年新春之际，为纪念中华人民共和国与白俄罗斯共和国建交 20 周年，天津市人民对外友好协会与中国国际问题研究基金会在天津西洋美术馆联合举办《于振起摄影作品展——聚焦可爱的白俄罗斯和其他国家》，以此促进天津与白俄罗斯两国人民的友好交流，进一步加强中白两国人民的传统友谊。这是一个有意义的展览，给万象更新的津城，增添了一道亮丽的风景线。

　　于振起大使是天津走出去的外交官。他的青少年时代都是在海河之滨度过的。于振起 1966 年从天津耀华中学高中毕业。1968 年，下乡到内蒙古插队落户。1972 年至 1975 年，于振起就读于天津师范学院中文系，毕业后留校任教。1978 年至 1981 年就读于天津南开大学历史系，获历史学硕士学位。1985 年至 1988 年就读于中国外交学院，获历史学博士学位。

摄影集封面

1988年于振起进入外交部工作，开始了职业外交官的生涯。于振起曾先后任中国驻乌克兰使馆首任临时代办；中国驻俄罗斯使馆公使衔参赞；中国驻白俄罗斯共和国大使；中国驻保加利亚共和国大使。2009年至今任中国国际问题研究基金会副理事长兼俄罗斯中亚东欧研究中心主任。驻外工作期间，于振起以出色的工作，得到了驻在国政府高度尊敬与评价。2005年8月，于振起获得了白俄罗斯总统卢卡申科授予的"人民友谊"勋章，成为获此荣誉的首位外国驻白俄罗斯使节。2007年9月，又获得了保加利亚总统帕尔瓦诺夫授予的保加利亚最高荣誉勋章——"老山"一级勋章。于振起作为外交官，用出色的本职工作，为祖国争得了荣誉，也为天津的家乡父老乡亲争了光。

身为外交官的于振起，是一名摄影爱好者。在从事外交工作期间，于振起先后访问过近二十个国家的五十多个城市。工作之余，他喜欢把当地的自然风光、风土人情和历史文化遗产收入自己的镜头，创作出独具风格的摄影作品。于振起的部分摄影作品曾参加过外交部主办的1997年和2004年两届《中国外交官看世界》摄影展，并在国内一些期刊上发表过摄影作品。业余摄影创作为于振起大使的外交工作提供了一种独特的极具感染力的交流交往方式——"摄影外交"。

于振起在2002年至2005年任驻白俄罗斯大使期间，应白俄罗斯方面邀请，于2004年5月在白俄罗斯首都明斯克举办了题为《中国大使于振起摄影展——聚焦可爱的白俄罗斯和其他国家》的摄影展，展出了他的摄影作品六十一幅。该展览引起白俄罗斯社会各界的热烈反响，好评如潮。白俄罗斯媒体对中国大使摄影展的报道和称赞的评论持续了近一个月，盛赞中国大使于振起出色的摄影技术水平和高雅的审美素养。白俄罗斯政府与民间团体一致评论说，通过中国大使于振起的摄影作品展，白俄罗斯人民感受到了中国对白俄罗斯国家和人民的真挚友好情谊。白俄罗斯总统卢卡申科就此亲笔致信中国大使于振起表示衷心感谢，称其"成功地展现了白俄罗斯伟大的历史遗产和美丽的自然风光"，

"鲜明地表达了对白俄罗斯真诚的态度"。

于振起大使的摄影艺术活动,增进了白俄罗斯人民与中国人民的友好感情。于振起在国外举办中国大使个人摄影展的举动在中国外交史上尚无先例,曾被中国国务院新闻办公室有关领导赞称为"摄影外交"。

于振起的《中国大使摄影展》曾在白俄罗斯各地巡回展出近一年,并出版了相关摄影作品集。白俄罗斯民众惊叹自己生活中司空见惯的景物,被中国大使以一种全新的面貌展现出来,体现了中国大使对白俄罗斯的真诚热爱和摄影技巧。中国《人民画报》曾就该摄影展做了专题报道并发表了摄影展部分作品。

这次我们有幸将于振起大使的六十一幅摄影作品在天津西洋美术馆展出,通过这些摄影作品,会带领我们走近可爱的白俄罗斯,走近美丽的明斯克城,近距离地体会摄影艺术独特的创造美的力量。

于振起大使是职业外交官,摄影创作是他的业余爱好。难能可贵的是,他近三十年来持之以恒,不倦地追求探索,创作出一批优秀的摄影作品,并形成独到的个人摄影艺术风格。于振起的摄影创作,视角独特,画面平实,恬静中真实地展现着作者对自然界美的感受。不需要文字和语言的赘述,即能引起观者的强烈共鸣。在欣赏一幅幅白俄罗斯题材的摄影作品时,使观者能欣然走近这个美丽的国度,嗅到东欧文化的特有气息,清新而淡雅。例如,展览中明斯克的《金秋》一幅,极具感染力。画面是铺满落叶的林间小路,构图饱满,疏朗有致。金黄色的主色调,虽描写的是萧瑟秋风的季节,却展现出一种独特的动人的美,带来了明斯克秋天的爽朗空气,清新而惬意。作者透过薄云较柔和的散射光,拍摄了秋林,落叶小路。画面细致而平静,又似静中有落叶飘落之声。静中蕴动,观来赏心悦目,堪称佳作。

其他如明斯克的《主教教堂》、巴黎罗丹博物馆的《思想者》等,都是各有意境之摄影佳作。不胜枚举,容不赘述。

为使更多的朋友能欣赏到于振起的摄影作品,走近并了解可爱的白俄罗斯,我们特别编辑出版了《于振起摄影作品集——聚焦可爱的白俄罗斯和其他国家》。本集共收入于振起摄影作品八十八幅,囊括了关于白俄罗斯、俄罗斯、乌克兰、波兰、匈牙利、德国、奥地利、法国、英国等多国的异域风光作品。希望这册影集能给大家带来摄影艺术之美的享受。

天津西洋美术馆副馆长　徐国栋
2012 年元月　写于迎春之际

国内媒体和白俄罗斯媒体对摄影展开幕式做了热情积极的报道。

《聚焦可爱的白俄罗斯和其他国家》于振起摄影展在津开幕

新华网天津频道1月7日电（记者 张超群） 当日，《聚焦可爱的白俄罗斯和其他国家》中国前驻白俄罗斯大使于振起摄影展，在天津西洋美术馆开幕。此次展览共展出于振起在白俄罗斯及周边国家各地拍摄的摄影作品60余幅，展览将持续到1月21日。

（2012-01-07 来源：新华网）

于振起（左一）向参观者讲解照片内容

中国前驻白俄罗斯大使于振起摄影展在津开幕

天津北方网讯（记者 赵首蕊） 1月7日，为纪念中国与白俄罗斯建交20周年，由天津市人民对外友好协会、中国国际问题研究基金会共同主办，天津市人民政府外事办公室、天津公共外交协会、圣音文化传媒协办，天津西洋美术馆承办的《聚焦可爱的白俄罗斯和其他国家》中国前驻白俄罗斯大使于振起摄影展在天津西洋美术馆隆重开幕。

于振起是天津走出去的外交官。1966年从天津耀华中学高中毕业，1968年到内蒙古插队落户。1972年至1975年，就读于天津师范学院中文系，毕业后留校任教。1978年至1981年就读于南开大学历史系，获历史学硕士学位。1985年至1988年，就读于中国外交学院，获历史学博士学位。

1988年于振起进入外交部工作，开始了职业外交官生涯。曾先后任乌克兰使馆首任临时代办、驻俄罗斯使馆参赞、驻白俄罗斯共和国大使和驻保加利亚共和国大使，为推动我国与欧亚地区国家的友好合作关系做出了突出贡献。

身为外交官的于振起，是一名摄影爱好者。在从事外交工作期间，他先后访问过近20个国家的50多个城市。工作之余，他喜欢把当地的自然风光、风土人情和历史文化遗产收入自己的镜头，创作出独具风格的摄影作品。

2004年，于振起任驻白俄罗斯大使期间，应白俄罗斯方面邀请，举办题为《聚焦可爱的白俄罗斯和其他国家》摄影展，在白俄罗斯全国巡展并出版了个人影展集，在社会各界引起了强烈的反响。

　　这次，于振起首次带着他的摄影作品回国，来到了他的家乡——天津。此次共展出 61 幅作品，以白俄罗斯自然历史文化景观为主，也展示了其他 10 个国家的自然历史文化景观。摄影展带领人们走近可爱的白俄罗斯，不仅展现了白俄罗斯和欧亚地区国家美丽的自然风光和人文景观，更展示了中国人民对白俄罗斯及欧亚地区国家人民的友好情谊，本次摄影展作为纪念中白建交 20 周年系列活动之一在津举办，对增进两国人民的相互了解与友谊具有重要意义。

摄影展开幕式现场

于振起向参观者讲解作品含义

参观者观赏作品

于振起向参观者讲解照片内容

（2012-01-07　来源：天津北方网）

前驻白俄罗斯大使于振起摄影展　61 幅作品看异域风情

　　今晚网讯（渤海早报记者　穆娴静）《聚焦可爱的白俄罗斯和其他国家》摄影作品展今天在天津西洋美术展馆拉开帷幕。这是外交部纪念中国、白俄罗斯建交 20 周年系列活动的第一项，以此促进中白两国人民的友好交流和传统友谊。也在新年伊始给津城增添了一道亮丽的风景线。

此次展览由天津对外友协与中国国际问题研究基金会主办，展出了前驻白俄罗斯大使于振起的61幅摄影作品，以白俄罗斯自然历史文化景观为主，也展示了其他10个国家的自然历史文化景观。摄影展带领人们走近可爱的白俄罗斯，走近美丽的明斯克城，领略异域风光的同时，从另一个角度展现出那一段难忘的历史。作品中有打响卫国战争第一枪的布列斯特城堡，也有苏联"解体"的地方——别洛韦日森林，还有世界历史文化遗产——宁静的米尔镇。

于振起是天津走出的外交官，摄影创作是他的业余爱好。他的摄影创作视角独特，画面平实，不需要文字和语言的赘述，即能引起观者的共鸣。

（2012-01-07 来源：今晚网—渤海早报）

《聚焦可爱的白俄罗斯和其他国家》摄影展开幕

本报讯（记者 韩雯） 昨日，庆祝中国与白俄罗斯建交20周年《聚焦可爱的白俄罗斯和其他国家》摄影展在天津西洋美术馆开幕。此次摄影展由天津市人民对外友好协会与中国国际问题研究基金会联合主办，61幅摄影作品来自中国前驻白俄罗斯大使于振起在白俄罗斯各地拍摄的美丽自然风光、历史遗迹和社会生活风貌。开幕式后，副市长任学锋会见了来津出席活动的中国国际问题研究基金会理事长、外交部前副部长张德广。任学锋对客人来津表示欢迎。

（2012-01-08 来源：天津网—天津日报）

于振起摄影展在津开幕

本报讯（记者 周凡恺） 为纪念中国与白俄罗斯建交20周年，由天津市人民对外友好协会、中国国际问题研究基金会共同主办，天津市人民政府外事办公室、天津市公共外交协会、圣音文化传媒协办，天津西洋美术馆承办的《聚焦可爱的白俄罗斯和其他国家》中国前驻白俄罗斯大使于振起摄影展昨天上午在西洋美术馆开幕。中国国际问题研究基金会领导、外交部欧亚司及天津市人民政府外事办公室、天津市人民对外友好协会、南开大学、天津市文化发展中心有关负责人出席开幕仪式。

本次摄影展的作者于振起现为中国国际问题研究基金会副理事长。于振起曾先后任中国驻乌克兰使馆首任临时代办、中国驻俄罗斯使馆参赞、中国驻白俄罗斯共和国大使和中国驻保加利亚共和国大使，为推动我国与欧亚地区国家的友好合作关系做出了突出贡献。2004 年，于振起在任中国驻白俄罗斯大使期间，曾应邀举办了《聚焦可爱的白俄罗斯和其他国家》摄影展，并在白俄罗斯全国进行了巡展，还出版了摄影展作品专集，在当地社会各界引起了强烈反响，受到广泛好评，白俄罗斯总统卢卡申科曾致函高度评价摄影展，并授予于振起大使"人民友谊"勋章。摄影展来到于振起大使的家乡——天津，所展出的 60余幅作品，不仅展现了白俄罗斯和欧亚地区国家美丽的自然风光、历史遗迹和人文景观，更表达了中国人民对白俄罗斯及欧亚地区国家和人民的友好情谊。本次摄影展，作为纪念中白建交 20 周年的系列活动之一在津举办，对于加深天津人民对白俄罗斯的了解，推动天津与白俄罗斯的友好合作与交流，增进两国人民友谊具有重要的意义。

摄影展将于 1 月 21 日结束。

（2012-01-08 来源：天津网—数字报刊）

听前驻白俄罗斯大使讲"摄影外交"的故事

《聚焦可爱的白俄罗斯和其他国家》摄影作品展 1 月 7 日在天津西洋美术馆开幕，吸引了众多参观者。这是我外交部为纪念中国、白俄罗斯建交 20 周年系列活动的第一项，以此促进中白两国人民的友好交流和传统友谊。该摄影展此前曾在白俄罗斯举办。此次展览由天津对外友协与中国国际问题研究基金会主办，展出了中国前驻白俄罗斯大使于振起的 61 幅摄影作品。作品以白俄罗斯为主，还包括其他 10 个国家的自然历史文化景观。在展览现场，记者采访了作者，听他讲述了"摄影外交"的故事。

"摄影外交"

于振起是从天津走出的外交官，摄影是他的业余爱好。一个偶然的机会，白俄罗斯首都电视台记者斯维达看到了首届《中国外交官看世界》摄影展览中于振起的 3 幅参展照片：《阿芙乐尔巡洋舰》《雅尔塔"燕窝"餐厅》《格林尼治天文台》。在后来的采访中，于振起向她介绍了挂在墙上的两幅白俄罗斯风景照片：一幅是波洛茨克市的索非亚教堂，另一幅是国家植物园秋天的景色。斯维达对于振起的照片表现出浓厚兴趣。让于振起没有料到的是，斯维达把他的摄影作品介绍给了明斯克现代造型艺术博物馆馆长沙兰格维奇。后者给他写信说："希望您能在我们博物馆举办一次个人摄影展，以此作为博物馆与中国大使馆开展文化艺术合作的开端。"从加强两国文化交流、开展民间外交的角度出发，于振起应该对博物馆馆长的热情建议积极回应。但是，以大使个人名义在国外举办个人展览，没有先例。如果使用公款举办，有可能引起误解。经过再三考虑，于振起决定自费举办这个展览。

2005 年 4 月 4 日，白俄罗斯外交部在其办公大楼举行于振起大使个人摄影作品展《聚焦可爱的白俄罗斯和其他国家》开幕式。这个展览应白方要求在白俄罗斯首都明斯克及其他 4 个城市展出一年多，引起白俄罗斯社会各界强烈反响，在明斯克掀起了一股"中国热"，前来参观的人这样评价："于大使的摄影作品把白俄罗斯人司空见惯甚至熟视无睹的一些自然历史文化景观，以一种全新的面貌展现给大家，使得白俄罗斯风情变得如此美丽迷人。"从此，摄影成为于振起独特的更具感染力的对外交往方式，被称为"摄影外交"。

"白桦林情结"

于振起的摄影创作视角独特，画面平实，注重从细微处表现内涵丰富的景物，善于在宏大的事件中揭示不易为人体察的朴素真理。展出的作品不需要文字和语言的说明，即能引起观者的共鸣。一位鬓发斑白的参观者说：于大使是我们知青中走出的外交官，他理解我们那一代人的理想主义中曾含有浓浓的"苏联情结"或称"白桦林情结"。于振起的摄影作品带着人们走近可爱的白俄罗斯，走近美丽的明斯克城，摄影作品中有打响卫国战争第一枪的布列斯特城堡，也有当年签订苏联"解体"协议的地方别洛韦日森林，还有世界历史文化遗产宁静的米尔镇。领略异域风光的同时，从另一个角度展现了那一段难忘的历史，有助于我们了解这些国家的历史和变化。

（2012-01-11　来源：天津网）

中国前驻白俄罗斯大使于振起摄影展
《聚焦可爱的白俄罗斯和其他国家》在中国展出

白俄罗斯通讯社（阿利娜·格里什克维奇）　中国前驻白俄罗斯大使于振起的摄影展《聚焦可爱的白俄罗斯和其他国家》在天津开展。此次摄影展是为纪念中国与白俄罗斯建交 20 周年举行的。摄影展由天津对外友好协会和中国国际问题研究基金会共同主办。于振起是中国国际问题研究基金会副理事长。

摄影展共展出 60 余幅摄影作品，内容包括白俄罗斯和其他国家的美丽自然风光和现代生活现实。中国外交部副部长程国平给摄影展发来贺信。中国国际问题研究基金会理事长张德广在开幕式上发表讲话，对举办这项活动给予高度评价。外交界和天津社会各界代表 200 余人出席摄影展开幕式。摄影展将持续到 1 月 21 日。

于振起从 20 世纪 80 年代末开始从事外交工作，曾任中国驻乌克兰使馆临时代办，驻俄罗斯使馆公使衔参赞，驻白俄罗斯大使，驻保加利亚大使。他见证了一些重大国际事件，为加强中国人民与独联体国家人民的友谊做出了不少贡献。

于振起担任驻白俄罗斯大使期间，曾在明斯克举办过个人摄影展《聚焦可爱的白俄罗斯和其他国家》。由于他为促进白俄罗斯与中国的合作做出了重大贡献，2005 年 8 月被授予"人民友谊"勋章。

于振起现在仍一如既往地为促进中白两国人民之间的相互理解、友好交流，加强两国人民之间的友谊尽力。此次在中国举办的摄影展就是一个鲜明的例证。

（2012-01-10　来源：白俄罗斯通讯社）

第二节　白俄罗斯驻华大使布里亚参观摄影展情况

1 月 18 日上午，白俄罗斯驻华大使维克托·布里亚专程从北京来到天津西洋美术馆参观《聚焦可爱的白俄罗斯和其他国家》摄影展，并与观众亲切交谈，热情接受媒体采访。我到天津接待他参观。

国内媒体对布里亚大使的参观活动也进行了积极报道。

白俄罗斯驻华大使在津出席中白建交 20 周年纪念活动

新华网天津 1 月 18 日电（记者　倪元锦）　白俄罗斯驻华大使维克托·布里亚 18 日在天津出席一个中白两国建交 20 周年的纪念活动时表示，希望进一步加强两国间合作，特别是在文化和经贸领域的合作。

维克托·布里亚是在出席《聚焦可爱的白俄罗斯和其他国家》摄影展时做上述表示的。该展览是中国外交部纪念中国和白俄罗斯建交 20 周年系列活动的一项，展出了中国前驻白俄罗斯大使于振起的 61 幅摄影作品。

白俄罗斯驻华公使衔参赞谢钮塔·瓦季姆说，白俄罗斯发行了以两国建交 20 周年为主题的纪念邮票和纪念币，并将举行中国知名艺术家展。

"此外，我们还计划出版一本《白俄罗斯人眼中的中国》，来自不同领域的受访者将讲述他们眼中的中国。"谢钮塔·瓦季姆说。

白方统计显示，2011 年前 11 个月，两国贸易额达到 26.8 亿美元。截至目前，中国对白俄罗斯投资项目总额达到 160 亿美元。

《聚焦可爱的白俄罗斯和其他国家》摄影展以白俄罗斯自然历史文化景观为主，由天津市人民对外友好协会、中国国际问题研究基金会主办，将于 1 月 21 日落幕。

（2012-01-18 来源：新华网）

白俄罗斯驻华大使参观《聚焦可爱的白俄罗斯和其他国家》于振起摄影展

新华网天津频道 1 月 19 日电　1 月 18 日，白俄罗斯驻华大使维克托·布里亚来到天津西洋美术馆参观《聚焦可爱的白俄罗斯和其他国家》中国前驻白俄罗斯大使于振起摄影展。作为纪念中白建交 20 周年系列活动之一，此次摄影展共展出于振起在白俄罗斯及周边国家各地拍摄的摄影作品 60 余幅。

（2012-01-19 来源：新华网）

中国前驻白俄罗斯大使于振起（前右）向白俄罗斯驻华大使维克托·布里亚（前左）介绍他的摄影作品（张超群 摄）

白俄罗斯驻华大使到天津西洋美术馆参观摄影展

人民网·天津视窗 1 月 19 日电（记者 穆娴静）　昨天（18 日）上午，白俄罗斯驻华大使维克托·布里亚专程从北京来到天津西洋美术馆参观，并与观众亲切交谈、合影留念，以此来纪念中国、白俄罗斯建交 20 周年。

维克托·布里亚大使是第一次来天津，在接受本报记者采访时首先表达了对天津的美好印象，他把一幅白俄罗斯驻华使馆武官拍摄的《大红灯笼》摄影作品送给西洋美术馆。在谈到文化领域合作时，布里亚说，2011 年 9 月在白俄罗斯成功举办了中国文化周，2012 年白俄罗斯文化周将在中国举行。

《聚焦可爱的白俄罗斯和其他国家》展出了前驻白俄罗斯大使于振起的 61 幅摄影作品，展示以白俄罗斯为主，还包括其他 10 个国家的自然历史文化景观。这个展览将延期至春节后，免费为学生、市民和旅游者开放。

（2012-01-19 来源：人民网）

本网专访白俄罗斯驻华大使 大谈"摄影外交"

今晚网讯（今晚网记者 苏航）《聚焦可爱的白俄罗斯和其他国家》摄影作品展 1 月 7 日在天津西洋美术展馆开幕，吸引了众多参观者。今天上午（1 月 18 日），白俄罗斯驻华大使维克托·布里亚专程从北京来到天津西洋美术馆参观，并与观众亲切交谈、合影留念，以此来纪念中国、白俄罗斯建交 20 周年。

维克托·布里亚大使是第一次来天津，在接受今晚网记者专访时首先表达了对天津的美好印象，他把一幅白俄罗斯驻华使馆武官拍摄的《大红灯笼》摄影作品送给西洋美术馆，风趣地说，"我们向于大使学习，也在开展'外交官看中国'活动。发展同中国的关系是白俄罗斯对外政策的优先方向之一。白方统计显示，2010 年白中两国贸易额达到 25 亿美元，中国成为白俄罗斯在独联体之外的第五大贸易伙伴国。2011 年前 11 个月，两国贸易额达到 26.8 亿美元。截至目前，中国对白俄罗斯投资项目总额达到 160 亿美元。白中贸易和投资合作潜力巨大，电能、机械制造、航天、通信、建筑和生物制药等领域应成为双方合作的优先方向。"布里亚说，希望与天津的企业有更多的交流合作。

在谈到文化领域合作时，布里亚说，2011 年 9 月在白俄罗斯成功举办了中国文化周，2012 年白俄罗斯文化周将在中国举行。目前，有 2000 名中国留学生在白俄罗斯大学学习。白俄罗斯民众了解中国文化和学习汉语的兴趣不断提高，在白俄罗斯已建立了两所孔子学院。除大学外，5 所白俄罗斯中小学校也开设了汉语课程。欢迎天津朋友到白俄罗斯学习、旅游。布里亚说，在白中建交 20 周年之际，两国共同安排了一系列庆祝活动，包括两国友好协会分别在北京和明斯克举行的招待会，在两国文化周框架下组织举办庆祝周年的活动和展览会，发行纪念币和邮票等，于大使的摄影展是这一活动的第一项，还将举办白俄罗斯画展以及《外交官看中国》展览。

于振起大使与白俄罗斯驻华大使
维克托·布里亚参观影展（刘锌洋 摄）

今晚网专访白俄罗斯驻华大使
维克托·布里亚（刘锌洋 摄）
（2012-01-19 来源：今晚网）

汇聚中白友谊 白俄罗斯大使参观于振起摄影展

天津北方网讯（记者 赵首蕊）《聚焦可爱的白俄罗斯和其他国家》摄影作品展 1 月 7 日在天津西洋美术展馆开幕，吸引了众多参观者。1 月 18 日，白俄罗斯驻华大使维克托·布里亚专程从北京来到天津西洋美术馆参观，并与观众亲切交谈，合影留念，以此来纪念中国、白俄罗斯建交二十周年。

……

《聚焦可爱的白俄罗斯和其他国家》展出了前驻白俄罗斯大使于振起的 61 幅摄影作品，展示以白俄罗斯为主，还包括其他 10 个国家的自然历史文化景观。

2007 年 10 月，于振起正式卸任外交官，但从未间断民间外交的工作。现在他是中国国际问题研究基金会俄罗斯中亚研究中心主任、国务院发展研究中心欧亚社会发展研究所研究员、中国国际战略学会高级顾问，仍然满腔热忱地做着民间外交的工作，目前正着手《俄罗斯、白俄罗斯、哈萨克斯坦、乌克兰人眼中的中国》系列丛书编辑出版工作，作者是这四个国家来过中国的普通人，以自己的亲身体会和所见所闻写出他们眼中真实的中国。这件事得到四个国家友好人士的大力支持，俄罗斯科学院远东研究所所长、俄罗斯科学院院士季塔连科告诉他，截至去年12月底已经收到大量来稿。于振起说："我希望能对外国友人了解真实的中国，中国人了解真实的外国起到一点作用。"

白俄罗斯驻华大使维克托·布里亚参观于振起摄影展

（2012-01-18　来源：天津北方网）

此次为配合中白建交20周年在天津举办的《聚焦可爱的白俄罗斯和其他国家》摄影展，从各方面反映看，是一次成功的民间外交活动。

事后，我在天津的两个母校——南开大学和天津师范大学向我提出希望在校内举办我的影展，作为对青年学生进行思想文化教育的一项活动。我欣然同意。

第三节　《聚焦可爱的白俄罗斯和其他国家》
摄影展在南开大学巡展

2012 年 5 月 9 日，《聚焦可爱的白俄罗斯和其他国家》摄影展国内首次巡展开幕式在我的母校南开大学举行，南开大学党委书记薛进文和学校其他有关负责人出席。校方印发的影展说明中写道："身为外交官的于振起校友，是一名摄影爱好者。在从事外交工作期间，他先后访问过近 20 个国家的 50 多座城市。工作之余，他喜欢把当地的自然风光、风土人情和历史文化遗产收入自己的镜头，创作出独具风格的摄影作品。这次，于振起校友首次带着他的摄影作品来到了母校南开大学。此次共展出 64 幅作品，以白俄罗斯自然历史文化景观为主，也展示了其他 10 个国家的自然历史文化景观。摄影展带领人们走近可爱的白俄罗斯，不仅展现了白俄罗斯和欧亚地区国家美丽的自然风光和人文景观，更展示了中国人民对白俄罗斯及欧亚地区国家人民的友好情谊。"

我在影展开幕式上发表了以下致辞：

尊敬的薛进文书记，尊敬的各位老师，同学们，朋友们：

首先，衷心感谢各位出席在我的母校南开大学举行的《聚焦可爱的白俄罗斯和其他国家》摄影展开幕式。

七年前的 5 月 11 日，应明斯克现代造型艺术博物馆沙兰格维奇先生邀请，我在该博物馆举办了《聚焦可爱的白俄罗斯和其他国家》个人摄影展。这是外国使节首次在白俄罗斯举办个人摄影展，也是新中国外交史上的第一次。我在影展开幕式致辞时说明了举办这个影展的动机，那就是"通过这个展览，向白俄罗斯人民表达对他们勤劳善良的美德、美丽的大自然和丰富历史文化遗产的感情"。沙兰格维奇馆长表示："这是在我们的首都第一次举办外国使节的个人摄影作品展览。于振起先生的作品把白俄罗斯那些平时为我们所熟悉的景物忽然之间变成了完全不同的样子，体会出大使先生独特的眼光。许多人都认为，好照片要依靠好相机。可是于振起先生认为，什么样的相机并不重要，重要的是摄影时要用心，要有爱。我们非常高兴，中国使节把这样的爱给了白俄罗斯。"后来这个影展应邀在白俄罗斯各地巡展持续了一年，受到白俄罗斯民众热烈欢迎。

南开大学出版社 2008 年出版的我的《驻外札记》一书对这个影展背景有详尽的介绍。

2005 年 8 月我离任前夕，卢卡申科总统授予我"人民友谊"勋章，这是第一次将此勋章授予外国驻白使节。我在向卢卡申科总统辞行时曾表示："我永远不会忘记可爱的白俄罗斯和白俄罗斯人民，将会继续为促进中白友好关系尽力。"

今年 1 月 7 日，为庆祝中白建交 20 周年，我在家乡大津的西洋美术馆举办了我的这个影展，以这样的方式履行我对卢卡申科总统的承诺，再次向白俄罗斯人民表达我对白俄罗斯的这份真爱，增进中国人民特别是天津人民与白俄罗斯人民之间的相互了解，巩固加强两国人民之间的友谊。这个影展也成为今年庆祝我国与前苏地区国家建交 20 周年系列活动的第一场民间外交活动。外交部领导和白俄罗斯驻华大使给予高度评价。白俄罗斯国家通讯社还做了专门报道。今天在南开大学的巡展实际上是这一民间外交举措的继续。

今天是苏联卫国战争胜利 67 年纪念日。我的一些影展照片就是与卫国战争有关的内容。因此，今天的影展开幕式也可以看作是对世界人民战胜德国法西斯历史时刻的纪念和对那些包括中国在内的在反法西斯战争中牺牲的烈士们的缅怀。

我一直以自己是南开的校友为荣。我们每一位南开人都应该以杰出校友周恩来总理为榜样，用南开"公能"校训要求自己，为国家的发展而不懈奋斗。我的影展能够在学校庆祝恢复高考后首批学员毕业 30 周年之际展出，是我的荣幸。希望我的影展能够给庆祝活动增添一份喜庆，同时给大家带来美的享受。

······

当日下午，作为"与时代同行——南开大学毕业 30 周年校友系列报告会"的一项内容，我应邀为南开大学的老师、同学们做了题为**"关于前苏地区社会文明的一些看法"**的报告（报告内容详见本书第九章第四节）。

有关媒体对我在南开大学举行的影展给予积极报道。

"南开大学校友于振起大使摄影展"开幕

南开新闻网讯（实习记者 陆阳 摄影 任永华） 5 月 9 日，"南开大学校友于振起大使摄影展"在第二主教学楼大厅开幕。校党委书记薛进文，南开校友、中国前驻白俄罗斯大使于振起，校党委副书记刘景泉，天津师范大学、天津西洋美术馆等相关负责人出席了开幕式。校党委宣传部、学生工作部、研究生工作部、团委等负责人陪同参加。摄影展吸引了百余名校内外的参观者。

于振起大使在南开大学摄影展开幕式致辞

薛进文书记与于振起大使参观影展

薛进文对于振起重返母校表示欢迎。他说，于振起大使是南开大学优秀校友，也是学校的兼职教授，他多年从事外交工作，是一位优秀的外交官，在履行自己工作的同时，利用业余时间将异国他乡许多美妙动人的景象摄入镜头。薛进文表示，此次摄影展是南开大学校园文化艺术系列活动的重要内容，也是学校 1977、1978 级校友毕业 30 周年活动的重要一项，并预祝摄影展取得圆满成功。

开幕式上，于振起对母校为其举办个人摄影展表示感谢，希望通过展览，加深中国和白俄罗斯两国人民的友谊，推动两国的友好关系。正值苏联卫国战争胜利纪念日，于振起说，希望同学们在这个特殊的日子里，欣赏摄影作品的"美"，进而了解每一幅作品所包含的历史背景。作为一名南开校友，他表示，每一位南开人都应该以杰出校友周恩来总理为榜样，用南开"公能"校训要求自己，为国家的发展不懈奋斗。

展览现场，于振起向嘉宾、师生们介绍了每幅作品拍摄的过程、作品反映的历史内涵，并教育同学们要尊重历史、珍惜历史。

于振起 1981 年毕业于南开大学，是恢复高考后南开大学第一届研究生。曾先后任乌克兰使馆首任临时代办、驻俄罗斯使馆参赞、驻白俄罗斯共和国大使和驻保加利亚共和国大使，为推动我国与欧亚地区国家的友好合作关系做出了突出贡献。

此次展出的 64 幅摄影作品由于振起亲自创作，展示了以白俄罗斯为主的多个国家的自然景观、历史遗迹和社会风貌。

（2012-05-10　来源：南开新闻网）

"南开大学校友于振起大使摄影展"开幕

5 月 9 日，是苏联卫国战争胜利纪念日，"南开大学校友于振起大使摄影展"在南开大学开幕。中国前驻白俄罗斯大使于振起，携 64 幅以白俄罗斯为主反映重要历史和社会风貌的摄影作品走进高校，与母校师生们一起分享多年来他通过"摄影外交"汇聚中俄友谊、图说照片背后的故事，教育青年要尊重历史、珍惜历史。

（2012-05-10　来源：新华网）

南开大学举办"校友于振起大使摄影展"

天津北方网讯（记者 赵首蕊） 5月9日，"南开大学校友于振起大使摄影展"在南开大学第二主教学楼大厅开幕。南开大学校友、中国前驻白俄罗斯大使于振起，南开大学党委书记薛进文、天津西洋美术馆馆长李响等出席了摄影展的开幕式。

南开大学党委书记薛进文对于振起返校表示欢迎。他说，此次摄影展是南开大学校园文化艺术系列活动的重要内容，也是学校 1977、1978 级校友毕业30周年活动的重要一项，并预祝摄影展取得圆满成功。

南开大学校友于振起讲话

开幕式上，于振起表示，今天是苏联卫国战争胜利纪念日，在这个特殊的日子里，希望同学们通过欣赏摄影作品的"美"，进而了解每一幅作品所包含的历史背景。他说，每一位南开人都应该以杰出校友周恩来总理为榜样，以南开"公能"校训要求自己，为国家的发展不懈奋斗。

于振起向学生们介绍作品

于振起向学生讲述以前在白俄罗斯的经历

展览现场，于振起向嘉宾、师生们介绍了每幅作品拍摄的过程、作品反映的历史内涵，并教育同学们要尊重历史、珍惜历史。

于振起1981年毕业于南开大学，是恢复高考后南开大学第一届研究生。曾先后任乌克兰使馆首任临时代办、驻俄罗斯使馆公使衔参赞、驻白俄罗斯共和国大使和驻保加利亚共和国大使，为推动我国与欧亚地区国家的友好合作关系做出了突出贡献。

此次展出的64幅摄影作品由于振起亲自创作，展示了以白俄罗斯为主的多个国家的自然景观、历史遗迹和社会风貌。

当日下午，于振起为南开大学老师、同学们带来了题为"与时代同行——南开大学毕业30周年校友系列报告会"的精彩报告。

（2012-05-09 来源：天津北方网）

中国前驻白俄罗斯大使于振起摄影展在南开大学举行

正值中国与白俄罗斯建交20周年之际，昨天（9日），从天津走出的外交官、南开大学校友、中国前驻白俄罗斯大使于振起摄影展在南开大学举行（姜宝成 摄）

（2012-05-10 来源：天津日报）

"于振起大使摄影展"体味白俄罗斯风情

"南开大学校友于振起大使摄影展"开幕式上南开大学党委书记薛进文讲话（陶晓悦　摄）

"南开大学校友于振起大使摄影展"开幕式上于振起大使发言（陶晓悦　摄）

影展现场于振起为薛进文书记等介绍摄影作品（陶晓悦 摄）

今晚网讯（记者 陶晓悦） 5月9日是世界反法西斯日，"南开大学校友于振起大使摄影展"在南开大学第二主教学楼大厅成功开幕。南开大学校友、中国前驻白俄罗斯大使于振起，南开大学党委书记薛进文、天津西洋美术馆馆长李响，南开大学党委副书记刘景泉等出席了开幕式。

在开幕式上，薛进文书记对于振起的返校表示了热烈欢迎。他说，此次摄影展是南开大学校园文化艺术系列活动的重要内容，也是学校1977、1978级校友毕业30周年活动的重要一项，预祝摄影展取得圆满成功。

于振起表示，5月9日是苏联卫国战争胜利纪念日，在这个特殊的日子里，希望同学们通过欣赏摄影作品的"美"，进而了解每一幅作品所包含的历史背景。他说，每一位南开人都应该以校友周恩来总理为榜样，以南开"公能"校训要求自己，为国家的发展而不懈奋斗。

于振起1981年毕业于南开大学，是恢复高考后南开大学第一届研究生。曾先后任乌克兰使馆首任临时代办、驻俄罗斯使馆公使衔参赞、驻白俄罗斯共和国大使和驻保加利亚共和国大使，为推动我国与欧亚地区国家的友好合作关系做出了突出贡献。身为外交官的于振起，是一名摄影爱好者，在从事外交工作期间，他先后访问过近 20 多个国家的 50 多个城市，创作出了独具风格的摄影作品。

这次，于振起带着他的摄影作品首次回到母校南开大学，此次展出的 64 幅摄影以白俄罗斯的自然历史文化景观为主，展示了其他十个国家的自然历史文化景观。白俄罗斯总统卢卡申科曾就此亲笔致信中国大使于振起，称其"成功地再现了白俄罗斯伟大的历史遗产和美丽的自然风光"，"鲜明地表达了对白俄罗斯真实的态度"。这些生动、鲜明的摄影作品带领同学们走进可爱的白俄罗斯，不仅展现了白俄罗斯和欧亚地区国家美丽的自然风光，更展示了中国人民与白俄罗斯人民及欧亚地区国家人民的友好感情，这些画作在反法西斯纪念日展出，对学生们具有深刻的教育意义。

展览现场，于振起向嘉宾、师生们介绍了参展作品拍摄的过程、作品反映的历史内涵和背后的故事，教育同学们要尊重历史、珍惜历史，关心国家、国际大事。

当日下午，于振起为南开大学的老师、同学们带来了题为"与时代同行——南开大学毕业 30 周年校友系列报告会"的精彩报告。报告会上，于振起向同学们介绍了自己作为外交大使在白俄罗斯生活的趣闻和感想，谈起了中西方文化的异同，引得会场内不时响起阵阵掌声和笑声。与会同学积极认真听取报告，并与于振起交流思想，收获颇丰。

（2012-05-10　来源：今晚网）

第四节　《聚焦可爱的白俄罗斯和其他国家》摄影展在天津师范大学巡展

2014 年 5 月 9 日，在我的母校天津师范大学举办了《聚焦可爱的白俄罗斯和其他国家》摄影展又一场巡展。校党委书记杨庆山出席并致辞。校宣传部、校友会、图书馆、文学院等相关部门负责同志和师生代表参加开幕仪式。我在开幕式的致辞如下：

尊敬的杨庆山书记，尊敬的各位老师和同学们：

我此次回到天津师范大学母校，最想说的一句话是"回家的感觉真好"。今天，学校宣传部、图书馆等单位，联合举办《聚焦可爱的白俄罗斯和其他国家》

摄影展开幕式，我非常高兴，也感谢大家来参加今天的开幕式。首先我想简单地介绍一下摄影展的历史背景，以方便大家看展览时更有针对性，更具象。

这个摄影展在十年以前，具体说是 2004 年 5 月 11 日，在白俄罗斯首都明斯克现代造型艺术博物馆应邀举办，所以后天也是这个摄影展举办十周年的纪念日。当时他们邀请我举办这个摄影展，是因为一位白俄罗斯首都电视台记者，曾经到我的官邸，对我的业余生活进行采访。采访之后，这位年轻的女记者看到我客厅内挂了几幅照片，她问："阁下，这些照片是谁照的？"我说是我自己照的。她很惊讶。其中有两幅，一幅是索非亚教堂，另一幅是明斯克国家植物园，我起名为"金秋"的照片，她非常喜欢。我应询给她介绍了索非亚教堂的照片，什么时候照的，为什么要照，因为它是白俄罗斯国家历史的象征。师大的李正和老师，当时是使馆教育处负责人，也参加了那次采访之后的聚餐，主要是向电视台记者展示中国的饮食文化。当时是包饺子，给采访的那位女记者介绍饺子的做法，李老师负责和面。采访结束后首都电视台就播放了这期节目。过了一个月，明斯克市现代造型艺术博物馆馆长给我写了一封亲笔信，他说："据说大使阁下是摄影爱好者，我们诚挚邀请您到我们博物馆举办个人摄影展。"当时我就明白了，是这位女记者向他介绍的，说明这位年轻人是很有头脑的。这就是民间外交，通过我这个摄影展，来促进两国的文化交流。当时我就同意了。2004 年 5 月 11 日在该博物馆举行了影展开幕式。白俄罗斯官方对我这个摄影展很重视，展出后社会影响很大。当时白俄罗斯各种媒体对影展的报道持续了二十余天。白俄罗斯其他一些省和城市听说这件事也邀请我巡展。这个影展在白俄罗斯巡展了一年。这就是我在白俄罗斯举办摄影展的背景。

另外，从搞外交的角度来讲，我作为一个大使，以个人的名义在国外举行摄影展，在中华人民共和国历史上是第一个，迄今为止仍然是独一无二的。这类活动用现在的流行说法就是民间公共外交。当时国务院新闻办一位领导曾对我这个影展有一个评价："于大使，你这个影展可以说是摄影外交。"也就是说我这个照片的展示，不只是一个摄影艺术的展览，更有一个促进两国民间交往的重要作用。《聚焦可爱的白俄罗斯和其他国家》这个影展题目是我自己定的，我用的是"可爱的白俄罗斯"，从这个名称里，白俄罗斯方面可以感受到我作为中国的国家代表，对他们这个国家，他们国家的人民，对他们的历史遗产，自然风光等等的由衷的热爱之情。

影展展出以后，白俄罗斯方面又支持出版了一个摄影集，上次赠书时我曾送给母校。这个摄影集在明斯克出版之后，我赠送给卢卡申科总统。他收到后给我写了一封亲笔信，内容如下：

阁下，

衷心感谢您赠送影集《聚焦可爱的白俄罗斯和其他国家》。

您的摄影作品使人能够了解我们国家的过去和现在，展望她的未来。您成功地展现了白俄罗斯伟大的历史遗产和美丽的自然风光。影集的名称鲜明地表达了您对白俄罗斯真诚的态度。

我相信，您作为我们国家的可靠朋友，会继续推动白俄罗斯和中国双边合作的发展，以造福两国人民。

请接受我最崇高的敬意。

这说明，从白俄罗斯普通民众到最高领导人，都能体会到我作为中国的国家代表，对他们这个国家和人民的友好态度。这个影展当年是非常成功的。

2005 年 8 月我卸任前向卢卡申科总统辞行时，曾经对他有一个承诺。我说："我永远不会忘记可爱的白俄罗斯和白俄罗斯人民，将会继续为促进中白友好关系尽力。"我离任时，卢卡申科总统给我正式授勋，勋章的名字叫"人民友谊"勋章。这是白俄罗斯官方第一次把这个勋章授给外国驻白俄罗斯使节，从这意义上来讲，我也是给我们国家争得了荣誉。

2012 年 1 月是中国与白俄罗斯建交 20 周年。作为咱们国家庆祝中白建交的第一项庆祝活动，我在天津西洋美术馆举办了这个摄影展览。我用这种方式来兑现当年对卢卡申科总统的承诺，是继续促进中国和白俄罗斯友好关系的一个举动。

今天到母校天津师大继续举办这个影展，应该说是促进中国和白俄罗斯两国和两国人民友好关系的一个民间外交活动的继续，有它的政治和外交的意义。这是我想跟大家介绍的影展背景。

第二，我想讲讲对于摄影艺术的个人看法。当年在明斯克举行影展开幕式时，采访的记者说我是摄影艺术家，让我谈谈对摄影的看法。我说，谢谢你们的评价，我只是一名摄影爱好者。我对摄影艺术的体会是，摄影不是简单地 copy 客体，单纯 copy 只是简单地照相。而摄影是一种创造美的艺术。其主要特点一是可以把自然存在的客体的美通过摄影艺术的加工，升华为更美的形象。二是可以把瞬间的美变为永恒的美。为此，摄影者首先要善于发现美，在此基础上才能创造美。这就要求摄影者具备一定的审美水平和必要的文化修养。此外，还要讲究摄影本身的技术操作，如取景、视角、采光等，这就是摄影艺术创作的过程。

我这个影展当年之所以影响这么大，原因被白俄罗斯对外友协主席伊万诺娃的一席话道破。她说，您把我们国家很多司空见惯的景物，通过摄影艺术展现出来之后变得如此之美，以至引起许多白俄罗斯人的惊讶和疑问："难道这真的是我们的地方吗？"

这就是摄影艺术的魅力所在，把人们觉得很平常的景物中所蕴含的美通过摄影作品展现出来。希望大家能从今天的影展体会到这一点。

我非常感谢杨书记和高校长。上次我来学校赠书时，他们都很支持在师大举办这个摄影展。他们的支持是很重要的。同时我要感谢学校宣传部的各位同志、校友会的老师同学们、承办方图书馆的赵馆长等，你们为这次影展的筹备付出了很多的心血，从中可以看出母校的办展水平。我还要感谢的就是李正和老师，他是师大的优秀俄语教师，同时还是教育领域的一个优秀外交官。他曾经在我国驻俄罗斯大使馆教育处工作。我在白俄罗斯任大使期间，他是使馆教育处的负责人。正和老师在那些年为外交做出了很大贡献。因时间关系，只举一个例子。当时明斯克有个台湾办事处，正和老师带领中国留学生学生会的可爱的孩子们开展了卓有成效的反"台独"斗争。

说到在明斯克的影展，当年正和老师带领学生会的成员，为这个影展的筹备工作做出很多贡献，大家看到录像里播放的在开幕式上演奏乐曲的年轻人就是他的学生。正和老师为这次在母校举办影展也做了许多工作。我借此机会向我的老同事、老战友李正和老师表示衷心的感谢。

今天的日子很特殊，5月9日是世界反法西斯战争欧洲战场的胜利日。苏联时期叫卫国战争胜利日。今天的日子是反法西斯战争胜利69周年，明年就是70周年。欧洲战场的胜利和中国抗日战争的胜利是同一年。之所以选在今天举办摄影展也有特殊的考虑。这个影展的61幅照片里，有将近10幅都是与卫国战争有关的内容，也就是与反法西斯战争有关的。特别是白俄罗斯西部的边界城市布列斯特，那里有一个布列斯特城堡。1941年6月22日是苏联卫国战争爆发的日子。这一天，希特勒军队进攻的就是布列斯特城堡。还有莫斯科红场庆祝5月9日胜利日的照片。今天在莫斯科红场要举行苏联解体以来最盛大的阅兵式。明年将迎来世界反法西斯战争和中国人民抗日战争胜利70周年。中国和俄罗斯两国领导人已达成一致，明年将要联手隆重庆祝，也希望大家届时关注，如果可以积极参与有关庆祝活动更好。这个日子和在场的每一位，特别是青年人息息相关，今年 2 月，全国人大常委会通过了一个决议，正式把 9 月 3 日确定为中国人民抗日战争胜利纪念日。这是带有法律性质的，具有重大的历史与现实意义。大家都知道，以安倍为首的日本右翼势力现在还在挑战历史、挑战中国人的良知，也包括世界人民的良知。我是战后出生的。我们战后出生的一代人享受的和平生活是中国抗日战争中牺牲的先烈们用生命换来的，当然也包括欧洲战场反法西斯的烈士。我们有历史责任，继续维护世界和平大局，为下一代创造更美好的未来。今天，相信大家看完这个展览后不会忘记这个日子。我讲这些，是希望大家关注国际形势，体会到历史的责任。

我最近看到一个消息。天津师范大学女子龙舟队在全国龙舟比赛中，连续两次夺得冠军，成为双冠王。我也是一个运动的爱好者。看到咱们学校女子龙舟队这个成绩，真是为她们高兴，也为咱们母校高兴。我觉得她们这个优秀成绩也体现了一种精神，就是母校的学员们这种团结奋进、敢为人先的进取精神，我对她们表示衷心的祝贺。

最后祝出席今天开幕式的各位老师身体健康，事业有成。同时也祝各位同学在天津师大美丽的校园里，学习愉快，生活愉快。祝我的母校蒸蒸日上，早日步入百强大学的行列。谢谢大家！

……

当天，天津师大宣传部对影展情况做了报道。

《聚焦可爱的白俄罗斯和其他国家》于振起摄影作品展在我校开幕

宣传部消息（通讯员 张伟） 5 月 9 日上午，我校 1975 届校友，中国国际问题研究基金会副理事长，中国前驻白俄罗斯、保加利亚大使于振起摄影作品展在我校图书信息中心 B 区 2 层展厅开幕。于振起大使出席开幕仪式，校党委书记杨庆山致辞并宣布摄影展开幕。宣传部、校友会、图书馆、文学院等相关部门负责同志和师生代表参加开幕仪式。

开幕仪式上，于振起大使介绍了此次《聚焦可爱的白俄罗斯和其他国家》摄影作品展的由来，与参观师生分享了摄影展背后鲜为人知的故事，并从民间公共外交特别是"摄影外交"的角度为大家上了一堂生动的国际形势和爱国爱校教育课。

杨庆山书记在致辞中，首先代表全校师生对多年来一直关心和支持母校发展的于振起大使表示衷心的感谢。他指出，于振起大使既是一名职业外交官，又是一名业余摄影家。此次于大使摄影作品展作为我校书画摄影艺术作品展系列活动的重要内容，一定会为丰富师生课余文化生活、提升师生文化鉴赏品味、营造良好校园文化氛围奉献一场高水平的文化大餐。

《聚焦可爱的白俄罗斯和其他国家》　　　杨庆山书记致辞并宣布展览开幕
于振起摄影作品展开幕仪式

开幕仪式后，于振起大使亲自担任摄影展讲解员，饶有兴致地为参观师生详细讲解每幅作品的创作背景和特点，与在场师生频频互动，气氛热烈。

此次展览共展出于振起摄影作品六十余幅，包括了作者在白俄罗斯、乌克兰、俄罗斯、保加利亚、德国、法国等多国的异域风情作品。《明斯克郊外》《德维纳河畔的索非亚教堂》《春天的胜利公园》等摄影作品，画面平实、含蓄，恬静中真实地阐述了作者对影响世界的重大历史建筑的独特理解和对自然界之美的感受，体现出作者对艺术的追求和对生活的热爱。

于振起大使为师生讲解摄影作品（一）　　于振起大使为师生讲解摄影作品（二）

（2014-05-09　发布人：宣传部　摄影：赵娟　王康）

第七章　在涉外和国际交流场合发出中国声音

第一节　关于中国与欧盟在国际多边领域合作的一些思考
——在第八届"欧中论坛"上的讲话

　　"欧中论坛"是由法国学者高大伟先生领导的中欧文苑 2002 年在欧洲国家发起的民间论坛，旨在促进欧洲与中国之间的民间对话与互相了解，并开展文化、政治、经济各个领域全方位的交流，积极推进中欧之间的高层对话。2003年法国前总理德维尔潘在一次访问中国的演讲中特别提到："欧中论坛为欧亚大陆的两端创造了一个特殊的对话平台。"

　　欧中论坛每年定期在不同的欧洲国家举办，至 2008 年已连续七年成功地在六个欧洲国家举办过七届"欧中论坛"。其中 2006 年的第五届"欧中论坛"是在保加利亚首都索非亚举行的。当时正值我在保加利亚担任驻保大使期间。中国驻保加利亚使馆积极支持和参与了此次论坛活动。我代表中国使馆在 9 月 21日的开幕式上发表了致辞，内容如下：

　　尊敬的主席先生！女士们，先生们！

　　早上好！首先我代表中国驻保加利亚大使馆对第五届"欧中论坛"在索非亚召开表示热烈祝贺！"欧中论坛"是由高大伟先生领导的中欧文苑 2002 年在欧洲国家发起的民间论坛，旨在促进欧洲与中国之间的民间对话与交流，为加强中欧交流与合作发挥了独特的积极作用。在此，我谨向高大伟先生及其领导的中欧文苑表示深深的敬意！同时我也要向为本届"欧中论坛"的组织工作做出重要贡献的保加利亚外交学院院长达尼娅·米哈依洛娃以及你的同事们表示衷心的感谢！我还要对索非亚大学副校长费多托夫教授表示谢意，感谢他对本届论坛给予的热情支持。

　　中国同欧洲的友好交往源远流长。公元前 2 世纪的"丝绸之路"开辟了中国与欧洲之间最早的大陆桥，使得中国的丝绸能够成为当时欧洲备受欢迎的商品。13 世纪维尼斯商人马可波罗写的《马可波罗游记》大大增进了欧洲人对中国的了解，进一步拉近了中欧双方的距离。1949 年中华人民共和国成立后，中欧关系进入新的历史时期。特别是 1975 年中国与欧共体建交，揭开了中欧关系新的一页。31 年来，在双方共同努力下，中欧关系取得长足发展。双方高层交往密切，经贸、科技、文教、旅游等众多领域合作成果显著。在重大国际和地区问题上保持着良好的沟通与合作。2003 年中欧建立全面战略伙伴关系，标志着双方关系进一步成熟和深化。欧盟现在已成为中国第一大贸易伙伴，中国则是欧盟第二大贸易伙伴。中方认为，欧盟是国际上的一支重要力量，一个强大、繁荣、团结的欧盟有利于维护世界和平，促进共同发展。中方赞赏欧盟坚持一个中国的政策，重视发展对欧关系。进一步加强中欧关系既符合各自人民的愿望和利益，也有利于当今世界的和平与发展。

本届"欧中论坛"首次在东欧地区国家举行具有特殊意义，它将有利于扩大欧中对话交流的空间，推动东欧地区国家特别是即将加入欧盟的保加利亚与中国的关系。我相信，本届论坛将以自己的独特作用载入"欧中论坛"和欧中关系的历史。

最后，我衷心祝愿第五届"欧中论坛"取得圆满成功！祝各位来宾在美丽的索菲亚过得愉快！

谢谢！

……

2009 年初，在索菲亚结识的高大伟先生约见我，表示希望在中华人民共和国成立 60 周年之际，在中国举办首次"欧中论坛"，地点拟在我的家乡天津。希望我能像在索菲亚时继续给予协助。我表示，支持他的这个想法，并将尽力协助。

在有关各方积极支持下，2009 年 4 月 28 日，第八届"欧中论坛"，也是第一次在中国举办的"欧中论坛"在天津滨海新区举行，特别定名为"第八届中欧工商论坛"。本次论坛的主题是："加强中欧合作面对全球挑战——21 世纪中欧关系"。中欧双方一些重要的政界、商界、学术界的人士齐聚一堂，共商应对国际金融危机、促进中欧经济发展大计。中共中央政治局委员、天津市委书记张高丽出席开幕式。全国政协副主席董建华、法国前总统希拉克致信祝贺。德国前总理施罗德、法国前总理法比尤斯，天津市人大常委会主任刘胜玉，市委副书记、市政协主席邢元敏，中欧国际工商学院名誉院长刘吉出席。全国人大外事委员会主任委员、中国人民外交学会名誉会长李肇星，南开大学党委书记薛进文、欧中论坛创办人高大伟致辞。

第八届"中欧工商论坛"现场

我以中国前驻白俄罗斯、保加利亚大使，中国国际问题研究基金会副理事长身份应邀出席会议，并发表了题为"关于中国与欧盟在国际多边领域合作的一些思考"的讲话。全文如下：

尊敬的主席先生，女士们，先生们，大家好！

首先，我代表中国国际问题研究基金会并以我个人的名义，祝贺第八届"中欧论坛"在我的家乡天津召开！

1975年中国与欧共体建交，揭开了中欧关系新的一页。34年来，在双方共同努力下，中欧关系取得长足发展。2003年中欧建立全面战略伙伴关系，标志着双方关系进一步成熟和深化。中方始终认为，欧盟是国际上的一支重要力量，一个强大、繁荣、团结的欧盟有利于维护世界和平，促进共同发展。中欧全面战略伙伴关系的建立和发展符合双方的根本利益，也有利于世界的和平与发展。新的国际形势要求中欧双方进一步加强这一关系。去年开始的席卷全球的金融危机和不久前举行的伦敦G20峰会深刻地表明，经济全球化进一步加深，世界多极化的趋势不可逆转。在当前形势下，中欧双方作为世界上具有重要影响和肩负重要国际责任的两支重要力量，除了继续加强双边领域的交流与合作，也有必要加强国际领域的多边合作。在这方面，我认为有以下几方面值得考虑：

一、为适应经济全球化不断深化的需要，应对国际金融危机的挑战，应共同积极探索建立比较公正合理的国际金融体制和世界经济秩序。在伦敦 G20 峰会期间，中欧双方在这方面已经表达了相近的立场。在今后落实伦敦峰会宣言的过程中，中欧双方的协调与合作将会发挥重要作用。

二、顺应多极化发展趋势，推动国际关系民主化进程。过去双方都曾为此而努力。2003 年 3 月伊拉克战争爆发前，希拉克先生领导的法国政府和施罗德先生领导的德国政府为维护联合国的地位和权威，维护公认的国际法和国际关系准则曾经做了大量重要工作。当时中国政府也采取了相似的立场。在新的形势下双方应继续这一努力。

三、在中亚地区开展合作，共同促进中亚地区的和平、稳定、发展和繁荣。

中亚地处欧亚大陆核心地带，地缘战略地位十分重要。中亚的稳定关系到欧亚大陆的稳定。中亚地区资源丰富，还是连接欧亚大陆东西南北的陆路交通枢纽。中亚经济发展有利于欧亚大陆整体经济发展。正因为如此，中亚地区引人关注，成为当今世界唯一拥有众多多边合作机制的地区。其中也包括中国和欧盟参与的相关机制。一个月前，中国国际问题研究基金会俄罗斯中亚研究中心在中国举行了首次"中亚区域合作机制的现状与前景"国际研讨会，与会各国专家就此进行了热烈讨论，取得不少共识。

我认为，目前中欧双方在中亚地区至少可以在以下两方面开展交流与合作：

1. 上海合作组织与欧盟就中亚地区有关问题加强沟通与交流。早在 2005 年，当时的上海合作组织秘书长张德广先生就曾指出："各地区组织之间需要进行合作，这是非常重要的，也是必不可少的。欧盟对同上海合作组织开展合作也非常有兴趣。"

2009 年 3 月 27 日，在莫斯科举行了上海合作组织阿富汗问题特别国际会议，欧盟派代表出席。会议期间，中方代表与包括欧盟代表在内的各方代表就如何实现阿富汗的和平与稳定交换了意见。这是双方在中亚地区进行沟通与交流的很好实践。

2. 就建设新丝绸之路开展交流与合作。公元前 2 世纪的丝绸之路开辟了中国与欧洲之间最早的大陆桥，当时这条古丝绸之路就是经过中亚地区通往欧洲的。如今，欧盟已成为中国第一大贸易伙伴，中国则是欧盟第二大贸易伙伴。

中欧之间的贸易通道主要有两条：一条是海运，另一条是陆运。目前中欧之间的贸易绝大部分是经过海运实现的，陆运只有很少一部分。海运单程需要 30 多天。据中国专家测算，从理论上讲，正常情况下，如果采用快速货运列车，由中国新疆抵达阿姆斯特丹港只需 30 多个小时。现在的问题是，由于现有欧亚大陆桥效率太低，加之其他各种人为因素，使得中欧客商宁可舍近求远，走海路。现在，中国与中亚各国正在积极探讨开辟新丝绸之路，以使中亚成为真正的欧亚大陆交通枢纽。在这方面，中欧双方有广阔的合作前景。

四、为维护独联体地区的稳定做出各自努力。独联体地区处于中欧之间，一个稳定的独联体地区是建设新丝绸之路的必要前提之一，也符合中欧双方的利益和欧亚大陆整体发展的需要。在维护该地区稳定方面，与俄罗斯的合作具有重要意义。

五、位于渤海之滨的天津可以成为未来新丝绸之路的东方起点。天津作为中国北方经济中心，具有得天独厚的地缘优势和经济优势，完全有条件承担这样的责任。从这个意义上说，此次论坛在天津举行，对中欧关系今后的发展具有特殊意义。

女士们，先生们！

加强中欧双方在国际领域的多边合作对于充实中欧关系的战略内涵具有深远意义。在国际金融危机造成的严峻形势面前，各国领导人在伦敦 G20 峰会做出了相互支持，携手合作，同舟共济的正确选择。这一成果清楚地表明，在经济全球化和世界多极化趋势加快发展的历史条件下，任何坚持冷战思维和以意识形态画线的做法都是违背时代要求的，也是没有前途的。应该与时俱进，彻底摈弃冷战思维，超越意识形态，以政治家的胸怀和战略家的眼光，从双方根本和长远利益出发，从全球的角度谋划中欧关系的未来，为建立一个共同繁荣的和谐世界发挥我们应有的作用。

三年前，我在任中国驻保加利亚大使期间，曾参与了首次在东欧地区举办的第五届欧中论坛的工作。今天，我又有幸出席首次在中国举办的中欧论坛。我个人的这些经历从一个侧面反映出中欧关系的不断扩展和加深。应该说，欧中论坛这些年的发展变化与论坛创办人高大伟先生的努力是分不开的。我相信，有高大伟先生为代表的广大欧洲友好人士的推动和中方的积极支持，欧中论坛这座友谊之桥今后将会为加强中欧民间对话交流，促进中欧友好合作发挥更大作用。

谢谢大家！

......

法国前总统希拉克致第八届中欧论坛的贺信：

创立于 2002 年的中欧论坛一直以来为中欧两个伟大文明之间的对话提供了一个绝佳的平台。今年第八届中欧论坛将在天津举办。

这次论坛的举行，正值世界受到严重的金融危机冲击之际，你们选择了"加强中欧合作面对全球挑战"作为此次论坛的主题。事实上这个危机不仅是一个深化加强中欧既有的合作关系的机会，也号召我们建立一个更和谐的世界。

我在此要祝贺这次论坛的几个主办者：作为中欧之间重要桥梁的中欧国际工商学院，以及今年将迎来创校九十周年的著名学府南开大学，还有积极参与国际合作的天津市政府。我还要特别问候这次参与论坛的我的好朋友——德国前总理施罗德先生，过去他为中欧关系的发展做出了许多的贡献。

第二节　在"文明对话"世界公众论坛第七届年会上阐述中国立场

在"文明对话"世界公众论坛演讲

2009 年 8 月，"文明对话"世界公众论坛组委会邀请我参加将于当年 10 月在希腊罗得岛举行的第七届年会（关于"文明对话"世界公众论坛的背景见本书第三章第二节）。中国国际问题研究基金会决定同意我接受邀请，以基金会副理事长和中国代表团团长身份参会。

"文明对话"世界公众论坛第七届年会于 10 月 8 日至 12 日举行。9 日上午，我在全体大会上用俄语发表了题为"文明多样性与世界多极化"的演讲。内容如下：

一、文明多样性的客观必然性

文明的多样性自古以来就是人类社会的基本特征之一。生活在地球上不同地区的不同民族在各自历史发展过程中逐渐形成自己的语言、文化、宗教和意识形态，构成不同的社会文明。人类历史上曾经出现过各具特色的五大文明古国：古巴比伦、古埃及、古印度、古希腊和中国。现在也存在着基督教文明、伊斯兰文明、佛教文明、中华文明等。如今，世界上共有 200 多个国家和地区，2000 多个民族和各种文明。无论过去和现在，每种文明的出现和存在都有其客观必然性，都有其产生和生长的特定土壤。正如著名德国古典哲学家黑格尔所说："凡是现实的都是合理的。"世界文明的多样性是不以人的意志为转移的客观存在。另一方面，也正是由于存在着多种不同文明，才使得世界丰富多彩，充满活力。

二、建立单一文明世界的想法违背人类文明发展规律

历史上曾经多次出现过某些国家出于自身利益，通过非和平手段试图把自身文明强加给其他国家和民族的做法，但最终都归于失败。因为消灭人的肉体容易，消灭一个民族的精神文明是困难的。中华民族虽然历经磨难，至今仍然保持着五千年文明传统，就是这方面的一个例证。

当前蔓延全球的严重金融危机再一次表明，世界上没有万能的社会制度和发展模式，也不存在至高无上的单一文明。每个国家都有权根据本国国情选择适合自己的社会制度和发展模式，有权保护、发展适合自己的社会文明。无视文明多样性的客观现实，试图用单一的文明统一世界，同化世界，是违背世界文明发展规律的，也是根本行不通的。况且，把一种外来文明强加给一个国家或一个民族的行为，本身就是违背人权和民主原则的。这种强行"移植"的文明最终也会由于缺乏适宜的"土壤"而难以生存。

三、多元文明和谐共处、相互交流符合人类共同利益

随着人类社会的进步，特别是进入 21 世纪以来经济全球化的发展，迅速拉近了世界各国和各种文明之间的距离。各种文明之间的接触和交往越来越频繁。不同文明之间由于存在差异，不能相互适应，有可能产生矛盾甚至摩擦。但是另一方面，不同文明之间也有同一性，那就是各种文明的深层结构中都包含着对人的热爱、关怀和宽容。各种文明中的这些核心内容是彼此进行文明对话，互相理解，互相尊重，携手共进的客观基础。人们以什么样的态度对待客观存在的多元文明，将决定世界的未来：是相互尊重，通过文明对话求得共同发展，还是坚持冷战思维，相互歧视，相互排斥，甚至兵戎相见。令人欣慰的是，多元文明的对话如今已成为世界各国人民的普遍共识。通过多元文明之间的对话，可以加深相互理解、相互宽容、相互学习，进而构建符合全人类共同利益的和谐世界。"文明对话"世界公众论坛为各国人民之间进行文明对话提供了一个很好的平台。借此机会，我代表中国代表团向论坛的组织者致以崇高的敬意！

四、文明多样性是推动世界多极化趋势的动力之一

冷战结束后，两极体制不复存在，世界格局进入重组时期。什么样的新世界格局符合历史发展的要求，符合当代世界人民的根本利益？那就是体现国际关系民主化的多极格局。正因为如此，多极化趋势已经成为不可逆转的世界发展趋势。而多元文明正是推动多极化趋势的重要动力之一，也是阻止建立单极世界的重要因素。另一方面，世界多极化趋势的发展也是多元文明和谐共处的必要政治前提。

今天的中国已经和世界紧密联结在一起。中华民族的复兴离不开世界的帮助；世界的和平、发展与繁荣也需要中国的参与。中国人民真诚愿意通过文明对话，将一个开放的、和平的、友好的中国展示给世界，与世界各国人民共同努力建设一个多元文明和谐共存的美好世界。

谢谢大家！

……

我在演讲时，会场十分安静，与会者在聚精会神地听。当我最后分别用俄语和英语说了"谢谢大家！"后，全场热烈鼓掌，反响强烈。我回到座位后，旁边的一位俄罗斯犹太教协会会长和一位伊斯兰教会会长主动与我握手，说"您讲得很好！"

在大会几个正式演讲结束后，进入自由提问环节。没有人对我的演讲提出问题。这也从另一个角度说明，与会者赞成我的观点。

散会后，一位保加利亚的文化界代表和一位意大利教育界代表主动与我交谈，向我介绍他们与中方开展相关交流活动的计划，并邀请我参与。我表示感谢，并祝他们与中方的交流活动顺利、成功。

10月11日上午的全体大会，发生了一桩涉华事件。俄罗斯圣彼得堡冬宫博物馆馆长在代表文化组发言时，提到当年我国新疆乌鲁木齐市发生的"7·5"事件。这本来是一起由境外民族分裂势力煽动，境内少数罪犯组织实施的打砸抢烧暴力犯罪事件，这位馆长却把其称为由于"宗教差异"引发的"文化冲突"，还把新疆称为"东突厥斯坦"，后又改口说"新疆"。我听后决定在自由发言环节发言，表明中方立场。

我指出，第一，中国新疆地区的正式称呼是"中国新疆维吾尔自治区"，而不是馆长先生说的"东突厥斯坦"。第二，"7·5"事件不是宗教问题，也不是文化问题，而是一场反对恐怖主义和分裂主义、维护国家领土完整的斗争。顺便说一句，我曾长期在俄罗斯工作过，我从来不认为俄罗斯的车臣问题是宗教问题和文化问题，而是反对恐怖主义和分裂主义、维护俄罗斯领土完整的问题。我想，馆长先生会同意我关于车臣问题的看法。

这位馆长听后马上表示："我同意您的观点。"然后他又辩解说："我不清楚新疆的正式名称。另外，我们讨论的是文化之间对话问题，不涉及政治。"我说："文化之间对话也不应该歪曲事实。"这时他已经哑口无言。

在大会主席亚库宁先生为各国代表团团长举行的一个活动上，我与美方团长、前美国副国务卿、现任美国布鲁金斯学会主席塔尔博特有过一次简短但很有意义的交谈。他对我说："当年中国称美国是'美帝国主义'，现在我们关系好了，我们两国是 G2 了。"我回应说："朝鲜战争期间，美国空军曾多次侵犯中国东北领空，甚至轰炸中国边境城市，这不是帝国主义是什么？至于 G2，是美国一些学者的看法。我们很清楚自己的地位。美国现在是唯一超级大国，最大的发达国家，而我们中国则是最大的发展中国家，我们两国不可能成为 G2。当然，我们中国会尽自己所能履行自己应尽的国际职责。我们现在更愿意讲 G20。"

会议结束前夕，一位参会的美国芝加哥学者对我说，这次中方代表团的活动给他留下深刻印象。由于现在中国在国际上的地位和影响都在上升，中国应更积极地参与世界上类似的非官方民间交流，这样有利于增进各国对中国的了解，也有利于增进相互之间的了解。

这位美国学者的看法更加深了我这次罗得岛之行的一个感受。在类似"文明对话"世界公众论坛这样有影响力的国际非官方民间交流场合，发出中国声音，宣传中国主张，同时也倾听其他国家的看法，具有官方正式渠道无法替代的作用。中国的民间智库应该更积极地参与各种国际民间交流。

第三节　在历届东北亚和平与发展国际会议 （滨海论坛）上的发言

一、2012 年东北亚和平与发展研讨会

2012 年 9 月 11 日，日本野田政府对钓鱼岛采取的所谓"购岛"行为，引发了中日关系的"钓鱼岛危机"，使东北亚形势增添新变数。与此同时，朝核问题继续处于僵局。为探讨新形势下应对东北亚安全局势的方略，维护东北亚安全稳定大局，营造良好的外部发展环境，11 月 1 日至 2 日，由中国国际问题研究基金会主办，天津政协协办的国内首届东北亚和平与发展研讨会在天津举行。我驻有关国家的前大使和国内相关领域的专家学者与会。

2012 年东北亚和平与发展战略研讨会合影

我在会上就东北亚地区面临的安全挑战做了以下发言：

考虑东北亚和平与发展战略首先要认清我们在东北亚地区面临的两大安全挑战。一是日本政局的右倾化，二是朝鲜半岛的冷战格局。

（一）只要日本不真正反省侵略历史，长远看，中日难免再战。由于日本右

翼上演购岛闹剧，中日关系由建交以来的休眠火山变成了一座活火山。我们应记住古训："忘战必危。"只有备战，才能避战。

野田政府2012年9月11日的"购岛"行为的内因是自金融危机以来，日本军国主义倾向增强。外因是美国推行的以借日抑华为目的的亚太"再平衡"战略。"钓鱼岛危机"是否会引爆这座火山，取决于双方综合较量的结果。我们的责任就是通过有力、有效的斗争阻止其爆发，以确保东北亚和平稳定发展的大局。

（二）我们应对"钓鱼岛危机"很重要的一点是要高举维护反法西斯战争胜利成果、战后国际秩序不容破坏的旗帜，最大限度团结争取战胜国的支持，形成对日的强大国际压力。当前特别要告诫美国政府，不要做第二个张伯伦，否则将会搬起石头砸自己的脚。

（三）野田政府9月11日的"购岛"行为，无异于中日关系的"9·11"事件。纽约世贸大厦重建不难，而修复被严重破坏的中日建交40年来建立起的友好关系大厦则并非易事。我们对此应有足够的思想准备。

（四）美国对朝鲜坚持奉行的敌对政策是朝鲜半岛冷战格局至今犹存的根本原因。包括朝核问题在内的半岛所有问题根源均在于此。朝鲜坚持拥核根本目的在于"以核武换和约"。故结束朝鲜半岛冷战格局的根本解决途径是：美国放弃对朝敌视政策，在朝鲜承诺弃核前提下《停战协定》有关各方签署《和平条约》，从国际法层面彻底结束半岛战争状态。只有通过上述一揽子解决方案才有可能使半岛彻底走出冷战和核战阴影。

我们应据此制定完整的半岛战略，变被动为主动，在确保朝鲜对我战略屏障作用的前提下，促美调整对朝政策。

二、2013年首届东北亚和平与发展国际会议

2013年11月12日至13日，由中国国际问题研究基金会、天津市公共外交协会联合主办的首届"东北亚和平与发展国际会议"在天津举行。会议邀请了朝鲜、韩国、日本、俄罗斯、蒙古、美国等东北亚地区和相关国家的知名专家学者、资深外交官和有关国家驻华使节参会，与中国学者共同就东北亚和平与发展问题交换意见。

2013 年首届东北亚和平与发展国际会议会场

我在 13 日做了题为"普京重返克里姆林宫后的东北亚政策"的正式发言，内容如下：

普京 2012 年 5 月重返克里姆林宫执政后，强调"俄罗斯 21 世纪的发展方位是向东方发展。西伯利亚和远东地区具有巨大潜力，现在是俄罗斯在亚太地区占有重要地位的机会"。为此，进一步加大了对东北亚地区的战略和外交投入，主要表现为：

（一）强化在东北亚地区的军事存在。2013 年 7 月 13 日开始在俄远东地区举行苏联解体后最大规模的军事演习，16 万官兵和 5000 辆坦克参加了这次军演。普京亲自到现场观看演习。同时，进一步加强太平洋舰队建设。根据俄罗斯政府制订的 2020 年前海军发展计划，将耗资 1600 亿美元，新建造 36 艘潜艇和 40 艘水面战舰，其中一半将配属太平洋舰队。

目的：应对美国亚太地区"再平衡"战略，巩固俄作为东北亚乃至亚太地区军事大国的地位，维护俄西伯利亚远东地区的国家安全，为俄开发西伯利亚远东地区、融入亚太经济圈提供实力保障。

（二）2012 年 9 月选择符拉迪沃斯托克作为 APEC 峰会的地点，凸显俄面向东北亚和亚太的发展战略，为开发西伯利亚远东地区、振兴俄整体经济提供动力。正如俄罗斯亚太经合组织研究中心副主任伊瓦申佐夫在峰会期间所说，世界的重心正在转向亚太，"俄罗斯不能失去搭上亚太发展高速列车的机会"。

（三）强化对南千岛群岛的主权立场，加大对四岛的开发力度。与此同时，试图改善对日关系，为开发西伯利亚远东地区谋取实惠。然而，历史证明，只要日本拒不承认战后和平秩序、拒不接受二战结果，俄日关系就难有实质性改变。

（四）继续积极参与实现朝鲜半岛无核化、维护朝鲜半岛和平稳定的多边外交努力。

（五）俄在东北亚地区"优先重视对华关系"（2013 年 10 月 22 日梅德韦杰夫与李克强会见时说）。在维护地区安全方面，加强与中方协调与合作；特别是针对日本右翼势力的危险动向，与中方共同强调"第二次世界大战成果不容篡改"（10 月 22 日中俄联合公报），体现出坚定维护战后和平秩序的立场和决心。同时针对东北亚存在的冷战残余，与中方共同"推动建立非集团化、平等、开放、透明、包容的（亚太）安全合作格局"（10 月 22 日中俄联合公报）。加强与中国在亚太地区的军事合作。2013 年 7 月初（俄远东军演前夕），与中方在俄罗斯彼得大帝湾举行了大规模海上联合实弹军事演习，有 4000 名官兵、19 艘舰艇参加。俄海军副参谋长苏哈诺夫表示，俄中两国海军演习有利于维护本地区安全稳定和本国利益。今后两国海军将进一步加强合作，共同应对安全威胁。两国海军演习将逐步向常态化、机制化方向发展。

在经济领域，普京强调要抓住中国经济增长的"机遇"，借"中国之风"，扬俄罗斯"经济之帆"。西伯利亚远东地区地方领导人对与中方合作表现出极大热情。

面积 1240 万平方公里（占俄全国面积 72%，其中远东地区 622 万平方公里）的西伯利亚远东地区经济发展滞后一直是困扰俄罗斯国家发展的短板。以往历届苏联、俄罗斯领导人在开发这一地区问题上都是说得多、做得少、鲜有成效。没有西伯利亚远东地区的发展，俄罗斯就不可能实现真正的复兴。在当今世界经济发展重心向亚太地区转移的形势下，就更是如此。普京能否像当年彼得大帝在彼得堡建立俯瞰欧洲的基地，打开"欧洲之窗"那样，以符拉迪沃斯托克为基地，打开俯瞰东北亚和整个亚太地区的"东方之窗"，通过开发西伯利亚远东，使俄罗斯融入亚太经济圈，将关系到他能否实现其 2000 年首次入主克里姆林宫时做出的承诺："给我 20 年，还你一个强大的俄罗斯。"

可以预期，包括东北亚在内的亚太方向，将在普京今后的对外战略设计中占有越来越重要的地位。日前普京在《福布斯》全球最有权势人物排行榜上名列榜首，无疑将增强其推行东北亚政策的信心和行动能力。而俄罗斯国际影响的增强，对于东北亚乃至整个亚太地区的和平与发展来说，都将是一个重要的积极因素。

......

11 月 12 日，我就朝鲜半岛无核化问题做了以下自由发言：

我想谈一谈关于朝鲜半岛的无核化问题。这个问题怎么解决，我想这也是全世界都关心的，也跟咱们讨论的题目有关系。东北亚地区和平与发展的目标怎么实现？我想要是朝核问题解决不了，和平与发展就是一个问题。

中国有一句古话，"与其扬汤止沸，不如釜底抽薪"，我觉得现在围绕着朝核问题，所有的机制也好，对话也好，有点扬汤止沸的味道。怎么釜底抽薪，彻底解决这个问题？就是应该结束 60 年前朝鲜战争之后，在半岛形成的不战不和的局面。因为当时只签了一个《停战协定》，后来一直没有签《和平条约》，半岛并没有形成真正意义上的战后和平机制。我认为朝核问题产生的根本原因就在这里。如果你回避这个问题，只谈朝核问题等等，这个问题是解决不了的，时间关系我就不展开阐述了。有没有可能这样解决，我觉得是有可能的。我给大家举两个例子。

2000 年的时候，我在中国驻俄罗斯使馆任公使衔参赞，当时曾和美国驻俄罗斯的公使衔参赞乔治·克洛尔谈过朝核问题。他问我中国对于朝核问题怎么看。当时的背景是科索沃战争刚刚结束。我很明确地对他说："朝核问题只有通过对话、谈判和平解决。朝鲜不是科索沃，我希望美国方面不要有误判，绝对不能使用非和平手段，否则的话，对有关各方都不利，其中包括对美国本身。"克洛尔回应说："我们不想打。"我说："这就对了。"他说："你讲得很好，你应该对我们的国务卿奥尔布赖特说说。"我说："你可以向华盛顿报告。"

2003 年 8 月，关于朝核问题的首轮六方会谈正式开始举行。当时就任美国驻白俄罗斯大使的克洛尔到中国大使馆拜会我时对我说："看来当年你说的是对的。华盛顿已经调整了对朝核问题的立场。"我举这个例子是什么意思呢？说明美国官方内部也有主张谈判、主张和平解决的意见。

另一个例子是，2009 年 7 月，我们基金会在北京曾经与韩国青瓦台的智库学者举行过一次双边研讨会。当时我向韩方提出一个类似的建议。我说，请韩国的学者跟美国方面讲，应该改变对朝鲜的敌视政策，朝核问题只有一揽子解决，才可能彻底解决，所谓一揽子最重要的就是要把半岛无核化问题和用《和平条约》取代《停战协定》两者联系起来解决。青瓦台的学者们当即表示："于大使的建议很有说服力，我们回去要报告。"

我讲这两个例子的意思是，我们在考虑目前的东北亚安全问题和朝核问题时应该朝着这个思路努力。客观上来讲，无论是美国方面还是韩国方面，还是其他有关方面，都有可能寻求到这种共识的基础。我真诚地希望早日看到朝鲜半岛能够用《和平条约》取代目前的《停战协定》。谢谢各位！

......

会间休息时，两位参会的朝鲜学者对我说："大使阁下讲得很好，我们根本就不想搞核武器，完全是由于美国坚持对朝鲜奉行敌视政策，我们被逼无奈，只得搞核武器自卫。如果美国放弃敌视政策，与我们签署和平条约，我们愿意放弃核武器。"

三、2014 年东北亚和平与发展滨海会议

2014 年 10 月 15 日至 16 日，由中国国际问题研究基金会、中国人民外交学会、天津市人民对外友好协会、天津公共外交协会联合发起组织的东北亚和平与发展滨海会议在天津滨海新区举行。俄罗斯、韩国、日本、蒙古、美国的多位前政要和高级外交官、重要智库的专家学者和经济界人士，以及中方专家学者共 200 余人与会。

15 日下午，我在政治与安全分论坛发言，题目是"积极应对东北亚地区和平安全的两大挑战"。内容如下：

和平是发展的前提和基础。只有保持持久稳定的和平安全环境，才可能保持持久稳定的发展趋势。

当前东北亚地区和平与安全面临两个主要挑战：一是朝鲜半岛不战不和的不正常局面，二是日本右翼势力对战后世界和平秩序的挑战。如何采取有效措施应对这两个挑战，是维护东北亚地区持久稳定和平安全环境的关键。

2014 年东北亚和平与发展滨海会议会场

（一）朝鲜半岛的不战不和局面

1953 年签订《朝鲜军事停战协定》（以下简称《停战协定》）后，至今没有签署《和平条约》。半岛实际上始终处于不战不和的不稳定局面，是影响东北亚和平与安全的一个重要因素。美国对朝鲜坚持奉行的敌对政策是朝鲜半岛至今未能彻底结束战争状态的根本原因。包括朝核问题在内的半岛所有问题根源均在于此。

朝核问题六方会谈已经搁浅多年，虽令人遗憾，但也并非偶然。朝鲜坚持拥核的根本目的在于"以核武换和约"。如果六方会谈只谈朝鲜弃核问题，回避以《和平条约》取代《停战协定》问题，无异于扬汤止沸，不能真正解决问题。只有采取釜底抽薪的办法，才能真正解决问题。结束朝鲜半岛不战不和局面的根本解决途径是：美国放弃对朝鲜敌视政策，在朝鲜承诺弃核前提下，《停战协定》有关各方签署和平条约，从国际法层面彻底结束半岛战争状态。只有通过上述一揽子解决方案才有可能使朝鲜半岛彻底走出核战阴影，消除朝鲜半岛再次爆发大规模军事冲突的根源，使朝鲜半岛成为真正的和平之岛。

2009年7月,中国国际问题研究基金会与韩国青瓦台智库在北京举行的"东北亚形势与中韩合作"研讨会上,我曾提出上述看法,并得到与会韩方学者的赞同。2013年3月6日,中国外交部发言人明确指出,中方认为半岛应以和平机制取代停战机制,希望有关各方通过对话协商共同致力于这一目标,实现半岛和地区的长治久安。在新的形势下,有关各方应努力朝这个目标前进。我特别希望韩方为了自主和平统一大业目标,能够积极推动自己的盟国美国改变对朝鲜的敌对政策,为彻底解决半岛问题创造条件。

2014年10月4日,朝韩双方高层在仁川亚运会闭幕式期间举行非正式会晤,并决定10月底或11月初举行第二次高层会谈。这是令人高兴的事情。希望半岛双方保持通过对话改善关系,推进和解合作的积极势头。

（二）日本右翼对战后世界和平秩序的挑战

2012年9月11日,日本野田政府在钓鱼岛问题上采取的所谓"购岛"行为,无异于中日关系的"9·11"事件。纽约世贸大厦重建不难,而修复被严重破坏的中日建交40年来建立起的友好关系大厦则并非易事。由于日本右翼上演购岛闹剧,中日关系由建交以来的休眠火山变成了一座活火山。

"钓鱼岛事件"不仅仅是单纯的中日关系问题,本质上是日本右翼势力对《开罗宣言》和《波茨坦公告》奠定的战后和平秩序的直接挑战,威胁到战后世界和平的基石。1945年4月24日,毛泽东主席在第二次世界大战欧洲战场胜利前夕曾指出,法西斯侵略国家被打败、国际和平实现以后,法西斯残余势力一定还要捣乱。只有经过长期努力,克服了法西斯残余势力,巩固的和持久的和平才有保障。历史发展不幸被毛泽东言中。当年被打败的日本法西斯军国主义的残余势力至今阴魂不散。其最新表现就是以安倍晋三为代表的日本右翼势力否认侵略历史,公开否定《开罗宣言》和《波茨坦公告》所确立的反法西斯战争胜利成果,公然挑战战后世界和平秩序,威胁世界和平的基石。麻生太郎甚至公开扬言要仿照当年希特勒修改《魏玛宪法》的模式在日本搞修宪。

无论是钓鱼岛问题的产生,还是日本右翼势力否认侵略历史、挑战战后世界和平秩序的所作所为,美国都难辞其咎。前事不忘,后事之师。在此,我们有必要告诫美国决策者,不要做第二个张伯伦,不要为了一时的私利继续纵容日本右翼势力挑战战后和平秩序,动摇世界和平的基石。否则,最终将搬起石头砸自己的脚。

2015年是世界反法西斯战争胜利和联合国成立70周年,也是中国人民抗日战争胜利 70 周年。包括日本人民在内的东北亚地区各国人民要以纪念反法西斯战争和抗日战争胜利 70 周年为契机，高举维护二战胜利成果、战后国际秩序不容破坏的旗帜，坚决遏制日本右翼势力否认侵略、歪曲历史、挑战战后世界和平秩序的言行，建立有效的东北亚地区和平安全机制，努力实现东北亚地区持久和平的局面，为本地区可持续发展奠定坚实基础，造福于本地区各国人民。

四、2016 年东北亚和平与发展滨海论坛

2015 年 10 月在天津滨海新区举行的东北亚和平与发展滨海会议正式更名为"东北亚和平与发展滨海论坛"，意味着持续了三年的这一国际民间交流平台的机制化。我当时因赴白俄罗斯观察总统选举而未能参加此次会议。

2016 年 9 月 20 日，东北亚和平与发展滨海论坛再次在天津滨海新区举行。由中国国际问题研究基金会、中国人民外交学会、中国人民对外友好协会和天津公共外交协会共同主办，以"寻求共同安全，促进共同发展"为主题的"东北亚和平与发展滨海论坛"在天津滨海新区举行。来自俄罗斯、韩国、日本、蒙古、美国的多位前政要和高级外交官、重要智库的专家学者以及经济界人士和域内国家驻华外交官，以及中方专家学者 200 余人与会。

2016 年东北亚和平与发展滨海论坛会场

在主题为"东北亚安全形势与安全合作"的第一分论坛，我针对美国国防部长卡特在朝核问题上对中国的无端指责，做了题为"朝核问题谁之过？"的发言，内容如下：

伴随着 2016 年 9 月 9 日朝鲜进行第五次核试验，谁应该对朝核问题负责再次成为国际社会一个热门话题。美国国防部长卡特 9 月 9 日当天就给出了他的答案。他说："这是中国的责任。中国对这一事态发展负有重大责任，也有重大责任来扭转事态。"

这种说法完全是颠倒黑白、嫁祸于人。

德国古典哲学家黑格尔有句名言："凡是现实的都是合理的。"通俗地讲，就是任何存在的事物都有其形成的客观原因。包括朝核问题在内的半岛所有问题的根源是美国对朝鲜坚持奉行的敌对政策。而朝鲜执意拥核的根本目的在于"以核武换和约"。故解决朝核问题的根本途径是：美国彻底放弃对朝敌视政策，在朝鲜承诺弃核的前提下，朝鲜战争《停战协定》有关各方签署《和平条约》，从国际法层面彻底结束半岛战争状态。只有通过上述一揽子解决方案才有可能使朝鲜半岛彻底摆脱战争阴影，实现持久和平。朝鲜也就失去了拥核的客观理由。单独就朝核问题谈朝核问题无异于缘木求鱼，是不会有结果的。

2009 年 7 月，中国国际问题研究基金会与 7 位韩国青瓦台学者在北京举行"东北亚形势与中韩合作"研讨会时，我曾阐述过上述看法，并希望韩国学者做美国盟友的工作。韩国学者认为我的发言很有说服力，表示回去会向李明博总统反映。不久以后，李明博公开提出了需"综合解决"朝核问题的主张。

2013 年 11 月，我在滨海国际会议上再次阐述上述观点后，参会的朝鲜学者对我表示：大使阁下讲得很好。我们并不想搞核武器，如果签署了和平条约，我们就会放弃核武器。

1953 年 7 月 27 日《停战协定》明确规定：《停战协定》签订之后，应通过"双方高一级的政治会议的进行来达到和平解决"。遗憾的是，由于美方的原因，朝鲜半岛至今未能签署和平条约，仍处于不战不和的非和平状态。

2005 年六方会谈发表的"9·19"共同声明也提出："直接有关方将另行谈判建立朝鲜半岛永久和平机制。"同样由于美国的原因至今未能落实。

朝鲜官方曾一再向美国呼吁签署和平协定。2015 年 1 月，朝鲜外务省发表声明表示："实现朝鲜半岛无核化是朝鲜政府一贯的政策目标。只有签订了《和平条约》，才能缓解朝美敌对关系，并推动朝鲜半岛无核化进程加快。"2015 年

10月7日，朝鲜外务省发言人再次发表谈话称，朝方认为，防止严重事态发生的根本途径是废除停战协定，缔结和平协定，在朝鲜半岛构筑牢固的和平保障体系。朝方已通过官方渠道再次向美方提出签署和平协定，期待美方谨慎研究、积极响应。

2016年2月，王毅外长明确表示："中方愿与各方探讨实现半岛无核化与半岛停和机制转换并行推进的思路。"

令人失望的是，美方迄今对推进半岛停和机制转换的主张没有任何明确回应，更没有任何积极主动行动，相反却加大在半岛的军事投入，甚至借题发挥，计划在韩国部署"萨德"反导系统，给半岛局势火上浇油。与此同时，还把他一手造成的朝核问题的责任扣到中国身上。这种做法实在缺少起码的道德。

值此六方会谈"9·19"共同声明发表11周年之际，希望美方在朝核问题上彻底放弃损人也不利己的过时冷战思维，为消除这个由其一手造成的麻烦，早日实现半岛停和机制转换发挥应有的作用，为朝鲜半岛乃至整个东北亚地区的和平稳定尽自己应尽的责任。

2017年7月11日，外交部发言人耿爽在例行记者会上说，近来有些人在半岛核问题上渲染和突出所谓"中国责任论"，要么是对半岛核问题缺乏全面准确了解，要么就是别有用心、企图推卸责任。半岛核问题上的"中国责任论"可以休矣。

（2017-07-11 来源：新华社）

2016年东北亚和平与发展滨海论坛与会者合影

第四节　在国内涉外场合发表关于上海合作组织的看法

过去十年间，在国内举行的与上海合作组织有关的国际会议和其他对外场合，我发表过一些公开看法。

一、2012 年庆祝《上海合作组织成员国长期睦邻友好合作条约》签署五周年国际会议

2012 年 5 月 22 日我在庆祝《上海合作组织成员国长期睦邻友好合作条约》签署五周年国际会议上做如下发言：

上海合作组织的历史作用

（一）上合组织产生的背景

上合组织产生最初的动因来自俄罗斯。主要是以下两个原因促使俄方考虑组建上合组织：

1. 1999 年美国和北约通过科索沃战争把俄罗斯彻底赶出东欧，并通过"和平伙伴关系计划"进一步加强对包括中亚在内的独联体地区的"软东扩"，挤压俄罗斯的战略生存空间，促使俄方要保护自己的"后院"中亚地区。

2. 伊斯兰宗教极端势力在海湾、高加索、中亚、阿富汗地区大力推行"绿化"战略，支持上述地区（包括车臣）的三股势力，直接或间接威胁到俄罗斯的国家利益。

在此背景下，中俄双方对进一步提升上海五国机制的合作水平达成共识，同时得到五国机制其他三国的认同和支持。在此基础上于 2001 年 6 月 15 日正式成立上海合作组织。

（二）上合组织在过去十一年发挥的历史作用

过去十一年，上合组织的历史作用主要体现在以下四个方面：

1. 填补了冷战后中亚地区的地缘政治真空，遏制了恐怖主义、分裂主义、极端主义势力在中亚地区的渗透，为稳定中亚地区局势发挥了重要作用。如今，该地区成为当前世界上少有的稳定地区，而上合组织就是维护中亚地区稳定的稳定器。

2. 开创了中亚地区区域合作的进程，为中亚各国融入世界创造了有利条件。

3. 以"互信、互利、平等、协商、尊重多样文明、谋求共同发展"的上海精神为标志，创立了代表历史前进方向的新型国际组织。

4. 为中国营造长期稳定的西北周边环境创造了良好条件，有利于中国西部地区的安全稳定和对外开放与发展。

（三）几点建议

1. 抓住条约签署五周年的时机，大张旗鼓宣传上合组织的历史地位和在当今世界形势下不可替代的积极作用，以及上海精神的强大生命力，为推动建立公正合理的国际新秩序发挥应有作用。

2. 应清醒地看到上合组织目前出现的一些困难和问题属于发展中的问题，既是正常的，也是可以克服和解决的。

3. 在坚持开展安全和维稳合作的同时，加大开展经济领域务实合作的力度，为上合组织发展提供有力的物质基础。

二、2012 年外交部第六届"蓝厅论坛"

第六届"蓝厅论坛"现场（一）

为配合将于 2012 年 6 月 6 日至 7 日在北京举行的上海合作组织峰会，中国国际问题研究基金会和外交部公共外交办公室于 2012 年 5 月 29 日联合主办外交部第六届蓝厅论坛。论坛主题为"上合组织峰会和组织未来发展"。外国驻华使节、国际组织驻华代表、商界代表、有关专家学者以及中外媒体代表等约 240 人出席。论坛由中国国际问题研究基金会理事长张德广主持。

第六届"蓝厅论坛"现场（二）

　　我以中国国际问题研究基金会副理事长的身份应邀出席，做了题为"关于上海合作组织扩员问题的几点个人看法"的发言，并回答了记者相关提问。发言和答问内容如下：

　　（一）处理扩员问题的必要前提是明确上合组织的区域属性。任何区域性国际组织都具有特定区域属性。例如，非洲联盟姓"非洲"，欧洲联盟姓"欧洲"，东南亚国家联盟姓"东南亚"，南亚区域合作联盟姓"南亚"。这是所有区域性国际组织存在和发展的基础。《上海合作组织宪章》第13条明确指出："本组织对承诺遵守本宪章宗旨和原则及本组织框架内通过的其他国际条约和文件规定的本地区其他国家实行开放，接纳其为成员国。"这里的"本地区"应理解为中亚地区。也就是说，上合组织作为区域性国际组织应该姓"中亚"。这是由上合组织成立的背景和特定使命决定的。根据这一区域属性，不应把非中亚地区国家作为扩员对象。否则，无区域界限的扩员最终将导致上合组织"论坛化"，丧失行动能力。

　　（二）应该正确理解《上海合作组织成立宣言》中提出的"对外开放"原则。上合组织的开放性不仅仅体现在向本地区非成员国敞开大门，更重要的是该组织愿意与区域外的其他国家和国际组织建立协作与对话关系的立场。过去11年来上合组织也正是这样做的。迄今已经有4个国家（蒙古、巴基斯坦、伊朗、印度）成为上合组织的观察员国、2个国家（白俄罗斯、斯里兰卡）成为上合组织的对话伙伴国。同时与联合国、独联体、东盟等国际和地区组织建立了良好合作关系。这些事实都充分体现了上合组织的开放性质。把上合组织的开放性狭隘地理解或解释为只是"扩员"，是不恰当的，也是无益的。

（三）上合组织是冷战后时代出现的，以维护和加强地区和平、安全与稳定，推动建立民主、公正、合理的国际政治经济新秩序为宗旨的新型区域性国际组织，代表着全新的国际关系理念。作为新生事物，其发展进程不可能一帆风顺。我们应该摈弃任何不利于上合组织发展的想法和做法，同心同德地精心呵护它，通过完善内部机制、深化内部建设，不断增强其自身的活力，使其更好地造福于各成员国，为维护地区乃至世界的和平与稳定继续发挥更大作用。我相信，即将在北京召开的上合组织国家元首会议一定能够为上合组织第二个十年的发展设计出美好的蓝图。

记者问：我想请问于振起大使，涉及安全领域方面，上海合作组织在维护欧亚地区安全稳定方面一直发挥着重要的作用，但是有人议论说，在上合组织范围内有可能发生"阿拉伯之春"，这种情况会不会在中亚出现呢？

答：2011年年初以来，西亚北非地区一些国家的人民选择以被称为"阿拉伯之春"的方式解决本国的政治、经济、社会问题。这个进程现在还在继续。中亚地区上合组织的各成员国则遵循着"互信、互利、平等、协商、尊重多样文明、谋求共同发展"的上海精神和维护地区和平与稳定的宗旨。打个比喻，就如同农民种庄稼，有的农民认为自己的地适合种玉米，而有的农民则认为自己的地适合种小麦。这就是中文所讲的"因地制宜"。自己的土地适合种什么庄稼，土地的主人最清楚，这也是他们的自主权。主张中亚地区也要搞"阿拉伯之春"的人并不是西亚北非地区的国家和人民，而是一些局外人。这些局外人要让中亚地区也种"阿拉伯之春"的庄稼，往低处说是多管闲事，同时也不能排除他们有自己的私利，那就是想借机推销自己的"种子"。我想他们的目的是达不到的。因为上合组织成立11年来的历史已经证明，上海精神和维护地区和平稳定的宗旨是最适合中亚地区的"种子"，这个种子已经结出丰硕果实。今后还将继续结出更多丰硕果实，造福中亚地区各国人民。中亚地区各国人民不可能像有些人希望的那样，选择"阿拉伯之春"。我还想补充一点，那些想向中亚推销"种子"的人自己的庄稼种得并不怎么好，有这样那样的问题。这些人应该先把自己的庄稼种好。

......

相关媒体对我的发言做了如下报道：

专家齐聚"蓝厅"热议上合发展

就颇受各方关注的上合组织扩员问题，中国国际问题研究基金会副理事长于振起表达了其个人观点。他指出，扩员应受限于区域属性，鉴于其成立背景和特定使命，上合组织的区域属性应为中亚，应据此考虑扩员范围。"否则，没有区域界限的扩员将最终可能导致上合组织论坛化，丧失行为能力。"

（2012-05-30　来源：中国新闻网）

于振起：向中亚移植"阿拉伯之春"注定不会成功

上合组织的扩员问题必须要坚持区域属性，上合组织的区域属性是中亚，在扩员问题上如果超出了这个区域属性，就有陷入论坛化的趋势。

"阿拉伯之春"在西亚北非地区引发了巨大震动。一些局外人，试图将阿拉伯之春的模式移植到中亚国家，这些局外人出于自己私利，试图兜售自己的价值观。但中亚人民没有选择"阿拉伯之春"，而是选择了上合组织的发展模式。过去 11 年的历史证明，中亚人民的选择是正确的。

（2012-05-30　来源：人民网）

三、2013 年上海合作组织论坛第八次会议

2013 年 4 月 19 日，在北京举行的上海合作组织论坛第八次会议上，我谈了关于上海合作组织历史地位的一点看法：

当今世界仍处于由冷战结束、两极体制瓦解向多极格局过渡的时期。这一时期还将持续相当长时间。新旧格局过渡时期的主要矛盾是主张建立公平合理新国际秩序的力量与极力维护旧国际秩序的力量之间的斗争。上海合作组织成立以来十几年的实践证明，它是一支推动建立新秩序的重要力量。上海合作组织成员国决策层应该在这一高度认识上海合作组织的历史地位和作用，并就此达成共识，继续秉承上合组织宪章和《上海合作组织成员国长期睦邻友好合作条约》的精神，把上合组织建设得更好更强，让上合组织在推动建立公正合理国际新秩序方面发挥更大的作用，造福各成员国乃至世界各国人民。

四、2016 年"上海五国"边境地区军事信任协定签署 20 周年国际研讨会

2016 年 4 月 13 日，"上海五国"边境地区军事信任协定签署 20 周年国际研讨会在北京举行。我在会上做了以下发言：

会议主办方安排我作为本单元的评论人，我根据前面各位中外与会者的发言，谈以下三点个人看法，与大家交流：

（一）"信任协定"在国际上树立了多边睦邻关系的典范。中国的传统文化很重视邻里关系，认为远亲不如近邻。中国古代两大圣贤之一孟子的母亲为了教育好幼小的孟子，曾为选择好邻居搬家三次，所谓"孟母择邻而居"就是这个意思。邻居可以选择，但是邻国是无法选择的。和则互利，斗则互伤。"上海五国"20 年前就做出了正确明智的选择，为五国人民和睦相处奠定了基础。

（二）"信任协定"是现代国际关系史上第一个通过和平途径达成的多边涉边界问题的友好协定，开创了新型多边国家关系的先河，同时也颠覆了刚才俄罗斯学者提到的"要想和平，就不能忘了战争"的传统国际关系游戏规则。

（三）我们要珍惜共同创造的这笔宝贵外交财富，呵护来之不易的中亚地区和平稳定的大好局面，不给某些域外的"麻烦制造者"提供任何在中亚地区制造麻烦的机会。在这方面，已经有了反面例子，就是中国南海地区的局势。该地区相关国家早在 20 世纪 80 年代就达成过共识，即"搁置争议，共同开发"。正是有了这个共识，南海地区长期保持着和平稳定局面。然而，近一个时期，由于众所周知的某域外国家的搅局，在南海地区人为制造麻烦，试图在该地区兴风作浪。请各位外国朋友相信，这个麻烦制造者的企图是不会得逞的。因为它在南海地区兴风作浪，不符合本地区绝大多数国家的利益和愿望。

五、2017 年"上合组织发展面临的机遇与挑战"国际研讨会

2017 年 4 月 18 日，中国上海合作组织研究中心在北京举行"上合组织发展面临的机遇与挑战"国际研讨会。我在会上做了题为"'一带一路'倡议的宗旨和'一带一盟'建设对接合作的机遇与挑战"的专题发言，并在讨论时做了自由发言。专题发言内容如下：

（一）中方倡导建设"一带一路"的宗旨

2013 年 9 月 7 日，习近平主席在哈萨克斯坦纳扎尔巴耶夫大学演讲中首次向欧亚地区各国提出共同建设"丝绸之路经济带"的倡议。这一开创性构想既蕴涵着深厚的战略考量，也体现了中国作为一个负责任的新兴大国引领地区各国共同发展，实现共同繁荣的风范。当年 10 月 3 日，习近平主席在出访印度尼西亚期间又提出共建"21 世纪海上丝绸之路"的倡议。

中方提出建设丝绸之路经济带的倡议，根源于两千多年前中国开创的"和平、友好、合作"的古丝绸之路精神。现在，中方倡导建设丝绸之路经济带，就是在新的历史条件下，弘扬这一精神，秉持"共商、共建、共享"的原则，通过开展沿线国家之间的经贸合作和人文交流，促进共同发展，增进彼此之间的友谊，打造人类命运共同体和利益共同体。这一合作倡议不同于现存的各种国际组织和机制，它是完全开放的，通过共商共建的方式最终达到共享的目标。2015 年 5 月，我在北京与美国第一副助理国务卿霍格兰座谈时也曾向他明确表达过这一点，即如果美方有意与中方商讨有关丝绸之路经济带建设合作的问题，中方持开放态度。

2017 年 1 月 17 日，习近平主席在达沃斯世界经济论坛 2017 年年会开幕式主旨演讲中指出："3 年多前，我提出了'一带一路'倡议。3 年多来，已经有 100 多个国家和国际组织积极响应支持，40 多个国家和国际组织同中国签署合作协议，'一带一路'的'朋友圈'正在不断扩大。中国企业对沿线国家投资达到 500 多亿美元，一系列重大项目落地开花，带动了各国经济发展，创造了大量就业机会。可以说，'一带一路'倡议来自中国，但成效惠及世界。"

（二）"一带一盟"对接合作面临的历史机遇

1. 丝绸之路经济带建设在欧亚地区具有深厚民意基础

古代丝绸之路曾经为促进欧亚地区各国与中国的友好交流发挥了重要作用。这一友谊深深扎根于有关国家人民心中。在此，举一个我亲身经历的例子。2008 年 11 月，我曾访问过古丝绸之路上的历史名城、乌兹别克斯坦的撒马尔罕。在位于撒马尔罕市中心的"列吉斯坦"建筑群一个旅游商品部，我看到一个绣有古丝绸之路骆驼商队图案的书包，上面用英文写着 The Great Silk Road，倍感亲切。这个书包就是古丝绸之路友谊在今天的生动体现。

塔吉克斯坦前驻华大使、现任上合组织秘书长阿里莫夫也曾表示："习近平主席关于建设丝绸之路经济带的倡议为中亚各国打开了发展之路和中亚国家与中国、欧洲的联系与合作之路。塔吉克斯坦准备参与、促进倡议的实施。"

2016 年 3 月 2 日，纳扎尔巴耶夫总统会见外国驻哈萨克斯坦使节时说，欧亚经济联盟建设同丝绸之路经济带建设对接将给中亚各国带来新的机遇。同中国共同实施丝绸之路经济带战略将增强哈萨克斯坦的国际地位，哈方将因此成为欧亚大陆的重要合作伙伴和交通枢纽。

在新的地区和国际形势下，继承古丝绸之路精神，建设符合当代需要的新丝绸之路，可以说是欧亚地区各国发展的普遍需要和人民的共同愿望。中国目前已同几乎所有中亚和外高加索国家签署了建设丝绸之路经济带合作协议。

2. "一带一盟"对接合作顺应欧亚大陆经济一体化的历史趋势

2010 年 11 月，当时的普京总理曾经提出过建立从里斯本到符拉迪沃斯托克的和谐经济共同体的主张，后来由于俄西方关系不顺而停滞。中方关于建设丝绸之路经济带的倡议得到德、法、英等主要西欧国家和广大东欧国家的积极支持。在此背景下，中俄两国元首共同提出的"一带一盟"对接的设想和主张，将为实现欧亚大陆经济一体化的长远目标奠定坚实基础，提供强大动力。

3. "一带一盟"对接合作的实践范例

丝绸之路经济带建设与欧亚经济联盟对接，是丝绸之路经济带建设的重要一环，但不是全部。丝绸之路经济带建设将向欧洲和南亚、西亚、北非延伸。自从 2015 年中俄发表关于"一带一盟"对接的联合声明以来，有关各方进行了不少积极讨论。马克思曾经讲过一句名言："一个行动胜过一打宣言。"我们在进行理论和宏观探讨的同时，更应注重考虑落实对接声明的具体路径。就像古丝绸之路，是靠商人们骑着马和骆驼一步一步走出来的。

在具体实践方面，欧亚经济联盟的两个成员国白俄罗斯和哈萨克斯坦提供了很好的范例。白俄罗斯是丝绸之路经济带上的一个重要节点国家。2015 年 9 月 2 日，白俄罗斯总统网站公布了卢卡申科总统发布的关于发展白中关系的指令，其中要求把白俄罗斯的现代化发展规划同白俄罗斯参与"一带一路"建设的规划对接起来，把白中工业园建设作为白俄罗斯参与"一带一路"建设构想的主要步骤。指令特别要求具体比照白俄罗斯境内和欧亚经济联盟范围内的其他商业活动优惠制度，确保以法律形式向白中工业园入驻企业提供最优惠条件。

中白工业园是中白两国最大的经济技术合作项目。规划面积91.5平方公里。2015 年 5 月习近平主席访问白俄罗斯时，与卢卡申科总统共同出席了中白工业园管委会向首批入园企业颁发入园证书的仪式。习主席在讲话中提出，要把中白工业园打造成丝绸之路经济带上的明珠。

2017 年 4 月 9 日在北京举行了中白工业园工作小组第九次会议。白俄罗斯经济部部长季诺夫斯基会在会后新闻发布会上介绍说，到 2017 年底，中白工业园注册商家将达 20 家，在建商家达 10 家，而启动运行的商家将达 5 家。

另一个范例就是中国与哈萨克斯坦共建的连云港物流场站项目。2014 年 5 月 19 日，习近平主席与哈萨克斯坦总统纳扎尔巴耶夫在上海共同出席了中哈连云港物流场站项目远程投产仪式，并亲自共同启动项目正式投产运营的控制系统，这标志着中哈两国依托新欧亚大陆桥，共建丝绸之路经济带的战略构想进入实质性实施阶段。

（三）"一带一盟"对接合作面临的挑战

中国将近四十年改革开放的实践证明，国家安全与政治稳定是取得发展成就的基本保障。同样，丝绸之路经济带建设和一带一盟的对接也需要具备可靠的安全环境和稳定的政治局面。否则，任何美好的设计和规划都无法具体实施和落地，也不可能有可持续性。

当前和今后一个时期，欧亚地区特别是中亚地区最大的安全威胁是以"伊斯兰国"为代表的恐怖主义。而最有可能影响欧亚地区政局稳定的则是被称为"西方政治转基因工程"的"颜色革命"。中俄两国在反恐和防范"颜色革命"方面有广泛共识。为推进"一带一盟"对接，双方在这方面应进一步加强双边和多边的协调与合作，特别是要充分发挥上海合作组织在反恐方面的作用，以及其作为"一带一盟"对接合作重要平台的作用。

此外，国际合作的前提是相关国家之间保持友好和谐的关系。而由于乌克兰危机引发的俄罗斯与欧盟关系的紧张也会对"一带一盟"对接和丝绸之路经济带建设产生消极影响。

2017 年 4 月 12 日，张高丽副总理与俄罗斯第一副总理舒瓦洛夫举行中俄投资合作委员会第四次会议时，双方一致强调，要深入推进两国发展战略对接，共同推动"一带一路"建设与欧亚经济联盟对接合作。张高丽对普京总统表示，中方视俄罗斯为"一带一路"沿线重要的合作伙伴，将为普京总统出席"一带一路"国际合作高峰论坛做出细致周到的安排。

中方倡导的"一带一路"建设是一个新事物，没有现成的参考模式，我们需要发扬前人开辟古丝绸之路的精神，不畏艰辛，勇于探索，勇于创新。

道路是曲折的，前途是光明的。前人骑着骆驼能够开创名垂千古的丝绸之路，掌握了高铁技术的现代人完全有能力开辟造福人类的新丝绸之路。

相信即将在北京举行的"一带一路"国际合作高峰论坛将会为推进"一带一路"建设的国际合作注入新动力，普京总统等欧亚地区领导人的出席将会把"一带一盟"对接进程提升到新阶段。

……

自由发言内容如下：

刚才（俄罗斯）沃罗比约夫大使发言中谈到，上海合作组织在扩员的新情况下，要保持中亚的属性。否则，将来新成员各有各的诉求，将会使上合组织失去行动能力。在这个观点上，沃罗比约夫大使和我是知音。我曾经多次讲过，上合组织应该姓中亚。否则，扩员以后就有可能论坛化。沃罗比约夫大使有这样的观点不是偶然的，因为他参与了上合组织的筹建过程。当时我在中国驻俄罗斯使馆工作，也参与了这个过程。这里给大家介绍一点上合组织成立的背景。

1999年科索沃战争后，叶利钦总统担心美国和北约染指中亚，他说过："中亚是俄罗斯的后院，绝不允许美国人把手伸到这一地区。"他把自己的想法向中方提出来，希望双方"进一步加强在中亚地区的合作"。中方从维护中亚地区和平、安全和稳定角度出发，支持俄方的愿望，于是双方就有了筹备成立上海合作组织的考虑。

现在，在上海合作组织即将扩员的新形势下，我们应该不忘初心，注意保持上合组织的中亚属性。否则，将来上合组织就会变成无源之水，无本之木，有可能论坛化。

第五节　在中国—中东欧国家高级别智库研讨会上的发言

2013年12月19日，由中国—中东欧国家秘书处和中国国际问题研究基金会联合组织的首届中国—中东欧国家高级别智库研讨会在北京进行。克罗地亚前总统梅西奇等多位中东欧国家前政要以及中国、中东欧国家学者、商界代表和外交官200余人与会。此后，每年举办一届，由中国和中东欧国家轮流举办。我参加了在北京举行的第一届和第三届中国—中东欧国家高级别智库研讨会，并在会上做了发言。

一、2013 年首届中国—中东欧国家高级别智库研讨会

2013 年 12 月 19 日，我在首届中国—中东欧国家高级别智库研讨会上做了如下自由发言：

听了上午大会发言和下午各位的发言，想就中国与中东欧国家关系面临的机遇问题谈一点补充看法，就是习近平主席 2013 年 9 月在哈萨克斯坦向欧亚地区各国提出的共同建设丝绸之路经济带的创新合作模式。

中国与中东欧国家关系面临的一个新的重大机遇，就是中方提出的丝绸之路经济带建设这一开创性战略构想，它体现了共同发展、共同繁荣的理念，将为中国与中东欧国家的合作开辟新领域。

2013 年 9 月 7 日，习主席在哈萨克斯坦纳扎尔巴耶夫大学演讲中首次向欧亚地区各国提出共同建设丝绸之路经济带的创新合作模式，这一构想既蕴涵着深厚的战略考量，也体现了中国作为一个负责任的新兴大国引领地区各国共同发展，实现共同繁荣的理念。

这是贯彻中共中央扩大西部地区对外开放、以开放促改革方针的重要举措，将为西部大开发注入新动力。中共十八届三中全会通过的《中共中央关于全面深化改革若干重大问题的决定》明确指出：要"推进丝绸之路经济带、海上丝绸之路建设，形成全方位开放新格局。"不久前刚结束的中央经济工作会议也把"推进丝绸之路经济带建设，建设 21 世纪海上丝绸之路"列为明年经济工作六大任务第六项"不断提高对外开放水平"的重要内容。这表明丝绸之路经济带建设已经提到中国政府实施的对外战略日程。它的东端连着中国和东北亚，西端连着欧洲。这是一项造福沿途 30 多个国家、30 亿人民的大事业，是一条体现古丝绸之路精神的和平、友谊、合作、发展的纽带。可以以点带面，从线到片，逐步形成区域大合作，最终将形成包括欧亚地区、欧洲地区、南亚地区在内的新型跨区域一体化。

中方的这一构想得到欧亚地区各国的积极响应。上周我参加了一个在北京举行的丝绸之路经济带国际研讨会，与会的有欧亚地区各国专家代表和驻华使节，他们都对建设丝绸之路经济带的倡议表示积极支持。塔吉克斯坦驻华大使阿里莫夫表示：这一倡议为塔吉克斯坦与中国和与欧洲的合作开辟了一条新道路。

我真诚地希望，在不远的将来，当丝绸之路经济带建设即将抵达中东欧地区时，欧亚地区沿线国家问中东欧国家：Are you ready? 中东欧国家能够回答：Yes，We are ready.

二、2015年第三届中国—中东欧国家高级别智库研讨会

2015年12月16日，由中国社会科学院、中国——中东欧国家合作秘书处、中国国际问题基金会联合主办的"第三届中国—中东欧国家高级别智库研讨会暨中国—中东欧国家智库交流与合作网络揭牌仪式"在北京举行。为期一天的研讨会围绕"以苏州会晤为新起点：智库交流为'16＋1合作'提供支撑"的主题展开。此次高级别智库研讨会是落实当年11月24日中国与中东欧国家领导人苏州会晤成果的重要会议。数十个来自中东欧国家的智库机构，国内数十家科研单位、多个部委的学者、官员，以及中东欧国家前政要和驻华使馆人员，共计200多人参加了本届研讨会。

我在会上就白俄罗斯在丝绸之路经济带上的地位以及欧盟与白俄罗斯关系问题谈了自己的看法和建议。内容如下：

刚才大家谈到中国在境外建立经贸合作区的问题，我想就此向中东欧国家的朋友们介绍一点相关情况。在丝绸之路经济带上有一个重要的节点国家，就是白俄罗斯。中国和白俄罗斯有一个最大的经济技术合作项目——中白工业园。该园位于明斯克机场附近，规划面积91.5平方公里。2015年5月习近平主席访问白俄罗斯时，与卢卡申科总统共同出席了中白工业园管委会向首批入园企业颁发入园证书的仪式。习主席在讲话中提出，要把中白工业园打造成丝绸之路经济带上的明珠。我在白俄罗斯工作过，知道现在白俄罗斯与欧盟的关系还没有完全正常化。2015年10月，应白俄罗斯中央选举委员会邀请，我率领中方观察员团到明斯克观察白俄罗斯总统选举。在中央区1号投票站观选时，见到前来投票的卢卡申科总统和欧盟观察员。卢卡申科总统在与站在我旁边的欧盟观察员告别时，欧盟观察员问他："您如何看待今后欧盟与白俄罗斯的关系？"他坚定地回答说："我们希望与欧盟改善关系，但这完全取决于你们。"随后他又补充强调说："这不是开玩笑！"我想，卢卡申科总统在坚持白俄罗斯原则立场的同时，表达了与欧盟改善关系的积极态度。

我希望欧盟方面也能够采取同样积极的态度，改善与白俄罗斯的关系，也

希望今天参会的来自欧盟成员国的代表能够多做欧盟的工作，推动欧盟积极改善对白关系，以免将来丝绸之路经济带上的这颗明珠的作用受到欧盟与白俄罗斯政治关系阴云的影响，那样也会对中国与中东欧国家共建丝绸之路经济带的合作造成负面影响。

第六节　在外交部第十二届蓝厅论坛上的发言和答问

为配合纪念中国人民抗日战争和第二次世界大战胜利 70 周年，2015 年 5 月 5 日，在外交部举行了以"携手维护二战胜利成果，共创合作共赢美好未来"为主题的第十二届蓝厅论坛。外国驻华使节、国际组织驻华代表、商界代表、有关专家学者以及中外媒体记者等 200 多人出席。论坛由外交部公共外交办公室主办，中国公共外交协会协办。

第十二届蓝厅论坛现场

我作为发言嘉宾应邀出席，并做了题为"中国抗日战争对二战胜利的贡献及纪念二战胜利 70 周年的意义"的发言。内容如下：

一、第二次世界大战的性质和胜利的意义

第二次世界大战是人类历史上从未有过的正义与邪恶的空前大决战，关系到人类是"陷入黑暗的深渊"（周恩来语）还是走向光明的未来。人类为战胜以德国法西斯主义和日本军国主义为代表的反人类邪恶势力付出了空前代价，换来了 70 年的世界和平与人类的文明进步和发展。抗日战争是中国人民近代以来第一次取得彻底胜利的民族解放战争，开创了中华民族自立于世界民族之林的新时代，为中华民族的伟大复兴奠定了重要基础。

二、中国抗日战争对二战胜利的贡献和付出的代价

中国抗日战争是抗击日本军国主义的主战场和主力军。毛泽东讲过：中国"是在亚洲大陆上反对日本侵略者的主要国家"。周恩来讲过："中国人民在击败日本帝国主义的伟大战争中，经过时间最久，遭受牺牲最大，所做贡献最多。"

1. 持续时间最长。从 1931 年"九·一八"事变开始，中国人民打响了世界范围内武装反抗法西斯侵略者的第一枪、英勇抗战达 14 年之久，持续时间之长为所有反法西斯国家之最。

2. 牵制了日本陆军的主力，日本在华损失了 70% 的军事力量。

3. 严重消耗了日本经济，使其无更多力量投入亚洲其他战场。

4. 阻止了日本"北进"侵略苏联的计划，使苏军避免了两线作战的困难局面，支援了苏联卫国战争。

5. 迟滞、牵制了日本"南进"计划，推迟了太平洋战争的爆发，策应了美国。罗斯福在 1945 年 1 月国情咨文中指出，美国"忘不了中国人民在 7 年多的长时间里怎样顶住了日本人的野蛮进攻和在亚洲广大地区牵制住大量敌军"。

总之，没有中国人民的浴血奋战，其他反法西斯国家将会付出更大代价，世界反法西战争的胜利也不会来得这么早。1945 年 9 月 2 日，斯大林曾称赞中国人民"在消灭日本帝国主义者的事业中起了巨大作用"。

中国取得抗日战争胜利的同时，也付出了沉重代价：军民伤亡总数超过3500 万人。经济损失高达 5000 亿美元。

三、纪念二战胜利 70 周年的现实意义

毛泽东在二战胜利前夕曾指出，法西斯侵略国家被打败、国际和平实现以后，法西斯残余势力一定还要捣乱。只有经过长期努力，克服了法西斯残余势力，巩固的和持久的和平才有保障。

历史发展不幸被毛泽东言中。尽管德国法西斯主义者和日本军国主义者的

侵略罪行早已被牢牢钉在历史的耻辱柱上，但是，日本军国主义的残余势力至今阴魂不散，国际上对二战历史的评价也一直存在各种杂音，去年以来这些杂音表现得尤为明显。在欧洲甚至出现了"苏联军队攻克柏林是对德国的侵略"的荒唐言论。而在亚洲，以安倍为代表的日本一些右翼当政者拒绝承认、企图掩盖日本军国主义者的侵略历史，他4月29日在美国国会的演讲就是最新表现。日本前首相村山富市尖锐地批评他的演讲是"有意掩盖历史真相"。

这也正是今年我们要隆重纪念二战胜利 70 周年的重要现实原因。前事不忘，后事之师。当代人有责任捍卫先辈用鲜血和生命换来的二战胜利成果，防止二战悲剧重演，不允许法西斯和军国主义等邪恶势力再次危害全人类，让我们的后代能够继续享受持久世界和平，以及和平与发展所带来的幸福生活。

……

在与现场记者互动环节，我就澎湃新闻社的记者提问做了如下回答：

记者问：我是澎湃新闻的记者，这个问题请在座的五位嘉宾都谈一下，今天的主题是"纪念战争为了避免战争"，刚才专家谈到，需要大国间的合作，我们中国谈新型大国关系，也有一个目的是为了避免战争，所以，想请各位介绍一下中俄之间的新型关系和中美之间的新型关系有没有什么不同？因为美国也是二战的参战国。谢谢。

答：一是完全赞成刚才主持人张德广理事长关于这个问题回答的看法。我想再补充一点。现在大家都在讲新型大国关系，中美新型大国关系。刚才你提的问题涉及对中俄关系怎么看、中美关系怎么摆。当今世界的国际关系中，新型大国关系的典范是谁？就是中俄关系。我在别的场合多次说过这个看法。中俄战略协作伙伴关系就是当今世界新型大国关系的典范。我也真心地希望，将来中美关系有朝一日也能够提高到这个档次，像中俄关系这样的档次。如果能这样，无论是对中美两国人民来讲，还是对整个国际关系和世界形势，以及从刚才咱们讲的维护世界和平，维护二战胜利成果，捍卫世界和平的角度，都具有至关重要的意义。

当天，我还接受了中国新闻社记者关于习近平主席5月即将访问白俄罗斯的电话采访。5月6日，中国新闻网就有关内容报道如下：

首次访问白俄罗斯、再次到访哈萨克斯坦、四度踏上俄罗斯的土地，中国国家主席习近平五月的三国之行让各方充满期待。这是习近平年内第二次出访，除出席二战胜利纪念活动外，习近平此访还将开启新一轮落实"一带一路"、共创未来的和平发展之旅。

白俄罗斯是习近平此行的第三站。这是中国国家主席时隔 14 年首次访白，颇受外界关注。中国前驻白俄罗斯大使于振起在接受中新社记者采访时说，虽然这是 2001 年以来中国国家元首首次访白，但两国关系一直保持着良好势头。正如白驻华大使所说，"习近平此访具有划时代的意义"，可以预见双方将在政治、经济、人文等领域达成新的成果，对今后中白关系长远发展具有推动作用。

访白期间，两国元首将签署中白友好合作条约，签署并发表中白关于进一步发展和深化全面战略伙伴关系的联合声明。两国间最大的投资合作项目中白工业园也吸引了各方关注。于振起说，白俄罗斯处在连接中亚、欧洲的中心节点，在丝绸之路经济带上占据重要位置。白经济、科技都很发达，也为工业园建设打下了良好基础，加上丝绸之路经济带的战略助力，未来双方在技术、研发等方面有很大合作空间。

第七节　其他涉外场合的发言和谈话

一、2009 年在基金会与韩中智库网研讨会上的发言

2009 年 7 月 18—19 日，基金会与韩国韩中智库网在北京举行"东北亚形势与中韩合作"研讨会。我在 19 日就"如何走出朝核问题的困局"发言如下：

（一）朝鲜进行第二次核试验后，进而宣布不受 1953 年停战协定约束，与美国已处于战争状态，并宣布六方会谈永远结束。对此，国际社会做出了强烈反应。美日、美韩加强了军事同盟，安理会也通过了制裁决议。舆论界在朝鲜半岛问题上出现混乱，一是把一切责任归咎于朝鲜，二是认为无核化目标彻底破灭，三是认为六方会谈已经终结，谈判对话解决不了问题。

（二）朝核问题产生的根本原因是朝鲜战争结束以来半岛南北双方国家安全保障的严重不对称。美国坚持对朝鲜打压的敌视政策，严重威胁朝鲜的生存；本届韩国政府抛弃了阳光政策；日本右翼势力对六方会谈的捣乱也对半岛形势恶化起了破坏作用。

（三）由于朝核问题的产生有其特定历史原因和复杂背景，孤立地解决朝核

问题的办法显然行不通。为走出朝核困局，应该：

1. 要把朝核问题放在半岛消除冷战遗产、构建持久和平机制的大框架中加以审视并寻求政治解决之道。只有"标本兼治、对症下药"，才有可能走出困局，进而为实现半岛和平稳定的长远目标创造条件。

2. 美方对朝核问题负有不可推卸的主要责任，解决朝核问题的钥匙在美方。要敦促美方调整对朝政策，做出战略决断，首先要在政治上、外交上承认并尊重朝鲜的国家生存和尊严，抛弃等待朝鲜内部发生制度变化的意图。

3. 有关各方应考虑提出关于建立半岛和平机制、建设持久和平、共同发展的和谐东北亚问题的一揽子框架计划，把朝鲜弃核问题作为整体框架的一部分，同时应包括实现朝美关系正常化、为朝鲜提供国家安全保障、对其给予必要经济援助、以和平条约代替停战协定等内容。这样的谈判内容符合有关各方利益，特别是半岛南北双方的利益。这是打破朝核问题恶性循环的现实途径。半岛无核化的目标不仅必须坚持，而且能够实现。

4. 当前，各方需要保持冷静、克制，谨慎处理事态的发展，利用各种渠道和方式，包括官方和学术界，加强沟通，为重启官方谈判进程创造气氛和条件。谈判既可以继续采用原有六方会谈形式，也可以是朝美双边或其他三边、四边形式。谈判形式不是主要的，主要的是要有新的谈判思路和内容。

5. 在过去 6 年的六方会谈过程中，中方为劝和促谈做了大量工作。希望韩方作为美国的盟国，利用自身有利条件，向美方多做劝和促谈工作，敦促美方调整对朝政策，为解决朝核问题、实现半岛长期和平稳定创造必要条件。

在座的韩方学者对我的上述看法做出了积极回应，认为很有说服力，有必要考虑对朝鲜提供安全担保，同意我提出的进行一揽子谈判的建议，表示将积极说服美方调整政策，并将向国内报告。

二、2010 年在中国社会科学论坛中亚论坛上关于美国民主模式问题的即席发言

2010 年 11 月 4 日，在社科院欧亚所，针对乌兹别克斯坦一位学者发言时提出"中亚各国都应该学习美国民主模式"的观点，我发表以下看法：

民主作为一种政治理念，是世界各国人民都认同的共识。民主的模式，迄

今为止没有"唯一"，更没有"至高无上"的模式，而是多样的。即使西方的民主模式，也存在总统制、议会制以及介于二者之间的总统—议会制等不同模式。美国模式只是其中的一种——总统制。而中国则正在建设具有中国特色的社会主义民主模式。

各国人民选择什么样的政治发展道路和民主模式，是各国人民的自主权，中亚各国同样如此。尊重各国人民的这一自主选择权本身就是一条重要的民主原则。如果从外部强行输入，甚至强加给各国人民，这种做法本身就违反民主原则，是造成政局不稳定的一个重要因素，而且也是很难成功的。

当年，我曾就美国民主模式问题与美国驻白俄罗斯大使乔治·克洛尔谈过我的看法。我说，美国的民主模式的确在美国取得很大成功，大家有目共睹。但是，美国的民主模式不一定对其他国家都适用。这就像种庄稼，不同的土壤和气候条件决定了不同地区适合种不同农作物。例如，中国南方地区气候潮湿，雨水多，气温较高，日照时间长，所以适合种植产量高又好吃的水稻。而中国北方地区，例如我曾经插队的内蒙古地区，干旱少雨，日照时间又短，就不适合种植水稻，只适合种植旱地作物，如玉米、高粱、谷子、小麦等。如果硬是要在这些地区种植水稻，恐怕会颗粒无收。同理，美国民主模式虽然在美国获得成功，但如果不顾其他国家国情和民意，强行移植的话，也不会成功。

……

我讲后，一位吉尔吉斯斯坦学者表示："大使先生讲得很好，以后我们也可以这样同美国人谈美国民主模式问题。"塔吉克斯坦学者阿利莫夫在第二天做会议总结时说："本次会议的成果之一是，与会者就各国有权选择适合自己的民主模式问题达成一致。欧美的同性恋民主就不适合中亚的穆斯林文化传统。"

三、于2010年白俄罗斯总统选举结果的采访谈话

2010年12月20日，白俄罗斯选举委员会宣布，12月19日举行的总统选举，卢卡申科获得79.67%的选票，以绝对优势当选。12月22日，我应邀在白俄罗斯驻中国大使馆接受白俄罗斯国家电视台采访，谈了我对刚刚结束的白俄罗斯总统选举的看法。内容如下：

很高兴有机会向你们并通过你们向友好的白俄罗斯人民谈谈我对本届白俄罗斯总统选举的印象和看法。

12 月 19 日白俄罗斯成功举行了总统选举。卢卡申科先生得到将近百分之八十的选民支持。在我看来，这次选举是公开的、自由的、民主的、公正的。选举结果反映了民意。

作为中国前驻白俄罗斯大使，我在白俄罗斯工做了很长时间，亲眼看到在卢卡申科总统领导下白俄罗斯政局稳定，经济不断发展，社会和谐，人民生活安定。白俄罗斯人民因此认为，卢卡申科总统是国家和人民的真正代表。此次选举结果再次证明了这样的客观事实。这一·客观事实是任何主观意图都改变不了的。

我想借此机会对卢卡申科总统在选举中获胜表示衷心祝贺，并相信在他的领导下白俄罗斯的国家发展将会取得更多成果，人民的生活会更好，中白两国牢固的友好关系将会进一步发展。

四、2012 年在乌克兰驻华使馆圆桌会议上的发言

2012 年在乌克兰驻华使馆圆桌会议上，我做了如下发言：

今天我想回顾亲身经历的中乌友好关系两个历史事实，以此纪念中乌建交二十周年和胡锦涛主席访问乌克兰一周年。

（一）中国第一位驻乌克兰外交代表与乌克兰外长的第一次会晤

1992 年 1 月 4 日，中乌两国政府代表王荩卿大使与马卡列维奇副外长在基辅签署建交联合公报。

2 月 27 日中午 12 时，我作为中国驻乌克兰首任临时代办，飞抵基辅波利斯波里机场。乌克兰外交部礼宾局一秘菲里波连科代表乌方到机场迎接，然后带我们下榻罗斯饭店。我们被安排在饭店 7 楼。

28 日上午 11 时 30 分，我到乌克兰外交部与礼宾局长塔拉年科会见，向其递交了临时代办介绍书副本，请其尽快安排我与兹连科外长的会见，以便向其递交临时代办介绍书的正本。塔拉年科说，兹连科外长正在议会参加会议，今天已经是周末，估计得下周才能安排会见，确定具体时间后会尽快通知我。没想到当天下午 2 时乌方告，兹连科外长下午 5 时要会见中国临时代办。我意识到，这显然是兹连科本人临时做出的安排，由此可以看出他对乌中关系的重视程度。

兹连科外长首先对中国临时代办的到任表示欢迎，称这是乌中关系的良好

开端。他说，中国是个伟大的国家，与中国相比，乌克兰是个比较小的国家，但在欧洲是个大国。乌克兰愿在平等基础上与中国发展友好合作关系。

我首先对兹连科在我到任第二天即与我会见表示感谢，此举表明了乌方对两国关系的重视，然后转达了钱其琛外长对他的问候，并递交了钱其琛外长签署的临时代办介绍书。我接着表示，中乌两国人民有着传统友好关系，乌克兰独立后，中方十分重视发展与乌克兰的关系。一个多月前两国签署了建交公报，只要双方遵循建交公报的原则和精神，相信中乌关系一定会有良好的发展前景。

兹连科完全赞成我所说的发展两国关系的原则立场，表示愿与中国发展最广泛的联系和互利合作，他也对两国关系的良好发展前景充满信心。

二十年前我与兹连科外长首次会晤达成的共识已被中乌两国友好关系二十年来发展的事实所证明。我相信，我们两国今后还将坚定地沿着这条友谊之路前进，继续造福两国人民。

（二）中国是向乌克兰提供安全保证的第一个国家

2011 年 6 月 20 日，胡锦涛主席与亚努科维奇总统在基辅发表的《中华人民共和国和乌克兰关于建立和发展战略伙伴关系的联合声明》第三条指出："中方高度评价乌方单方面放弃核武器，以无核国家身份加入 1968 年 7 月 1 日缔结签署的《不扩散核武器条约》，重申根据 1994 年 12 月中国政府关于向乌克兰提供安全保证的声明，中方承诺，无条件不对作为无核武器国家的乌克兰使用或威胁使用核武器。"

在这里我向各位介绍一下中国政府当年向乌克兰提供安全保证的背景。

苏联解体后，如何解决前苏联境内的核武器问题成为一个十分紧迫的重大问题。当时除了俄罗斯，其他三个新独立国家乌克兰、白俄罗斯和哈萨克斯坦也都拥有核武器，单是乌克兰就拥有前苏联 21% 的核武器，包括 1272 枚洲际弹道导弹，2500 枚战术核武器。就数量而言，乌克兰将成为仅次于美国和俄罗斯的世界第三核大国。

作为放弃核武器的前提条件，乌方提出，由俄、美、英、法四国在定于 1994 年 12 月 5 日举行的布达佩斯欧安组织首脑会议上共同签署一项备忘录，声明对乌克兰提供安全保证。

乌克兰议会于 11 月 16 日批准了乌克兰总统库奇马签署的乌克兰加入核不扩散条约的法令，但规定以四国正式签署对乌克兰提供安全保证备忘录为法令生效的前提条件。

11月17日，我专程拜会乌克兰议会国防与国家安全委员会主席穆辛，了解有关情况。他介绍了议会有关讨论情况后表示，如果中国能够加入这一进程，乌方将十分高兴。我把与穆辛的谈话情况报告了国内。使馆认为，由于乌克兰作为有核国家自动放弃核武器是没有先例的举动，因此，其安全保证的请求亦有特殊性，应作为特例予以特殊对待。使馆建议可以政府声明的方式表明中方立场。国内积极考虑了使馆建议，决定打破从不对单一国家提供安全保证的惯例，向乌克兰提供安全保证。12月4日早上，使馆收到国内外交部传来的《中国政府关于向乌克兰提供安全保证的声明》文本，指示我们立即转交乌克兰外交部。声明全文如下：

中国政府欢迎乌克兰销毁其境内全部核武器的决定，对乌克兰议会于11月16日批准乌克兰作为无核武器国家加入《不扩散核武器条约》表示赞赏。

中国完全理解乌克兰希望得到安全保证的要求。中国政府的一贯立场是，无条件不对无核国家和无核区使用或威胁使用核武器。这一原则立场适用于乌克兰。中国政府呼吁所有核国家做出同样的保证，以增进包括乌克兰在内的所有无核武器国家的安全。

中国政府历来反对在国家关系中施加政治、经济等压力的做法，主张通过平等协商和平解决分歧和争端。中国恪守1992年1月4日中乌建交联合公报、1992年10月31日中乌联合公报和1994年9月6日中乌联合声明的精神，承认并尊重乌克兰的独立、主权和领土完整，并愿意在和平共处五项原则的基础上进一步发展中乌友好合作关系。

同一天，中国中央人民广播电台向全世界广播了这份声明。12月5日，美、俄、英三国与乌克兰在布达佩斯正式签署了商定的备忘录。随后，法国也对乌克兰做出同样承诺。

乌克兰官方和媒体对中国政府发表向乌克兰提供安全保证的声明普遍给予高度评价，认为此举"非常适时"，"是对乌克兰非常宝贵的支持，直接推动了布达佩斯备忘录的顺利签署"。乌克兰各界人士也以各种方式对我们表示感谢。多年以后，一些乌克兰朋友见到我时还时常提起此事，认为这是中乌友好关系史上的一个亮点。

去年胡锦涛主席在中乌联合声明中重申17年前中方对乌克兰的安全保证，体现了中国政府信守承诺的严肃态度和对中乌友好关系的高度重视和珍惜，表明中国人民永远是乌克兰人民可以信赖的好朋友好伙伴。

五、2012 年在中塔建交 20 周年庆祝会上的发言

2012 年 10 月 25 日，全国对外友协举行庆祝中国与塔吉克斯坦建交 20 周年暨阿利莫夫大使新著《塔中两国相向而行》出版庆祝会。我应邀出席，并以中国国际问题研究基金会副理事长身份做了题为"《塔中两国相向而行》读后感"的发言，内容如下：

尊敬的阿利莫夫大使，女士们，先生们！

今天活动的主题之一是庆祝阿利莫夫大使新著《塔中两国相向而行》的出版。借此机会，我谈谈拜读该书后的几点体会，与大家交流。

（一）该书是迄今为止第一部系统阐述中塔关系历史的专著。该书对自张骞通使西域开始至今 2000 多年的中塔关系史进行了概括，对建交以来 20 年的两国关系做了全面系统的介绍和分析，其中包括两国在政治、经济、外交、文化等各个领域的交流与合作。同时，作者也坦率地提出了自己的一些看法和建议。可以说，本书是了解中塔关系的小百科全书。

（二）该书是作者对中塔关系进行深入科学研究后的学术成果。作者查阅了有关国家大量的学术著作和各种资料，并作为附录编入书中，体现了作者严谨的治学态度。可以说，该书为今后中塔关系史领域的学术研究奠定了扎实的基础。

（三）作者凭借自己独到的国际视野和敏锐的观察力提出一个重要观点，即中塔两国业已建立起来的以睦邻友好合作条约为基础的"共同发展"国家关系模式为世界大小国家之间关系提供了一个典范，具有国际意义。从这个意义上说，我认为本书的价值已经超出中塔双边关系的范畴。

（四）该书充分展现了一位塔吉克斯坦人民友好使者的形象。字里行间都能感受到他和他所代表的塔吉克斯坦人民对中国人民真挚的友好情谊。俗话说，只有真情才能感动人。阿利莫夫大使的书就是这样一本以真情感动读者的好书。

作者在书的扉页上写道：谨以此书献给塔中建交 20 周年。《塔中两国相向而行》的确是献给中塔建交 20 周年的一份特殊礼物，相信它会在两国关系今后的发展中发挥独特作用。

最后，衷心感谢阿利莫夫大使送给我们的这份特殊礼物，也祝愿您今后在中国的工作取得更大成就！

谢谢大家！

六、2013 年在中国—乌兹别克斯坦关系圆桌会议上的发言

2013 年 5 月 14 日，乌兹别克斯坦著名智库——乌兹别克斯坦政治研究中心与中方在北京共同举办了中乌论坛俱乐部第五次会议。该中心主任是卡里莫夫总统的女儿卡里莫娃。15 日，全国对外友协举行中国—乌兹别克斯坦关系圆桌会议。我以中国国际问题研究基金会副理事长身份应邀出席，并在会上做了"中乌友好源远流长"的发言。内容如下：

尊敬的卡里莫娃主任，女士们，先生们，朋友们！

很高兴有机会与乌兹别克斯坦朋友们一起讨论中国与乌兹别克斯坦共和国友好关系的发展前景。2008 年 11 月，我曾经带领中国国际问题研究基金会工作组对乌兹别克斯坦进行过一次友好访问。这是迄今为止我与乌兹别克斯坦唯一的一次零距离接触。乌兹别克斯坦给我留下的第一印象是美好的、深刻的和难忘的。今天我就想围绕这次访问谈几点对中乌关系的个人看法。

（一）对华友好是乌兹别克斯坦朝野各界的共识

在塔什干，我分别会见了乌兹别克斯坦总统战略研究所副所长库尔班诺夫先生、外交部独联体局局长努尔马托夫先生、对外经贸部信息分析局副局长尤努索夫先生。我与乌方就中亚地区形势、中亚区域合作组织特别是上海合作组织以及中乌关系进行了认真讨论。乌方认为，上合组织是中亚地区最具发展潜力的合作机制。乌中应加强相互协作，共同为上合组织的发展贡献力量。乌方高度评价中国对包括乌兹别克斯坦在内的中亚国家奉行的睦邻友好政策，特别是在经济领域积极开展的务实合作。尽管中国自身也存在不少困难，但还是给予中亚各国各种帮助。中乌建交以来双边关系取得许多显著成就，发展态势良好。乌方高度重视对华关系，期望今后取得更大发展。

通过访问，我深刻体会到，乌兹别克斯坦朝野各界在对华关系问题上存在广泛共识，这个共识的核心就是睦邻友好合作和共同发展。昨天，卡里莫娃主任领导的乌兹别克斯坦著名智库——乌兹别克斯坦政治研究中心与中方共同成功举办了论坛俱乐部第五次会议。今天我们又在这里共同探讨中乌关系的发展。可以说，卡里莫娃主任此行就是这一共识的新例证。

（二）中乌友好关系源远流长

我是一名历史学者。自两千多年前西汉张骞出使西域，开通丝绸之路以来，

中国的许多古籍《魏书》《隋书》《新唐书》《元史》《明史》等都有关于位于古丝绸之路上的历史名城——撒马尔罕的记载。2008 年 11 月 29 日，我有幸目睹了这座名城。当我置身于撒马尔罕老城区一座座气势恢宏的古建筑之中时，脑海里仿佛浮现出当年这座连接中国、印度、波斯三大帝国的丝绸之路枢纽城市商贾云集、文化繁荣的景象，心灵被震撼了，感觉中国与乌兹别克斯坦的距离一下子被拉近了。在位于撒马尔罕市中心的列吉斯坦古建筑群一个旅游商品部里，我看到一个绣有列吉斯坦古建筑群和古丝绸之路骆驼商队图案的蓝色书包——上面用英文写着 The Great Silk Road——倍感亲切。这个书包成为我此行的珍贵纪念。每当看到这个书包，就好像又回到了撒马尔罕。（讲到这里，我向卡里莫娃现场展示了这个书包）

"丝绸之路" 小书包

列吉斯坦古建筑群留影（2008 年 11 月 29 日）

中国有句古话："温故而知新。"意思是说重温历史可以知晓现在、预测未来。撒马尔罕就是中乌两国人民2000多年友好往来的历史见证，体现出今天中乌友好关系的历史必然性，同时也预示着我们两国友好关系更加美好的未来。刚才卡里莫娃主任在讲话中引用了"温故而知新"这句中国古语，我的发言稿中也有这句话，这一看似巧合的偶然性正体现了我们两国人民心灵相通的必然性。

（三）中乌关系前景广阔

乌兹别克斯坦是中亚地区的重要国家，在维护地区安全稳定方面发挥着重要作用，同时也是推动地区经济发展的重要力量。作为乌兹别克斯坦的好朋友、好伙伴，中国希望看到乌兹别克斯坦在中亚地区继续发挥重要作用。

我在2009年4月28日第八届中国—欧盟论坛上曾经提出关于中欧在中亚地区就建设新丝绸之路开展合作的建议。我指出，公元前2世纪的古丝绸之路开辟了经过中亚地区通往欧洲的最早的欧亚大陆桥。目前中欧之间的贸易绝大部分是经过海运实现的，陆运只有很少一部分。海运单程需要大约30多天。据中国专家测算，在正常情况下，如果采用快速货运列车，由中国新疆抵达荷兰阿姆斯特丹港只需20多个小时。现在的问题是，由于现有欧亚大陆桥效率过低，加之其他各种人为因素，使得中欧客商宁可舍近求远，走海路。现在，中国与中亚各国正在积极探讨开辟新丝绸之路，以使中亚成为真正的欧亚大陆交通枢纽。在这方面，中国与欧盟有广阔的合作前景。我的这个建议当时得到与会者积极响应。我希望早日看到撒马尔罕能够重现昔日辉煌，成为新丝绸之路上一颗耀眼的明珠。

我对中乌关系今后发展充满信心还有一个重要因素，那就是库尔班诺夫先生去年就任乌兹别克斯坦驻华大使。毛泽东有一句政治名言："政治路线确定之后，干部就是决定因素。"在外交上，大使就是这样的决定因素。我相信，有库尔班诺夫先生这样坚定的对华友好使者，中乌友好关系一定会有更大的发展。

……

谢谢大家！

我的发言引起卡里莫娃的热情反应，她高兴地说："谢谢您！我知道以后给中国朋友带什么礼物了！"（指我手里的"丝绸之路"小书包）全场听众也反响热烈。

会后，对外友协的同志对我说，"今天您的发言最好！"

七、2015 年与美国第一副助理国务卿霍格兰座谈发言

2015 年 5 月 15 日，美国第一副助理国务卿霍格兰大使等美国国务院官员与中国国际问题研究基金会有关负责人进行座谈。我就霍格兰提出的问题做了回应，并就中美俄三边关系问题谈了个人看法。

霍格兰： 中方如何看待美方提出的新丝绸之路计划与中方提出的丝绸之路经济带的关系？

于振起： 很高兴与各位交流看法。下面就霍格兰大使提出的问题谈几点个人看法。

记得美方的新丝绸之路计划是当年希拉里国务卿提出来的。主要思想是建立一个从中亚经阿富汗到南亚的经济合作空间。当时她还专门为此访问过中亚一些国家和南亚国家。不过，自从希拉里不再担任国务卿以后，最近这几年似乎美方没有进一步推进这个计划。中方提出的建设丝绸之路经济带倡议是开放的，其中当然也包括对美方新丝绸之路计划开放。我认为今后美方的新丝绸之路计划与中方的丝绸之路经济带倡议可以考虑相互对接，就像不久前习近平主席访问俄罗斯时与俄罗斯方面发表的关于欧亚经济联盟建设与丝绸之路经济带建设对接的联合声明。这个联合声明还提出上海合作组织可以作为这一对接的平台。如果今后中美双方考虑这样做，美方需要把新丝绸之路计划的设想更加具体化，以便为双方讨论对接创造条件。

最后，我还想强调一点，中方提出的建设丝绸之路经济带倡议不是要建立一个新的国际组织，而是一个开展国际经济合作的倡议，是开放性的，不排他的。这也正是我认为今后中美双方可以考虑丝绸之路经济带建设与新丝绸之路计划对接的基础。

于振起： 我想就刚才大家谈到的中美俄三边关系问题谈点看法。

2009 年我在希腊罗得岛参加"文明对话"世界公众论坛时见到了曾任克林顿政府副国务卿的塔尔博特先生。当年他负责美俄反导问题谈判，经常去莫斯科。我当时在中国驻莫斯科使馆工作，也负责反导问题，所以比较了解塔尔博特先生的工作。这次见面我们发现彼此都进入了 NGO。他是布鲁金斯学会的 President，我则是中国国际问题研究基金会的 Vice President。他说，我们两国现在关系很好，我们两国是 G2 了。我说，G2 是你们美国的一些学者提出来的看

法。我们很清楚自己的地位。美国现在是唯一超级大国，最大的发达国家，我们中国则是最大的发展中国家，与美国不是一个层次，所以不可能成为 G2。当然，我们中国会尽自己所能履行自己应尽的国际职责。我们现在更愿意讲 G20。

不久前我在中国外交部的蓝厅论坛上回答记者关于中美俄关系的问题时谈过我的一个看法：中俄关系是当今世界新型大国关系的典范。前年习近平主席与奥巴马总统举行庄园会晤时提出了中美共建新型大国关系的倡议。如果有朝一日中美关系也能发展成为中俄关系这样的新型大国关系，对世界和平与发展来说将是一个莫大福音。

八、2015 年在中俄庆祝世界反法西斯战争胜利 70 周年国际研讨会上的发言

为庆祝世界人民反法西斯战争胜利 70 周年，维护二战胜利成果和国际公平正义，体现中俄作为安理会常任理事国履行维护世界和平与安全的责任，中国国际问题研究院与中俄友好、和平与发展委员会于 2015 年 6 月 3 日至 4 日在北京共同举办"铭记历史，展望未来——中俄共同庆祝世界反法西斯战争胜利 70 周年"国际研讨会。

中国国际问题研究院、中国社会科学院、俄罗斯外交部国际关系学院、俄罗斯科学院远东所等智库的数十位专家学者与会。

全体与会者合影

我应邀出席并做如下自由发言：

针对有中国学者发言时对二次世界大战前夕的苏德互不侵犯条约所做的消极评价，我指出，我早在 1981 年自己的硕士论文中就指出，正是由于英法两国坚持对希特勒奉行绥靖政策，与德国签署了出卖捷克的慕尼黑协定，并出于祸水东引的目的继续拒绝与苏联结成反法西斯同盟，才迫使苏联不得已选择了与德国缔结互不侵犯条约的下策。我在 1982 年第 10 期《历史教学》杂志发表的相关论文中曾详细阐述了上述观点。国际上一直有人试图把苏德互不侵犯条约说成是引发第二次世界大战的原因，这完全是罔顾历史事实的政治操作。

针对俄罗斯学者指责 1945 年 7 月中美英三国发表促令日本投降的《波茨坦公告》时，事前未征求苏联的意见，我指出，《波茨坦公告》是 1943 年 12 月中美英三国发表的《开罗宣言》的逻辑结果。《开罗宣言》发表前，是征得斯大林同意的。而《波茨坦公告》发表时，苏联与日本 1941 年签署的《苏日中立条约》仍然有效，不可能加入促令日本投降的《波茨坦公告》。

……

我的上述发言博得在座中俄学者的热烈掌声。

九、2015 年在"丝绸之路经济带与欧亚经济联盟对接的路径与前景"国际学术研讨会上的自由发言

2015 年 5 月 8 日，中俄两国领导人发表了《中华人民共和国与俄罗斯联邦关于丝绸之路经济带建设和欧亚经济联盟建设对接合作的联合声明》。为探讨和推动丝绸之路经济带与欧亚经济联盟的对接工作，并在此框架下进一步深化中国同欧亚经济联盟各成员国的双边经贸合作，中国国际问题研究院于 2015 年 9 月 22 日至 23 日在北京举行了"丝绸之路经济带与欧亚经济联盟对接的路径与前景"国际学术研讨会，欧亚经济联盟各成员国和中国的专家学者与会。我应邀参加，并在 23 日的会议上做了如下发言：

昨天和今天上午听了各位学者关于"一带一盟"对接问题的讨论，想谈谈我的几点看法。

（一）中方提出建设丝绸之路经济带的倡议，是基于中国开创的古丝绸之路的精神。只有真正理解古丝绸之路的精神，才能准确理解中方提出的建设丝绸之路经济带的宗旨。我在这里想谈谈这个问题，希望能对各位外国朋友有帮助。

　　两千多年前，即公元前 139 年，中国西汉使节张骞出使西域，即现在的中亚，开启了古丝绸之路历史进程。此后，中国人不畏艰辛，前仆后继，不断探索丝绸之路进程。二百多年之后，即公元 97 年，东汉使节抵达罗马帝国领地，即现在的马其顿。过了三年，公元 100 年，罗马帝国使节来到东汉都城洛阳。实现了中欧之间首次互访交流。中国开创的这条古丝绸之路的精神就是"和平、友好、合作"。这一精神的载体是贸易和文化。

　　现在，中方倡导建设丝绸之路经济带，就是在新的历史条件下，弘扬古丝绸之路"和平、友好、合作"的精神，通过开展沿线国家之间的经贸合作和人文交流，促进共同发展，增进彼此之间的友谊。这一合作倡议不同于现存的各种国际组织和机制，它是完全开放的，通过共商共建的方式最终达到共享的目的。由于它是一个新事物，没有现成的参考模式，也需要发扬前人开辟古丝绸之路的精神，勇于探索，勇于创新。

　　（二）丝绸之路经济带建设与欧亚经济联盟对接，是丝绸之路经济带建设的重要一环，但不是全部。丝绸之路经济带建设将向欧洲和南亚、西亚、北非延伸。自从今年 5 月 8 日中俄两国元首发表了关于一带一盟对接的联合声明以来，有关各方进行了不少积极讨论，我们的论坛也是如此。我觉得，在进行理论和宏观探讨的同时，更应注重考虑落实对接声明的具体路径。就像古丝绸之路，是靠商人们骑着骆驼一步一步走出来的。马克思曾经讲过一句名言："一个行动胜过一打纲领。"

　　在这方面，白俄罗斯总统卢卡申科为我们提供了一个很好的范例。9 月 2 日，白俄罗斯总统网站公布了卢卡申科总统 8 月 31 日发布的关于发展白中关系的指令，其中对白俄罗斯参与"一带一路"建设的构想高度重视，要求把白俄罗斯通过的关于在交通、物流、通信、海关、基础设施等领域的现代化发展规划，同白俄罗斯参与"一带一路"建设的规划对接起来，并形成到 2030 年前的国家统一发展战略。指令要求该发展战略要以单独的章节对白中工业园建设给出明确定位，规定把白中工业园建设作为白俄罗斯投资领域的战略性项目、白中两国大型合作的样本、白俄罗斯参与"一带一路"建设构想的主要步骤。指令特别要求具体比照白俄罗斯境内和欧亚经济联盟范围内的其他商业活动优惠制度，确保以法律形式向白中工业园入驻企业提供最优惠条件。

　　（三）刚才俄罗斯学者提出关于中方如何看待美方提出的新丝绸之路计划与中方的建设丝绸之路经济带倡议的关系问题。2015 年 5 月 15 日，美国第一副助理国务卿霍格兰在与中国国际问题研究基金会进行交流时也曾提出过类似问题。在这里把当时我对这个问题的回答介绍给大家：

"记得美方的新丝绸之路计划是当年希拉里国务卿提出来的。主要思想是建立一个从中亚经阿富汗到南亚的经济合作空间。当时她还专门为此访问过中亚一些国家和南亚国家。不过，自从希拉里不再担任国务卿以后，最近这几年似乎美方没有进一步推进这个计划。中方提出的建设丝绸之路经济带倡议是开放的，其中当然也包括对美方新丝绸之路计划开放。我认为今后美方的新丝绸之路计划与中方的丝绸之路经济带倡议可以考虑相互对接，就像不久前习近平主席访问俄罗斯时与俄罗斯方面发表的关于欧亚经济联盟建设与丝绸之路经济带建设对接的联合声明。这个联合声明还提出上海合作组织可以作为这一对接的平台。如果今后中美双方考虑这样做，美方需要把新丝绸之路计划的设想更加具体化，以便为双方讨论对接创造条件。"

"最后，我还想强调一点，中方提出的建设丝绸之路经济带倡议不是要建立一个新的国际组织，而是一个开展国际经济合作的倡议，是开放性的，不排他的。这也正是我认为今后中美双方可以考虑丝绸之路经济带与新丝绸之路计划对接的基础。"

2015 年 9 月 25 日，习近平主席在华盛顿同美国总统奥巴马会谈后共同会见记者时表示，中国提出"一带一路"、建立亚洲基础设施投资银行等倡议是开放、透明、包容的，欢迎包括美国在内有关各方积极参与。

十、2016 年在"中国与俄罗斯：合作进程与前景"研讨会上的发言

2016 年 3 月 25 日至 26 日，华东师范大学俄罗斯研究中心与俄罗斯"瓦尔代"国际辩论俱乐部在上海联合举办双边学术研讨会，主题为"中国与俄罗斯：合作进程与前景"。我应邀参加并在 26 日发表主旨演讲，题为"'一带一盟'对接合作面临的机遇与挑战"。内容如下：

"一带一盟"对接合作面临的机遇与挑战

（一）中方倡导建设丝绸之路经济带的宗旨

2013 年 9 月 7 日，习近平主席在哈萨克斯坦纳扎尔巴耶夫大学演讲中首次向欧亚地区各国提出共同建设"丝绸之路经济带"的创新合作模式，这一开创

性构想既蕴涵着深厚的战略考量，也体现了中国作为一个负责任的新兴大国引领地区各国共同发展，实现共同繁荣的风范。

中方提出建设丝绸之路经济带的倡议，根源于中国开创的古丝绸之路的精神。只有真正理解古丝绸之路的精神，才能准确理解中方倡议建设丝绸之路经济带的宗旨。

两千多年前，即公元前 139 年，中国西汉使节张骞出使西域，即现在的中亚，开启了古丝绸之路历史进程。此后，中国人不畏艰辛，前仆后继，不断探索丝绸之路进程。二百多年之后，即公元 97 年，东汉使节抵达罗马帝国领地，即现在的马其顿。三年之后，即公元 100 年，罗马帝国使节来到东汉都城洛阳，实现了中欧之间首次互访交流。可以说，古丝绸之路是当代中国对外开放理念的历史基因，开辟了欧亚大陆人民之间交流往来最早的友谊之路。它也可以说是经济全球化趋势最初的萌芽。中国开创的这条古丝绸之路的精神就是"和平、友好、合作"。这一精神的载体则是贸易和文化。

现在，中方倡导建设丝绸之路经济带，就是在新的历史条件下，弘扬古丝绸之路"和平、友好、合作"的精神，秉持"共商、共建、共享"的原则，通过开展沿线国家之间的经贸合作和人文交流，促进共同发展，增进彼此之间的友谊。这一合作倡议不同于现存的各种国际组织和机制，它是完全开放的，通过共商共建的方式最终达到共享的目标。2015 年 5 月我在北京与美国第一副助理国务卿霍格兰座谈时也曾向他明确表达过这一点，即如果美方有意与中方商讨有关丝绸之路经济带建设合作的问题，中方持开放态度。

（二）一带一盟对接合作面临的历史机遇

1. 丝绸之路经济带建设具有深厚民意基础

古代丝绸之路曾经为促进欧亚地区各国与中国的文化联系交流发挥了重要作用。这一友谊深深扎根于有关国家人民心中。在此，举一个我亲身经历的例子。2008 年 11 月，我曾访问过古丝绸之路上的历史名城乌兹别克斯坦的撒马尔罕。中国的许多古籍《魏书》《隋书》《新唐书》《元史》《明史》等都有关于这座古丝绸之路历史名城的记载。当我置身于撒马尔罕老城区一座座气势恢宏的古建筑之中时，脑海里仿佛浮现出当年这座连接中国、印度、波斯三大帝国的丝绸之路枢纽城市商贾云集、文化繁荣的景象。我的心灵被震撼了，感觉中国与乌兹别克斯坦的距离一下子被拉近了。在位于撒马尔罕市中心的"列吉斯坦"建筑群一个旅游商品部里，我看到一个绣有丝绸之路图案的书包，上面用英文写着 The Great Silk Road（伟大的丝绸之路），倍感亲切。这个书包就是古丝绸之路友谊在今天的生动体现。

塔吉克斯坦前驻华大使、现任上合组织秘书长阿里莫夫也曾表示："习近平主席关于建设丝绸之路经济带的倡议为中亚各国打开了发展之路和中亚国家与中国、欧洲的联系与合作之路。塔吉克斯坦准备参与、促进倡议的实施。"

2016 年 3 月 2 日，纳扎尔巴耶夫总统会见外国驻哈使节时说，欧亚经济联盟建设同丝绸之路经济带建设对接将给中亚各国带来新的机遇。同中国共同实施丝绸之路经济带战略将增强哈萨克斯坦的国际地位，哈将因此成为欧亚大陆的重要合作伙伴和交通枢纽。

在新的地区和国际形势下，继承古丝绸之路精神，建设符合当代需要的新丝绸之路，可以说是欧亚地区各国发展的普遍需要和人民的共同愿望。中国目前已同几乎全部中亚和外高加索国家签署了建设丝绸之路经济带合作协议。

2. "一带一盟"对接合作顺应欧亚大陆经济一体化的历史趋势

2010 年 11 月，当时的普京总理曾经提出过建立一个从里斯本到符拉迪沃斯托克的和谐经济共同体的主张，后来由于俄西方关系不顺而停滞。中方关于建设丝绸之路经济带的倡议得到德、法、英等主要西欧国家和广大东欧国家的积极支持。在此背景下，中俄两国元首共同提出的一带一盟对接的设想和主张，将为实现欧亚大陆经济一体化的长远目标奠定坚实基础，提供强大动力。

3. "一带一盟"对接合作的实践范例

2015 年，中俄作为欧亚大陆的两个大国进一步协调各自发展战略，5 月 8 日两国元首签署丝绸之路经济带同欧亚经济联盟合作对接联合声明，组建对接协调工作机制，决定将上海合作组织作为推进这一目标的主要平台，有力促进了建设丝绸之路经济带倡议在欧亚大陆的实施。

丝绸之路经济带建设与欧亚经济联盟对接，是丝绸之路经济带建设的重要一环，但不是全部。丝绸之路经济带建设将向欧洲和南亚、西亚、北非延伸。自从 2015 年中俄发表关于一带一盟对接的联合声明以来，有关各方进行了不少积极讨论，本次论坛也是如此。我们在进行理论和宏观探讨的同时，更应注重考虑落实对接声明的具体路径。就像古丝绸之路，是靠商人们骑着马和骆驼一步一步走出来的。马克思曾经讲过一句名言："一个行动胜过一打纲领。"

在具体实践方面，欧亚经济联盟的两个成员国白俄罗斯和哈萨克斯坦提供了很好的范例。白俄罗斯是丝绸之路经济带上的一个重要节点国家。2015 年 9

月 2 日，白俄罗斯总统网站公布了卢卡申科总统发布的关于发展白中关系的指令，其中要求把白俄罗斯的现代化发展规划同白俄罗斯参与"一带一路"建设的规划对接起来，并形成到 2030 年前的国家统一发展战略。指令要求把白中工业园建设作为白俄罗斯参与"一带一路"建设构想的主要步骤。指令特别要求具体比照白俄罗斯境内和欧亚经济联盟范围内的其他商业活动优惠制度，确保以法律形式向白中工业园入驻企业提供最优惠条件。

中白工业园是中白两国最大的经济技术合作项目。规划面积91.5 平方公里。2015 年 5 月习近平主席访问白俄罗斯时，与卢卡申科总统共同出席了中白工业园管委会向首批入园企业颁发入园证书的仪式。习主席在讲话中提出，要把中白工业园打造成丝绸之路经济带上的明珠。

另一个范例就是中国与哈萨克斯坦共建的连云港物流场站项目。2014 年 5 月 19 日，习近平主席与哈萨克斯坦总统纳扎尔巴耶夫在上海共同出席了中哈连云港物流场站项目远程投产仪式，并亲自共同启动项目正式投产运营的控制系统，这标志着中哈两国依托新欧亚大陆桥，共建丝绸之路经济带的战略构想进入实质性实施阶段。

（三）"一带一盟"对接合作面临的挑战

中国将近四十年改革开放的实践证明，国家安全与政治稳定是取得发展成就的基本保障。同样，丝绸之路经济带建设和一带一盟的对接也需要具备可靠的安全环境和稳定的政治局面。否则，任何美好的设计和规划都无法具体实施和落地，也不可能有可持续性。

当前和今后一个时期，欧亚地区特别是中亚地区最大的安全威胁是以"伊斯兰国"为代表的恐怖主义。而最有可能影响欧亚地区政局稳定的则是被称为"西方政治转基因工程"的"颜色革命"。中俄两国在反恐和防范"颜色革命"方面有广泛共识。为推进"一带一盟"对接，双方在这方面应进一步加强双边和多边的协调与合作，特别是要充分发挥上海合作组织在反恐方面的作用，以及其作为"一带一盟"对接合作重要平台的作用。

此外，国际合作的前提是相关国家之间保持友好和谐的关系。而由于乌克兰危机引发的俄罗斯与欧盟关系的紧张也会对"一带一盟"对接和丝绸之路经济带建设产生消极影响。而西方以所谓民主人权为由，一直对白俄罗斯进行政治打压和经济制裁。

在 2015 年 12 月北京举行的中国—中东欧国家高级别智库研讨会上，我曾向与会的中东欧国家代表表示，希望参会的来自欧盟成员国的代表能够做欧盟的工作，推动欧盟改善与白俄罗斯的关系，以免将来丝绸之路经济带上的这颗明珠的作用受到欧白关系政治阴云的影响，那样也会对中国与中东欧国家共建丝绸之路经济带的合作造成负面影响。

2016 年 2 月 15 日，欧盟宣布解除对白俄罗斯的部分制裁。这是个利好消息。希望欧盟沿着这个正确方向继续走下去。

2016 年 3 月 11 日，王毅外长在莫斯科与拉夫罗夫外长会见时表示，"中方对'一带一盟'建设对接合作前景充满信心。这反映出我们共同发展的政治意愿，也有着务实合作的巨大需求。随着对接顺利推进，相信更多合作成果将逐步呈现。"他讲出了我们双方的心里话。

中方倡导的丝绸之路经济带是一个新事物，没有现成的参考模式，我们需要发扬前人开辟古丝绸之路的精神，不畏艰辛，勇于探索，勇于创新。

道路是曲折的，前途是光明的。前人靠一天只行走 40 公里的骆驼能够开创名垂千古的丝绸之路，掌握了高铁技术的现代人完全有能力开辟造福人类的新丝绸之路。

第八章　国内发表文稿和采访谈话

第一节　中俄建交 60 年回眸

为纪念中俄（中苏）建交 60 周年，人民画报社主办的俄文月刊《中国》计划于 2009 年 10 月出版一期纪念专刊。《中国》月刊执行总编黄慧珠请我为此专刊撰写一篇回顾中俄关系 60 年历程的专稿，我欣然同意。该稿在此专刊（《中国》俄文月刊 2009 年第 10 期）全文发表。内容如下：

中俄建交 60 年回眸

中俄两国是山水相连的近邻，中俄两国人民有着传统的友好情谊。2009 年 10 月 3 日是中俄建交 60 周年纪念日。60 年前的这一天，刚刚诞生的新中国与当时的苏联正式建立了外交关系，从此掀开了中俄（中苏）关系崭新的一页。对于中俄两国人民来说，这是一个永远值得纪念的日子。回顾过去 60 年，包括中苏关系在内的中俄关系走过了不平凡的发展历程。这 60 年，是两国政治关系日益走向成熟的 60 年，是两国务实合作成果日益丰富的 60 年，是两国人民友谊不断加深的 60 年，也是两国在国际事务中的合作逐步推进的 60 年。

曲折的中苏关系

在中苏关系四十多年的历史中，既有过友好合作时期，也有过彼此对立时期。

新中国成立之后，苏联第一个宣布与中华人民共和国建立外交关系，这对推翻三座大山、刚刚站立起来的中国人民是很大的支持和鼓舞。中苏建交后的一个时期里，两国关系是很好的。中国人民不会忘记，20 世纪 50 年代苏联帮助中国建设的一大批工业项目对于新中国迅速恢复、发展国民经济，建立社会主义的工业基础所起的重要作用。与此同时，中国人民也尽其所能，在各方面对苏联给予了应有的支持和援助。

遗憾的是，从 20 世纪 60 年代开始，由于众所周知的原因，中苏关系出现严重曲折，长时间处于不正常状态。这样的局面持续了 20 多年。值得指出的是，即使在中苏关系严重恶化的日子里，中苏两国人民感情上的友好纽带也从未割断。

1982 年 10 月，中苏两国开始举行旨在实现关系正常化的副外长级磋商。这一磋商持续了 6 年，为缓和两国紧张关系，增进相互了解，发展双边经济关系做了许多工作。1982 年以后，中苏关系逐渐有了一定程度的改善，特别是在经济、贸易、科技、文化、教育等具体领域的联系和交往明显增加。例如，1981 年两国贸易协议额只有 4.1 亿瑞士法郎，到 1988 年已经达到 48.3 亿瑞士法郎。又如，1983 年双方恢复互换留学生时，仅仅交换了 10 名留学生，到 1988 年，中方派出的留学生已经增加到 450 名。1988 年，中苏之间各类互访团组有 460 批之多。这样大的规模在 1982 年以前是不可想象的。

然而，1988 年以前，中苏关系在政治领域仍基本处于停滞状态，其主要原因是，在消除影响中苏关系正常化的"三大障碍"方面，即阿富汗问题、苏联在蒙古驻军问题和柬埔寨问题上始终未能取得实质性进展。

进入 1988 年，苏方在消除"三大障碍"方面逐步采取了一些积极步骤。随着在消除"三大障碍"方面取得的进展，中苏关系出现了转机，其标志是钱其琛外长 1988 年 12 月对苏联的访问。这是自 1957 年以来中国外长第一次正式访苏。会谈中，双方在主要议题柬埔寨问题上进一步增加了共同点，缩小了分歧。在此基础上，双方对在 1989 年上半年举行中苏高级会晤的可能性表示乐观。

如果说，长达 6 年的中苏副外长级磋商记载了两国关系走向正常化目标的不平坦路程，那么，钱外长的莫斯科之行则意味着中苏关系正常化进程的开始。

1989 年 2 月，两国外长在北京再次会面，继续就关系正常化问题交换意见，并着手为两国高级会晤做准备。

在消除"三大障碍"方面取得实质性进展的情况下，经过两国外长互访为高级会晤所做的具体准备，双方决定于 1989 年 5 月在北京举行中苏高级会晤。

1989 年 5 月在北京举行的中苏高级会晤是中苏关系的转折点。这次历史性会晤实现了"结束过去，开辟未来"的目标，开启了中苏关系正常化新时期的大门，为两国建立一种健康成熟的符合时代要求的新型国家关系奠定了坚实基础，历史经验证明，中苏关系只有建立在和平共处五项原则的基础上才是最可靠的。中苏高级会晤在这一点上取得了共识。双方在《中苏联合公报》中宣布：两国"将在互相尊重主权和领土完整、互不侵犯、互不干涉内政、平等互利、和平共处的国与国之间关系的普遍原则基础上发展相互关系"。

1990年1月，中苏双方在北京举行柬埔寨问题磋商时，苏方代表罗高寿请钱其琛外长为苏联著名的《国际问题》杂志撰文，钱外长同意了这一请求。此文发表在当年7月号的《国际生活》上，题为"中国与世界"。这是中国外长首次在国外公开发表署名文章。钱外长在文中总结了中苏关系的历史经验，指出："我们相信，今后只要双方严格遵循和平共处五项原则和中苏高级会晤达成的协议，中苏两国就一定能发展长期的睦邻友好关系。这将造福于中苏两国人民，而且有利于世界的和平与发展。"

也正因为如此，中苏关系的正常化不仅得到中苏两国人民的支持，也受到世界各国人民的普遍欢迎。

叶利钦时期的中俄关系——平稳过渡，发展迅速

《中苏联合公报》确定的两国关系指导原则成为苏联解体后的中俄关系稳定发展的重要基石。俄罗斯首任总统叶利钦当政八年时期，中俄关系发展迅速，成果显著。

1991年12月苏联解体后第三天，中俄双方就签署了关于建立国家关系的会谈纪要，顺利实现了由中苏关系向中俄关系的平稳过渡。随后两国关系不断发展，基本上每过两年就跨上一个新台阶。1992年12月，叶利钦总统首次正式访华，双方发表了关于两国关系基础的联合声明，宣布互相视对方为友好国家。1994年9月，江泽民主席对俄罗斯进行首次正式访问，两国确定建立建设性伙伴关系。1996年4月叶利钦第二次访华时，双方决定建立"平等信任的、面向二十一世纪的战略协作伙伴关系"，同时决定建立领导人定期会晤机制。双方成立了包含经贸、核能、能源、运输、科技分委会的政府间常设机构——中俄总理定期会晤委员会。中俄战略协作伙伴关系的建立，为两国关系注入了新的动力，使两国关系发展进入快车道。

到1999年底，中俄两国元首已累计发表了7个联合声明，签署了100多份条约、协定等各类文件，为两国关系奠定了牢固的法律基础。其中特别值得指出的是，双方在严格遵守1991年《中苏国界东段协定》的基础上，又通过友好协商签署了《中俄国界西段协定》，到1998年底已经顺利勘定99.8%的国界。

在台湾问题上，俄方的立场也在不断深化。1992年叶利钦总统曾专门签署总统令，明确禁止俄台之间进行官方接触。1998 年 11 月叶利钦总统与江泽民主席在莫斯科举行首次非正式会晤时，俄方进一步做出"四不"承诺，即不支持"台湾独立"，不支持"两个中国"或"一中一台"，不支持台湾加入联合国及其他只能由主权国家参加的国际组织，不向台湾出售武器。

两国在国际舞台上的合作也不断加强。双方在推动多极化发展、反对霸权主义和强权政治、倡导建立公正合理的国际政治经济新秩序方面有广泛共识，多次发出共同呼吁，在国际上产生良好影响。双方在维护《反导条约》和战略稳定、维护联合国权威、人权问题以及伊拉克、科索沃等热点问题上相互协调，有效合作。

经过双方共同努力，两国经贸合作关系开始走上健康规范的良性发展道路。到 1999 年，两国贸易改变了几年来不断下滑趋势，开始止跌回升。2000 年两国贸易额更创造了 80 亿美元的历史最高纪录。1997 年 11 月中俄和平、友好与发展二十一世纪委员会正式成立后，有力地推动了两国的民间交流。各类民间代表团的互访明显增多，双方建立友好省州和友好城市关系的地方越来越多。

应该说，叶利钦总统当政时期为推动中俄关系的发展做了不少实事，发挥了重要个人作用。2007 年 4 月叶利钦去世时，胡锦涛主席在发给普京总统的唁电中说："叶利钦是中国人民的亲密朋友，在他担任俄罗斯总统期间，中俄建立了战略协作伙伴关系，解决了历史遗留的边界问题，各领域交流合作快速发展，中俄传统友谊焕发出新的生机和活力。叶利钦为中俄友好事业发展做出的突出贡献将永远载入中俄友好的史册。"

普京时期的中俄关系——成熟、稳定、健康

2000 年 1 月普京接任俄罗斯总统后，中俄两国关系继续保持平稳积极的发展势头，取得一系列丰硕成果。当年 7 月，普京总统对中国首次正式访问的成果标志着中俄关系发展到一个新水平。江泽民主席与普京总统在共同签署的《北京宣言》中表示，双方全面回顾了近 10 年来中俄两国关系的发展历程，认为1996 年宣布建立的中俄平等信任、面向 21 世纪的战略协作伙伴关系完全符合两国人民的根本利益，对加强两国全面合作、巩固两国人民友谊、推动世界多极化和建立公正合理的国际新秩序具有重要意义和作用。21 世纪的到来将为中俄关系发展开辟更加广阔的天地。双方商定，为使两国在睦邻友好、互信互利的基础上建立长期稳定的关系，将着手进行准备中俄睦邻友好合作条约的谈判。俄方在《北京宣言》中还明确重申了 1998 年 11 月在台湾问题上对中方做出的

"四不"承诺。

2001 年 7 月江泽民主席应邀访俄期间,与普京总统正式签署了《中俄睦邻友好合作条约》。双方在条约中郑重宣布:"缔约双方根据公认的国际法原则和准则,根据互相尊重主权和领土完整、互不侵犯、互不干涉内政、平等互利、和平共处的原则,长期全面地发展两国睦邻友好、合作和平等信任的战略协作伙伴关系。""决心使两国人民间的友谊世代相传。"

该条约是自 1950 年中苏签署《中苏友好互助同盟条约》以来,两国间签署的第二个国家条约。新条约与老条约在性质上有根本区别,其核心思想是在不结盟、不对抗、不针对第三国的基础上,发展两国长期睦邻友好和互利合作,将两国世代友好、永不为敌的和平思想和永做好邻居、好朋友、好伙伴的坚定意愿,以法律的形式确定下来,是一份指导两国关系长期健康稳定发展的纲领性文件。该条约在中俄关系发展史上具有里程碑意义。

两国元首在发表的联合声明中表示,双方将就两国边界尚未协商一致地段加快制定相互都能接受的理想解决方案,此前在尚未协商一致地段维持现状。双方决心将中俄边界建设成永久和平、世代友好的边界。根据这一精神,中俄双方于 2004 年签署了《中俄国界东段补充协定》,就最后一部分有争议的边界地段达成一致。

经过近十几年的发展,中俄战略协作伙伴关系已成为成熟、稳定、健康的国家关系,两国政治互信达到前所未有的高水平。与此同时,中俄双方积极探索互利合作途径,不断扩大双边经贸合作规模,提高合作质量和水平。近十年来,双边贸易额持续高速增长,2008 年达到创纪录的 568 亿美元,相互投资、合作生产加工等方面合作也呈现新的良好发展态势,地方合作方兴未艾。正如普京总统所说,俄中关系现在处于史无前例的最好水平。俄中关系已成为维护世界稳定的关键要素。

梅德韦杰夫时期的中俄关系——新起点、新发展

2008 年 5 月梅德韦杰夫担任俄罗斯总统后,继续奉行叶利钦、普京时期的对华友好政策,中俄关系继续深入全面发展。两国领导人继续保持密切交往,双方各领域交流合作日益深化,在国际和地区事务中继续保持密切协调和配合,中俄战略协作伙伴关系进一步加深。中方高度评价俄方在北京奥运会问题上给予中方的有力支持。感谢俄方在 2008 年中国遭受特大地震灾害的危难时刻,迅速向中方提供救灾援助。梅德韦杰夫总统还邀请 1500 多名中国少年儿童到俄罗斯疗养，深深感动了中国人民，谱写了中俄友谊新篇章。这一切都充分体现了中俄两国和两国人民之间的深情厚谊，表明中俄两国是好邻居、好朋友、好伙伴。

特别值得指出的是，2008年7月21日，中俄两国外长在北京签署了两国政府关于中俄国界线东段的补充叙述议定书及其附件，这标志着中俄4300多公里的边界全线勘定。同年10月14日，中俄双方在黑瞎子岛举行了"中华人民共和国与俄罗斯联邦国界东段界桩揭幕仪式"。同日，中国外交部和俄罗斯外交部通过换文确认《中华人民共和国政府和俄罗斯联邦政府关于中俄国界线东段补充叙述议定书》及其附件正式生效。至此，一百多年来中俄两国之间的历史遗留边界问题终于得到完全解决，成为中俄关系深入发展的一个新亮点。这是双方本着平等协商精神、历经多年谈判的结果，体现了中俄战略协作伙伴关系的高水平和特殊性。中俄解决边界问题也是两国落实《中俄睦邻友好合作条约》的具体步骤，体现了双方世代友好的和平思想。中俄边界从此将成为中俄两国和两国人民和平、友好、合作的纽带。中俄双方通过和平对话、公平合理、平等协商的途径妥善解决历史遗留边界问题的成功经验，也为国际社会通过外交手段解决类似问题树立了典范。

中俄之间的人文交流近两年也有新发展。继两国成功互办"国家年"后，中俄"语言年"正式启动，揭开两国人文合作新篇章。两国人民相互了解和友谊进一步加深。

2009年6月胡锦涛主席应邀访问俄罗斯期间，与梅德韦杰夫总统举行了会谈，并会见了普京总理等俄方领导人。双方全面回顾和总结了中俄关系60年来的发展历程，就共同应对国际金融危机冲击，加强经贸、能源、科技、人文、地方等各领域务实合作以及重大国际和地区问题深入交换意见，达成广泛共识。双方表示，将以中俄建交60周年为契机，携手推动中俄战略协作伙伴关系继续迈上新台阶。

6月17日，在莫斯科隆重举行了中俄建交60周年庆祝大会。胡锦涛主席和梅德韦杰夫总统共同出席并讲话。两国元首在讲话中回顾了60年来中俄关系发展历程，高度评价1996年中俄战略协作伙伴关系建立以来两国关系取得的长足发展，表示两国将秉承传统友谊，坚持世代友好，深化战略合作，共创中俄关系美好未来。

中国政府决定，在这历史性的时刻向60位来自俄罗斯政界、军界、学术界、

民间等方面的友好人士颁发"中俄关系 60 周年杰出贡献奖"。2009 年 6 月 17
日，胡锦涛主席亲自为这些俄罗斯友好人士授勋。曾为促进中俄两国人民相互
理解和友谊做出重要贡献的俄中友协主席季塔连科在颁奖仪式上激动地回忆
说："2005 年 5 月，胡锦涛主席出席俄罗斯纪念卫国战争胜利 60 周年庆典期间，
会见了曾经参加过抗日战争的俄罗斯老战士代表，我就在其中。我们由衷感谢
胡主席给予的关怀和帮助。今大，胡主席亲自给我授奖，这是对我的莫大激励。
我愿继续为推动俄中民间外交而努力工作。"这一颁奖仪式生动地见证了中俄两
国人民伟大友谊的历史发展进程。

　　……

　　中俄作为两个相邻的大国和联合国安理会常任理事国，既面临国内发展的
首要任务，又肩负着维护世界和平与稳定的历史使命。中俄双边关系的健康稳
定发展本身就是对维护地区和世界和平与稳定的重要贡献。中俄双方基于战略
协作伙伴关系，为维护世界和平稳定在国际和地区事务中进行密切沟通和配合，
为推动世界多极化和国际关系民主化做出了不懈努力，成为维护地区和世界和
平稳定的重要因素。

　　今天，在我们纪念中俄建交 60 周年之际，中俄关系已经站在新的历史起点
上，面临着新的发展机遇。有两国关系 60 年发展历程积累的宝贵精神财富，我
们完全有理由相信，中俄双方一定能够抓住机遇，进一步巩固两国睦邻友好关
系，加强两国人民深厚的传统友谊，把中俄战略协作伙伴关系提高到新的更高
水平，为促进两国发展、造福两国人民、维护世界和平与稳定做出新的更大贡
献。

历史学博士、中国国际问题研究基金会副理事长

基金会俄罗斯中亚东欧研究中心主任　　于振起

中国前驻白俄罗斯、保加利亚大使

第二节　向记者讲述如何走上外交官之路

　　2009 年 12 月，天津《今晚报》记者采访我，请我向家乡人民讲讲是如何
走上外交官之路的，以及在外交官之路上经历的故事。2009 年 12 月 30 日，《今

晚报》发表了这次采访的谈话内容：

从知青到学者，再成为外交官，于振起大使有着不同寻常的经历。在采访中他多次提到一直激励他的是"知青精神"。

"老三届"走进外交部

于振起 1946 年生于天津。1966 年 5 月，他从天津耀华中学毕业，准备参加高考。然而，令他没想到的是，一夜之间高考制度被废除。1968 年 7 月，他加入天津首批志愿上山下乡知识青年的行列，来到位于内蒙古乌拉特前旗的苏独伦公社插队落户，成为一名"老三届"知青。

1972 年他被选调到天津师范学院中文系上学。这期间他阅读了大量外国文学名著和马列著作。于大使告诉记者，正是这些书提高了他的理论和文学修养，对后来做好外交工作有着重要意义。1978 年国家恢复硕士研究生考试制度后，他考取了南开大学历史系世界史专业研究生。1985 年，已经 39 岁的于振起以第一名的成绩考取外交学院国际关系史博士研究生，成为国家恢复博士学位制度后的首批博士之一。1988 年正值中苏关系开始解冻，刚毕业的他随后进入外交部，在苏联东欧司苏联处工作，以超过"不惑之年"的高龄和高学位的"双高"身份开始了外交生涯。于大使笑着对记者说："新中国成立以来，外交部绝大多数外交官都是外语院校科班出身或在国外接受过专门外语培训，像我这样先学中文，后学历史，唯独没专门学过外语的人在外交部是凤毛麟角。"

筹建驻乌克兰使馆

于振起说："一般人往往只看到外交官风光潇洒的一面，却不了解他们工作的艰辛。"1991 年底，一夜之间苏联解体。除俄罗斯外，我国面临在前苏地区新独立国家设立大使馆的任务。时间紧，任务急。外交部任命于振起为中国驻乌克兰首任临时代办，带两位同志去乌克兰首都基辅建立大使馆并开展外交工作。

当时在乌克兰他们连一个认识的人都没有。抵达基辅时，乌克兰外交部礼宾局一秘代表乌方到机场迎接他们，随后把他们三人安排到涉外宾馆——罗斯宾馆，中国驻乌克兰大使馆就这样在罗斯宾馆开始工做了。首先要向乌克兰外长递交中国外长签署的代办任命书。由于没有自己的汽车，饭店一时又找不到出租车，外交上遵守时间是第一位的，于振起和助手决定步行到乌克兰外交部。以这种方式参加重要外交活动不能不说是外交界的"新闻"。

建馆初期非常艰苦，人手少工作多，一人要顶几个人用。饭店里没有中餐，多日连续吃西餐后，让他们看到西餐就反胃。后来他们托人从莫斯科带来的方便面，成为他们最好的"美食"。直到 1993 年夏天，中国驻乌克兰大使馆才有了正式的馆舍，工作生活条件才有所改善。

举办个人摄影展

1998 年，于振起被派到驻俄罗斯使馆工作，任公使衔参赞，一干就是 4 年。2002 年 3 月，于振起被任命为驻白俄罗斯大使，作为首位具有博士学位的驻外大使，更是开外交部历史之先河。

在白俄罗斯期间，于振起和白方高层官员建立了良好的关系，为对外工作奠定了有利基础。于振起还十分重视与新闻媒体之间的关系，每年他都在政府新闻中心至少举行两次大型记者招待会，与白俄罗斯媒体直接交流。他体会到，在驻在国占领新闻舆论阵地，能有效减少干扰外交工作的消极因素。

一个偶然的机会，明斯克现代造型艺术博物馆馆长知道于振起大使喜欢摄影，就邀请他举办个人摄影展。经过考虑，于大使决定自费举办展览，以这种特殊方式促进中白友好。2004 年 5 月，中国驻白俄罗斯大使个人摄影展《聚焦可爱的白俄罗斯和其他国家》正式开幕，白方多位高官出席。如此多的高官出席一个外国人的文化活动前所未有，前来采访的新闻媒体也是空前之多，在明斯克掀起一股"中国热"，并应白方要求在白俄罗斯各地巡展。

2005 年 8 月卸任时，白俄罗斯总统卢卡申科授予于大使"人民友谊"勋章，以表彰他"为白中战略伙伴关系的建立做出的重要个人贡献"，这是白俄罗斯首次将此荣誉授予外国驻白使节。

于振起与白俄罗斯总统卢卡申科合影

出使保加利亚

2005 年 10 月，于振起任驻保加利亚大使。在保期间他与朝野各界广泛交友，为中保友谊积极开展工作。

在保加利亚，为了加大宣传中国和中保友好关系的力度，于振起资助保加利亚友好人士撰写、出版这方面的保加利亚文书籍。2006 年 9 月，《保加利亚友人看中国》和《中国纵览》两本保文书籍顺利出版，受到保加利亚朝野各界热烈欢迎。保加利亚副总统马林在收到赠送给他的这两本书后，写信向于大使表示诚挚谢意，称"这是两本非常有益的好书"，是送给他的"不同寻常的礼物"。

2007 年 9 月，在于大使离任前，珀尔瓦诺夫总统在总统府授予他保加利亚最高荣誉勋章"老山"一级勋章，以表彰他为中保两国关系发展和加深保中两国友谊做出的杰出贡献。保加利亚议会外委会主席帕西对于大使说："阁下任驻保加利业大使两年期间，保中关系发展到近 20 年来最高水平，阁下为此做出了重要贡献。"

如今，已退休的于振起依然忙碌，现担任中国国际问题研究基金会副理事长等职务，为我国的民间外交继续贡献力量。①

第三节　最吸引我的白俄罗斯历史遗产

2010 年，应《广角镜》杂志邀请，我撰写了一篇关于最吸引我的白俄罗斯历史遗产的文稿，内容如下：

白俄罗斯，那些最吸引我的地方

有形的历史遗产，特别是那些与重大历史事件相关联的历史遗产，可以帮助我们走进历史，亲身感受历史上的那些重大事件，感性地体会它们的历史意义。

白俄罗斯有不少让我感兴趣的历史遗产，其中有三处对我最有吸引力。

一是位于首都明斯克的俄国社会民主工党第一次代表大会的会址。它在苏联共产党历史上的地位相当于中国共产党第一次代表大会在上海的会址，可以说是苏共的摇篮。二是布列斯特要塞，1941 年苏联卫国战争就是从那里开始的。三是别洛韦日森林的维斯库利，苏联作为一个国家的历史是在那里终结的。

在明斯克寻访苏共诞生地

我在大学任教时曾经讲过国际共产主义运动史，所以早就知道俄国社会民主工党在明斯克诞生的历史。1898 年 3 月 1—3 日，在明斯克扎哈列夫街 133 号的小木屋里，来自彼得堡、莫斯科、基辅等地社会民主主义组织的 9 名代表秘密举行会议，通过了关于建立俄国社会民主工党的决议，并选出了由 3 人组

---

① 见《今晚报》2009 年 12 月 30 日。

成的中央委员会。代表大会在发表的宣言中声明了党的宗旨："俄国无产阶级将摆脱专制制度的桎梏，然后用更大的毅力去继续同资本主义和资产阶级做斗争，直到社会主义完全胜利。"这次代表大会宣告了俄国第一个无产阶级政党的成立，标志着俄国无产阶级革命运动进入新的时期。当时，以列宁为代表的一些马克思主义革命者正在被流放，未能直接参与建党工作。

事实上，第一次代表大会只是完成了形式上建党的任务，并没有制定党纲和党章，加之会议结束后不久，中央委员会成员被沙皇当局逮捕，党实际上没有能够真正发挥领导工人运动的作用。1903 年 7 月俄国社会民主工党第二次代表大会的召开结束了这种状况。在这次大会上，以列宁为首的马克思主义者占据了多数，被称为布尔什维克（即"多数派"），居于少数地位的机会主义者被称为孟什维克（即"少数派"）。布尔什维克主导制定了党纲和党章，从此产生了列宁领导的真正意义上的马克思主义革命政党——布尔什维克党。由于党内还存在孟什维克，就有了俄国社会民主工党（布尔什维克）的名称。十月革命胜利后不久，俄国社会民主工党改称俄国共产党（布尔什维克），简称俄共（布）。1922 年 12 月苏维埃社会主义共和国联盟成立后，又改称苏联共产党（布尔什维克），简称联共（布）。联共（布）最终改称为苏共，是 1952 年 10 月联共（布）十九次代表大会时的事。

尽管俄国社会民主工党成立后走过了曲折的道路，但明斯克第一次党代表大会作为俄国无产阶级政党历史起点的地位是不可动摇的。正因为如此，2002 年 3 月我就任驻白俄罗斯大使抵达明斯克后，亲眼看看俄国社会民主工党一大会址便成了我的一个强烈愿望。当我向几位先来的同事打听这个地方时，都说没去过，只是听说有个"共产主义小屋"，也不清楚在什么地方。我只好"自力更生"，利用第一个"五一"节假期亲自去寻觅。经过向当地人询问，很快了解到会址的确切位置，顺利找到了这个吸引我的地方。

这是一座绿色的小木屋，位于胜利广场附近的斯维斯洛奇河边，周围绿树掩映，异常幽静。据说，原来的小木屋在卫国战争中被炸

俄国社会民主工党一大会址

毁，现在的小木屋是战后照原样重新修复的。地点也是新的，因为市政建设的原因由旧址搬迁到此，不过墙上还挂着写有"扎哈列夫街133号"字样的门牌。正面入门处的一块白色牌子上写着"俄国社会民主工党第一次代表大会会址博物馆"。我望着这块牌子和这座小木屋，浮想联翩。有一句名言说："伟大出于平凡。"这座普普通通的小木屋以它不平凡的历史验证了这句话。100多年前在这座小木屋发生的那次历史事件，不仅改变了俄罗斯的历史，而且也影响到中国乃至世界。如果说"阿芙乐尔号"巡洋舰的一声炮响给中国送来了马克思主义，那么1921年中国共产党在上海的诞生实际上也是与1898年这座小木屋里发生的历史事件分不开的。追根溯源，19世纪末以来世界各国所有无产阶级政党都与这座小木屋有着历史渊源关系。我为有机会亲眼看见这座有着丰富历史内涵的不寻常小木屋感到兴奋，同时也有一种政治上的满足感。

我怀着兴奋的心情走进小木屋，里面唯一的一位中年妇女起身迎接我。她自我介绍是管理员兼讲解员。当她听说我是来自中国的客人时，显得非常高兴，热情地带我参观当年举行第一次党代表大会的房间，讲解里面的展品。房间不大，只有8平方米左右。里面的桌椅和其他陈设都是按照原来的样子摆放的。她说，这个博物馆在苏联时期享有很高的地位，直属白俄罗斯加盟共和国党中央管理，那时参观的人很多，除了苏联人，还经常有很多外国客人。苏联解体后，曾经有人主张取消这个博物馆，但遭到拒绝。大家认为，这是我们的历史，我们应该对自己的历史负责。虽然博物馆保留下来，但地位已大不如前。博物馆转由白俄罗斯文化部管理，成为白俄罗斯文化历史博物馆的一部分，经费长期短缺。随着社会意识形态的变化，人们特别是年轻人对博物馆兴趣日益减弱，现在来参观的人很少，外国人就更少了。她还说，看到我很高兴，她知道中国的社会主义搞得很成功，让白俄罗斯人很钦佩。中国共产党是好样的。

我在墙上挂的展牌中看到有法国共产党总书记多列士、民主德国国务委员会主席乌布利希、古巴领导人卡斯特罗等人参观博物馆时的照片，可以想见当年这里门庭若市的热闹情景。如今，这里真是门可罗雀，冷清得很。在我逗留期间，博物馆里只有我一个参观者。对比之下，我不由得再次感受到苏联共产党的兴衰给这个国家带来的巨大影响，也更加体会到中国共产党人的伟大以及我们身上肩负的历史责任。

自从发现了"共产主义小屋"的踪迹，我就把参观这座小木屋作为接待国内代表团的一项活动内容，此举深受代表团欢迎。

布列斯特要塞——两次沉痛事件的见证者

布列斯特是白俄罗斯西南部的边境城市，距明斯克 350 公里，位于穆哈维茨河和布格河交汇处，是布列斯特州的首府，人口 29 万。布列斯特历史上是俄国重要的西南边陲，历来是兵家必争之地，也是商贾集散之处。该市与波兰接界，扼俄罗斯和白俄罗斯通往东欧和西欧铁路、公路交通要冲，是欧亚大陆桥上的重要枢纽。19 世纪初，沙俄政府开始在这里修建要塞，从修建到不断完善历经近 30 年。

布列斯特是苏联历史上两次沉痛事件的见证者。一次是 1918 年在布列斯特要塞签订的屈辱的《布列斯特和约》。十月革命胜利后，俄国还处在与德国交战的状态，列宁为了避免德国的进攻，保护新生的脆弱的苏维埃政权，决定单独与德国媾和，并在谈判和约时，接受了德方提出的要求俄方割让大片西部领土的苛刻条件。双方于 1918 年 3 月 3 日在布列斯特要塞签订了《布列斯特和约》。该条约为苏维埃政权赢得了宝贵的"喘息时机"，对巩固新生的苏维埃政权具有重大意义。

另一次就是 1941 年从这里开始的苏联卫国战争。当年 6 月 22 日凌晨 4 时，德国法西斯军队撕毁《苏德互不侵犯条约》，在这里发动了对苏联的大举进攻。守卫布列斯特要塞的苏军奋起抵抗，打响了苏联卫国战争的第一枪。德军机械化部队很快就突破了要塞的防御，向明斯克方向挺进。但是，守卫要塞的苏军官兵仍顽强坚守阵地，展开了英勇的布列斯特要塞保卫战。这场战斗一直持续了一个多月。到 7 月末，守卫要塞的苏军官兵几乎全部阵亡，他们用自己的生命写下了苏联卫国战争史上可歌可泣的第一页。1965 年，布列斯特要塞被授予"英雄要塞"称号。在要塞遗址上修建了保卫要塞历史博物馆，供人们参观。

对于我这个曾经研究过苏联历史和第二次世界大战史的人来说，这座城市对我的吸引力是不言而喻的。2002 年 5 月 26 日，我陪同总参谋长傅全友上将率领的中国人民解放军代表团来到布列斯特要塞参观，这是我第一次与这座著名要塞零距离接触。由市区进入要塞的通道上修建了一个巨大的五星形状拱门，墙上有介绍要塞简况的牌子，拱门内播放着卫国战争时期的歌曲。当走进这道拱门时，立即被笼罩在庄严肃穆的气氛中，心灵受到强烈的震撼。通过拱门后，走过一段路，就进入要塞旧址。只见到处是布满弹痕的残垣断壁，让人很容易联想到当年要塞保卫战的惨烈。我发现在一堵比较高的断墙上贴着一块牌子，上面写着"1918 年 3 月 3 日在此签订《布列斯特和约》"。经向解说员了解，当

布列斯特要塞正门

年签约的这座建筑在要塞保卫战中被炸毁了。再往前走，是一个大广场，那里有 20 世纪 60—70 年代兴建的纪念雕塑群和一座高达 100 米的方尖纪念碑。广场的高处有长明火，长明火前的地面上写着："死有所值　英雄光荣"。我陪着傅总参谋长在长明火前敬献了花圈，然后向要塞的正门走去。正门保存得比较完整，上面弹痕累累，仿佛一位默默诉说那段重要历史的老人。我拍下了这个卫国战争开始的历史见证，后来把这幅照片收入了我在明斯克举办的个人摄影展。

最后，我们来到要塞博物馆参观，里面陈列着大约 4000 件展品，其中有要塞保卫战时用过的军旗、各种武器、战士们的衣物和照片等。一个被炸坏的马蹄表引起我的注意，表的时针指向 4 点钟，正好是战争爆发的时间。这只表以它特有的方式把那个影响苏联乃至世界命运的历史时刻定格下来，让后人永不忘记。更让我感动的是那些浴血奋战的战士写在墙上的留言："我们不会屈辱地死。""我们很艰难，但没有丧失斗志。我们将像英雄一样死去。""我将会死去，但决不投降！永别了，我的祖国！"我想，无论是谁看到这些视死如归的英雄留言，都无法不被震撼。这是真正的爱国主义和英雄主义，任何一个民族只要有这样的精神，就一定是不可战胜的。希特勒在下达进攻布列斯特命令的时候，一定没有意识到，他已经给自己的坟墓掘了第一锹土，从此他将踏上一条通向灭亡的不归路，就像当年的拿破仑一样。

我在参观时发现，博物馆里没有说明书。解说员向我解释说，以前有说明书，后来因为经费不足，就无法印制了。我听了心里感到很压抑，回到使馆后与有关同志商议，决定资助布列斯特要塞博物馆印制说明书，以此表达中国人民对反法西斯英雄们的敬意，加强中白两国人民的友谊，同时也可以帮助博物馆更好地宣传反法西斯光荣传统。2002 年秋季，我再次来到布列斯特要塞博物馆，代表中国大使馆赠送资助印制的说明书，在说明书上印有我们写的一句话：

"反法西斯英雄永垂不朽——中华人民共和国驻白俄罗斯共和国大使馆"。博物馆馆长专门举行了一个隆重的赠送仪式，并发表了热情的讲话。他说："中国大使馆资助印制博物馆说明书是没有先例的举动，突出表明了伟大的中国人民对反法西斯英雄的真挚感情和对白俄罗斯人民的友好情谊。白中两国人民在反法西斯战争中曾经是一个战壕的战友，现在，我们两国人民在维护世界和平的事业中继续肩并肩站在一起。"

后来这些年我一直把这份说明书带在身边，里面的布列斯特要塞照片和博物馆里的展品照片让我感到亲切，使我时常回忆起参观要塞时留下的那些难忘情景。

别洛韦日——埋葬苏联之地

在距布列斯特约半小时车程的地方，有一片广袤的原始森林，那就是著名的别洛韦日森林。别洛韦日森林系欧洲最大的平原森林，里面生长着种类繁多的植物，包括许多珍贵树种。还有各种野生动物，如野鹿、野猪等，其中最珍稀的是欧洲野牛。这种野牛是世界上现存最古老的动物之一，也是欧洲体积最大的动物，壮者体长 3.5 米，高 2 米，重 1000 公斤，寿命 25—30 年。野牛虽体形巨大，但性情温和，非常可爱。由于人类多年猎杀，到第二次世界大战结束时，别洛韦日森林里的野牛已经绝迹。1946 年从波兰引进 5 头，经有关组织精心呵护，现在已经增长到 300 头左右。20 世纪 70 年代，在这里建立了别洛韦日国家公园，现在公园面积已达 100 多平方公里。1979 年，别洛韦日国家公园被联合国教科文组织列为世界人类遗产。

历史上这片森林曾是俄国沙皇及皇室贵族钟爱的狩猎地和休养地，在里面修建了许多豪华建筑供来此游玩时使用，

在别洛韦日森林留影

后来在历次战争中基本都被破坏。至于签署《关于建立独立国家联合体协议》的所在地——维斯库利政府官邸的历史，则与当年苏共中央总书记赫鲁晓夫有关。

1956 年赫鲁晓夫访问南斯拉夫时，铁托陪同他数次打猎。赫鲁晓夫从没见

过那么舒适的狩猎营地，决定回国后也要修建类似的设施。不久，白俄罗斯部长会议收到苏联部长会议主席柯西金的指示（实际上是赫鲁晓夫的指示），在别洛韦日建造一个狩猎营地，其规格不仅可以接待国家领导人，还要能接待外国贵宾。接到这个指示后，白俄罗斯部长会议不敢怠慢，立即指示有关部门迅速落实，经过认真研究，决定选择森林中最好的地段维斯库利作为营地所在地，然后进行建筑设计和施工，仅用半年时间就完工了。1957 年 12 月，柯西金接到狩猎营地迅速竣工的消息，既意外又高兴，立即报告了赫鲁晓夫。1958 年 1 月 5 日，迫不及待的赫鲁晓夫来到别洛韦日，这也是他第一次来此地。当他看到维斯库利的狩猎营地后，大失所望。一是建筑风格与莫斯科的建筑雷同，没有新鲜感，二是水泥建筑，而不是铁托那样的木质建筑。他只在那里住了一夜，就回到自己的专列上去住了。赫鲁晓夫走后，白俄罗斯部长会议赶紧安排在已建成的狩猎营地对面又修建了三个木质房屋，作为营地的配套建筑。

赫鲁晓夫后来经常带着政治局成员到此打猎，同时也邀请东欧一些社会主义国家领导人来此地消遣。赫鲁晓夫的继任者勃列日涅夫同样有打猎爱好，也是维斯库利的常客。苏联解体后，这座狩猎营地便成为白俄罗斯领导人的活动场所，称为政府官邸。

然而，真正让维斯库利闻名全球的还是 1991 年 12 月在这里发生的导致苏联灭亡的那次历史性事件。

苏联三个加盟共和国领导人，即俄罗斯总统叶利钦、乌克兰总统克拉夫丘克、白俄罗斯共和国最高苏维埃主席舒什凯维奇经过秘密沟通，商定于 12 月 8 日在维斯库利会晤，就终结苏联做出最后决定。

12 月 7 日晚，叶利钦抵达维斯库利。克拉夫丘克已先期到达。叶利钦到后，舒什凯维奇举行了一个小型宴会欢迎两位贵宾。然后，三个人交代下属，必须在一夜之间搞出一份决定苏联命运的文件来。当晚，叶利钦和克拉夫丘克被安排在政府官邸下榻，舒什凯维奇则住在对面的木屋。

12 月 8 日，叶利钦、克拉夫丘克、舒什凯维奇在政府官邸大厅正式会晤，讨论下属连夜起草的文件，最后敲定了文稿，并正式签署。三人在《关于建立独立国家联合体协议》中宣布："我们，白俄罗斯共和国、俄罗斯联邦、乌克兰，作为苏联的创始国，1922 年联盟条约的签字国，共同确认：苏联作为国际法主体和地缘政治实体已终止存在。"这是一份名副其实的苏联死刑判决书。维斯库利从此以埋葬苏联之地载入史册。

2002 年 5 月 26 日，我陪同
傅总参谋长　行专程来到维斯
库利参观这座闻名遐迩的政府
官邸。这是一座灰白色两层小楼
房，看上去就像它的颜色一样平
淡无奇，远不如它的名声那么吸
引人。怪不得当年赫鲁晓夫看不
上它。不过，在那个决定苏联命
运的关键时刻，历史却选择了
它。我站在楼前广场，凝视着它，

别洛韦日森林中的维斯库利政府官邸

想象着 10 多年前在这座小楼里上演的那场影响全世界的政治剧的情景，颇有身
临其境之感。在距离不远的布列斯特要塞，1941 年 6 月发生的那场悲剧最后变
成了胜利的喜剧，而对这座小楼里上演的那场政治剧至今仍是仁者见仁，智者
见智，只有留待历史去评判了。在几乎是同一个地方，竟然能发生两个影响一
个大国乃至世界命运的重大事件，这种情况在世界历史上恐怕是绝无仅有的。
也许正因为如此，布列斯特和别洛韦日对人们具有一种非同寻常的吸引力。我
还想到，由于种种原因，几十年来自己的学习、工作和生活与苏联这个国家结
下了不解之缘，现在我却站在了终结这个国家的地方，不能不说是命运的安排。
苏联虽然已经消失了，但是生活在这片土地上的人民还在，他们正以新的方式
继续书写着自己的历史。我的工作和生活也与他们新的历史继续联系在一起。[①]

第四节　对福岛核事故的第一反应

——通过媒体向公众介绍切尔诺贝利核灾难后果

2011 年 3 月 11 日，日本东北部海域发生 9 级强烈地震，导致日本福岛第
一核电站发生爆炸与核泄漏事故，日本原子能安全保安院最初将此次事故评估
为"4 级"。4 月 12 日，日本广播协会电视台报道，日本原子能安全保安院决定
将福岛第一核电站核泄漏事故等级提高至 7 级。从而使此次日本核泄漏事故等

---

① 见《新广角》月刊 2010 年第 2 期。

级与 1986 年苏联切尔诺贝利核电站核泄漏事故等级相同。

1986 年的苏联切尔诺贝利核电站核泄漏事故被定义为最严重的 7 级。当年 4 月 26 日，位于乌克兰境内的切尔诺贝利核电站 4 号反应堆发生爆炸，造成 30 人当场死亡，8 吨多强辐射物泄漏。这次核泄漏事故使核电站周围 6 万多平方公里土地受到直接污染，320 多万人受到核辐射侵害，造成人类和平利用核能史上最大一次灾难。

当年负责调查切尔诺贝利核事故对人与环境造成影响的俄罗斯科学家亚布罗科夫博士指出，因福岛核电站使用的燃料较切尔诺贝利核电站多，且有反应堆使用了含有高毒性的钚的燃料，因此"福岛核电站事故可能会比切尔诺贝利带来更严重的后果"。

自日本福岛核泄漏事故发生以来，为了保护我国海洋环境安全和公众健康，国家海洋局一直在组织开展应对该事故放射性应急跟踪监测工作。国家海洋局环保司 2011 年 8 月 12 日在给《科技日报》记者采访函做出的书面回复中表示，监测结果表明，受污染公海海域远超过日方公布的影响范围，虽然目前福岛核泄漏事故尚未对我国海域产生影响，但不排除今后核污染物进入我国管辖海域的可能性。

我于 1992 年至 1995 年间和 2002 年至 2005 年间曾两度在受切尔诺贝利核事故影响的国家乌克兰和白俄罗斯工作过，对切尔诺贝利核事故给这两个国家造成的核污染后果和危害有比较具体的了解，并曾经在自己的回忆录《驻外札记》里专门描写了有关情况，题为"感受世纪悲剧——切尔诺贝利核灾难"。当我听到日本福岛核电站发生严重核泄漏的消息后，第一反应就是想把我所了解的切尔诺贝利核事故的严重后果介绍给我的同胞，以便让大家对福岛核泄漏可能对我国造成的威胁引起足够重视，了解有关防范措施，加强自我保护意识。由于 3 月 10 日至 16 日我正在外地参加活动，16 日晚回京后我便着手付诸行动，17 日上午向有可能受到福岛核泄漏事故影响的沿海城市香港和上海的两家知名报刊《文汇报》和《解放日报》表达了我的想法，并在当晚的日记里记下了自己的考虑："鉴于福岛核电站局势陷入失控状态，切尔诺贝利的阴影开始显现。为让广大民众对'何为切尔诺贝利核灾难'有比较具体的了解，我决定把《驻外札记》中的一节'感受世纪悲剧——切尔诺贝利核灾难'推荐给媒体，向公众传播。"

香港《文汇报》和上海《解放日报》回应很积极，非常支持我的想法，并表示将尽快发表。听到这个答复，我感到很欣慰，在 3 月 18 日的日记里写下了当时的心情："今天很高兴，因为我做成一件有益于中国民众的好事，也尽到了作为一个中国公民应尽的义务。"

两家报纸经过编辑，分别于 2011 年 3 月 18 日和 3 月 20 日发表了《驻外札记》的有关内容。

（　）香港《文汇报》2011 年 3 月 18 日

勿让世纪悲剧重演——切尔诺贝利核灾难的感受

有了在乌克兰和白俄罗斯对切尔诺贝利核灾难后果的亲身感受，我时常想，当年发现核能的科学家恐怕很难预料到这项伟大的科学成果给人类带来的福与祸。当代人应该做的，首先是不要让人类自己制造的核武器毁灭人类自己，其次，在积极和平利用原子能、让巨大的核能为人类服务的同时，要千方百计防止切尔诺贝利悲剧重演。面对没有国界的核灾难，这是人类共同的责任。

任何事物都具有对立统一的两面性，核能也不例外。1986 年 4 月 25 日，位于苏联乌克兰加盟共和国境内的切尔诺贝利核电站第 4 号反应堆的工作人员违反操作规程，导致该反应堆在 4 月 26 日凌晨发生严重爆炸，相当于 200 颗广岛原子弹辐射能量的强放射性尘埃扩散到大气层，随着当时的东南风飘落到乌克兰北部、白俄罗斯中部和东南部，俄罗斯的布良斯克地区总计 14 多万平方公里的土地上，约有 60% 的放射性物质落在白俄罗斯境内。此外，部分东欧地区和北欧地区也受到不同程度污染。这是世界和平利用核能史上迄今最为严重的事故，堪称 20 世纪人类一大悲剧。

20 世纪人类大悲剧

据专家估计，泄露的各种放射性物质中衰变期最长的达 100 年，这也就意味着，切尔诺贝利造成的核污染至少要上百年才能完全消除。正如一位白俄罗斯科学家所说，这是"一场我们终生都无法扑灭的大火"。根据 2005 年联合国的一项调查报告，切尔诺贝利核电站爆炸时死亡的人数不到 50 人，后来因遭受辐射而衍生的各种疾病最终导致死亡的人数超过 9000 人。不过，一些世界绿色组织对这项调查结果提出质疑，他们认为因遭受核辐射而死亡的人数要大大多于联合国调查的结果。至于这场核灾难造成的经济损失尚无权威统计，据有的国际组织估计，这些年来相关国家的经济损失累计达到数千亿美元，其中包括医疗费、核污染清理费以及生产损失等。毫无疑问，消除切尔诺贝利核事故后果已经成为有关国家一个沉重的财政负担。

基辅位于切尔诺贝利南部，距离只有 130 公里。如果当时刮的不是东南风，而是西北风，这座历史悠久的名城将遭受灭顶之灾。基辅人经常说，是上帝保佑了他们的城市。即使如此，基辅仍属于轻度核污染区。那里的饮用水被污染，牛、羊等食草类牲畜的肉和奶都有污染，植物也受到污染，其中以蘑菇为最，据说是因为蘑菇吸收放射性物质能力很强。我去乌克兰之前，虽然知道那里的切尔诺贝利发生过严重事故，但没有具体概念，更缺少这方面的常识，甚至主观认为事故已经过去 6 年，应该没有什么问题了。在基辅工作了一段时间，才对这场核灾难及其后果逐渐有了比较多的了解和比较清晰的认识。

尚无消除人体内核污染的有效方法

一些当地的科学家和医生向我们介绍了有关情况，他们说，目前看，切尔诺贝利核污染对人体的危害主要是引起甲状腺、淋巴系统和血液系统的病变。一些事故后出生的孩子因为在母体内受到核污染侵害，也会出现各种相关疾病。目前，医学还没有消除人体内核污染的有效方法。他们提醒我们务必要认真对待核污染问题。我们通过与其他一些国家的外交官接触又了解到，为了避免放射性物质在体内积累过多，造成后果，他们一般是一个季度或半年就离开基辅一段时间，到没有污染的地区出差或休假，这样可以减少体内的核污染物。

我们了解到基辅的核污染情况后，才意识到问题的严重性，除了自身健康受到一定威胁，一些年轻人还面临下一代的健康问题。但是，作为外交官，国家利益重于泰山，守职有责是我们时刻牢记的原则。面对核污染，我们从未想过退缩。与此同时，我们也以科学态度对待这个问题，根据专家建议，在饮食方面尽量不吃牛肉和羊肉，多吃猪肉，注意不喝污染区产的牛奶，蘑菇更是被我们拒绝的食物。为了对目前和今后在这里工作的同志们的健康负责，我们认为有责任把了解到的有关核污染的情况报告国内。我们的报告引起国内的重视。为此，国内专门给驻乌克兰使馆增加了相关补贴。由于白俄罗斯首都明斯克与基辅一样，也属于轻度核污染区，驻白俄罗斯使馆人员也享受同样相关补贴。当我 2002 年去白俄罗斯工作时，驻白俄罗斯使馆和驻乌克兰使馆人员的补贴已经增加，在饮水和食品方面也采取了新措施，而且可以享受每年回国休假一次的待遇。一般使馆的馆员是一个任期内回国休假一次。

污染区阴森恐怖

2003 年 11 月，我应邀参观刚刚竣工的白俄罗斯国家放射科研与实践研究中心，该中心位于受切尔诺贝利污染严重的戈梅利州。然后，又到一个核污染准撤离区去参观。在那里，我亲身感受到核灾难的恐怖后果。切尔诺贝利核事故污染区根据污染程度不同分为三个区域：隔离区、撤离区、准撤离区。核电站周围 30 公里范围为隔离区，也称无人区。隔离区以外为高污染的撤离区，严格限制居民在区内居住。白俄罗斯境内约有 4500 平方公里这样的撤离区。撤离区以外就是准撤离区，一般距核电站 100 公里左右，属于非高污染地带，平均辐射强度为每小时 30 毫伦琴（安全辐射指标是每小时 20 毫伦琴以下）。这一地区不要求强制性撤离，但提醒居民注意采取防范措施。当车子驶进参观地区之后，我立刻有一种异样的感觉，天空是灰色的，土地也是灰色的，树木和草是灰蒙蒙的，人烟稀少，到处一片死气沉沉的寂静，给人一种阴森的恐怖感。当地官员介绍说，核事故发生后，这里的大部分居民一度曾撤离，后来有些人陆续又返回来，主要是老年人。他们觉得在异乡生活不习惯，故土难离，宁可冒核污染风险，也愿意在这里生活。甚至有些撤离区的居民也返回故里。

于振起　中国国际问题研究基金会副理事长

（作者曾先后担任过中国驻乌克兰临时代办、中国驻白俄罗斯大使、中国驻保加利亚大使）

（二）《**解放日报**》2011 年 3 月 20 日

我外交官回忆切尔诺贝利核灾难污染区见闻
——天是灰的，地是灰的，草木也是灰的

1986 年 4 月 25 日，位于前苏联乌克兰加盟共和国境内的切尔诺贝利核电站第 4 号反应堆的工作人员违反操作规程，导致该反应堆在 4 月 26 日凌晨发生严重爆炸，相当于数百颗广岛原子弹辐射能量的强放射性尘埃扩散到大气层，约有 60% 的放射性物质落在白俄罗斯境内。这是世界和平利用核能史上迄今最为严重的事故，堪称 20 世纪人类一大悲剧。切尔诺贝利造成的核污染至少要上百年才能完全消除，正如一位白俄罗斯科学家所说，这是"一场我们终生都无法扑灭的大火"。

根据 2005 年联合国的一项调查报告，切尔诺贝利核电站爆炸时死亡的人数不到 50 人，后来因遭受辐射而患上各种疾病以致最终死亡的人数超过 9000 人。不过，一些世界绿色组织认为，死亡人数远远不止于此。

基辅位于切尔诺贝利南部，距离只有 130 公里。如果当时刮的不是东南风，而是西北风，这座历史悠久的名城将遭受灭顶之灾。基辅人经常说，是上帝保佑了他们的城市。即使如此，基辅仍属于轻度核污染区。那里的饮用水被污染，牛、羊等食草类牲畜的肉和奶都有污染，植物也受到污染，其中以蘑菇为最，据说是因为蘑菇吸收放射性物质能力很强。

我去乌克兰之前，虽然知道切尔诺贝利发生过严重事故，但没有具体概念，更缺少这方面的常识，甚至主观认为事故已经过去 6 年，应该没有什么问题了。在基辅工作做了一段时间，才对这场核灾难及其后果逐渐有了比较多的了解和比较清晰的认识。一些当地的科学家和医生向我们介绍了有关情况，他们说，目前看，切尔诺贝利核污染对人体的危害主要是引起甲状腺、淋巴系统和血液系统的病变。一些事故后出生的孩子因为在母体内受到核污染侵害，也会出现各种相关疾病。目前，医学还没有消除人体内核污染的有效方法。他们提醒我们务必要认真对待核污染问题。我们通过与其他一些国家的外交官接触又了解到，为了避免放射性物质在体内积累过多，造成后果，他们一般是一个季度或半年就离开基辅一段时间，到没有污染的地区出差或休假，这样可以减少体内的核污染物。

我们了解到基辅的核污染情况后，才意识到问题的严重性，除了自身健康受到一定威胁，一些年轻人还面临下一代的健康问题。但是，作为外交官，国家利益重于泰山，守职有责是我们时刻牢记的原则。面对核污染，我们从未想过退缩。与此同时，我们也以科学态度对待这个问题，根据专家建议，在饮食方面尽量不吃牛肉和羊肉，多吃猪肉，注意不喝污染区产的牛奶，蘑菇更是被我们拒绝的食物。为了对目前和今后在这里工作的同志们的健康负责，我们认为有责任把了解到的有关核污染的情况报告国内。我们的报告引起国内的重视。为此，国内专门给驻乌克兰使馆增加了相关补贴。由于白俄罗斯首都明斯克与基辅一样，也属于轻度核污染区，驻白俄罗斯使馆人员也享受同样相关补贴。当我 2002 年去白俄罗斯工作时，驻白俄罗斯使馆和驻乌克兰使馆人员的补贴已经增加，在饮水和食品方面也采取了新措施，而且可以享受每年回国休假一次的待遇。一般使馆的馆员是一个任期内回国休假一次。

后来我在白俄罗斯工作期间，有机会与切尔诺贝利事故受害者近距离接触。那里的切尔诺贝利事故受害者协会每年 4 月 26 日都组织纪念活动。2002 年 4 月 26 日，我第一次应邀参加了这样的活动。当我看到在场的几十名受害者时，给我的第一印象是他们脸上那种从未见过的病态神情。我向他们发表了即席讲话。我说："亲爱的朋友们，今天当我站在你们面前时，心情十分沉重。16 年前的今天，发生了切尔诺贝利核灾难。这场灾难改变了许多人的命运，其中也包括在座各位朋友。虽然中白两国相距遥远，但两国人民的心贴得很近。中国人民对白俄罗斯人民遭受的核灾难非常同情，并给予了力所能及的援助，体现了对白俄罗斯人民的友好情谊。中国驻白俄罗斯大使馆也一直尽自己所能帮助核事故受害者。作为新任大使，我将继续这一传统。朋友们，我想借此机会向你们并通过你们向所有切尔诺贝利核事故受害者表示最诚挚的问候和最良好的祝愿！"讲话后，我代表使馆向他们赠送了食品。一位中年男子在接过食品时对我说："感谢大使先生，感谢中国人民！希望这样的灾难永远不要在中国发生。"

以后每年的 4 月我都应邀参加这样的纪念活动。最让我感到难过的是，每次主持人都会告诉我，去年参加活动的某某人已经去世了。为了尽量为受害者多做一点事情，我决定每年新年前夕与受害者协会联合为核事故受害儿童举办新年联欢会，我代表使馆向孩子们赠送一些新年礼物。每当我看到这些面带病态又不失天真的孩子们时，心里就十分难过。这些可爱的孩子还不可能明白，当他们还没来到这个世界的时候，他们的命运就已经被那场可怕的核灾难改变了。

2003 年 11 月，我应邀参观刚刚竣工的白俄罗斯国家放射科研与实践研究中心，该中心位于受切尔诺贝利污染严重的戈梅利州。然后，又到一个核污染准撤离区去参观。在那里，我亲身感受到核灾难的恐怖后果。切尔诺贝利核事故污染区根据污染程度不同分为三个区域：隔离区、撤离区、准撤离区。核电站周围 30 公里范围为隔离区，也称无人区。隔离区以外为高污染的撤离区，严格限制居民在区内居住。白俄罗斯境内约有 4500 平方公里这样的撤离区。撤离区以外就是准撤离区，一般距核电站 100 公里左右，属于非高污染地带，平均辐射强度为每小时 30 毫伦琴（安全辐射指标是每小时 20 毫伦琴以下）。这一地区不要求强制性撤离，但提醒居民注意采取防范措施。当车子驶进参观地区之后，我立刻有一种异样的感觉，天空是灰色的，土地也是灰色的，树木和草是灰蒙蒙的，人烟稀少，到处一片死气沉沉的寂静，给人一种阴森的恐怖感。当地官员介绍说，核事故发生后，这里的大部分居民一度曾撤离，后来有些人陆续又返回来，主要是老年人。他们觉得在异乡生活不习惯，故土难离，宁可冒核污染风险，也要在这里生活。甚至有些撤离区的居民也返回故里。

有了在乌克兰和白俄罗斯对切尔诺贝利核灾难后果的这些亲身感受，我时常想，当年发现核能的科学家恐怕很难预料到这项伟大的科学成果给人类带来的福与祸。当代人应该做的，首先是不要让人类自己制造的核武器毁灭人类自己，其次，在积极和平利用原子能、让巨大的核能为人类服务的同时，要千方百计防止切尔诺贝利悲剧重演。面对没有国界的核灾难，这是人类共同的责任。

中国国际问题研究基金会副理事长

首任驻乌克兰临时代办　　于振起

前驻白俄罗斯、保加利亚大使

……

2011 年 4 月 27 日，《北京青年报》刊登了一篇纪念切尔诺贝利核事故 25 周年的综合文稿，其中包括《驻外札记》"感受世纪悲剧——切尔诺贝利核灾难"一节的内容，摘录如下：

切尔诺贝利核事故 25 周年忆与议

1986 年 4 月 26 日，切尔诺贝利核电站爆炸，引发了人类历史上最大的核泄漏灾难。昨天，2011 年 4 月 26 日，切尔诺贝利核事故发生 25 周年。**本报特刊登原中国驻乌克兰临时代办、中国驻白俄罗斯大使于振起先生，以及《中国青年报》驻俄罗斯首席记者关健斌的文章，以资纪念与思索。**

1986 年 4 月 25 日，位于前苏联乌克兰加盟共和国境内的切尔诺贝利核电站第 4 号反应堆的工作人员违反操作规程，导致该反应堆在 4 月 26 日凌晨发生严重爆炸。相当于 200 颗广岛原子弹辐射能量的强放射性尘埃扩散到大气层，随着当时的东南风飘落到乌克兰北部、白俄罗斯中部和东南部、俄罗斯的布良斯克地区总计 14 万多平方公里的土地上，约有 60% 的放射性物质落在白俄罗斯境内。部分东欧地区和北欧地区也受到不同程度的污染。

这是世界和平利用核能史上迄今最为严重的事故，堪称 20 世纪人类一大悲剧。据专家估计，泄漏的各种放射性物质中衰变期最长的达 100 年，这也就意味着，切尔诺贝利造成的核污染至少要上百年才能完全消除。正如一位白俄罗斯科学家所说，这是"一场我们终生都无法扑灭的大火"。根据 2005 年联合国的一项调查报告，切尔诺贝利核电站爆炸时死亡的人数不到 50 人，后来因遭受辐射而衍生的各种疾病最终导致死亡的人数超过 9000 人。不过，一些世界绿色组织对这项调查结果提出质疑，他们认为因遭受核辐射而死亡的人数要大大多于联合国调查的结果。至于这场核灾难造成的经济损失，尚无权威统计。据有的国际组织估计，这些年来相关国家的经济损失累计达到数千亿美元，其中包括医疗费、核污染清理费以及生产损失等。毫无疑问，消除切尔诺贝利核事故后果已经成为有关国家一个沉重的财政负担。

爆炸后6年出使乌克兰

基辅（乌克兰首都，编者注）位于切尔诺贝利南部，距离只有130公里。如果当时刮的不是东南风，而是西北风，这座历史悠久的名城将遭受灭顶之灾。即使如此，基辅仍属于轻度核污染区。那里的饮用水被污染，牛、羊等食草类牲畜的肉和奶都有污染，植物也受到污染，其中以蘑菇为最，据说是因为蘑菇吸收放射性物质能力很强。

我去乌克兰之前，虽然知道那里的切尔诺贝利发生过严重事故，但没有具体概念，更缺少这方面的常识，甚至主观认为事故已经过去6年，应该没有什么问题了。在基辅工做了一段时间，才对这场核灾难及其后果逐渐有了比较多的了解和比较清晰的认识。一些当地的科学家和医生向我们介绍了有关情况。他们说，目前看，切尔诺贝利核污染对人体的危害主要是引起甲状腺、淋巴系统和血液系统的病变。一些事故后出生的孩子因为在母体内受到核污染侵害，也会出现各种相关疾病。目前，医学还没有消除人体内核污染的有效方法。他们提醒我们务必要认真对待核污染问题。

驻乌克兰、白俄罗斯人员特殊待遇

我们通过与其他一些国家的外交官接触又了解到：为了避免放射性物质在体内积累过多，造成不良后果，他们一般是一个季度或半年就离开基辅一段时间，到没有污染的地区出差或休假，这样可以减少体内的核污染物。

我们了解到基辅的核污染情况后，才意识到问题的严重性——除了自身健康受到一定威胁，一些年轻人还面临下一代的健康问题。但是，作为外交官，国家利益重于泰山，守职有责是我们时刻牢记的原则。面对核污染，我们从未想过退缩。与此同时，我们也以科学态度对待这个问题。根据专家建议，在饮食方面尽量不吃牛肉和羊肉，多吃猪肉，注意不喝污染区产的牛奶，蘑菇更是被我们拒绝的食物。

为了对目前和今后在这里工作的同志们的健康负责，我们认为有责任把了解到的有关核污染的情况报告国内。我们的报告引起国内的重视。为此，国内专门给驻乌克兰使馆增加了相关补贴。由于白俄罗斯首都明斯克与基辅一样，也属于轻度核污染区，驻白俄罗斯使馆人员也享受同样的相关补贴。当我2002年去白俄罗斯工作时，驻白俄罗斯使馆和驻乌克兰使馆人员的补贴已经增加，在饮水和食品方面也采取了新措施，而且可以享受每年回国休假一次的待遇。一般使馆的馆员是一个任期内回国休假一次。

与受害者在一起

我在白俄罗斯工作期间，有机会与切尔诺贝利事故受害者近距离接触。那里的切尔诺贝利事故受害者协会每年4月26日都组织纪念活动。2002年4月26日，我第一次应邀参加了这样的活动。当我看到在场的几十名受害者时，给我的第一印象是他们脸上那种从未见过的病态神情。我向他们发表了即席讲话。我说："亲爱的朋友们，今天当我站在你们面前时，心情十分沉重。16年前的今天，发生了切尔诺贝利核灾难。这场灾难改变了许多人的命运，其中也包括在座各位朋友。虽然中白两国相距遥远，但两国人民的心贴得很近。中国人民对白俄罗斯人民遭受的核灾难非常同情，并给予了力所能及的援助，体现了对白俄罗斯人民的友好情谊。中国驻白俄罗斯大使馆也一直尽自己所能帮助核事故受害者。作为新任大使，我将继续这一传统。朋友们，我想借此机会向你们并通过你们向所有切尔诺贝利核事故受害者表示最诚挚的问候和最良好的祝愿！"

讲话后，我代表使馆向他们赠送了食品。一位中年男子在接过食品时对我说："感谢大使先生，感谢中国人民！希望这样的灾难永远不要在中国发生。"

以后每年的4月我都应邀参加这样的纪念活动。最让我感到难过的是，每次主持人都会告诉我，去年参加活动的某某人已经去世了。为了尽量为受害者多做一点事情，我决定每年新年前夕与受害者协会联合为核事故受害儿童举办新年联欢会，我代表使馆向孩子们赠送一些新年礼物。每当我看到这些面带病态又不失天真的孩子们时，心里就十分难过。这些可爱的孩子还不可能明白，当他们还没来到这个世界的时候，他们的命运就已经被那场可怕的核灾难改变了。

2003年11月，我应邀参观刚刚竣工的白俄罗斯国家放射科研与实践研究中心。该中心位于受切尔诺贝利污染严重的戈梅利州。然后，又到一个核污染准撤离区去参观。在那里，我亲身感受到核灾难的恐怖后果。切尔诺贝利核事故污染区根据污染程度不同分为三个区域：隔离区、撤离区、准撤离区。核电站周围30公里范围内为隔离区，也称无人区。隔离区以外为高污染的撤离区，严格限制居民在区内居住。白俄罗斯境内约有4500平方公里这样的撤离区。撤离区以外就是准撤离区，一般距核电站100公里左右，属于非高污染地带，平均辐射强度为每小时30毫伦琴（安全辐射指标是每小时20毫伦琴以下）。这一地区不要求强制性撤离，但提醒居民注意采取防范措施。当车子驶进参观地区之后，我立刻有一种异样的感觉，天空是灰色的，土地也是灰色的，树木和草是灰蒙蒙的，人烟稀少，到处一片死气沉沉的寂静，给人一种阴森的恐惧感。当地官员介绍说，核事故发生后，这里的大部分居民一度曾撤离，后来有些人陆续又返回来，主要是老年人。他们觉得在异乡生活不习惯，故土难离，宁可冒核污染风险，也愿意在这里生活，甚至有些撤离区的居民也返回了故里。

有了在乌克兰和白俄罗斯对切尔诺贝利核灾难后果的这些亲身感受，我时常想，当年发现核能的科学家恐怕很难预料到这项伟大的科学成果给人类带来的福与祸。当代人应该做的，首先是不要让人类自己制造的核武器毁灭人类自己；其次，在积极和平利用原子能、让巨大的核能为人类服务的同时，要千方百计防止切尔诺贝利悲剧重演。面对没有国界的核灾难，这是人类共同的责任。

……

2017 年，福岛核事故阴影再现。2017 年中央电视台"3•15"晚会曝光，产自日本核污染地区的食品已经在国内市场上悄悄出现。央视报道称，2011 年的 3 月 11 日，日本遭遇海啸袭击，福岛第一核电站发生严重核泄漏。为了保证民众的食品安全，中国政府也在第一时间出台了相关法规，严禁进口事故周围区域生产的食品。如今，六年过去了，产自核污染地区的日本食品却已经在国内市场上悄悄出现了。

随后，一些涉事企业纷纷表示，已经在第一时间将相关日本食品全线下架。

2017 年 3 月 16 日，在外交部记者招待会上，记者向发言人华春莹提问："昨天央视'3•15'晚会曝光了产自核污染地区的日本食品流入中国市场的情况。你怎么看待这一问题？"

华春莹回答说："关于昨天'3•15'晚会曝光有日本核污染地区产品流入中国市场事，相信中方有关食品检验检疫部门会依法处理，维护中国食品安全和公众健康。

我们一直关注日本福岛核泄漏及其后续影响。我注意到在福岛核事故发生6 周年之际，日本国内媒体也在大量报道评论，总体认为日本政府在污染水和土壤及放射性废弃物处理方面缺乏有效手段，向海洋排放核污水给周边海洋环境和民众健康带来隐患，有关对策滞后且信息公开不透明，食品安全等相关数据缺乏足够说服力。

我想讲的是，福岛核泄漏及其后续处理问题不仅直接关系到日本国内民众的安全，也影响包括中国在内的地区邻国。遗憾的是，日本政府在过去的 6 年里对福岛核泄漏问题要么讳莫如深，要么闪烁其词，对日本国内外的担忧始终没有给出一个令人放心、让人安心的明确的说法。我们再次敦促日本政府本着对国际公共利益高度负责的态度，切实履行相关国际义务，及时通报准确可靠信息，不得做危害海洋环境安全和他国民众健康的事。"

看到上述有关报道，我的心情很沉重，不由得又勾起六年前对福岛核事故影响的忧虑和担心。鉴于科学研究已经证明，核泄漏的后果将会长期存在，且没有人为消除的办法，我们必须进一步加强关于福岛核事故影响的全民教育，增强民众自我防护意识，绝对不可疏忽大意。我们不仅要对自己的健康负责，更要对我们后代的健康负责。

第五节　乌克兰建馆记

2011年4月7日，我应邀接受《解放日报》驻京记者采访，讲述了在基辅建立中国驻乌克兰使馆的一些经历。

乌克兰建馆记
——专访新中国首位博士大使、首任驻乌克兰使馆临时代办于振起

莫斯科时间1991年12月25日晚7时，飘扬在克里姆林宫穹顶上的镰刀锤子旗帜黯然降下。苏联解体，一个时代终结。

同年12月底，中国外交部苏联东欧司。当时在苏联处工作的于振起接到通知，受命担任中国驻乌克兰使馆临时代办。自此，从1992年2月踏上基辅土地到1995年3月奉调回国，于振起在乌克兰工做了三年。

"这是一段极为特殊的经历，在新中国外交史上可以说是空前的。"20年后的今天，谈起那段亲历，年过六旬的于振起依然记忆犹新。他告诉记者，由于情况特殊，上级要求"以最快速度"赶赴前苏地区开展工作，建馆工作也打破了常规。比如，于振起同时肩负在乌建立使馆与开展外交工作两项任务，而循惯例应分两步走——行政人员先去负责建馆事宜，而后外交官再去赴任。此外，由于乌克兰是新独立国家，双边关系没有任何基础，此行一切都是从零开始，而整个建馆小组，算上于振起，不过三人而已，"时间紧、人手少、任务重。周总理说过，外交官就是'文装解放军'，国家的需要就是命令，我们坚决服从组

织安排"。

"您担心过未知的困难吗？"记者忍不住插了一句。于振起淡然一笑："对于当过知青插过队的人来说，任何困难都不在话下。"1968 年，于振起与他的同学离开天津，前往内蒙古乌拉特前旗插队落户。在那块土地上，他经历过许多艰难困苦。4 年的知青生活磨炼了于振起的意志，也让这位在城市长大的年轻人更深刻地了解了自己的国家，"无论是在乌克兰建馆还是以后的外交生涯，插队生活留下的印记始终如影随形，成为我报效祖国的重要精神动力"。

步行前去递代办介绍书

1992 年 1 月 4 日，中乌签署建交公报。2 月 27 日中午，于振起与同事三等秘书范先荣先生（现任中国驻塔吉克斯坦大使）、随员赵向荣女士（现任外交部欧亚司参赞）飞抵乌克兰首都基辅。三人被安排入住罗斯饭店。

作为中国首任外交代表，于振起的首要任务是向乌克兰外长递交中国外长的代办介绍书正本，以便尽快正式开展工作。第二天上午，于振起便与赵向荣一起乘出租车前往外交部与礼宾局长会面，向他递交代办介绍书副本，并提出希望尽快同兹连科外长会见。局长先生告诉于振起，外长正在议会开会，考虑到已是周末，会面可能要安排到下周。

辞别礼宾局长后，两人重回罗斯饭店。下午 2 点，电话铃响，乌外交部来电告，兹连科外长定于当日下午 5 时会见中国临时代办。一番准备之后，于振起与赵向荣二次下楼，到了饭店门口才发现，院子里一台出租车也没有。怎么办？守时是外交官的基本准则，两人决定步行前去。出饭店过了一条街，面前就是一段铺着石子的上坡路。赵向荣脚踩高跟鞋，走上坡路本就不便，何况路面还嵌着一粒粒石子。于振起嘱咐她不要急，慢慢走。过了这段上坡路，接下来就是柏油路，两人最后提前几分钟抵达外交部。

回忆起这段小插曲，于振起很感慨："兹连科外长在我到任第二天就会见我，说明乌方重视对华关系。而一国外交代表坐出租车去见外长已经不多，步行前往更是罕见。当时条件之艰苦，可见一斑。"

兹连科外长是位典型的职业外交官，仪表堂堂，举止优雅。于振起向他递交了钱其琛外长签署的临时代办介绍书正本，并表示只要双方遵循中乌建交公报和谅解备忘录的原则和精神，两国关系定会有良好的发展前景。兹连科对此完全赞同，表示愿与中国发展最广泛的联系和合作。

于振起在乌克兰的首场外交活动顺利结束。当晚，他在日记本上写了这么一段话："中乌关系从此正式进入运行轨道。我为自己能够成为中乌关系的开拓者感到荣幸，同时也深感责任重大。"

结识朋友维护祖国统一

苏联解体，前苏地区出现了 15 个独立国家。台湾当局企图浑水摸鱼，搞所谓"外交突破"。乌克兰是苏联最重要的加盟共和国之一，成为台当局觊觎之重点。在刚独立不久的乌克兰，朝野上下许多人对台湾问题并不了解。此外，由于国内经济困难，有些议员持"机会主义"观点，主张以"建交"换援助。

维护统一，反对分裂，是中国外交官的神圣职责。使馆工作千头万绪，三个人实在难以应付。于振起想到两批人：一批是他在基辅的旧友，其中就包括乌克兰国际关系学院副院长库里尼奇。于振起请他协助了解台方在当地的活动情况，院长先生一口答应。另外就是结识新朋——中国在当地的留学生。于振起把年轻人请到大使馆，留学生爱国热情都很高，纷纷表示支持使馆工作，保证随叫随到。后来，他常说，"乌克兰建馆，中国留学生功不可没"。

4 月 7 日，于振起获悉，台湾所谓"外交次长"将搭乘携带"援乌"药品的专机抵达基辅。下午 4 时 30 分，于振起紧急约见乌克兰第一副外长马卡列维奇，请其予以澄清。马卡列维奇解释，此人是应乌克兰一非官方组织的邀请而进行的私人访问。于振起提出，希望乌方恪守中乌建交公报精神，不与其进行任何形式的官方接触。

第二天，于振起安排中国留学生到机场协助观察药品交接仪式现场情况，发现乌克兰一位内阁部长出席了仪式。于振起立即二度约见马卡列维奇，就此提出严肃交涉。马卡列维奇称并不知情，表示将在了解情况后再作解释。两天后，他告诉于振起，这位部长确实出席了仪式，但强调是他的擅自决定。副外长还说，克拉夫丘克总统已批评了这位部长，并宣布今后任何内阁官员不得参与涉台活动。

此后，又有乌克兰议员在议会开会时主张与台湾"建交"。同为议员的库里尼奇当场指出台湾问题的实质——乌克兰同台湾"建交"，无异于他国承认乌克兰的克里米亚独立。此言一出，全场顿悟。从此以后，议会内再无此类声音。

当然，此后台湾当局还有些小动作，但都无功而返。中国外交官为维护祖国统一尽到了自己的职责。说到这里，于振起很欣慰。

与美方"争夺"馆舍

作为一个新独立国家，当时乌克兰没有现成的外交馆舍。除一些东欧国家把原来在基辅的领馆升格为使馆外，大部分国家的外交人员都住在罗斯饭店。这是一个苏联时期兴建的涉外饭店，硬件设施与安全条件相对比较好。

中方三人被安排在饭店 7 层。安顿好之后，于振起首先想到的是为临时大使馆挂上馆牌。7 层中间是过厅，中国外交人员租用过厅西侧的客房，而过厅与西侧客房之间相隔一扇门。经讨商议，三人决定把馆牌挂在过厅的西墙上。中国驻外使馆馆牌理所当然要用汉字，同时配英文或驻在国文字。但在定制过程中遇到了个麻烦：当地无法制作汉字标牌。无奈之下只能采取变通方法，用俄、英两种文字在馆牌上刻上"中华人民共和国驻乌克兰大使馆"，馆牌红底黄字。看到使馆从自己手中初步成型，三人异常激动，都在馆牌前留影。

此后，这个迷你使馆开始有条不紊地运转起来。三人做了简单分工，作为临时馆长，于振起负责全面工作，范先荣主要负责一般对外交往和使馆行政工作，而赵向荣主要担任秘书工作。但是，把使馆设在饭店只是权宜之计，找永久馆舍仍是急迫的任务。乌方虽然提供了一些备选房屋，但都不理想。后来，中方从内部渠道获悉，原乌克兰对外友协旧址将被改作外国使馆馆舍。这栋位于戈鲁舍夫斯基大街 32 号的二层建筑毗邻总统府和议会，最初是 19 世纪一位贵族的私宅。建筑具有浓厚的俄式风格，外表华丽气派，内部精致讲究。中方向乌方提出了申请。

与此同时，美国驻乌使馆也看上了那栋建筑。事实上，凭借在当地特殊影响力，美方已经拥有基辅最好的馆舍——原乌共中央办公大楼。不过美方仍得陇望蜀，希望将之也占为己有，全然不顾他国使馆仍"蜗居"在饭店之中。怎样才能让乌方将这栋建筑划给中方？使馆内部经过反复讨论，决定借助克拉夫丘克总统当年 10 月即将访华的契机，由已到任的张震大使出面，亲自向总统提出馆舍请求。这个方法果然奏效，克拉夫丘克总统最终拍板，将戈鲁舍夫斯基大街 32 号作为中国使馆馆舍。

后来，中国外交部行政司领导在看过这个馆舍后感叹，这是中国在前苏地区新独立国家中最好的馆舍。这席话是对在乌所有中国外交官建馆工作的肯定。

为上海申博做贡献

1995 年 3 月，于振起结束了在乌克兰任期，踏上回国旅程。此后，从 2002 年到 2007 年，于振起先后出任中国驻白俄罗斯、保加利亚大使。在此期间，于振起积极推动中白、中保关系发展。在两国离任前夕，他分别获得了两项崇高荣誉：成为首位获得白俄罗斯最高级别荣誉"人民友谊"勋章的外国使节，而在保加利亚，他被授予最高荣誉勋章——"老山"一级勋章。

2007 年 11 月，于振起正式退休，离开了外交工作第一线。2010 年上海世博会期间，他又以中国政府副总代表身份参与了世博会的工作。"其实，在我担任驻白俄罗斯大使期间，就曾为上海申博成功尽了自己的一分力量"，他告诉记者一段不为人知的故事：

2002 年，2010 年世博会举办权之争进入白热化阶段。于振起接到国内指示，要争取白俄罗斯对上海申博的支持。由于莫斯科也在申博，而白俄罗斯与俄罗斯有特殊关系，白方支持上海有一定难度。于振起没有放弃，利用自己与包括主管副外长在内白方高层的良好工作关系，深入细致地做工作。开花终于结果，9 月 26 日，在中国使馆举行的国庆招待会上，白俄罗斯外长郑重告诉于振起，白方决定支持上海申博。于振起高兴地说："这是我在国庆节收到的最好礼物"。当年 12 月，在国际展览局第 132 次成员国代表大会投票表决 2010 年世博会申办地时，白俄罗斯代表把自己的一票投给了上海。

采访临近结束，记者问于振起如何评价他的外交生涯？"一个人只有把自己与自己的国家联系在一起，才会有内心的归属感和更深意义上的幸福感。生活在中华民族伟大复兴时代的人是幸运的，能够为这一伟大复兴事业做出自己贡献的人是幸福的。这就是我想说的心里话。"于大使的话掷地有声。

《解放日报》驻京记者 洪俊杰

于振起简历： 1946 年生于天津。1968—1972 年在内蒙古乌拉特前旗插队。1972—1975 年就读于天津师范学院中文系。1978—1981 年，就读于南开大学历史系世界现代史专业，获历史学硕士学位。1985—1988 年，就读于外交学院国际关系史专业，获历史学博士学位。1988—1992 年，任外交部苏联东欧司苏联处二秘、一秘。1992—1995 年，任中国驻乌克兰使馆首任临时代办，一秘。1995—1998 年，任外交部政研室国际政治处处长，参赞。1998—2002 年，任中国驻俄罗斯使馆参赞，公使衔参赞。2002—2007 年，先后任中国驻白俄罗斯大使、驻保加利亚大使。现任中国国际问题研究基金会副理事长。曾任 2010 年上海世博会中国政府副总代表。

第六节 没有先例的大使个人摄影展

《市长论坛》杂志社和《人民日报》出版社于 2012 年 12 月编辑出版了《共和国外交往事 2》。该书邀请 31 位老大使和资深外交官撰写亲身经历的外交故事。我应邀提供了一篇文稿——"没有先例的大使个人摄影展",讲述了在白俄罗斯举办个人摄影展的经历。全文如下：

没有先例的大使个人摄影展

于振起，1978 年至 1981 年就读于南开大学历史系，获历史学硕士学位。1985 年至 1988 年就读于外交学院，获历史学博士学位。

1988 年进入外交部，曾在中国驻乌克兰、俄罗斯、白俄罗斯、保加利亚使馆工作，其中先后任驻白俄罗斯、保加利亚大使。

2009 年至今任中国国际问题研究基金会副理事长兼俄罗斯中亚东欧研究中心主任。

著有《驻外札记——一个知青大使的外交生活片断》和《冷战缩影——战后德国问题》。

我在任驻白俄罗斯共和国大使期间，曾应邀举办过一个名为《聚焦可爱的白俄罗斯和其他国家》的个人摄影展。这是新中国外交史上从未有过的一次公共外交实践活动。

2004 年 2 月初，白俄罗斯首都电视台希望采访我的业余生活，我欣然同意。2 月 21 日上午 10 时 30 分，首都电视台记者斯维达和她的助手准时来到我在外交公寓的住所。斯维达说，"您是第一位同意接受首都电视台采访业余生活的外国大使。"我说，我感到很荣幸。然后按照她的愿望，详细介绍了自己的业余生活情况，着重谈了自己的业余爱好，包括打网球、游泳、摄影和欣赏音乐等。应她的请求，我给她看了 1997 年 8 月外交部举办的首届《中国外交官看世界》摄影展览中我的 3 幅参展照片：《阿芙乐尔号巡洋舰》《雅尔塔"燕窝"餐厅》《格林尼治天文台》，讲述了这些照片的拍摄背景。然后又向她介绍挂在客厅墙上的 2 幅白俄罗斯风景照片，这 2 幅照片是我来白俄罗斯后拍摄的照片中自己最喜欢的。一幅是位于德维纳河岸边的索非亚教堂，另一幅是明斯克市国家植物园秋天的景色。斯维达对我的照片表现出浓厚兴趣。交谈后，我和使馆的同事们给她和助手展示了包饺子的全过程，并请她们一起品尝。

让我没有料到的是，斯维达把我的摄影爱好介绍给了明斯克市现代造型艺术博物馆馆长沙兰格维奇。后者于 3 月下旬给我写信说，我们听说阁下是一位摄影爱好者，希望您能在我们博物馆举行一次个人摄影展，以此作为博物馆与中国大使馆开展文化艺术合作的开端。我没有马上回复对方，因为一时不知该如何处理此事。从加强两国文化交流、开展民间公共外交的角度，应该对博物馆长的热情建议积极回应。但是，以大使个人名义在国外举办个人展览，没有先例可以借鉴。如果使用公款举办，有可能引起误解，甚至可能被认为是假公济私。如果请示国内，也会给国内出难题。经过再三考虑，我决定自费举办这个展览。这样既可以把这件好事办了，又可以避免造成某种误解，同时也不会让国内为难。当我把自己的想法提交使馆办公会讨论时，大家都支持举办这个展览，但不赞成我自费，因为这是工作，理应由公费支出。不过我还是坚持自己的意见，自费举办，这样可以避免使事情复杂化，有利于把好事办好。

当我答复博物馆长接受他的建议后，他很高兴，并立即与我们一起制订了具体工作计划。我的任务是选择展出照片并按照博物馆标准制作展品，确定影展名称以及起草相关简介。我最终选择了 61 幅参展照片，在同事们的帮助下制作成展品照片。其中关于白俄罗斯自然历史文化景观的 30 幅，关于其他 10 个国家自然历史文化景观的 31 幅。经过认真考虑，我决定把影展定名为《聚焦可爱的白俄罗斯和其他国家》，以此表达我和我所代表的中国人民对白俄罗斯人民的友好感情。

2004 年 5 月 11 日，中国驻白俄罗斯大使个人摄影展《聚焦可爱的白俄罗斯和其他国家》开幕式在明斯克市现代造型艺术博物馆隆重举行。白俄罗斯文化部长、新闻部长、国防部长、全国工会主席等高官出席。如此多的高官出席一个外国人的文化活动在该国前所未有。前来采访的新闻媒体也是空前之多，共有三家电视台和近二十家通讯社、报社的记者出席。应媒体要求，开幕式之前先举行了一场记者招待会，我就摄影展回答了他们感兴趣的各种问题，包括我的摄影爱好历史，对摄影艺术的看法，举办这个摄影展的原因和目的等，有的记者甚至还问到我使用的照相机品牌。我一一做了回答。在回答照相机品牌问题时，我谈了自己对摄影艺术的体会，指出，摄影艺术与绘画艺术有相通之处，那就是要用心去做，要对拍摄的对象有发自内心的感情，努力把客体最美的一面表现出来，而不是简单地 copy。从这个意义上说，摄影机械的好坏并不是决定因素。好的照片是用心创作出来的。我举了一个创作的例子，即拍摄波洛茨克市索非亚教堂的过程。我从历史书上早就知道索非亚教堂是白俄罗斯作为一个独立国家起源的标志，很想亲眼去看一看。2003 年我去波洛茨克市所在地维捷布斯克州工作访问时，专门参观了这座向往已久的教堂。由于索非亚教堂位于德维纳河边，要拍摄教堂与德维纳河在一起的全景，只能绕到河对岸。按照接待方日程安排，如果这样做，必须在第二天一大早起床。对方不大理解我的心情，建议我放弃，免得太辛苦。我没有接受，还是坚持自己的愿望。第二天一早，我在接待人员陪同下驱车来到河对岸，河边没有路，草地的露水很大，裤腿都被打湿了，我全然不顾。我站在索非亚教堂对岸，德维纳河水在眼前静静地流过，沐浴在朝霞中的白色索非亚教堂犹如一位亭亭玉立的洁白少女，文静地站在岸边。我望着她和她映在河水中的美丽倒影，心中充满了难以言表的美感。此时我才真正意识到，这座教堂无论从外表还是内涵，的确是白俄罗斯民族的象征。怀着这种兴奋欣喜的心情，我把索非亚教堂连同德维纳河一起收入了镜头。照片洗出来后，我非常喜欢，特意放大后挂在了客厅的墙上。如果当时没有这种强烈的愿望，就不会有这幅给我带来美的享受的照片。我的这番话博得大家的热烈掌声。

会见记者后，开幕式正式开始。博物馆长沙兰格维奇首先讲话。他说："今天的摄影展览是一个重要的不同寻常的事件。因为这是在我们的首都第一次举办外国使节的个人摄影作品展览。于振起先生不仅是一位外交使节，而且还是一位摄影艺术家。今天展出的作品一半是白俄罗斯的内容。这些为我们所熟悉的景物忽然之间变成了完全不同的样子，我们从中可以体会到大使先生独特的眼光。许多人都认为，好照片要依靠好相机。可是于振起先生认为，什么样的相机并不重要，重要的是摄影时要用心，要有爱。我们非常高兴，中国使节把这样的爱给了白俄罗斯。"

随后我发表了以下简短讲话：

尊敬的各位贵宾，女士们，先生们，

首先感谢各位出席《聚焦可爱的白俄罗斯和其他国家》摄影展开幕式。

今天的展览共展出我的 61 幅摄影作品，它们是我在不同时期和不同国家拍摄的，其中主要是在可爱的白俄罗斯拍摄的。我在白俄罗斯已经生活工做了两年多，对白俄罗斯勤劳善良的人民、美丽的大自然和丰富历史文化遗产的感情越来越加深。通过这个展览，我向白俄罗斯国家和人民表达自己的这份感情，同时也向大家展示我到过的其他一些国家给我留下美好印象的地方。

我对摄影的爱好已经有 20 多年的历史。它带给我许多乐趣和美的享受。我认为，摄影不是简单地复制客体，而是一种创造性的艺术。它的主要特点是可以把瞬间的美变成永恒的美。希望各位来宾能够从我的摄影作品中分享这种美，同时也希望这个展览能够促进中白两国的文化交流，加强两国人民之间的传统友谊。

最后，我要衷心感谢沙兰格维奇先生邀请我举办这个展览，感谢您和您的同事为展览所做的充分准备。我还要感谢新闻部长鲁萨凯维奇先生为印制精美的展览简介所提供的帮助。

衷心祝愿白俄罗斯人民生活安宁、幸福！

……

我讲话之后，文化部长古里亚科、新闻部长鲁萨凯维奇先后致辞。他们认为我的摄影展是两国文化关系中的一件大事，有助于增进两国人民的相互了解，将对促进双方文化交流产生重要影响。

开幕式当天，国家电视台和其他两家电视台都在晚间重要的新闻节目中报道了开幕式实况，白俄罗斯通讯社也于当天发了消息稿。第二天，几乎所有明斯克的报纸都在显著位置报道了开幕式消息，介绍了摄影展的内容，大部分报纸还破例配发了彩色照片。这些报道使用了各种充满感情题目："中国大使眼中'可爱的白俄罗斯'""以爱的眼神看世界""白俄罗斯——外交官喜爱的国家""中国大使敏锐的镜头""聚焦可爱的白俄罗斯"等等。媒体有关摄影展的报道持续了二十余天。

摄影展开幕式在明斯克引起轰动效应，掀起一股"中国热"。而且，这股热潮一发而不可收，许多外地城市纷纷提出希望举办我的摄影展。白俄罗斯国防部也提出希望在军事学院举办我的摄影展，以此对官兵进行爱国主义教育。由于要求者甚众，我与白方商量后，只能选择其中的一部分，制订了为期一年的巡展计划：

2004 年

5 月 11 日—6 月 11 日　　现代造型艺术博物馆

6 月 15 日—7 月 10 日　　波洛茨克博物馆

7 月 15 日—8 月 13 日　　维捷布斯克州博物馆

8月17日—9月23日　　　斯维特洛格尔斯克市画廊

10月19日—11月15日　白俄罗斯军事学院

11月23日—12月4日　戈梅利州方志博物馆

2005年

2月—3月　　　　　　戈梅利市鲁缅采夫博物馆

5月—6月　　　　　　布列斯特要塞博物馆

巡展期间，各地民众对摄影展表现出极大兴趣，参观者十分踊跃。据白军方告，10月19日摄影展在白俄罗斯军事学院展出后的10天里，参观者就达到6000多人，前来参观的除了军方人士，也有普通民众。

鉴于社会各界对我的摄影展反响热烈，白俄罗斯新闻部建议我出版一本影集，这样可以使影响长期化，并且表示会给予积极支持。我接受了这个好建议。经过紧张的准备，与摄影展同名的影集《聚焦可爱的白俄罗斯和其他国家》于2004年9月出版。9月29日在白俄罗斯对外友协举行了影集首发式。新闻部长鲁萨凯维奇和外交部副部长格拉西缅科出席。鲁萨凯维奇在讲话中说："外交官出版关于驻在国的个人影集是史无前例的事情，只有专业的有修养的和有知识的外交官才可能做到。中国大使就是这样一位外交官。他的影集代表了中国人民对白俄罗斯人民深切的友好感情。"对外友协主席伊万诺娃也发表了热情的讲话，并代表对外友协向我颁发了荣誉证书。证书内容如下：

白俄罗斯对外友协授予中华人民共和国驻白俄罗斯共和国大使于振起先生此荣誉证书，以表彰他在《聚焦可爱的白俄罗斯和其他国家》影集中所表现出的深邃的洞察力、由衷的热情和创造性才能。

影集不仅展示了白俄罗斯大地的美丽和魅力，也体现了作者对我们国家怀有的特殊感情。

影集照片展现的白俄罗斯各地风情是如此之美，以至引起许多白俄罗斯人的惊讶和疑问："难道这真的是我们的地方？"

愿白俄罗斯与中国为了永恒的目标——和平、友谊、相互理解和爱紧紧联合在一起。

愿中国在明斯克欢笑，白俄罗斯在北京歌唱！

举行影集首发式当天，我通过总统办公厅专门向卢卡申科总统赠送了有我签名的第一本影集。2天之后，我收到卢卡申科给我的亲笔信。信的全文如下：

阁下，

衷心感谢您赠送影集《聚焦可爱的白俄罗斯和其他国家》。

您的摄影作品使人能够了解我们国家的过去和现在，展望她的未来。您成功地展现了白俄罗斯伟大的历史遗产和美丽的自然风光。影集的名称鲜明地表达了您对白俄罗斯真诚的态度。

我相信，您作为我们国家的可靠朋友，会继续推动白俄罗斯和中国双边合作的发展，以造福两国人民。

请接受我最崇高的敬意。

白俄罗斯共和国总统

亚历山大·卢卡申科

2004 年 10 月 1 日

卢卡申科总统的信标志着我的个人摄影展在白俄罗斯取得重大政治成功，发挥了增进两国友好关系的重要作用。

2004 年 8 月，中国国务院新闻办公室代表团访问白俄罗斯时，知悉我举办个人摄影展的消息，称赞这是一个创举，可以称之为"摄影外交"。随团的《人民画报》负责人邀请我在《人民画报》上发表部分影展作品，我欣然同意。当年 11 月号的《人民画报》发表了我的 10 幅摄影展照片，并配发一篇评论，介绍了摄影展和影集的情况，以及我对摄影艺术的一些体会。评论全文如下：

2004 年 5 月，一场名为《聚焦可爱的白俄罗斯和其他国家》的个人摄影展在白俄罗斯首都明斯克市现代造型艺术博物馆举行。展览共展出了 61 幅摄影作品，以白俄罗斯自然历史文化景观为主，同时也展示了其他 10 个国家的自然历史文化景观。白俄罗斯媒体对摄影展的报道和评论持续近一个月，称影展不仅展现了作者非常专业的摄影艺术水平和很高的审美水准，更体现了作者对白俄罗斯国家和人民的友好感情。此后，影展在白俄罗斯各地巡展。白俄罗斯文化部长认为，该摄影展是中白两国文化交流的重大事件，在白俄罗斯引起热烈反响。

这些摄影作品的作者是中华人民共和国驻白俄罗斯共和国特命全权大使于振起。

于振起大使是历史学博士，主要研究国际关系史。2002 年 3 月就任中国驻白俄罗斯大使。此前曾先后在中国外交部欧亚司、政研室工作过，并曾先后在中国驻乌克兰大使馆、驻俄罗斯大使馆常驻过。作为一名业余摄影爱好者，于振起大使爱好摄影已经有 20 多年的历史，主要喜欢拍摄自然风景，偶尔也拍摄静物和人物。在从事外交工作期间，于大使先后访问过近 20 个国家的 50 多个城市。每到一地，只要有可能，他都喜欢把当地美好的风土人情和历史文化遗产收入自己的镜头。他的部分摄影作品曾参加外交部主办的 1997 年和 2004 年两届《中国外交官看世界》摄影展，并曾在国内杂志发表过一些关于外国城市风情的摄影作品。

作为一名摄影爱好者，于大使从多年的摄影实践中收获了很多美的享受，使自己的生活更加充实和丰富多彩。于大使认为，摄影不仅仅是对所摄对象简单的 copy，而是一种创造美的艺术。其主要特点一是可以把自然存在的客体的美通过摄影艺术的加工，升华为更美的形象。二是可以把瞬间的美变为永恒的美。为此，摄影者首先要善于发现美，在此基础上才能创造美。这就要求摄影者具备一定的审美水平和必要的文化修养。在这次个人摄影展中，于大使的摄影作品把白俄罗斯人司空见惯甚至熟视无睹的一些自然历史文化景观以一种全新的面貌展现给大家，使得白俄罗斯风情变得如此美丽迷人，以致人们惊叹道："难道这真的是我们的地方吗？"这些评论生动地印证了摄影艺术那种独特的创造美的功能。

而作为一名外交官，摄影创作为于大使的工作提供了一种独特的更具感染力的对外交往方式——摄影外交。此次在明斯克举办摄影展的效果表明，这种方式更能贴近受众，更能引起受众心理上的共鸣。2004 年 9 月，白俄罗斯尤尼帕克（UNIPACK）出版社出版了于振起大使个人影集，题为《聚焦可爱的白俄罗斯和其他国家》，共收入其摄影作品 88 幅。影集的出版在白俄罗斯社会各界再次引起强烈反响。白俄罗斯总统卢卡申科对于大使的影集给予了高度评价，称其准确地再现了白俄罗斯伟大的历史遗产和美丽的自然风光，体现了中国大使对白俄罗斯的友好感情。

我把这期《人民画报》也赠送给了卢卡申科总统。他收到后指示礼宾助理马克伊给我打电话，向我表示感谢，并请我代他转达对《人民画报》编辑部的谢意，感谢杂志社向中国和世界宣传白俄罗斯。

2005 年 3 月，白俄罗斯外交部提出，希望在外交部办公大楼举办我的摄影展，以进一步加强两国友好关系。我接受了这个建议。4 月 4 日，在外交部办公大楼一楼大厅举行了我的摄影展开幕式，马丁诺夫外长亲自出席。驻明斯克外交使团团长及 8 位其他国家大使也出席了开幕式。新华社记者进行了现场采访。马丁诺夫在致辞中说，感谢我为推动白中两国友好合作关系所做的突出贡献，对我在个人摄影展中体现出的对白俄罗斯人民真诚的友好感情表示感谢。他强调，这是白俄罗斯外交部首次在办公大楼举办外国使节的个人展览，这表明了白俄罗斯外交部对中国大使的格外敬重。

白俄罗斯外长马丁诺夫（前排左一）参观在白俄罗斯外交部巡展的作者摄影展

我在答词中对白俄罗斯外交部为发展中白两国友好关系所做的贡献表示衷心感谢，同时感谢马丁诺夫外长以及外交部的朋友们对中国驻白俄罗斯使馆工作给予的一贯支持，感谢他们在外交部安排这次特殊的展览。希望我的摄影展能够促进中白之间的文化交流，加强两国人民之间的传统友谊。祝愿可爱的白俄罗斯繁荣富强，人民幸福安康。

新华社记者当天报道了此次活动。报道内容如下：

中国驻白俄罗斯大使于振起个人摄影展《聚焦可爱的白俄罗斯和其他国家》4日在白俄罗斯外交部大楼内举行。

白俄罗斯外交部长马丁诺夫、一些国家的使节及当地主要媒体代表等70余人出席了开幕式。马丁诺夫在开幕式上高度评价白中两国的友好关系。他说，近年来，建立在传统友谊和政治互信基础上的两国关系得到了全面发展。于大使的摄影展之所以能够在白俄罗斯引起反响，就是两国建设性友好关系的性质所决定的。

此次摄影展共展出了 60 多幅照片，主要反映了白俄罗斯的自然历史文化景观。应白俄罗斯有关方面的要求，2004 年 5 月于振起大使的 61 幅摄影作品首次在白俄罗斯现代造型艺术博物馆展出。此后，又在波洛茨克、维捷布斯克等白俄罗斯多小城市巡展。展览期间，白俄罗斯总统卢卡申科曾致函于大使，对他作品中体现出来的对白俄罗斯国家和人民的友好感情表示感谢。

这是白俄罗斯外交部首次在办公大楼内举办外国使节个人展览。这次摄影展将持续到 4 月下旬。

事实表明，在白俄罗斯举办的这个没有先例的大使个人摄影展是一次成功的创造性公共外交实践，取得许多预想不到的良好效果。

时隔近八年之后，以 2012 年 1 月 20 日中国与白俄罗斯建交 20 周年为契机，天津市人民对外友好协会与中国国际问题研究基金会于 2012 年 1 月 7 日至 21 日在天津西洋美术馆共同举办了我的个人摄影展《聚焦可爱的白俄罗斯和其他国家》，以进一步加强中白两国人民之间的友谊。外交部派代表出席了摄影展开幕式，并宣读了外交部领导的贺词，称该摄影展是庆祝中白两国建交 20 周年的一项重要活动，也是 2012 年中方庆祝中国与欧亚地区国家建交 20 周年系列活动的第一项。白俄罗斯驻华大使布里亚先生专程赴津参观摄影展，对摄影展给予高度评价，并表示要向于大使学习，积极推动两国人民之间的友好交流。新华社和天津多家媒体对摄影展进行了积极报道。白俄罗斯通讯社也于 2012 年 1 月 10 日详细报道了摄影展，指出：此次摄影展是庆祝白中建交 20 周年的一项活动。于振起大使曾经在明斯克举办过同名的个人摄影展。由于他对白中两国合作所做出的重大个人贡献，2005 年被白方授予"人民友谊"勋章。如今，于振起仍在继续促进白中两国人民的友好交流，加强两国人民之间的友谊，正在中国举办的他的个人摄影展就是一个鲜明例证。

通过举办《聚焦可爱的白俄罗斯和其他国家》个人摄影展，我从中体会到，只要勇于开拓、敢于实践、善于实践、用心去做，公共外交领域是大有可为的，其作用也是不可替代的。[①]

① 《共和国外交往事 2》，人民日报出版社 2012 年 12 月版，第 296—306 页。

作者陪同白俄罗斯驻华大使布里亚在天津参观其摄影展

第七节　我与俄罗斯的几个故事

中俄两国于 2014 年和 2015 年互办青年友好交流年。为配合这一活动，五洲出版社出版了《我们和你们——中国和俄罗斯的故事》一书，邀请 19 位中俄关系的亲历者讲述中国与俄罗斯的友好故事，其中包括我应邀撰写的一篇，全文如下：

我与俄罗斯的几个故事

我的"俄语情结"

50 多年前我在中学开始学习俄语以后，便对苏联这个国家特别是它的文化产生了兴趣，随着时间的推移，这种兴趣越来越浓厚。托尔斯泰的《复活》《安娜·卡列尼娜》，列宾的《伏尔加纤夫》，艾依瓦佐夫斯基的《九级浪》，柴可夫斯基的《天鹅湖》等俄罗斯文化经典对我产生了强烈的吸引力。而《卓娅和舒拉的故事》《青年近卫军》等充满爱国主义和革命英雄主义的作品对我的人生观产生了深刻影响，特别是奥斯特洛夫斯基的《钢铁是怎样炼成的》在我年轻的心灵引起巨大震撼。从初中二年级到高中一年级，我曾经与两位苏联同学保持了近三年的通信联系，在那个年代这是很流行的一种时尚。当时希望与中国学生通信的苏联学生很多，俄语老师常常拿着这些学生的地址让我们选择。有时苏联学生还会从他们有中国通信关系的同学那里直接抄去我们的地址，然后给我们写信。我就曾收到过不少这样的毛遂自荐的来信，让我应接不暇。与这两位同学的书信交往使我对苏联这个国家有了鲜活的感觉，对那里的普通民众对中国人民的友好感情有了切身体会。

从初中到高中的 6 年里，我们都有俄语课。我的俄语成绩在班里一直名列前茅。那时我家里生活困难，父母没有能力支持孩子买课外读物。直到上高中时我才买了一本陈昌浩先生编的《俄华辞典》，1.40 元一本。这本小辞典伴随我 50 多年，现在还放在我的书柜里。至于刘泽荣先生编的《俄汉大辞典》，定价 12 元，对我来说太贵了，只有望书兴叹。直到后来在南开大学读硕士研究生时才用自己的稿费买了一本。1968 年到内蒙古插队时，我特意带了一本俄文版的毛主席语录，这是当时最容易买到也是最便宜的俄文读物。收工后，有时会拿出来念念。其间每次回天津过年时，我都要到外文书店去转转，看看有什么俄文出版物。常见的是俄文版画报《阿尔巴尼亚》。但因为比较贵，只能是翻翻看，饱饱眼福。当时这样做并没有什么目的，也不可能有什么目的，纯粹是出于兴趣。我的俄文基础仅此而已，后来从未专门学过。俄语对我来说是名副其实的业余爱好。从事外交工作以后，许多人包括俄罗斯外交部的朋友不相信我仅仅是业余爱好，但事实的确如此。

正是由于青少年时期形成的"俄语情结"，1985 年我在报考博士生时放弃了原定的南开大学美国史专业，转而选择了后来发现的外交学院俄苏外交史研究方向。1988 年在外交学院获得博士学位后便进入外交部苏欧司工作，成为一名职业外交官。当年我决定报考外交学院时曾被一些朋友视为"犯傻"，后来也有人问我对当初的这个选择是否后悔。我的回答是：从未后悔过。

与红场的第一次零距离接触

1990 年 10 月，根据外交部的安排，我以高级访问学者的身份前往莫斯科国际关系学院进行为期半年的学术研究工作，课题是"战后苏德关系"。这是我第一次去苏联。

当然，此时的苏联已经与我在中学学习俄语时大不一样，成了世界"两超"之一，中苏关系也经历了太多的曲折。也正因为如此，我更渴望实地考察一下这个国家。无论是从个人感情和专业角度，还是从外交工作需要角度，我都对这次旅行充满了期待。

10 月 17 日早上 7 时 40 分，我乘坐北京至莫斯科 3 次国际列车，开始了长达 6 天的漫长旅程。

10 月 22 日抵达莫斯科后的第一个周末，我就迫不及待去红场参观列宁墓，用我的说法，是去看望列宁同志。我们这一代人从小是从《列宁在十月》《列宁在 1918》等苏联电影中认识列宁的，在我的心目中，列宁是令人尊敬的革命导师，是传奇式的英雄。长大后学习了马克思主义，对列宁的认识又增添了更多的理性成分。现在有机会能瞻仰他的遗容，心里很是激动。

红场给我的第一印象是比想象的要小得多，就像一个学校的大操场。列宁墓位于红场一侧的中间位置，紧挨着克里姆林宫的宫墙。这是一座长 24 米，高 12 米的大理石和花岗石混合建筑，给人一种厚重肃穆的感觉。墓的正门上方刻着金色的"列宁"字样。墓的上方是一个检阅台，供国家领导人在重大活动时检阅用，这是自斯大林时代以来在苏联电影电视里屡见不鲜的场景。那天参观列宁墓的人很多，大多是苏联人，也有不少外国人，其中中国人居多。特别引人注意的是一批又一批的苏联中小学生，很多孩子还拿着鲜花。孩子们受优待，不必排队。我们则足足排队等候了近一个小时。列宁的遗体保存得很好。望着这位第一个把马克思科学社会主义理论变为现实的伟人，我充满崇敬之意。我在当天的日记里写下了自己的感受："从上小学一年级开始我就知道列宁的名字。他的名字，他的思想，以及他所继承的马克思、恩格斯的思想始终影响着我的人生道路，在方向性的问题上，决定了我过去 30 多年的选择。如今得以亲眼见到这位伟人的遗容，心情异常激动。我向这位革命导师深深鞠了一躬，以此表达我这个中国共产党人对他的崇高敬意。"后来我在驻俄罗斯使馆工作期间，接待过很多国内来访的代表团，参观列宁墓几乎是大家的共同愿望，有的老同志说得更明白："我只有一个愿望，就是看看列宁同志。"可以说，参观列宁墓是许多中国人的一个特殊情结。

位于列宁墓后面的克里姆林宫红墙上安葬着一些苏联著名人士的骨灰，其中有朱可夫元帅、人类第一个飞入宇宙的宇航员加加林、列宁的夫人克鲁普斯卡雅、著名作家高尔基等。此外，还有一些国际共产主义运动的著名人物，如蔡特金、卢森堡等。对于我这个研究过苏联史和国际共产主义运动史的人来说，一下子与这么多早已在书本上熟知的历史人物相对，历史似乎活了起来。

与列宁墓毗邻的是著名的无名烈士墓。此墓是专门为纪念在苏联卫国战争中牺牲的那些无名战士们建造的。在常明火前的大理石地面上刻着两行金字："你的名字无人知晓，你的功勋永垂不朽"。来此地参观的人也是络绎不绝。给我留下深刻印象的是，许多新婚的年轻人穿着结婚礼服成双成对地来到墓前恭恭敬敬地献花，留影。我问旁边的一位当地人："他们为什么这样做？"他笑着回答："这是莫斯科人的一个传统，新郎新娘在开始新生活的时刻都要到这里来向英雄们致敬，感谢他们为后人的幸福生活做出的牺牲。"后来这些年，我又曾多次在无名烈士墓看到过类似场景，即使在苏联解体初期的动乱年代也是如此。我想，这也许就是因为爱国主义深入人心的缘故吧。任何一个民族一个国家，如果有了这种深入人心的爱国主义，它所产生的精神力量是不可估量的。

艰难时世的社会文明

我第一次来到莫斯科时，那里的商品供应短缺到了令人难以置信的程度。民以食为天。而正是吃饭问题成了我们在莫斯科遇到的第一个难题。食品店里每天只有牛奶和面包能保证供应，而面包的种类非常单调，通常只有一种叫"巴东"的普通面包，精致一些的几乎没有。黄油、酸奶、鸡蛋、鸡、肉、鱼等时有时无，完全靠你去商店时的运气。即使碰上有，通常也要排1—2个小时的队。至于蔬菜，本来那里的品种就少，那时就更少得可怜了。每天基本能买到的只有"老三样"：胡萝卜、土豆、洋葱。圆白菜偶尔可得。而黄瓜、西红柿等细菜则是难得一见。当时的报纸上甚至出现了"今冬可能出现饥荒"的报道。

不仅食品短缺，日用品也难买。刚到莫斯科时，饭锅、漱口杯等一概买不到，没办法，只好先借别人的饭锅用，把牛奶瓶当漱口杯。大衣、西服套装等也是刚上货就被抢购一空。百货商店每天上午开门时，等候在外面的人群都会像冲锋陷阵一样奔向各自的柜台目标。

尽管当时莫斯科人被经济困难，时局动荡所困扰，但在各个方面仍表现出良好的公民意识和文明修养，令我印象深刻。

一是排队文明。由于商品短缺，排队购物已成为当时莫斯科一景，但人们排队时都很守规矩，几乎看不到"加塞儿"的现象，更没见过因排队购物争执吵闹的情况。至于排队候车更是很自然的事情，见不到一哄而上挤着上车的现象，人们也没有抢占座位的念头。"老人儿童优先""女士优先"是公认的准则。年轻人为老人、儿童让座，男士为女士让座是司空见惯的事情，不需要别人提醒。

二是服务文明。有一次我到一家修理店为冰鞋安装冰刀，交货后我问修理工，什么时候可以取。没想到他反问我："您什么时候方便？"我一时没反应过来，以为自己没听清楚，又问了一句："您说什么？"他又重复了一遍："您什么时候方便？"我这才说了个时间。这是我第一次体会到"顾客是上帝"的感觉。此前此后我在国内从未受到过这样的待遇。也正因为如此，这件"小事"让我至今记忆犹新。再有就是讲究服务信誉。莫斯科有许多专门修改衣服的服务店，顾客取回修改好的衣服时，店里会给你一张保修单，一般是一个月之内如发现修改的有问题，可以送回免费重新修改。到医院补牙也会给一张保修单，一年之内如所补的牙出了问题，可以免费重新补。

三是剧院文明。莫斯科的剧院都设有存衣间，方便观众存放外套。那里的人们把去剧院当作一项高雅社交活动对待，都很注意着装，特别是男士一般都穿比较正式的服装。那里的剧院还有一个规矩：演出开始后迟到的观众不允许进场，只能等幕间短暂休息时才能进去，以免影响演员表演和观众观看。如果有人想中途退场，也都会自觉等到幕间，不会在演员正在台上演出时离席，因为那样是对演员的不尊重，也会影响其他人观看演出。所以，在演出过程中没有观众进进出出的情况。保持剧场肃静也是观众的自觉行为，没有人交头接耳地说话，更不会大声喧哗。你可以全神贯注地观看演出，不会受到别人干扰。演出结束后演员都要出来谢幕，此时观众会热情鼓掌向演员表示感谢。精彩的演出一般谢幕往往多达两三次，观众也会一次一次地鼓掌，只有等演员谢幕最后结束，观众才会退场，以示对演员的尊重。

四是交通文明。司机照章行驶，行人自觉遵守交通规则，这是莫斯科交通文明的核心内容。此外，司机和行人对行人优先的原则有着高度共识。当行人根据绿灯沿人行横道线过街时，拐弯的汽车都会在线外自觉停下来，只有等最后一个行人过去以后，才会穿过人行横道线。在那里你只要按照规则走人行横道线，安全绝对有保障，不用担心会有汽车与你抢行。与此相对应的一条规则是，行人过街如果不走人行横道线，随意穿行，一旦被车辆撞着，责任由行人自负。这样的规则既加强了对行人的约束，也保证了道路的畅通。由于行人和司机大都能遵守交通规则，那里的司机一般不需要按喇叭，而且，随意按喇叭在那里被视为不文明的举止。因此，当你在街上行走时，几乎听不到令人生厌的汽车喇叭声。发生交通事故时当事人彼此以礼相待，这也是让我欣赏的一点。我在列宁大街的住处附近是个繁华的十字路口。有一次路过此地，正好看到一辆卡车和一辆小客车相撞。我下意识地想，会有麻烦了。然而，接下来的一幕却完全出乎我意料。只见两个司机从车上下来后，朝对方走去，相互握手，彼此道歉。这样的交通事故场景真是让我大开眼界。

五是公共卫生文明。在莫斯科，无论是漫步街头，还是到公园剧院等公共场所，都会发现非常整洁。这与莫斯科人良好的环境卫生意识分不开。那里几乎看不到人们随意乱扔果皮纸屑等废弃物的现象。我经常看到，人们郊游时会把自己用过的水瓶啤酒瓶塑料袋等垃圾收拾起来放到自己车上带走，连小孩子也知道这样做。所以那里的绿地总是非常干净。有一次乘地铁时，我曾看到两个年轻人把瓜子皮吐在车厢地上，当场受到一位老人严厉批评，两个年轻人一句话没说，乖乖地把瓜子皮捡了起来。不在公共场所随便吸烟也是莫斯科人的社会生活准则之一。在火车上，烟民都自觉地到车厢连接处的过道吸烟，而不会在包厢里吸。在社交场合，烟民会自觉到室外吸烟，甚至在家中聚会也是如此。在剧院，烟民都是到靠近卫生间的地方过瘾。餐厅一般允许吸烟，但吸烟者如果想过瘾，都会事先征得同桌人特别是女士的同意。总之，烟民都很自律，注意吸烟时"不扰民"。

六是崇尚知识。莫斯科的地铁十分发达，在世界上名列前茅。而那里的地铁乘客爱读书也是有名的。当你进入地铁车厢后，总会看到不少人坐在座位上埋头看书或看报，堪称莫斯科一道独特风景。更有意思的是，那里的人们排队购物时也常拿本书看，真称得上是文化式购物。为了查阅资料方便，我曾到列宁图书馆（相当于国家图书馆）去申办借阅证。图书馆工作人员看了我的个人证件后，发现我是博士，对我非常客气。她告诉我，在列宁图书馆博士和教授都可以办理专门的红皮借阅证，凭此证能够享受特殊的优待，包括到条件优越的专门阅览室阅览，存衣服不用排队（莫斯科冬天很冷，故存取外套的人很多，为此排队要花费一些时间）等。这对我来说不仅是个意外的惊喜，更有一种被尊重的感动。我随后来到存衣服务台前，发现那里有许多人在排队等候，而在服务台最里侧是专门为红皮借阅证持有者服务的，那里没有人排队。我出示了刚领到的特殊借阅证后，服务员很快把我的衣服存好。然后按照服务员指点来到专门阅览室，那是一个很宽敞的房间，摆放着几十排宽大的书桌，每个位子都有一盏台灯。这样舒适的条件的确适合看书。自从拿到博士学位后，我在国内的公共场合还从未受到过这样的礼遇。从列宁图书馆的这种做法可以清楚地感受到这个社会尊重知识、尊重知识分子的好风气。我至今仍珍藏着这个有特殊意义的红皮借阅证。

在莫斯科耳闻目睹了这些社会文明现象之后，我对俄罗斯民族有了进一步的认识，也平添了一份尊重。尽管当时苏联的经济已经陷入严重危机，国家前途未卜，但这样一个有着良好素养的民族是不会没落的，是有再生希望的。有了这段经历后，我常想，物质文明固然重要，但相比之下，精神文明具有更深层的作用，而且可以转化为强大的物质力量，对一个国家一个民族的发展有着更具根本性的意义。这是我们在观察一个国家一个民族时应该加以注意的。

中国人与阿芙乐尔号巡洋舰的情缘

阿芙乐尔号巡洋舰原是俄国波罗的海舰队主力舰之一。十月革命前，该舰士兵起义，加入布尔什维克领导的革命队伍。1917 年 11 月 7 日（俄历 10 月 25 日），该舰按照军事革命委员会的命令，开到涅瓦河上的尼古拉耶夫桥附近，炮口直指冬宫。晚上 9 时 40 分，舰上无线电台收到斯莫尔尼宫武装起义大本营的命令，随即该舰主力炮打响了进攻冬宫的炮声，揭开了伟大十月革命的序幕。这里需要澄清的一点是，当时阿芙乐尔巡洋舰主力炮发射的是空弹，不是实弹，仅仅是作为起义队伍发起进攻的一个信号，相当于吹响冲锋号。

1948 年，根据列宁格勒市苏维埃执行委员会的决定，阿芙乐尔号巡洋舰固定停泊在正对纳西莫夫海军学校大楼的涅瓦河岸边。该舰既是海军学校的教学舰，也供游人参观。

20 世纪 50—60 年代，许多中国人都熟悉阿芙乐尔号巡洋舰的名字，因为 1949 年 6 月中国革命胜利前夕，毛泽东主席在《论人民民主专政》一文中讲过一句名言："十月革命一声炮响，给我们送来了马克思列宁主义。"这里所说的"一声炮响"，指的就是阿芙乐尔号巡洋舰主力炮发出的进攻冬宫的信号。阿芙乐尔号巡洋舰因此也就与中国革命和新中国结下了不解之缘。也正是由于这个原因，我们这一代人对这艘军舰怀有一种特殊的感情。

1994 年 9 月我第一次去参观阿芙乐尔号巡洋舰时，正是怀着这种感情。那天天公作美，是圣彼得堡难得的好天气。远远望去，阿芙乐尔号浅灰色的舰体在蓝天的映衬下格外醒目。快速漂浮的白云给停泊在水面的军舰增加了一种动感。我们一行刚一走近岸边，几个手中拿着各种乐器的俄罗斯人就迎上前来。

他们似乎看出我们是中国人，很有经验地用中文说："你好！"然后就奏起了熟知的《东方红》乐曲。据他们说，来参观阿芙乐尔号巡洋舰的外国人中大部分是中国人，所以他们特意准备了中国乐曲欢迎中国客人。当我们沿着舷梯登上甲板后，偶遇舰长尤里。当他知道我们是中国人后，便热情邀请我们参观舰长办公室和会议室。这里平时是不对游人开放的。由此可以看出他对中国人民的特殊感情。他说，他知道毛泽东讲过，是阿芙乐尔的一声炮响，给中国送来了马克思列宁主义。临别时他还特意赠给我们每人一枚该舰的纪念章做纪念。

阿芙乐尔号巡洋舰（摄于 1994 年 9 月 25 日）

与尤里舰长告别后，我们来到前甲板。那里安放着那门发出"十月革命一声炮响"的主力炮。炮身上有一块铜牌，上面刻着："1917 年 10 月 25 日 21 时 40 分根据军事革命委员会的命令阿芙乐尔号巡洋舰发出了作为进攻冬宫信号的历史性炮声"。我在这门建立过历史功勋的主力炮跟前伫立良久，遥望远处的冬宫，浮想联翩。那改变人类历史发展进程的伟大一幕仿佛就在眼前。当告别阿芙乐尔号的时候，我拍下了它的英姿。这张照片倾注了我对阿芙乐尔号及其所代表的英雄主义精神的尊敬。它是我的得意之作，曾在外交部举办的首届"中国外交官看世界"摄影展展出。我把它一直挂在客厅的墙上，供自己和我的客人们欣赏。

普京总统就出生在圣彼得堡。他对国家的历史十分珍惜。针对一些人全盘否定苏联历史的观点，他曾经明确表示："一个伟大的民族，不应该向自己的历史吐唾沫。""那等于说，我们的父母虚度一生，活得毫无意义，我无论如何不能同意这种观点。"应该说，普京的这种历史观也是他引领俄罗斯成功走上复兴之路的一个重要原因。

新千年的曙光

1999 年末，随着新千年的即将来临，距离 2000 年 3 月俄罗斯总统大选也越来越近。然而，谁将是叶利钦的接班人却仍然是个谜。当时活跃在俄罗斯政坛的主要人物中，看不出拥有明显政治优势的人。叶利钦也没有对某人表现出明显的倾向性。而此时，叶利钦的身体状况十分糟糕。当时人们普遍认为，叶利钦的身体能否坚持到总统大选成了未知数。这一切使 1999 年岁末之际的俄罗斯政局变得扑朔迷离。

1999 年 12 月 31 日中午 12 时，叶利钦以一个出人意料的政治决定震撼了全世界。他宣布自己决定辞职，把权力交给时任总理的普京。他没有解释这样做的原因。我们在第一时间从俄罗斯国家通讯社网得知这个重大消息，并立即向国内报告。随后继续密切跟踪俄罗斯国内外对此事的反应，随时向国内报告，并提出我们的看法。当天中午，叶利钦在克里姆林宫举行小型告别午宴，除普京外，参加者还有外长、国防部长、联邦安全会议秘书、内务部长等强力部门负责人。午宴后，他离开克里姆林宫，在与为他送行的普京道别时，他对自己的继任人说："照看好俄罗斯！"从电视画面上可以清楚地看到，叶利钦在说这句话的时候，表情凝重，语重心长，意味着此时此刻他把整个国家的命运托付给了普京。

叶利钦后来在自己的回忆录《总统马拉松》中说，他第一次与普京谈自己提前退位以及让普京接班的考虑是在 12 月 14 日。当时普京没有马上同意，他对叶利钦说："鲍里斯·尼古拉耶维奇，我对这样的决定没有准备。您知道，这对我来说太沉重了。和您在一起工作对我非常重要，能不能到任期结束时您再离开？"然而，叶利钦还是坚持自己的想法，并极力劝说普京接受他的决定。经过长时间讨论，最后普京才表示："好，我同意，鲍里斯·尼古拉耶维奇。"不过当时叶利钦没有告诉普京交班的具体日期。15 天之后，12 月 29 日上午 9

时，叶利钦把普京叫到办公室，此时才告诉他交班时间定在 12 月 31 日。随后两人讨论了移交权力的技术细节。

应该说，在选择普京做接班人这件事情上，叶利钦的眼光是准确的。他以此举为俄罗斯做了一件大好事。

叶利钦自己也许没有意识到，他选择了一个有能力改变俄罗斯命运的人。但是，从历史唯物主义观点看，这件看似偶然的事情实际上有着深刻的必然性。正如普列汉诺夫在其著名的《论个人在历史上的作用问题》一文中讲过的那句名言："凡是有便于杰出人物发挥其才能的社会条件的时候和地方，就会有杰出人物出现。"俄罗斯这个国家发展到这个时候，需要一个普京这样的人物。从这个意义上说，即使没有普京，或迟或早也会出现其他类似的人物来承担历史赋予的使命。而对普京而言，天降大任于斯人，应该说他是个幸运儿。正如普京自己在谈到担任总统的感受时对记者所说的："我不像那些以政治为职业的人，他们天性就想在仕途上往上爬。我自己从未定过这样的目标。这是由命运决定的。"他曾表示，叶利钦向他交班时说的那句话"照看好俄罗斯！"将永远是他精神和政治的座右铭。

当叶利钦做出这个惊人之举的时候，全世界正在兴高采烈地准备迎接新千年的到来，我也不例外。然而，由于忙于跟踪叶利钦辞职的相关动态，12 月 31 日当天我和同事们一直工作到很晚，连晚饭也没顾得上吃，最后只是请使馆的厨师给每人煮了碗面条充饥。在这个真正"千载难逢"的时刻却不能亲自参与迎千禧活动，对我来说无疑是很大的遗憾。加之无法身临其境把这难得的时空场景用镜头记录下来，对我这个摄影爱好者来说更是重大损失。因此，我对叶利钦这个"不合时宜"的举动满肚子怨言，在日记中写道："叶利钦导演的本世纪最后一场重大政治事件搅乱了我的迎千禧个人计划，原定去红场观看俄罗斯人迎千禧活动并拍照留念的想法不得不告吹。"从当天夜里到第二天凌晨，我一直守在电视机旁，收看欧美各国迎千禧的盛况，以此弥补自己的损失。给我的感觉是，各国庆典虽各有千秋，同时又有共同内涵，这个内涵就是：对未来普遍寄予美好的希望，以及出于对这一美好未来的憧憬所激发出来的狂热激情。此时我心中油然产生一个想法：尽管这个世界充满了矛盾、对立甚至冲突，但人类在这一刻却表现出那么深刻的共性，即对美好未来的共同向往。这正是世界最终将走向大同的本质基础。然而，人类要实现这个目标仍有很长的路要走。

为了弥补除夕夜未能上街观景和拍照的损失，新千年的第一天早上，我便驱车前往克里姆林宫一带。天空晴朗，朝阳明媚，真是新千年新气象。这是莫斯科难得的好天气，也是摄影的好时机。昨夜狂欢的人们都还在睡懒觉，街上行人稀少，格外清静。我来到离克里姆林宫最近的大石桥，选好了拍摄克里姆林宫全景的最佳地点，拍下了沐浴在新千年曙光中的克里姆林宫。我自己也在同样位置上留影，记录下这千载难逢的时刻。为了请人帮忙给我拍照，足足等了十几分钟，好不容易等来两位刚下夜班的警察。他们热情帮我拍照后，向我提出一个请求，开车送他们到附近的列宁图书馆地铁站，我欣然答应。然后我又去红场、莫斯科大剧院、白宫等地继续摄影留念。

　　克里姆林宫那张照片洗出来后效果非常好，是以往我所拍摄的克里姆林宫照片无法相比的。这也许是天意？看着这张照片，我不由得有种预感：年富力强的普京入主克里姆林宫，似乎预示着俄罗斯在新千年的复兴。后来我用这幅照片参加了外交部举办的第二届"中国外交官看世界"摄影展，取名为"新千年曙光中的克里姆林宫"。

新千年曙光中在克里姆林宫留影（摄于 2000 年 1 月 1 日）

与普京总统合影（摄于 2001 年 6 月 9 日）

世代相传的中俄人民友谊——《俄罗斯友人看中国》文集问世记

2001 年 12 月，九届全国人大常委会第二十五次会议审议批准我为中国驻白俄罗斯共和国特命全权大使。2002 年 1 月，在中国驻俄罗斯使馆的告别招待会上，俄罗斯外交部的朋友们对我说，莫斯科永远是您的后方基地。我在致辞中对俄罗斯朋友们表示："我高兴地看到，近年来中俄战略协作伙伴关系发展良好，已经提高到一个新水平。所有在座的俄罗斯朋友们为此做出了自己的贡献。过去几年中，我和诸位保持着密切接触和愉快的卓有成效的合作。通过与你们的合作，我感受到俄罗斯人民对中国人民的友好情谊。虽然我将要离开莫斯科，到白俄罗斯去工作，但我会继续尽自己所能促进中俄两国人民的友好关系。"

此后这些年，我始终信守自己的诺言，以各种方式为促进中俄两国人民友谊尽力。其中特别值得一提的是我从 2011 年开始策划推动的民间公共外交项目——在俄罗斯出版《俄罗斯友人看中国》文集。

2011 年 10 月 26 日，我带领中国国际问题研究基金会《俄罗斯友人看中国》文集工作组来到俄罗斯科学院远东研究所，与我的老朋友，远东研究所所长、俄中友好协会主席季塔连科院士商谈出版《俄罗斯友人看中国》文集的计划。

我邀请季塔连科主席担任文集主编，他欣然接受邀请，并高度评价文集项目的政治意义，认为这是一项俄中关系史上具有创造性的民间友好活动，表示愿尽全力在中方支持下，组织好文集出版工作，为增进俄中两国人民的传统友谊做出贡献。

与《俄罗斯友人看中国》文集主编季塔连科院士合影（摄于 2011 年 10 月 26 日）

2012 年 6 月，《俄罗斯友人看中国》文集在莫斯科按计划如期出版。7 月 3 日，中国国际问题研究基金会执行理事长刘古昌率领基金会代表团来到莫斯科出席文集首发式活动，我随团前往。

当天上午，季塔连科主席在与刘古昌执行理事长会见时表示，中方关于在莫斯科出版《俄罗斯友人看中国》文集的倡议是没有先例的好创意。2011 年 10 月底我与于振起副理事长就此达成共识后，俄方对文集项目给予高度重视，精心策划。征稿工作得到俄社会各界相关人士的热烈响应，从而得以在较短时间内完成组稿，并按照与中方达成的共识如期完成了出版任务。俄中友协在文集出版后第一时间已将文集提供给俄外交部等部门，各方均给予高度评价。他希望今后与基金会继续开展各种形式的合作，为促进两国人民的友谊做出新贡献。

随后，《俄罗斯友人看中国》文集首发式在俄罗斯科学院远东研究所中国厅举行。文集主编季塔连科院士、文集部分作者及相关工作人员、中国国际问题研究基金会代表团全体成员等 70 余人出席首发式。

季塔连科首先介绍了组织编写文集的有关情况。他指出，该文集是俄中友协、俄罗斯科学院远东研究所与中国国际问题研究基金会首次合作的重要成果，该书的出版表达了俄罗斯人民对中国人民的真挚友情和所取得成就的尊重和敬意。文集从组稿到正式出版仅用了不到 9 个月的时间。20 位来自俄罗斯不同地区、从事不同职业的作者以其各自独特的视角向俄罗斯读者讲述了对中国文化、历史、经济、哲学、社会生活的体验和看法。该文集时间跨度大，追随了中国近 60 年的发展轨迹，选材也独具特色，非常全面。所有作者都是在俄颇具影响的精英人士，其中包括齐赫文斯基、罗高寿、奥夫钦奇尼科夫等，他们都曾多次访问中国或长期在中国工作、长期研究中国，对中国的描述充满了真情实感。相信该书的出版将有助于加深俄罗斯民众对中国的了解和认识。他最后表示，"我寄希望于本书的所有作者，也寄希望于下一本书的作者和出版者，希望更多的年轻人成为下一本书的作者。让我们为友谊干杯！"

刘古昌代表基金会向季塔连科主编及全体作者表示衷心感谢，向文集的正式出版表示热烈祝贺。他指出，该书的问世是中俄两国人民友谊又一新的体现，也是一个没有先例的具有创造性的推进两国人民友好关系的举措。

部分文集作者介绍了各自为文集撰稿的过程和自己与中国的不解情缘。他们表示，感谢中国国际问题研究基金会提出这样的好创意，为他们提供了一个平台，使他们有机会表达积淀多年的对中国人民的友好感情，为增进俄中两国人民的友谊贡献自己的一分力量。今后将继续竭尽全力为俄中友谊做贡献，永远做中国人民的好朋友。他们认为，当前俄中文化交流已经进入了一个全新的时期，俄罗斯年轻人对中国的兴趣和关注程度也在上升，俄罗斯民间组织应借此东风，加强同中国的交流与合作。

俄罗斯外交部代表、一亚局局长库里克发言时指出，该文集的创意构思新颖、完成情况非常令人满意。文集所有作者都是俄罗斯重量级知名专家、社会活动家和外交家，在俄民众中享有很高信任度。当前，俄中关系的发展具有不可逆转性，希望两国民间友好机构抓住这一有利时机，再接再厉，共同加强俄中友好关系的社会民意基础。

《俄罗斯友人看中国》文集首发式引起俄罗斯和中国媒体的高度关注。俄塔社、俄新社、国际文传电讯社、俄罗斯报、新华社、人民日报、中新社、凤凰卫视、中国青年报等多家重要媒体的代表出席了首发式，并于当天迅速报道了相关消息。

首发式结束后，我接受了《人民日报》和中新社记者的现场采访。我首先感谢季塔连科主席为文集的编辑出版做出的重要贡献，同时特别提到俄罗斯前驻华大使罗高寿先生为文集撰写的文稿。他在文中讲述了自己从儿童时期开始与中国结下的不解之缘，视中国为他的"第二故乡"。2012 年 3 月份罗高寿先生向文集主编提交文稿后不久，就不幸病逝。他是抱病完成的这篇文稿。这是他在生命最后时刻为中俄两国人民友谊做出的特殊贡献。我说，在俄罗斯有很多像罗高寿先生这样的中国人民的老朋友，同时也有越来越多的年轻朋友。这本文集真实地记录了许多俄罗斯人民与中国人民结缘的感人故事，这是中俄两国人民的宝贵精神财富，也是我们两国人民友谊世代相传的强大精神动力。

值此中俄互办青年友好交流年之际，我把几十年来亲身经历的与俄罗斯有关的一些故事讲出来，希望以此为增进中俄两国青年之间的友好感情尽一份力。今天，我们的青年人赶上了中俄关系历史上的最好时期。这是幸运的，更是幸福的。青年是中俄友好事业的未来。相信我们的青年人能够继往开来，为中俄两国人民世代友好，永做好邻居、好朋友、好伙伴的伟大事业做出自己的贡献，创造更加美好的未来。①

---

① 周晓沛主编：《我们和你们——中国和俄罗斯的故事》，五洲传播出版社 2015 年 1 月版，第 166—184 页。

第九章　关于国际问题的报告、讲座和发言

第一节　国际形势

一、中国经济发展的世界意义

2008 年 4 月 24 日，我应邀到天津师范大学津沽学院做题为"中国经济发展的世界意义"形势报告。该院经济管理专业和新闻专业的 400 余名学生和教师参加。报告内容如下：

我长期驻外工作，近年来切身感觉到，世界上越来越多的人关注中国经济发展的现状和未来，特别是中国经济发展对世界的影响。这不是偶然的。改革开放 30 年来，中国经济取得了令世人瞩目的成就，自 1978 年以来，国内生产总值（GDP）保持了年均 9.6% 的增长速度，被国际经济界称为"经济奇迹"。2003—2006 年，我国 GDP 平均增速达到 10.4%，大大超过世界经济平均增长 4.9% 的水平，增长速度全球排名第 11 位。2007 年达到 11.9%，为 1995 年以来最高。国际货币基金组织（IMF）估计，2008 年中国 GDP 增速为 9.3%，央行行长周小川认为还会高一些。我国的外汇储备从 2006 年起开始位居世界第一位，达到 1.06 万亿美元，外贸总额 1.76 万亿美元，居世界第三位。从 2005 年开始，我国的经济总量已经上升到世界第四位，位于美、日、德三国之后。我国的经济实力可以简单概括为一、三、四。西方一些经济学家预测，根据中美两国现在的经济发展趋势，到 2020 年中国的经济总量将超过美国（2006 年美国 13.2 万亿美元，中国 2.65 万亿美元，相当于美国的 1/5）。

2007 年 10 月 15 日胡锦涛主席在十七大报告中说："中国的发展不仅使中国人民稳定地走上了富裕安康的广阔道路，而且为世界经济发展和人类文明进步做出了重大贡献。"下面我就中国经济发展的世界意义谈五点看法。

第一，中国经济增长有力地促进了世界经济增长。三十年来，中国 GDP 在世界 GDP 总量中所占比重不断提高。根据 IMF 的统计，1978 年只占 1%，1990 年占 1.72%，2002 年上升到 4.4%，2007 年已经占到 5% 以上。与此同时，中国进出口总额占全球的比重由 1978 年的不足 1% 上升到 2007 年的约 8%。这标志着中国经济已成为世界经济的重要组成部分。更重要的是，中国为世界经济增长所做的贡献远远超过它在世界经济中所占的比例。2006 年美国投资银行摩根士丹利首席经济学家史蒂芬·罗奇曾讲过："中国创造的经济增量占全球经济总增量的 17.5%，仅次于美国，居世界第二位。虽然中国经济还不很发达，它却正在成为世界经济舞台上一个越来越重要的角色。"世界银行评估，2006 年中国经济对世界经济增长的贡献率达到 15%，仅次于美国排名世界第二。IMF 评估，2007 年中国经济继续高速增长，而美国经济受次贷危机拖累增速明显放缓，中国经济对世界经济增长的贡献率首次超过美国，成为贡献率最大的国家。中国对世界贸易增长的贡献率现在已经超过 12%。如今中国已被公认是推动世界经济增长的两大发动机之一。另一个是美国。

第二，为世界各国带来巨大商机。由于中国经济高速增长，中国进口需求旺盛，为世界各国和地区创造了大量的出口机会，有力地促进了世界共同发展和繁荣。1990—2002 年中国进口了约 1.9 万亿美元的商品，年均进口增速接近 14%，高出同期中国经济增速近 5 个百分点。2001 年以来中国年均进口额达到 5600 亿美元。目前，中国进口量占亚洲进口总量的 1/5，世界进口总量的 1/20。中国日益成为亚洲各国和地区的重要出口目的地。得益于同中国密切的经济联系，亚洲地区经济增长速度明显高于世界其他地区。欧洲和美国同样从中国的发展中得到明显好处。2005 年，中国从欧盟和美国的进口分别增长 22.6% 和 24.8%。

中国的巨额进口为世界相关国家和地区创造了大约 1000 万个就业机会。以美国为例，2005 年中国从美国进口额达 487 亿美元，超过英国成为美国第四大出口市场。据美国有关方面统计，仅对华直接出口就提供了 30 万个就业岗位，中美双边贸易至少为美国工业和服务业间接提供了 400 万个工作岗位。随着中美贸易关系持续发展，呈现逐年上升的趋势。

中国在投资领域为世界各国提供的商业机会尤其明显。改革开放以来，世界各国和地区共有 40 多万家企业来华投资。据有关部门统计，1990—2006 年，在华外国投资者共汇出 2700 亿美元左右的利润，正在运营的外商投资企业 2/3

以上实现赢利，其中美国公司表现突出。有关资料显示，86%的美国公司在华收益在提高，42%的美国公司在华利润超过其全球利润率。美国《华尔街日报》报道说，2005 年美国通用电器公司在中国的收入达 50 亿美元，这个数字到 2010 年有望翻一番。目前，世界 500 强企业已经有 90%在中国落户，其中不少还在中国设立了研发基地，作为其全球发展战略的重要一环。

此外，随着收入水平不断提高，中国公民出境旅游以及奢侈品消费正在成为世界各国关注的热点商机。2005 年中国公民出境旅游人数已经达到 3100 万，2006 年上升到 3600 万。中国游客已经成为澳大利亚旅游业最大的创收来源。世界旅游组织统计，2004 年中国出境游客消费总量高达 250 亿美元，2008 年预计达到 305 亿美元。中国现在已经成为世界增速最快的游客客源输出国。该组织预计，到 2010 年，中国出境游客将达到 5000 万人次，到 2020 年将达到 1 亿人次。此外，中国国内的奢侈品市场销售额也增长迅速。2006 年年销售额为 20 亿美元，估计到 2015 年将突破 115 亿美元，将占全球奢侈品消费总量的 29%，届时中国有可能取代美国，成为仅次于日本的世界第二大奢侈品消费国。

第三，为减少世界贫困做出史无前例的贡献。随着经济高速发展，中国人均收入稳步提高，数千万贫困人口摆脱贫困。与此同时，中国政府加大了扶贫开发的力度，通过实施"扶贫攻坚计划"，使农村地区的贫困人口大大减少。从改革开放以来，中国农村的贫困人口从 1978 年的 2.5 亿减少到 2007 年的 1500 多万，贫困人口占农村总人口的比例由 31%降低到 2.5%。

中国减少贫困人口取得的巨大成就，以及对减少全球贫困做出的重大贡献，得到了国际社会的公认。根据世界银行统计，1990—1998 年期间，其他发展中国家的贫困人口减少了 7750 万人，而中国一国就减少了 1 亿 4720 万人，贡献率为 190%。也就是说，如果没有中国大幅度减少贫困人口，全球贫困人口不是减少而是增加。2007 年联合国亚洲及太平洋经济社会委员会在《千年发展目标：2007 年亚太地区进展状况》报告中指出，中国在落实联合国"千年发展目标"，减少贫困人口方面取得巨大进步，走在亚太地区最前列。"千年发展目标"要求，到 2015 年全球贫困人口减少一半，中国已经提前实现了这一目标。

第四，有力地提高了全世界人民的生活质量。随着中国经济的发展，特别是近年来中国制造业能力的提高，中国已经成为继美国、日本、德国之后全球排名第四的工业品制造大国，为全世界提供了大量物美价廉的商品，提高了进口国人民的实际收入水平，从而提高了他们的生活质量。中国劳动力成本比较低，同等质量的出口商品价格相对比较便宜，各国消费者都从中国商品中得到实际好处。根据摩根士丹利银行做过的一项调查，中国商品过去 10 年里为美国消费者节省了约 6000 亿美元开支。

第五，使国际力量对比朝着有利于和平与稳定的方向发展。当今世界上，国与国之间关系说到底要有实力做后盾。弱国无外交。冷战结束、苏联解体之后，美国成了唯一超级大国，为所欲为，大搞武力霸权，企图建立以它为首的单极世界。中国的社会主义社会制度决定了我们始终奉行独立自主的和平外交政策，始终不渝地走和平发展道路，永远不称霸。我们反对霸权主义和强权政治，主张多极化，推动建立公正合理的国际政治经济新秩序，推动建设稳定和平、共同繁荣的和谐世界。中国的发展强大是对以美国为代表的霸权主义和强权政治的有力制约，让世界上所有爱好和平主持正义的国家和人民感到高兴，深受鼓舞。他们把中国看作是世界上的一面和平旗帜，看作是人类社会发展进步的希望。各国共产党人则把中国看作是社会主义的希望。许多人认为，21 世纪将是中国世纪。法国人认为，21 世纪将是带有中国特征的世纪。

总之，中国的经济发展对世界已经产生并将继续产生重大而深远的影响。中国的发展进步离不开世界，世界的繁荣稳定也离不开中国。

最后，我想强调一点，尽管 30 年来中国经济取得令人骄傲和自豪的辉煌成就，我们的经济总量已经位居世界第四位，但是，由于我们国家底子薄，人口多，人均经济水平仍很低。改革初期的 1978 年，我国人均 GDP 只有 210 美元，2001 年首次突破 1000 美元，到 2006 年首次突破 2000 美元，达到 2010 美元，比 1978 年提高了近十倍，但是世界排名仍在第 129 位（截至 2007 年联合国有 192 个成员国），仍然是一个名副其实的发展中国家。而且，在相当长的时间里中国仍将是一个发展中国家，仍将处于社会主义的初级阶段。胡锦涛主席在 2007 年 10 月党的十七大报告中提出的全面建设小康社会目标是，人均 GDP 到 2020 年比 2000 年翻两番，也就是达到 3000 美元（2000 年我国的人均 GDP 是 856 美元）。2007 年我国人均 GDP 已经达到 2460 美元，应该说，2020 年实现 3000 美元的目标应该问题不大。但即使到那时，我们仍然是一个发展中国家。2007 年俄罗斯的 GDP 总量虽然只有 1.41 万亿美元，但人均 GDP 已经达到 8000 多美元。保加利亚 2005 年人均 GDP 就已经是 3443 美元。温家宝总理曾经说过："一个很小的问题，乘以 13 亿，都会变成一个大问题；一个很大的总量，除以 13 亿，都会变成一个小数目。"所以，我们没有任何理由满足现状，停步不前，必须继续努力奋斗。

你们这一代年轻人既是中国经济发展的受益者，也是中国经济继续发展的建设者。希望你们好好学习，将来为中华民族的伟大复兴做出自己的一份贡献。

谢谢大家！

二、当前国际形势若干问题（2011 年 10 月）

2011 年 10 月 13 日，应天津师范大学政治与行政学院邀请，我在该院为百余名学生做"当前国际形势若干问题"讲座。内容如下：

（一）中东政局动荡

2010 年 12 月 17 日，突尼斯南部 26 岁街头小贩为抗议城管人员暴力而自焚，引起全国大规模反政府抗议风潮，总统本·阿里逃亡。随即在北非西亚地区产生多米诺效应，形成地区性政局动荡局面，延续到现在。

如何看待这场中东地区政局动荡？

1. 性质：不是茉莉花革命，也不是民主浪潮，而是政局动荡。

2. 从国际关系大格局角度看，此次动荡是 20 世纪 80 年代末东欧剧变以来最重大的地缘政治事件，也是苏联解体、冷战结束、两极格局瓦解以来发生的最重大的地缘政治事件。

3. 东欧剧变和中东政局动荡都是区域群体性事件。但二者内容不同。前者起因一样，政治取向一致，都是否定过去的政治制度和意识形态，全盘西化。后者起因不尽一致，政治取向呈现多样性，未来前景也将是多样性局面。

4. 美欧以保护人权为名，借机打击异己，谋取私利。北约以安理会 1973 号决议建立禁飞区为幌子，借机把利比亚变成第二个南斯拉夫，是美欧借"人权"谋霸权在新形势的新表现。现在又试图在叙利亚重演。中俄两国在日前安理会讨论西方相关决议草案时行使了否决权。

5. 要密切关注中东局势可能对中亚地区政局造成的负面影响，以免对我周边安全构成威胁。同时也要警惕美国利用中东局势破坏我国国内稳定的图谋。

（二）美欧债务危机

美欧债务危机是 2008 年金融危机的延续，也是 20 世纪 30 年代西方经济危机以来最严重的经济衰退，打破了西方资本主义模式是最佳模式的神话，使冷战后美国人宣称的"21 世纪将是美国世纪"预言破产。"占领华尔街"风潮的出现就是美国人自己对这一神话和预言的否定。

（三）俄罗斯政局

2008 年梅普组合问世以来，二人在相当长时间里是一种普主梅从的关系，虽偶有不同声音，也是在演"双簧"。2011 年 3 月 21 日二人在利比亚问题上的表态则完全是针锋相对，空前尖锐。普京指责安理会关于利比亚问题的 1973 号决议令人想起"十字军东征"，并谴责美国在国际舞台动辄使用武力，没有良心。几个小时之后梅德韦杰夫即公开声明，他不认为安理会决议是错误的，"十字军东征"的说法是"不能接受的"，会导致"文明冲突"。他还强调，俄罗斯对安理会决议投弃权票是他的决定，俄外交部是执行了他的决定。

此次梅普原则分歧的根源在于二人的价值观念和执政理念的差异。普京是个国家利益至上的现实主义者，而梅德韦杰夫是个政治上的理想主义者，认为俄罗斯有机会成为欧洲大西洋大家庭的一员，为此，应当与西方的价值观接近、协调。西方一直扬梅抑普，试图分裂梅普组合。目的一是阻止普京重返克里姆林宫，二是搞乱俄政局，扶植亲西方反对派上台。

2011 年 4 月，梅普二人围绕明年总统选举的角逐公开化。

4 月 12 日，梅德韦杰夫在访华前接受中国央视记者采访时表示，他不排除竞选下届总统的可能，并且近期就会做出决定。4 月 13 日，普京对俄罗斯媒体表示，无论是他本人还是梅德韦杰夫都可能参加下届总统选举，但是现在做出决定为时尚早。否则，会影响现政权机制的正常运行。4 月 14 日，统一俄罗斯党领导层首次公开表示将在 2012 年总统选举中支持总理普京。4 月 15 日，普京会见统俄党党内领导人，要求不要再讨论大选的事情，应集中精力准备年底的杜马选举。

梅普之间虽然公开显现重大原则分歧，但普京主导梅普组合的基本态势没有发生变化，普京在国内拥有的政治实力优势也没有实质性改变。梅德韦杰夫从根本上尚无全面挑战普京的资本。2008 年开始上演的梅普组合剧的编剧和导演都是普京。今年 9 月 24 日统俄党代表大会关于由普京参选下届总统的决定表明，普京决定把剧本由梅普组合改编为普梅组合。俄罗斯从 2012 年 3 月开始将再次进入普京任总统的普京时代。这对西方来说是一场噩梦。

（四）俄美关系

自 2009 年俄美关系开始"重启"以来，两国关系的改善形式大于内容，气氛多于行动。双方至今仍龃龉不断，明争暗斗不止。

1. 2010 年 6 月梅德韦杰夫访美结束不久，美俄双方就爆发了冷战后最大的间谍门事件，使得这次访问的正面影响大打折扣。

2. 2010 年 11 月梅德韦杰夫出席里斯本北约峰会时表示，可以就北约提出的欧洲导弹防御系统设想开展合作，但前提是俄罗斯必须是一个"平等伙伴"，否则，俄方将不会加入，并将设法"保卫自己"。但是美国不买账，继续搞自己的一套：10 月 5 日，北约秘书长拉斯穆森宣布，西班牙已经同意美国在其境内海域部署 4 艘宙斯盾驱逐舰，以此作为北约反导系统的一部分。此前，土耳其、罗马尼亚和波兰三国已经明确宣布加入北约反导系统。

3. 俄美新《削减和限制进攻性战略武器条约》几经周折后，终于在 2011 年 2 月 5 日正式生效。但俄美两国立法机构在同意签署条约时均提出了"附加条款"。俄版《条约》中提到，如果美国部署的导弹防御系统或其他武器危及俄罗斯安全，俄方可单方面退出条约。而美版《条约》则注明，新条约不应限制美国发展导弹防御系统。目前，俄美两国拥有全球 95%的核武器。依照用以替代 2009 年失效旧条约的新条约，俄美两国应在 7 年内将各自部署的核弹头数量上限由现阶段的 2200 枚降至 1550 枚，削减幅度近 30%。条约还限定部署的战略性导弹和轰炸机数量，并建立武器核查机制，及时了解对方核武库动向。

总之，目前俄美之间关系的缓和，是以暂时、局部的合作来掩盖长远、全局的分歧，这样的缓和能持续多久，还是个未知数。可以预计，一旦美国走出金融危机的困扰，完全"康复"，那时美俄之间的战略角逐将重新激化。从长远看，只要美国不放弃"领导世界"的霸权目标，只要俄罗斯继续坚持重振大国地位的强国方针，俄美双方的战略对手关系就将长期存在，不会改变。改变的将只是相互斗争的手段，以及双方关系在有限程度内的某些冷暖变化。

（五）中俄关系

美俄不同的战略方针决定了两国之间将长期存在不可调和的根本性战略矛盾，这就在客观上确定了俄罗斯在当代国际关系中的特殊地位和影响，即俄罗斯是有能力抗衡美国谋求单极霸权的重要力量之一，同时也是建立多极化世界新格局的一个重要推动力量。

俄罗斯的国际地位和影响总体上对我国有利。一个主张多极化、反对美国单极霸权的俄罗斯是我国在国际舞台上开展战略协作的重要伙伴，也是我国建立长期稳定周边环境的有利外部条件。我们始终把加强和发展对俄关系放在总体外交的重要位置，取得了丰硕成果。

中俄关系发展主要成果

1989 年 5 月《中苏联合公报》确定和平共处五项原则是两国关系指导原则，成为苏联解体后中俄关系稳定发展的重要基石。

1. 1996 年 4 月叶利钦访华时双方决定建立"平等信任的、面向二十一世纪的战略协作伙伴关系"，中俄战略协作伙伴关系的建立，使两国关系发展进入快车道。

2. 2001 年 7 月江泽民主席访俄期间与普京总统正式签署《中俄睦邻友好合作条约》。双方在条约中宣布："缔约双方根据公认的国际法原则和准则，根据互相尊重主权和领土完整、互不侵犯、互不干涉内政、平等互利、和平共处的原则，长期全面地发展两国睦邻友好、合作和平等信任的战略协作伙伴关系。""决心使两国人民间的友谊世代相传。"

该条约是自 1950 年中苏签署《中苏友好互助同盟条约》以来，两国间签署的第二个国家条约。新条约与老条约在性质上有根本区别，其核心思想是在不结盟、不对抗、不针对第三国的基础上，发展两国长期睦邻友好和互利合作，将两国世代友好、永不为敌的和平思想和永做好邻居、好朋友、好伙伴的坚定意愿以法律的形式确定下来，是一份指导两国关系长期健康稳定发展的纲领性文件。该条约在中俄关系发展史上具有里程碑意义。

3. 2001 年 6 月 15 日，在中俄两国推动下，上海合作组织正式成立。

4. 2008 年 7 月 21 日，中俄两国外长在北京签署了两国政府关于中俄国界线东段的补充叙述议定书及其附件，这标志着中俄 4300 多公里的边界全线勘定。至此，一百多年来中俄两国之间的历史遗留边界问题终于得到完全解决。中俄边界从此将成为中俄两国和两国人民和平、友好、合作的纽带。

5. 2009 年 6 月胡锦涛主席应邀访问俄罗斯，并出席了在莫斯科举行的隆重庆祝中俄建交 60 周年大会。

6. 2010 年 9 月梅德韦杰夫访华期间，中俄双方发表了"关于全面深化战略协作伙伴关系联合声明"，指出："中俄关系具有战略性和长期性，成为当今国际关系中的重要稳定因素。"

7. 经过十五年的发展，中俄战略协作伙伴关系已成为成熟、稳定、健康的国家关系，两国政治互信达到前所未有的高水平。与此同时，中俄贸易 1999—2008 年连续 10 年保持高速增长，平均增速接近 30%。2008 年双边贸易额达到创纪录的 568.3 亿美元。受国际金融危机影响，2009 年中俄贸易出现十年来首次大幅下滑，较 2008 年下降 31.8%。据中国海关统计，2010 年全年中俄贸易额为 554.5 亿美元，已接近国际金融危机前（2008 年）水平，较 2009 年增长 43.1%。中方对俄贸易顺差为 37.7 亿美元。俄罗斯在中国主要贸易伙伴中列第十一位。中国首次成为俄罗斯第一大贸易伙伴。

中俄在石油等能源领域合作取得突破性进展，地方合作方兴未艾。中俄之间的人文交流近年来也有新发展。两国成功互办了"国家年""语言年"等活动，揭开两国人文合作新篇章。

8. 2011 年中俄关系将在新的起点有新的发展。2011 年 4 月 13 日胡锦涛主席在三亚会见梅德韦杰夫，双方就双边关系、金砖国家合作及重大国际和地区问题深入交换意见，达成重要共识。胡锦涛指出，中俄双方要坚定不移致力于发展中俄战略协作伙伴关系，维护好两国共同利益，促进世界和平、安全、稳定。双方应重点做好以下四方面工作：一是以共同庆祝《中俄睦邻友好合作条约》签署 10 周年为契机，大力弘扬两国世代友好的和平理念，增进两国人民传统友谊；二是加大相互政治支持，坚定支持对方维护国家主权、安全、发展利益的努力；三是推进中俄西线天然气管道等能源领域大项目合作，全面扩大经贸、投资、高技术、金融、地方、人文等领域互利合作；四是加强在国际和地区事务及国际经济金融体系改革等重大问题上的沟通和协调。

2011 年胡锦涛主席还将访问俄罗斯，共同庆祝《中俄睦邻友好合作条约》签署十周年。同时，2011 年中俄双方还将与上合组织其他成员国一道庆祝上合组织成立十周年。

中俄作为两个相邻的大国和联合国安理会常任理事国，既面临国内发展的首要任务，又肩负着维护世界和平与稳定的历史使命。中俄双边关系的健康稳定发展本身就是对维护地区和世界和平与稳定的重要贡献。中俄双方基于战略协作伙伴关系，为维护世界和平稳定在国际和地区事务中进行密切沟通和配合，为推动世界多极化和国际关系民主化做出了不懈努力，成为维护地区和世界和平稳定的重要因素。加强和发展对俄关系是我国外交需要长期坚持的一条基本方针。

（六）俄罗斯在独联体地区的影响明显上升

苏联解体以来，俄美在独联体地区的战略角逐从未间断。由于双方力量对比悬殊，总的态势基本是美攻俄守。2008 年开始美国由于深陷金融危机不能自拔，被迫收缩对独联体地区的渗透。而俄罗斯则以俄格战争为转机，趁美外交收缩之机，加大在独联体地区的经营力度。俄方在该地区的外交进取自 2010 年以来取得不少显著成果。

1. 2010 年 1 月独联体内第二大国乌克兰大选的结果是，亲美的尤申科、季莫申科颜色革命势力下台，亲俄的亚努科维奇掌权。俄乌关系随之迅速走近，出现苏联解体以来从未有过的快速发展局面，使得俄罗斯在独联体地区的战略地位大大增强。乌克兰公开宣布不加入任何集团，使北约东扩战略严重受挫。乌方同意把俄罗斯黑海舰队基地的租用期限由原来的 2017 年延长到 2042 年，使俄罗斯在今后相当长时间可以继续保持在黑海地区的军事存在。再加上卢卡申科在白俄罗斯的牢固领导地位，在独联体西部便形成了对俄罗斯十分有利的战略小三角，使俄方更有能力抵御美国和北约对独联体地区的政治、军事渗透。

2. 俄罗斯进一步增强了在外高加索地区的地位。一方面继续巩固俄格战争成果，强化对南奥塞梯和阿布哈兹的全方位支持，遏制格鲁吉亚的反俄倾向，另一方面又与亚美尼亚达成长期军事基地协议；与阿塞拜疆签订两国边界条约，进一步稳定对阿关系。

3. 2010 年 4 月吉尔吉斯斯坦巴基耶夫政权的倒台，成为独联体地区第二个寿终正寝的"颜色革命"政权，标志着美国在中亚地区影响的下降和俄罗斯影响力的增强。

（七）独联体地区局势总体稳定，独联体发展趋势向好

由于美国等西方国家深受金融危机困扰、美国深陷伊拉克、阿富汗两场战争泥潭，2010 年以来美俄之间在独联体地区角逐弱化，为该地区提供了近 20 年来少有的宽松外部环境，影响地区稳定的外部因素减少。而"颜色革命"风潮的终结也消除了影响该地区稳定的重要内部因素，有利于独联体各国关系的良性发展。

1. 2010 年以来独联体地区政治形势总体保持稳定。独联体解体的声音明显减弱，成员国之间合作趋势增强。一直闹独立的乌克兰对独联体态度发生积极变化，2011 年纳扎尔巴耶夫再次当选连任哈萨克斯坦总统，对于中亚局势继续保持稳定也是重要有利因素。

吉尔吉斯斯坦 2010 年 4 月发生的骚乱属局部可控性质，未对独联体地区总体局势造成冲击。

2. 独联体经济一体化进程呈现加快的势头。继 2010 年 1 月 1 日俄罗斯、白俄罗斯、哈萨克斯坦三国启动关税同盟之后，2010 年 12 月 9 日三国关税同盟最高会议又宣布，三国统一经济空间将从 2012 年 1 月 1 日开始全面运营。同时还宣布，三国关税同盟和统一经济空间是开放的，三国将向建立欧亚经济联盟迈进。据悉，吉尔吉斯斯坦、塔吉克斯坦两国已准备加入关税同盟和统一经济空间。俄、白、哈三国人口约 1.8 亿，经济潜力占前苏联总量约 83%。

3. 稳定的地区局势为独联体各国发展经济创造了良好外部条件，2010 年该地区经济总体增长较快。随着俄罗斯与独联体各国之间关系的改善和加强，以及金融危机背景下独联体国家经济上对俄倚重的增加，2010 年独联体国家对俄贸易额大幅度增长。

当然，现在独联体不少国家内部政治、经济、民族方面仍有复杂矛盾，一些国家之间也存在各种纠葛，这些都还是地区形势稳定的潜在威胁。

不过，由于"颜色革命"风潮在独联体地区已成明日黄花，美西方现在也力不从心，近期难以在该地区再兴风作浪。独联体各国有可能为自己迎来一个相对较长时间的稳定宽松的发展环境，

当前应该警惕的是，防止中东局势动荡可能对中亚地区产生的潜在的消极影响。这是上合组织成员国特别是中俄两国需要加强协调与合作的重要问题。

三、当前国际形势若干问题（2012 年 3 月）

2012 年 3 月 1 日，应河南登封市邀请，给该市干部做"当前国际形势若干问题"报告，1000 余人与会。报告内容如下：

（一）西方深陷经济困境

2008 年金融危机的影响在延续，出现 20 世纪 30 年代西方经济危机以来最严重的经济衰退。

美国经济三高一低，高失业、高赤字、高通胀、低增长，结构性矛盾非常突出。主权债务已占 GDP100%，第一次失去 3A 级主权信用评级。民主、共和两党围绕着债务限额问题展开恶斗，民众不满情绪爆发，占领华尔街运动遍及各地。欧洲主权债务危机由点到面，不断深化蔓延，主权债务平均占 GDP 达到 85%。欧盟及各国政府救助不力而失信于民，一年内有六国政府倒台，各种社会矛盾加深。日本债务占 GDP 比重超过 200%，政权更迭频繁。发达国家在世界经济总量中所占比重由原来的 70% 减少到目前的 50% 多一点。

这些问题是西方长期被表面繁荣掩盖的经济虚拟化、产业空心化、政府借

债度日、国民超前消费、社会两极分化、资本贪婪逐利、党派恶斗、选举至上、民主异化等痼疾经过量化积累的公开爆发，打破了西方资本主义模式是最佳模式的神话，使冷战后美国人宣称的"21世纪将是美国世纪"预言破产。甚至一些西方学者也认为，西方资本主义制度开始走向衰落。

客观地看，不能低估西方资本主义的自我修复能力。西方目前的困难并不意味着资本主义制度已经走到尽头，也没有改变国际力量对比西强东弱的基本格局，对这一点我们要有清醒的判断。但同时也要高度关注西方的困境以及为摆脱困境采取的措施给世界包括中国带来的复杂影响。一是美、日、欧普遍实行紧缩政策，影响自身增长，减少国际需求，拖累世界经济。世界经济2012年预计增长百分之二点几，达不到去年的3.8%，二是美、欧通过量化宽松、贸易投资保护等手段向发展中国家转嫁危机。三是美国等一些西方国家采取特别手段转移矛盾，包括对西亚北非地区一些国家实行新干涉主义。

（二）中东局势持续动荡

2010年12月17日突尼斯南部26岁街头小贩为抗议城管人员暴力而自焚，引起全国大规模反政府抗议风潮，总统本·阿里逃亡。随即在北非西亚地区产生多米诺效应，形成地区性政局动荡局面，延续到现在。

如何看待这场中东地区政局动荡？

1. 原因：主因是内生性的，是社会政治经济矛盾长期积累的结果。国际金融危机以及美欧国家插手干预起了催化作用。

2. 从国际关系大格局角度看，此次动荡是20世纪80年代末东欧剧变以来最重大的地缘政治事件，也是苏联解体、冷战结束、两极格局瓦解以来发生的最重大的地缘政治事件。

3. 东欧剧变和中东政局动荡都是区域群体性事件。但二者内容不同。前者起因一样，政治趋取向一致，都是否定过去的政治制度和意识形态，全盘西化。后者起因不尽一致，政治取向呈现多样性，未来前景存在很大不确定性。动荡拉开了阿拉伯世界政治、社会大变革的序幕，地区的政治生态战略格局正在发生改变，伊斯兰势力明显上升（埃及穆斯林兄弟会在议会选举中获胜，成为第一大党），阿拉伯民族主义情绪发展。崛起的伊斯兰势力即使是温和派也不可能像被推翻的政权那样配合美国。美国在中东的主导地位势将削弱，以色列的处境更加孤立。伊朗影响相对上升。

4. 美欧打着"人权高于主权"旗号，以保护人权为名，借机武力干涉，维护自己的地区利益，加剧了中东地区形势的动荡。北约以安理会1973号决议建立禁飞区为幌子，借机把利比亚变成第二个南斯拉夫，是美国借"人权"谋霸权在新形势的新表现。现在又试图在叙利亚重演，进而谋求颠覆伊朗现政权。

5. 我们应高度警惕在外部势力策动下西亚北非乱局向中亚地区外溢的可能。

（三）亚太地区暗流涌动

一个主要背景是，与西方颓势相映照，新兴力量发展速度加快，呈现西慢东快态势。中、俄、印、巴GDP均已进入世界排名前11位。据IMF测算，发达国家对世界经济增长的贡献率从1990年的88.6%下降到2010年的30%，金砖国家同期从-0.6%上升到60%多。国际力量对比东升西降速度在加快。其中亚洲发展更加突出。亚洲是新兴大国最为集中的地区，人口占世界61%。2010年亚洲GDP是196606.80亿美元，已经超过了欧洲（190416.99亿美元）、北美（174924.90亿美元），跃居各大洲之首。2011年亚太经济占世界经济总量20%。西方研究机构估计，2050年亚太经济总量将会占世界经济总量50%。

在这种形势下，美国从2010年开始，高调宣示将战略重心移向亚太，试图牵制它担心的中国崛起，继续维护其在亚洲的地位。这是美国为推行其亚洲和全球霸权目标做出的战略调整，美国在我国周边挑起事端，制造东北亚紧张局势，插手南海，挑拨东盟国家与中国关系，对台售武，破坏两岸和平发展，强化其地区盟国军事合作机制，推动美国主导的跨太平洋战略经济伙伴协定（TPP）。美国的所作所为搅乱了亚洲地区局势。

同时也要看到美国战略重心东移是在其综合国力和主导能力下滑的背景下对亚洲崛起做出的被动反应，其称霸亚太的战略不会顺利实施，目标难以实现。一是美国国内问题缠身，无力大量投入。二是美国要从阿富汗、伊拉克完全脱身不容易。欧债危机、中东乱局、俄罗斯振兴也都将对其形成牵制。三是中国对地区国家的经济影响美国无法取代。反过来，东盟国家在美国进来之后，担心东盟的主导地位被美国所取代，这是东盟非常关心的问题。四是美国在视中国为战略对手的同时，也视中国为重要合作伙伴。美中利益交融，深度相互依存，2011年中美贸易额4400亿美元，双方互为第二大贸易伙伴。中国持有美国国债2011年达到1.1万亿美元，为美国国债第一大海外持有国。美国不能与中国全面对抗，只有相互尊重，互利共赢，合作共处才是正确的抉择。美国"重返"亚洲，如果以遏制中国为目的，结果必然害人又害己。

（四）俄罗斯政局即将翻开新篇章

2008 年梅普组合问世以来，二人在相当长时间里是一种普主梅从的关系，虽偶有不同声音，也是在演"双簧"。2011 年 3 月 21 日二人在利比亚问题上的表态则完全是针锋相对，空前尖锐。普京指责安理会关于利比亚问题的 1973 号决议令人想起"十字军东征"，并谴责美国在国际舞台动辄使用武力，没有良心。几个小时之后梅德韦杰夫即公开声明，他不认为安理会决议是错误的，"十字军东征"的说法是"不能接受的"，会导致"文明冲突"。西方一直扬梅抑普，试图分裂梅普组合。目的一是阻止普京重返克里姆林宫，二是搞乱俄政局，扶植亲西方反对派上台。二人的分歧让西方看到希望。

2008 年开始上演的梅普组合剧的编剧和导演都是普京。2011 年 9 月 24 日统俄党代表大会关于由普京参选下届总统的决定表明，普京决定把剧本由梅普组合改编为普梅组合。这意味着俄罗斯从 2012 年 3 月开始将再次进入普京任总统的普京时代。这对美国来说无疑是一场噩梦。这也就是为什么希拉里对 2011 年 11 月 4 日俄罗斯国家杜马的选举横加指责，称其"既不民主也不公正"，麦凯恩公开鼓动在俄罗斯发动"阿拉伯之春"的原因。可以预言，美国的这些做法不会如愿。

2012 年 3 月 4 日俄罗斯即将举行的总统选举普京当选没有悬念，原因是普京代表了主流民意和俄罗斯国家发展的方向，得到绝大多数俄罗斯民众的支持。俄罗斯政坛没有能够对普京构成实质性挑战的人。普京重返克里姆林宫意味着俄罗斯可以继续保持稳定，普京新政将使国家获得新的发展；意味着欧亚地区可以继续保持相对稳定的局面；意味着俄美关系的战略性矛盾将会继续存在，中俄战略协作伙伴关系将会继续得到加强。一个主张多极化、反对美国单极霸权的俄罗斯是维护世界和平、推动国际关系健康发展的重要积极力量。

中俄作为两个相邻的大国和联合国安理会常任理事国，既面临国内发展的首要任务，又肩负着维护世界和平与稳定的历史使命。中俄双边关系的健康稳定发展本身就是对维护地区和世界和平与稳定的重要贡献。中俄双方基于战略协作伙伴关系，为维护世界和平稳定在国际和地区事务中进行密切沟通和配合，为推动世界多极化和国际关系民主化做出了不懈努力，成为维护地区和世界和平稳定的重要因素。加强和发展对俄关系是我国外交需要长期坚持的一个基本方针。

（五）欧亚地区相对稳定

由于美国等西方国家深受金融危机困扰，美国又深陷伊拉克、阿富汗两场战争泥潭，2011年以来美俄之间在独联体地区角逐弱化，为该地区提供了近20年来少有的宽松外部环境，影响地区稳定的外部消极因素减少。而"颜色革命"风潮的终结也消除了影响该地区稳定的重要内部因素，有利于独联体各国关系的良性发展。

1. 近两年来独联体地区政治形势总体保持稳定。独联体解体的声音明显减弱，成员国之间合作趋势增强。一直闹独立、亲西方的乌克兰在2010年大选政权更迭后，对独联体态度发生积极变化，2011年纳扎尔巴耶夫再次当选连任哈萨克斯坦总统，对于中亚局势继续保持稳定也是重要有利因素。

吉尔吉斯斯坦2010年4月发生的骚乱属局部可控性质，未对独联体地区总体局势造成冲击。

2. 独联体经济一体化进程呈现加快的势头。继2010年1月1日俄罗斯、白俄罗斯、哈萨克斯坦三国启动关税同盟之后，三国统一经济空间已从2012年1月1日开始全面运营。同时还宣布，三国关税同盟和统一经济空间是开放的，三国将向建立欧亚经济联盟迈进。据悉，吉尔吉斯斯坦、塔吉克斯坦两国已准备加入关税同盟和统一经济空间。俄、白、哈三国人口约1.8亿，经济潜力占前苏联总量约83%。

3. 稳定的地区局势为独联体各国发展经济创造了良好外部条件，2011年该地区经济总体增长较快。随着俄罗斯与独联体各国之间关系的改善和加强，以及金融危机背景下独联体国家经济上对俄倚重的增加，2010年独联体国家对俄贸易额大幅度增长。

当然，现在独联体不少国家内部政治、经济、民族方面仍有复杂矛盾，一些国家之间也存在各种纠葛，这些都还是地区形势稳定的潜在威胁。

不过，由于"颜色革命"风潮在独联体地区已成明日黄花，美西方现在也力不从心，近期难以在该地区再兴风作浪。独联体各国有可能为自己迎来一个相对较长时间的稳定宽松的发展环境，

当前应该警惕的是，在外部势力策动下西亚北非乱局向中亚地区外溢的可能。

（六）客观看待我国的国际环境

来自外部挑战的增多也是中国发展、国际影响扩大、作用提升的反映。有

人说是大国崛起的苦恼。而西方则面临着衰落的苦恼。二者相比，中国面临的外部环境总体仍然是有利的。

在经济领域，西方经济困境也给我们的开放型经济发展造成困难。这既是挑战也是机遇，将促使我们加快经济结构转型的步伐。

总之，我们面临的是前进中的困难，而西方面临的是制度性的困难。我们正处于实现中华民族伟大复兴的历史机遇期。18 世纪的中国曾经是世界第一经济强国，也是令西方人敬佩的文明大国。当时的德国哲学家、数学家威廉·莱布尼茨（1646—1716）曾经说过："我们一直觉得自己极有教养，不曾想到，世界上还有另一个民族遵循着更有教养的文明生活准则。对中国有所了解后，我们认识到，中华民族正是这样的民族。"今天，只要我们对内坚持走中国特色社会主义道路不动摇，对外坚持独立自主的和平外交政策不动摇，我们就一定能够实现无数先烈为之奋斗的目标，使中华民族以令世人瞩目的崭新姿态屹立于世界民族之林，为世界文明的进步与发展做出我们应有的更大的贡献。

谢谢大家！

四、当前国际形势若干问题（2012 年 6 月）

2012 年 6 月 28 日，应清华大学英才培训高级研修班邀请，为外事干部学员班讲"当前国际形势若干问题"。内容如下：

（一）西方深陷经济困境

2008 年金融危机的影响延续至今，是 20 世纪 30 年代西方经济危机以来最严重的经济衰退。

美国经济三高一低，结构性矛盾非常突出，高失业、高赤字、高通胀、低增长。主权债务已占 GDP100%。第一次失去 3A 级主权信用评级。民主、共和两党围绕着债务限额问题展开恶斗，民众不满情绪爆发，出现遍及各地的占领华尔街运动。目前美国经济仍复苏乏力，日前官方调低 2012 年经济增速预期（由 2.4%—2.9%调低到 1.9%—2.4%）。失业率居高不下，仍在 8%。欧洲主权债务危机由点到面，不断深化蔓延，主权债务平均占 GDP 达到 85%。欧盟及各国政府因救助不力而失信于民，一年内有六国政府因债务危机倒台，各种社会矛盾加深。希腊政府危机一度危及欧元区前途，6 月 17 日二次大选后终于组成支持紧缩政策的三党联合政府，躲过了一劫。根据预测，2012 年欧盟 GDP 将是

-0.3%。日本债务占 GDP 比重超过 200%，政权更迭频繁。发达国家在世界经济总量中所占比重由原来的 70% 减少到目前的 50% 多一点。

这些问题是西方长期被表面繁荣掩盖的经济虚拟化、产业空心化、政府借债度日、国民超前消费、社会两极分化、资本贪婪逐利、党派恶斗、选举至上、民主异化等痼疾经过量化积累的公开爆发。打破了西方资本主义模式是最佳模式的神话，使冷战后美国人宣称的"21 世纪将是美国世纪"的预言破产。甚至一些西方学者也认为，西方资本主义制度开始走向衰落。

客观地看，不能低估西方资本主义的自我修复能力。西方目前的困难并不意味着资本主义制度已经走到尽头，也没有改变国际力量对比西强东弱的基本格局，对这一点我们要有清醒的判断。但同时要高度关注西方的困境以及为摆脱困境采取的措施给世界包括中国带来的复杂影响。一是美、日、欧普遍实行紧缩政策，影响自身增长，减少国际需求。世界经济今年预计增长百分之二点几，远不到去年的 3.8%，拖累世界经济。二是美、欧通过量化宽松、贸易投资保护等手段向发展中国家转嫁危机。三是美国等一些西方国家采取特别手段转移矛盾，包括对西亚北非地区一些国家实行新干涉主义。

（二）中东局势持续动荡

2010 年 12 月 17 日突尼斯南部 26 岁街头小贩为抗议城管人员暴力而自焚，引起全国大规模反政府抗议风潮，总统本·阿里逃亡。随即在北非西亚地区产生多米诺骨牌效应，形成地区性政局动荡局面，延续到现在。

如何看待这场中东地区政局动荡？

1. 原因：主因是内生性的，是社会政治经济矛盾长期积累的结果。国际金融危机以及美欧国家插手干预起了催化作用。

2. 从国际关系大格局角度看，此次动荡是 20 世纪 80 年代末东欧剧变以来最重大的地缘政治事件，也是苏联解体、冷战结束、两极格局瓦解以来发生的最重大的地缘政治事件。

3. 东欧剧变和中东政局动荡都是区域群体性事件。但二者内容不同。前者起因一样，政治取向一致，都是否定过去的政治制度和意识形态，全盘西化。后者起因不尽一致，政治取向呈现多样性，未来前景存在很大不确定性。动荡拉开了阿拉伯世界政治、社会大变革的序幕，地区的政治生态战略格局正在发生改变，伊斯兰势力明显上升，埃及穆斯林兄弟会在议会选举中获胜，成为第一大党。2012 年 6 月 24 日埃及最高总统选举委员会主席苏尔坦宣布，穆斯林兄弟会候选人穆尔西成功赢得总统选举，成为前总统穆巴拉克下台后的首任埃及总统。阿拉伯民族主义情绪发展。崛起的伊斯兰势力即使是温和派也不可能像被推翻的政权那样配合美国。美国在中东的主导地位势将削弱，以色列的处境更加孤立。伊朗影响相对上升。

4. 美欧打着"人权高于主权"旗号，以保护人权为名，借机武力干涉，维护自己的地区利益，加剧了形势的动荡。北约以安理会 1973 号决议建立禁飞区为幌子，借机把利比亚变成第二个南斯拉夫，是美国借"人权"谋霸权在新形势的新表现。现在又试图在叙利亚重演，进而谋求颠覆叙利亚现政权。

（三）亚太地区暗流涌动

一个主要背景是，与西方颓势相映照，新兴力量发展速度加快，呈现西慢东快态势。中、俄、印、巴 GDP 均已进入世界排名前 11 位。据 IMF 测算，发达国家对世界经济增长的贡献率从 1990 年的 88.6% 下降到 2010 年的 30%，金砖国家同期从 -0.6% 上升到 60% 多。国际力量对比东升西降速度在加快。其中亚洲发展更加突出。亚洲是新兴大国最为集中的地区，人口占世界 61%。2010 年亚洲 GDP 是 196606.80 亿美元，已经超过了欧洲（190416.99 亿美元）、北美（174924.90 亿美元），跃居各大洲之首。2011 年亚太经济占世界经济总量 20%。西方研究机构估计，2050 年亚太经济总量将占世界经济总量 50%。

在这种形势下，美国从 2010 年开始，高调宣示将战略重心移向亚太，试图牵制它担心的中国"崛起"，维护其在亚洲的所谓"领导"地位。这是美国为推行其亚洲和全球霸权目标做出的战略调整，美国在我周边挑起事端，制造东北亚紧张局势，插手南海，挑拨东盟国家与中国关系，对台售武，破坏两岸关系和平发展，强化地区盟国军事合作机制，推动美国主导的跨太平洋战略经济伙伴协定（TPP），美国的所作所为搅乱了亚洲地区稳定秩序。

同时也要看到美国战略重心东移是在其综合国力和主导能力下滑的背景下对亚洲崛起做出的被动反应，其称霸亚太的战略不会顺利实施，目标难以实现。一是美国国内问题缠身，无力大量投入。二是美国要从阿富汗、伊拉克完全脱身不容易。欧债危机、中东乱局、俄罗斯振兴都将对其形成牵制。三是中国对亚洲地区国家的经济影响美国无法取代。反过来，东盟国家在美国宣布"重返"亚洲之后，担心东盟的主导地位被美国所取代，这是东盟非常关心的问题。四是美国视中国为战略对手的同时，也视中国为重要合作伙伴。美中利益交融，深度相互依存，2011 年中美贸易额达到 4400 亿美元，双方已互为第二大贸易伙伴。中国持有美国国债 2011 年达到 1.1 万亿美元，是美国国债第一大海外持有国。美国不能与中国全面对抗。美国"重返"亚洲，如果以遏制中国为目的，结果必然害人又害己，只有相互尊重，互利共赢，合作共处才是正确的抉择。

（四）俄罗斯政局掀开新篇章

2008 年梅普组合问世以来，西方一直扬梅抑普，试图分裂梅普组合。目的一是阻止普京重返克里姆林宫，二是搞乱俄政局，扶植亲西方反对派上台。

但是，他们没有搞清，2008 年开始上演的梅普组合剧的编剧和导演都是普京。2011 年 9 月 24 日统一俄罗斯党代表大会决定由普京参选下届总统表明，普京决定把剧本由梅普组合改编为普梅组合，意味着俄罗斯从 2012 年 3 月开始将再次进入普京任总统的普京时代。这对美国来说无疑是一场噩梦。这也就是为什么希拉里对 2011 年 11 月 4 日俄罗斯国家杜马的选举横加指责，称其"既不民主也不公正"，麦凯恩则公开鼓动在俄罗斯发动"阿拉伯之春"的原因。然而，美国的这些做法没有也不可能如愿。

2012 年 3 月 4 日普京再次当选总统，彻底打破了西方的图谋。原因是普京代表了主流民意和俄罗斯国家发展的方向，得到绝大多数俄罗斯民众的支持。俄罗斯政坛没有能够对普京构成实质性挑战的人。普京重返克里姆林宫意味着俄罗斯可以继续保持稳定，普京新政将使国家获得新的发展；意味着欧亚地区可以继续保持相对稳定的局面；意味着俄美关系的战略性矛盾将会继续存在，中俄战略协作伙伴关系将会继续得到加强。一个主张多极化、反对美国单极霸权的俄罗斯是维护世界和平、推动国际关系健康发展的重要积极力量。

中俄作为两个相邻的大国和联合国安理会常任理事国，既面临国内发展的首要任务，又肩负着维护世界和平与稳定的历史使命。中俄双边关系的健康稳定发展本身就是对维护地区和世界和平与稳定的重要贡献。中俄双方基于战略协作伙伴关系，为维护世界和平稳定在国际和地区事务中进行密切沟通和配合，为推动世界多极化和国际关系民主化做出了不懈努力，成为维护地区和世界和平稳定的重要因素。

2012 年 6 月初普京访华是其当选后对独联体以外国家进行的首次国事访问，凸显了他对对华关系的高度重视。此前，他 5 月 31 日正式访问了白俄罗斯，然后用几个小时时间访问德国和法国，如同"过路"。他未出席 5 月中旬的戴维营 G8 峰会，有意冷落美国。普京表示："中国不仅是俄罗斯的好朋友，也是国际舞台上可信赖的好伙伴。"胡锦涛主席则表示："中俄关系发展得更好、更亲密，对两国人民是福音，对世界也是福音。"加强和发展对俄关系是我国外交需要长期坚持的一个基本方针。

（五）欧亚地区相对稳定

由于美国等西方国家深受金融危机困扰，美国深陷伊拉克、阿富汗两场战争泥潭，力不从心，难以在欧亚地区再兴风作浪。2011年以来美俄之间在独联体地区的角逐弱化，为该地区提供了近20年来少有的宽松外部环境，影响地区稳定的外部消极因素减少。而"颜色革命"风潮的终结也消除了影响该地区稳定的重要内部因素，有利于独联体各国关系的良性发展。普京再次入主克里姆林宫、俄罗斯政局继续保持稳定，则是欧亚地区局势保持相对稳定的最重要内部因素。可以预期，独联体各国有可能为自己迎来一个相对较长时间的稳定宽松的发展环境，

1. 近两年来独联体地区政治形势总体保持稳定。独联体解体的声音明显减弱，成员国之间合作趋势增强。一直闹独立、亲西方的乌克兰在2010年大选政权更迭后，对独联体态度发生积极变化，2011年哈萨克斯坦总统纳扎尔巴耶夫再次当选连任，对于中亚局势继续保持稳定也是重要有利因素。

吉尔吉斯斯坦2010年4月发生的骚乱属局部可控性质，未对独联体地区总体局势造成冲击。

2. 独联体经济一体化进程呈现加快的势头。继2010年1月1日俄罗斯、白俄罗斯、哈萨克斯坦三国启动关税同盟之后，三国统一经济空间已从2012年1月1日开始全面运营。同时还宣布，三国关税同盟和统一经济空间是开放的，三国将向建立欧亚经济联盟迈进。据悉，吉尔吉斯斯坦、塔吉克斯坦两国已准备加入关税同盟和统一经济空间。俄、白、哈三国人口约1.8亿，经济潜力占前苏联总量约83%。

3. 稳定的地区局势为独联体各国发展经济创造了良好外部条件，2011年该地区经济总体增长较快。随着俄罗斯与独联体各国之间关系的改善和加强，以及金融危机背景下独联体国家经济上对俄倚重的增加，独联体国家对俄贸易额大幅度增长。

4. 上海合作组织的巩固和发展成为维护中亚地区和平稳定、抵御外部敌对势力渗透的稳定器，在我国西北周边筑起一道重要防火墙。2012年6月初在北京举行的上合组织12届峰会为该组织今后10年的发展设计了清晰的蓝图。

当前最应该警惕的是，在外部势力策动下西亚北非乱局向中亚地区外溢的

可能。

（六）客观看待我国的国际环境

一些来自外部的挑战是中国发展、影响扩大、作用提升的反映。有人说是大国崛起的苦恼。而西方则面临着衰落的苦恼。

在经济领域，西方经济困境也给我们的外向型经济发展造成困难。这既是挑战也是机遇，将促使我们加快经济结构转型的步伐。

总之，我们面临的是前进中的困难，而西方面临的是制度性的困难。我们正处于实现中华民族伟大复兴的历史机遇期。

18世纪的中国曾经是世界第一经济强国，令西方人敬佩的文明大国。当时的德国著名哲学家威廉·莱布尼茨（1646—1716）曾经说过："我们一直觉得自己极有教养，不曾想到，世界上还有另一个民族遵循着更有教养的文明生活准则。对中国有所了解后，我们认识到，中华民族正是这样的民族。"今天，只要我们对内坚持走中国特色社会主义道路不动摇，对外坚持独立自主的和平外交政策不动摇，我们就一定能够实现无数先烈为之奋斗的目标，使中华民族以令世人瞩目的崭新姿态屹立于世界民族之林，为世界文明的进步与发展做出我们应有的更大的贡献。这也是我们每一位从事外事工作的同志肩负的光荣职责。

五、当前国际热点问题

2015年12月18日，我的母校天津师范大学举办中心组学习报告会，邀请我在校会议中心报告厅做"当前国际热点问题"专题报告。师生代表400余人参加。报告内容如下：

（一）乌克兰危机

当前的乌克兰危机根源于美国在前苏地区策动"颜色革命"的战略。苏联解体以后，美国为维护其一超独霸地位，对俄罗斯的基本政策是不允许其东山再起，实行的是"遏俄、弱俄"的方针。为此实行了两个主要战略：一个是通过单方面退出反导条约（2002年）、建立国家导弹防御系统（National Missile Defence）和战区导弹防御系统（Theater Missile Defence）（1993年由克林顿提出，取代1983年里根倡导的"星球大战计划"），试图打破美苏时代在核领域建立的战略均势，确立美国的独家核霸权。二是挤压俄罗斯在前苏地区的地缘政治空间，削弱其复兴的战略生存基础。为此使用的一个重要手段就是策动"颜色革命"，即打着所谓要民主、反专制旗号，通过组织、煽动街头动乱推翻亲俄合法政权，扶植亲美政权。自 2003 年起，先后在格鲁吉亚（2003 年 11 月）、乌克兰（2004 年 11 月）、吉尔吉斯（2005 年 3 月）搞成了所谓的"玫瑰革命""橙色革命""郁金香革命"。

在此背景下，俄罗斯与美国在前苏地区展开了激烈的遏制与反遏制的战略角逐，俄方坚决反对"颜色革命"，目的是维护自己的战略生存空间和实现俄罗斯复兴的战略目标。

2014 年 2 月，乌克兰亲西方反对派通过街头暴动武力夺权是公开的暴力政变，是 2004 年乌克兰"橙色革命"的升级版，性质更为恶劣。美国是这场危机的麻烦制造者，也是其在乌克兰多年经营的结果。美俄围绕这场危机进行的较量是双方在前苏地区战略角逐的最新体现。美国的根本目的是使乌克兰彻底"脱俄入欧（欧盟）"，进而"入约（北约）"，从而拔掉俄罗斯东山再起的最重要根基，为实现"遏俄、弱俄"的战略目标奠定基础，同时也为在前苏地区其他国家继续推行"颜色革命"创造条件，为北约在该地区东扩打开大门。普京清楚地意识到当前这场较量对俄生死攸关，直接关系到其能否保住欧亚地区战略生存空间、实现复兴俄罗斯的抱负。他不能允许乌克兰这个当年"压断苏联大象脊梁的最后一根稻草"再把俄罗斯的脊梁压断，故展现出坚决"保卫乌克兰"的决心。一是 2014 年 3 月支持克里米亚举行独立公投，然后加入俄罗斯；二是支持乌克兰东部反对亲西方的基辅政权。

克里米亚公投入俄后，美国和欧盟随即宣布对俄实施制裁。俄西方围绕乌克兰危机的较量进一步激化。

2014 年 9 月签署的明斯克停火协议和 2015 年 2 月 13 日签署的《新明斯克协议》虽然使乌克兰紧张局势得到一定程度缓解，但远未解决问题。

当前形势下，俄罗斯的目标是迫使基辅当局改变政体，实行联邦制，使东部地区享有最大自主权，以此作为今后牵制乌克兰外交走向的手段。同时明确宣布乌克兰加入北约是俄罗斯不能允许跨越的"红线"。在美国支持下，基辅当局已明确拒绝俄方的上述要求，并准备就"入约"问题举行公投。目前俄美双方在乌克兰的较量处于僵持局面，呈现长期化态势。

为了使大家增加对美国推行"颜色革命"战略的了解，向大家介绍一下当年美国在白俄罗斯策动"颜色革命"失败的情况。

当年格鲁吉亚、乌克兰发生"颜色革命"后，西方舆论宣称，独联体内的

"颜色革命"时期已经到来。此时，美国把目光投向独联体内另一个重要国家——白俄罗斯，寄希望于那里的亲西方反对派借助外部"大好形势"，也发动一场"颜色革命"。为此，布什给白俄罗斯的卢卡申科总统扣上了"欧洲最后一个独裁者"的帽子。布什还专门签署《白俄罗斯2004年度民主法案》，向白俄罗斯亲西方反对派补充提供1200万美元援助。

2005年3月24日，吉尔吉斯斯坦爆发"郁金香革命"，总统阿卡耶夫亡命国外。3月25日，在美国怂恿支持下，百余名白俄罗斯反对派分子在明斯克市中心十月广场举行反卢卡申科总统的非法集会，还仿效乌克兰反对派的做法，搭起了小帐篷，企图借吉尔吉斯斯坦政变的东风，重演乌克兰式的"颜色革命"。无奈支持者寥寥，反对派的集会变成一场尴尬的闹剧，很快就被内务部队驱散，没有造成什么严重社会影响。根本原因在于，白俄罗斯反对派在国内没有什么社会基础，他们无力动摇卢卡申科的执政地位。然而，西方传媒仍有意大肆炒作，将这一事件称为白俄罗斯"颜色革命"的开始，同时攻击白俄罗斯政府对反对派采取强硬手段。由于受西方和俄罗斯亲西方民主派传媒的影响，当时国内媒体也出现一些关于白俄罗斯发生"颜色革命"的报道。

当时我作为中国驻白俄罗斯大使，曾对美国驻白俄罗斯大使谈过白俄罗斯"颜色革命"不会成功的原因：在卢卡申科总统领导下，白俄罗斯政局稳定、经济形势在独联体地区名列前茅，老百姓生活安定，不断改善，所以他们支持他，拥护他。美国和其他西方国家不喜欢卢卡申科的执政理念，总想把他搞掉。你们的做法不会成功，你们支持的那些反对派也不会有什么作为，因为得不到白俄罗斯大多数民众的支持。美国人认为，美国的政治经济制度很好，这很正常。但是如果认为世界上所有国家都应该照搬美国的制度模式，那就如同非要在旱地种水稻，不会成功，当地老百姓也绝对不会同意。另外，你们这种思维也不符合民主原则。每个国家的人民都有选择自己发展道路的权利，任何国家都无权把自己的想法强加给别人。这位美国大使听后说，"我其实也同意你对卢卡申科地位的看法，是布什总统让我这样干的"。我说，作为驻外大使，除了执行国内指示，还有一个向国内报告驻在国客观形势的责任，便于国内制定符合客观实际的政策。你应该向华盛顿客观反映白俄罗斯的形势。

从长远看，俄与美西方围绕乌克兰的战略博弈的结果不仅将影响前苏地区的地缘政治版图，而且将影响大国关系和国际战略格局，也关系到我西北战略周边的安全与稳定。

反对"颜色革命"现在已成为中俄两国战略协作的重要领域。两国领导人已多次表明共同反对"颜色革命"的立场。

（二）叙利亚危机

2011年10月13日我曾在母校政治与行政学院讲过当时的国际形势若干问题，其中第一个就是中东动荡的政局。2012年5月初又在那里讲过一次国际问题，第一个问题也是中东局势。我当时讲道，2010年12月17日突尼斯南部26岁街头小贩为抗议城管人员暴力而自焚，引起全国大规模反政府抗议风潮，总统本·阿里逃亡。随即在北非西亚地区产生多米诺效应，引发所谓的"阿拉伯之春"，实际是地区性政局动荡局面。这一局面延续到现在。

此次动荡是20世纪80年代末东欧剧变以来最重大的地缘政治事件，也是苏联解体、冷战结束、两极格局瓦解以来发生的最重大的地缘政治事件。

东欧剧变和中东政局动荡都是区域群体性事件。但二者内容不同。前者起因一样，政治取向一致，都是否定过去的政治制度和意识形态，全盘西化。后者起因不尽一致，政治取向呈现多样性，未来前景也将是多样性局面。

目前焦点集中在叙利亚。

2013年9月，俄罗斯为保巴沙尔·阿萨德政权，提出并成功实现以"化武换和平"建议，使美国以化武为借口对叙动武的企图破产。但美国并不甘心，继续支持亲美反对派反对巴沙尔。伊斯兰国恐怖主义势力趁乱在伊拉克、叙利亚坐大。据俄方统计，伊斯兰国武装现有约6万人，已占领叙利亚70%国土和伊拉克大部分地区。

应叙利亚政府请求，2015年9月30日俄罗斯开始空袭在叙的伊斯兰国武装。迄今已出动战机4200余架次，摧毁8000多目标。有150多个叙反对派组织配合俄方打击伊斯兰国。

俄方此举取得"一石多鸟"效果：一是对最危险的恐怖主义势力"伊斯兰国"给予沉重打击，同时占据了反恐道义制高点。二是巩固其在地中海的军事战略支点——位于叙利亚塔尔图斯、拉塔基亚的军事基地。三是有力支持了叙利亚亲俄的巴沙尔·阿萨德政权，从而维护了俄在中东地区的战略影响。四是迫使美欧在反恐问题上与俄合作，从而有利于结成国际反恐联盟，同时也促使俄西方关系改善。2015年11月24日土耳其击落俄军机事件虽会造成某些干扰，但不会影响俄西方反恐合作的大方向。

2015年12月15日美国国务卿克里访俄，与俄方就12月18日在纽约举行的新一轮叙利亚问题多边会议进行了沟通。他与普京会晤后表示，美方接受俄方关于巴沙尔·阿萨德总统去留问题的立场，即阿萨德的命运由叙利亚人民来决定。克里解释称，过去数月里，美国对阿萨德的政策有所演变，原因在于伊斯兰国在中东的影响力与日俱增已成为优先问题。克里说："没有人应被迫从独裁者和受恐怖分子困扰之间做出选择。"

（三）关于俄美关系和中俄关系

奥巴马声称，美国要继续领导世界 100 年，不能让中国制定世界游戏规则。无奈美国已力不从心。英国不顾美国反对，带头加入中国发起的亚投行，就是最新例证。在此情况下，美国患上了霸权焦虑症，到处制造麻烦，极力维护其霸权地位。美国是当今世界最大的麻烦制造者。

美国与俄罗斯互为战略对手，其战略角逐主要体现在两大领域：一个是在战略核力量方面企图打破与继续保持战略均势的较量，另一个是在前苏地区遏制与反遏制的角逐。美俄两国的战略矛盾是本质性的。

中俄全面战略协作伙伴关系基础是牢固的，并将继续不断巩固和发展。习近平主席 2015 年 12 月 15 日在乌镇会见梅德韦杰夫总理时说，我和普京总统达成共识，无论国际和地区形势怎么变，我们坚持巩固和深化中俄全面战略伙伴关系的方针不会变，致力实现两国共同发展振兴的目标不会变，携手捍卫国际公平正义和世界和平稳定的决心不会变。

对当前出现的有意唱衰俄罗斯、试图挑拨中俄关系的现象应保持警惕。

（四）朝鲜半岛问题

朝鲜半岛不战不和的不正常局面是当前东北亚地区和平与安全面临的两个主要挑战之一，另一个就是日本右翼势力对战后世界和平秩序的挑战。如何采取有效措施应对这两个挑战，是维护东北亚地区持久稳定和平安全环境的关键。

1953 年签订《朝鲜停战协定》后，至今没有签署《和平条约》。半岛实际上始终处于不战不和的不稳定局面，是影响东北亚和平与安全的一个重要因素。美国对朝鲜坚持奉行的敌对政策是朝鲜半岛至今未能彻底结束战争状态的根本原因。包括朝核问题在内的半岛所有问题根源均在于此。

在中方积极推动下，2003 年 8 月，朝鲜半岛问题有关各方开始举行六方会谈。至 2007 年 9 月，六方会谈共举行六轮。其间于 2005 年达成"9·19"共同声明，提出"直接有关方将另行谈判建立朝鲜半岛永久和平机制"。但未能落实。2009 年 4 月 23 日，朝鲜宣布退出六方会谈。至今六方会谈仍处于搁浅状态。

六方会谈已经搁浅多年，虽令人遗憾，但也并非偶然。朝鲜坚持拥核的根本目的在于"以核武换和约"。如果六方会谈只谈朝鲜弃核问题，回避以和平条约取代停战协定问题，无异于扬汤止沸，不能真正解决问题。只有采取釜底抽薪的办法，才能真正解决问题。结束朝鲜半岛不战不和局面的根本解决途径是：美国放弃对朝鲜敌视政策，在朝鲜承诺弃核前提下《朝鲜停战协定》有关各方签署《和平条约》，从国际法层面彻底结束半岛战争状态。只有通过上述一揽子解决方案才有可能使朝鲜半岛彻底走出核战阴影，消除朝鲜半岛再次爆发大规模军事冲突的根源，使朝鲜半岛成为真正的和平之岛。

2009 年 7 月，在中国国际问题研究基金会与韩国青瓦台智库在北京举行的"东北亚形势与中韩合作"研讨会上，我曾提出上述看法，并得到与会韩方学者的赞同。2013 年 3 月 6 日，中国外交部发言人明确指出，中方认为半岛应以和平机制取代停战机制，希望有关各方通过对话协商共同致力于这一目标，实现半岛和地区的长治久安。

（五）中日关系问题

历史问题和领土问题是中日关系绕不开的两大问题。当前东北亚地区和平与安全面临的另一个主要挑战是日本右翼势力试图改变战后世界和平秩序。

2012 年 9 月 11 日，日本野田政府在钓鱼岛问题上采取的所谓"购岛"行为，无异于中日关系的"9·11 事件"。纽约世贸大厦重建不难，而修复被严重破坏的中日建交 40 年来建立起的友好关系大厦则并非易事。

"钓鱼岛事件"不仅仅是单纯的中日关系问题，本质上是日本右翼势力对《开罗宣言》和《波茨坦公告》奠定的战后和平秩序的直接挑战，威胁到战后世界和平的基石，

毛泽东主席在第二次世界大战胜利前夕（1945 年 4 月 23 日）曾指出，法西斯侵略国家被打败、国际和平实现以后，法西斯残余势力一定还要捣乱。只有经过长期努力，克服了法西斯残余势力，巩固的和持久的和平才有保障。历史发展不幸被毛主席言中。当年被打败的日本法西斯军国主义的残余势力至今阴魂不散。其最新表现就是以安倍晋三为代表的日本右翼势力否认侵略历史，公开否定《开罗宣言》和《波茨坦公告》所确立的反法西斯战争胜利成果，公然挑战战后世界和平秩序，威胁世界和平的基石。麻生太郎甚至公开扬言要仿照当年希特勒修改《魏玛宪法》的模式在日本搞修宪。

无论是钓鱼岛问题的产生，还是日本右翼势力否认侵略历史、挑战战后世

界和平秩序的所作所为，美国都难辞其咎。前事不忘，后事之师。在此，我们有必要告诫美国决策者，不要做第二个张伯伦，不要为了一时的私利继续纵容日本右翼势力挑战战后和平秩序，动摇世界和平的基石。否则，最终将搬起石头砸自己的脚。

我们应对日本右翼挑战战后和平秩序的企图保持高度警惕。为后代创造和平与安宁的生活是我们这一代人的历史责任。

2015 年是中国特色大国外交全面推进之年。我国的国际影响力进一步提高，国际地位进一步增强。今天在座的有许多青年教师。作为一名天津师大的老校友，我想对你们说的是，你们青年人赶上了我们国家的好时代，要知足，要感恩，要为中华民族的伟大复兴奉献自己的青春。希望你们在人类灵魂工程师的光荣岗位上为国家和人民发出更多的光和热！

谢谢大家！

……

2015 年 12 月 18 日当天，天津师范大学宣传部在学校网站对我的专题报告做了如下报道：

于振起来我校做中心组学习报告

宣传部消息 12 月 18 日下午，我校在会议中心大报告厅举办中心组学习报告会，邀请原驻白俄罗斯大使于振起做"当前国际热点问题"的专题报告。校领导、全体处级干部、机关科级干部、在职教职工党支部书记和学生党支部书记、第 13 期中青年骨干教师培训班学员、学生代表等 400 余人聆听了报告。校党委书记杨庆山主持报告会。

于振起在报告中深入浅出地介绍了当前国际关注的热点问题，分析解读了乌克兰危机、叙利亚问题和中、美、俄三个大国关系及外交战略，从国内到国际环境，多方位多角度分析了当前国际安全形势的发展趋势。

校党委书记杨庆山在总结讲话中指出，于振起的报告语言简洁风趣、逻辑清晰、观点鲜明、见解深刻，对于当前学习党的十八届五中全会精神，特别是坚持统筹国际国内两个大局，都具有深刻的启发作用。广大党员干部要强化责任意识、大局意识，增强政治敏锐性，自觉抵制敌对势力的渗透。

于振起先生是我国著名外交官，曾任中国驻白俄罗斯大使和驻保加利亚大使，现任中国国际问题研究基金会副理事长等职务，为我校兼职教授，著有《冷战缩影——战后德国问题》等著作。于振起先生 1972—1978 年在我校学习、任教，一直关心学校的建设发展，多次返回母校讲学，并向校图书馆赠书。

报告会现场 于振起做报告

杨庆山书记讲话 报告会现场

第二节　大国关系

一、俄美欧关系及其对中国的影响

2010 年 12 月 2 日，我应邀到母校外交学院给学生做题为"俄美欧关系及其对中国的影响"的讲座。主要内容如下：

（一）俄美欧各自的战略目标

苏联解体，两极格局瓦解后，世界进入国际格局重组进程，至今仍在继续。

俄罗斯的战略目标是要重振大国地位，实现俄罗斯复兴。

美国的战略目标是维护一超独霸地位，建立美国领导的单极世界。

欧盟的战略目标是主张多极化，谋求成为未来多极格局中的独立一极。

上述不同的战略目标决定了三者关系的基本特点。

美国对俄罗斯实行"遏俄、弱俄"政策，而俄罗斯则坚决抗衡美国的遏制。双方的战略角逐集中体现在两方面：一是在前苏地区的争夺，二是在核武器领域保持与打破核战略平衡的较量。

欧美之间在对俄政策上既有合作也有分歧。总体上是美主欧从，在"遏俄"上一致。但在战略目标和自身利益追求上欧盟与美国不完全一致，如在多极与单极问题上的分歧。另外，欧盟既担心俄罗斯东山再起，但经济上又对俄有需要，包括能源方面的依赖。

俄罗斯对欧盟政策与对美国政策有区别：尽力分化美欧，明确反对北约东扩，但不反对欧盟东扩。俄罗斯的经济现代化主要寄希望于与欧盟的经济科技合作。

（二）俄格战争以来的俄美欧关系演变

2008 年 8 月俄格战争的爆发使得俄罗斯与美欧的关系跌入冷战后最低点，美欧停止了与俄罗斯的一切重要接触。

但是，俄罗斯坚守独联体地区红线的强硬态度以及金融危机的爆发，迫使奥巴马政府不得不缓和与俄罗斯在独联体地区和核军备领域的角逐力度。表现在以下几方面：

美国提出了"重启"美俄关系的倡议，并由两国外长于 2009 年 3 月在日内瓦共同按下象征两国关系"重启"的红色按钮。美方搁置了格鲁吉亚、乌克兰加入北约的进程，放弃了在波兰、捷克建立反导系统的计划，并于 2010 年 4 月与俄罗斯签署了新的削减进攻性战略武器条约。

在美俄关系缓和的大背景下，欧盟出于自身需要，也向俄罗斯示好。2010 年 10 月 18 日至 19 日，法、德、俄三国元首萨科齐、默克尔、梅德韦杰夫在法国的多维尔会晤，讨论俄罗斯与北约关系问题和俄欧合作问题，使人不由得联想起 2003 年伊拉克战争爆发前希拉克、施罗德、普京合作反美的历史。

俄罗斯应对美欧政策调整的"套娃"外交

2009 年以来，俄美在独联体地区的角逐态势发生有利于俄的变化，俄在外交上收复了一些失地：一是有效遏制了格鲁吉亚加速西化在本地区的消极影响。

二是 2010 年乌克兰 1 月总统大选，亲俄的亚努科维奇当选，大大拉近了俄乌关系，俄罗斯在乌克兰的黑海舰队基地的租借期限由原来的 2017 年延长到 2042 年。

与此同时，俄罗斯针对美国、北约、欧盟在不同层面展开一系列外交行动，被媒体形容为"套娃"外交。

1. 2009 年 11 月，梅德韦杰夫总统提出欧洲新安全条约草案，试图以此取代北约对欧洲安全的垄断，提升俄罗斯在欧洲安全事务中的地位，改善其外部安全环境。但遭到西方冷遇，美国国务卿希拉里明确表示"不支持"。

2. 2010 年 10 月 18 日至 19 日，梅德韦杰夫与法德元首会晤，意在拉欧抑美，分化欧美。

3. 2010 年 11 月 20 日，梅德韦杰夫同意出席北约里斯本峰会，标志着俄格战争以来双方关系的全面缓和。梅德韦杰夫还做出有条件参加欧洲反导系统的表示："双方将就包括欧洲导弹防御系统在内的诸多议题展开全方位合作。"但这一表态只是维持了表面上的合作气氛，实质上还是拒绝。他说："俄罗斯必须以平等伙伴身份加入欧洲反导系统……如果只是为了摆样子，俄方将不会考虑加入。在这种情况下，俄方仍将设法保卫自己。"

4. 2010 年 11 月 26 日普京总理访问德国前夕，提出建立全欧经济共同体的主张。与先前的欧洲新安全条约主张相呼应，构成俄罗斯新的对欧战略构想。访问期间，普京还提出支持欧元成为世界储备货币，主张摆脱美元作为唯一世界储备货币的垄断地位。试图在经济上拉欧抑美。

应该看到，目前俄罗斯与美欧之间关系某种程度的缓和，是以暂时、局部的合作来掩盖长远、全局的分歧。这样的缓和态势能持续多久，还是个未知数。将主要取决于美国何时走出金融危机，其病体何时完全"康复"。预计那时美俄之间的战略角逐将会重新激化。

（三）俄美欧关系对中国的影响

俄美关系的性质和走势对中国影响最大，是关系我国外交全局的一对大国关系。中美俄三角关系是最具有全球性影响的一组大国关系。运筹好中美俄三角关系是我们需要长期重点投入的外交课题。俄罗斯是我最重要的战略协作伙伴。2010 年 11 月 24 日，温家宝总理在莫斯科会见梅德韦杰夫总统时表示："发展对俄关系是中国外交的优先方向。"俄欧关系对我国基本没有直接影响，但俄欧走近对我国总体有利，也对牵制美国的单极霸权、推进多极化进程有利。

同样，欧美关系对我国也基本没有直接影响，但欧盟摆脱美国控制的独立倾向、主张多极化的立场对我国有利，是我们运筹大国关系、推进国际体系变革可以借助的力量。我们应积极支持欧盟的一体化进程和独立倾向，欢迎其发展强大，成为未来世界多极化格局中有影响的独立一极。

我讲完后，接着又回答了十几个问题。百余名同学听得很认真，当我讲到"我对外交工作的核心体会就是要把国家利益放在高于一切的地位"时，全场自发热烈鼓掌。当我最后宣布长达二个小时的讲座结束时，全场再次长时间热烈鼓掌，还有几位同学自发走到我跟前，继续提问。同学们的热情让我十分感动，也为我们国家有这样朝气蓬勃、勤奋好学的外交后备力量感到高兴。

外交学院科研处为此次讲座专门印发了简报，内容如下：

"俄美欧关系及其对中国的影响"讲座总结

2010年12月2日，中国国际问题研究基金会副理事长、前驻白俄罗斯和保加利亚大使于振起应邀为我院师生做了题为"俄美欧关系及其对中国的影响"的讲座。讲座由欧洲研究中心主任赵怀普教授主持。

于大使从自己的著作入手，简明扼要地介绍了俄美欧关系史及其在二战之后的演变，前后探讨了三个问题：第一，冷战后俄美欧各自的战略目标及其三边关系的重组；第二，2008年俄格冲突以来俄美欧关系的演变；第三，俄美欧关系现状及其对我国的影响。

关于第一个问题，于大使认为冷战结束以后，世界格局出现了大调整，最突出的特点是单极化世界与多极化世界并存。出于历史的和现实的考虑，美国认为俄罗斯是影响其实现自身战略目标的最大障碍，因此采取"遏俄、弱俄"的战略。同时，俄罗斯的战略目标也与冷战刚结束时完全不同，因为西方的口惠而实不至而对西方彻底失望。自20世纪90年代中后期起，俄罗斯确立了"重振大国地位，实现俄罗斯全面复兴"的国家战略，同美国之间的削弱与反削弱，遏制与反遏制将会是长期的斗争态势，主要反映在独联体地区和核武器两个领域。而欧盟的战略目标则是加速一体化进程，让欧盟在未来的多极化世界中成为重要的一极。在对外政策上，欧盟同美国既有合作也有分歧。俄罗斯坚决反对北欧东扩，但并不反对欧盟东扩，因为前者威胁俄的安全，而后者则有益于俄的经济。

关于第二个问题，2008年的俄格冲突是美俄之间的一个转折点。此前美俄之间的争夺以美攻俄守为主，但是2008年的俄格冲突则吹响了俄罗斯反攻的号角，俄罗斯对格鲁吉亚的重拳对美国及前"颜色革命"国家颇有警示意义，在独联体地区美俄之间达成了战略均势。俄格冲突之后，美俄关系跌入了冰点，但很快又实现了缓和。俄罗斯在金融危机之后，抓住美国战略收缩的机会，以核力量为后盾，谨慎而大胆进行反击。

于大使在谈到俄美欧关系对中国影响的看法时，引用了温家宝总理的一句话："发展对俄关系是中国外交的优先方向。"而俄美关系的性质和走势对中国影响最大，是关系我国外交全局的一对大国关系。中美俄三角关系则是最具有全球性影响的一组大国关系。

在热烈的气氛中，此次讲座圆满结束。同学们表示于大使的演讲立场鲜明，内容丰富，并有许多亲身体会和感受，演讲诙谐生动，富于思考性和启发性，在轻松的氛围中收获了许多知识，受益匪浅。①

二、2010年俄美关系及其对中国的影响

2010年12月21日，我应邀参加中国社科院欧亚研究所举办的第三十一届国际问题论坛暨俄罗斯东欧中亚与世界高层论坛，并做了题为"2010年俄美关系及其对中国的影响"的发言。主要内容如下：

俄美关系具有全球性影响，准确把握俄美关系走向，有助于我们观察国际局势的变化，客观评估我国的国际环境。

（一）俄美关系"重启"进程荆棘丛生

自2009年俄美关系开始"重启"以来，两国关系的改善形式大于内容，气氛多于行动。双方至今仍龃龉不断，明争暗斗不止。

1. 2009年底梅德韦杰夫提出欧洲安全条约建议，试图以此取代北约对欧洲安全的垄断，提升俄罗斯在欧洲安全事务中的地位，但遭到美欧冷遇。希拉里公开表示"不支持"，凸显双方在这一涉及各自重大战略利益问题上的矛盾。

2. 2009年6月梅德韦杰夫访美结束不久，美俄双方就爆发了冷战后最大的间谍门事件，使得这次访问的正面影响大打折扣。

3. 针对"维基解密"披露的美方对俄罗斯国内政治的指责，普京针锋相对指出，你们不许别人批评美国的民主制度，说那是你们自己的事情，却粗暴指责俄罗斯的民主。这是"只许州官放火，不许百姓点灯"。现在你们也不要干涉

---

① 见《外交学院科研简报》2010年第11期。

俄罗斯人民的自主选择。俄罗斯将沿着自己选择的民主化道路坚定不移地走下去。

4. "维基解密"网披露的北约保卫波兰和波罗的海国家免遭俄罗斯"侵略"的秘密计划，给里斯本北约峰会刻意营造的俄北约关系走近的气氛蒙上了阴影，俄罗斯驻北约代表罗戈津要求北约做出解释：这份计划到底有还是没有？

5. 曾是奥巴马的总统竞选对手、共和党人麦凯恩日前公开主张应"放缓"与俄罗斯关系"重启"进程，更增加了俄美关系未来发展的不确定性。

（二）保持与打破战略平衡的较量

1. 2010 年 11 月梅德韦杰夫虽在应邀出席里斯本北约峰会时表示，可以就北约提出的欧洲导弹防御计划开展合作，但前提是俄方必须是一个"平等伙伴"，否则，俄方将不会加入，并将设法"保卫自己"。他警告说，那样将会引发"新一轮军备竞赛"。鉴于美国和北约不可能让俄罗斯享有平等地位和权利，这也就意味着，如果欧洲导弹防御计划今后真的付诸实施，将预示着俄美之间新的军备竞赛。

2. 2010 年 4 月签署的新俄美削减进攻性战略武器条约被认为是俄美关系"重启"的标志性成果。但由于美国国会中期选举的结果，现在也出现变数。普京明确表示，如果美国国会不批准该条约，俄罗斯将被迫增强自己的核力量，以"维护自身安全"。值得一提的是，2009 年底普京就曾警告过：在美国发展反导系统条件下，俄罗斯将继续发展进攻性战略武器，以与美国保持战略平衡。否则，美国将更富有侵略性，会为所欲为。

2010 年 12 月 16 日，俄罗斯负责研发洲际弹道导弹的机构负责人——俄罗斯通用机械制造集团总经理阿尔图尔·乌尔科夫对媒体说，从 2009 年开始，他们接到研制新式重型陆基洲际弹道导弹的任务，最快 8 年可以完成部署。这种新式导弹有能力攻克任何现有以及未来 50 年将出现的反导系统。"无论是美国的全球反导系统还是北约的欧洲反导系统，对它都不是问题。"

3. 2010 年 12 月 13 日，普京宣布了今后 10 年内 20 万亿卢布（相当于 6500 亿美元）的庞大军备发展计划，旨在推进俄罗斯核军备和常规军备的现代化。

（三）俄美在独联体地区战略角逐态势出现有利于俄的变化

苏联解体以来，俄美在独联体地区的战略角逐从未间断。由于双方力量对比悬殊，总的态势基本是美攻俄守。2008 年开始，美国由于深陷金融危机不能自拔，被迫收缩对独联体的渗透。俄美在独联体地区战略角逐态势开始发生有利于俄罗斯的变化，2008 年的俄格战争是转折点。2010 年以来这一态势继续发展，俄罗斯在独联体地区的影响明显上升。

1. 2010 年 1 月独联体内第二大国乌克兰大选的结果是，亲美的"颜色革命"势力下台，亲俄的亚努科维奇掌权。俄乌关系随之迅速走近，出现苏联解体以来从未有过的快速发展局面，使得俄罗斯在独联体地区的战略地位大大增强。特别是乌方宣布不加入任何集团，使北约东扩战略严重受挫。而乌方同意把俄罗斯黑海舰队基地的租用期限由原来的 2017 年延长到 2042 年，则使俄罗斯在相当长时间内可以继续保持在黑海地区的军事存在。再加上俄罗斯的盟友卢卡申科总统在白俄罗斯的牢固地位（2010 年 12 月 19 日卢卡申科再次当选连任），在独联体西部便形成了对俄罗斯十分有利的战略小三角，使俄罗斯更有能力抵御美国和北约对独联体地区的政治、军事渗透。

2. 俄罗斯进一步增强在外高加索的地位。一方面继续巩固俄格战争成果，强化对南奥塞梯和阿布哈兹的全方位支持，遏制格鲁吉亚的反俄倾向；另一方面又与亚美尼亚达成长期军事基地协议，与阿塞拜疆签订两国边界条约，进一步稳定了对阿关系。

3. 2010 年 4 月吉尔吉斯斯坦的巴基耶夫政权倒台，成为独联体内第二个寿终正寝的"颜色革命"政权，标志着美国在中亚地区影响的下降和俄罗斯影响力的增强。12 月 17 日吉尔吉斯斯坦组建的三党联合新政府总理、社会民主党领袖阿坦巴耶夫表示，俄罗斯是吉尔吉斯斯坦外交的"优先方向"，他第一个出访国将是俄罗斯。他的新闻秘书说："俄罗斯永远是吉尔吉斯斯坦主要的和唯一的战略伙伴。"显然，经过努力，俄罗斯已成功在吉尔吉斯斯坦推动建立了一个亲俄政权。

4. 独联体经济一体化进程呈现加快的势头。继 2010 年 1 月 1 日俄罗斯、白俄罗斯、哈萨克斯坦三国启动关税同盟之后，12 月 9 日三国关税同盟最高会议又宣布，三国统一经济空间将从 2012 年 1 月 1 日开始全面运营。同时还宣布，三国关税同盟和统一经济空间是开放的，三国将向建立欧亚经济联盟迈进。据悉，吉尔吉斯斯坦、塔吉克斯坦两国已准备加入关税同盟和统一经济空间。俄、白、哈三国人口约 1.8 亿，经济潜力占前苏联总量约 83%。这样三个有分量的国家组成的统一经济空间无疑会对独联体其他成员产生强大吸引力，将为推动独联体经济一体化注入新的动力。

（四）俄美在亚太地区的暗角力

随着俄罗斯国力增强，复兴势头加速，近年来开始显露出谋求在全球范围恢复政治和军事影响的苗头，并且具有明显的与美国角力的色彩。2010年俄方在亚太地区的动作尤其引人注意。

1. 11月1日梅德韦杰夫登上国后岛。随后俄副总理又登国后、择捉两岛。目的之一是确保俄罗斯进入西太平洋的通道。

2. 11月25日，梅德韦杰夫公开表示，俄有意在海外建造更多新海军基地。其中除改造现有唯一海外基地——叙利亚塔尔图斯海军基地外，还可能重建越南金兰湾基地（当年苏联的最大海外基地），也可能在阿尔及利亚、委内瑞拉等友好国家考虑建海军基地。俄罗斯媒体称："俄罗斯新海军基地的建设，将帮助俄罗斯海军提高远程作战能力，同时提高盟友的海军力量，从而逐步恢复到前苏联时期与美国抗衡的状态，限制美国在全球范围内的军事扩张。"

3. 12月初普京关于大幅度提升俄远东地区在国家发展战略中地位的讲话同样值得关注。他在符拉迪沃斯托克举行的统一俄罗斯党地方代表会议上提出，要把该市打造成俄罗斯象征性首都之一，使其在亚太地区国际城市中占有一席之地，成为俄罗斯在亚太地区的贸易、科技、教育、文化中心。为此，在2012年该市承办亚太经合组织峰会之前，中央政府将拨款2000亿卢布（约合65亿美元）用于该市的机场、道路、住房、幼儿园和其他市政建设，计划建立联邦远东大学。峰会之后中央还将继续加大投资用于实现上述目标。普京的讲话表明，俄欲借符拉迪沃斯托克这个窗口打开通往亚太经济空间的大门，搭亚太地区经济快速发展的列车，为俄罗斯的国家现代化目标服务。

4. 俄罗斯军机干扰美日军演。2010年12月6日，正当美日海军在日本海举行双方史上最大规模军事演习时，俄罗斯两架伊尔-38反潜巡逻机横穿日美演习空域。为了安全和保密，美日不得不暂停当天的演习。

（五）俄美之间互为战略对手的关系本质不会改变

不难看出，目前俄美之间关系的缓和，是以暂时、局部的合作来掩盖长远、全局的战略矛盾。这样的缓和能持续多久，还是个未知数。可以预计，一旦美走出金融危机的困扰，完全"康复"，那时美俄之间的战略角逐将会重新激化。从长远看，只要美国不放弃"领导世界"的霸权目标，只要俄罗斯坚持重振大国地位的强国方针，俄美双方的战略对手关系就将长期存在，不会改变。改变的将只是相互斗争的手段，以及双方关系在有限程度内的某些冷暖变化。

今后俄美战略角逐的重点将继续主要集中在两个方面：一、保持与打破核战略均势之争；二、在独联体地区的战略角逐。

随着俄罗斯在全球范围外交和军事进取性增强，俄美双方在亚太等地区的争斗也将呈现新的特点。

（六）俄美关系对中国的影响

俄美关系是对中国影响最大，关系我外交全局的一对大国关系。中美俄三角关系是最具有全球性影响的一组大国关系。运筹好中美俄三角关系是我需长期重点投入的外交课题。

1. 俄美在独联体地区战略角逐态势发生有利于俄罗斯的变化对我是好事，有利于我营造安全稳定的西北周边环境。我对俄罗斯扩大在该地区影响的努力应乐观其成。

由于"颜色革命"风潮在独联体地区已成明日黄花，美西方现在力不从心，近期难以在该地区再兴风作浪。独联体各国有可能为自己迎来一个相对较长时间的稳定宽松的发展环境，独联体这个地区组织也有可能在自身建设方面寻求某些突破。这样一个大环境同样也给上海合作组织的发展提供了一个良好机遇。

2. 俄罗斯仍然是唯一能够在核武器领域与美国抗衡的核超级大国，在战略核力量领域继续保持着与美国的"恐怖均势"。2010 年 4 月俄美签署的新核裁军条约，确立的还是俄美之间的核均势。客观地看，正是由于俄罗斯与美国保持着核均势，客观上有效防止了美国对包括中国在内的世界各国进行核讹诈的可能。此外，俄罗斯提升其常规军事力量，特别是海军和空军的努力，也有利于牵制美国的军事霸权，对我有利。

3. 一个主张多极化、反对美国单极霸权的俄罗斯是我在国际舞台上开展战略协作的重要伙伴，也是我建立长期稳定周边环境的有利外部条件。我们应该始终高度重视巩固和发展中俄战略协作伙伴关系，正如温家宝总理 2010 年 11 月访俄时指出的那样："发展对俄关系是中国外交的优先方向。"

第三节 独联体地区形势

一、俄罗斯独联体地区形势与中俄关系

2011 年 4 月 20 日，我应武汉大学邀请做题为"俄罗斯独联体地区形势与

中俄关系"报告。约200名来自不同院系的学生参加。报告内容如下：

（一）俄罗斯国内局势

1. 如何看待2011年3月21日普京与梅德韦杰夫关于利比亚问题的不同表态？

（1）这是迄今为止梅普之间公开表现出来的最为明显的原则分歧。2008年梅普组合（梅德韦杰夫任总统、普京任总理）问世以来，二人在相当长时间里是一种普主梅从的关系，虽偶有不同声音，也是在演"双簧"。此次二人在利比亚问题上的表态则完全是针锋相对，空前尖锐。普京指责安理会关于利比亚问题的1973号决议令人想起"十字军东征"，并谴责美国在国际舞台动辄使用武力，没有良心。几个小时之后梅德韦杰夫即公开声明，他不认为安理会决议是错误的，"十字军东征"的说法是"不能接受的"，会导致"文明冲突"。他还强调，俄罗斯对安理会决议投弃权票是他的决定，俄罗斯外交部是执行了他的决定。

梅普的上述分歧本质上涉及俄罗斯与西方关系特别是对美关系的重大外交问题，凸显了二人在这一重大对外政策原则问题上的不同观点。

（2）此次梅普分歧暴露的根源在于二人的价值观念和执政理念的差异。普京是个国家利益至上的现实主义者，而梅德韦杰夫是个政治上的"理想主义者"，认为俄罗斯有机会成为欧洲大西洋大家庭的一员，为此，应当与西方的价值观接近、协调。西方一直扬梅抑普，试图分裂梅普组合。目的一是阻止普京重返克里姆林宫，二是搞乱俄罗斯政局，扶植亲西方反对派上台。

（3）此次梅普之争有二人角逐下届总统选举的背景。2011年4月梅普二人围绕2012年总统选举的角逐进一步公开化。

2011年4月12日，梅德韦杰夫在访华前接受中国央视记者采访时表示，他不排除竞选下届总统的可能，并且近期就会做出决定。从而放弃了原来并提他和普京的一贯说法。

13日，普京对俄罗斯媒体表示，无论是他本人还是梅德韦杰夫都可能参加下届总统选举，但是现在做出决定为时尚早。否则，会影响现政权机制的正常运行。表明普京仍坚持并提二人的说法。

14日，统一俄罗斯党领导层首次公开表示将在2012年总统选举中支持总理普京。

15日，普京会见党内领导人，要求不要再讨论大选的事情，应集中精力准备 2011 年年底的杜马选举。

（4）梅普之间虽然公开显现重大原则分歧，但普京主导梅普组合的基本态势没有发生变化，普京在国内拥有的政治实力优势也没有实质性改变。梅德韦杰夫从根本上尚无全面挑战普京的资本。梅普组合会继续运转，俄罗斯政局将会继续保持稳定。

梅普关系的上述变化不会对中俄关系产生直接影响。

2. 国家现代化是 2010 年梅普组合提出的执政战略目标，并为此提出一些具体设想和政策措施。

2010 年俄罗斯 GDP 增长约 4%。普京日前讲，他预测俄罗斯经济会在 2012 年走出危机，恢复到危机前水平。目前世界石油市场价格上涨对俄有利。但从俄罗斯的发展历史看，这个国家要想彻底改变严重依赖能源出口的传统经济结构，探索出真正有竞争力的现代经济模式，并以此为基础实现国家全面现代化，还要经历漫长曲折的困难过程，还有很长的路要走。

（二）俄美关系"重启"进程荆棘丛生

自 2009 年俄美关系开始"重启"以来，两国关系的改善形式大于内容，气氛多于行动。双方至今仍龃龉不断，明争暗斗不止。

1. 2010 年 6 月梅德韦杰夫访美结束不久，美俄双方就爆发了冷战后最大的间谍门事件，使得这次访问的正面影响大打折扣。

2. 2010 年 11 月梅德韦杰夫出席里斯本北约峰会时表示，可以就北约提出的欧洲导弹防御系统设想开展合作，但前提是俄罗斯必须是一个"平等伙伴"，否则，俄罗斯将不会加入，并将设法"保卫自己"。

3. 俄美新的《削减和限制进攻性战略武器条约》，几经周折后，终于在 2011 年 2 月 5 日正式生效。但俄美两国立法机构在同意签署条约时均提出了"附加条款"。俄版《条约》中提到，如果美国部署的导弹防御系统或其他武器危及俄罗斯安全，俄方可单方面退出条约。而美版《条约》则注明，新条约不应限制美国发展导弹防御系统。目前，俄美两国拥有全球 95% 的核武器。依照用以替代 2009 年失效旧条约的新条约，俄美两国应在 7 年内将各自部署的核弹头数量上限由现阶段的 2200 枚降至 1550 枚，削减幅度近 30%。《条约》还限定部署的战略性导弹和轰炸机数量，并建立武器核查机制，及时了解对方核武库动向。

总之，目前俄美之间关系的缓和，是以暂时、局部的合作来掩盖长远、全局的分歧，这样的缓和能持续多久，还是个未知数。可以预计，一旦美国走出金融危机的困扰，完全"康复"，那时美俄之间的战略角逐将重新激化。从长远看，只要美国不放弃"领导世界"的霸权目标，只要俄罗斯继续坚持重振大国地位的强国方针，俄美双方的战略对手关系就将长期存在，不会改变。改变的将只是相互斗争的手段，以及双方关系在有限程度内的某些冷暖变化。

（三）俄罗斯在独联体地区的影响明显上升

苏联解体以来，俄美在独联体地区的战略角逐从未间断。由于双方力量对比悬殊，总的态势基本是美攻俄守。2008 年开始美国由于深陷金融危机不能自拔，被迫收缩对独联体的渗透。而俄罗斯则以俄格战争为转机，趁美国外交收缩之机，加大在独联体的经营力度。俄罗斯在该地区的外交进取去年以来取得不少显著成果。

1. 2010 年 1 月，独联体内第二大国乌克兰大选的结果是，亲美的尤申科、季莫申科"颜色革命"势力下台，亲俄的亚努科维奇掌权。俄乌关系随之迅速走近，出现苏联解体以来从未有过的快速发展局面，使得俄在独联体地区的战略地位大大增强。乌方宣布不加入任何集团，使北约东扩战略严重受挫。乌方同意把俄罗斯黑海舰队基地的租用期限由原来的 2017 年延长到 2042 年，使俄罗斯在相当长时间内可以继续保持在黑海地区的军事存在。再加上卢卡申科总统在白俄罗斯的牢固地位，在独联体西部便形成了对俄罗斯十分有利的战略小三角，使其更有能力抵御美国和北约对独联体地区的政治、军事渗透。

2. 俄罗斯进一步增强在外高加索的地位。一方面继续巩固俄格战争成果，强化对南奥塞梯和阿布哈兹的全方位支持，遏制格鲁吉亚的反俄倾向；另一方面又与亚美尼亚达成长期军事基地协议，与阿塞拜疆签订两国边界条约，进一步稳定对阿关系。

3. 2010 年 4 月吉尔吉斯斯坦巴基耶夫政权的倒台，成为独联体内第二个寿终正寝的颜色革命政权，标志着美国在中亚地区影响力的下降和俄罗斯影响力的增强。

（四）地区局势总体稳定，独联体发展趋势向好

由于美等西方国家深受金融危机困扰，美深陷伊拉克、阿富汗两场战争泥潭，2010 年以来美俄之间在独联体地区角逐弱化，为该地区提供了近 20 年来少有的宽松外部环境，影响地区稳定的外部因素减少。而"颜色革命"风潮的终结也消除了影响该地区稳定的重要内部因素，有利于独联体各国关系的良性发展。

1. 2010 年以来独联体地区政治形势总体保持稳定。独联体解体的声音明显减弱，成员国之间合作趋势增强。一直闹独立的乌克兰对独联体态度发生积极变化，2011 年哈萨克斯坦纳扎尔巴耶夫总统再次当选连任，对于中亚局势继续保持稳定也是重要有利因素。

吉尔吉斯斯坦去年 4 月发生的骚乱属局部可控性质，未对独联体地区总体局势造成冲击。

2. 独联体经济一体化进程呈现加快的势头。继 2010 年 1 月 1 日俄罗斯、白俄罗斯、哈萨克斯坦三国启动关税同盟之后，2010 年 12 月 9 日三国关税同盟最高会议又宣布，三国统一经济空间将从 2012 年 1 月 1 日开始全面运营。同时还宣布，三国关税同盟和统一经济空间是开放的，三国将向建立欧亚经济联盟迈进。据悉，吉尔吉斯斯坦、塔吉克斯坦两国已准备加入关税同盟和统一经济空间。俄、白、哈三国人口约 1.8 亿，经济潜力占前苏联总量约 83%。

3. 稳定的地区局势为独联体各国发展经济创造了良好外部条件，去年该地区经济总体增长较快。随着俄罗斯与独联体各国之间关系的改善和加强，以及金融危机背景下独联体国家经济上对俄罗斯倚重的增加，2010 年独联体国家对俄贸易额大幅度增长。

当然，现在独联体不少国家内部政治、经济、民族方面仍有复杂矛盾，一些国家之间也存在各种纠葛。这些仍是地区形势稳定的潜在威胁。

不过，由于"颜色革命"风潮在独联体地区已成明日黄花，美西方现在也力不从心，近期难以在该地区再兴风作浪。独联体各国有可能为自己迎来一个相对较长时间的稳定宽松的发展环境。

当前应该警惕的是，防止中东局势动荡可能对中亚地区产生的潜在的消极影响。这是上合组织成员国特别是中俄两国需要加强协调与合作的重要问题。

（五）中俄关系战略基础与发展趋势

美俄不同的战略方针决定了两国之间将长期存在不可调和的根本性战略矛盾，这就在客观上确定了俄罗斯在当代国际关系中的特殊地位和影响，即俄罗斯是有能力抗衡美国谋求单极霸权的重要力量之一，同时也是建立多极化世界新格局的一个重要推动力量。

俄罗斯的国际地位和影响总体上对我有利。一个主张多极化、反对美国单极霸权的俄罗斯是我在国际舞台上开展战略协作的重要伙伴，也是我建立长期稳定周边环境的有利外部条件。我们始终把加强和发展对俄关系放在总体外交的重要位置，取得了丰硕成果。

中俄关系发展主要成果：

1989 年 5 月的《中苏联合公报》确定和平共处五项原则是两国关系指导原则，成为苏联解体后中俄关系稳定发展的重要基石。

1. 1996 年 4 月叶利钦访华时双方决定建立"平等信任的、面向二十一世纪的战略协作伙伴关系"，中俄战略协作伙伴关系的建立，使两国关系发展进入快车道。

2. 2001 年 7 月江泽民主席访俄期间与普京总统正式签署《中俄睦邻友好合作条约》。双方在条约中宣布："缔约双方根据公认的国际法原则和准则，根据互相尊重主权和领土完整、互不侵犯、互不干涉内政、平等互利、和平共处的原则，长期全面地发展两国睦邻友好、合作和平等信任的战略协作伙伴关系。""决心使两国人民间的友谊世代相传。"

该条约是自 1950 年中苏签署《中苏友好互助同盟条约》以来，两国间签署的第二个国家条约。新条约与老条约在性质上有根本区别，其核心思想是在不结盟、不对抗、不针对第三国的基础上，发展两国长期睦邻友好和互利合作，将两国世代友好、永不为敌的和平思想和永做好邻居、好朋友、好伙伴的坚定意愿以法律的形式确定下来，是一份指导两国关系长期健康稳定发展的纲领性文件。该条约在中俄关系发展史上具有里程碑意义。

3. 2001 年 6 月 15 日，在中俄两国推动下，上海合作组织正式成立。

4. 2008 年 7 月 21 日，中俄两国外长在北京签署了两国政府关于中俄国界线东段的补充叙述议定书及其附件，这标志着中俄 4300 多公里的边界全线勘定。至此，一百多年来中俄两国之间的历史遗留边界问题终于得到完全解决。中俄边界从此将成为中俄两国和两国人民和平、友好、合作的纽带。

5. 2009 年 6 月胡锦涛主席应邀访问俄罗斯，并出席了在莫斯科举行的隆重庆祝中俄建交 60 周年大会。

6. 2010 年 9 月梅德韦杰夫访华期间，中俄双方发表了"关于全面深化战略协作伙伴关系联合声明"，指出："中俄关系具有战略性和长期性，成为当今国际关系中的重要稳定因素。"

7. 经过十五年的发展，中俄战略协作伙伴关系已成为成熟、稳定、健康的国家关系，两国政治互信达到前所未有的高水平。与此同时，中俄贸易 1999—2008 年连续 10 年保持高速增长，平均增速接近 30%。2008 年双边贸易额达到创纪录的 568.3 亿美元。受国际金融危机影响，2009 年中俄贸易出现十年来首次大幅下滑，较 2008 年下降 31.8%。据中国海关统计，2010 年全年中俄贸易额为 554.5 亿美元，已接近国际金融危机前（2008 年）水平，较 2009 年增长43.1%。其中，对俄贸易顺差 37.7 亿美元。俄罗斯在我国主要贸易伙伴中列第十一位。中国首次成为俄第一大贸易伙伴。

中俄在石油等能源领域合作取得突破性进展，地方合作方兴未艾。中俄之间的人文交流近年来也有新发展。两国成功互办了"国家年""语言年"等活动，揭开两国人文合作新篇章。

8. 2011 年中俄关系将在新的起点有新的发展。4 月 13 日，胡锦涛主席在三亚会见梅德韦杰夫总统，双方就双边关系、金砖国家合作及重大国际和地区问题深入交换意见，达成重要共识。胡锦涛指出，中俄双方要坚定不移致力于发展中俄战略协作伙伴关系，维护好两国共同利益，促进世界和平、安全、稳定。双方应重点做好以下四方面工作：一是以共同庆祝《中俄睦邻友好合作条约》签署 10 周年为契机，大力弘扬两国世代友好的和平理念，增进两国人民传统友谊；二是加大相互政治支持，坚定支持对方维护国家主权、安全、发展利益的努力；三是推进中俄西线天然气管道等能源领域大项目合作，全面扩大经贸、投资、高技术、金融、地方、人文等领域互利合作；四是加强在国际和地区事务及国际经济金融体系改革等重大问题上的沟通和协调。

2011 年胡锦涛主席还将访问俄罗斯，共同庆祝《中俄睦邻友好合作条约》签署十周年。同时，2011 年中俄双方还将与上合组织其他成员国一道庆祝上合组织成立十周年。

中俄作为两个相邻的大国和联合国安理会常任理事国，既面临国内发展的首要任务，又肩负着维护世界和平与稳定的历史使命。中俄双边关系的健康稳定发展本身就是对维护地区和世界和平与稳定的重要贡献。中俄双方基于战略协作伙伴关系，为维护世界和平稳定在国际和地区事务中进行密切沟通和配合，为推动世界多极化和国际关系民主化做出了不懈努力，成为维护地区和世界和平稳定的重要因素。加强和发展对俄关系是我国外交需要长期坚持的一个基本方针。

同学们，在结束报告的时候，我想把自己的回忆录《驻外札记》里的两句话送给大家："生活在中华民族伟大复兴时代的人是幸运的，能够为这一伟大复兴做出自己贡献的人是幸福的。"

……

我的话音刚落，全场便爆发出雷鸣般掌声，从中能真切感受到年轻人激动的心情。

我在当天的日记里写道："我最后送给学生们《驻外札记》结语中的两句话：'生活在中华民族伟大复兴时代的人是幸运的，能够为这一伟大复兴做出自己贡献的人是幸福的。'我相信，这是我送给他们的最好精神礼物，可以伴随他们走好今后的人生之路。"

二、美国在前苏地区策动的"颜色革命"与俄罗斯的反制

2014 年 11 月 27 日，中国亚非发展交流协会举行"'颜色革命'与街头政治"专题研讨会。我应邀做题为"美国在前苏地区策动的颜色革命与俄罗斯的反制"的发言。内容如下：

（一）美国策动"颜色革命"的目的

苏联解体以后，美国为维护其一超独霸地位，对俄罗斯的基本政策是不允许其东山再起，实行的是"遏俄、弱俄"的方针。为此采取的一个重要手段就是策动"颜色革命"，打着所谓要民主、反专制旗号，通过组织、煽动街头动乱推翻亲俄合法政权，扶植亲美政权。自 2003 年起，先后在格鲁吉亚（2003 年 11 月）、乌克兰（2004 年 11 月）、吉尔吉斯斯坦（2005 年 3 月）搞成了所谓的"玫瑰革命""橙色革命""郁金香革命"。但是 2005 年试图在白俄罗斯搞的颜色革命由于卢卡申科总统地位牢固、举措得当，加之有俄罗斯的支持，最终流产。

俄罗斯对美国的"遏俄、弱俄"的战略给予坚决反制，与美国展开了激烈的遏制与反遏制的战略角逐，明确反对"颜色革命"，目的是维护自己的战略生存空间和实现俄罗斯复兴的战略目标。

（二）当前的乌克兰危机是 2004 年"橙色革命"的升级版

我在 2008 年出版的《驻外札记》一书中曾对乌克兰国内局势做过如下分析和预测："自乌克兰独立以来，影响这个国家局势的一直是两个基本因素。一是乌克兰东西部之间的民族和政治裂痕，二是俄美双方在乌克兰的角逐。2004 年底的所谓'橙色革命'实际上是这两对矛盾在新形势下激化的表现。这场较量的结果是亲西方的反对派领导人尤先科在西方的大力支持下，战胜了俄罗斯支持的来自乌克兰东部的亚努科维奇，当上了总统。然而，总统选举的结束并没

有带来政局的稳定，而是造成了新的不稳定。乌克兰自独立以来政局时有动荡、经济发展始终不尽如人意的根本原因，就是这两对矛盾作用的结果。可以预言，今后我们还会继续看到这两对矛盾对这个国家的影响。"历史发展不幸被我言中。

2014 年 2 月，乌克兰亲西方反对派通过街头暴动武力夺权是公开的暴力政变，是 2004 年"橙色革命"的升级版，性质更为恶劣。美国是这场危机的麻烦制造者，也是其在乌克兰多年经营的结果。美俄围绕这场危机进行的较量是双方在前苏地区战略角逐的最新体现。美国的根本目的是使乌克兰彻底"脱俄入欧"，进而"入约"，从而拔掉俄东山再起的最重要根基，为实现"遏俄、弱俄"的战略目标奠定基础，同时也为在前苏地区其他国家继续推行"颜色革命"创造条件，为北约在该地区东扩打开大门。普京清楚地意识到当前这场较量对俄罗斯生死攸关，直接关系到其能否保住欧亚地区战略生存空间、实现复兴俄罗斯的抱负。他不能允许乌克兰这个当年"压断苏联大象脊梁的最后一根稻草"再把俄罗斯的脊梁压断，故展现出坚决"保卫乌克兰"的决心。

当前形势下，俄罗斯的目标是迫使基辅当局改变政体，实行联邦制，使东部地区享有最大自主权，以此作为今后牵制乌克兰外交走向的手段。同时明确宣布乌克兰加入北约是俄罗斯不能允许跨越的"红线"。在美国支持下，基辅当局已明确拒绝俄方的上述要求。俄美双方在乌克兰的较量出现僵持局面，呈现长期化态势。

（三）2005 年白俄罗斯"颜色革命"流产的原因

当年格鲁吉亚、乌克兰发生"颜色革命"后，西方舆论宣称，独联体内的"颜色革命"时期已经到来。此时，美国把目光投向独联体内另一个重要国家白俄罗斯，寄希望于那里的亲西方反对派借助外部"大好形势"，也发动一场"颜色革命"。为此，布什给卢卡申科总统扣上了"欧洲最后一个独裁者"的帽子。布什还签署《白俄罗斯 2004 年度民主法案》，向白俄罗斯反对派补充提供 1200万美元援助。

2005 年 3 月 24 日，吉尔吉斯斯坦爆发"郁金香革命"，总统阿卡耶夫亡命国外。3 月 25 日，在美国怂恿支持下，百余名白俄罗斯反对派分子在明斯克市中心十月广场举行反卢卡申科总统的非法集会，还仿效乌克兰反对派的做法，搭起了小帐篷，企图借吉尔吉斯斯坦政变的东风，重演乌克兰式的"颜色革命"。无奈支持者寥寥，反对派的集会变成一场尴尬的闹剧，很快就被内务部队驱散，没有造成什么严重社会影响。根本原因在于，白俄罗斯反对派在国内没有什么社会基础，与乌克兰的反对派不能同日而语，他们无力动摇卢卡申科的执政地位。然而，西方传媒仍有意大肆炒作，将这一事件称为白俄罗斯"颜色革命"的开始，同时攻击白俄罗斯政府对反对派采取强硬手段。由于受西方和俄罗斯亲西方民主派传媒的影响，当时国内媒体也出现不少关于"白俄罗斯发生'颜色革命'"的报道。

当时我在白俄罗斯任大使。美国驻白俄罗斯大使曾询问我对卢卡申科总统地位的看法。我坦率地对他讲，一个国家领导人的政绩如何，应该由这个国家的民众来评价，而不是由其他国家当裁判员，这是国与国之间相互尊重的一条重要原则。在卢卡申科总统领导下，白俄罗斯政局稳定、经济形势在独联体地区名列前茅，老百姓生活安定，不断改善，所以他们支持他，拥护他。美国和其他西方国家不喜欢卢卡申科的执政理念，总是想让白俄罗斯按照你们设计的方案去做。我认为，你们的做法不会成功，你们支持的那些反对派也不会有什么作为，因为得不到白俄罗斯大多数民众的支持。美国人认为美国的政治经济制度很好，这很正常。但是如果认为世界上所有国家都应该照搬美国的制度模式，那就如同非要在旱地种水稻，不会成功，当地老百姓也绝对不会同意。我们中国人讲"因地制宜"就是这个意思。另外，你们这种思维也不符合民主原则。每个国家的人民都有选择自己发展道路的权利，任何国家都无权把自己的想法强加给别人。这位美国大使听后表示，他个人也同意我对卢卡申科地位的看法。我说，作为驻外大使，除了执行国内指示，还有一个向国内报告驻在国客观形势的责任，便于国内制定符合客观实际的政策。你应该向华盛顿客观反映白俄罗斯的形势。

2011年12月俄罗斯杜马选举和2012年3月俄罗斯总统选举期间，美国也曾企图策动"颜色革命"，最终都以失败告终。

（四）乌克兰危机对我国的战略影响

从长远看，俄罗斯与美西方围绕乌克兰的战略博弈的结果不仅将影响前苏地区的地缘政治版图，而且将影响大国关系和国际战略格局，也关系到我西北战略周边的安全与稳定。

反对"颜色革命"是中俄战略协作的重要领域。两国领导人已多次表明了共同反对颜色革命的立场。我们应对美西方在我国策动"颜色革命"的图谋保持高度警惕。

第四节 其他

一、关于人文外交的实践和体会

2009 年 8 月 7 日，应国家汉办邀请，我到南开大学受托承办的国家汉办对外汉语教师训练营做专题讲座，题为"关于人文外交的实践和体会"。约 200 名将由国家汉办外派从事汉语教学任务的老师参加。讲座内容如下：

（一）国际汉语教学、孔子学院与人文外交

孔子学院不是一般意义上的大学，而是推广汉语文化的教育和文化交流机构。由国家汉办承办。

自 2004 年全球第一所孔子学院在韩国首尔挂牌成立以来，至 2007 年 9 月，全球已成立孔子学院 176 所，分布在世界 156 个国家和地区。其中欧洲有 41 所（截至 2006 年 9 月）。

胡锦涛主席 2009 年 7 月 17 日在第 11 次驻外使节会议讲话中指出："要加强公共外交和人文外交，开展各种形式的对外文化交流活动，扎实传播中华优秀文化，稳步推进海外中国文化中心和孔子学院建设，增强中华文化在世界上的影响力和感召力，提高国家软实力。"

随着我国经济实力的增强，国际地位的提高，以及我国与世界各国联系日益紧密，越来越多的外国人希望了解中国。一些不愿意看到中国崛起的人也在想方设法歪曲、抹黑中国。加强对外宣传中国，包括中国文化，让外界客观准确地了解中国、认识中国，显得越来越重要。通过对外文化和舆论宣传，扩大中国的影响，增强中国的软实力，也比以前更加重要。

国际汉语教学、孔子学院就是行之有效的开展人文外交的好形式。国内派往孔子学院的汉语老师肩负着开展人文外交的光荣使命，是民间使者，可以发挥独特的不可替代的作用。

（二）推动白俄罗斯汉语教学工作

我在担任驻白俄罗斯大使期间，注意做白俄罗斯青年人的工作，为中白友好关系的未来培育接班人。白俄罗斯国立大学、白俄罗斯语言学院等一些高等

院校开设有汉语专业。为了加强这些学习汉语的白俄罗斯大学生对中国的感情，让他们体会到中国大使馆对他们的关心和支持，我与使馆教育处同志共同拟订了相关活动计划。2002年5月，使馆教育处与有关大学合作，举办了题为"我爱中国"的首届白俄罗斯大学生汉语比赛。我亲自出席观看决赛，亲身感受到白俄罗斯青年人对中国发自内心的热爱。这次比赛的第一名获得当年在北京举行的世界大学生汉语比赛第二名。我当场邀请全体参赛者一周后到中国人使馆做客，令这些年轻人兴奋不已。6月7日，我在使馆为参加汉语比赛决赛的大学生举行了一个小型招待会，同时邀请开设汉语教学的有关大学负责人和部分中方汉语教师出席。这些学习汉语的大学生是第一次来到中国大使馆，感到既新鲜又亲切。他们特别对宴会厅里陈设的屏风、瓷器、挂毯等中国工艺品感兴趣，不停地向使馆人员提出关于这些工艺品的各种各样问题。他们说，来到中国大使馆，使他们更加热爱中国。

2002年12月末，使馆举行中白大学生新年联欢会，邀请学习汉语的白俄罗斯大学生代表和中国留学生代表以及有关学校负责人出席，目的是进一步做白俄罗斯青年一代的工作，加强两国青年人之间的友谊。这是中国大使馆第一次专门为两国青年人举办这样的活动。我在致辞中说："在即将过去的一年里，白俄罗斯的汉语教学事业取得了新的发展，教学设备和图书资料得到进一步充实，教学条件得到进一步改善，成功举办了首届白俄罗斯大学生'我爱中国'汉语演讲比赛和汉字书法比赛。事业的发展和所取得的成绩为2002年的汉语教学画上了一个圆满句号，同时也为来年的进一步发展奠定了坚实基础。在此，我向各位学校领导对汉语教学的重视和支持表示衷心感谢，向同学们取得的良好成绩表示热烈祝贺！青年代表着未来。今日学习汉语的白俄罗斯人学生，明日必将成为发展中白友好关系的生力军。希望寄托在你们身上。我相信，将来大家一定会用自己的智慧和努力把中白友好关系推向新的发展阶段，把中白友好的历史书写得更加辉煌！"

从这一年开始，举办中白大学生新年联欢会便成为我们使馆每年的例行对外活动。

此外，我们还通过向开设汉语教学的院校赠送汉语书籍和其他教学设备、支持建立白俄罗斯国家汉学中心等措施，让学习汉语的白俄罗斯大学生经常能实际感受到来自中国的关心，激发他们的学习热情，增强他们对中国的友好感情。2003年12月16日，白俄罗斯国家汉学中心在白俄罗斯国立大学正式落成，成为白俄罗斯第一个专门传播汉语文化的机构，为 2008 年白俄罗斯孔子学院的建立奠定了基础。

通过这些潜移默化的工作，白俄罗斯大学生与中国大使馆的关系越来越亲近，一些大学生在台湾问题上能主动向使馆反映重要情况，并协助使馆做工作。例如明斯克的台北代表处在白俄罗斯国立大学校内搞所谓的"国情讲座"，一位学习汉语的大学生及时向使馆教育处提供了有关情况，从而有利于使馆进行反对"台独"活动的斗争。

（三）索非亚大学孔子学院建立过程和影响

索非亚孔子学院是中国教育部门与保加利亚索非亚大学合作建立的东欧地区第一所孔子学院。中方决定与索非亚大学合作建立索非亚孔子学院，让保加利亚对华友好人士和汉学家兴奋不已。他们说，孔子的智慧不仅是中国古老文明的重要基石，同时也是整个人类智慧的重要组成部分。现在，保加利亚的"中国迷"们终于盼来了孔子学院，它将成为传播博大精深中国文化，促进两国文化教育交流的友谊桥梁。中方把东欧地区第一所孔子学院选在索非亚，是保加利亚汉学界的荣幸。

2006 年 6 月 9 日，李长春同志出席了在索非亚大学东方语言文化中心举行的"索非亚孔子学院签订协议、授牌暨赠书仪式"，并亲自把"索非亚孔子学院"的标牌交给索非亚大学副校长费多托夫。中国国家汉语国际推广领导小组办公室代表与索非亚大学代表签署了"关于建立索非亚孔子学院的执行协议"。仪式上，索非亚大学学习汉语的学生代表向李长春同志热情致辞，并用汉语朗诵唐诗《春晓》，演唱歌曲《吉祥三宝》。李长春同志与学生进行了亲切交谈，并参观了中方援建的用于汉语教学的语音实验室。

保加利亚教科部副部长多布列娃、索非亚大学和索非亚 18 中学的汉语师生代表出席了仪式。

现在，在保加利亚其他主要城市瓦尔纳、布尔加斯、鲁赛等地都建立了孔子学院分院。

（四）"保加利亚白求恩"遗孀张荪芬女士——传播汉语文化的先驱

在旅保侨胞中，有一位特别受人尊敬的老人，她就是"保加利亚的白求恩"甘扬道医生的夫人张荪芬女士。

1939 年，"国际医药援华会"招募有志参加反对日本法西斯斗争的医务工作者。身为保加利亚共产党员的甘扬道报名应征，远涉重洋来到中国抗日前线贵州图云观，被任命为第三医疗队队长，从此开始了长达 6 年的中国战地救护工作，被誉为"保加利亚的白求恩"。1940 年，时年 21 岁的燕京大学护理系毕业的张荪芬怀着"国家有难，匹夫有责"的信念，只身一人由北京绕道香港、越南，来到贵州图云观，投奔驻守在那里的中国红十字会救护总队，参加战地救护工作。她与甘扬道在那里相识、相恋，最后喜结连理，书写了一篇抗战前线的异国爱情诗篇。抗战胜利后，张荪芬随丈夫来到保加利亚，定居索非亚。

中保两国建交初期，国内保加利亚语干部匮乏，张荪芬在当时两国重要交往中发挥了不可替代的纽带和桥梁作用。在中国驻保加利亚大使馆建馆初期，张荪芬身兼翻译、秘书、内勤、外联等多项工作，在使馆建设中发挥了重要作用。她在业余时间坚持为使馆工作人员补习保语，数十年如一日，为培养中国的保语外交干部做出了重要贡献。

张荪芬女士另一个更重要的贡献是奠定了保加利亚汉语教学的基础，成为在保加利亚传播中国文化的先行者。1952 年，我国著名语言学家朱德熙受中国政府派遣，到索非亚大学教授汉语，张荪芬应聘做翻译。索非亚大学虽然是百年名校，但那时汉语教学还是空白。张荪芬自己动手，在蜡纸上刻出第一份汉语教材。两年以后，她与朱教授合编出版了第一本《汉语教科书》。朱教授回国后，张荪芬独立执教，并陆续编辑出版了《汉语教科书》和《保汉常用词汇》《保汉分类词典》等各类工具书，填补了保加利亚汉语教学的空白。张荪芬因此被称为保加利亚汉语教学奠基人之一。2004 年，张荪芬被授予保加利亚教育领域最高荣誉奖——蓝带勋章。迄今为止，她是索非亚大学东方语言文化中心唯一获此殊荣的教师。

2004 年甘扬道医生去世后，张荪芬女士与孩子继续生活在索非亚。已是耄耋之年的她，仍时刻关心着祖国。她曾说过："虽然我们中国有'嫁鸡随鸡，嫁狗随狗'的说法，但我始终没有加入保加利亚国籍，60 年的海外生活无法改变我的本色，我为自己是中国人自豪。"2005 年 9 月，张荪芬被邀请回国参加纪念中国人民抗日战争暨世界反法西斯战争胜利 60 周年庆祝活动。胡锦涛主席在纪念大会讲话中指出："中国人民抗日战争的胜利，是同世界所有爱好和平与正义的国家和人民、国际组织及各种反法西斯力量的同情和支持分不开的……朝鲜、越南、加拿大、印度、新西兰、波兰、丹麦以及德国、奥地利、罗马尼亚、保加利亚、日本等国的反法西斯战士直接参加了中国人民抗日战争。"这里所说的保加利亚反法西斯战士，就是指的甘扬道医生。

2006 年春节前夕，我来到位于索非亚大学附近的一幢老式居民楼，怀着崇敬的心情到张荪芬女士家中看望这位杰出的女性、中保友好关系的见证者，按照中国人的习俗，给她拜早年。这是我第一次与张荪芬女士见面，她虽然已经 87 岁高龄，却精神矍铄，十分健谈。她高兴地给我讲述自己与保加利亚的关系史，讲述她 2005 年 9 月回国参加抗战胜利 60 周年活动的感受，还拿出许多过去的老照片给我看。她感谢我专程看望她，感谢祖国和人民对她的挂念。我代表使馆送上鲜花和慰问品，向她致以新春祝福和亲切慰问，对她多年来为促进中保友谊所做的卓越贡献表示敬意，同时缅怀甘扬道医生为中国人民抗日战争胜利做出的重要贡献。我真诚地对她说："使馆就是您的家，我们时刻愿意为您服务，衷心祝愿您健康长寿。"她听后非常感动。当我与张荪芬女士告别时，心中不由得生出依依不舍之情。每个人都按照自己的方式走着自己的人生之路，像张荪芬女士这样的人生是不多见的。她的一生证明了"伟大出于平凡"的真理。

这次拜访后不久，为了丰富张荪芬女士的日常生活，我代表使馆赠送她一台 DVD 播放机和一些介绍国内情况的 DVD 以及中国电视剧的 DVD，她十分高兴。一年之后的春节前夕，当我再次去给她拜年时，她高兴地向我讲述看过的 DVD 内容。她依然十分健谈。当 2008 年春节来临之际，我已经身在北京，无法再去给这位值得尊敬的老人拜年，只能在心里为她老人家祝福了。

（五）做好公共外交和人文外交的一些实践和体会

我在担任驻白俄罗斯大使和驻保加利亚大使期间，除了利用当地媒体宣传中国，还以中国大使馆名义资助两国友好人士编写、出版了一系列介绍中国的书籍，受到当地朝野各界的广泛好评，收到良好的宣传效果。

2002 年 12 月，资助出版白俄罗斯《共和国报》国际部主任舍曼斯基个人专著《开放的中国》。作者在书中介绍了他两次访华的所见所闻，并以职业记者的敏锐眼光做出了自己的分析和判断。作者在序言中写道："中国取得的巨大成就令世界瞩目。这些成就是由勤劳智慧的中国人民取得的，也是中华人民共和国领导人执行明智政策的结果。坦率地讲，中国对我个人有一种神奇的难以抗拒的吸引力。中国和中国人民以其悠久的文化传统丰富了全人类。因此，我是怀着一种激动的心情和对中国和中国人民充满热爱和尊重的感情写这本书的。我殷切地希望，本书的读者在自己的心中也能够产生类似的感情。"

2003 年 1 月 27 日，我们在白俄罗斯对外友协为该书出版举行首发式。总统助理科连多在发言中对该书给予高度评价，认为该书"缩短了明斯克与北京之间的距离，帮助白俄罗斯人民更多地了解遥远的伟大中国和伟大的中国人民"。白新闻部副部长指出："新闻记者真诚的话语对加强白中两国人民之间的相互了解和友谊具有特殊意义"。该书出版后，在白俄罗斯引起热烈反响，并获得白俄罗斯最高文化奖项——2002 年度总统文化奖。

2003 年 7 月，资助出版《白俄罗斯记者看中国》一书。该书收集了 2002 年访华的白俄罗斯记者代表团成员写的访华观感。7 月 24 日，在白国家新闻中心举行了该书的首发式，气氛热烈，盛况空前。出席的有白总统助理、新闻部长和副部长、第一副外长、文化部副部长、总统管理学院院长等高官，规格比《开放的中国》首发式还要高。

2004 年，我们又资助出版了白俄罗斯学者马采里的专著《中白友好关系概览》，同时还资助出版白俄罗斯汉学中心汉学家集体编纂的《中国概览》一书。

此外，从 2002 年起连续三年资助白俄罗斯《世界文学》杂志出版 3 期介绍新中国优秀文学作品的专刊。

由于这些书是白俄罗斯人写的，白俄罗斯读者更喜欢读，更容易接受，比我们自己编写的外宣材料收到的效果更好。这种请外国人宣传中国的方式被中国国务院新闻办公室称为对外宣传工作的创新，曾就此专门致电我馆予以肯定。

在保加利亚工作期间，为了加大宣传中国和中保友好关系的力度，我参考在白俄罗斯的成功做法，资助保加利亚友好人士撰写、出版这方面的保加利亚文书籍。2006 年 9 月，两本保文书籍顺利出版。一本是由 20 多位友好人士写的访华观感集，名为《保加利亚友人看中国》；另一本是由保加利亚 8 位汉学家集体编写的《中国纵览》。我为两本书亲自写了序言。

两书的准备和出版得到保中友好联合会的大力协助。2006 年 9 月 19 日，使馆与保中友联在保加利亚文化宫为两本书的出版联合举行隆重的首发式。保中友联主席波波夫先生在发言中表示，虽然保中两国相距遥远，但两国人民有着深厚的传统友谊。保加利亚人民熟知中国改革开放以来所取得的伟大成就。今天正式发行的两本介绍中国的书籍《保加利亚友人看中国》和《中国纵览》将有助于保加利亚人民更全面、更真实地了解中国，也是献给保中建交 57 周年的好礼物。两本书的出版还有一个特殊意义，它们不仅是由保加利亚人编写，而且是用保加利亚文出版的，这在保中关系的历史上是第一次。

两书出版后，受到保朝野各界热烈欢迎。保加利亚副总统马林在收到我赠送给他的这两本书后，写信向我表示诚挚谢意，称"这是两本非常有益的好书"，是送给他的"不同寻常的礼物"。保加利亚前国王西美昂二世在看了我赠送他的这两本书后，也给我写了感谢信。他在信中说："阁下，感谢您送给我两本好书。我仔细阅读了两本书，从中了解到许多关于中国过去和现在的信息，里面的一些照片也很好。通过我国公民亲眼所见向保加利亚公众介绍中华文明，您的这一想法很有创意。我相信，这两本书将会在保加利亚获得巨大成功。读者将从中更多地了解中国人民的历史、文化以及中国的发展。再次向您致谢，祝您万事如意！"

我们通过保中友联的组织系统，把两本书送往保加利亚全国各地。后来由于供不应求，我们又再版一次。

人文外交的天地是广阔的，我们可以充分发挥自己的主观能动性，去探索和实践。我在这里给大家讲一个亲身经历。我是一名摄影爱好者，在白俄罗斯工作期间，业余时间曾拍摄了一些自然景观。我把一些喜欢的照片放大后挂在住所客厅墙壁上欣赏。有一次，白俄罗斯首都电视台记者在我的客厅采访我的业余生活。我向她介绍自己的业余爱好之一是摄影。她看到挂在墙上的那些照片，很喜欢。后来，明斯克市现代造型艺术博物馆馆长从这位记者那里得知了我的摄影爱好，便正式邀请我在他的博物馆举办一次个人摄影展，以此作为博物馆与中国大使馆开展文化艺术合作的开端。尽管大使在驻在国举办个人摄影展没有先例，但馆长的真诚邀请有利于两国文化交流，增进两国人民友谊，我决定自费举办这个摄影展。为了表达我对白俄罗斯的真实感情，同时也为了达到更好的宣传效果，我给摄影展取名为《聚焦可爱的白俄罗斯和其他国家》。2004年5月摄影展展出后，在白俄罗斯全国引起热烈反响，并应各地邀请巡展一年，后来还出版了专门影集。在影集首发式上，白俄罗斯新闻部部长鲁萨凯维奇致辞时表示："中国大使的影集代表了中国人民对白俄罗斯人民深切的友好感情。"白俄罗斯对外友协主席伊万诺娃称赞："影集照片展现的白俄罗斯各地风情是如此之美，以至引起许多人的惊讶和疑问：'难道这真的是我们的地方？'"后来，国务院新闻办有关领导知悉影展的影响后，称赞这是一个创举，可以称之为"摄影外交"。

今天向大家介绍了自己在驻外工作期间开展人文外交的一些实践和个人体会，供大家参考。大家作为公派对外汉语教师出国进行汉语教学，肩负着开展人文外交，提升国家软实力的光荣使命。希望大家牢记自己的使命，充分发挥自己的主观能动性和积极性，把对外汉语教学工作做好。今天是立秋，秋天意味着收获，希望大家在国外辛勤耕耘，两年之后满载而归。

……

南开大学网站报道了我的讲座：

于振起大使南开演讲人文外交

南开新闻网讯（记者　高杨）"我是南开大学的校友，硕士在这里读的世界史专业，但是我之前学的是中文，所以今天来到南开大学，来到国家汉办对外汉语教师培训营，怎么说都是自家人。"8月7日，曾历任中国驻白俄罗斯、保加利亚大使，现为中国国际问题研究基金会俄罗斯中亚研究中心主任的于振起博士来到培训营，为学员们阐释了他对人文外交、公共外交的精辟理解。讲座前，于振起博士参观了培训营的学习园地和国家汉办相关网站，并给予高度评价。

于振起博士认为，公共外交常指针对国外媒体的外交形式，而人文外交则是培训营的学员们将来走出国门所要体会和掌握的一种本领。"国外的中国文化中心、孔子学院都是人文外交的一部分，所以人文外交和大家的工作息息相关"。

"胡锦涛同志在第十一次驻外使节会议上发表重要讲话时指出，要稳步推进海外的中国文化中心、孔子学院建设，增强中华文化在国际上的吸引力和感召力，据我了解，中央最高领导公开提出推进孔子学院建设，这是第一次。"于振起鼓励大家在目的国，根据当地实际情况，因地制宜，开展形式多样的活动，传播灿烂悠久的中华文化。

于振起在谈到人文外交时，还举了一个自身的事例，他本人喜爱摄影，习惯把中意的相片洗出来放大挂在墙上。在白俄罗斯担任大使期间，一次，一位白俄罗斯记者看到了墙上挂着的精美照片，居然没有认出是自己国家的名胜建筑，于大使摄影技术精湛的消息传开，白俄罗斯艺术界开始关注其摄影作品。一家展览馆发出邀请，请大使挑选出精美照片进行展览，这让大使顿感矛盾。

我国大使在派出国举行个人摄影展，这是史无前例的，大使经费中也没有规定可以用来给个人办展览，但为了能够更好地实施人文外交策略，于大使便挑选出62幅照片，自费举行了此次影展，题目为《聚焦可爱的白俄罗斯和其他国家》，在白俄罗斯引起轰动，这条消息几乎成了白俄罗斯很长一段时间内报纸的头条新闻，各地展览馆纷纷发出邀请，请于大使在全国范围内巡展，结果展期长达一年之久。白俄罗斯人民用一句"原来我们的国家可以这么美"来评价于大使的作品，增加了对中国官员、对中国的好感。

由此，可见人文外交的作用之大。

于振起说："通过这个事例，我也想告诉大家，在国外传播中华文化，向世界人民表示友好，途径可以有很多，可以用'广阔天地，大有作为'来描述，希望大家在国外能够有创新意识，有开拓精神，只要对国家有好处的事，我们都可以去做"。

于振起表示，十分愿意同青年人交流，一是因为曾经是一名大学老师，同时，与国外青年人交朋友的过程，就是和这个国家建立长久友谊的过程。"和青年人交流很重要，他们是一个国家的未来，由于以教师的身份出国，大家在国外可以尽量多和国外青年人交流，加强联系，建立友谊。"

最后，于振起鼓励大家说："大家作为公派对外汉语教师出国进行汉语教学，肩负着开展人文外交，提升国家软实力的光荣使命，有了高的立足点，相信大家的工作会更有动力，更有积极性，今天是立秋，秋天意味着收获，希望大家在那边扎实工作，努力学习，两年之后，能够满载而归。"

（2009-08-04 来源：南开新闻网）

二、关于外交调研的一些体会

2009 年 11 月 30 日，我应邀给外交学院外交学专业学生讲专题课"关于外交调研的一些体会"。内容如下：

（一）外交调研在外交工作中的地位和作用

调研、办案是驻外使馆对外工作的两大基本内容。

驻外使馆调研主要作用是为国内决策提供准确情况和有关建议，供国内参考，要做到及时、准确、全面。其次，调研也是做好使馆一些涉外办案工作的必要前提。今天向大家介绍一个我亲自经办过的所谓白俄罗斯"颜色革命"的调研案例。

2003 年 11 月至 2004 年 11 月一年之内，格鲁吉亚、乌克兰的亲西方势力先后发动所谓"颜色革命"，并成功夺取政权。西方舆论兴高采烈地宣称，独联体内的"颜色革命"时期已经到来，势不可挡。此时，西方"倒卢"势力把眼光投向白俄罗斯，寄希望于那里的亲西方反对派借助外部"大好形势"，在白俄罗斯也发动一场推翻卢卡申科政权的"颜色革命"。

　　2005 年 3 月 24 日，中亚地区的吉尔吉斯发生骚乱，亲西方反对派占领了总统府，总统阿卡耶夫被迫逃往国外。3 月 25 日，在西方怂恿支持下，约百余名白俄罗斯反对派分子在明斯克市中心十月广场举行反卢卡申科总统的非法集会，还仿效乌克兰反对派的做法，搭起了小帐篷，企图借吉尔吉斯政变的东风，重演乌克兰式的"颜色革命"。无奈支持者寥寥，连围观的人也少得可怜，反对派的集会变成一场尴尬的闹剧，很快就被内务部队驱散，没有造成什么严重社会影响。

　　"3·25"事件发生后，我们很快向国内报告了有关情况和看法。我们认为，此事件不是乌克兰的彼事件，白俄罗斯没有发生"颜色革命"的土壤，卢卡申科执政地位稳固。可是，由于受西方和俄罗斯亲西方民主派传媒造成的舆论影响，国内媒体还是出现不少"白俄罗斯发生'颜色革命'"的报道，引起不明真相的人们对卢卡申科执政地位的忧虑。我意识到，有必要进一步向国内公众说明此次事件的真实情况，以便正确引导舆论。于是，我专门邀请新华社驻莫斯科分社两位记者访问白俄罗斯，实地了解有关情况。她们于 4 月初来到明斯克，进行了 4 天采访活动。我首先向她们介绍了"3·25"事件有关情况和白俄罗斯基本政治经济社会形势，阐明了白俄罗斯不会发生"颜色革命"、卢卡申科执政地位稳固的原因。我说，当然，你们不一定接受我的看法，可以通过采访做出自己的判断。随后，我安排她们对官方、媒体进行客观采访，还安排她们到"3·25"事件发生地以及明斯克街头实地采访普通民众。采访活动结束后，她们得出的印象是，卢卡申科总统在国内有较高的威信，政府的凝聚力强，政治经济社会形势稳定，反对派力量微弱，没有市场。短期内白俄罗斯发生"颜色革命"的可能性不大。她们把此次采访的结果在国内做了报道，发挥了积极的舆论导向作用。

　　2004 年至今白俄罗斯政治形势的发展证明，当年我们的判断是客观的正确的。

　　（二）关于如何搞好外交调研的四点体会

　　2001 年 12 月，我在总结当年驻俄罗斯使馆政治处的调研工作时，谈了自己关于如何搞好外交调研的四点体会：

　　1. 要懂得一点马克思主义的基本原理，努力掌握一点马克思主义的方法论。马克思主义是科学的世界观，它的方法论也是最科学的。掌握了它，人就会变得聪明起来。

2. 要掌握一些与外交调研有关的专业知识，主要是国际政治经济关系和国际法方面的知识，这是准确观察国际事务的必要前提。此外，还要了解驻在国的历史。只有了解一个国家的过去，才能比较准确地认识它的现在、预测它的未来。为此，应该有目的地读一些相关的书籍，积累自己的知识。这样才能做到厚积薄发。

3. 不唯上、不唯书、只唯实。陈云同志的这句话是我搞外交调研的座右铭。领导的话不是不要听，但在调研问题上，不能唯领导意见是从，更不能靠揣摩领导的想法来预定自己的调研观点。否则，调研就起不到为决策提供参考的作用了。书不是不要看，但不能迷信书本，不能从书本出发搞调研，那样就成了"本本主义"。调研最重要最根本的是要从实际出发，以实事求是的态度研究问题，提出看法。客观事实是我们做出判断的唯一依据。不能跟风，不能见风使舵。实事求是说易行难，因为讲真话有时是要冒风险的。而随大流，人云亦云，或顺着领导的意愿说话则要保险得多。无欲则刚，只有出以公心的人，才能做到坚持实事求是，敢于讲真话。我常讲，文如其人。要学好作文，先要学好做人。

4. 业精于勤。要不辞辛苦地认真搜集有关动态信息和对方的内部活情况。只有尽可能掌握比较全面的相关材料，才有可能了解事实真相，从而做出比较符合客观的判断。除了密切跟踪传媒报道外，更重要的是充分发挥驻外使馆位于第一线的优势，走出去，与驻在国有关部门和外交使团建立密切联系，广交深交朋友。这样才能及时搜集到有价值的信息，为研究分析问题提供重要基础。关在屋子里搞调研，靠捕风捉影，一知半解，想当然写出来的东西是不可能做到实事求是的。

（三）关于外交调研的 24 字经

2003 年 3 月，我曾在驻白俄罗斯使馆一次关于调研工作的座谈会上讲过搞好外交调研工作的 24 字经，即："袖手在前、名正言顺、言简意赅、厚积薄发、虚心好学、文如其人。"

"袖手在前"出自清代文学家李渔所言"袖手在前，疾书在后"。意思是说动笔写作之前要先静心构思文章结构，打好腹稿以后再下笔，这样就可以奋笔疾书、一气呵成了。

"名正言顺"是指文章确定题目很重要，不然，名不正则言不顺。

"言简意赅"是说调研文稿的文字务必要简明扼要，一目了然，不能拖泥带水。

"厚积薄发"是说要想写出高质量的调研文稿，必须要有平时的理论和知识积累做基础。

"虚心好学"的对立面是骄傲自满。谦虚使人进步，骄傲使人落后。这同样适用于调研工作。

"文如其人"指的是学作文首先要学做人，所谓文如其人，只有品学兼优的人才会成为一个优秀调研干部。

三、关于前苏地区社会文明的一些看法

2012 年 5 月 9 日，我应邀在南开大学做了一次题为"关于前苏地区社会文明的一些看法"的专题报告。这是"与时代同行——南开大学毕业 30 周年校友系列报告会"的首场报告。来自外国语学院、历史学院和周恩来政府管理学院的近百名师生代表参加。报告内容如下：

高尔基有句名言："文学是人学"。文学的社会职能就是通过典型人物的塑造宣扬真善美，鞭挞假丑恶，弘扬社会正义，谴责社会黑暗，以此净化读者的心灵，升华社会文明。而社会文明是公民总体素质的体现，同时也是塑造公民素质的强大动力。所以，文学与社会文明和进步有着密不可分的联系。这也就是我今天为什么要与研究俄罗斯文学的同志们谈前苏联地区社会文明问题的原因。我今天想讲讲这些年在那个地区工作期间有关社会文明的一些所见所闻、所思所想，与大家交流。

（一）艰难时世的社会文明

1990—1991 年，尽管莫斯科市民被经济困难、时局动荡所困扰，但在各个方面仍表现出良好的公民意识和文明修养，令人印象深刻。

一是排队文明。由于商品短缺，排队购物已成为当时莫斯科一景，但人们排队时都很守规矩，几乎看不到"加塞儿"的现象，更没见过因排队购物争执吵闹的情况。至于排队候车更是很自然的事情，见不到一哄而上挤着上车的现象，人们也没有抢占座位的念头。"老人儿童优先""女士优先"是公认的准则。年轻人为老人、儿童让座，男士为女士让座是司空见惯的事情，不需要别人提醒。

二是服务文明。有一次我到红场附近一家修理店为冰鞋安装冰刀，交货后

我问修理工，什么时候可以取。没想到他反问我："您什么时候方便？"我一时没反应过来，以为自己没听清楚，又问了一句："您说什么？"他又重复了一遍："您什么时候方便？"我这才说了个时间。这是我第一次体会到"顾客是上帝"的感觉。此前此后我在国内从未受到过这样的待遇。也正因为如此，这件"小事"让我至今记忆犹新。再有就是讲究服务信誉。莫斯科有许多专门修改衣服的服务店，顾客取修改好的衣服时，店里会给你一张保修单，一般是一个月之内如发现修改得有问题，可以送回免费重新修改。到医院补牙也会给一张保修单，一年之内如果所补的牙出了问题，可以免费重新补。我曾经向国内有关部门介绍过这种值得借鉴的好做法，遗憾的是，迄今在国内尚未见到过这样的服务。

三是剧院文明。莫斯科的剧院都设有存衣间，方便观众存放外套。那里的人们把去剧院当作一项高雅文化和社交活动对待，都很注意着装，特别是男士一般都穿比较正式的服装。我刚到莫斯科不久曾去剧院看芭蕾舞《天鹅湖》，由于事先不了解这个社会习惯，穿着皮夹克就入场了。进去才发现周围的男士都穿的正装，我立刻感到汗颜。虽然《天鹅湖》很美，我坐在座位上却很不自在，巴不得演出早点结束。那里的剧院还有一个规矩：演出开始后迟到的观众不允许进场，只能等幕间短暂休息时才能进去，以免影响演员表演和观众观看。如果有人想中途退场，也都会自觉等到幕间，不会在演员正在台上演出时离席，因为那样是对演员的不尊重，也会影响其他人观看演出。所以，在演出过程中没有观众进进出出的情况。保持剧场肃静也是观众的自觉行为，没有人交头接耳地说话，更不会大声喧哗。你可以全神贯注地观看演出，不会受到别人干扰。演出结束后演员都要出来谢幕，此时观众会热情鼓掌向演员表示感谢。精彩的演出一般谢幕往往多达两三次，观众也会一次一次地鼓掌，只有等演员谢幕最后结束，观众才会退场，以示对演员的尊重。

四是交通文明。司机照章行驶，行人自觉遵守交通规则，这是莫斯科交通文明的核心内容。此外，司机和行人对行人优先的原则有着高度共识。当行人根据绿灯沿人行横道线过街时，拐弯的汽车都会在线外自觉停下来，只有等最后一个行人过去以后，汽车才会穿过人行横道线。在那里你只要按照规则走人行横道线，安全绝对有保障，不用担心会有汽车与你抢行。与此相对应的一条规则是，行人过街如果不走人行横道线，随意穿行，一旦被车辆撞着，责任由行人自负。这样的规则既加强了对行人的约束，也保证了道路的畅通。由于行人和司机基本都能遵守交通规则，那里的司机一般不需要按喇叭，而且，随意按喇叭在那里被视为不文明的举止。因此，当你在街上行走时，几乎听不到令人生厌的汽车喇叭声。发生交通事故时当事人彼此以礼相待，这也是让我欣赏的一点。我在列宁大街的住处附近是个繁华的十字路口。有一次路过此地，正好看到一辆卡车和一辆小客车相撞。我下意识地想，该有好戏看了。然而，接下来的一幕却完全出乎意料。只见两个司机从车上下来后，朝对方走去，相互握手，彼此道歉。这样的交通事故场景以前在国内闻所未闻，让我大开眼界。当时我想，如果国人都能以此种心态对待交通事故，警察的工作就会轻松多了。莫斯科人的好奇心也不强，发生交通事故时，没有人围观。

五是公共卫生文明。在莫斯科，无论是漫步街头，还是到公园剧院等公共场所，都会发现非常整洁。这与莫斯科人良好的环境卫生意识分不开。那里几乎看不到人们随意乱扔果皮纸屑等废弃物的现象。我经常看到，人们郊游时会把自己用过的水瓶啤酒瓶塑料袋等垃圾收拾起来放到自己车上带走，连小孩子也知道这样做。所以那里的绿地总是非常干净。有一次乘地铁时，我曾看到两个年轻人把瓜子皮吐在车厢地上，当场受到一位老人严厉批评，两个年轻人一句话没说，乖乖地把瓜子皮捡了起来。不在公共场所随便吸烟也是莫斯科人的社会生活准则之一。在火车上，烟民都自觉地到车厢连接处的过道吸烟，而不会在车厢里吸。在社交场合，烟民会自觉到室外吸烟，甚至在家中聚会也是如此。在剧院，烟民都是到靠近卫生间的地方过瘾。餐厅一般允许吸烟，但吸烟者如果想过瘾，都会事先征得同桌人特别是女士的同意。总之，烟民都很自律，注意吸烟时"不扰民"。

六是崇尚知识。莫斯科的地铁十分发达，在世界上名列前茅。而那里的地铁乘客爱读书也是有名的。当你进入地铁车厢后，总会看到不少人坐在座位上埋头看书或看报，堪称莫斯科一道独特风景。更有意思的是，那里的人们排队购物时也常拿本书看，真称得上是文化式购物。为了查阅资料方便，我曾到列宁图书馆（相当于国家图书馆）去申办借阅证。图书馆工作人员看了我的个人证件后，发现我是博士，对我非常客气。她告诉我，在列宁图书馆博士和教授可以办理专门的红皮借阅证，凭此证能够享受特殊的优待，包括到条件优越的专门阅览室阅览，存衣服不用排队（莫斯科冬天很冷，故存取外套的人很多，为此排队要花费一些时间）等。这对我来说不仅是个意外的惊喜，更有一种被尊重的感动。我随后来到存衣服务台前，发现那里有许多人在排队等候，而在服务台最里侧是专门为红皮借阅证持有者服务的，那里没有人排队。我出示了刚领到的红皮借阅证后，服务员很快把我的衣服存好。然后按照服务员指点来到专门阅览室，那是一个很宽敞的房间，摆放着几十排宽大的书桌，每个位子都有一盏台灯。这样舒适的条件的确适合看书。我自从1988年拿到博士学位后到现在，在国内的公共场合还从未受到过这样的礼遇。从列宁图书馆的这种做法可以清楚地感受到这个社会尊重知识、尊重知识分子的好风气。我至今仍珍藏着这个有特殊意义的红皮借阅证。

在莫斯科耳闻目睹了这些社会文明现象之后，我对俄罗斯民族有了进一步的认识，也平添了一份尊重。我当时产生了一个想法：尽管苏联的经济已经陷入严重危机，国家前途未卜，但这样一个有着良好素养的民族是不会没落的，是有再生希望的。

（二）全民生态环境保护意识

乌克兰首都基辅素有"花园城市"的美称。全市绿地面积占市区总面积60%，人均绿地面积179平方米，在欧洲大城市中名列前茅（北京市区绿化覆盖率为45%，人均50平方米）。各种各样的公园遍布全市，随处可见。基辅之所以能够成为一座花园城市，除了得益于得天独厚的自然条件外，还有赖于基辅人的精心呵护。这种呵护主要体现在两方面：一是扎根于民众心中的珍惜、爱护生态环境的意识，二是公民自觉维护公共环境卫生的意识。

乌克兰独立后，从俄罗斯进口木材出现困难，致使乌克兰造纸业一度出现原料紧缺的局面。乌克兰自身的森林资源并不匮乏，全国森林覆盖面积达14.3%，人均拥有森林面积0.17公顷。可是政府从保护生态环境角度考虑，宁可用宝贵的外汇从芬兰进口木材，也不忍心砍伐国内森林，这一决策得到国民的一致支持。在基辅，任何损坏公园花木的行为都被认为是不文明不道德的行为，为公众所不齿。公园绿地见不到"不要践踏草地""不要损坏花木"之类的提示牌，因为保护生态环境已经成为全社会的自觉行为准则，这样的提醒就显得多余了，而个别人的不良行为在公众舆论监督下也就不难纠正了。

基辅市民和莫斯科人一样，有良好的环境卫生意识，比如不随便乱扔果皮纸屑，而是自觉地丢进垃圾箱。如果附近没有垃圾箱，便自己先包起来，待到有垃圾箱的地方再丢进去。因此，在基辅，当你漫步街头，或者是到公园休息，会发现到处都十分整洁干净。有人把绿地比作城市的"肺"。我想，正是由于基辅人像爱护自己的肺一样呵护着城市绿地和整个公共环境，才使得基辅市容总是那样整洁秀丽，才使得这座花园城市总是那样充满魅力。

（三）珍惜历史文化精神财富

作为一座有着1500多年悠久历史的古城，基辅保留着许多名胜古迹，如建于罗斯时代的索非亚大教堂、沙俄时代的弗拉基米尔大教堂、连接上城和下城的安德烈古街等。仅在最古老的市区波多尔就有200多处具有宝贵历史价值的古迹，其中包括最古老的城市供水系统中的"参孙"喷水池、耶稣升天教堂等。在老城区还有建于基辅罗斯时代的著名的索非亚大教堂。当你漫步基辅街头时，随处都能感受到浓烈的古都氛围，特别是那些散布在城市各处、建于各个历史年代的纪念碑和名人雕像，向人们形象地展示出这座古城乃至这个国家的悠久历史，仿佛是街头博物馆，堪称基辅一大景观。

基辅人有着强烈的保护历史文化遗产意识，以基辅的悠久历史而自豪，视名胜古迹等历史遗产为宝贵的文化精神财富，十分珍爱。苏联解体、乌克兰独立后，曾有人要求拆除博格丹（17世纪乌克兰人民反抗波兰统治起义的首领，1654年决定乌克兰并入俄罗斯）纪念像和列宁铜像，遭到广大市民的普遍反对，也未得到官方支持。在经济转轨过程中，有些生意人打老建筑的主意，想拆掉后改建饭店酒楼，受到民众抵制。基辅人认为，具有历史价值的老建筑是民族历史文化的一部分，一旦拆毁，不能再生。后人只有爱护的责任，没有毁坏的权利。为此，基辅市政当局针对有历史价值老建筑的翻修改造专门做出明确规定：只允许改变内部结构，不准改变建筑物的外观，也不准随意增加外部附属设施。这方面的审查、批准、监督事宜统一由市政府规划部门负责，其他部门均无权做主。建于19世纪的中国大使馆馆舍也属于受保护的老建筑。我们出于使馆安全考虑，曾向市规划部门申请把旧院门换成带保险装置的新门，未获批准。理由是新门会破坏原有的建筑风格。基辅人保护历史遗产的认真态度由此可见一斑。

可以说，正是由于基辅人对民族历史文化遗产怀有的这种深厚感情，才使得历代名胜古迹和历史建筑经受住政治风云变幻的冲击和现代商业利益的诱惑而保留至今，从而使这座历史名城始终保持着自己特有的古都风貌。

（四）名副其实的素质教育

1992—1995年我在乌克兰工作期间，那里的教育制度还是延续苏联时期的教育制度，初等和中等教育是12年一贯制，接着是大学的高等教育。此外还有各类职业学校。我当时住在普通公寓，邻居都是当地人，业余时间时有来往。

通过交往，对当地的教育情况逐渐有了一些比较深入的了解。给我的印象是，那里的教育理念比较务实，注重实际需要。教育方法比较灵活，注重学生的全面发展，给学生比较自由的学习空间。学校没有"学而优则仕"之类的功利主义教育目标。无论是学校还是孩子以及家长对分数看得都比较淡，更不会把分数看成是学生的"命根"。孩子们每天的课余时间很多，下午时常没有课。学校经常组织学生参加各种课外活动，如参观博物馆，进行体育比赛、郊游等。孩子们晚上在家里一般都不学习，而是做自己爱做的事情。甚至到了期末考试的时候，也看不出孩子们有什么压力，晚上也不"加班"。进了大学，仍然是这样一种学习方式，只是晚上念书的人比较多了，但一般不是为了应付考试，而是出于自己的专业学习需要。我在莫斯科国际关系学院做访问学者时对此深有体会。看着他们的孩子轻松愉快的学习生活，我很羡慕，同时也为我们的孩子抱不平。中国的孩子们从上小学开始就被戴上沉重的"分数枷锁"，一直要戴到高中毕业。他们被剥夺了享受少年儿童生活乐趣的权利，包括周末休息日自由活动的权利，完全变成了分数的"奴隶"。令人忧虑的是，尽管素质教育讲了好多年，这种状况非但没有得到改善，在某些地方反而愈演愈烈。

那里还有一个让我很欣赏的教育特点，学校注重培养学生的生活能力。有一次我到邻居家做客，女主人在正餐之后端上来一个十分好看的蛋糕，我尝了一口，味道也很好，便问这个蛋糕是在哪里买的。她说："是安娜做的。"安娜是她的女儿，正在上 5 年级。我听了觉得很好奇，这么小的孩子怎么能做这么好吃的蛋糕？便问安娜："是谁教你做蛋糕的？"安娜回答说是在学校里学的。我就更奇怪了，她上的是普通学校，又不是烹饪学校，怎么还学习做蛋糕？她妈妈看出我的疑惑，向我解释说，学校里都开设生活技能课程。男孩子学习木工、汽车初级修理等技能，女孩子学习烹调、缝纫等技能。目的是使孩子们长大成人后具有基本的独立生活能力。我听后联想到，这里的男人一般都会做点木匠活儿，也会处理自家汽车的小毛病，进行一般的保养。这里的女士很讲究自己穿着的变化，很少有人会长时间只穿一件衣服。而许多衣服只看得见有人穿，却看不到商店里卖。听人说许多衣服都是女士们自己做的。此时我才恍然大悟，原来他们和她们从小就掌握了这些技能。我觉得这样的教育理念是真正着眼于育人，是很好的素质教育，值得我们借鉴。后来我在与国内教育部门的同志接触时，不止一次地介绍过这种做法，希望国内能参考借鉴。遗憾的是，至今还没听说国内有哪个学校有类似的行动。我想，根本原因可能还是在于教育理念和教育目标的差异。如果不能从根本上摈弃历史形成的"学而优则仕"的功利主义教育目标，以及与此相适应的教育理念，我们的素质教育恐怕难以变为现实。

有了上述经历后，我常想，物质文明固然重要，但相比之下，精神文明具有更深层的作用，而且可以转化为强人的物质力量，对一个国家一个民族的发展有着更具根本性的意义。这是我们在观察一个国家一个民族时应该加以注意的。

（五）前苏地区社会的不文明现象

任何社会都有两面性，前苏地区社会也存在一些不符合现代文明的现象，其中之一就是家庭关系中比较普遍的大男子主义。给大家举一个我亲身经历的例子。

1992 年 2 月，中国驻乌克兰使馆在基辅市的罗斯饭店正式建馆。我们的工作和生活都在该饭店。1993 年春节前，为了感谢罗斯饭店服务员对我们的热心服务，使馆专门与她们举行了一次联欢会。这个安排让她们激动不已，因为她们从未享受过那么高的礼遇。那天，她们为参加这场活动，都把自己最漂亮的衣服穿上。其中一位服务员在联欢会上表达了对中国男士的赞美之意。她说，通过与中国外交官将近 1 年的接触，发现中国的男士不仅工作勤奋，而且生活上都很能干，对女士也很体贴，比我们的男人要强得多。我们的男人在家里从来都不做家务。我知道，她说的是心里话，不是溢美之词。根据我对前苏联社会的了解，男人不做家务，不下厨房是比较普遍的现象。女人做家务被认为是天经地义的事情。记得 20 世纪 70 年代苏联出版的一本俄语教材里有一个讽刺故事，题目叫"现代丈夫"，说的是一对年轻人新婚第一天早上上班前，丈夫对妻子说，我要做一个现代丈夫，今天晚上我负责做饭。妻子听了既意外又高兴。丈夫接着说，不过，你要负责把菜和肉买好。晚上丈夫下班回来，妻子对他说，你要的菜和肉都买好了。丈夫说，很好，你现在到厨房把菜和肉洗好切好。给妻子派了活儿之后，他自己则坐在沙发上看电视里的足球比赛。等妻子告诉他，菜和肉已经洗好切好了，丈夫才起身来到厨房，把妻子已经准备好的菜和肉放到锅里。少顷，他把菜和肉盛到盘子里，得意地对妻子说，我的晚餐已经准备好了。仅从这个故事就不难理解这位女服务员为什么那么赞美中国男士了。

（六）关于个人修养的看法

2005 年 7 月，我曾在驻白俄罗斯使馆讲过如何成为一名符合时代要求的外交官的八个条件，其中一条就是"要注意自身文明品格的修养。这一点对外交官尤其重要，直接关系到国家的尊严和形象。一方面是外在文明修养，包括言谈举止不卑不亢、落落大方；着装文雅得体；要有幽默感等。但要切记庸俗取笑不等于幽默。另一方面是内在品格修养，包括淡泊名利、宁静致远；自尊而不自大；平等待人、相互尊重；待人诚恳、与人为善；谦虚谨慎、闻过则喜等。"

白俄罗斯国家电视台曾在一个节目中这样评价我："他被人们称为是一个智慧的、温文尔雅的人，是一个专业的外交官。"

我认为，每个人的历史是自己书写的，也是不可改变的。每个人最大的对手是自己。要不断战胜自我的弱点，不断超越自我的局限，努力做一个高尚的人，一个纯粹的人，一个脱离低级趣味的人，一个有益于人民的人。

最后与大家交流一下关于审美修养的看法。

作为一名摄影爱好者，我从多年的摄影实践中收获了很多美的享受，使自己的生活更加充实和丰富多彩。我认为，摄影不仅仅是对所摄对象简单的 copy，而是一种创造美的艺术。其主要特点一是可以把自然存在的客体的美通过摄影艺术的加工，升华为更美的形象。二是可以把瞬间的美变为永恒的美。为此，摄影者首先要善于发现美，在此基础上才能创造美。这就要求摄影者具备一定的审美水平和必要的文化修养。从根本上说，摄影作品的优劣不取决于相机的档次，而是取决于摄影者的审美素养。在 2004 年举办的个人摄影展中，我的摄影作品把白俄罗斯人司空见惯甚至熟视无睹的一些自然历史文化景观以一种全新的面貌展现给大家，使得白俄罗斯风情变得如此美丽迷人，以致人们惊叹道："难道这真的是我们的地方吗？"这些评论生动地印证了摄影艺术那种独特的创造美的功能。

而作为一名外交官，摄影创作为我的外交工作提供了一种独特的更具感染力的对外交往方式——"摄影外交"。

2012 年 1 月为庆祝中白建交 20 周年，在天津西洋美术馆展出了当年我在白俄罗斯举办过的摄影展。2012 年 5 月 9 日又在我的母校南开大学举行了这个摄影展的巡展开幕式。希望我的影展能够给大家带来美的享受。

2012 年 4 月 24 日，南开的学长温家宝总理在瑞典会见使馆工作人员和中资机构、华人华侨、留学生代表时讲了这样一句话："我们必须重视中国的可持续发展。……只有这样，中国才能够富强，才能够赢得尊严。她不仅依靠经济的增长，还依靠社会的进步、国民素质和道德的力量。这样的一个国家，是谁也战胜不了的。"

18世纪的中国曾经是世界第一经济强国，也是令西方人敬佩的文明大国。当时的德国哲学家威廉·莱布尼茨（1646—1716）曾经说过："我们一直觉得自己极有教养，不曾想到，世界上还有另一个民族遵循着更有教养的文明生活准则。对中国有所了解后，我们认识到，中华民族正是这样的民族。"

我相信，只要我们坚持选定的中国特色社会主义道路继续前进，在抓好物质文明建设的同时，下大力气抓好精神文明建设，在继承中华民族宝贵文明传统的同时，汲取世界其他国家和民族的优秀文化和文明，作为文明古国的中国一定能够以一个崭新的现代文明国家的面貌屹立在世界上，成为让世界各国人民尊重和景仰的国家。

……

南开新闻网对报告会做了报道：

于振起大使讲述前苏联地区社会文明

于振起大使报告会

5月9日，"与时代同行——南开大学毕业30周年校友系列报告会"举行首场报告。校党委书记薛进文、党委副书记刘景泉出席报告会。南开大学1978

级历史系研究生、中国前驻白俄罗斯大使于振起，向大家介绍了前苏联地区社会
文明的情况。报告会由刘景泉主持。学校宣传部、学工部、研工部、团委负责人，
及来自历史学院、外国语学院、周恩来政府管理学院的近百名师生聆听了报告。

　　于振起从自己从事外交工作经历多年来的所见所闻谈起，介绍了前苏联地
区全民的生态保护意识、历史文化、精神财富、地区素质教育等方面的特点。
他指出，一个国家的社会文明，是公民整体素质的体现，与个人修养密切相关。
他希望广大青年学子要勇于承担历史责任，保持积极正确的人生态度，为中华
民族伟大复兴做出应有的贡献。

　　报告会后，薛进文向于振起赠送毕业 30 周年校友系列报告会的纪念品。

（2012-05-10 来源：南开新闻网）

四、在中央编译局"全球治理与发展战略研究中心"成立大会上的致辞

　　2012 年 6 月 8 日，我以中国国际问题研究基金会副理事长身份应邀参加中
央编译局"全球治理与发展战略研究中心"成立大会，并发表以下致辞：

　　很高兴应邀参加中央编译局"全球治理与发展战略研究中心"成立大会。
首先代表中国国际问题研究基金会对中心的成立表示热烈祝贺！并以我个人的
名义对中心成立的推动者和组织者表示敬意！

　　随着世界格局多极化发展趋势的加快，世界经济全球化发展进程的深化，
全球性问题的不断增多，全球治理问题已经成为人类历史发展到现阶段必须认
真面对和研究的重大课题。尽管联合国作为世界上第一个也是迄今为止唯一一
个单一的最全面的全球治理机构已经存在了 67 年，但是，在新的世界形势面前，
联合国在全球治理方面往往显得力不从心，这也是促使联合国进行改革的原因
之一。另一方面，在新的形势下，仅仅依靠联合国一个全球治理机构已经无法
适应客观要求，需要根据客观需要建立新的全球治理机构。例如，1999 年成立
的 20 国集团（G20）就是这样一个应运而生的经济领域的全球治理机制。

　　与此同时，经历了 30 多年改革开放历程的中国，作为一个充满生机和活力
的新兴发展中大国，国际影响力不断提升，与全球化进程密切相连。深入开展
全球治理问题研究，推动建立造福于世界各国人民的全球治理体系，是中国学
者责无旁贷的历史责任。

　　中央编译局的朋友们在这样一个大背景下，依托自身独特的人才队伍优势，

审时度势，创建全球治理与发展战略研究中心，勇敢地承担起历史赋予中国学者的使命。这就是我为什么要向你们表示敬意的原因。

最后，衷心祝愿中央编译局"全球治理与发展战略研究中心"在今后的发展进程中不断创造出本领域的优秀研究成果，尽快成长为中国在本领域的重要思想库，为中国和世界的全球治理研究做出自己独特的贡献！

五、关于公共外交的几点看法

2013 年 3 月 13 日，在社科院欧亚所举办的关于开展对俄民间外交研讨会上，我就公共外交问题谈了以下看法：

（一）公共外交的对象是对方国家的公众。

（二）开展公共外交的目的是使对象国的公众客观、准确地认识中国、理解中国、亲近中国，从而为我国总体外交提供良好国际舆论环境和民意基础。

（三）公共外交不同于我国以往传统意义上的"外宣"，不是简单的"自我表扬"，而是以对方受众的感受为出发点和着力点，最后达到"让对方表扬你"的效果。

（四）我们的公共外交应该尽量减少官方宣传色彩，增强民间行为色彩，从而使对方受众感到真实、客观、可信、亲近。为此，应该大力推动开展真正意义上的民间公共外交，充分发挥中国民间组织（NGO）的作用，逐渐使其成为民间公共外交的主力军。

（五）美国等西方国家是民间公共外交的先行者，中国在这方面是后来者。但是，中国特色的民间公共外交有我们的独特优势。只要发挥好我们的优势，我们可以后来居上。中国国际问题研究基金会从 2011 年开始实施的《外国友人看中国》文集项目就是一项在国内首创、世界也无先例的纯民间公共外交创举。该项目第一阶段 2012 年 7 月已经完成，取得圆满成功，得到中央领导高度评价。应该说，民间公共外交天地广阔，大有可为。

（六）建议国家有关部门加强民间公共外交的顶层设计，包括理念定位、机制建设、资金保障等。特别是要整合我国民间组织的力量，使其真正形成合力，纳入国家整体外交蓝图。

六、捍卫《开罗宣言》精神 维护世界和平秩序——在第二届"夏合研讨会"上的发言

2013年11月26日，方夏文化交流协会与台湾两岸统合学会在重庆联合举办第二届"夏合研讨会"，共同纪念《开罗宣言》发表70周年，两岸退休涉外人员和专家学者约30人参加。我应邀与会，并以中国国际问题研究基金会副理事长和方夏文化交流协会顾问的身份发表以下看法：

重庆夏合研讨会会场

70年前的今天，即1943年11月26日，中、美、英三国首脑在开罗正式敲定《开罗宣言》文本，1943年12月1日，《开罗宣言》在重庆、华盛顿、伦敦三地同时发表，拉开了反法西斯同盟国向日本法西斯发起总攻的序幕。在这个特殊的日子，我们海峡两岸同胞齐聚重庆，共同纪念《开罗宣言》发表70

周年，具有不同寻常的意义。

回首过去，审视现实，《开罗宣言》至少具有以下几点历史和现实意义：

（一）《开罗宣言》从国际法上确认了台湾及其包括钓鱼岛在内的附属岛屿是中国不可分割的神圣领土。

（二）《开罗宣言》是鸦片战争以来中国第一次作为一个独立主权国家平等签署的多边国际关系文件，是当时中华民族"共赴国难""一致抗日"取得的重大成果，是中国近现代史上闪光的一页。

（三）《开罗宣言》体现了中国作为世界反法西斯统一战线重要成员之一的历史地位，记载了中华民族为世界反法西斯战争的胜利做出的历史性贡献。

（四）《开罗宣言》为建立战后世界和平秩序大厦奠定了第一块重要基石，是中国人民为战后世界和平做出伟大贡献的历史见证。

1945 年 4 月 24 日，毛泽东主席在第二次世界大战欧洲战场胜利前夕曾指出，法西斯侵略国家被打败、国际和平实现以后，法西斯残余势力一定还要捣乱。只有经过长期努力，克服了法西斯残余势力，巩固的和持久的和平才有保障。

历史发展不幸被毛泽东言中。当年被打败的日本法西斯军国主义的残余势力至今阴魂不散。其最新表现就是以安倍晋三为代表的日本右翼势力公开否定《开罗宣言》和《波茨坦公告》所确立的反法西斯战争胜利成果，公然挑战战后世界和平秩序，威胁世界和平的基石。麻生太郎甚至扬言要仿照当年希特勒修改魏玛宪法的模式在日本搞修宪。

面对严峻的现实，海峡两岸的炎黄子孙应该继承和发扬 70 年前同仇敌忾、共赴国难的精神，团结一心，为捍卫中华民族的固有领土钓鱼岛，为维护用抗日战争中牺牲的两千万中华儿女的生命换来的和平大业，为实现中华民族伟大复兴而共同奋斗。我们这一代战后出生的人得益于先辈的牺牲，有幸享受近 70 年的和平生活。今天，我们有义不容辞的责任，让我们的子孙后代继续生活在和平环境，享受更加美好的生活。

最后，我想强调的一点是，无论是钓鱼岛问题的产生，还是日本右翼势力否认侵略历史、挑战战后世界和平秩序的所作所为，美国都难辞其咎。前事不忘，后事之师。在此，我们有必要告诫美国决策者，不要做第二个张伯伦，不要为了一时的私利继续纵容日本右翼势力挑战战后和平秩序，动摇世界和平的基石。否则，最终将搬起石头砸自己的脚。

提出以上个人看法与各位切磋。

祝本次研讨会取得圆满成功！

祝在座各位朋友身体健康，诸事顺遂！

……

当天，中国新闻网对两岸学者为纪念《开罗宣言》发表70周年举行的"夏合研讨会"做了报道。内容如下：

第二届"夏合研讨会"在渝举办并达成重要共识

中新网重庆11月26日电（记者 王一菲） 2013年11月26日，方夏文化交流协会与两岸统合学会在重庆联合举办第二届"夏合研讨会"，共同纪念《开罗宣言》发表70周年，两岸退休涉外人员和专家学者约30人参加。

研讨会围绕《开罗宣言》的意义与启示、对战后国际秩序的影响及当前国际形势对两岸的挑战和机遇进行了深入研讨，形成如下共识：《开罗宣言》是第二次世界大战期间同盟国针对日本军国主义残暴侵略所达成重要且庄严的共同主张、共识与承诺，是世界人民反对侵略战争的一项重大成果，也是奠定战后亚太地区和世界和平稳定的重要基石，其历史正当性及法律效力不容置疑。我们反对破坏公认的国际秩序，坚决维护中华民族固有领土。我们真诚呼吁相关国家应牢记历史，珍视来之不易的和平，共同维护亚太地区和世界的和平稳定。

（2013-11-26 来源：中国新闻网）

附　录

2013 年

1.《关于中亚安全形势和上合组织比什凯克峰会的工作建议》（2013 年第 11 期）

2.《关于当前外高加索地区形势的几点看法》（2013 年第 19 期）

3.《关于外高加索地区外交工作的几点建议》（2013 年第 20 期）

4.《纪念〈开罗宣言〉发表 70 周年，维护战后世界和平基石》（2013 年第 23 期）

5.《新形势下的俄美关系》（2013 年第 27 期）

6.《2013 年欧亚地区形势的主要特点》（2013 年第 33 期）

7.《2013 年俄罗斯内政外交特点》（2013 年第 34 期）

2014 年

1.《乌克兰乱局的性质与走向》（2014 年第 2 期）

2.《关于普京访华的工作建议》（2014 年第 9 期）

3.《乌克兰危机的国际和地区影响》（2014 年第 16 期）

4.《中亚地区安全形势与上合组织杜尚别峰会相关工作建议》（2014 年第 20 期）

5.《乌克兰危机新动向》（2014 年第 26 期）

6.《2014 年欧亚地区形势主要特点》（2014 年第 33 期）

7.《2014 年俄罗斯内政外交形势特点》（2014 年第 34 期）

2015 年

1.《〈新明斯克协议〉签署后的乌克兰局势》（2015 年第 4 期）

2.《白俄罗斯驻华大使谈乌克兰危机等问题》（2015 年第 8 期）

3.《纪念二战胜利 70 周年，维护二战胜利成果》（2015 年第 10 期）

4.《当前中亚地区形势和上合组织乌法峰会工作建议》（2015 年第 16 期）

5.《当前俄罗斯国内政治经济形势》（2015 年第 30 期）

6.《当前俄罗斯对华政策新特点和关于普京出席"9·3"纪念活动的相关工作建议》（2015 年第 31 期）

7.《2015 年俄罗斯内政外交形势特点》（2015 年第 37 期）

8.《2015 年欧亚地区形势主要特点》（2015 年第 38 期）

2016 年

1.《乌克兰危机和俄西方关系新动向》（2016 年第 2 期）

2.《关于加强和深化中俄关系以及普京 6 月访华的相关工作建议》（2016 年第 7 期）

3.《当前俄罗斯内外形势特点及其对中俄关系的影响》（2016 年第 8 期）

4.《当前中亚地区形势》（2016 年第 10 期）

5.《上合组织面临的新形势与塔什干峰会相关工作建议》（2016 年第 11 期）

6.《2016 年俄罗斯国家杜马选举形势预测》（2016 年第 23 期）

7.《2016 年俄罗斯内政外交形势特点》（2016 年第 33 期）

8.《2016 年欧亚地区形势主要特点》（2016 年第 35 期）

9.《习近平主席关于中俄关系的外交思想与实践》（2016 年第 38 期）

2017 年

1.《乌克兰危机新动向及发展趋势》（2017 年第 9 期）

2.《俄美关系调整趋势及对乌克兰危机的影响》（2017 年第 10 期）

3.《中俄关系新形势及普京 5 月访华的相关工作建议》（2017 年第 17 期）

4.《"一带一盟"对接的进展与问题及"一带一路"高峰论坛相关工作建议》（2017 年第 18 期）

5.《当前中亚地区形势特点》（2017 年第 20 期）

6.《上合组织面临的新形势及阿斯塔纳峰会相关工作建议》（2017 年第 21 期）

7.《俄罗斯官方对十月革命 100 周年的态度》（2017 年第 37 期）

8.《纪念十月革命 100 周年对中国的现实意义与相关工作建议》（2017 年第 38 期）

二、作者已出版著述及编著文集目录（2008—2016）

1.《驻外札记——一个知青大使的外交生活片断》

南开大学出版社，2008 年 12 月出版

2.《中亚地区合作机制研究（论文集）》（主编）

世界知识出版社，2009 年 7 月出版

3.《冷战缩影——战后德国问题》

世界知识出版社，2010 年 5 月出版

4.《"文明对话与和谐世界"国际会议文集》（副主编）

世界知识出版社，2010 年 10 月出版

5.《于振起摄影作品集》

天津人民美术出版社，2011 年 12 月出版

6.《中国人看白俄罗斯》（主编）

新华出版社，2013 年 10 月出版

7.《中国外交官看白俄罗斯》（主编）

新华出版社，2016 年 12 月出版

三、《驻外札记——一个知青大使的外交生活片断》书评

一颗老知青的赤子之心

——读《驻外札记——一个知青大使的外交生活片断》有感

读罢《驻外札记》感触良多。本想从历史价值、学术理论价值、叙事方式等方面写我的读后感。正在思考之际，正逢温总理来津调研。2 月 15 日晚，温总理来到南大学生食堂，他说："南开人总是把自己的命运同国家和民族的命运联系在一起。无论是在战争年代，还是在建设时期，心系国家，应该是南开人应有的作风。"作者于振起先生的母校之一是南开大学，读了《驻外札记》，我真切地体会到，"允公允能，日新月异"的南开品格，"充满朝气、面向未来"的南开精神，在振起先生身上得到了一份有力体现。我进一步想起，"把自己的命运同国家和民族联系在一起""允公允能，日新月异""充满朝气、面向未来"，这些不也是一代知青的品格和精神吗？从作者的著作中，我感悟到了流淌在一名老知青、一名职业外交官血液中的可贵精神和情愫。基于上述，我想从《驻外札记》所蕴涵的理念层面谈一下我的读后感。

首先是忠诚。知青一代具有强烈的历史责任感，这份责任感基于对祖国、对民族的忠诚。知青们曾走过歧路，陷入愚忠，做过事与愿违的愚行，有过红

卫兵经历的知青，想必不会忘记这一点。历史教育知青懂得什么才是对祖国对民族真正的忠诚，《驻外札记》做出了佐证。书中所饱含着的忠诚是激情与理智的统一体，没有激情的忠诚，就绝少有为国效力的热度和热忱，没有理智的忠诚，就很难保持为国奉献的持久和自觉。在我们知青一代的理想主义中曾含有浓浓的"苏联情结"或称"白桦林情结"。如今，苏联解体了，我们当年的那份情结在读本书的过程中得到了某种程度的释放。进而，我们对祖国的今天更加珍爱。在历史横向和纵向的对比中，我们所忠诚的祖国，确

★ 谨以此书纪念知识青年上山下乡 40 周年

驻外札记

——一个知青大使的外交生活片断

● 于振起 著

真是一个伟大祖国，我们所忠诚的民族，确真是一个伟大民族，我们所忠诚的中国共产党，确真是一个伟大的执政党。我们的先辈们吃尽了"弱国无外交"的苦头，读《驻外札记》这本书，我们的民族自豪感油然而生，这自豪感正是来自日益强盛的具有特色的社会主义祖国。

二是奉献。知青一代的历史境遇可谓是起伏宕落，有的人难免有这样那样的怨言牢骚，自称为"傻帽儿的一代"。《驻外札记》告诉人们，在中国革命、建设、改革的历程中，每一代人的奉献都不是无价值的。有的奉献，在一定历史条件下，没有得到预期效果，但却有助于开启党和人民的心智，避免再走弯路。例如作为政治运动的知青上山下乡被舍弃，代之的则是全新内容和形式的"上山下乡"。肯尼迪在总统就职演说中说："不要问国家为你做什么，而要问你为国家做什么。"肯尼迪的这句名言说的是奉献主体一方的境界，而奉献主客体是可以互置的，奉献也不会是单向度的。实际上，国家不会也没有亏待甘于奉献的人们。今年正月十五家庭聚会，我那在宁夏兵团十余年的胞兄高声宣布："本人光荣退休，退休金为 1800 大元。国家没亏待我们知青呵！"继而，全家举杯欢庆。知青一代的人生价值只有在与祖国和民族同命运并为之奉献中才能得以实现。要奉献，就得有牺牲，就要摆正个人与社会、与国家的关系，就要抑制诸多个人合理正当的欲求，犹如本书作者所倡导的，做一个"特殊材料制成的人"。要奉献，就不能期待获得什么个人利益，要坚奉祖国至上，民族至上，即使是授予个人的荣誉，归根结底要归于祖国和民族。

三是勤勉。允公允能，讲求的是德才兼备，忠诚与奉献属德的范畴，而才从何来，才来自勤勉。本书作者先后在耀华中学、南开大学、外交学院等名校就读，受过良好的中高等教育。其间有过在天津师院当工农兵学员的经历，而他并没有妄自菲薄，成为考研的先行者。他从一个非外语专业的学者转到外交第一线，实现了"华丽的转身"，其中的辛苦艰涩外人只能略感一二。我敢肯定的是，振起先生是持续学习型的，是读书和读无字书相兼型的，是学而思、思而行的人。而我的一些知青伙伴，尽管出身名校，尽管天赋很高，但惰性强于勤勉，痛失了一些机遇，少了人生中的亮色。好在我们还有后代，我们要反复叮嘱下一代勤勉的重要性。谋事在人，成事在天，古语不谬。干事业的"天"即大气候，大情势，祖国强盛，民族团结，党的理论路线方针政策科学正确等，"天"有了，事情干得怎样就在于人了。成事有赖于亲力亲为，勤力勤为，作者在书中再次验证了这一道理。

四是兢慎。外交无小事。由周总理给外交战线种下的兢慎之根深深扎在作者的言行中。书中记述了许多关于兢兢业业、小心谨慎的言谈和事例。审视一下知青群体，一些人在逆境中倒可做到兢慎——正如作者在结语中所引的那段格言，"逆境打垮弱者，造就强者"——而在人生顺境中，却因缺失兢慎而跌了大跟头。其中的教训可谓深刻，必须为知青群体所汲取。是谁把他们摔倒的，作者说，"每一个人最大的对手是自己"，正是他们自己把自己摔倒的。一个人成功靠一个人不行，一个人摔倒，他自己一个人就能办到。当下，在各条战线上，有过知青经历的同志正当盛年，在政界，有的已经肩负起党和国家及省市区的领导重任。天降大任于知青一代，知青一代必须忠诚、奉献、勤勉加上格外的兢慎。这是我读本书的一个深切感受。

五是情趣。最后我还想指出，书中所流溢出的他对世界、对自然、对人、对文学艺术的浓浓爱意。他的工作很累，很操心，但这并没有影响他更加用心地去观察事物，观察人。他注重从细微处表现内涵丰富的景物，注重在宏大的事件中揭示不易为人体察的朴素真理。我们可以在其摄影作品中感受到他是一位富有生活情趣的外交官。他的书很好读，其中一个缘由是其文字既凝重又有灵动感，时而还幽上一默。一个有幽默感而又能恰到好处地幽上一默的人，必定是个有人缘、有情趣的人。情趣反映情怀，情怀反映人生态度。我们应从作者的人生态度中得到有益启示。

我为我们知青一代，为耀华中学、天津师大、南开大学，为天津能涌现出作者这样的俊杰而高兴，但我无意将作者列为知青精英之列，因为我清晰地感受到了作者字里行间，特别是他在和同事、下属、普通人相处的细节描写中悄然流淌出来的平民意识。作者是我们知青群体中的一员，是我国外交队伍中的一员，是社科界的一员，他所践行的是党和人民一再要求的"忠诚、奉献、勤勉、兢慎"。他绝没有特立独行，而是在同我们一道奋进并行。

杜鸿林

（2009-03-02　来源：《天津日报》）